从零开始学炒股

——炒股绝招

于长勇　主编

西安电子科技大学出版社

图书在版编目(CIP)数据

从零开始学炒股:炒股绝招/于长勇主编. —西安:西安电子科技大学出版社,2015.7(2016.3重印)

ISBN 978-7-5606-3727-3

Ⅰ.①从… Ⅱ.①于… Ⅲ.①股票交易-基本知识

Ⅳ.①F830.91

中国版本图书馆CIP数据核字(2015)第119818号

敬启

本书在编写过程中,参阅和使用了一些报刊、著述和图片。由于联系上的困难,我们未能和部分作品的作者(或译者)取得联系,对此谨致深深的歉意。敬请原作者(或译者)见到本书后,及时与我们联系相关事宜。联系电话:010-84853028 联系人:松雪

总 策 划 杨建峰

策划编辑 高维岳

责任编辑 马武装

出版发行 西安电子科技大学出版社(西安市科技路41号)

电　　话 (029)88242885 88201467　　邮　　编 710071

网　　址 www.xduph.com　　电子邮箱 xdupfxb001@163.com

经　　销 新华书店

印刷单位 三河市艺海万诚印务有限公司

版　　次 2015年7月第1版 2016年3月第2次印刷

开　　本 889毫米×1194毫米 1/16　　印　　张 27.5

字　　数 700千字

印　　数 1~5000册

定　　价 59.00

ISBN 978-7-5606-3727-3

XDUP 401900

前言

PREFACE

改革开放以来,随着我国市场经济的深入发展和人们理财观念的逐步增强,股票作为一种投资工具,已经越来越深入人心。到目前为止,股票已经成为社会大众的一种普遍投资方式。

与其他投资方式相比,股票有其无与伦比的优势。但是,股票又是一种让人又爱又恨的投资工具。爱它,是因为如果操作得好,能给自身带来很大的盈利;恨它,是因为操作不好,也可能让你倾家荡产。

很多准备入市或者刚刚入市的普通投资者,对股票一无所知,迫切想要了解股票的入门知识,希望能对股票投资有一个系统的了解,并能掌握更多的股票知识和投资技巧。

也有一些投资新手,往往基础知识并不牢固,却一心想模仿股市高手的操作手法,东一榔头、西一棒子,连个皮毛都没有学会,结果输得血本无归,之后又开始自我否定,认为自己不适合炒股,永远成不了股票高手。

针对于此,本书从初学者的角度出发,融汇了最基础、最实用、最系统的新股民入市基础知识、投资技巧、实战操作等方面的内容,囊括了股市新手所需掌握的理论知识与实战技巧,可谓是零基础的新手学习炒股的百科全书。本书力求让新入市的投资者能够对炒股有一个系统而全面的了解,走一条最正确的道路,打好最坚实的基础,并逐步实现由投资菜鸟到股票高手的蜕变。

本书共分为 7 章,分别为:

第 1 章基础知识,主要讲解新股民入市以及交易必备的基础知识,如股票的基础知识、新股民如何开户、如何选购新股、如何上网交易等。

第 2 章技术分析,主要讲解炒股的技术,如 K 线分析技术、量价分析技术、形态分析技术和指标分析技术等。

第 3 章基本分析,主要讲解除了技术因素以外,影响股票价格的另外几个重要因素,如宏观经济、行业变动、公司经营等。

第 4 章实战操作,主要讲解新手看盘的技巧,以及投资者短线、中线、长线操作的方法和技巧。

第 5 章操盘策略,主要讲解在操盘时,如何巧妙地抄底、逃顶、捉涨停和跟庄。同时,本章还专门用三个小节来讲解新手投资者应该如何选股。

第 6 章投资智慧,主要讲解炒股所必备的智慧,包括炒股的正确心态、炒股的禁忌,炒股的风险以及如何防范。另外,本章还将炒股大师们的投资智慧集结为一节,专门供大家学习。

第 7 章其他投资,主要讲解投资者在炒股的过程中,经常会涉及的其他几种投资方式,如基金、期货、债券等,对这些投资方式的基础知识、风险以及投资策略做了简要的介绍。

本书结构清晰、内容全面、技术实用,是编者多年来投资经验以及参考多个投资大师投资智慧的结晶。衷心地希望本书的读者,能够通过本书掌握炒股的基本知识和技巧、养成正确的炒股心态、形成良好的炒股习惯,同时又能融会贯通前辈们的思想精华,在股市中收获自己的累累硕果。

目 录
CONTENTS

第 1 章　基础知识

§1.1　新股民入市须知

§1.2　新股民入市交易规则

第 2 章　技术分析

§2.1　认识技术分析

§2.2　K 线分析

第 4 章 实战操作

§4.1 新手如何看盘

§4.2 短线狙击

§4.3 中线波段

§4.4 长线投资

第 5 章 操盘策略

§5.1 抄底的技巧

§5.2 逃顶的技巧

§6.2 散户炒股有禁忌

§6.3 炒股风险与防范

§6.4 跟大师学炒股

第7章 其他投资

§7.1 基金

§7.2 商品期货

§7.3 股指期货

§7.4 债券

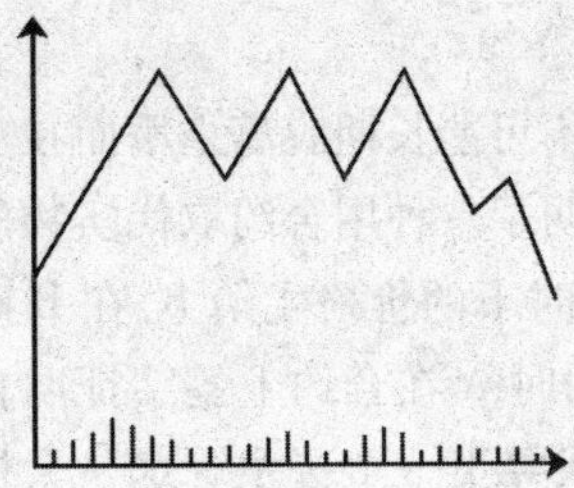

第 1 章 基础知识

§1.1 新股民入市须知

1.1.1 股票的历史及概念

股票从出现到今天已经有了数百年的历史，股票市场也是变化莫测、博大精深。下面就通过股票市场上的三个经典小故事来为你揭开其神秘面纱，以便更进一步地了解股票市场的历史。

1. 荷兰郁金香事件

荷兰的春天鲜花烂漫，充满了色彩的喧嚣。然而，只有少数人知道这些美丽而无辜的鲜艳花朵曾经给荷兰这个国家带来的危害和混乱。谁能料到这些以美丽而闻名世界的郁金香，居然导演了一段黑色历史：曾经的欧洲金融中心、东方贸易霸主却因一个小小的郁金香球茎而导致其世界头号帝国的衰落。

原来自 1634 年开始，郁金香已成为当时荷兰众多投机者猎取的对象，投机商大量囤积郁金香球茎以待价格上涨。在舆论鼓吹之下，人们对郁金香表现出一种病态的倾慕与热忱。1636 年，以往表面上看起来不值一钱的郁金香，竟然达到了与一辆马车、几匹马等值的地步。直至 1637 年，郁金香球茎的总涨幅已高达 5900%！当有一天，一位外国水手将一位船主花 3000 金币从交易所买来的郁金香的球茎，就着熏鲱鱼像洋葱一样吞下肚去后，人们发现他们梦寐以求的郁金香其实和一个洋葱没有多大区别，这个偶然事件引发了暴风雨的来临。一时间，郁金香成了烫手山芋，无人再敢接手，郁金香球茎的价格也开始暴跌不止，最终球茎的价格还不到顶峰时价格的 10%。

(1)起因

1554 年，奥地利驻君士坦丁堡的大使在奥斯曼帝国的宫廷花园里初识了高贵的郁金香，惊艳之余，他把一些郁金香的种子带回维也纳，送给他的好友、在维也纳皇家花园当园丁的克卢修斯。克卢修斯是知名的植物学家，经过他的悉心栽培，登陆欧洲的郁金香种子终于发芽、生长、开花了。

1593 年，克卢修斯受聘担任荷兰莱顿大学植物园的主管，就随身携带了一些郁金香鳞茎来到荷兰。

第二年春天，荷兰的第一朵郁金香已经含苞待放了。

(2)发展

很快，高贵优雅的郁金香成了当时上层社会谈论的焦点。或许是物以稀为贵，也或许是爱美之心人皆有之，许多王公伯爵开始陆续登门拜访，希望能得到一株郁金香。但不知何故，克卢修斯一概拒绝了他们的要求，即便是出钱购买也不行。在此情况下，几位想借机发财的荷兰人就采用了一种冒险的方法：偷！克卢修斯一气之下，把剩下的郁金香鳞茎统统送给了朋友，从此不再培育郁金香。而郁金香却借此机缘，在荷兰各地流传开来。

从 1634 年开始，荷兰百业荒废，全国上下都开始为郁金香疯狂。与所有的投机泡沫一样，参与的人们最初都赚到了钱。因为价钱节节上升，人们只需低买高卖，买高卖更高。得了甜头后，大家信心大增，倾家荡产地把更多的钱投入到郁金香的买卖中，希望赚取更多的金钱。原本旁观的人看到挣钱这么容易，也受不了诱惑，加入到疯狂抢购的队伍中来。与此同时，欧洲各国的投机商也纷纷云集荷兰，参与这一投机狂潮。为了方便郁金香交易，人们干脆在阿姆斯特丹的证券交易所内开设了固定的交易市场。随后，在鹿特丹、莱顿等城市也开设了固定的郁金香交易场所。

这里需要说明的是，由于郁金香本身属于植物，无论是球茎还是花朵，都不可能长期脱离土壤而在交易市场供人买卖，所以在实物交易的基础上，为了满足狂热的炒作，商人们发明了一种用合约取代实物的交易方法，这有点儿像现在的期货合同。打个比方，A 将 15 朵郁金香花按照时下的价格卖给 B，在 B 确认 A 的库存属实后，双方签订一份合约，B 依照合约将 15 朵花的钱付给 A，同时 A 在合约上签字证明自己已将花转让给了 B，然后 B 等到价格再次上涨之后，拿着付过钱的合同去找寻下一个买主。这是大概的基本流程。

对于这次郁金香的狂热，苏格兰历史学家查尔斯·麦凯曾经作过非常生动的描写："谁都相信，郁金香热将永远持续下去，世界各地的有钱人都会向荷兰发出订单，无论什么样的价格都会有人付账。欧洲的财富正在向荷兰集中，在受到如此恩惠的荷兰，贫困将一去不复返。无论是贵族、市民、农民，还是工匠、船夫、随从、伙计，甚至是扫烟囱的工人和旧衣服店里的老妇，都加入了郁金香的投机。无论处在哪个阶层，人们都将财产变换成现金，投资于这种花卉。……在没有交易所的小镇，大一点的酒吧就是进行郁金香交易的'拍卖场'。酒吧既提供晚餐，同时也替客人确认交易。这样的晚餐会，有时会有二三百人出席。为了增加顾客的满足感，餐桌或者餐具柜上往往整齐地摆放着一排排大花瓶，里面插满了盛开的郁金香。"

通过"郁金香事件"这样一个真实的故事，可以看出那个时代的氛围和人们的心情。据说海牙有一个鞋匠，在一小块种植园中培育出了一株罕见的"黑色"郁金香。消息传开后，一伙来自哈勒姆的种植者拜访了他，说服他把花卖给他们。最后，鞋匠以 1500 荷兰盾的高价把自己的宝贝卖给了他们。没想到，买家中有一个人立即把黑色郁金香摔到地上，用脚将其踩成一摊烂泥。鞋匠惊呆了。买家们却轻松地解释说，他们也培育出了一只黑色郁金香，为了确保自己的花是独一无二的，他们情愿付出一切代价，若有必要，上万荷兰盾也在所不惜。

(3)高潮

到 1636 年，郁金香的价格已经涨到了骇人听闻的水平。以一种稀有品种"永远的奥古斯都"为例，这种郁金香在 1623 年时的价格为 1000 荷兰盾，到 1636 年已涨到 5500 荷兰盾。1637 年 2 月，一枚"永远的奥古斯都"的售价曾高达 6700 荷兰盾。这一价格，足以买下阿姆斯特丹运河边的一幢豪宅，或者购买 27 吨奶酪！相对于这种顶级郁金香来说，普通郁金香的涨幅更是"疯狂"。1637 年 1 月，1.5 磅重的普普通通的"维特克鲁嫩"球茎，市价还仅为 64 荷兰盾，但到 2 月 5 日就达到 1668 荷兰盾！要知道，当时荷兰人的平均年收入只有 150 荷兰盾。

1636 至 1637 年的那个寒冬，也就是这股郁金香的狂热到达巅峰时，人们不仅买卖已收获的郁金香球茎，而且还提前买卖 1637 年将要收获的球茎。球茎的期货市场就这样诞生了。球茎在实际进行货物交割之前不需要实际支付货款，这又进一步加剧了郁金香的投机。由于刚刚形成的期货市场没有明确的规则，对买卖双方都没有什么具体约束，使得商人们有可能在期货市场上翻云覆雨，买空卖空，这更使得已经被"吹"得很大的郁金香泡沫，在短时间内迅速膨胀。

沉浸在郁金香狂热中的人们谁也没有意识到，一场惊天动地的大崩溃已经近在眼前了。到 1636 年底，任何最后残存的理性都早已远离了荷兰的郁金香市场。虽然人们大都知道郁金香球茎的价格早已远离其正常的价值，但是他们宁愿相信别人会比他们更"傻"，会心甘情愿地付出更高的价钱。但无论如何，投机狂潮也不可能永远持续下去，事实也的确如此。郁金香狂热的终结，终于在 1637 年 2 月 4 日不期而至，泡沫最终崩溃了。

尽管泡沫崩溃的日期被记录得非常清楚，但谁也说不清投机泡沫到底是怎样崩溃的。泡沫崩溃的理由，至今仍然是一个谜。人们清楚地记得，在此之前，交易都在非常顺利地进行着，谁也不知为什么，市场突然就这么崩溃了。也许除了说这是泡沫膨胀到极点后的必然结果之外，就再也找不到更好的理由了。

一时间，卖方的大量抛售，使得市场陷入了恐慌状态。这时的郁金香简直成了烫手的山芋，无人再敢接手。球茎的价格也犹如断崖上滚落的巨石，一泻千里，暴跌不止。荷兰政府发出声明，认为郁金香球茎价格无理由下跌，劝告市民停止抛售，并试图以合同价格的 10% 来终止所有的合同，但这些努力毫无用处。一星期后,郁金香的价格平均已经下跌了90%,那些普通品种的郁金香更是几乎一文不值,甚至不如一只洋葱的售价。

等到人们省悟过来,一切都为时已晚。于是,人们纷纷涌向法院,希望能够借助法律的力量,兑现合同,挽回损失。很快,法庭就淹没在郁金香的官司之中。几乎在一夜之间,不知有多少人成为不名分文的穷光蛋,富有的商人变成了乞丐,一些大贵族也陷入无法挽救的破产境地。受害者当中既有文化程度颇高的知识分子,也有大字不识一个的文盲,因为贪婪是没有任何阶层界限的。

(4)结果

事态出现了失控的局面,政府不得不出面解决,但他们面对这样棘手的问题也束手无策,最终所有的"苦果"只能由投机者自己咽下。1637年4月27日,荷兰政府决定终止所有合同,禁止投机式的郁金香交易。这下,人们彻底绝望了!从前那些因一夜暴富喜极而泣的人,如今又在为突然降临的一贫如洗仰天悲哭了。身心疲乏的荷兰人每天用呆滞的目光盯着手里的郁金香球茎,恍如隔世……

郁金香事件不仅沉重打击了举世闻名的阿姆斯特丹交易所,更使荷兰全国的经济陷入一片混乱,加速了荷兰由一个强盛的殖民帝国走向衰落的步伐。从17世纪中叶开始,荷兰在欧洲的地位就受到了英国的有力挑战,欧洲繁荣的中心也开始向英吉利海峡彼岸转移。

(5)启示

荷兰郁金香事件是全球证券市场的一个经典案例,也是证券市场萌芽的体现,它充分揭示了股票是对未来的一种预期,是体现在企业的自身价值之上的,没有了企业业绩的根本,纯概念的炒作终将会随着泡沫的破裂而灰飞烟灭,价值的投资才是市场的根本。

2. 宝延收购战

1993年9月30日中午收市前夕,上海证交所突然宣布:"因目前有机构持有延中股票超过5%却未上报,情况未明,根据《股票发行与交易管理暂行条例》第四十七条的规定,暂停延中交易。"一声令下,延中股票的交易在12.91元的价位上戛然而止。随即,深圳宝安集团上海公司通过上海证交所发布公告,承认其已持有延中股票5%。这是中国证券市场上的第一次经典收购案例。

宝安举牌收购延中股票,不仅投资者对此很陌生,延中的董事会对此也毫无思想准备。但是,宝安显然是有备而来,在公告发布以后,他们随即在上海召开新闻发布会,向外界宣布准备收购延中,并且向延中提出派员进入董事会、参与延中公司管理决策的要求。为了显示他们的坚定信心,宝安又连续在二级市场买进延中股票,多次发布公告举牌,到10月6日,宝安持有的延中股票已经占其总股本16%,稳稳当当地成为延中的第一大股东。在此期间,两家公司进行了多次接触,延中对宝安的要求表示了拒绝,但宝安有股权在手,根据股份制企业的一般原则,延中似乎无法对其表示反对。

就在宝安与延中两家公司打得火热的时候,二级市场上延中股票也顿时成为一匹"黑马"。两家公司的争斗成了市场上最好的炒作题材,仅仅在10月7日一个交易日,延中的股价就出现了令人叹为观止的飙涨,当天上午即达到42.20元的最高价。按照当时正常的情况,延中的这个股价必须在上证指数达到3000点的时候才能达到,而这时候的上证指数,一直在900点左右做着盘整。就在这一天,上海股市借着延中出现的疯涨,其成交量也大幅攀升,而延中一个股票的成交金额就占到了大盘总成交金额的40%以上。不过,延中的这种暴涨更多地是由市场炒手所发动的,暴涨必然带来暴跌。第二天,虽然宝延之争依然没有停歇的迹象,但获利盘的大量涌出又使延中股价出现了大幅滑落,许多为延中暴涨所吸引的股民再一次在延中这个股票上大吃苦头。

宝延之争最终引起了刚刚建立的中国证监会的重视。根据证监会的要求,两家公司停止了"口水仗",而证监会随即展开了调查,并于10月22日公布了结论。证监会认为,宝安在二级市场上购进的延中股票有效,但其中有违规行为。面对证监会的裁决,延中再无理由拒绝宝安的要求,在随后不久召开的延中股东大会上,延中的创始人周鑫荣无可奈何地将董事长的位置让给了宝安方面派出的人员。

在"宝延事件"之后,上海股市紧接着又发生了万科收购申华、深圳天极收购小飞乐的举牌行动,但比起宝安收购延中来,其对市场产生的轰动效应已经差了很多,万科虽然得到了申华的接纳,但最终仍然退出了申华的董事会,至于深圳天极公司对小飞乐的收购行动,由于小飞乐得到了其母公司大飞乐的支持,最终没有成功。这种举牌收购行动对二级市场股价所产生的积极效果也引起了市场炒手的高度重视,在深圳股市甚至发生了假冒的某公司收购苏三山的恶性炒作事件。

这一场发生在1993年秋天的"宝延收购战",就像是石破天惊,给中国股市引进了全新的"收购概念",它使最上层的管理部门和最下层的普通股民都受到了震动。一个公司通过大量收购另一个公司股票并获得控股权,其实质是一种企业之间的收购兼并行为,它是股票市场发展到一定阶段的必然产物,也是市场经济条件下极为普遍和正常的行为。它对推动我国的股份制改革、优化股票市场结构,都有重大的意义。

延中在这场收购战中之所以落败,与其先天不足有很大关系,这个街道企业出身的上市公司在上市以后并未能借助股份制的优势快速发展,公司规模停留在原有状态,使其很容易被其他企业吃掉。这个道理对宝安来说同样如此,宝安在这场收购战中虽然获得全胜,但它进驻延中后并未能实质性地改变其经营状况,因此,1998年,它在由北大方正发起的又一场针对延中的收购战中终于败下阵来,延中董事会再一次易主,公司也随即改名为方正科技,并一直沿用至今。

(1)事件过程

1993年9月3日,上海允许法人机构开设证券账户投资股市。

9月14日后的11个交易日,沪市"三无"概念股延中实业股价连涨11天。

9月30日11时15分,上海证券交易所宣布延中实业临时紧急停牌。随后,深圳深宝安集团上海公司发布公告称,公司已于当日拥有延中实业发行在外普通股5%以上。

10月4日,深宝安上海公司再次公告,公司已持有15.89%的延中实业股票。

10月5日,延中实业总经理秦国梁对宝安持有延中股票的合法性提出质疑,指责宝安违反举牌规定。同日,宝安集团总经理陈政立抵沪召开记者会,表达了要与延中善意合作的意向。

10月6日,深宝安再次购入延中股票2%,同日延中实业在上海延安饭店召开发布会,指出深宝安举牌后非法继续购入股票,要求证监会调查,并宣布聘请施罗德集团和香港生源公司做反收购顾问。这一天,宝安和延中高层首次接触,延中董事长称合作的前提是要弄清楚宝安的股东身份是否合法。

10月中旬,延中实业向上海法院提起诉讼,控告宝安违规持有延中股票。与此同时,证监会介入调查并协调。

10月22日,证监会经过调查认为深宝安上海公司有违规行为,决定对其罚款100万元。此后,深宝安与延中实业管理层达成合作,深宝安正式控股延中实业。

(2)启示

兼并重组历来是证券市场最具投资机会的一个题材,且经久不衰。虽然像宝延收购这样的恶性收购案件随着证券市场的完善将会越来越少,但作为第一起的经典案例,也证明了市场中的机会无处不在,重组则是机会中的机会,值得细细品味。

3. 股市5·30

从2005年4月中国证监会宣布启动股权分置改革试点工作以后,我国的A股市场出现了单边的上涨。到2007年5月,短短两年的时间,沪指从998点上涨到4335点,已经出现了非理性的过度炒作。为进一步促进证券市场的健康发展,经国务院批准,财政部决定从2007年5月30日起,调整证券(股票)交易印花税税率,由现行1‰调整为3‰。即对买卖、继承、赠与所书立的A股、B股股权转让书据,由立据双方当事人分别按3‰的税率缴纳证券(股票)交易印花税。

这次调整证券交易印花税率,是证券市场历史上第八次调整。我国证券交易印花税始征于1990年7月,深圳市场首先征收,由卖出股票者按成交金额的6‰缴纳;同年11月,改为买卖双方各征收6‰。1991年10月,印花税率下调至3‰。1991年底,上海市场开始向买卖双方按3‰开征印花税。1997年5月10日,国务院决定将印花税率由3‰调至5‰。1998年6月12日,印花税率由5‰降为4‰。1999年6月1日,B股印花税率由4‰降为3‰。2001年11月16日,A、B股印花税率统一降至2‰。2005年1月24日起,印花税率由2‰降为1‰。

(1)事件过程

当日,沪综指跳空低开247.51点,以4087.41点开盘,跌幅接近6%,有百余只股票跌停开盘。此后,一些蓝筹股带领市场展开反弹,沪综指一度冲至4275.24点,弥补了早盘留下的跳空缺口。不过,随后市场越走越弱，午后指数一度下跌319.4点至4015.51点，跌幅超过7%。沪综指收于4053.09点，全天下跌281.84点，跌幅为6.50%，创2007年“2·27”以来单日最大跌幅。深成指跌破13000点，收于12627.15点，跌幅为6.16%。在其他指数中，上证50、中证100等跌幅也都超过6%。当日两市成交金额分别为2755亿元和1408.3亿元。

两市可交易的1303只A股中，有68只上涨（含2只上市新股），其中10只涨停；850余只个股达到10%跌停限制位，1100多只个股跌幅超过5%。上涨的个股大致有两类：一类是业绩优良的蓝筹股，如中国石化、金地集团、大商股份等；一类是有明确题材支撑的个股，如5月30日复牌的天津港强势涨停。

两市B股也出现大跌走势，沪深B股指数跌幅分别为9.0%和8.65%。两市可交易的97只B股中仅有九龙山B上涨，在下跌的96只个股中有77只被封在跌停板。

香港市场当日也下跌。香港国企指数下跌212.01点，收于10403.44点，跌幅为1.99%；恒生指数下跌175.83点，收于20293.76点，跌幅为0.86%。

2007年6月5日，沪综指以3564.43点大幅跳空低开，此后虽有反弹欲望，但在杀跌盘不断涌出的影响下再度展开跳水走势，盘中一度跌破3500点整数关口，最低探至3404.15点。午后，中国石化、工商银行等指标股开始发力，股指也随即展开了近期少有的放量反弹，最高上摸3768.56点，尾市以3767.10点收盘，上涨2.63%。剧烈的盘中震荡使6月5日沪指振幅高达9.93%，这一振幅也是其自1997年2月20日以来近10年的最大单日振幅。深成指6月5日反弹力度更大，全天上涨4.79%，收报12017.71点。

（2）启示

“5·30”事件是我国股市中典型的一次政策调整的事件，直到当前，“5·30”已经成为A股政策性股灾的一个代名词，显示了股市在过度炒作之后的风吹草动都有可能引起市场的连锁反应。

综上，三个经典的案例不仅揭示了股票的萌芽阶段和发生发展过程，也体现了股票的基本概念：股票是一种有价证券，它是股份有限公司签发的证明股东所持股份的凭证。股份制公司通过向社会公众或是特定对象发行股票来募集资金用于企业的发展，而购买了股票的持有者（即股东）则对股份公司的部分资本拥有所有权。简单来说，我们可以这样理解股份制公司、股票、股东之间的关系：股份制公司将其全部资产等额划分为若干股，投资者每买入一股就相当于拥有了相应份额的上市公司资产。股份制公司是一个以营利为目的经济体，公司经营得好，其总资产自然会节节高升，因而，原来的每一股股票也会相应地出现增值；反之，若公司经营不善，则股票会贬值。此外，公司创造的利润往往还会以红利的方式回馈给持有股票的股东。

1.1.2 股票的获取

股票代表了企业的资产，但对于企业的这些净资产而言，不同类型的投资者其获得股票的途径往往也不同。一般来说，获得股票的途径有四种：

（1）企业的发起人在将企业改制为股份制公司后，会依据其持有的资产数量而获得相应份额的股票数量。例如：国内的很多国有企业或私营企业其原有组织方式并非是股份制的形式，当这些企业转型为股份制后，资产所有者就以获得股票的方式来代表其所拥有的资产份额。

（2）企业转型为股份制公司后，为了扩大经营、发展业务，此时往往需要募集较多的资金，但这些企业此时并没有上市面向大众发行股票，而仅仅是面向特定的内部投资者、机构投资者、专门的风险投资基金等对象筹资。这种股票也称为原始股，是指在公司申请上市之前发行的股票原始股都是面值1元，若企业经营得好，后期可以上市的话，则上市后净资产会有很大幅度的提高。原始股的购买机会是十分有限的，这些股票由于没有上市，因而并不具有流通性。而这些企业一旦成功上市，则持有原始股的股东将获得高额回报，因而“原始股”也是“赢利”的代名词。

（3）投资者在新股上市前从一级市场中申购。一般来说，股份制公司在上市前都要通过一级市场来发售，机构投资者一般在网下申购，其中签概率较大；但申购所得的股票往往有一个限售时间，即股票上市交易后，这些机构投资者要过一段时间后才能卖出这些在网下申购所得的股票。对于普通的散户投资者来说，则可以通过在网上申购的方式获得股票，但中签率相对较低，因而会经常出现无法申购成功的情况。对于那些可以在网上幸运地申购到股票的投资者来说，当这些股票正式登陆二级市场后，则可以随时卖出。而且,新股在上市首日的涨幅往往极大,多的能达到几倍,少的一般也有百分之几十,成功申购到新股的投资者既可以选择持股待涨,也可以选择获利了结。

(4)直接从二级市场中购得股票。这种方式是普通投资者也就是大多数股民获得股票的最为广泛的一种方式。只要投资者在券商处办理了开户手续、并在保证金账户中存入资金后,即可以直接从A股市场中(上证A股市场及深证A股市场)购入上市公司的股票。这些经批准上市的企业所发行的股票首先在一级市场发售,一级市场发售完毕后,这些股票才可以登录二级市场进行买卖交易。当企业成功登陆二级市场后,这些企业就称为“上市公司”。除了较为特别的限售股外,上市公司的股票最具流通性,投资者可以在二级市场中方便地买进卖出。

1.1.3 股票的原理

1. 股票的价值

(1)股票的内在价值

股票的内在价值即理论价值,也就是股票未来收益的价值。股票的内在价值决定股票的市场价格,股票的市场价格总是围绕其内在价值波动。研究和发现股票的内在价值,并将内在价值与市场价格相比较,进而决定投资策略是证券研究人员、投资管理人员的主要任务。由于未来收益及市场利率的不确定性,各种价值模型计算出来的内在价值只是股票真实的内在价值的估计值。经济形势的变化、宏观经济政策的调整、供求关系的变化等都会影响上市公司未来的收益,引起内在价值的变化。

(2)股票的票面价值

股票的票面价值又称面值,即在股票票面上标明的金额。因而,该种股票又被称为有面额股票。股票的票面价值在初次发行时有一定的参考意义。如果以面值作为发行价,称为平价发行,此时公司发行股票募集的资金等于股本的总和,也等于面值总和。发行价格高于面值称为溢价发行,募集的资金中等于面值总和的部分计入资本账户,以超过股票票面金额的发行价格发行股份所得的溢价款列为公司资本公积金。随着时间的推移,公司的净资产会发生变化,股票面值与每股净资产逐渐背离,与股票的投资价值之间也没有必然的联系。尽管如此,票面价值代表了每一份股份占总股份的比例,在确定股东权益时仍有一定的意义。

(3)股票的清算价值

股票的清算价值是公司清算时每一股份所代表的实际价值。从理论上说,股票的清算价值应与账面价值一致,实际上并非如此。只有当清算时公司资产实际出售价款与财务报表上的账面价值一致时,每一股份的清算价值才与账面价值一致。但在公司清算时,其资产往往只能压低价格出售,再加上必要的清算费用,所以大多数公司的实际清算价值低于其账面价值。

(4)股票的账面价值

股票的账面价值又称股票净值或每股净资产,在没有优先股的条件下,每股账面价值等于公司净资产除以发行在外的普通股票的股数。公司净资产是公司资产总额减去负债总额后的净值,从会计角度说,等于股东权益价值。股票账面价值的高低对股票交易价格有重要影响,但是,通常情况下,股票账面价值并不等于股票的市场价格。主要原因有两点:一是会计价值通常反映的是历史成本或者按某种规则计算的公允价值,并不等于公司资产的实际价格;二是账面价值并不反映公司的未来发展前景。

2. 股票的价格

(1)股票的价格理论

股票价格是指股票在证券市场上买卖的价格。从理论上说,股票价格应由其价值决定,但股票本身并没有价值,不是在生产过程中发挥职能作用的现实资本,而只是一张资本凭证。股票之所以有价格,是因为它代表着收益的价值,即能给它的持有者带来股息红利。股票交易实际上是对未来收益权的转让买卖,股票价格就是对未来收益的评定。股票及其他有价证券的理论价格是根据现值理论而来的。现值理论认为,人们之所以愿意购买股票和其他证券,是因为它能够为它的持有人带来预期收益,因此,它的价值取决于未来收益的大小。可以认为,股票的未来股息收入、资本利得收入是股票的未来收益,亦可称之为期值。将股票的期值按必要收益率和有效期限折算成价值,即为股票的现值。

股票的现值就是股票未来收益的当前价值,也就是人们为了得到股票的未来收益愿意付出的代价。可见,股票及其他有价证券的理论价格就是以一定的必要收益率计算出来的未来收入的现值。价格由股票的价值决定,但同时受许多其他因素的影响。其中,供求关系是最直接的影响因素,其他因素都是通过作用于供求关系而影响股票价格的。由于影响股票价格的因素复杂多变,所以股票的市场价格呈现出高低起伏的波动性特征。

(2)影响股票价格的因素

在自由竞价的股票市场中,股票的市场价格不断变动。引起股票价格变动的直接原因是供求关系的变化或者说是买卖双方力量强弱的转换。根据供求规律,价格是供求对比的产物,同时也是恢复供求平衡的关键变量。

在任何价位上,如果买方的意愿购买量超过此时卖方的意愿出售量,股价将会上涨;反之,股价就会下跌。从根本上说,股票供求以及股票价格主要取决于预期。买方之所以愿意按某个价位买进股票,主要是因为他们认为持有该股票带来的收益超过了目前所花资金的机会成本(比如,预期股价将会上涨、预期公司将派发较高红利),换言之,认为该股票的价格被低估了。同理,卖方之所以愿意出售股票,主要原因是他们认为该价格被高估了,将来可能下跌。当然,某些特殊原因也可能产生股票的供求,比如为了夺取或保持公司控制权而买入股票,履行某种承诺(如期权到期行权)而买进股票。同样,股票持有人也可能因为流动性挤压或者财产清算等原因而卖出股票。总之,分析股价变动的因素,就是要梳理影响供求关系变化的深层次原因。

1.1.4 股票的分类

1. 普通股票和优先股票

按股东享有权利的不同,股票可以分为普通股票和优先股票。

(1)普通股票

普通股票是最基本、最常见的一种股票,其持有者享有股东的基本权利和义务。与优先股票相比,普通股票是标准的股票,也是风险较大的股票。普通股票的股利完全随公司盈利的高低而变化。在公司盈利较多时,普通股票股东可获得较高的股利收益,但在公司盈利和剩余财产的分配顺序上列在债权人和优先股票股东之后,故其承担的风险也很高。

(2)优先股票

优先股票是一种特殊股票,在其股东权利、义务中附加了某些特别条件。优先股票的股息率是固定的,其持有者的股东权利受到一定限制,但在公司盈利和剩余财产的分配顺序上比普通股票股东享有优先权。

2. 记名股票和无记名股票

股票按是否记载股东姓名,可以分为无记名股票和记名股票。

(1)无记名股票

无记名股票是指在股票票面和股份公司股东名册上均不记载股东姓名的股票。无记名股票也称不记名股票,它与记名股票的差别不是在股东权利等方面,而是在股票的记载方式上。无记名股票发行时一般留有存根联,它在形式上分为两部分:一部分是股票的主体,记载了有关公司的事项,如公司名称、股票所代表的股数等;另一部分是股息票,用于进行股息结算和行使增资权利。我国《公司法》规定,发行无记名股票的,公司应当记载其股票数量、编号及发行日期。

一般来说,无记名股票有如下特点:

第一,股东权利归属股票的持有人。确认无记名股票的股东资格不以特定的姓名记载为根据,所以,为了防止假冒、舞弊等行为,无记名股票的印制特别精细,其印刷技术、颜色、纸张、水印、号码等均须符合严格的标准。为保护无记名股票股东的合法权益,我国《公司法》规定,发行无记名股票的公司应当于股东大会会议召开前30日公告会议召开的时间、地点和审议事项。无记名股票持有人出席股东大会会议的,应当于会议召开5日前至股东大会闭幕时将股票交存于公司。

第二,安全性较差。因无记载股东姓名的法律依据,无记名股票一旦遗失,原股票持有者便丧失股东权利,且无法挂失。

第三,认购股票时要求一次缴纳出资。无记名股票上不记载股东姓名,如果允许股东缴纳部分出资即发给股票,以后实际上无法催缴未缴纳的出资,所以认购者必须缴足出资后才能领取股票。

第四,便于转让。与记名股票相比,无记名股票的转让较为简单与方便,原持有者只要向受让人交付股票便发生转让的法律效力,受让人取得股东资格不需要办理过户手续。我国《公司法》规定,无记名股票的转让,由股东将该股票交付给受让人后即发生转让的效力。

(2)记名股票

记名股票是指在股票票面和股份公司的股东名册上记载股东姓名的股票。很多国家的公司法都对记名股票的有关事项作出了具体规定。一般来说,如果股票是归某人单独所有,则应记载持有人的姓名;如果股票是归国家授权的投资机构或者法人所有,则应记载国家授权的投资机构或者法人的名称;如果股票持有者因故改换姓名或者名称,就应到公司办理变更股东姓名或者名称的手续。

我国《公司法》规定,公司发行的股票可以为记名股票,也可以为无记名股票。股份有限公司向发起人、法人发行的股票,应当为记名股票,并应当记载该发起人、法人的名称或者姓名,不得另立户名或者以代表人姓名记名。公司发行记名股票的,应当置备股东名册,记载下列事项:股东的姓名或者名称及住所、各股东所持股份数、各股东所持股票的编号、各股东取得股份的日期。

一般来说,记名股票有如下特点:

第一,股东权利归属于记名股东。对于记名股票来说,只有记名股东或其正式委托授权的代理人才能行使股东权。除了记名股东以外,其他持有者不具有股东资格。

第二,转让比较复杂或受限制。记名股票的转让必须依据法律和公司章程规定的程序进行,而且要服从规定的转让条件。通常记名股票的转让都必须由股份公司将受让人的姓名或名称、住所记载于公司的股东名册,办理股票过户登记手续,这样受让人才能取得股东的资格和权利。而且,为了维护股份公司和其他股东的利益,法律对于记名股票的转让有时会规定一定的限制条件,如有的国家规定记名股票只能转让给特定的人。

我国《公司法》规定,记名股票由股东以背书方式或者法律、行政法规规定的其他方式转让;转让后由公司将受让人的姓名或名称及住所记载于股东名册。股东大会召开前20日内或者公司决定分配股利的基准日前5日内,不得进行上述规定的股东名册的变更登记。但是,法律对上市公司股东名册变更登记另有规定的,从其规定。

第三,可以一次或分次缴纳出资。缴纳股款是股东基于认购股票而承担的义务。一般来说,股东应在认购时一次缴足股款。但是,基于记名股票所确定的股份公司与记名股东之间的特定关系,有些国家允许记名股东在认购股票时可以无须一次缴足股款。

我国《公司法》规定,设立股份有限公司的条件之一是发起人认购和募集的股本达到法定资本最低限额。采取发起设立方式设立股份有限公司的,注册资本为在公司登记机关登记的全体发起人认购的股本总额。发起人应当书面认足公司章程规定其认购的股份;一次缴纳的,应当缴纳全部出资;分期缴纳的,应当缴纳首期出资。全体发起人首次出资额不得低于注册资本的20%,其余部分由发起人自公司成立之日起两年内缴足。以募集方式设立股份有限公司的,发起人认购的股份不得少于公司股份总数的35%。

第四,挂失方便,相对安全。记名股票与记名股东的关系是特定的,因此,如果股票遗失,记名股东的资格和权利并不消失,并可依据法定程序向股份公司挂失,要求公司补发新的股票。

我国《公司法》对此的具体规定是:记名股票被盗、遗失或者灭失,股东可以依照《中华人民共和国民事诉讼法》规定的公示催告程序,请求人民法院宣告该股票失效。人民法院宣告该股票失效后,股东可以向公司申请补发股票。

3. 有面额股票和无面额股票

按是否在股票票面上标明金额,股票可以分为有面额股票和无面额股票。

(1)无面额股票

无面额股票也称为比例股票或份额股票,是指在股票票面上不记载股票面额,只注明它在公司总股本中所占比例的股票。20世纪早期,美国纽约州最先通过法律,允许发行无面额股票,以后美国其他州和其他一些国家也相继仿效。但目前世界上很多国家(包括中国)的公司法规定不允许发行这种股票。

一般来说,无面额股票的价值随股份公司净资产和预期未来收益的增减而相应增减。公司净资产和预期未来收益增加,每股价值上升;反之,公司净资产和预期未来收益减少,每股价值下降。无面额股票淡化了票面价值的概念,但仍然有内在价值,它与有面额股票的差别仅在表现形式上。也就是说,它们都代表着股东对公司资本总额的投资比例,股东享有同等的股东权利。

无面额股票有如下特点:

第一,便于股票分割。如果股票有面额,分割时就需要办理面额变更手续。由于无面额股票不受票面金额的约束,发行该股票的公司能比较容易地进行股票分割。

第二,发行或转让价格较灵活。由于没有票面金额,因而发行价格不受票面金额的限制。在转让时,投资者也不易受股票票面金额影响,而更注重分析每股的实际价值。

(2)有面额股票

大多数国家的股票都是有面额股票。它是指在股票票面上记载一定金额的股票。这一记载的金额也称为票面金额、票面价值或股票面值。股票票面金额的计算方法是用资本总额除以股份数求得,但实际上很多国家是通过法规予以直接规定,而且一般是限定了这类股票的最低票面金额。另外,同次发行的有面额股票的每股票面金额是相等的,票面金额一般以国家主币为单位。我国《公司法》规定,股份有限公司的资本划分为股份,每一股的金额相等。

有面额股票具有如下特点:

第一,为股票发行价格的确定提供依据。我国《公司法》规定,股票发行价格可以按票面金额,也可以超过票面金额,但不得低于票面金额。这样,有面额股票的票面金额就成为股票发行价格的最低界限。

第二,可以明确表示每一股所代表的股权比例。例如,某股份公司发行100万元的股票,每股面额为1元,则每股代表着公司净资产百万分之一的所有权。

4. A股、B股、H股

投资者在股市中经常会听到“A股”、“上证A股”、“B股”、“上证B股”、“H股”等概念,它们究竟代表了什么含义呢?其中,“上证”与“深证”分别是上海证券交易所和深圳证券交易所的简称。而A股、B股、H股则是指面向不同投资者群体的股票市场。

(1)A股

A股的正式名称是人民币普通股票,其发行主体是我国的境内公司,在境内(上海、深圳)证券交易所上市交易的;所面向的投资者群体为:境内机构、组织、或个人(不含台、港、澳投资者),投资者在认购这些股票时以人民币为货币单位。

A股市场是国内广大投资者所参与的股票市场。由于境内有上海与深圳两个证券交易所,所以,我们可以把在上海证券交易所上市的股票称为上证A股,把在深圳证券交易所上市的股票称为深证A股。其中,每一只股票都有一个唯一的代码,例如:大秦铁路这只股票的代码为601006。不同的股票市场有不同的代码组织方式,对于上证A股来说,其代码是以“600”或“601”打头的;对于深证A股来说,其代码是以“000”或“002”打头的。

(2)B股

B股是为境外投资者购买国内股票提供的一个窗口。B股的正式名称是人民币特种股票,以外币认购和买卖,其发行主体是我国的境内公司,在境内(上海、深圳)证券交易所上市交易。沪市挂牌B股以美元计价,而深市B股以港元计价,投资者在查看B股的股价时最好将其换算成人民币单位,这样就可以了解A股与它们的差价情况。B股所面向的投资者群体为:外国的自然人、法人和其他组织,香港、澳门、台湾地区的自然人、法人和其他组织,定居在国外的中国公民,中国证监会规定的其他投资人。

现阶段B股的投资人,主要是上述几类中的机构投资者。B股与A股的相同点是其上市公司的注册地和上市地都在境内,不同点则是两者所面向的投资者群体是完全不同的,对于国内的广大投资者来说,是难以参与 B 股买卖的。同理,我们把在上海证券交易所上市的 B 股称为上证 B 股,把在深圳证券交易所上市的 B 股称为深证 B 股。

(3)H 股

H 是英文“Hong Kong”的首字母,H 股也就是指在内地注册、在香港上市的外资股,也称国企股。很明显,H 股既为内地上市公司提供了一个新的融资渠道,同时也为在香港证券交易所买卖股票的投资者提供了购买中国境内公司股票的投资机会。其实很多公司都是既在国内的 A 股市场中上市,也同时在 H 股市场中上市的。虽然上市的地点不同,但对于同一家企业来说,它的 A 股与 H 股的股票是“同股同权”的,即:每一份 A 股股票与每一份 H 股享有相同的分红权、派息权等权利。

5. 国有股、法人股、职工股和社会公众股

(1)国有股

国有股是指有权代表国家投资的部门或机构以国有资产向公司投资形成的股份,包括公司现有国有资产折算成的股份。由于我国大部分股份制企业都是由原国有大中型企业改制而来的,因此,国有股在公司股权中占有较大的比重。

(2)法人股

法人股是指企业法人或具有法人资格的事业单位和社会团体以其依法可经营的资产向公司非上市流通股权部分投资所形成的股份。根据法人股认购的对象,可将法人股进一步分为境内发起法人股、外资法人股和募集法人股三个部分。

(3)职工股

职工股可以分为内部职工股和公司职工股两类。第一,内部职工股。在我国进行股份制试点初期,出现了一批不向社会公开发行股票,只对法人和公司内部职工募集股份的股份有限公司——定向募集公司,而内部职工作为投资者所持有的公司发行的股份被称为内部职工股。1993 年,国务院正式发文明确规定停止内部职工股的审批和发行。第二,公司职工股。它是本公司职工在公司公开向社会发行股票时按发行价格所认购的股份。按照《股票发行和交易管理暂行条例》规定。公司职工股的股本数额不得超过拟向社会公众发行股本总额的 10%。一般而言,公司职工股在本公司股票上市 6 个月后即可安排上市流通。

(4)社会公众股

社会公众股指我国境内个人和机构,以其合法财产向公司可上市流通股权部分投资所形成的股份。我国投资者通过股东账户在股票市场买卖的股票都是社会公众股。

综上所述,我国国有股和法人股目前还不能上市交易。国家股东和法人股东要转让股权,可以在法律许可的范围内,经证券主管部门批准,与合格的机构投资者签订转让协议,一次性完成大宗股权的转移。

由于国家股和法人股占总股本的比重大,在大多数情况下,要取得一家上市公司的控股权,收购方需要从原国家股东和法人股东手中协议受让大宗股权。近年来,随着兼并收购、买壳、借壳等资产重组活动的展开,国有股、法人股的转让行为也逐渐增多。除少量公司职工股、内部职工股及转配股受一定限制才能上市流通外,绝大部分的社会公众股都可以上市流通交易。

6. 红筹股和蓝筹股

(1)红筹股

红筹股这一概念诞生于 99 年初的香港股票市场。中华人民共和国在国际上有时被称为红色中国,相应地,香港和国际投资者把在境外注册、在香港上市的那些带有中国大陆概念的股票称为红筹股。

一种观点认为,应该按照权益多寡来划分。如果一家上市公司股东权益的大部分直接来自中国大陆,或具有大陆背景,也就是为中资所控股,那么,这家在中国境外注册、在香港上市的股票才属于红筹股。1997 年 4 月,恒生指数服务公司着手编制恒生红筹股指数时,就是按这一标准来划定红筹股的。

还有一种观点认为,应该按照业务范围来区分。如果某个上市公司的主要业务在中国大陆,其盈利中的大部分也来自该业务,那么,这家在中国境外注册,在香港上市的股票就是红筹股。国际信息公司彭博资讯所编的红筹股指数就是按照这一标准来挑选的。

(2)蓝筹股

“蓝筹”一词源自西方赌场。在西方赌场中,有两种颜色的筹码,其中蓝色筹码最为值钱,红色筹码次之,白色筹码最差。投资者把这些行话套用到股票中,将那些在其所属行业内占有重要支配性地位、业绩优良、成交活跃、红利优厚的大公司股票称为蓝筹股。美国通用汽车公司、埃克森石油公司和杜邦化学公司等股票,都属于“蓝筹股”。当然,蓝筹股也会随着公司经营状况的改变及经济地位的升降,而变更其排名。

7. 绩优股和绩差股

(1)绩优股

绩优股是业绩优良公司的股票。在国外,绩优股主要指的是业绩优良且比较稳定的大公司股票。这些大公司经过长时间的努力,在行业内达到了较高的市场占有率,形成了经营规模优势,利润稳步增长,市场知名度很高。而在中国,投资者衡量绩优股的主要指标是每股税后利润和净资产收益率。一般而言,每股税后利润在全体上市公司中处于中上地位,公司上市后净资产收益率连续三年显著超过10%的股票当属绩优股之列。

(2)绩差股

绩差股是指业绩较差的公司的股票。绝大多数“ST”股和“*ST”股就属于绩差股。这类上市公司或由于经营不善,或由于行业前景不好等原因,有的甚至进入亏损行列。其股票在市场上表现为萎靡不振,交易不活跃,股价走低,年终一般不分红。不过,由于绩差股有资产重组的题材,也不时成为市场的热点。投资者在考虑选择这些股票时,要有比较高的风险意识,切忌盲目跟风。

8. 黑马股和白马股

(1)黑马股

黑马原来是指在赛马场上本来不被看好的马匹,却能在比赛中让绝大多数人跌破眼镜,成为出人意料的获胜者。相类似的是,股市中的黑马不是指股价已经涨高,并且受到市场广泛关注的明星股,而是指投资者本来不看好的,却能够异军突起的个股。或者说黑马股是指股价可能脱离过去的实绩而在短期内大幅上涨的股票。所以,选黑马的技巧不是选人人都知道的强势股,而是要透过现象看本质,从大多数人不看好的个股中选出未来强势股。黑马股常使投资者在短期内获得丰厚利润。一般来说,具有较好发展前景的小型成长公司,并且具有狂涨的历史与个性的黑马股较值得投资。

(2)白马股

白马股是与黑马股对应出现的名词。黑马往往形容异军突出,爆出冷门,令人刮目相看者,也可以形容一举成名的后起之秀,泛指实力难测的竞争者。而白马股是指那些本身具有一定实力,经营业绩良好且稳定,有较好成长性的股票。在年报披露时期,还特指已经公布年报且具有上述特征的股票。由白马股的特性可知,投资白马股风险比较小。

9. ST股、*ST股和S股

(1)“ST”股票

1998年4月22日,沪深证券交易所宣布,根据1998年实施的股票上市规则,将对财务状况或其他状况出现异常的上市公司的股票交易进行特别处理;由于“特别处理”的英文是Special treatment(缩写是“ST”),因此这些股票就简称为ST股。

ST——公司经营连续两年亏损,特别处理。

(2)“*ST”股票

主要是指对存在股票终止上市风险的公司,对其股票交易实行“警示存在终止上市风险的特别处理”,以充分揭示其股票可能被终止上市的风险,所以在ST股票前面加个“*”。

*ST——公司经营连续三年亏损,退市预警。

(3)S股

S——表示未完成股改的股票

SST——公司经营连续两年亏损,特别处理+还没有完成股改。

S＊ST——公司经营连续三年亏损,退市预警+还没有完成股改。

10. N股、XD股、XR股、DR股以及G股

(1)N股

当股票名称前出现了N字,表示这只股是当日新上市的股票,字母N是英语New(新)的缩写。看到带有N字头的股票时,投资者除了知道它是新股,还应认识到这只股票的股价当日在市场上是不受涨跌幅限制的,涨幅可以高于10%,跌幅也可深于10%。这样就较容易控制风险和把握投资机会。

(2)XD股

当股票名称前出现XD字样时,表示当日是这只股票的除息日。X是英语Exclude(除去)的简写,D是英语Dividend(利息)的简写。在除息日的当天,股价的基准价比前一个交易日的收盘价要低,因为从中扣除了利息这一部分的差价。

(3)XR股

当股票名称前出现XR的字样时,表明当日是这只股票的除权日。X是英语Exclude(除去)的简写,R是英语Right(权利)的简写。在除权日当天,股价也比前一交易日的收盘价要低,原因在于股数的扩大,股价被摊低了。

(4)DR股

当股票名称前出现DR字样时,表示当天是这只股票的除息、除权日。D是Dividend(利息)的简写,R是Right(权利)的缩写。有些上市公司分配时不仅派息而且送转红股或配股,所以出现同时除息又除权的现象。

(5)G股

对于已经实施了股权分置改革,并恢复交易的股票,我们称为G股。因为"股权分置改革"中第一个词"股"的第一个中文拼音字母为G(g),为了和其他股票相区别,所以在这种股票的简称前加上特有的标识——"G"。

1.1.5 股票的作用

1. 对于上市公司而言

对于股票的发行者,也就是上市公司来说,股票的基本作用体现在以下四点:

(1)股票的发行上市可以快速而有效地筹集资金

筹集资金是股票最原始的作用。通过发行股票,股份公司可广泛地吸引社会暂时闲置的资金,在短时间内把社会上分散的资金集中成为巨大的生产资本,组成一个"社会企业",也就是我们通常所称的股份有限公司。而通过二级市场的流通,又能将短期资金通过股票转让的形式衔接为长期资金。

基于这一点,现今世界上许多国家特别是西方一些发达国家,都是通过发行股票的形式来组织股份有限公司,以经营工业、农业、运输业、金融保险业中的一些大企业。我国一些股份公司发行股票的主要目的也是筹集企业进一步发展所需的资金。

(2)股票的发行上市可以有效地宣传公司和产品

股票上市发行后,就会有众多的社会公众参与股票投资,股市就成为舆论宣传的一个热点,各种媒介每天都在反复传播股市信息,无形之中就提高了上市公司的知名度,起到了宣传广告作用。

(3)股票的发行上市有利于实现创业资本的增值

在股票发行市场上,股票的发行价总是和企业的经营业绩相联系的。当一家业绩优良的企业发行股票时,其发行价都要高出其每股净资产的许多,若遇到二级市场的火爆行情,其溢价往往能达到每股净资产的2~3倍或者更多,而股票的溢价发行又使股份公司发起人的创业资本得到增值。如我国上市公司中国家股都是由等量的净资产折价入股的,其一元面值的股票对应的就是其原来一元的净资产。而通过高溢价发行股票后,股份公司每股净资产含量就能提高30%甚至更多。

(4)可以有效地通过发行股票来分散投资风险

无论是哪一类企业,总会有经营风险存在,尤其是一些高新技术产业,由于产品的市场前景不明朗,

技术工艺尚待成熟和稳定，在经营过程中，其风险就更大。对这样一些前景难以预测的企业，当发起人难以或不愿承担所面临的风险时，他们总会想方设法地将风险转嫁或分摊与他人，而通过发行股票来组成股份公司就是分散投资风险的一个好方法。即使投资失败，各个股东所承受的损失也变得非常有限。

2. 对于股民来说

而对于股票的购买者，也就是广大股民来说，股票的基本作用有如下三点：

(1)股票是一种比较大众化的投资工具

由于股票具有收益性，股票投资就成为大众投资的一种工具。人们总是希望钱能生钱，而除了银行存款、购买债券及亲自创办经济实体以外，通过购买股票也可取得收益，实现资本的增值。

(2)通过购买股票进行投机或变相赌博

由于受众多因素的影响，股票价格具有较强的波动性，因而人们可通过股票来进行投机活动，从买进卖出中赚取股票的价差，这也是股票市场吸引众多投资者的原因之一。但是由于股票价格特别是其短期趋势较难预测，股民投资股市时并不作基本的分析研究，就是进行详细的分析也不一定能把握胜机，所以许多股民往往都抱着一赌而决胜负的心理进行股票投资，故股票有时也成为某些股民变相赌博的一种工具。

(3)可以方便地组合生产要素

通过购买股票，投资者可非常方便地实现参股投资或控股及购买、兼并股份公司的目的，从而实现生产要素的组合，以提高企业的经营效益。如美国和日本的大型企业，通过购买我国江西的江铃汽车股票来参与这家上市公司的经营管理，将其比较先进的技术和管理方式引进这些企业，从而实现生产要素的组合，达到提高经营效益的目的。

1.1.6 股票的特性

1. 收益性

股票最基本的特征就是收益性，它是指股票可以为持有人带来收益的特性。持有股票的目的在于获取收益。股票的收益来源可分成两种：一是来自股票流通。股票持有者可以持股票到依法设立的证券交易场所进行交易，当股票的市场价格高于买入价格时，卖出股票就可以赚取差价收益。这种差价收益称为资本利得。二是来自股份公司。认购股票后，持有者即对发行公司享有经济权益，这种经济权益的实现形式是从公司领取股息和分享公司的红利。股息红利的多少取决于股份公司的经营状况和盈利水平。

2. 风险性

股票的风险性是指股票投资收益的不确定性，或者说实际收益与预期收益之间的偏离。投资者在买入股票时，对其未来收益会有一个预期，但真正实现的收益可能会高于或低于原先的预期，这就是股票的风险。很明显，风险不等于损失，高风险的股票可能给投资者带来较大损失，也可能带来较大的预期收益。风险本身是一个中性概念，但是，多数理性的投资者厌恶风险，如果要引导投资者投资风险较高的股票，就必须提供更高的预期收益，这就是所谓的“高风险高收益”。

3. 永久性

永久性是指股票所载有权利的有效性是始终不变的，因为它是一种无期限的法律凭证。股票的有效期与股份公司的存续期间相联系，二者是并存的关系。这种关系实质上反映了股东与股份公司之间比较稳定的经济关系。股票代表着股东的永久性投资，当然股票持有者可以出售股票而转让其股东身份，而对于股份公司来说，由于股东不能要求退股，所以通过发行股票募集到的资金，在公司存续期间是一笔稳定的自有资本。

4. 流动性

流动性是指股票可以通过依法转让而变现的特性，即在本金保持相对稳定、变现的交易成本极小的条件下，股票很容易变现的特性。股票持有人不能从公司退股，但股票转让为其提供了流动性。

通常，判断股票的流动性强弱主要分析三个方面：

(1)市场深度,以每个价位上报单的数量来衡量,如果买卖盘在每个价位上均有较大报单,则投资者无论买进或是卖出股票都会较容易成交,不会对市场价格形成较大冲击。

(2)报价紧密度,指买卖盘各价位之间的价差。若价差较小,则新的买卖发生时对市场价格的冲击也会比较小,股票流动性就比较强。在有做市商的情况下,做市商双边报价的买卖价差通常是衡量股票流动性的最重要指标。

(3)股票的价格弹性或者恢复能力,指交易价格受大额交易冲击变化后,迅速恢复原先水平的能力。价格恢复能力越强,股票的流动性越高。

另外,由于股票的转让可能受各种条件或法律法规的限制,因此,并非所有股票都具有相同的流动性。通常情况下,大盘股流动性强于小盘股,上市公司股票的流动性强于非上市公司股票,而上市公司股票又可能因市场或监管原因而受到转让限制,从而具有不同程度的流动性。

5. 不可偿还性

股票是一种无偿还期限的有价证券,投资者认购了股票后,就不能再要求退股,只能到二级市场卖给第三者;股票的转让只意味着公司股东的改变,并不减少公司资本。从期限上看,只要公司存在,它所发行的股票就存在,股票的期限等于公司存续的期限。

6. 合法性

股票是股东身份的象征,它象征着股东对上市公司的一种资产所有权。同时,它也具有明确的法律效力,即一旦投资者买入某一企业的股票后,就意味着企业与股东之间具有了受法律保护的经济关系。股票是与发行企业共存亡的,企业的发展可以为股东带来丰厚的回报;若企业经营不善、出现破产时,则企业必须结清负债,并把余下的资产平分给持有股票的股东。

7. 参与性

参与性是指股票持有人有权参与公司重大决策的特性。股东有权出席股东大会,选举公司董事会,参与公司重大决策;股票持有者的投资意志和享有的经济利益,通常是通过行使股东参与权来实现的;股东参与公司决策的权利大小,取决于其所持有的股份的多少。从实践中看,只要股东持有的股票数量达到左右决策结果所需的实际多数时,就能掌握公司的决策控制权。

1.1.7 股票指数

股票指数即股票价格指数,它是由证券交易所或金融服务机构编制的表明股票行市变动的一种供参考的指示数字。

由于股票价格起伏无常,投资者必然面临市场价格风险。对于具体某一种股票的价格变化,投资者容易了解,而对于多种股票的价格变化,要逐一了解,既不容易,也不胜其烦。为了适应这种情况和需要,一些金融服务机构就利用自己的业务知识和熟悉市场的优势,编制出股票价格指数,公开发布,作为市场价格变动的指标。

根据股票指数,投资者就可以根据指数的升降,判断出股票价格的变动趋势,同时检验自己投资的效果,并预测股票市场的动向。另外,新闻界、公司老板乃至政界领导人等也以此为参考指标,来观察、预测社会政治、经济发展形势。

一般来说,为了能实时向投资者反映股市的动向,所有的股市几乎都是在股价变化的同时即时公布股票价格指数。其中,受关注程度最高的国内指数主要包括上证指数、深证指数、中小板指数、创业板指数。受关注程度最高的国外指数主要包括道琼斯工业平均指数、标普尔 500 指数、纳斯达克指数、德国 DAX 指数、法国 CAC40 指数、英国富时 100 指数、日经 225 指数。

1. 上证指数

上证指数,即上证综指,也就是股民常说的大盘,于 1991 年 7 月 15 日发布,是上海第一只反映市场整体走势的旗舰型指数,也是中国资本市场影响力最大的指数,包含 A 股、B 股等上交所全部上市股票,以总股本为权重加权计算,代表中国资本市场 20 年发展历程,是中国资本市场的象征。

上证指数主要反映了上海证券交易所所有股票的整体走势,是用来判断整个A股市场最常用的指数。

2. 深证指数

深证指数,即深证成指,是深圳证券交易所编制的一种成分股指数,是从上市的所有股票中抽取具有市场代表性的40家上市公司的股票作为计算对象,并以流通股为权数计算得出的加权股价指数,综合反映深交所上市A、B股的股价走势。

深证成指主要是40只个股的加权走势,但与深证综指的走势非常接近,同样是判断整个A股市场尤其是二线蓝筹及中小盘股最常用的指数。

3. 中小板指数

中小板指数是中国多层次证券市场的重要指数,由100家具有代表性的中小板公司组成。中小板指数包括价格指数(中小板指数P)和全收益指数(中小板指数R),价格指数于2006年1月24日正式发布,初期样本数量为50只,2006年12月27日样本扩大到100只,并同日开始发布全收益指数。

中小板指数兼具价值尺度与投资标的功能。2006年6月8日,华夏基金管理公司成功发行跟踪中小板价格指数的ETF产品——华夏中小板ETF。

4. 创业板指数

创业板指数的初始成分股为指数发布之日已纳入深证综合指数计算的全部创业板股票。样本未满100只前,新上市股票在上市后第十一个交易日纳入计算;样本满100只之后,样本锁定为100只,并依照定期调样规则实施调样。创业板指数选样指标为一段时期(一般为六个月)平均流通市值的比重和平均成交金额的比重。选样时先计算入围个股平均流通市值占创业板市场比重和平均成交金额占创业板市场比重,再将上述指标按2:1的权重加权平均,计算结果从高到低排序,在参考公司治理结构、经营状况等因素后,按照缓冲区技术选取创业板指数成分股。

5. 道琼斯工业平均指数

道琼斯工业平均指数(DJIA,简称“道指”)是最悠久的美国市场指数之一,它是由《华尔街日报》和道琼斯公司创建者查尔斯·道创造的几种股票市场指数之一,是道琼斯指数四组中的第一组。他用这个指数来测量美国股票市场上工业构成的发展。

6. 标普500指数

标准普尔500指数是一个由1957年起记录美国股市的平均记录,观察范围达美国的500家上市公司。标准普尔500指数里的500家公司都是在美国股市的两大股票交易市场,纽约证券交易所和美国全国证券业协会行情自动传报系统(纳斯达克、NASDAQ)中有多个交易的公司。几乎所有标准普尔中的公司都是全美最高金额买卖的500只股票。这个股票指数由标准普尔公司创建并维护。跟随道琼斯工业平均指数之后,标准普尔500指数便是全美第二大指数。与道琼斯指数相比,标普500指数包含的公司更多,因此风险更为分散,能够反映更广泛的市场变化。此外,相较于道琼指数抓股价加权,标普500指数是采用市值加权,更能反映公司股票在股市上实际的重要性。

7. 纳斯达克指数

纳斯达克综合指数是反映纳斯达克证券市场行情变化的股票价格平均指数,基本指数为100。纳斯达克的上市公司涵盖所有新技术行业,包括软件和计算机、电信、生物技术、零售和批发贸易等。主要由美国的数百家发展最快的先进技术、电信和生物公司组成,包括微软、英特尔、美国在线、雅虎等这些家喻户晓的高科技公司,因而成为美国“新经济”的代名词。纳斯达克综合指数是代表各工业门类的市场价值变化的晴雨表。

因此,纳斯达克综合指数相比标普500指数、道琼斯工业指数(它仅包括30个著名大工商业公司,20家运输业公司和15家公用事业大公司)更具有综合性。目前,纳斯达克综合指数包括5000多家公司,超过其他任何单一证券市场。因为它有如此广泛的基础,已成为最有影响力的证券市场指数之一。

8. 英国富时 100 指数

英国富时 100 指数,又称伦敦金融时报 100 指数,由世界级的指数计算金融机构 FTSE(富时指数有限公司)所编制,自 1984 年起,特别挑选在伦敦证券交易所交易的 100 种股票,其成分股涵盖欧陆 9 个主要国家,以英国企业为主,其他国家包括德国、法国、意大利、芬兰、瑞士、瑞典、荷兰及西班牙。

英国富时 100 指数为世界投资人欢迎的金融商品之一,和德国 DAX 指数、法国的 CAC40 指数并称为欧洲三大股票指数,是当前全球投资人观察欧股动向最重要的指标之一。

9. 德国 DAX 指数

德国 DAX 指数是由德意志交易所集团推出的一个蓝筹股指数,该指数中包含有 30 家主要的德国公司,是德国重要的股票指数。DAX 指数是全欧洲与英国富时 100 指数齐名的重要证券指数,也是世界证券市场中的重要指数之一。该指数通过 Xetra 交易系统进行交易,因此其交易方式不同于传统的公开交易方式,而是采用电子交易的方式,便于进行全球交易。

10. 法国 CAC40 指数

法国 CAC40 指数,由 40 只法国股票构成,由巴黎证券交易所(PSE)以其前 40 大上市公司的股价来编制,基期为 1987 年底。该指数从 1988 年 6 月 5 日开始发布,反映法国证券市场的价格波动。

11. 日经 225 指数

日经 225 指数,是由东京股票交易所第一组挂牌的 225 种股票的价格所组成,这个由日本经济新闻有限公司(NKS)计算和管理的指数,通过主要国际价格报道媒体加以传播,并且被各国广泛用来作为代表日本股市的参照物。1986 年 9 月,新加坡国际金融交易所(SIMEX)推出日经 225 股票指数期货,成为一个重大的历史性发展里程碑。此后,日经 225 股票指数期货及期权的交易,也成了许多日本证券商投资策略的组成部分。

1.1.8 股票与其他投资方式的比较

1. 股票与储蓄的比较

股票和储蓄存款虽然都是货币的所有人将资金交付给股份公司或银行,相应地有权获取收益,在形式上有一定的相似性,但二者在实质上却有根本的不同。

(1)性质不同

股票与储蓄存款虽然都是建立在信用的基础上,但股票是以资本信用为基础,它体现着股份公司与股东之间围绕着投资而形成的权利和义务关系。而储蓄存款则是一种银行信用,它所建立的是银行与储户之间的借贷性债权债务关系。股票的购买者是股份公司的股东,而存款人实际上是贷款人,他将自己暂时闲置的资金借与银行。

(2)法律地位及权利内容不同

股票持有人和银行储户的法律地位及权利内容有所不同。股票持有人和储户虽然都享有一定的权利,承担相应的责任,但储户仅仅是银行的债权人,其债权的内容限于定期收回本金和获取利息,但不能参与债务人的经营管理,对其经营状况不负任何责任。而股票持有人处于股东的地位,有权参与股份有限公司的生产经营决策。

(3)风险性不同

股票和储蓄存款虽都可使货币增值,但其风险性不同。股票是向股份有限公司的直接投资,它可根据股份有限公司的经营状况和盈利水平直接获取所追求的收益——股息和红利。这一收益可以很高,也可能很低或没有,它随股份公司的经营业绩而定,每年都有所不同,处于一种经常性的变动之中。而储蓄存款则仅仅是通过实现货币的储蓄职能来取得收益——存款利息。这一增值部分是事先约定的、固定的,它不受银行经营的影响。

(4)存续时间和转让条件不同

储蓄存款一般是有固定期限的,储蓄存款人到期就可收回本金和利息。即使提前支取,任何形式的储蓄都能收回本金，而股票是无期限的，不管情况如何变化，股东都不能要求股份公司退股而收回股本，但可以进行买卖和转让。同时，股票只能到证券市场去转让，其价格要随行就市，能否收回投资要视交易时的股市行情而定。

(5)收益的计算依据不同

储户存款所获利息是根据存款的本金来计算的，其收益的多少与投入的资金数量成正比，存的越多，收益愈大。而股息红利是根据股民所持股票数量来派发的，与股民投入资金的数量并没有直接联系。有些股民投入的资金数量虽然很大，但由于购买的股票价格较高，其收益可能要远远低于同期的银行储蓄利息。

(6)投入的成本不同

储蓄存款只需根据利率事先选择好存款期限即可，无需花费过多的精力和物力。而在购买股票时，股民需要投入相当的精力去关注股市行情的变化，通过购买相关的报刊、杂志以获取信息资料来辅助研究上市公司的经营情况，从而决定股票的买进卖出。

2. 股票与投资基金的比较

股票投资和基金投资是目前国内投资者最常用的两种投资方式。股票投资是投资者购买上市公司发行的股票，通过股价的上涨和公司的分红取得收益。而基金投资则是通过购买基金份额把钱交给基金管理公司进行投资管理，通过基金份额净值的增长来实现收益。二者最主要的区别在于：

(1)发行主体不同

股票是股份有限公司募集股本时发行的，非股份公司不能发行股票。投资基金是由投资基金公司发行的，它不一定就是股份有限公司，且各国的法律都有规定，投资基金公司是非银行金融机构，在其发起人中必须有一家金融机构。

(2)风险及收益不同

股票是一种由股票购买者直接参与的投资方式，它的收益不但受上市公司经营业绩的影响、市场价格波动的影响，且还受股票交易者综合素质的影响，其风险较高，收益也难以确定。而投资基金则由专家经营、集体决策，它的投资形式主要是各种有价证券及其他投资方式的组合，其收益就比较平均和稳定。而由于基金的投资相对分散，其风险就较小，它的收益可能要低于某些优质股票，但其平均收益不比股票的平均收益差。

(3)流通性不同

基金的流动性要强于股票。基金中有两类：一类是封闭型基金，它有点类似于股票，大部分都在股市上流通，其价格也随股市行情在波动，它的操作与股票相差不大；一类是开放型基金，这类基金随时可在基金公司的柜台买进卖出，其价格与基金的净资产基本等同。

(4)期限不同

股票是股份有限公司的股权凭证，它的存续期是和公司相始终的，股东在中途是不能退股的。而投资基金公司是代理公众投资理财的，不管基金是开放型还是封闭型的，投资基金都有限期的限定，到期时要根据基金的净资产状况，依投资者所持份额按比例偿还投资。

(5)投资者的权益有所不同

股票和基金虽然都以投资份额享受公司的经营利润，但基金投资者是以委托投资人的面目出现的，它可以随时撤回自己的委托，但不能参与投资基金的经营管理，而股票的持有人是可以参与股份公司的经营管理的。

3. 股票与债券的比较

股票和债券都是有价证券，二者经过有关部门审批核准后，都可在证券市场进行买卖和转让，其流通价格均要受到银行利率等多重因素的影响。但股票是股份公司公开发行用以证明出资人和股东身份的凭证，而债券是政府或企业为了筹集资金而公开发行的并且承诺在限定的时间内还本付息的证券，二者在实质上有着不同，具体体现在：

(1)投资性质不同

认购股票是向股份公司的投资，构成公司的自有资金。相应地，投资者成为公司的股东，与公司之间形成股东权与公司生产经营权的关系。公司的经营状况与股东的利益息息相关,因而股东有权从公司经营中获取收益,有权参与公司的经营决策。而购买债券所投入的资金是发行人所需追加的资金,属于负债的范畴。投资者成为发行者的债权人,与发行人之间产生的是借贷性质的债权债务关系。债券持有人可向发行人行使债权,要求收取利息,但无权参与企业的经营决策。所以股票和债券各自包含的权利内容就不尽相同,股票是一种综合性的股东权,而债券则是债权,其内容包括到期收取利息和本金的权利,在债务人破产时优先分取财产的权利。

(2)风险程度不同

由于股票是一种没有期限的永久性投资,股东不能要求退股,也不一定能获取固定的股息和红利,所以在经济收益上股东要承担较大的投资风险。而债券则是一种风险很小的保守性投资。原因是:

第一,认购公司债券是有期限的借贷关系,公司债券持有人到期既可收取固定的利息,又可收回本金。

第二,在收益分配上,公司债券持有人的地位优先于公司股东,特别是在公司经营亏损或破产时,要先偿还公司债权人的本息,然后才能在股东之间分配盈余或剩余财产。

第三,股票和公司债券的流通性有所区别。由于股票是永久性投资,股东不能退股,故只能通过在股票交易市场中买卖转让才能收回投资,加之股票投资的风险性很大,使得股票的流通性较强,相应地其交易价格也就受供求关系的影响而有较大幅度的变化,股东在转让股票时收回的金额与股票市场的波动直接相关。

相比之下,公司债券作为有期限的债权凭证,可以定期收取本金,投资风险较小,其流通范围和流通频率均小于股票,交易价格的变动较为平缓。

为了维护股份有限公司的资本信用,确保偿债能力,法律对于股份有限公司发行公司债券有所限制。比如规定,公司发行公司债券的总额,不得超过该公司净资产。如果股份有限公司对以前发行的公司债券有迟延支付本息等违约行为的,法律则规定不准再发行新的公司债券等。

(3)收益多寡不同

持有股票的股东依法获取的收益是股息和红利。由于它是从公司利润中支出,故其数额事先难以确定,完全依赖于股份有限公司的经营状况。经营好的,则可获取大大高于公司债券的收益,而经营不善的,则可能低于公司债券的收益,甚至分文不收。与持有股票不同,持有公司债券的债权人依法获取的收益是利息,其数额事先固定,并在企业的经营成本中支付,其支付顺序要优先于股票的红利。且企业经营效益的优劣与债券持有人的经济收益呈钢性关系,只要发债企业在经营上实现盈亏平衡,债券持有人到期就能收回本息,企业的盈利水平再高,债券的持有者却不会因此得到额外的利益。

4. 股票与期货的比较

通常所说的股票交易一般都是指股票的现货交易,而股票的现货交易与一般商品的期货交易有较大的差别。

(1)收益来源不同

期货的利润仅来源于价差,它完全依赖于期货交易者对市场价格走势的预测,对则盈、错则损。而股票投资的收益不仅来源于股票交易的价差,还来源于上市公司的股息红利。此外,股票交易是投资、投机均可,而期货交易是纯粹的投机。

(2)风险程度差异较大

期货的风险比股票要大很多倍,如买进股票后价格下跌,股民可耐心等待价格的回升。而期货实行的是每日结算制度,一旦期货合约的价格变化超过一定范围,其保证金就被吃掉,而没有套牢一说,即使以后价格又回到对交易者有利的水平,其以前的交易已被平仓而不算数。所以期货的风险特别大,一旦交易做反了向,就会造成血本无归。

(3)时限不同

期货交易在期货合约到期时必须交割或实施反方向的对冲以进行平仓,所以期货有严格的时间限制。而股票在买进后投资者可根据自己的意愿将股票予以存放或依市场行情随时抛出,不受相关时间的限定。

(4)收益的大小不同

期货的收益比股票的收益要高,因为期货实行的是保证金交易,其交易额可做到保证金的10~20倍,它可以小博大,而股票的现货交易实行的是全额保证金制度,其收益率比期货要低得多。

5. 股票与股指期货的比较

股指期货和股票都是在交易所交易的产品。在我国大陆市场,股指期货在中国金融期货交易所交易,股票在上海证券交易所和深圳证券交易所上市交易。两者是不同的金融工具,存在很大的区别。

(1)交易方向不同

股指期货交易既可以做多,也可以卖空;既可以先买后卖,也可以先卖后买,因此股指期货交易是双向交易。而目前我国股票交易还没有卖空机制,股票只能先买后卖,此时股票交易是单向交易。未来部分股票允许融券交易后情况会有所改变。

(2)交易方式不同

股指期货采用保证金交易,即在进行股指期货交易时,投资者不需支付合约价值的全额资金,只需支付一定比例的资金作为履约保证,而目前我国股票交易需要支付股票价值的全部金额。由于股指期货保证金交易提供了交易杠杆,其损失和收益的金额将可能会很大,这点和股票交易也不同。

(3)期限不同

正常情况下,股票是没有期限的,只要上市公司不退市,买入股票后就可以一直持有。但股指期货合约不同,股指期货合约有到期日,合约到期后将会交割下市,同时上市交易新的合约,所以不能无限期持某一月份的合约。因此,交易股指期货要注意合约到期日,临近到期时,投资者必须决定是提前平仓了结,还是等待合约到期时进行现金交割。

(4)结算方式不同

股指期货交易采用当日无负债结算,当日交易结束后要对持仓头寸进行结算。如果账户保证金余额不足,必须在规定的时间内补足,否则可能会被强行平仓。而股票交易采取全额交易,并不需要投资者追加资金,在股票卖出以前,不管是否盈利都不进行结算。

§1.2　新股民入市交易规则

1.2.1　开户的规则

股票开户是投资者在券商处开设的进行股票交易的账户。开立股票账户是投资者进入股市进行操作的先决条件。股票账户分为上海证券公司股票账户和深圳证券公司股票账户两种,投资者可根据需要决定办理一种或两种。

1.2.1.1　开户的流程

目前,由于证券公司之间的竞争非常激烈,因此股票的开户也就变得非常简单,只需要选好自己喜欢的证券公司,以及离家或者离工作单位比较近的营业部就好了,营业部的经纪人会将一切办妥当。具体步骤如下(见图1-1):

第一步,选择一家证券公司;

第二步,持本人身份证和银行卡去证券公司的业务网点办理手续;

第三步,开设相应的股东账户卡;

第四步,填写开户申请书,签署《证券交易委托代理协议书》,开设资金账户;

第五步,填写《网上委托协议书》,并签署《风险揭示书》,开通网上交易;

第六步,到银行卡所在的银行,出示《交易结算资金银行存管协议书》,办理资金的第三方存管;

第七步,将第三方存管账户中的资金划到股票账户,开始股票交易。

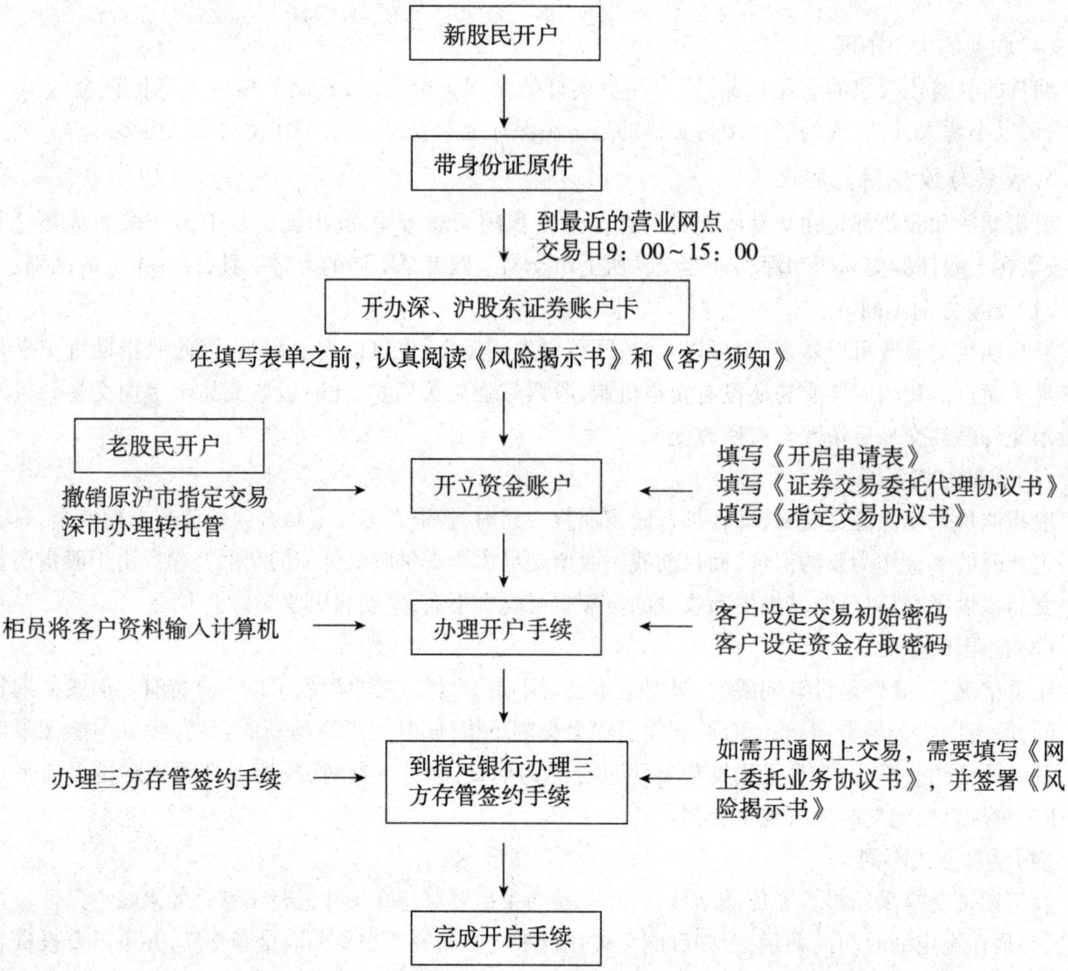

图1－1　股票开户流程图(营业部都有专业经纪人指导)

1.2.1.2　开户的费用

按照国家相关法规规定,上交所的开户费用为人民币40元,深交所的开户费用为人民币50元。但由于当前证券公司之间的竞争激烈,沪深两市的开户费用目前均由证券公司来承担,因此股民在开户的时候无需缴纳任何费用。

1.2.2　交易的规则

股票交易的规则是一门非常大的学问,全面且有效地掌握所有的交易规则才能够在证券市场中游刃有余,而不至于连股票的买卖操作是否有效都不知道,更谈不上通过股票来盈利。

一般来说,股票交易的整个过程包括多个环节:委托、撤单、竞价、成交、清算、过户等,下面就来一一熟悉相关操作的规则。

1.2.2.1　委托与撤单

1. 委托的形式

投资者在证券交易所买卖证券,是通过委托证券经纪商来进行的,客户在办理委托买卖证券时,需要向证券经纪商下达委托指令。

目前通用的委托方式是网上委托,是指证券公司通过基于互联网或移动通讯网络的网上证券交易系统,向客户提供用于下达证券交易指令、获取成交结果的一种服务方式,包括需下载软件的客户端委托和无需下载软件、直接利用证券公司网站的页面客户端委托。网上委托的上网终端包括电子计算机、手机等设备。客户在办理网上委托的同时,也应当开通柜台委托、电话委托等其他委托方式,当证券公司网上证券委托系统出现网络中断、高峰拥挤或网上委托被冻结等异常情况时,客户可采用上述其他委托方式下达委托指令。

2. 委托指令的要素

在委托指令中,不管是采用填写委托单还是自助委托方式,都需要反映客户买卖证券的基本要求或具体内容,这些主要体现在委托指令的基本要素中。以委托单为例,委托指令的基本要素包括:

(1)证券账号。客户在买卖上海证券交易所上市的证券时,必须填写在中国结算公司上海分公司开设的证券账户号码;买卖深圳证券交易所上市的证券时,必须填写在中国结算公司深圳分公司开设的证券账户号码。

(2)日期。日期即客户委托买卖的日期,填写年、月、日。

(3)品种。品种指客户委托买卖证券的名称,也是填写委托单的第一要点。填写证券名称的方法有全称、简称和代码三种(有些证券品种没有全称和简称的区别,仅有一个名称)。通常的做法是填写代码及简称,这种方法比较方便快捷,且不容易出错。上海证券代码和深圳证券代码都为一组6位数字。委托买卖的证券代码与简称必须一致。

(4)买卖方向。客户在委托指令中必须明确表明委托买卖的方向,即是买进证券还是卖出证券。

(5)数量。这是指买卖证券的数量,可分为整数委托和零数委托。整数委托是指委托买卖证券的数量为1个交易单位或交易单位的整数倍。1个交易单位俗称"1手"。零数委托是指客户委托证券经纪商买卖证券时,买进或卖出的证券不足证券交易所规定的1个交易单位。目前,我国只在卖出证券时才有零数委托。

(6)价格。这是指委托买卖证券的价格。在我国上海证券交易所和深圳证券交易所的交易制度中,涉及委托买卖证券价格的内容包括委托价格限制形式、证券交易的计价单位、申报价格最小变动单位等方面。

(7)时间。这是指客户填写委托单的具体时点,也可由证券经纪商填写委托时点,即上午×时×分或下午×时×分。这是检查证券经纪商是否执行时间优先原则的依据。

(8)有效期。这是指委托指令的有效期间。如果委托指令未能成交或未能全部成交,证券经纪商应继续执行委托。委托有效期满,委托指令自然失效。委托指令有效期一般有当日有效与约定日有效两种。当日有效是指从委托之时起至当日证券交易所营业终了之时止的时间内有效;约定日有效是指委托人与证券公司约定,从委托之时起到约定的营业日证券交易所营业终了之时止的时间内有效。如不在委托单上特别注明,均按当日有效处理。我国现行规定的委托期为当日有效。

(9)签名。客户签名以示对所作的委托负责。若预留印鉴,则应盖章。

(10)其他内容。其他内容涉及委托人的身份证号码、资金账号等。

3. 委托股票数量的规定

2006年5月15日,上海证券交易所发布了《上海证券交易所交易规则》;同日,深圳证券交易所也发布了《深圳证券交易所交易规则》。两个交易规则在有关证券买卖申报数量方面大多数规定相同,个别地方有差异。表1-1列示了上海证券交易所和深圳证券交易所通过竞价交易进行证券买卖的申报数量,表1-2则列示了两家证券交易所通过竞价交易进行证券买卖的单笔申报最大数量。

表1-1 证券交易所竞价交易的证券买卖申报数量

交易内容	上海证券交易所	深圳证券交易所
买入股票、基金、权证	100股(份)或其整数倍	100股(份)或其整数倍
卖出股票、基金、权证	余额不足100股(份)的部分应一次性申报卖出	余额不足100股(份)的部分应一次性申报卖出
买入债券	1手或其整数倍	10张或其整数倍
卖出债券	1手或其整数倍	余额不足10张部分,应当一次性申报卖出

续表

交易内容	上海证券交易所	深圳证券交易所
债券质押式回购交易	100 手或其整数倍	10 张或其整数倍
债券买断式回购交易	1000 手或其整数倍	

注:上海证券交易所的债券交易和债券买断式回购交易以人民币 1000 元面值债券为 1 手,债券质押式回购交易以人民币 1000 元标准券为 1 手。深圳证券交易所的债券交易以人民币 100 元面值为 1 张,债券质押式回购以 100 元标准券为 1 张。

表 1-2 证券交易所竞价交易的单笔申报最大数量

交易内容	上海证券交易所	深圳证券交易所
股票、基金、权证交易	不超过 100 万股(份)	不超过 100 万股(份)
债券质押式回购交易	不超过 1 万手	不超过 10 万张
债券买断式回购交易	不超过 5 万手	

4. 委托股票价格的规定

上海证券交易所和深圳证券交易所有关证券买卖申报价格的规定,主要体现在《上海证券交易所交易规则》和《深圳证券交易所交易规则》中。

(1)委托价格限制形式

从委托价格的限制形式看,可以将委托分为市价委托和限价委托。

市价委托是指客户向证券经纪商发出买卖某种证券的委托指令时,要求证券经纪商按证券交易所内当时的市场价格买进或卖出证券。其优点是:没有价格上的限制,证券经纪商执行委托指令比较容易,成交迅速且成交率高。缺点是:只有在委托执行后才知道实际的执行价格。尽管场内交易员有义务以最有利的价格为客户买进或卖出证券,但成交价格有时会不尽如人意,尤其是当市场价格变动较快时。

限价委托是指客户要求证券经纪商在执行委托指令时,必须按限定的价格或比限定价格更有利的价格买卖证券,即必须以限价或低于限价买进证券,以限价或高于限价卖出证券。限价委托方式的优点是:证券可以以客户预期的价格或更有利的价格成交,有利于客户实现预期投资计划,谋求最大利益。但是,采用限价委托时,由于限价与市价之间可能有一定的距离,故必须等市价与限价一致时才有可能成交。此时,如果有市价委托出现,市价委托将优先成交。因此,限价委托成交速度慢,有时甚至无法成交。在证券价格变动较大时,客户采用限价委托容易坐失良机,遭受损失。

上海证券交易所和深圳证券交易所都规定,客户可以采用限价委托或市价委托的方式委托会员买卖证券。同时,证券交易所也接受会员的限价申报和市价申报。不过,市价申报只适用于有价格涨跌幅限制证券连续竞价期间的交易。在市价申报类型方面,上海证券交易所和深圳证券交易所不完全相同。

①上海证券交易所市价申报类型。《上海证券交易所交易规则》规定,根据市场需要,上海证券交易所可以接受下列方式的市价申报:

第一,最优 5 档即时成交剩余撤销申报,即该申报在对手方实时最优 5 个价位内以对手方价格为成交价逐次成交,剩余未成交部分自动撤销。

第二,最优 5 档即时成交剩余转限价申报,即该申报在对手方实时 5 个最优价位内以对手方价格为成交价逐次成交,剩余未成交部分按本方申报最新成交价转为限价申报;如该申报无成交的,按本方最优报价转为限价申报;如无本方申报的,该申报撤销。

第三,上海证券交易所规定的其他方式。

①深圳证券交易所市价申报类型。《深圳证券交易所交易规则》规定,根据市场需要,深圳证券交易所接受下列类型的市价申报:

第一,对手方最优价格申报。

第二,本方最优价格申报。

第三,最优 5 档即时成交剩余撤销申报。

第四,即时成交剩余撤销申报。

第五,全额成交或撤销申报。

第六,深圳证券交易所规定的其他类型。

所谓对手方最优价格申报,是指以申报进入交易主机时集中申报簿中对手方队列的最优价格为其申报价格。

所谓本方最优价格申报,是指以申报进入交易主机时集中申报簿中本方队列的最优价格为其申报价格。

所谓最优5档即时成交剩余撤销申报,是指以对手方价格为成交价格,与申报进入交易主机时集中申报簿中对手方最优5个价位的申报队列依次成交,未成交部分自动撤销。

所谓即时成交剩余撤销申报,是指以对手方价格为成交价格,与申报进入交易主机时集中申报簿中对手方所有申报队列依次成交,未成交部分自动撤销。

所谓全额成交或撤销申报,是指以对手方价格为成交价格,如与申报进入交易主机时集中申报簿中对手方所有申报队列依次成交能够使其完全成交的,则依次成交;否则申报全部自动撤销。

本方最优价格申报进入交易主机时,集中申报簿中本方无申报的,申报自动撤销。其他市价申报类型进入交易主机时,集中申报簿中对手方无申报的,申报自动撤销。

(2)证券交易的计价单位

证券交易有不同的种类,不同种类证券的交易就可能采用不同的计价单位。

上海证券交易所和深圳证券交易所都规定,股票交易的报价为每股价格,基金交易为每份基金价格,权证交易为每份权证价格。

(3)申报价格最小变动单位

在申报价格最小变动单位方面,《上海证券交易所交易规则》规定:A股、债券交易和债券买断式回购交易的申报价格最小变动单位为0.01元人民币,基金、权证交易为0.001元人民币,B股交易为0.001美元,债券质押式回购交易为0.005元人民币。《深圳证券交易所交易规则》规定:A股、债券、债券质押式回购交易的申报价格最小变动单位为0.01元人民币,基金交易为0.001元人民币,B股交易为0.01港元。另外,根据市场需要,我国证券交易所可以调整各类证券单笔买卖申报数量和申报价格的最小变动单位。

5. 委托股票的受理

证券经纪商在收到客户委托后,应对委托人身份、委托内容、委托卖出的实际证券数量及委托买入的实际资金余额进行审查。经审查符合要求后,才能接受委托。

(1)验证与审单

验证主要是对客户委托时递交的相关证件(如身份证件等)进行核实,审单主要是检查客户填写的委托单。证券经纪商要根据证券交易所的交易规则,对客户的证件和委托单在合法性和同一性方面进行审查。这些审查是为了维护交易的合法性,提高成交的准确率,避免造成不必要的纠纷。

(2)查验资金及证券

在不采用信用交易的情况下,投资者必须用自己账户上的资金买入证券,或者卖出自己账户上实际存在的证券。因此,证券经纪商在受理客户委托买卖证券时,要查验证实客户的资金及证券。

另外需要说明,如果客户采用自助委托方式,则当其输入相关的账号和正确的密码后,即视同确认了身份。证券经纪商的电脑系统还自动检验客户的证券买卖申报数量和价格等是否符合证券交易所的交易规则。

6. 委托股票的执行

证券经纪商接受客户买卖证券的委托,应当根据委托书载明的证券名称、买卖数量、出价方式、价格幅度等,按照证券交易所交易规则代理买卖证券。买卖成交后,应当按规定制作买卖成交报告单交付客户。

(1)申报原则

证券经纪商接受客户委托后应按“时间优先、客户优先”的原则进行申报竞价。时间优先是指证券经纪商应按受托时间的先后次序为委托人申报。客户优先是指当证券公司自营买卖申报与客户委托买卖申报在时间上相冲突时,应让客户委托买卖优先申报。在我国,根据上海和深圳证券交易所交易规则的规定,取得自营业务资格的证券公司应当设专门管理人员和专用交易终端从事自营业务,不得因自营业务影响经纪业务。这样,就从制度上限制了证券公司自营买卖申报抢先客户委托买卖申报的情况。

证券经纪商在接受客户委托、进行申报时还应该做到:在交易市场买卖证券均必须公开申报竞价;在申报竞价时,须一次完整地报明买卖证券的数量、价格及其他规定的因素;在同时接受两个以上委托人买进委托与卖出委托且种类、数量、价格相同时,不得自行对冲完成交易,仍应向证券交易所申报竞价。

(2)申报方式

申报方式有两种,一种由证券经纪商的场内交易员进行申报,另一种由客户或证券经纪商营业部业务员直接申报。在前一种情况下,证券经纪商营业部业务员在受理客户委托后,要按受托先后顺序用电话将委托买卖的有关内容通知其场内交易员(俗称"红马甲"),由场内交易员通过场内电脑终端将委托指令输入证券交易所交易系统。在后一种情况下,证券经纪商的电脑系统要与证券交易所交易系统联网;客户利用自助委托方式,自行将委托指令输入证券经纪商电脑系统,经审查确认后,再自动传送至证券交易所交易系统;或是由证券经纪商营业部业务员在进行委托审查后,将委托指令直接通过终端机输入证券交易所交易系统,无需其场内交易员再行输入。客户自行输入委托指令这种方式,缩短了申报时间与成交回报时间,而且减去了场内交易员人工报盘的环节,从而降低了申报的差错,减少了客户与证券经纪商的纠纷,因此成为目前主要的申报方式。前一种申报方式更多的是作为备用应急的手段。

另外,B股的境外客户在境外委托时,有一些不同于境内委托申报的特点。境外客户若要买卖B股,必须通过境外的证券代理商进行。境外证券代理商通过国际通信设备将客户的指令传给其派驻证券交易所的B股场内交易员,再由驻场B股交易员将委托指令通过终端输入证券交易所交易系统。

(3)申报时间

上海证券交易所和深圳证券交易所都规定,交易日为每周一至周五。国家法定假日和证券交易所公告的休市日,证券交易所市场休市。另外,根据市场发展需要,经中国证监会批准,证券交易所可以调整交易时间。交易时间内因故停市,交易时间不作顺延。

关于申报时间,上海证券交易所规定,接受会员竞价交易申报的时间为每个交易日9:15~9:25、9:30~11:30、13:00~15:00。每个交易日9:20~9:25的开盘集合竞价阶段,上海证券交易所交易主机不接受撤单申报。深圳证券交易所则规定,接受会员竞价交易申报的时间为每个交易日9:15~11:30、13:00~15:00。每个交易日9:20~9:25、14:57~15:00,深圳证券交易所交易主机不接受参与竞价交易的撤销申报。每个交易日9:25~9:30,交易主机只接受申报,不对买卖申报或撤销申报作处理。另外,上海证券交易所和深圳证券交易所认为必要时,都可以调整接受申报时间。

7.委托股票的撤销

(1)撤单的条件

在委托未成交之前,客户有权变更和撤销委托。证券营业部申报竞价成交后,买卖即告成立,成交部分不得撤销。

(2)撤单的程序

在委托未成交之前,客户变更或撤销委托,在采用证券经纪商场内交易员进行申报的情况下,证券经纪商营业部业务员须即刻通知场内交易员,经场内交易员操作确认后,立即将执行结果告知客户。在采用客户或证券经纪商营业部业务员直接申报的情况下,客户或证券经纪商营业部业务员可直接将撤单信息通过电脑终端输入证券交易所交易系统,办理撤单。对客户撤销的委托,证券经纪商须及时将冻结的资金或证券解冻。

1.2.2.2 竞价与成交

1.竞价的原则

证券交易所内的证券交易按"价格优先、时间优先"原则竞价成交。

(1)价格优先

成交时价格优先的原则为:较高价格买入申报优先于较低价格买入申报,较低价格卖出申报优先于较高价格卖出申报。

(2)时间优先

成交时时间优先的原则为:买卖方向、价格相同的,先申报者优先于后申报者。先后顺序按证券交易所交易主机接受申报的时间确定。

例如,有甲、乙、丙、丁投资者四人,均申报卖出 x 股票,申报价格和申报时间分别为:甲的卖出价10.70元,时间13:35;乙的卖出价10.40元,时间13:40;丙的卖出价10.75元,时间13:25;丁的卖出价10.40元,时间13:38。那么这四位投资者交易的优先顺序为:丁、乙、甲、丙。

2. 竞价方式

目前,我国证券交易所采用两种竞价方式:集合竞价方式和连续竞价方式。

上海证券交易所规定,采用竞价交易方式的,每个交易日的9:15~9:25为开盘集合竞价时间,9:30~11:30、13:00~15:00为连续竞价时间。深圳证券交易所规定,采用竞价交易方式的,每个交易日的9:15~9:25为开盘集合竞价时间,9:30~11:30、13:00~14:57为连续竞价时间,14:57~15:00为收盘集合竞价时间。

(1)集合竞价

所谓集合竞价,是指对在规定的一段时间内接受的买卖申报一次性集中撮合的竞价方式。根据我国证券交易所的相关规定,集合竞价确定成交价的原则为:可实现最大成交量的价格;高于该价格的买入申报与低于该价格的卖出申报全部成交的价格;与该价格相同的买方或卖方至少有一方全部成交的价格。

如有两个以上申报价格符合上述条件的,深圳证券交易所取距前收盘价最近的价位为成交价;上海证券交易所则规定使未成交量最小的申报价格为成交价格,若仍有两个以上使未成交量最小的申报价格符合上述条件的,其中间价为成交价格。

集合竞价的所有交易以同一价格成交,然后进行集中撮合处理。所有买方有效委托按委托限价由高到低的顺序排列,限价相同者按照进入证券交易所交易系统电脑主机的时间先后排列。所有卖方有效委托按照委托限价由低到高的顺序排列,限价相同者也按照进入交易系统电脑主机的时间先后排列。依序逐笔将排在前面的买方委托与卖方委托配对成交。也就是说,按照价格优先、同等价格下时间优先的成交顺序依次成交,直至成交条件不满足为止,即所有买入委托的限价均低于卖出委托的限价,所有成交都以同一成交价成交。集合竞价中未能成交的委托,自动进入连续竞价。

例举:某股票当日在集合竞价时买卖申报价格和数量情况如表1-3所示,该股票上日收盘价为10.13元。该股票在上海证券交易所的当日开盘价及成交量分别是多少?如果是在深圳证券交易所,当日开盘价及成交量分别是多少?

表1-3　某股票某日在集合竞价时买卖申报价格和数量

买入数量(手)	价格(元)	卖出数量(手)
—	10.50	100
—	10.40	200
150	10.30	300
150	10.20	500
200	10.10	200
300	10.00	100
500	9.90	—
600	9.80	—
300	9.70	—

根据表1-3分析各价位的累计买卖数量及最大可成交量可见表1-4。

表1-4 各价位累计买卖数量及最大可成交量

累计买入数量(手)	价格(元)	累计卖出数量(手)	最大可成交量(手)
0	10.50	1400	0
0	10.40	1300	0
150	10.30	1100	150
300	10.20	800	300
500	10.10	300	300
800	10.00	100	100
1300	9.90	0	0
1900	9.80	0	0
2200	9.70	0	0

由以上两表可见,符合上述集合竞价确定成交价原则的价格有两个:10.20元和10.10元。上海证券交易所的开盘价为这两个价格的中间价10.15元,深圳证券交易所的开盘价取离上日收市价(10.13元)最近的价位10.10元。成交量均为300手。

(2)连续竞价

连续竞价是指对买卖申报逐笔连续撮合的竞价方式。连续竞价阶段的特点是,每一笔买卖委托输入交易自动撮合系统后,当即判断并进行不同的处理:能成交者予以成交;不能成交者等待机会成交;部分成交者则让剩余部分继续等待。

按照我国证券交易所的有关规定,在无撤单的情况下,委托当日有效。另外,开盘集合竞价期间未成交的买卖申报,自动进入连续竞价。深圳证券交易所还规定,连续竞价期间未成交的买卖申报,自动进入收盘集合竞价。

连续竞价时,成交价格的确定原则为:最高买入申报与最低卖出申报价位相同,以该价格为成交价;买入申报价格高于即时揭示的最低卖出申报价格时,以即时揭示的最低卖出申报价格为成交价;卖出申报价格低于即时揭示的最高买入申报价格时,以即时揭示的最高买入申报价格为成交价。

例举:某股票即时揭示的卖出申报价格和数量及买入申报价格和数量如下表所示。若此时该股票有一笔买入申报进入交易系统,价格为15.37元,数量为600股,则应以15.35元成交100股、以15.36元成交500股(见表1-5)。

表1-5 某股票某日交易时即时揭示的买卖申报价格和数量

买卖方向	价格(元)	数量(股)
卖出申报	15.37	1000
	15.36	800
	15.35	100
买入申报	15.34	500
	15.33	1000
	15.32	800

3.竞价申报时的有效申报价格范围

(1)实行涨跌幅限制的证券的有效申报价格范围

竞价申报时还涉及证券价格的有效申报范围。根据现行制度规定,无论买入或卖出,股票(含A、B股)、基金类证券在1个交易日内的交易价格相对上一交易日收市价格的涨跌幅度不得超过10%,其中ST股票和*ST股票价格涨跌幅度不得超过5%。涨跌幅价格的计算公式为(计算结果四舍五入至价格最小变动单位):涨跌幅价格=前收盘价×(1±涨跌幅比例)。

例举:X股票的收盘价为12.38元,Y股票的交易特别处理,属于ST股票,收盘价为9.66元。则次一交易日X股票交易的价格上限为13.62元[=12.38×(1+10%)],价格下限为11.14元;Y股票交易的价格上限为10.14元[=9.66×(1+5%)],价格下限为9.18元。

买卖有价格涨跌幅限制的证券,在价格涨跌幅限制内的申报为有效申报,超过涨跌幅限制的申报为无效申报。

在深圳证券交易所,买卖有价格涨跌幅限制的中小企业板股票,连续竞价期间超过有效竞价范围的有效申报不能即时参加竞价,暂存于交易主机;当成交价格波动使其进入有效竞价范围时,交易主机自动取出申报,参加竞价。中小企业板股票连续竞价期间有效竞价范围为最近成交价的上下3%。开盘集合竞价期间没有产生成交的,连续竞价开始时有效竞价范围调整为前收盘价的上下3%。

(2)不实行涨跌幅限制的证券的有效申报价格范围

对于无价格涨跌幅限制的证券,我国上海证券交易所和深圳证券交易所都规定了其发生的情形和有效申报价格范围。

上海和深圳证券交易所规定,属于下列情形之一的,首个交易日不实行价格涨跌幅限制:首次公开发行上市的股票(上海证券交易所还包括封闭式基金);增发上市的股票;暂停上市后恢复上市的股票;证券交易所或中国证监会认定的其他情形。

根据上海证券交易所的规定,买卖无价格涨跌幅限制的证券,集合竞价阶段的有效申报价格应符合下列规定:股票交易申报价格不高于前收盘价格的900%,并且不低于前收盘价格的50%。

在上海证券交易所买卖无价格涨跌幅限制的证券,连续竞价阶段的有效申报价格应符合下列规定:

第一,申报价格不高于即时揭示的最低卖出价格的110%且不低于即时揭示的最高买入价格的90%;同时不高于上述最高申报价与最低申报价平均数的130%且不低于该平均数的70%。

第二,即时揭示中无买入申报价格的,即时揭示的最低卖出价格、最新成交价格中较低者视为前项最高买入价格。

第三,即时揭示中无卖出申报价格的,即时揭示的最高买入价格、最新成交价格中较高者视为前项最低卖出价格。

另外,当日无交易的,前收盘价格视为最新成交价格。

深圳证券交易所无涨跌幅限制证券的交易按下列方法确定有效竞价范围:

股票上市首日开盘集合竞价的有效竞价范围为发行价的900%以内,连续竞价、收盘集合竞价的有效竞价范围为最近成交价的上下10%。

无价格涨跌幅限制的证券在开盘集合竞价期间没有产生成交的,连续竞价开始时,按下列方式调整有效竞价范围:

第一,有效竞价范围内的最高买入申报价高于发行价或前收盘价的,以最高买入申报价为基准调整有效竞价范围。

第二,有效竞价范围内的最低卖出申报价低于发行价或前收盘价的,以最低卖出申报价为基准调整有效竞价范围。

另外,买卖深圳证券交易所无价格涨跌幅限制的证券,超过有效竞价范围的申报不能即时参加竞价,可暂存于交易主机;当成交价格波动使其进入有效竞价范围时,交易主机自动取出申报,参加竞价。

4.竞价结果

竞价的结果有三种可能:全部成交、部分成交、不成交。

(1)全部成交

委托买卖全部成交,证券经纪商应及时通知客户按规定的时间办理交收手续。

(2)部分成交

客户的委托如果未能全部成交,证券经纪商在委托有效期内可继续执行,直到有效期结束。

(3)不成交

客户的委托如果未能成交,证券经纪商在委托有效期内可继续执行,等待机会成交,直到有效期结束。对客户失效的委托,证券经纪商须及时将冻结的资金或证券解冻。

1.2.2.3 清算与过户

交易的最后一个环节,证券公司要为客户办理证券和资金的清算与过户。目前我国证券市场采用的是法人结算模式。法人结算是指由证券公司以法人名义集中在证券登记结算机构开立资金清算交收账户,其接受客户委托代理的证券交易的清算交收均通过此账户办理。证券公司与其客户之间的资金清算交收由证券公司自行负责完成。证券公司作为结算参与人与客户之间的清算交收,是整个结算过程不可缺少的环节。

1. 证券公司与客户之间的证券清算交收

实践中,对于证券公司与客户之间的证券清算交收,一般由中国结算公司根据成交记录按照业务规则自动办理。证券交收结果等数据由中国结算公司每日传送至证券公司,供其对账和向客户提供余额查询等服务。证券公司根据中国结算公司数据,记录客户清算交收结果。

2. 证券公司与客户之间的资金清算交收

在客户交易结算资金第三方存管模式下,证券公司与客户之间的资金存取、清算与交收过程可简要概括如下:

(1)客户从其银行结算账户向资金账户存入交易结算资金,可以通过存管银行提供的电话银行、网上银行、柜面服务、多媒体自助终端等方式发出转账指令,也可以通过证券公司提供的电话委托、网上交易、自助委托等方式发出转账指令;存管银行系统根据客户转账指令启动客户资金转账交易。该交易启动后,银行将减少客户银行结算账户余额,相应增加客户管理账户余额和证券公司客户交易结算资金汇总账户余额,证券公司同步更新客户管理账户对应的资金账户余额。

(2)客户证券交易由证券公司单方发起。客户通过证券公司的资金账户及密码,采用证券公司提供的委托手段进行交易。

(3)证券公司接到客户委托买卖指令后对客户账户内的资金和证券进行校验。校验通过后证券公司向交易所报送交易指令。

(4)中国结算公司根据交易所当日成交数据生成清算交收文件,并将清算交收文件发给证券公司。

(5)证券公司根据中国结算公司提供的清算交收数据及存管银行提供的客户交易结算资金存取数据,完成客户资金的清算,更新客户资金账户的余额。并向存管银行发送客户证券交易清算数据及资金账户余额。

(6)存管银行根据客户资金的存取数据和证券公司向其发送的证券交易清算数据完成客户管理账户余额的更新,并进行客户资金账户余额与客户管理账户余额的核对,将核对结果发送证券公司。

(7)证券公司根据核对无误的清算结果制作资金划付指令发送给存管银行。

(8)存管银行根据证券公司的资金划付指令办理交收资金划付。

(9)客户证券交易结算资金的取出,只能通过转账的方式转入其在存管银行开立的同名银行结算账户,再通过银行结算账户办理资金的提取或划转。存管银行系统根据客户转账指令启动客户资金转账交易,通过存管银行与证券公司联网系统获取证券公司对客户取出资金的校验结果。如双方校验通过,存管银行将减少客户管理账户余额和证券公司客户交易结算资金汇总账户余额,相应增加客户银行结算账户余额,证券公司同步更新客户管理账户对应的资金账户余额。

1.2.2.4 交易的费用

投资者在委托买卖证券时,需支付多项费用和税收,如佣金、过户费、印花税等。

1. 佣金

佣金是投资者在委托买卖证券成交后按成交金额的一定比例支付的费用,是证券经纪商为客户提供证券代理买卖服务而收取的费用。此项费用由证券公司经纪佣金、证券交易所手续费及证券交易监管费等组成。

佣金的收费标准因交易品种、交易场所的不同而有所差异。根据中国证监会、原国家计划和发展委员会(现为国家发展和改革委员会)、国家税务总局联合发出的《关于调整证券交易佣金收取标准的通知》,从2002年5月1日开始,A股、B股、证券投资基金的交易佣金实行最高上限向下浮动制度。证券经纪商向客户收取的佣金(包括代收的证券交易监管费和证券交易所手续费等)不得高于证券交易金额的3‰,也不得低于代收的证券交易监管费和证券交易所手续费等。A股、证券投资基金每笔交易佣金不足5元的,按5元收取;B股每笔交易佣金不足1美元或5港元的,按1美元或5港元收取。

2. 过户费

过户费是委托买卖的股票、基金成交后,买卖双方为变更证券登记所支付的费用。这笔收入属于中国结算公司的收入,由证券经纪商在同投资者清算交收时代为扣收。

上海证券交易所和深圳证券交易所在过户费的收取上略有不同。在上海证券交易所,A股的过户费为成交面额的1‰,起点为1元;在深圳证券交易所,免收A股的过户费。

对于B股,这项费用称为结算费。在上海证券交易所为成交金额的0.5‰;在深圳证券交易所亦为成交金额的0.5‰,但最高不超过500港元。

基金交易目前不收过户费。

3. 印花税

印花税是根据国家税法规定,在A股和B股成交后对买卖双方投资者按照规定的税率分别征收的税金。我国税收制度规定,股票成交后,国家税务机关应向成交双方分别收取印花税。为保证税源,简化缴款手续,现行的做法是由证券经纪商在同投资者办理交收过程中代为扣收;然后,在证券经纪商同中国结算公司的清算、交收中集中结算;最后,由中国结算公司统一向征税机关缴纳。

我国证券交易的印花税税率标准曾多次调整。21世纪以来的调整情况为:2001年11月16日,A股、B股交易印花税税率统一下调为2‰;2005年1月24日,证券交易印花税税率从2‰再下调到1‰;2007年5月30日,证券交易印花税税率由1‰上调为3‰;2008年4月24日,证券交易印花税税率再由3‰下调为1‰;2008年9月19日,证券交易印花税只对出让方按1‰税率征收,对受让方不再征收。

1.2.3　打新的规则

申购新股也称为“打新”。不同的市场环境是决定投资者是否打新的关键原因。当股票市场处于明显的整体低估区时,将资金布局于那些后期上涨潜力较大的个股是一个更好的选择;而当市场整体处于明显的泡沫区时,拿出少量的资金参与二级市场中的短线操作,用大量的资金进行风险较低的新股申购就比较明智。

1.2.3.1　打新的基本规定

1. 申购单位及上限

上海证券交易所规定,每一申购单位为1000股,申购数量不少于1000股,超过1000股的必须是1000股的整数倍,但最高不得超过当次社会公众股上网发行总量的1‰,且不得超过9999.9万股。深圳证券交易所规定,申购单位为500股,每一证券账户申购委托不少于500股,超过500股的必须是500股的整数倍,但不得超过主承销商在发行公告中确定的申购上限,且不超过999999500股。

2. 申购次数

投资者参与网上公开发行股票的申购,只能使用一个证券账户。每只新股发行,每一证券账户只能申购一次。同一证券账户多次参与同一只新股申购的,以交易所交易系统确认的该投资者的第一笔申购为有效申购,其余申购均为无效申购。新股申购一经交易所交易系统确认,不得撤销。

3. 申购配号

申购配号根据实际有效申购进行,每一有效申购单位配一个号,对所有有效申购单位按时间顺序连续配号。

4. 资金交收

结算参与人应使用其在证券登记结算机构开立的资金交收账户完成新股申购的资金交收,并应保证其资金交收账户在规定的资金到账时点有足额资金用于新股申购的资金交收。如果结算参与人的资金余额不足,不足资金部分的申购视为无效申购。

1.2.3.2 打新的操作流程

深圳证券交易所上网发行申购资金冻结时间为3个交易日;上海证券交易所上网发行申购资金冻结时间设计为4个交易日,但根据发行人和主承销商的申请,也可以缩短为3个交易日。因此,下面说明申购资金冻结3个交易日的流程。

1. 投资者申购

申购当日(T+0日),投资者在指定的申购时间内,根据发行人发行公告规定的发行价格和申购数量缴足申购款,进行申购委托。已开立资金账户但没有足够资金的投资者,必须在申购日之前(含该日),根据自己的申购量存入足额的申购资金;尚未开立资金账户的投资者,必须在申购日之前(含该日)开立资金账户,并根据申购量存入足额的申购资金。

2. 申购资金冻结、验资及配号

申购日后的第一个交易日(T+1日),由中国结算公司分公司进行申购资金冻结处理。16:00前(深圳证券交易所规定15:00前),申购资金须全部到位。16:00后,发行人及其主承销商会同中国结算公司分公司和会计师事务所对申购资金的到位情况进行核查,并由会计师事务所出具验资报告。发行人应当向负责申购资金验资的会计师事务所支付验资费用。然后根据验资结果确认有效申购总量,并将根据最终的有效申购总量对有效申购按时间先后顺序进行统一的连续配号。每一有效申购单位配一个号,并按以下办法配售新股:

(1)当有效申购总量小于或等于该次股票上网发行量时,投资者按其有效申购量认购股票。

(2)当有效申购总量大于该次股票发行量时,则通过摇号抽签,确定有效申购中签号码,每一中签号码认购一个申购单位新股。

3. 摇号抽签、中签处理(T+2日)

如果有效申购总量大于该次股票发行量,主承销商将于申购日后的第二个交易日(T+2日)组织摇号抽签,公布确定的发行价和中签率,并按规定进行中签处理。

4. 申购资金解冻(T+3日)

申购日后的第三个交易日(T+3日),主承销商公布中签结果,中国结算公司对未中签部分的申购款予以解冻,并按规定进行新股认购款划付,即从结算参与人的资金交收账户上扣收新股认购款项,再划付给主承销商。申购冻结资金产生的利息收入由中国结算公司按相关规定办理划转事宜。

5. 结算与登记

主承销商在收到中国结算公司划转的认购资金后,依据承销协议将该款项扣除承销费用后划转到发行人指定的银行账户。网上发行结束后,中国结算公司完成上网发行新股股东的股份登记。

1.2.3.3 打新的注意事项

1. 注意申购时间

投资者可以通过各大财经、股票类网站来了解新股上市的节奏,这样就可以很清楚地知道哪一个交易日可以申购哪一只新股,这只新股的发行价、申购代码等信息。

在新股申购日(即以上所说的第T日),投资者可以在当日的9:30~11:30或13:00~15:00时,通过登录委托交易软件(即投资者在二级市场买卖股票时所用交易软件),点击“买入”功能选项(注:申购新股其实与在二级市场中买入股票的过程是一致的),输入新股申购代码、申购数量等信息,并点击“确定”就可以成功地发出申购指令了。

需要注意的是:申购新股的委买单一经发出就不得再撤销,这一点与二级市场中买股票的方式略有不同,因为在二级市场中买股票的话,如果所发出的委买单没有成交的话,是可以撤销的。

2. 注意近期新股上市首日的表现

对于欧美很多较为成熟的股票市场来说,新股上市首日的平均涨幅多在20%以下,一般为10%左右。而国内以前由于新股的发行价明显低于二级市场同类个股估值,这才使得新股在上市首日往往出现大幅高开,出现百分之几十甚至上百的涨幅。

以往,即使在熊市的时候,新股上市的首日涨幅往往也极为可观。但是随着新股定价机制的改革,使得一级市场的发行价与二级市场的认可价之间的距离正在逐渐缩小,很多新股在上市首日仅仅出现了百分之几,甚至在上市当天就处于破发状态,这其中也包括了一些中签率很低的中小盘个股。

国内一级市场与二级市场之间差价的缩小这一趋势是与国际接轨的,这一点也是当前投资者在申购新股时应格外关注的。在实盘操作中,如果新股的发行价定得过高,则申购这样的新股显然意义不大,因为它不仅会使投资者面临着新股上市首日破发的风险,还会出现由于资金被冻结而导致无法购买其他个股的情况。在新股屡屡出现破发而新股定价仍然居高不下的时候,投资者就不妨将重点更多地关注那些在二级市场中更有潜力的个股。

1.2.4 分红的规则

"分红"题材是A股市场一个不变的热门炒作题材,尤其是在季报、半年报、年报披露的过程之中,而且分红送股也是价值投资的基础。在美国,大多数公司发放现金分红数额约占公司税后净利的40%~60%。公司分红发放时间大都是按季度进行,每一季度分发一次一定数量或比例的分红。如果还有多余,公司还可在某一时期追加发放。广义上的"分红"主要包括分红、送股、转股三部分。

1.2.4.1 分红

分红是指对股民的投资回报以现金红利的方式来实现。一般是十股派几元,也就是一股给几毛钱,其中要交纳20%的所得税,除权后股价再一掉,和没给没什么分别,所以对于中小散户,派钱没有什么吸引力。但是派现金对原来的国有股的股东是很合算的,主要原因是原来的国有股价格都非常便宜,每股一元,派几次现金后其股东的持有成本就将成为零甚至是负数。而在股票的二级市场上,想通过派现金来收回所有股票投资几乎没什么可操作性。

1.2.4.2 送股

送股,即股份公司在利润分配时以股票股利的形式,给股东"送股",增加股份公司和持权股东股份数的扩股行为。在股份公司的持续经营过程中,其资金来源于公司所得税后的盈余积累,包括所有者权益类中的"盈余公积金"和"未分配利润"两项。

与分红相比,两者都是上市公司对股东的回报,只不过是方式不同而已。只要上市公司在某年度内经营盈利,它就是对股民的回报。但送红股与分红有所不同,如果将这两者与银行存款相比较,分红有点类似于存本取息,即储户将资金存入银行后,每年取息一次。而送股却类似于计复利的存款,银行每过一定的时间间隔将储户应得利息转为本金,使利息再生利息,期满后一次付清。

但送股这种回报方式又有其不确定性,因为将盈利转为股本而投入再生产是一种再投资行为,它同样面临着风险。若企业在未来年份中经营比较稳定、业务开拓较为顺利,且其净资产收益率能高于平均水平,则股东能得到预期的回报;若上市公司的净资产收益率低于平均水平或送股后上市公司经营管理不善,股东不但在未来年份里得不到预期回报,且还将上一年度应得的分红化为了固定资产沉淀。这样送股就不如分红,因为股民取得现金后可选择投资其他利润率较高的股票或投资工具。

上市公司的回报是采取分红还是送股方式,它取决于持多数股票的股东对公司未来经营情况的判断和预测,因为回报方案是要经过股东大会讨论通过的。但我国上市公司中约有一半以上的股份为国家股,且其股权代表基本上都是上市公司的经营管理人员。由于切身利益的影响,经营管理人员基本上都赞同企业的发展与扩张,所以我国上市公司的分红中,送红股的现象就非常普遍。

1.2.4.3 转股

转股,也称配股,是指用公司的资本公积金按权益折成股份转增,资本公积金较高的公司转增可能性较大,转增同样会摊薄每股盈利,同样也会摊薄股价。

1. 转股与送股的相同点

(1)送股是上市公司将本年的利润留在公司里,发放股票作为红利,从而将利润转化为股本。送股后,公司的资产、负债、股东权益的总额结构并没有发生改变,但总股本增大了,同时每股净资产降低了。

而转增股本则是指公司将资本公积转化为股本,转增股本并没有改变股东的权益,但却增加了股本的规模,因而客观结果与送股相似。

(2)转股与送股都有以下程序:股权登记日,收盘持有股票者,被确认享有红股或转增股;除权(除息)日,将前一日收盘价除权(除息),股价自然地发生变动,这叫除权(除息);红股(转增股)上市日,从这一天起,享有红股或转增股才能够上市交易。

2. 转股与送股的不同点

(1)转增股是指用公司的资本公积金按权益折成股份转增,而送股是用公司的未分配利润以股利形式送股。

(2)红股来自公司的年度税后利润,只有在公司有盈余的情况下,才能向股东送红股,而转增股本却来自于资本公积,它可以不受公司本年度可分配利润的多少及时间的限制,只要将公司账面上的资本公积减少一些,增加相应的注册资本金就可以了。

1.2.4.4 除权除息

因送股、配股而使股本增加形成的剔除行为称为除权,即从股价中除去股东享受的送股、配股的权利。因分红分配引起的剔除行为称为除息,即从股价中除去股东享受现金股息的权利。

1. 股权(息)登记日与除权(息)基准日

股权(息)登记日是在上市公司分派股利或进行配股时规定一个日期,在此日期收盘前的股票为"含权股票"或"含息股票"。在该日收盘后持有该股股票的投资者享受分红配股的权利,通常该日称为登记日或R日。之所以称为登记日,是因为交易所在该日收盘之后将认真核对有关资料,对享受分红配股权利的投资者进行核对后登记,全部过程均由交易所主机自动完成,而不需要投资者去办理登记手续,这也是证券无纸化交易的一个优点。

除权(息)基准日,是相对于股权(息)登记日的下一个交易日,即R+1日,在该日及以后交易日交易的股票称为"除权股票"或"除息股票",买入该股票的投资者也就不再享受此次分红配股的权利,而在股权(息)登记日收盘后持有该股票的投资者,在除权(息)基准日及以后卖出该股票后,其所享受的分红配股的权利不受影响。

2. 除权与除息报价

除权(息)股票与含权(息)股票的判别在于是否能够享受股利、股息,这也决定了两者市场价值之间存在差异,一般而言,除权(息)基准日的股价要低于股权登记日的股价,为保证股票价格的公平性和连续性,需要在除权(息)基准日对该股票进行技术处理,根据除权(息)具体情况计算得出一个剔除权(息)影响后的价格作为除权(息)指导价或基准价,又称为除权(息)报价,通常在除权(息)日作为前收盘价来处理。

(1)沪市除权与除息报价的具体计算公式有以下几种:

①除息报价。除息报价=股息登记日收盘价-每股现金股利(股息)

②除权报价:

送股除权报价=股权登记日收盘价÷(1+每股送股比例);

配股除权报价=(股权登记日收盘价+配股价×配股比例)÷(1+每股配股比例);

送股与配股同时进行时的除权报价=(股权登记日收盘价+配股价×配股比例)÷(1+每股送股比例+每股配股比例);

③除息与除权同时存在时的除权除息报价。除权除息报价=(股权登记日收盘价+配股价×配股比例-每股现金分红)÷(1+每股送股比例+每股配股比例)。

(2)深市除权与除息报价的具体计算公式有以下几种:

①除息报价。除息报价=股息登记日收盘价-每股现金股利(股息)

②除权报价:

送股除权报价=股权登记日收盘价÷(1+送股率);

配股除权报价=(股权登记日收盘价×除权前总股本+配股总数×配股价)÷(除权前总股本+配

股总数)；

送股与配股同时进行时的除权报价 =(股权登记日收盘价 × 除权前总股数 + 配股总数 × 配股价) ÷(除权前总股本 + 送股总数 + 配股总数)。

③除息与除权同时存在时的除权除息报价。除权除息报价 =(股权登记日收盘价 × 除权前总股本 + 配股总数 × 配股价 - 派现金总额) ÷(除权前总股本 + 送股总数 + 配股总数)。

需注意的是,股票市场的股价受市场供求本身影响较大,因而除权(息)报价又作为除权(息)日市场开盘的参考价。上海、深圳证券交易所现行做法是在除权(息)基准日,以除权(息)报价代替该日的前收盘价,作为该日集合竞价和涨跌幅限制的参考,当日开盘价仍由集合竞价产生,之后的价格由连续竞价产生。

3. 填权与贴权

在除权(息)后一段时间内,如果多数投资者对该股看好,使得该股股价上涨,其价格高于除权(息)报价,这种行情称为填权。如果股价上涨到除权(息)前的价格水平,称为填满权。相反,如果多数投资者不看好该股,使得该股股价下跌,其价格低于除权(息)报价,则为贴权。

4. 送股与派息的领取办法

根据上海证券交易所和深圳证券交易所交易规则,对投资者享受的红股和股息实行自动划拨到账。也就是说,投资者的红股和股息均自动到账,无需投资者办理任何手续,只是到账的时间两个交易所有所区别,投资者应注意查询确定。

1.2.5 网上交易

了解了上面交易的基本规则之后,股票的交易也就变得简单了,虽然选择的证券公司不同,交易的软件也略有差异,但证券公司网上交易的软件都是以通达信、大智慧、同花顺等几款主要的股票交易软件为内核而开发的,使用起来也是大同小异,下面就以通达信版的银河证券海王星为例,来介绍一下使用软件网上交易的具体方法。

1.2.5.1 下载

以银河交易软件为例,在浏览器地址栏中输入银河证券网站网址 www. chinastock. com. cn,进入银河证券网站首页。进入银河证券网站首页后,点击左侧菜单栏的“海王星”,直接下载海王星的完整版本。如图 1 - 2 所示。

图 1 - 2 下载页面

如需下载海王星其他版本,请点击首页的右侧服务通道下的“软件下载”进入软件下载页面。

在软件下载页面栏目中,显示有海王星各个版本的信息,最上方为海王星完整版本,点击“立即下载”,直接下载海王星的完整版本。

点击相应版本名称后,即开始下载操作,将下载的文件 neptune20. exe 保存到你的计算机上,并牢记所保存程序在你计算机的具体位置。

1.2.5.2 安装

首先,运行你下载到本地计算机上的“neptune20. exe”文件(图 1 - 3)。

运行“neptune20. exe”后,进入安装软件的风险揭示条款界面,如果你想继续安装,首先需要同意本

图 1-3 安装文件

条款,选择“我已阅读并同意软件许可协议”,点击“下一步”。

之后,就会进入软件安装目录选择页面,你直接在安装目录框中输入需要安装的目录,或点击“浏览”按钮,浏览到需要安装的目录后,点击开始安装,进行安装。请核对 MD5 码是否与网站提供信息一致。

安装结束后,会弹出安装结束提示框,点击该提示框中的“确定”按钮,结束安装。之后,在桌面上会生成“中国银河证券海王星 V6”的快捷方式图标(图 1-4),你以后就可以点击该图标运行海王星软件。

图 1-4 软件图标,双击打开

1.2.5.3 登录

1. 登录方法

双击桌面上的“中国银河证券海王星 V6”图标,出现客户登录框,你有三种登录方式可选择:

(1)“行情+交易”

通过本登录方式登录后,看到的是行情的委托一体的界面。之后,在登录方式右侧点击下拉按钮,可以选择你想使用何种账号类型进行登录。如图 1-5 所示。

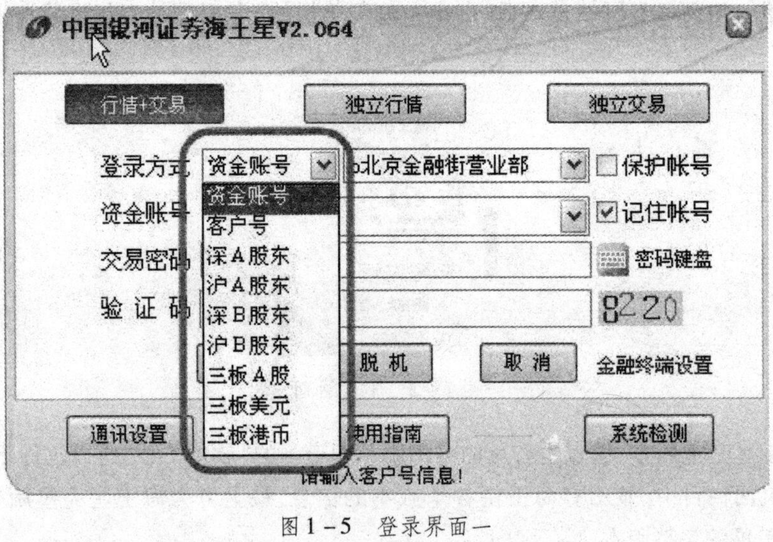

图 1-5 登录界面一

如果你选择“客户号”方式,营业部列表会自动隐藏,请输入 11 位或 12 位完整的客户号。如选择其他方式,则在选择好账号类型后,一定要正确选择你所开户的营业部,方能登录成功。

然后,在账号处填写你所选择账号类型的账号。在交易密码处填入你的交易密码,你可以直接输入,也可以点击右侧的密码键盘在弹出的密码键盘上利用鼠标点击输入。输入密码后,在验证码输入框处输入右侧的 4 位随机验证码。输入完验证码后,点击“登录”按钮,即可进入软件页面。如图 1-6 所示。

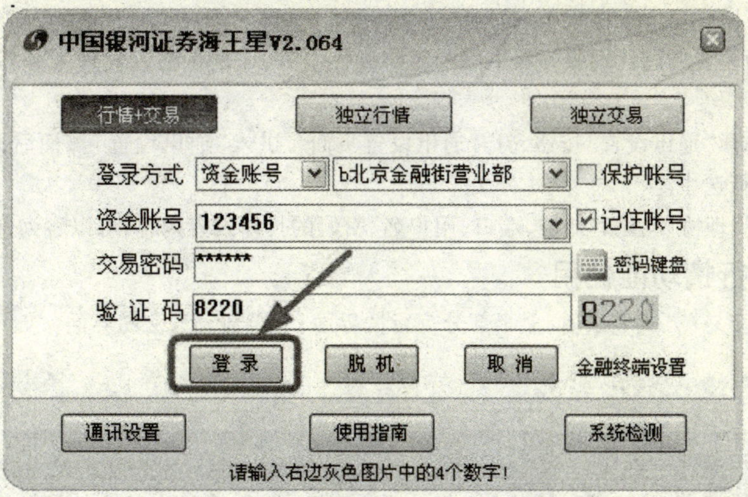

图1-6　登录界面二

(2)"独立行情"

如果你是第一次使用,那么系统会提示你,要使用"行情+交易"方式登录来通过你的身份识别,如果你不是银河证券用户,那么就只能通过"试用"来看行情。如果你第一次通过行情+交易正常登录后,下次使用"独立行情"时,系统将默认你是银河证券用户,20天内系统将不再要求你重新验证身份。20天后,系统会再次提示你,要使用"行情+交易"方式登录来通过你的身份识别。

点击登录界面的"独立行情"按钮,不需要输入账号和密码及验证码点击登录即可登录。

(3)"独立交易"

本功能登录软件不显示行情界面,仅显示交易界面,登录方式与"行情+交易"方式一样,需要选择登录账号类型、营业部,输入账号、密码及验证码后即可登录。

2. 绿色通道

本功能主要为在有端口限制的网络,无法使用海王星的客户提供服务,本服务可以尽最大可能地帮你通过火墙的限制。

点击登录界面的"通讯设置"按钮,进入通讯设置页面。然后,将启用"绿色通道服务"前的勾选框进行选中。勾选后,会出现如下提示,点击确定后,可以选择绿色通道服务器。之后,选择你合适的服务器后,点击"确定"绿色通道服务即可启用。如图1-7所示。

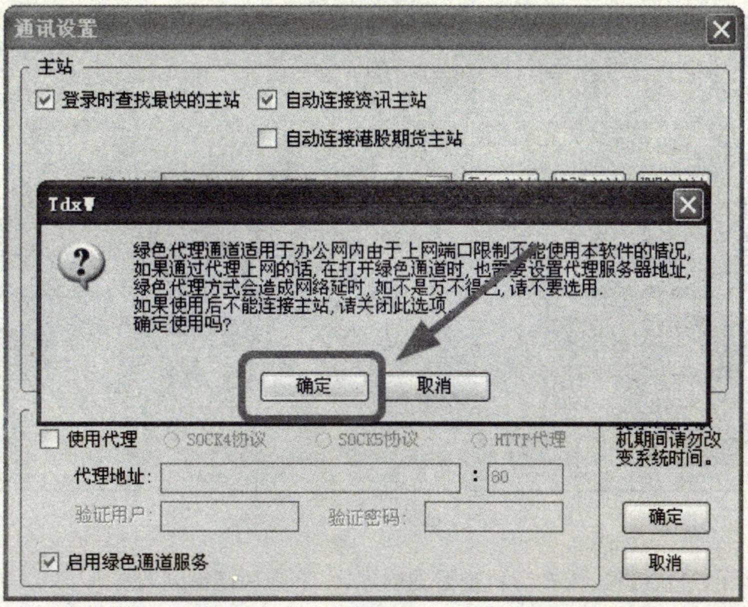

图1-7　绿色通道

3. 代理设置

本功能主要为需要通过代理服务器上网的客户提供服务,你是否通过代理服务器上网,请咨询你的网络管理员。

在登录界面选择“通讯设置”按钮,打开通讯设置页面。进入“通讯设置”界面后,将“使用代理服务器”前的勾选框进行选中。

其中,使用的代理协议、代理地址、端口、用户名、密码的具体设置内容,可以咨询你的网络管理员。

1.2.5.4 行情功能使用

使用“行情+交易”方式登录后,上半部分为行情界面,下半部分为交易界面。如图1-8所示。

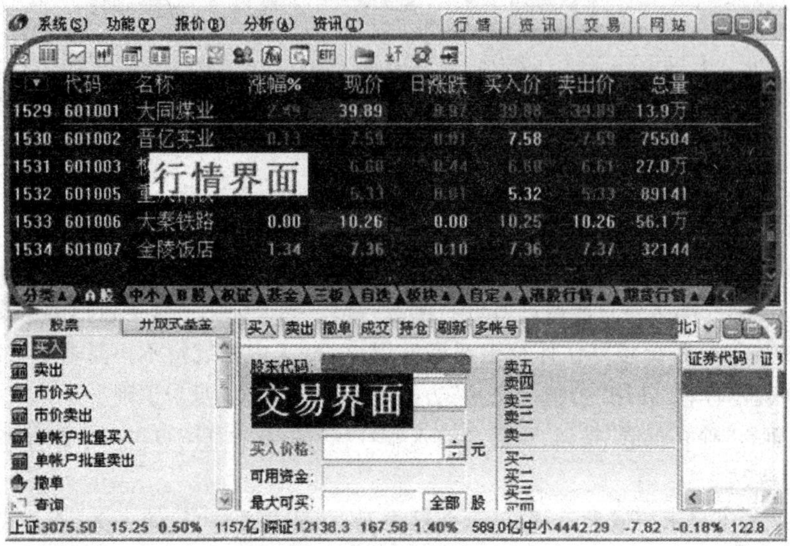

图1-8　行情+交易界面

在本界面,你可以直接在键盘上敲击股票代码,例如:直接敲击中国石油的股票代码“601857”后,按回车键查看中国石油的股票行情,或者直接输入股票名称首字母,例如:“zgsy”(601857 中国石油)后,按回车键查看该股票。

同时,你也可以使用行情页面下方的菜单栏,来查看你想关注的版块。如图1-9所示。

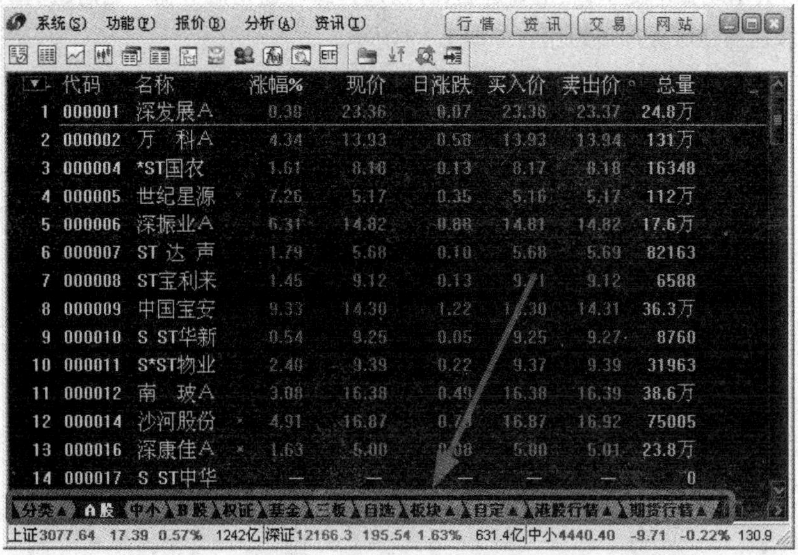

图1-9　板块十个股界面

另外,你还可以通过快捷键,查看需要查看的内容,以下为快捷键列表。

用户可使用F1~F12、Ctrl+字母、Alt+字母等快捷键,该系统支持的快捷键如表1-6所示。

表1-6 热键及功能

热键	功能	热键	功能
F1	单笔成交明细	F	公式管理器
F2	分价表	Ctrl + I	选择指标
F3	上证领先指标	Ctrl + L	显示/隐藏右区
F4	深证领先指标	Ctrl + Q	标记文字
F5	类型切换(分析、走势图)	Ctrl + R	所属板块
F6	自选股	Ctrl + T	条件选股
F7	资讯树	Ctrl + U	移动筹码
F8	分析图中切换周期	Ctrl + Z	加入到板块
F9	委托下单	Ctrl + Tab	窗口切换
F10	个股资料	Ctrl + Page Down	翻页至最后
F12	委托下单	Ctrl + Page Up	翻页至最前
Ctrl + D	系统设置	Ctrl + F4	关闭当前子窗口
Ctrl + K	五彩 K 线指示	Alt + F4	退出系统
Ctrl + M	多股同列	Page Up	向前翻页
Ctrl + O	叠加股票	Page Down	向后翻页
Shift + Enter	辅助区信息地雷		

点序列键,如表1-7所示。

表1-7 热键及功能

热键	功能	热键	功能	热键	功能	热键	功能
0	特别版面设计	1	走势	313	RSI 强弱指标	632	香港权证
001	通达信报价	101	上证 180 走势	314	WR 威廉指标	647	股指期货
002	通达信看盘	102	上证综指走势	315	SAR 抛物线	648	香港企业板
003	盘中监测	103	上证 A 股走势	316	KDJ 经典版	649	香港信托基金
004	多头鹰	104	上证 B 股走势	317	CCI 商品路径	8	交易委托
005	tmp	105	上证 ADL	318	ARMS 阿姆氏	9	特色功能
2	排名	106	上证多空指标	319	TMT 动量线	901	公式管理器
201	分类行情显示	107	深证 100 走势	320	BOLL 布林线	902	条件选股测试
202	振幅排名	108	深证成分走势	321	PSY 心理线	903	交易系统测试
203	今日强势股	109	深证综指走势	322	MCST 市场成本	904	探索最佳指标
204	今日弱势股	110	深证 A 股走势	4	报表分析	905	条件选股
205	成交量排名	111	深证 B 股走势	400	热门板块报表	906	定制选股
206	总金额排名	112	深证 ADL 指标	401	历史行情报表	907	智能选股
207	量比排名	113	深证多空指标	402	强弱分析报表	908	插件选股
208	委比排名	114	上证 50 指数走势	403	区间涨跌幅度	909	综合选股
209	现价排名	115	上证基金指标	404	区间换手率排名	910	市场雷达设置
210	最新大笔排名	116	创业板指数	405	敬意量变幅度	911	市场雷达列表

续表

热键	功能	热键	功能	热键	功能	热键	功能
211	市盈率排名	117	中小企业指数	406	敬意震荡幅度	912	理财金算盘
212	换手率排名	118	上证红利指数	5	即时分析	913	股票组合计算
213	净资产排名	119	沪深 300 走势	501	个股分时走势	914	数据挖掘参考
214	总资产排名	300	技术分析	502	每笔成交明细	918	条件预警置
215	每股盈利排名	301	MACD 趋向指标	503	分价表	919	条件预警列表
216	净资收益排名	302	DMI 趋向指标	504	每分钟成交明细	930	系统设置
217	流通市值排名	303	DMA 趋向指标	505	详细买卖盘	931	设置用户板块
218	流通股本排名	304	FSL 分水岭	506	最比(多空)指标	932	通讯设置
219	总市值排名	305	TRIX 趋向指标	507	多股同列走势图	933	盘后数据下载
220	总股本排名	306	BRAR 能量指标	508	闪电走势图	934	数据维护工具
221	每股公积金排名	307	CR 能量指标	6	扩展行情	935	自动升级
222	活跃度排名	308	VR 能量指标	627	香港指数	936	系统帮助
223	每笔均量排名	309	OBV 量价指标	628	郑州商品	937	用户论坛
224	每笔换手排名	310	ASI 量价指标	629	大连商品		
225	每股净资产排名	311	EMV 量价指标	630	上海商品		
226	市净率排名	312	VOL－TDX 成交量	631	香港主版		

键盘精灵,如表 1－8 所示。

表 1－8　热键及功能

热键	功能	热键	功能
0	功能菜单	000001	上证指数
01	分时成交明细	000002	A 股指数
02	分价表	000003	B 股指数
03	上证领先指标	000004	工业指数
04	深证领先指标	000005	商业指数
05	类型切换	000006	地产指数
06	自选股	000007	公用指数
07	财经资讯	000008	综合指数
08	切换周期	399001	深圳成指
1	上证 A 股	399002	成份 A 指
2	上证 B 股	399003	成份 B 指
3	深圳 A 股	399004	深证 100R
4	深圳 B 股	399005	中小板指
5	上证债券	399006	创业板指
6	深圳债券	399100	新指数
7	深沪 A 股	399101	中小板指
8	深沪 B 股	399102	创业板指

续表

热键	功能	热键	功能
9	中小企业	399106	深证综指
10	个股资料	399107	深证 A 指
11	深沪权证	399108	深证 B 指
16	信息地雷	399110	农林指数
17	投资日记	399120	采掘指数
18	机构评测	399130	制造指数
100	深证 100 走势	399131	食品指数
180	上证 180 走势	399132	纺织指数
30	切换关联股票	399133	木材指数
31	理财金算盘	399134	造纸指数
32	个人理财	399135	石化指数
300	沪深 300 走势	399136	电子指数
61	沪 A 涨幅排名	399137	金属指数
62	沪 B 涨幅排名	399138	机械指数
63	深 A 涨幅排名	399139	医药指数
64	深 B 涨幅排名	399140	水电指数
65	沪债涨幅排名	399150	建筑指数
66	深债涨幅排名	399160	运输指数
67	深沪 A 股涨幅排名	399170	IT 指数
68	深沪 B 股涨幅排名	399180	批零指数
69	中小企业涨幅排名	399190	金融指数
611	深沪权证涨幅排名	399200	地产指数
613	切换涨幅排名	399210	服务指数
70	财经资讯	399220	传播指数
71	上交所公告	399230	综企指数
72	深交所公告	399305	基金指数
81	沪 A 综合排名	399481	企债指数
82	沪 B 综合排名	399001	小康指数
83	深 A 综合排名	399002	中证流通
84	深 B 综合排名	399003	中证 100
85	沪债综合排名	399004	中证 200
86	深债综合排名	399005	中证 500
87	深沪 A 综合排名	399006	中证 800
88	深沪 B 综合排名	399007	中证 700
89	中小企业综合排名	999999	上证指数

1.2.5.5　资讯功能使用

许多股票软件都会为投资者提供丰富的资讯内容，具体到本软件，投资者可以到具体股票中，点击键盘上的“F10”查看该股票的具体资讯类信息,如公告、财报、分红等。如图 1－10 所示。

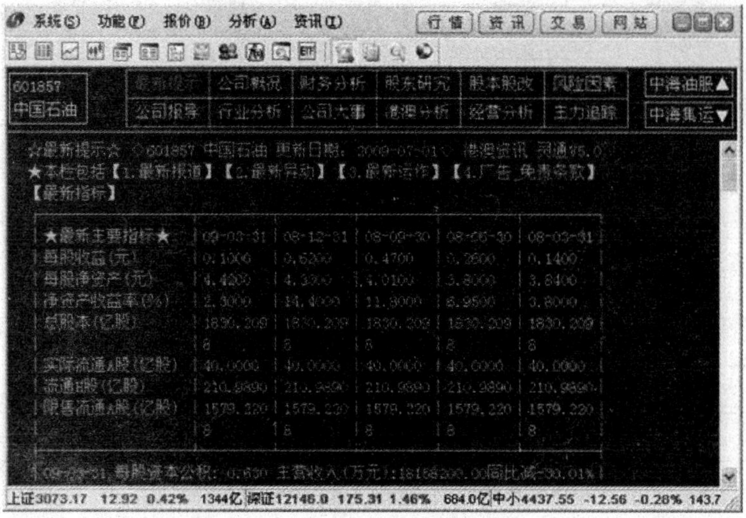

图 1－10　F10 功能界面

另外,投资者也可以在键盘上点击“F7”键,或单击菜单栏中的“资讯”栏目下的“财经资讯树”来查看更为丰富的财经资讯。其中包含了银河研究所提供的银河资讯、上市公司及交易所公告及港澳公司提供市场信息等。其中,资讯为红色标题的为当天更新的资讯。如图 1－11 所示。

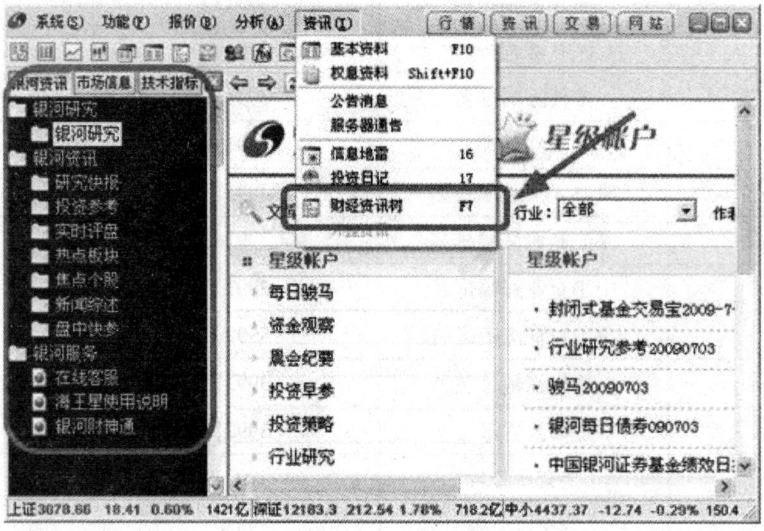

图 1－11　F7 功能界面

1.2.5.6　交易功能使用

在交易界面中左侧为功能选择界面,右侧为操作界面。在左侧选择你想使用的功能,在右侧操作即可。

(1)场内证券交易操作

如果你需要对交易所场内证券,如股票、权证、场内基金、ETF 等进行交易,就需要在交易功能股票功能界面中进行操作(图 1－12)。

①买入。输入证券代码,一般会自动出现证券名称,右手边自动出现实时买卖盘供参考,买入价格会缺省为当前卖一价格;客户可再输入买入价格,买入数量,再点击确定。

②卖出。界面下方会出现目前账户的持仓。客户输入证券代码后,一般会自动出现证券名称,右手边自动出现实时买卖盘供参考,卖出价格会缺省为当前买一价格;客户可再输入卖出价格,卖出数量,再点击确定。

③撤单。界面会显示当日的所有委托,可选中要撤单的委托记录,点击“撤单”按钮,或直接按回车,

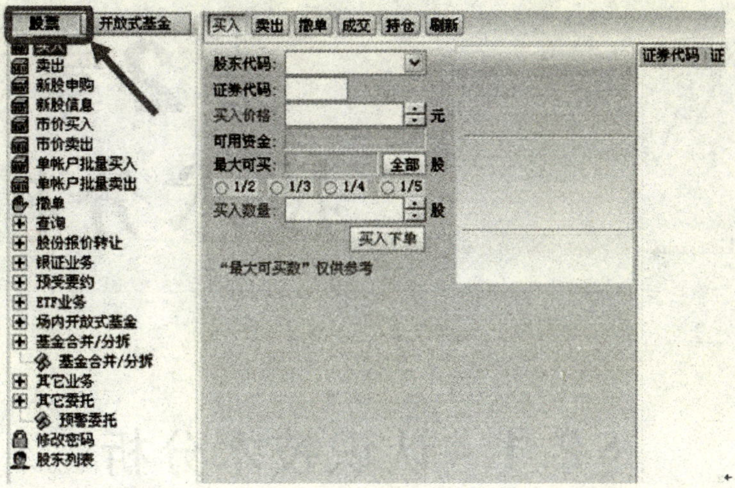

图 1-12　买入功能界面

或鼠标双击要撤单的委托记录。

④查询。点击欲查询的各项内容即可。

(2)场外证券交易操作

如果你需要对场外证券,如开放式基金等进行交易,就需要在交易功能开放式基金界面中进行操作。

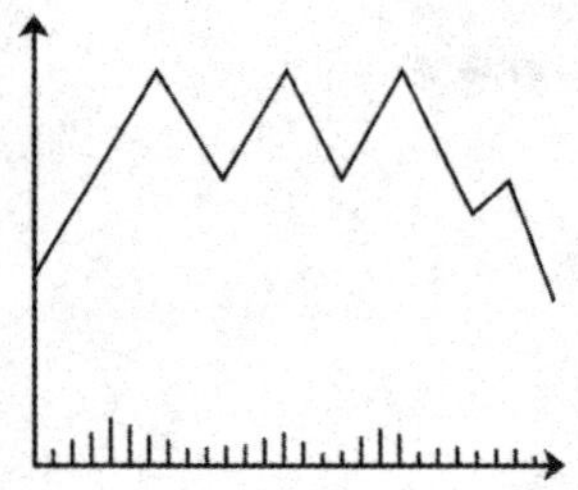

第 2 章 技术分析

§2.1 认识技术分析

2.1.1 正确看待技术分析

正统的技术分析是从不预测行情的,它只是属于统计学给出的一个概率分析。也就是说,技术指标只能给我们发出买卖信号,而不可能告诉我们市场一定会发生什么事情。这是技术分析的基本意义,广大投资者如果能真正理解技术分析的意义,也就能向成功迈进更大的一步。

技术指标从大的角度来看,不外乎就是两种完全对立理念:一种是趋势;另一种是整理。前者因为上涨而买入股票,后者因为下跌而买入股票。前者是使用以均线系统为首的“趋向指标”;后者是使用以KDJ 指标为首的“超买超卖”指标。使用技术指标的关键就是:在某个特定市场找到适合分析尺度的技术指标,或者说找到适合某种指标的市场尺度。

通过看上证指数的周(日)线就可以发现明显的趋势特征,比如在月线中就可以发现明显的周期整理特征,而在有的月线中可以发现明显的趋势特征,但在年线中却又可以发现明显的周期整理特征。基于此,以上两个市场在更大的尺度上又都呈现明显的上升趋势。一般来说,任何市场在不同的尺度上都分别呈现出趋势和整理的两种特征。

也许很多初学股票的投资者会感觉技术分析很难,其实,技术分析并非想象中那么复杂,在呈现明显趋势特征的市场尺度上,使用均线系统来把握趋势行情;而在呈现明显整理特征的市场尺度上,使用 KDJ 指标来进行周期分析和阶段分析。

当然,没有理想化的市场。这里所说的明显趋势特征,并不是绝对趋势特征,在不同的阶段,这种市场也会表现出整理特征,只不过趋势特征要大大高于整理特征。比如,2000 年以后的一年半时间内,中国股市的周线就是明显的整理特征。事实上,技术分析,说白了就是选择具有明显特征的尺度,承担小范围内(阶段)中相反特征带来的成本责任。

由此,技术分析可以简单到用两条线,最多三条线来发出明确的买卖信号;简单到只用两种指标就可以分析行情;简单到最经典的两种技术指标系统居然可以在任何股票软件中找到。

从以上可以看出,技术分析并不神秘,均线系统在中国股市的中期行情分析中有极其重要的使用价值。因为上证指数周(日)线中的趋势特征不是不可能改变,但是绝对不会在相当长一段时间内改变。投资者只要能够专一地使用上证指数日线中指标来作为自己唯一的操作系统,并且坚持数年,定能有不小的收获。

需要注意的是,技术分析不是精确的科学,而是一种心态的锻炼,一种技巧的培养。成功的投资者,都是在完全不具有必然性的市场中,找到一丝必然性来实现最终赢利的。往往这种一丝的必然性不是来源于市场,而是自己的技巧。因此,投资者在进行技术分析时,还要加强良好心态的培养。

2.1.2 技术分析的三大假设

技术分析的理论基础是基于三项合理的市场假设:市场行为涵盖一切信息、价格沿趋势移动、历史会重演。

1. 市场行为涵盖一切信息

该假设是进行技术分析的基础。其主要思想是认为影响股票价格的每一个因素(包括内在的和外在的)都反映在市场行为中,不必对影响股票价格的因素具体是什么过多地关心。如果不承认这一前提条件,技术分析所作的任何结论都是无效的。

技术分析的这条假设是有一定合理性的。任何一个因素对股票市场的影响最终都必然表现在股票价格的变动上。如果某一消息一公布,股票价格同以前一样没有大的变动,说明这个消息不是影响股票价格的因素。如果有一天看到,价格向上跳空开盘,成交量急剧增加,不用问,一定是出了利多消息,具体是什么消息,完全没有必要过问,它已经体现在市场行为中了。再比如,某一天,别的股票大多持平或下跌,唯有少数几只股票上涨,这时,我们自然要打听这几只股票出了什么好消息。这说明,我们已经意识到外部的消息已经在价格的变动和反常的趋势中得到了体现。如此种种外在的、内在的、基础的、政策的和心理的因素,以及别的影响股票价格的所有因素,都已经在市场的行为中得到了反映。作为技术分析人员,只需要关心这些因素对市场行为的影响效果,而不必关心具体导致这些变化的原因究竟是什么。

2. 价格沿趋势移动

该假设是进行技术分析最根本、最核心的因素。其主要思想是股票价格的变动是按一定规律进行的,股票价格有保持原来方向运动的惯性。正是由于这一条,技术分析师们才花费大量心血,试图找出股票价格变动的规律。

一般来说,一段时间内股票价格一直是持续上涨或下跌,那么,今后一段时间,如果不出现意外,股票价格也会按这一方向继续运动,没有理由改变这一既定的运动方向。"顺势而为"是股票市场上的一条名言,如果股价没有调头的内部和外部因素,没有必要逆大势而为。

一个股票投资者之所以要卖掉手中的股票,是因为他认为目前的价格已经到顶,马上将往下跌,或者即使上涨,涨的幅度也有限,不会太多了。该投资者的这种悲观的观点是不会立刻改变的,一小时前认为要跌,一小时后,没有任何外在影响就改变自己的看法,认为会涨,这种现象是不多见的,也是不合情理的。这种悲观的观点会一直影响这个人,直到悲观的观点得到改变。众多的悲观者就会影响股价的趋势,使其继续下跌。这是第二条假设合理的又一理由。

否认了第二条假设,即认为即使没有外部因素的影响,股票价格也可以改变原来的运动方向,技术分析就没有了立根之本。股价的变动是遵循一定规律的,我们运用技术分析这个工具找到这些规律,才能对今后的股票买卖活动进行有效的指导。

3. 历史会重演

该假设是从人的心理因素方面考虑的。市场上进行具体买卖的是人,是由人决定最终的操作行为,而人必然要受到心理学中某些规律的制约。一个人在某一场合,得到某种结果,那么,下一次碰到相同或相似的场合,这个人就认为可能会得到相同的结果。股市也不例外。在某种情况下,按一种方法进行操作取得成功,那么以后遇到相同或相似的情况,就会按同一方法进行操作。如果前一次失败了,后一次就不会按前一次的方法操作。

股票市场的某个市场行为给投资者留下的阴影或快乐是会长期存在的。在进行技术分析时,一旦遇到与过去某一时间相同或相似的情况,应该与过去的结果比较。过去的结果是已知的,应该是现在对未来作预测的参考。

在三大假设之下,技术分析有了自己的理论基础。第一条肯定了研究市场行为就意味着全面考虑了影响股价的所有因素;后两条使得我们找到的规律能够应用于股票市场的实际操作之中。

当然,对这三大假设本身的合理性一直存在争论,不同的人有不同的看法。例如,第一个假设说市场行为包括了一切信息,但市场行为反映的信息只体现在股票价格的变动之中,同原始的信息毕竟有差异,损失信息是必然的。正因为如此,在进行技术分析的同时,还应该适当进行一些基本分析和别的方面分析,以弥补不足。再如,第三个假设为历史会重演,但股票市场的市场行为是千变万化的,不可能有完全相同的情况重复出现,差异总是或多或少地存在。

§2.2 K线分析

2.2.1 K线基础

K线是日本古代的大米市场计算米价每日涨跌所使用的图示方法,后经人引用到股票市场,效果明显,就逐渐在世界股市中流行起来。现在它已成为世界上最权威、最古老、最通用的技术分析工具。

1. K线概述

K线又称阴阳线或蜡烛图,它能将每一个交易期间的开盘与收盘的涨跌以实体的阴阳线表示出来,并将交易中曾出现的最高价及最低价以上影线和下影线形式直观地反映出来(见图2-1),从而使人们对变化多端的股市行情有一种一目了然的直接感受。K线最大的优点是简单易懂而且运用起来十分灵活,最大的缺点在于忽略了股价变动过程中的各种纷繁复杂的因素,而将其基本特征展现在人们面前。

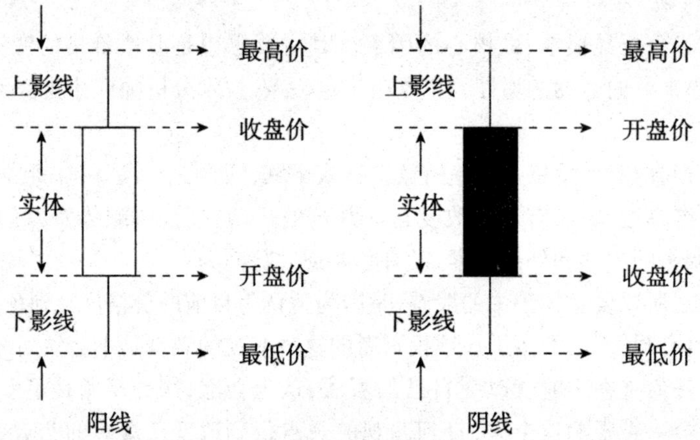

图2-1 K线图

单根K线由开盘价、收盘价、最高价、最低价这四个要素构成,因而,我们有必要了解开盘价、收盘价、最高价、最低价这四个概念。一般来说,国内A股在每个正常交易日中的交易时间段为9:30~11:30,13:00~15:30。9:30之前要通过集合竞价产生开盘价,开盘价是一只个股当日开市后所成交的第一笔交易的价格。开盘价确定了个股的开市价格,而收盘价与开盘价正好相反,它确定了个股的收市价格。在计算收盘价时,沪深两市存在着一定的区别:沪市以每个交易日最后1分钟内的所有交易的加权平均价计算得出,而深市的收盘价则是通过最后3分钟内的竞价方式产生。最高价与最低价这两个概念很好理解,最高价就是指个股当日交易中的最高一笔成交价格,最低价则指个股当日交易中的最低一笔成交价格。

通过每一根K线中所反映出来的阴阳形态及这四个价位,我们就可以对个股当日的波动情况有一个较为细致的了解。例如:一只个股当日收于一根大阳线,则表明此股当日开盘后出现了大幅上涨,其涨幅较大;反之,如果一只个股当日收于一根大阴线,则表现此股当日开盘后出现了大幅下跌走势,其跌幅较大。

当然,阳线并不代表当日此股的收盘价一定高于上一个交易日的收盘价,它只是表明了此股在开盘与收盘这段时间出现的上涨。如果一只个股出现大幅低开,随后走高,但收盘时的价格却低于上一个交易日收盘价,虽然此股当日的K线也为阳线,但当日的收盘价却低于上一个交易日的收盘价,即相对于上一个交易日而言,此股当日出现了一定的下跌。因而,投资者在理解阳线、阴线的时候,一定还要结合它的开盘价与收盘价来综合考虑。

2. K线的分类

(1)从形态上来分

K线从形态上可分为阳线、阴线和同价线三种类型。阳线是指收盘价高于开盘价的K线,按其实体大小可分为大阳线、中阳线和小阳线；阴线是指收盘价低于开盘价的K线，阴线按其实体大小也可分为大阴线、中阴线和小阴线；同价线是指收盘价等于开盘价，两者处于同一个价位的一种特殊形式的K线，它常以"十"字形和"T"字形表现出来，故又称十字线、T字线。同价线按上、下影线的长短、有无，又可分为长十字线、十字线和T字线、倒T字线、一字线等。分别如图2-2所示。

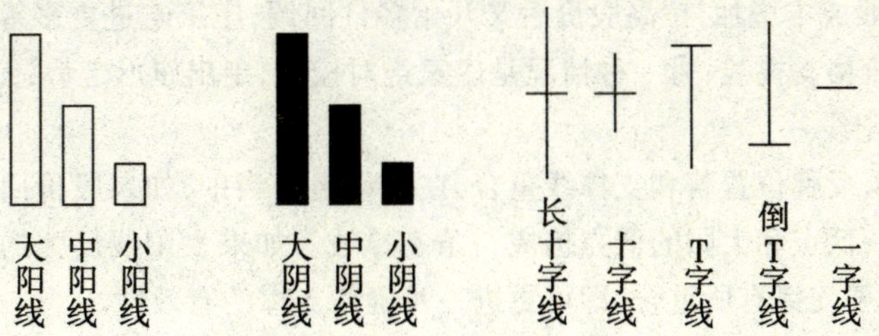

图2-2　K线的种类图

(2)从时间上分

K线从时间上分，可分为日K线、周K线、月K线、年K线，以及将一日内交易时间分成若干等分，如5分钟K线、15分钟K线、30分钟K线、60分钟K线等。

这些K线都有不同的作用。例如，日K线反映的是股价短期走势，周K线、月K线、年K线反映的是股价中长期走势。5分钟K线、15分钟K线、30分钟K线、60分钟K线反映的是股价超短期走势。

在绘制方法上，周K线、月K线、年K线，以及5分钟K线、15分钟K线、30分钟K线、60分钟K线的绘制方法，都和日K线绘制方法相同，即取某一时段的开盘价、收盘价、最高价、最低价进行绘制。例如周K线，只要找到周一的开盘价、周五的收盘价，一周中的最高价和最低价，就能把它绘制出来。由于现在电脑股市软件已很普及，无论绘制什么样的K线都很方便，这已不需要人工绘制。但作为股市中人，了解绘制K线的原理和方法对于研判股市走势，对买卖股票都很有好处。

3. K线包含的信息

K线所包含的信息是极为丰富的。就以单根K线而言，一般上影线和阴线的实体表示股价的下压力量，下影线和阳线的实体则表示股价的上升力量。上影线和阳线实体比较长就说明股价的下跌动能比较大，下影线和阳线实体较长则说明股价的扬升动力比较强。

如果将多根K线按不同规则组合在一起，又会形成不同的K线组合。这样的K线形态所包含的信息就更丰富。例如，在涨势中出现乌云盖顶K线组合说明可能升势已尽，投资者应尽早离场；在跌势中出现曙光，出现K线组合，说明股价可能见底回升，投资者应不失时机地逢低建仓。可见，各种K线形态正以它所包含的信息，不断地向人们发出买进和卖出的信号，为投资者看清大势、正确买卖股票提供了很大的帮助，从而使它成为投资者手中极为实用的操盘工具。

2.2.2　单根K线

2.2.2.1　上涨走势

1. 大阳线

一般认为个股涨幅在6%以上的阳线为大阳线，大盘涨幅在3%以上的为大阳线（见图2-3）。大阳线在不同的位置，又有不同的作用：

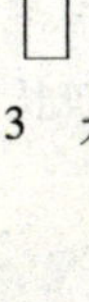

图2-3　大阳线

(1)低价区的大阳线

大阳线对未来走势的信号作用，和其出现的位置有关。通常来讲，低价区的大阳线，信号作用最为强烈最为可靠。低价区的大阳线如下图所示。一根大阳线出现在低价区,可能是底部即将形成的信号,大阳线代表该交易时段的价格上涨几乎没有受到空头的打压,收盘价越接近高价,实体的长度越长,大阳线所代表的意义越重要。

底部出现大阳线,成交量放大,一般有两种情况发生:庄家在股价底部吃进的筹码不够,采用拉高股价进货(空头陷阱),持股成本增加,拉高股价后又开始多日回调,庄家吃进更多筹码,这就形成了一个坚实的底部,成为日后的价格支撑线;另一种情况是庄家绝对控股,走出旗形走势,无需成交量配合。

(2)下降途中的大阳线

下降途中的大阳线,反弹位置若和支撑线重合,在被动格局当中,如果股价回落至前一低点附近,但未突破前一低点,则前一低点和大阳的低点构成一条支撑线。如果大阳线反弹的位置与趋势线、移动平均线或水平支撑线等重要支撑有所重合,即可更进一步确认支撑的有效性。

(3)上升途中的大阳线

在上升途中,股价是否能够有效突破压力线,这是判断未来走势的重要依据之一。如果不能有效突破压力线,则股价仍会回到原来的运行箱体中;反之,股价就会上一个台阶。长期的研究K线运行规律后发现,以大阳线突破压力线,大多数都是非常有效的突破。而大阳线突破压力线后,就会转变为支撑线。

涨势中的大阳线具有支撑的功能,在一根大阳线之后,价格很容易出现拉回的走势,这是因为市场可能处于短期超买的状况(价格在短期内上涨过速)。在这种情形下,价格可能需要稍微拉回整理,以缓解超买的状况。

投资者可以根据大阳线所提供的支撑功能来进行交易。例如,当价格拉回到大阳线的底端附近时可进场买进,并以大阳线的下端(包括下影线在内)作为支撑。如果收盘价跌破支撑,应考虑卖出清盘,认输离场;如果在盘中支撑线被跌破,但收盘价又拉回至支撑线以上,这种情况可认为下支撑线仍然有效。

2. 中阳线

一般认为,个股涨幅在3% ~6%的阳线为中阳线,大盘涨幅在1% ~3%的为中阳线(见图2-4)。中阳线的出现说明多空双方经过一天的战斗之后,多方把价格推高的幅度不如长阳线,多方占据的优势也不如长阳线那样大,只能说多方占据明显优势。中阳线经常出现在盘整末期股价开始上扬初期的交汇点附近,或股价的上涨过程中以及股价大幅下跌后的强势反弹中。它表现为买方占据了优势,并且对卖方给予了强大的反击,卖方在这种情况下受到的挫折很大。这种K线一般出现在强势中,但如果在股价大幅下跌过程中出现此种K线,也只是暂时性的止跌,股价并不会立即出现反转迹象。

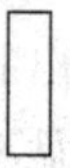

图2-4　中阳线

3. 小阳线

一般认为个股涨幅在0~3%的阳线为小阳线,大盘涨幅在0~1%的为小阳线(见图2-5)。单根小阳线一般作用不大,但在K线图上,我们经常能看到连续收出小阳线的现象,重心不断上移,此时可积极关注,这种形态的共同特征为:

图2-5　小阳线

(1)股价经过一轮回调,已调整至相对低位,亦即是在相对低位出现的连续小阳线,才有可能成为向多的技术形态。

(2)K线连收一连串小阳线,部分K线还留有较长的上影线。

(3)股价稳步推高,一般依托均线持续上行。

(4)成交量较前期显著放大。

(5)在小阳碎步上行之后,最后往往出现长阳线,股价开始进入加速上扬期。

2.2.2.2　下降走势

1. 大阴线

一般认为个股跌幅在6%以上的阳线为大阴线，大盘跌幅在3%以上的为大阴线（见图2-6）。开盘价近于全日的最高价，随后价格一路下滑至最低价收盘，或光头光脚大阴线，表示市场强烈跌势，特别是出现在高价区域，更加危险，在跌势时期出现大阴线，通常会加速下跌，需防股价暴跌。

图2-6　大阴线

（1）高价区的大阴线

高价区的大阴线形成头部，大阴线代表空头已经取得股价走势的控制权。先前的涨幅越大，超买的情况越严重，大阴线的意义越重要。

（2）下降走势中的大阴线

如果股价冲高至某一高点后大幅下跌，形成大阴线，而冲高的价位未有效突破前一高点，则前一高点和大阴的高点构成一条压力线。如果大阴线回落的位置与趋势线、移动平均线或水平压力线等重要压力有所重合，即可更进一步确认该价位压力的有效性。

如果价格以一根大阴线由上档的压力区拉回，可以确认压力的有效性。因为这种线形代表多头已经后续乏力，空头已经转守为攻。不论是哪一种情况，都代表潜在的空头走势。

（3）下降途中大阴线突破支撑线

大阴线向下突破支撑的方式，有效突破的概率很大，支撑线一旦被有效突破就会成为后期反弹的压力线。

（4）跌势中大阴线的压力作用

跌势中的大阴线具有压力的功能，在一根大阴线之后，价格有可能出现反弹的走势，这是因为市场可能处于短期超卖的状况（价格在短期间内下跌过速）。在这种情形下，价格可能需要稍微反弹整理，以缓解当前超卖的状况。

2. 中阴线

一般认为，个股跌幅在3%～6%的阳线为中阴线，大盘跌幅在1%～3%的为中阴线（见图2-7）。中阴线一般出现在三个时期，一是顶部确立后的下跌，二是上升途中有力度的洗盘，三是中期调整的尾声杀跌。

图2-7　中阴线

对于顶部与洗盘有个认识，就是："洗盘做得越来越像顶部，顶部做得越来越像洗盘"。要正确区分需要一定的技术功底，炒股的高技能体现在能应对洗盘和逃离顶部上，否则不是赔钱就是纸上富贵一场。

顶部的中阴线相对好避免一点，而洗盘的中阴线难判断一点，它多在人们一致看好时出其不意地出现。其实对于中线来讲，能不能回避洗盘的中阴线不是很重要，只要在顶部及时出来，获利照样不少，能回避洗盘的中阴线多是高手，一般散户是难以回避的。

3. 小阴线

一般认为，个股跌幅在0～3%的阳线为小阴线，大盘跌幅在0～1%的为小阴线（见图2-8）。开盘后上下震荡开盘价低于最高价，收盘价高于最低价，形成上下影线的黑K线。大多发生在多空激战，空方胜于多方。如在大跌后出现，未来可能出现反弹；如在大涨后出现，未来可能出现盘跌格局。若下影线长于上影线，则多方出现顽强抵抗，但空方仍略胜一筹；若下影线短于上影线，则多方无力抵抗，空方胜利。当长上下影线小黑实体 K 线时,空头稍占上风,未来可能下跌。当短上下影线小黑实体 K 线时,则出现窄幅震荡盘软。

图 2-8　小阴线

2.2.2.3　可上可下走势

1. 一字线

开盘价、收盘价、最高价和最低价四价合一,形成一字线(见图 2-9)。一字线的主要目的表现在:

图 2-9　一字线

(1)拉升,使股票迅速脱离成本区,通常发生在主力建仓完成之后。

当股价处在底部的时候,持股者普遍惜售,此时只要少量资金就可以将中小盘的个股封至涨停,尤其是在开盘时就封涨停,愈发能显示出主力拉升的决心和实力。此时,抛盘会非常少,人们普遍持股待涨,往往该涨停板很轻易就能封到收盘时。此外,当个股筹码基本上被主力收购之后,外面的抛盘很少,同样可以轻松封一字型涨停板。当股票出现一字型涨停板时,往往会最先进入"涨幅排行榜",锁定交易者视线,吸引其后期跟风。

(2)吸筹。有主力在不破缺口的情况下进行吸筹,只是这种情况较少。

2. 十字线

开盘价等于收盘价,多空双方相互对抗,留有上下影线。多空双方势均力敌,通常为反转或趋于盘整的前兆。如果上下影线长,表示多空双方对抗激烈,未来可能会有变化。如果上下影线短,则可能陷入盘整。若出现近期波段的高点,则多方力量减弱,股价可能下跌。十字线(见图 2-10)出现在近期波段的低点,则空方力量转弱,股价有上涨的可能。当出现盘整时,多空双方必须再较量,分出高下,应密切注意后势发展。

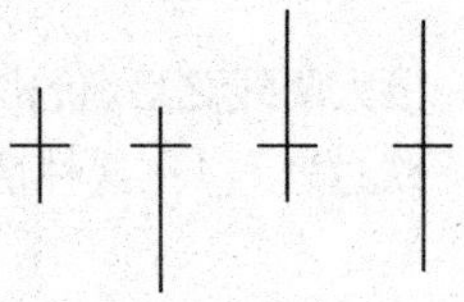

图 2-10　十字线

但也需注意几个方面:(1)十字线可能构成重要的警告信号,原趋势停顿或反转;(2)只有在一个市场不经常出现十字线的条件下,十字线才具有重要意义;(3)如果具有很长的上影线,或者具有很长的下影线则更加意味着市场犹豫不决,较普通的十字线更具有预示着原趋势停顿或反转的研判意义。

3. 螺旋桨

螺旋桨(见图 2-11)的特征表现在:在上升趋势当中出现;K 线实体很小,可阴可阳;上下影线很长且基本等长。

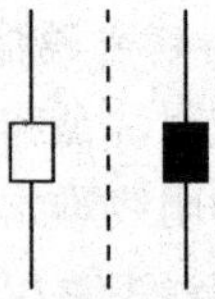

图 2-11　螺旋桨

螺旋桨的用法表现在:顶部螺旋桨是一种转势信号;如果是有一段较大涨幅后出现,下跌信号更加明确;有其他的 K 线语言发生共振,看跌信号更加明显。

4. T 型线

(1)T 型线的特征

T 型线(见图 2-12)的特征表现在:K 线带有很长的下影线,实体很小,变化图形可有很短的上影线,阴阳均可;下影线越长转势信号越强烈。

图2-12　T型线

开盘价与收盘价相同,虽有下档压力,但被买方战胜,收盘收最高价形成T字型。T字型虽下档有卖压,但开盘价以下买盘积极,次日若卖方不强,则股价有可能反转向上。在连涨数日后出现,多方出现疲态,可能开始转弱;但若在暴涨的格局中出现,则有可能继续往上攻。在跌势的盘局中出现,可能是反转的信号,但应特别注意盘势是否已经止跌向上,还是下跌波中的小反弹。如下影线越长,表示虽卖压强,但买方更强,属多方胜利。

(2)T型线的用法

①如果T线出现在上升趋势之后,则构成一个看跌的K线图形态。

②在分析T线时,有一点非常重要:当T线出现后,必须等待下一个时间单位的看跌信号对它加以验证。T线的验证信号可能采取下面这样的形式:T线次日的开市价向下跳空缺口越大,验证信号就越强烈。

③还可能采取另外一种形式,即T线次日是一根黑色K线,并且它的收盘价格低于T线的实体,则完成了看跌的验证信号。

(3)T型线的特殊形态

T型线的特殊形态,即T字涨停。其主要特征为:开盘即涨停,但是中途涨停板被打开过,之后又被封住涨停板,直至收盘。

(4)T型线的解读

T型线的出现往往意味着两种情况:

①吸筹,往往发生在新股的建仓中。当股票在底部时,主力已难以获得筹码,在时间不允许的情况下,或者股票本质较好而导致不拉升则不易吸筹的情况下,主力往往会通过高开涨停吸引抛盘的注意,然后在涨停途中作出买盘支撑不住的样子,打开一个缺口来诱惑抛盘出来。此后,在第二日或第三日加大筹码收集力度之后,做出短线需要调整的动作,吸引抛盘加大供给,以快速完成吸筹工作。

②减仓或减压,一般发生在股价连续上涨后。这种图形通常都发生在连续上涨后的后期,原因是开盘涨停能形成惜售的局面,但是主力可以趁人不备,快速开个缺口进行减仓,可通常又出不了多少货,于是就继续封住涨停板,方便后期出货。

看T字型涨停图形时要注意,如果缺口只有一个,就要看缺口的深度是否过深;缺口过深说明抛压巨大;如果缺口有几个,则说明主力可能在陆续减仓;如果当日成交量过大,则说明主力加大了减仓的力度。但是一般来说,只要主力的减仓动作不大,是很难区分主力是在减仓还是在减压的。但这并不重要,因为两者都已经透露出主力筹码过多的信息了,既然主力开始减仓或不要筹码了,那么就预示着后期股价拉升的空间有限了。

③筹码交换。只要股价不是涨得太高,通常出现这种图形时,就是主力示意该有新人进场交换少许筹码的时候了。如交易者在主力利用涨停处的缺口进行洗盘时介入,往往也能得到一定的甜头,但短线交易者必须提高警惕,后期见势不好就要出货;如果涨幅过多,中线交易者也要注意减仓了。

5. 倒T字线

开盘价与收盘价相同,虽有下档压力,但被卖方战胜,收盘收最低价形成倒T字型(见图2-13)。买方虽强,但上档压力更沉重,若次日买方不强,则股价可能反转向下。如果在连续上涨中出现,则有可能开始转弱,上影线越长,则卖压越沉重。如果在连续下跌中出现,应特别注意次日所产生的变化,否则还有可能继续往下跌。如果倒T线出现在下降趋势之后,则构成一个看涨的K线图形态,这一点与普通的T线同出一辙。

在分析倒T线时,有一点非常重要:当倒T线出现后,必须等待下一个时间单位的看涨信号对它加以

图 2－13　倒 T 字线

验证。倒 T 线的验证信号可能采取下面这样的形式：倒 T 线次日的开市价向上跳空，超过了倒 T 线的实体。向上跳空的距离越大，验证信号就越强烈。还可能采取另外一种形式：倒 T 线次日是一根白色 K 线，并且它的价格均处在较高的水平，则完成了看涨的验证信号。

2.2.3　两根 K 线

2.2.3.1　上涨走势

1. 好友反攻

在下跌行情中，出现一根中阴线或大阴线。紧接下来的交易日，股价延续跌势，跳空低开，可是此后盘中逐渐上涨，尾盘收了一根中阳线或大阳线，而且有意思的是，它的收盘价收在与前一根阴线收盘价相同或相近的位置上，此即好友反攻，如图 2－14 所示。好友反攻是见底信号，它提示投资者不要再盲目抛售、做空。其实它与曙光初现颇有相似之处，只是区别在于：第二根阳线实体未深入阴线实体，见底回升的可靠性不如曙光初现。但至少意味着，投资者见此 K 线图形后，持筹者不要盲目去割肉，空仓者可适量买些股票。

图 2－14　好友反攻

2009 年 3 月 9 日、10 日，中金黄金 K 线组合便形成“好友反攻”。9 号当日，中金黄金延续自 2 月 24 日以来的跌势，重挫 6.5%。第二个交易日，低开 1.7 元，但此后逐渐收复失地，终盘形成一根抛售减轻、成交量缩小的假阳线。此后的交易日里，10 号当天的开盘价再也没有碰及，甚至七个交易日后，股价出现连续涨停的走势。

2. 曙光初现

（1）曙光初现形态（图 2－15）出现于一轮由缓跌到急跌的下降趋势中，行情将演化为 V 型反转或止跌横盘趋势。

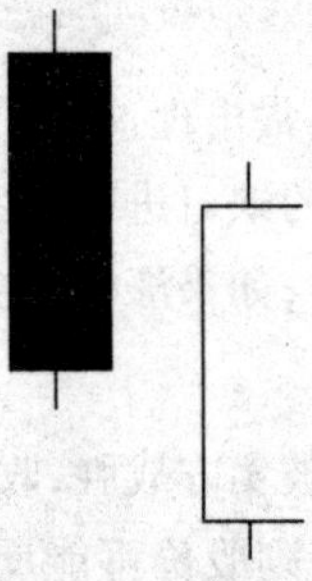

图 2－15　曙光初现

（2）曙光初现形态根据其后一个阳线切入阴线实体的深入程度不同而决定其反击力度的大小。即阳线切入阴线实体的深度越大，则行情将演化为反转或止跌横盘趋势的可能性越高。

“曙光初现”K 线组合由两根走势完全相反的较长 K 线构成，前一天为阴线，后一天为阳线。第二天的阳线向下跳空低开,开盘价远低于前一天的收盘价。但第二天的收盘价却高于前一天的收盘价,并且阳线的收盘价深入第一根阴线的实体部分中,几乎达到前一天阴线实体的一半左右的位置。

在弱市的下跌行情中,连续性的"曙光初现"K线组合往往预示着该股具有强烈的反转要求。例如:高鸿股份在2002年11月22日至25日、11月26日至27日和12月2日至3日连续三次出现"曙光初现"K线组合形态。在出现K线组合形态之前,该股曾经历了深幅的下跌,从8.8元下跌到4.17元,从11月初起,该股是在几乎没有反弹的情况下连续性下跌,技术指标严重超卖,个股本身已经积聚了强烈的反弹需求。当该股走出连续性的"曙光初现"K线组合形态期间,成交量明显萎缩。随后几天随着该股创下阶段性的量以后,股价开始启动,并爆发一轮强势行情,股价最高涨到7.30元,绝对涨幅超过70%。

"曙光初现"K线组合不仅适用于熊市中,即使在牛市中也同样适用于选股操作。但在熊市中应用时,要加上一个附加条件,那就是"曙光初现"第二根阳线的最低价必须是13个交易日以来的最低价,这主要是用于避免投资者在熊市中贸然追高,防止增大操作风险。但是,如果市场趋势向好,股市运行在牛市行情中时,投资者则不必过于拘泥这条规则。因为牛市中股价涨多跌少,如果必须强调买入13天以来的最低价,就会错失良机。

(3)无论是在熊市中,还是在牛市中,运用"曙光初现"K线组合形态选股时,必须注意三个要点:

①量能的变化情况,伴随这种K线组合形态出现的同时,出现缩量,表示股价已经筑底成功。

②股价所处的环境位置很重要,如果个股涨幅过大时,出现"曙光初现"K线组合形态,则有骗线的可能性。

③出现"曙光初现"K线组合形态后,如果股价立即展开上升行情,则力度往往并不大。相反,出现"曙光初现"后,股价有一个短暂的蓄势整理的过程,往往会爆发强劲的个股行情。

"曙光初现"K线组合形态应用于大盘趋势分析中也十分有效,常常能把握市场的拐点。"曙光初现"K线组合形态在股指中出现的次数不多,但非常准确,例如:2002年1月28日和29日构成的"曙光初现"形态,非常成功地标出当年最重要的底部信号。

值得注意的是,用于大盘分析的"曙光初现"K线组合形态的技术要求,与用于个股分析的技术要求有所不同,由于股指包含的市场容量较大,其短期振荡幅度远远小于个股的股价振荡幅度。因此,在分析大盘的K线组合形态时,对技术要求的标准可以适当放宽,只要大致符合"曙光初现"的基本条件就可以。

3. 身怀六甲

"身怀六甲"(图2-16)K线形态由两根K线组成,前一根K线的实体较长,后一根K线的实体相对来说要短一些。两者之间的排列位置比较奇特,后一根K线的最高价与最低价,均未超过前一根K线的最高价与最低价。看上去就好像是长K线怀中的胎儿,因此,被称为"身怀六甲"K线。

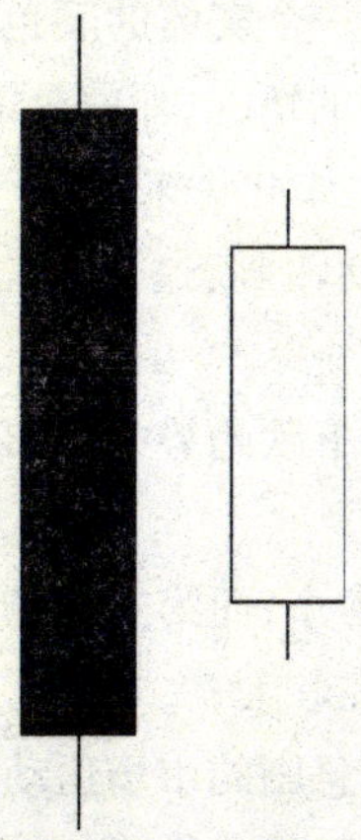

图2-16 身怀六甲

该K线形态还包括两种具体形态,一种是"十字胎"K线形态,就是后一根短K线是十字星;另一种是严格意义上的K线形态,就是后一根短K线不仅被前一根K线的最高价和最低价所包容,还被前一根

K 线的开盘价和收盘价包容。

“身怀六甲”形态的出现,一般预示着市场上升或下跌的力量已趋衰竭,随之而来的很可能就是大盘或股价的转势。通常来说,“身怀六甲”K 线形态往往与牛市相伴,而严格意义上的“身怀六甲”K 线形态出现的次数并不多,在指数上大约只出现过 30 多次,但是其反转信号的预示作用非常强,从历史行情分析,在股市处于极度低迷时期出现“身怀六甲”K 线形态后不久,大盘往往会形成急速上升的牛市行情。例如:1999 年 5 月 11 日,大盘形成“身怀六甲”K 线,几天后,著名的“5·19”行情启动;2002 年 6 月 18 日,大盘形成“身怀六甲”K 线,六天后爆发了“6·24”行情。

一般来说,投资者在运用该形态时应注意以下几方面问题:(1)成交量。该 K 线形态最理想的量能变化是前一个交易日成交量有效放大,而后一个交易日成交量又迅速萎缩,并且如果行情继续调整,则量能也随之减少,这表示后市行情出现反转的可能性较大。(2)股价或指数。出现该 K 线形态后,走势上一般会有一个短期整理的过程,使得原来大幅振荡的走势逐渐平稳,然后再寻求突破方向,投资者如果在方向确认后介入比较稳妥。(3)市场的环境。“身怀六甲”K 线形态如果是出现在极度低迷的弱市中时,往往更容易形成强烈的反转行情。

4. 看涨吞没形态

看涨吞没形态(图 2-17)反映出股价本来处于下降趋势之中,但是后来出现了一根坚挺的实体,这根实体将它前面的那根实体“抱进怀里了”或者说把它吞没了。这种情形说明市场上买进的力道已经压倒了卖出的力道。

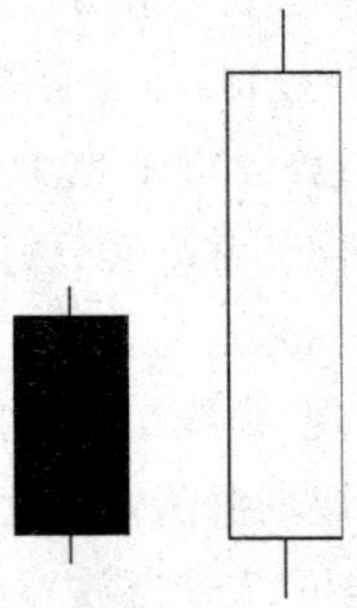

图 2-17　看涨吞没

(1)看涨吞没形态的识别标准

①在看涨吞没形态之前,价格运动必须处在清晰可辨的下降趋势之中,哪怕这种趋势只是短期的;

②看涨吞没形态必须由 2 条 K 线组成,其中第二条 K 线的实体必须覆盖第一条 K 线的实体(但不一定需要吞没第一条的上下影线);

③看涨吞没形态的第二个实体必须与第一个实体的颜色相反(这里就无所谓红先绿后,还是绿先红后,只要颜色相反即可)。这一条标准有例外的情况,那就是第一条 K 线的实体必须非常小,小得几乎构成了一根十字线(或者它就是一根十字线)。如此一来,在下降趋势中如果遇到一个小小的实体被一个巨大的红色实体所吞没,那么也能构成底部反转形态。

(2)看涨吞没形态的应用

①如果看涨吞没形态出现在一轮明显的下跌趋势中,那么它们构成重要反转信号的可能性将大大地增强;

②在看涨吞没形态中,第一天的实体非常小,而第二天的实体非常大。这种情况可能说明原有趋势的驱动力正在消退,而新趋势的潜在力量正在壮大;

③看涨吞没形态出现在超长期的或非常急剧的市场运动之后。如果存在超长期的下降趋势,则增加了以下这种可能性:最后的空头已接近抛出,股价无力下行,只要有多头入市买进,这种情况下,市场可能缺少足够的新的空头头寸的供应,无力继续打压股价下行。如果存在非常急剧的市场运动,则市场可能已经朝一个方向走得太远,容易遭受到抄底多头将股价迅速拉抬推高;

④在看涨吞没形态中,第二个实体伴有超额的交易量。这种情形可能属于巨量买入暴涨现象。

2.2.3.2　下降走势

1. 淡友反攻

(1)图形特征

主要表现为:在上升途中出现,由两根K线组成;第一根K线为大阳线或中阳线;第二根K线为跳空高开低收,收出一根大阴线或中阴线;第二根K线阴线的实体没有深入到阳线的实体内(图2-18)。

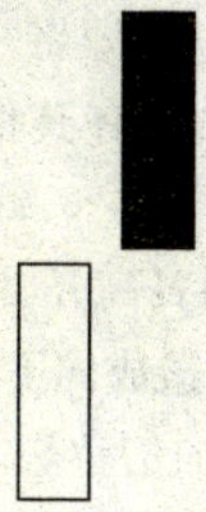

图2-18　淡友反攻

(2)形成

它的形成主要是在上升行情中,出现中、大阳线的次日,股价跳空高开,上攻无力,继而下跌,其收盘价与前一根阳线收盘价相同或相近,形成一根大阴线或中阴线。

(3)操作策略

①"淡友反攻"是见顶信号,它提示投资者不要盲目看多。

②"淡友反攻"与"乌云盖顶"的区别是阴线实体没有深入阳线实体中。其预示股价下跌的可靠性不如"乌云盖顶"。

③但上升行情中出现"淡友反攻",如果伴随成交量急剧放大,它的领跌作用甚至要超过"乌云盖顶",此点不可忽视。因此投资者见此K线组合后,可根据盘面情况,适量减仓。

以三峡水利为例,2001年2月22日从13.00元开始向上拉升至17.95元,时间为5月17日。当天跳空高开低走,走出了标准的淡友反攻的K线语言,并放出巨大的成交量。仔细观察可发现,有三种卖出K线语言发出共振点:5月9日的顶部穿头破脚;5月15日的下跌转折线;5月17日的淡友反攻。三力合一,迅速离场,走为上策。随后就可看到该股从17.95元一直跌到10.80元。

2. 双飞乌鸦

在扬升的走势中,第一个大阳线显示多头全力攀升模样,第二个小阴线虽跳空高开,但上涨乏力,反而以小阴线收盘,第三日重复此种走势,强化并证实说明:行情仍居高不下表明多头竭尽全力奋战,渴望行情再度呈现多头天下的意愿,而此阴线与前日形成两只乌鸦形态(图2-19),表示行情开始疲软的象征。

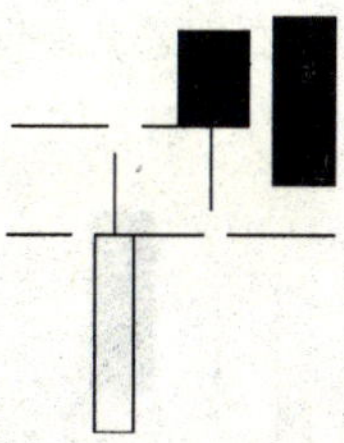

图2-19　双飞乌鸦

(1)图形特征

①在上升途中出现,由三根K线构成。

②第一根阴线的实体部分与上一根阳线实体形成一段小缺口,构成起飞的形状,且出现高开低走,但收盘价高于前面阳线收盘价,这实际是一个假阴线。变化图形阴线实体和阳线实体之间可以不留有缺口。

③第二根阴线也是高开低走,且把第一根阴线完全吞并,注意是阴线实体的包容,不包括上下影线。

变化图形，第二根阴线实体并不一定高开。

④第二根阴线实体可长可短，如下穿到前面阳线实体$\frac{1}{2}$处，由转化成黄昏之星变化图形。由图示可知两根高开低走的阴线，好像两只乌鸦在空中盘旋，所以我们定义为双飞乌鸦。

(2)需要注意的问题

①标准的双飞乌鸦在市场中很少出现，变化图形出现的较多。

②双飞乌鸦一旦出现，做多力量严重不足，跌势即将开始。

③高价区出现双飞乌鸦，往往气数已尽，如果有其他的看跌K线语言发生共振，离场出局，势在必行。

出现“双飞乌鸦”，表示在上升趋势中连续两日高开，但未能贯彻始终，全部以低价收市，构成两只阴线，使多头对后市产生疑虑，开始获利了结，从而造成向下调整的压力。一般来说，“双飞乌鸦”的阴线实体越大，其下跌空间也越大。因此，在操作上要加倍小心。“双飞乌鸦”一旦出现，可先获利了结或止损出局，其较好的获利点与止损点为“双飞乌鸦”的第二根阴线形成的临收盘前。

(3)投资实例

大成股份在2004年9月29日走出“双飞乌鸦”K线组合形态后，股价持续下跌。

一般情况下，该形态的两根K线都是相对于前一天收盘价向上跳空高开的，但“双飞乌鸦”还有一种更加明显和强烈的转向信号，就是会出现第二根阴线再次高于上日开盘价开出，然后低收，形成类似于“穿头破脚”的图形。从理论上说，这样的形态有着非常明显的杀伤力，这主要是由于市场力量发生了转变而引起的。投资者需要果断止损。

3. 乌云盖顶

该形态中，市场本来处于上升趋势中，突然某天出现一根大阳线，第2天市场开市向上跳空，至此，买方完全掌握着主动权。然而市场并没有继续上冲，市场收市价在当日最低处，或接近最低处，并明显地深深扎入了前一天实体内部。这意味着市场价格上升动力耗尽，买方策划的最后一番上攻失利，结果被卖方控制大局，形成下跌。

(1)图形特征

①在高价区出现，由两根K线组成。

②第一根K线为中阳线或大阳线。

③第二根K线跳空高开低走低收，收出一根中阴线或者大阴线。

④阴线的实体必须深入到阳线实体的二分之一以下，深入的越多转势信号越强烈，如果没有深入到二分之一以下，通常是洗盘的K线形态。

乌云盖顶(图2－20)是一个见顶标志，预示价格可能会见顶回落。乌云盖顶是强烈的卖出信号，一旦出现，应果断离场。高位乌云线出现的频率很高，在许多高价点位上，都能见到这一图线。投资者应对这一形态高度重视，凡在高位出现乌云盖顶，第二天又继续收阴时，应坚决卖出股票，等待回调。而在实际操作中还要结合成交量的放大和K线共振，防止骗线。

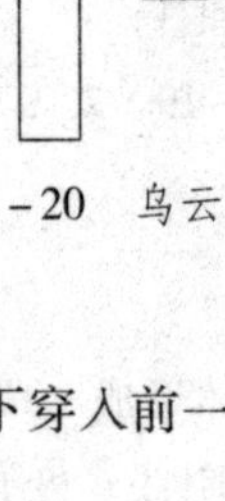

图2－20　乌云盖顶

(2)操作策略

①乌云盖顶形态中，黑色实体的收市价向下穿入前一个白色实体的程度越深，该形态构成市场顶部的机会越大。

②乌云盖顶形态发生在一个超长期的上升趋势中，它的第一天是一根坚挺的白色实体，其开市价就是最低价，而且其收市价就是最高价；它的第二天是一根长长的黑色实体，其开市价位于最高价，而且收

市价位于最低价。

③在乌云盖顶形态中，如果第二个实体(即黑色的实体)的开市价高于某重要的阻挡水平，但是市场未能成功地坚守住，那么可能证明多方已经无力控制市场了。如果在第二天开市的时候，市场的交易量非常大，那么这里就可能发生涨停现象。

4. 倾盆大雨

(1)图形特征

表现为：在高价区出现；由两根K线组成；第一根K线为中阳线或大阳线；第二根为低开低收的中阴线或大阴线，收盘价比前一天阳线开盘价要低(图2－21)。

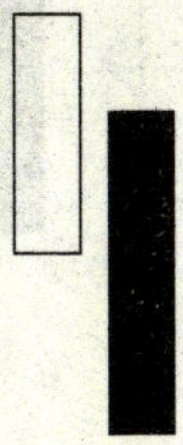

图2－21　倾盆大雨

(2)技术含义

①当出现这种K线组合时，形势对多方极为不利，关键在于低开低收的阴线使多方信心受到打击。

②低开，说明人们已不敢追高，而想低价出售股票的投资者却大有人在。低收，更是反映了市场看淡后市的大众心理。

(3)操作策略

①这种K线组合出现，如伴有大成交量，跌势会更加猛烈。故投资者见到此种K线组合，第一个反应就是减磅操作。

②并不是说这个图形出现后，股价就非跌不可，这中间也不排斥庄家利用此招进行中途洗盘，但是总的说来，这种情况发生的机会很少。

③在涨势中，尤其在股价涨了很多之后看到这种图形，从规避风险出发，还是减磅操作为好。一旦发现在这之后，股价重心仍在下移，就坚决抛空离场。

5. 穿头破脚

(1)图形特征

表现为：在上升途中出现，特别是在高价区出现更有实战意义；由两根K线组成，第二根为中阴线或者大阴线；第二根阴线的实体把第一根K线实体完全包容(上下影线不算)(图2－22)。

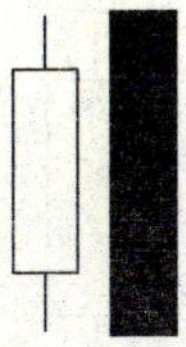

图2－22　穿头破脚

(2)技术含义

该组合表明多方上攻力量不足，此时的阳线有回光返照之意，空方以阴线完全吞并阳线实体部分，表明后市空方将掌握主动权，股价也将见顶回落。

(3)操作策略

①第二根K线对应的成交量越大，则表明主力有出货可能，转向的可能性越大。第二根K线所包含的K线越多，形成一阴包多阳形态，转向力度越强，阴线和阳线的长度比例越悬殊，转势力度越大。

②当股价反弹到阴线一半的位置应减仓或者离场，如果阴线低收跌破短期均线系统，次日低开低走

的可能性较大,此时不必期望股价大幅反抽,可以采取分批减仓,及时逃顶。

6. 看跌吞没形态

看跌吞没(图2-23)形态出现在一轮明显的上升趋势中,如果吞没形态具有下面这样一些参考性要素和特征,那么它们构成重要反转信号的可能性将大大增强:

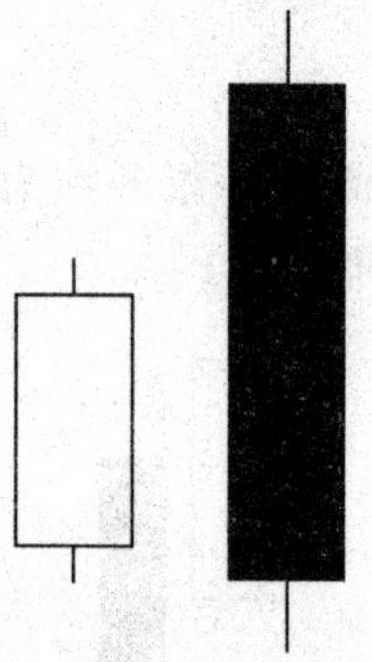

图2-23 看跌吞没

(1)在看跌吞没形态中,第一天的实体非常小,而第二天的实体非常大。这种情况可能说明原有趋势的驱动力正在消退,而新趋势的潜在力量正在壮大。

(2)看跌吞没形态出现在超长期的或非常急剧的市场运动之后。如果存在超长期的上升趋势,则增加了以下这种可能性:潜在的买家已经入市买进,持有多头。在这种情况下,市场可能缺少足够的新的多头头寸的供应,无力继续推动市场上升。如果存在非常急剧的市场运动,则市场可能已经朝一个方向走得太远,容易遭受获利盘空头的抛盘打击。

(3)在看跌吞没形态中,第二个实体伴有超额的交易量。这种情形可能属于巨量出货暴跌现象。

(4)在看跌吞没形态中,第二天的实体向前吞没的实体不止一个。

2.2.4 K线组合

2.2.4.1 上涨走势

1. 红三兵

如图2-24所示,红三兵一般指连续阴线后,又连续拉出三根阳线。红三兵的特征体现在:在股票运行过程中连续出现三根阳线,每天的收盘价高于前一天的收盘价;每天的开盘价在前一天阳线的实体之内;每天的收盘价在当天的最高点或接近最高点。

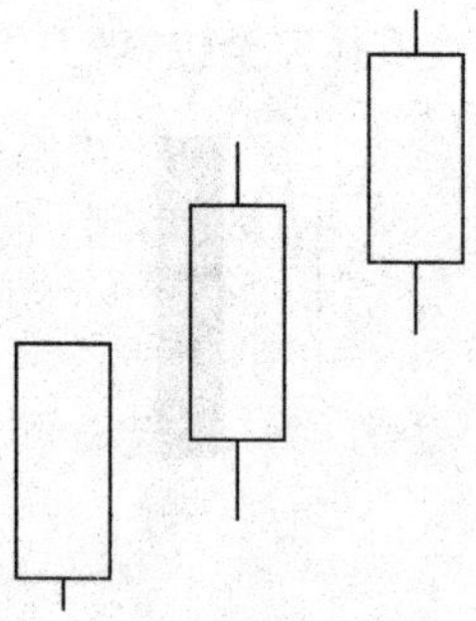

图2-24 红三兵

红三兵如果发生在下降趋势中,是市场的强烈反转信号。每天开盘价较低,收盘价却是最近的新高,多头力量推动股价向上盘升。如果股票在较长时间的横盘后出现红三兵的走势形态,并且伴随着成交量的逐渐放大,则是股票启动的前奏,可引起密切关注。

2. 早晨之星

如图2-25所示,早晨之星是由三根K线组成的K线组合形态,它是一种行情见底转势的形态。这种形态如果出现在下降趋势中应引起注意，因为此时趋势已发出比较明确的反转信号，是一个非常好的买入时机。

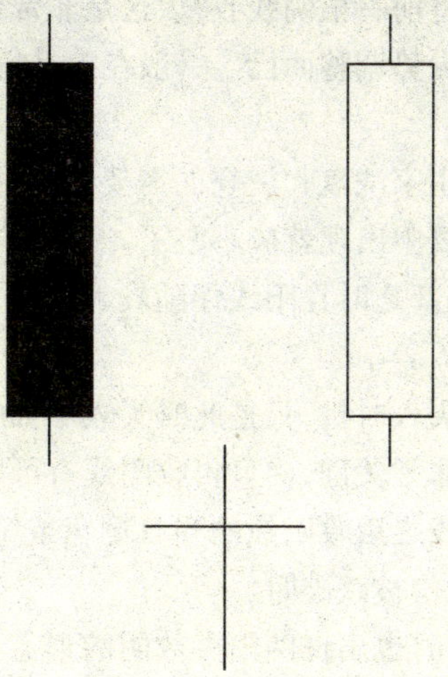

图2-25　早晨之星

早晨之星的形态特征有：第一，在下降趋势中某一天出现一根抛压强劲的长阴实体，显示短期走势可能会仍然向下，跌势可能会继续。第二，第二天出现一根向下跳空低开的十字型或锤型，且最高价可能低于第一天的最低价，与第一天的阴线之间产生一个缺口，显示跌幅及波幅已略有收缩，带来可能转好信号。具体的第二根K线的位置有时会不同，需要我们灵活的把握。第三，第三天出现一根长阳实体，买盘强劲，显示市况已转好，逐步收复失地。

早晨之星的K线形式一般出现在下降趋势的末端，是一个较强烈的趋势反转信号，谨慎的投资者可以结合成交量和其他指标分析，得出相应的投资参考。

3. 孕育线

如图2-26所示，这种K线组合形态是三根K线的组合，由"两阳夹一阴"组成，中间的一根阴线被两根阳线完全包围，呈孕育线形态。孕育线表示一轮行情正在酝酿发展状态中，这种K线形成后股价往往会形成突破性走势。

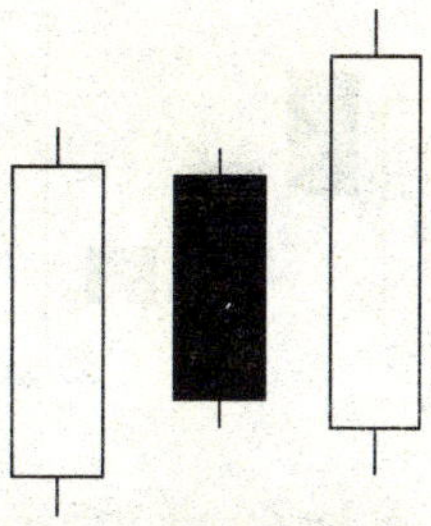

图2-26　孕育线

(1)技术特征

首先，第一根K线是长阳线，阳线的实体涨幅要达到2%以上，即收盘价比开盘价上涨2%以上。

其次，第二根K线是小阴线，这根K线的实体跌幅要小于2%，即收盘价比开盘价下跌不能超过2%；另外，该阴线的收盘价不能小于第一天的开盘价，而该阴线的开盘价不能高于前一天的收盘价，也就是说该阴线实体完全在第一根长阳线实体之内。

再次，第三根K线又是长阳线，阳线的实体涨幅同样要达到2%以上，即收盘价比开盘价上涨2%以上；另外，第三根长阳线的实体部分必须完全包容前一天的小阴线。

最后，第一根长阳线和第三根长阳线的收盘价位相差不远，两个收盘价之间的高低差距不超过1%，大致呈现相等的高度。

(2)操作要领

孕育线通常是在股价连续收阳线之后,股价高开或平开低走以中小阴线报收,但其后的一个交易日股价却高开高走以中长阳线收盘,并将前一根阴线收复,这是非常典型的上攻形态,往往后市还会继续上涨,中间的一根阴线仅仅是上升中的强势调整而已。一般在上升行情中的强势股或强庄股中出现较多且非常可靠。

①孕育线出现在上升行情中,是庄家洗盘和震仓的需要,属于强势调整,预示着上升行情尚未结束,应是买入时机。相反,如是在下跌行情中出现就应小心了。

②孕育线若出现在股价刚突破底部之时且阳线伴随较大的成交量,通常上升行情刚刚开始,可靠性更高。

③对于强势股,收阴线时就应是买入时机,只是此时买入不如待确认第二日收阳线时买入可靠性更高,因为收阴线后接下来一日的走势非常关键,一旦再收阴线有可能形成短期头部或调整的时间将延长。因此,孕育线的最佳买入时机应在阴线之后收阳线的当日尾盘或第二天跳高开盘之时,特别是短线投机更应如此。止损点可定在阴线的最低价被跌破时。

④在上升行情中,除孕育线外,有时也出现两阳夹数阴的形态,也属于上攻形态和短线的买入时机,一般以两根或三根线居多,且两根或三根阴线未能将前一根阳线吞掉,其后一根阳线都将前面的数根阴线收复,后市仍将上涨。

通常来说,孕育线对底部的确认也往往十分有效,当股价经过较长时间下跌之后,如果出现孕育线,则表示该股价的底部已经构筑完成。例如,紫江企业在2001年曾经跟随大盘出现深幅下跌行情,直到2002年初该股走出孕育线之后,终于确认底部,并形成新一轮上升行情。

4. 上升三法

(1)技术特征

①上升途中出现一根长阳线,这根长阳线的实体涨幅要达到一定比例,一般要求收盘价大于开盘价的3%。

②在长阳线后面跟随着三根小阴线。

③小阴线或高或低地排列,并保持在第一天长阳线的范围之内,也就是三根小阴线的最高价不能超过第一根长阳线的最高价,而三根小阴线的最低价不能低于第一根长阳线的最低价。

④最后股指或股价再次拉出一根长阳线,而且其收盘价大于第一根长阳线的收盘价(图2-27)。

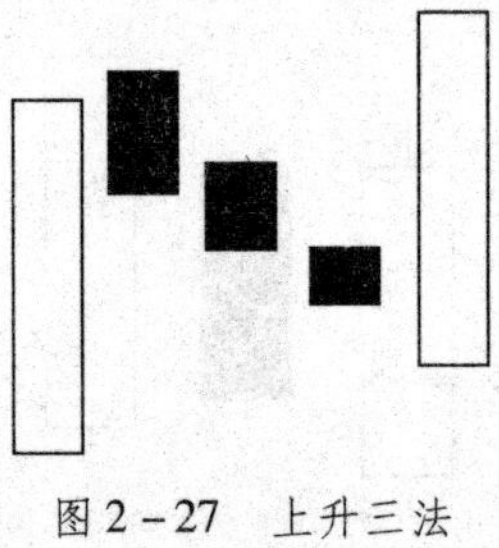

图2-27 上升三法

(2)应用技巧

由于中间三根较小的K线均处于第一天的价格范围之内,它们与最前面的长阳线一起,构成了一种类似于三日孕线形态的价格形态。连续数个阴线都无法将股价推到第一根长阳线的最低价之下,而最后的一个大阳线与前数个小K线形成“穿头破脚”形态,意味着行情的涨势即将开始。

此外,在“上升三部曲”形态中,如果处于头、尾的两根长阳线出现时有较大成交量配合,表明股价的上涨趋势将更加强烈,投资者应该以持股为主。

(3)投资实例

中技贸易(600056)于2000年6月的上涨过程中出现“上升三部曲”K线组合形态,此后,股价进一步向上拓展空间,该形态成为典型的上升中继形态。

5. 上影突破

如图2-28所示，上影突破在上升途中出现，特别是在上升初期出现更有实战意义，一般第一根K线为中阳线或大阳线实体的$\frac{1}{3}$左右，随后股价回落整理，当多方发动进攻，股价上穿前面第一根阳线的上影线时，就形成多方尖兵的K线组合。

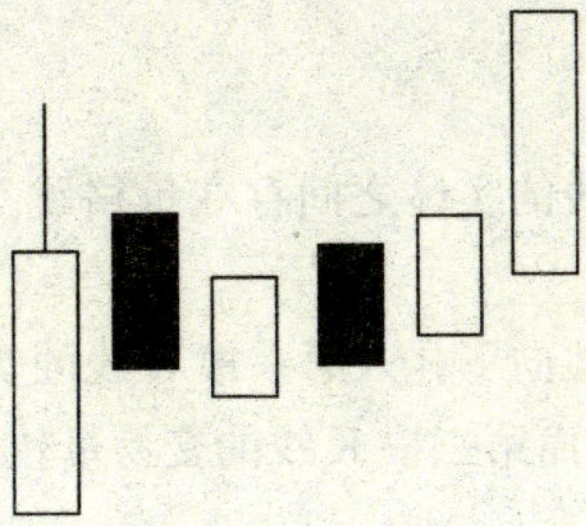

图2-28 上影突破

需要说明的是：多方发动上攻前，曾做一试探性上攻，在K线上留下一根较长的上影线，有人把它叫做深入敌方阵地的尖兵，因此可以定义为多方尖兵。多方尖兵的出现，表明股价继续上涨，但短期均线系统一定要多头排列，同时成交量的放大。

6. 平底

如图2-29所示，平底，顾名思义就是指两根相邻K线的最低价是相同的，主要特征体现在：在下跌过程中出现；至少由两根K线组成，常见2~5根K线组成；当某根K线的最低价包括下影线在内，与后一根或相邻的K线的最低价相同时，为平底。

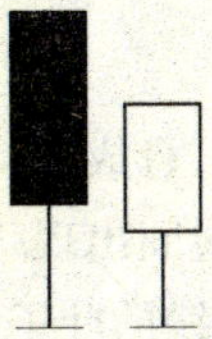

图2-29 平底

综合平底与平顶K线组合形态的各种具体分类而言，真正具有实际操作意义，并能明确指示行情发展方向的组合形态主要有以下几种规律：

第一，在平顶K线组合形态的各种具体分类中前一根K线是阳线，后一根K线是阴线的K线组合形态最有实际指示作用；

第二，在平顶K线组合形态的各种具体分类中前一根K线是阴线，后一根K线是阳线的K线组合形态最有实际指示作用；

第三，两根K线实体越长的，说明转势效果越明显。

2.2.4.2 下降走势

1. 三只乌鸦

如图2-30所示，在扬升的走势中，第一个大阳线显示多头上攻力量强大，然而，第二、第三、第四日的连续阴线与前日形成三只乌鸦形态，表示行情开始疲软，并且将逐渐更趋加速下降。

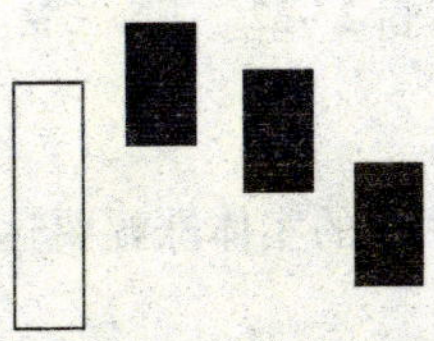

图2-30 三只乌鸦

(1)图形特征

主要表现在：在上升途中出现，特别是急升过程中出现较多；由三根K线组成；三根K线均跳空高开低收成中阴线或大阴线,三只乌鸦又叫暴跌三杰。三根阴线实体之间没有缺口,如果存在一个或两个缺口则为下跌三连阴。

(2)需要注意的问题

①高价区出现三只乌鸦,说明上档卖压十分沉重,多方每次高开,均被空方打压下去,已经失去上升动力。

②三只乌鸦在高价区出现是一种多方能量耗尽的信号。

2. 黄昏之星

(1)形态特征

①如果在第一根K线的实体与星线的实体之间存在价格跳空,并且在星线的实体与第三根K线的实体之间也存在价格跳空。

②如果第三根K线的收市价深深地向下扎入第一根K线的实体之内(一般应大于50%)。

③如果第一根K线的交易量较轻,而第三根K线的交易量较重(图2-31)。

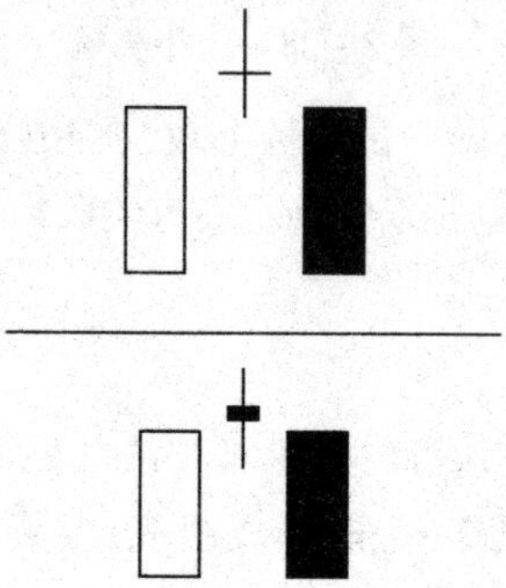

图2-31　黄昏之星

(2)操作策略

①第二根K线深入到第一根阳线部分越深,且成交量放大,跌势就越猛烈。

②如果第二根K线跳空高开,与第一根阳线间出现跳空缺口,是典型的转跌信号。

③如果第二根K线实体部分落到第一根阳线的肚子里面,再加上向下跳空则为典型的崩盘之星,这是狂跌的信号。

④顶部黄昏之星如伴随着成交量的急剧放大,应迅速离场。

3. 下降三法

如图2-32所示,下降三法,也称为"下降三部曲",一般出现在下降途中,属于下降中继形态,表明股价下跌虽遇支撑,但连续多日回升幅度不大,后市将继续下跌。在下降趋势中的三法形态中,如果头、尾两根阴线的K线的交易量超过了中间那群小K线的交易量,那么,该形态的分量就会更重。

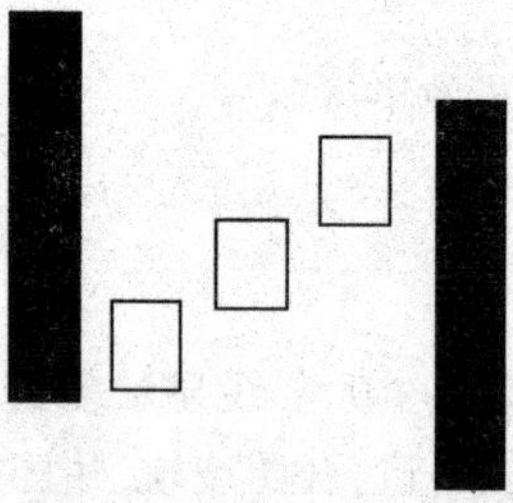

图2-32　下降三法

(1)技术特征

①下降途中出现一根长阴线,这根长阴线的实体涨幅要达到一定比例,一般是要求收盘价小于开盘价的3%。

②在长阴线后面跟随着三根小阳线。

③小阳线或高或低地排列,并保持在第一天长阴线的范围之内,也就是第三根小阳线的最高价不能超过第一根长阴线的最高价,而第二根小阳线的最低价不能低于第一根长阴线的最低价。

④最后股指或股价再次拉出一根长阴线，而其收盘价小于第一根长阴线的收盘价。

(2)应用法则

下降三法与上升三法的含义正好相反，是下降趋势经过停顿后继续下降的组合形态，表明空方虽遇抵抗，但连续多日反弹幅度不大，后市将继续下行。

(3)投资实例

马钢股份在2004年的4月21日至4月27日期间，形成“下降三部曲”走势，从其后来的行情走势可以看出，这里是典型的下跌中继形态，此后股价继续下跌。

4. 平顶

(1)图形特征

平顶的特征表现在：常常出现在高位区；某根K线的最高价包括上影线在内与前后一根或邻近的K线最高价相同时，构成平顶；平顶常和穿头破脚、吊颈线、射击之星等构成复合K线语言(图2-33)。

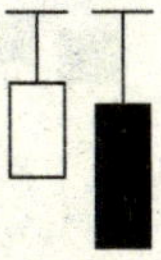

图2-33　平顶

(2)需要注意的问题

当平顶与其他顶部K线语言构成复合K线语言时，特别是射击之星、吊颈线、顶部穿头破脚等，下跌力量非常巨大，不可久留，走为上策。

5. 射击之星

如图2-34所示，射击之星形态出现在短期的上升趋势，它发出警告信号，表明市场顶部就在眼前。本形态的技术意义不如黄昏之星形态强，通常构不成主要反转信号，但常和其他K线组合构成更有研判意义的形态。

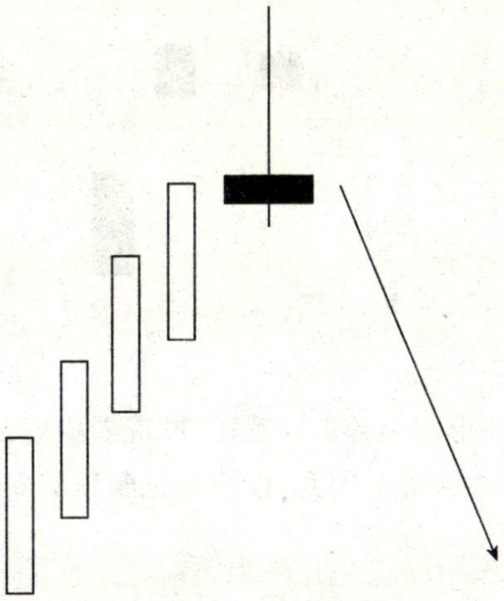

图2-34　射击之星

如果在射击之星形态出现时，带有巨大成交量，则因短期多头资金短缺，空头将大量筹码抛出，股价先扬后抑，完成了一个由多转空的心理过程，故行情可能短期见顶而走疲。

6. 下跌三连阴

(1)图形特征

主要表现在：出现在下跌的初期或者后期；由三根阴线组成，阴线为中阴线或者大阴线；第三个阴线力度最强，即阴线实体较大(图2-35)。

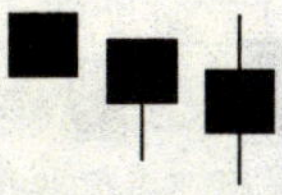

图2-35　下跌三连阴

(2)需要注意的问题

①三根阴线不一定高开低走,如果全是高开低走那是三只乌鸦。

②下跌初期出现下跌三连阴,继续看跌,离场出局为上策。

③在下跌后期出现是见底信号,表明空方力量已经用尽,这里指初期下跌三连阴。

7. 下跌三颗星

(1)图形特征

主要表现在:在下跌行情初期中出现;由一大三小四根K线组成;下跌时,先出现第一根中阴线或大阴线,随后在这根阴线的下方出现了三根小K线。K线可阴可阳,也可以是十字星(图2-36)。

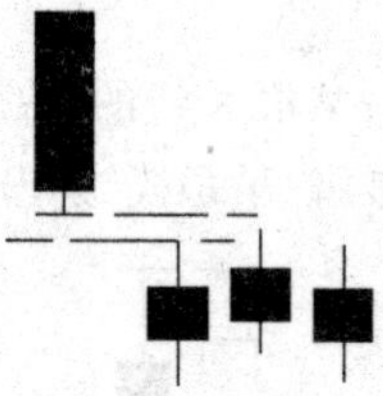

图2-36 下跌三颗星

(2)需要注意的问题

①看到下跌三颗星在下跌初期出现,如果有其他的复合K线语言出现,投资者先走为快。

②在下跌途中的下跌三颗星,投资者要知道它是否还有下跌空间,如果把握住了下跌初期的离场机会,就没必要去分析下跌途中的下跌三颗星的存在意义了。

8. 顶部岛形反转

(1)图形特征

①出现在涨势中。

②股价上升和下跌时出现两个跳空缺口,缺口位置基本上处于同一区域,顶部就像一座远离海岸的孤岛(图2-37)。

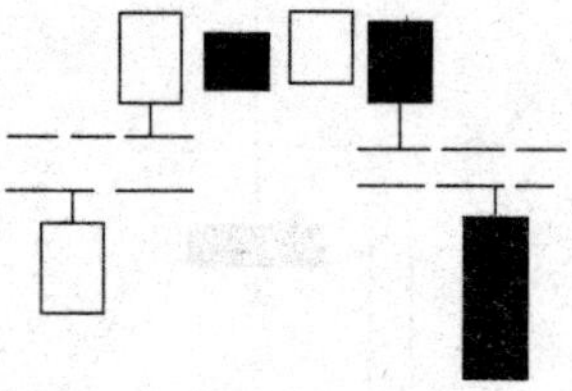

图2-37 顶部岛形反转

(2)投资策略

大势向淡,卖出信号。在涨势中形成顶部岛形反转,投资者应立即空仓离场观望顶部形成的岛形反转信号比底部形成的岛形反转信号要可靠。因此,投资者见到顶部岛形反转后要及时做空,见到底部岛形反转可试探性做多。

9. 底部岛形反转

(1)图形特征

①出现在跌势中。

②股价下跌和上升时出现两个跳空缺口,缺口位置基本处于同一区域,底部就像一座远离海岸的孤岛(图2-38)。

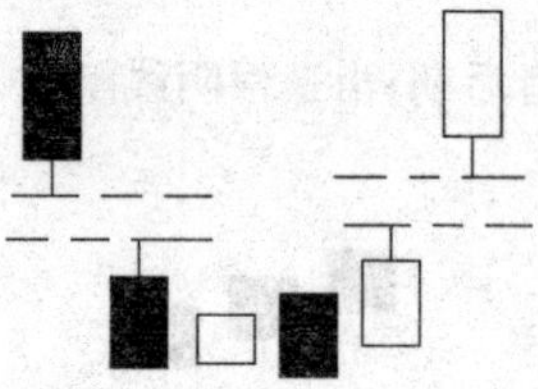

图2-38 底部岛形反转

(2)操作策略

大势转暖,买进信号。在跌势中,出现岛形反转,投资者可考虑适量买进,一旦上涨趋势形成,再加码追进。

10. 徐缓下降

(1)图形特征

出现在下跌途中的初期;连续出现几根小阴线,随后出现一、两根中阴线或大阴线(图2-39)。

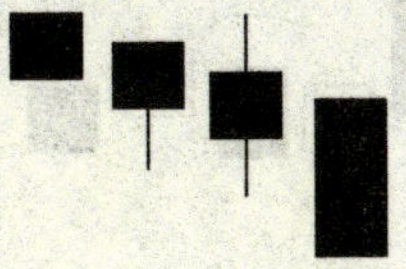

图2-39　徐缓下降

(2)操作策略

下跌初期出现的几根小阴线,中间不夹阳线,阴线实体逐渐增大趋势,当拉出大中阴线时,投资者应尽快离场。

11. 下跌抵抗

(1)图形特征

①股价在高价区横盘,突然某一天,连续跳空低开,收出众多的阴线。

②阴线实体一般可大可小,中阴线,大阴线居多。

③在下跌的阴线中夹着少量阳线,但这些阳线均为低开上行,收盘价均比前一根K线收盘价要低(图2-40)。

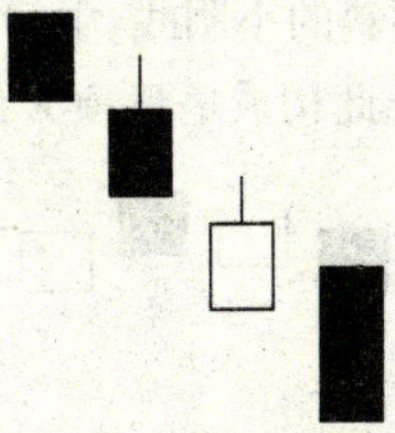

图2-40　下跌抵抗

(2)操作策略

这种阳线是多方不甘心束手就擒,但已经是回天无力,惯性下滑,遇到千万不要抢反弹,十有八九被套。

12. 下跌覆盖

(1)图形特征

①在高价区出现,由四根K线组成。

②前两跟K线为顶部穿头破脚。

③第三根K线为中阳线或小阳线,注意阳线开盘价低开,平开,高开均可,阳线实体比第二根阴线实体短。

④第四根K线为中阴线或小阴线且阴线实体已深入到第三根阳线实体之中(图2-41)。

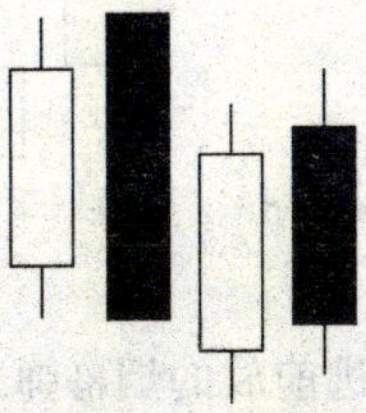

图2-41　下跌覆盖

(2)操作策略

下跌覆盖线四根K线为二阳二阴相间排列,且阴线总强度大于阳线总强度,下跌覆盖线的见顶信号强度大于顶部穿头破脚。

13. 低档盘旋

(1)图形特征

①股价经过一轮下跌后进行横向整理,横向整理的K线为小阴小阳。

②某一天出现一根跳空下跌的阴线,将前一阶段横向整理的格局打破(图2-42)。

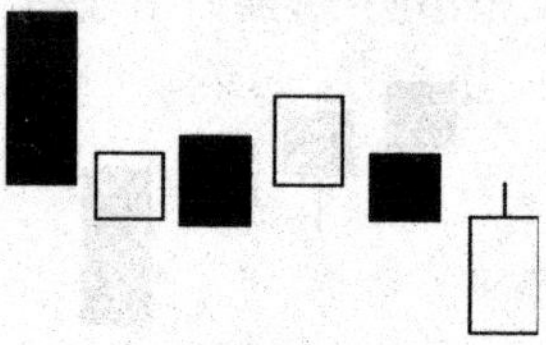

图2-42　低档盘旋

(2)操作策略

横向整理的小阴小阳是另一拨跌势的盘整,一旦盘不住,突然出现跳空低开的阴线表明新一轮跌势的开始,往往在高价区没有出局,下跌横盘整理被套或浅套更不愿出局。当低挡盘旋K线语言出现后,新一轮跌势开始,往往更不愿卖出股票,要知道,此时卖出,低位接过来,不久就可解套,盈利。

14. 宝塔顶

(1)图形特征

①在上升途中出现。

②塔形顶的第一根K线为大阳线或中阳线,随后出现一连串向上攀升的小阳线,中间也可夹着几根小阴线。

③上升速度减缓后,出现一连串向下倾斜的小阴线,中间可夹着几根小阳线。

④最后一根K线为中阴线或大阴线,止此构成塔形顶K线语言(图2-43)。

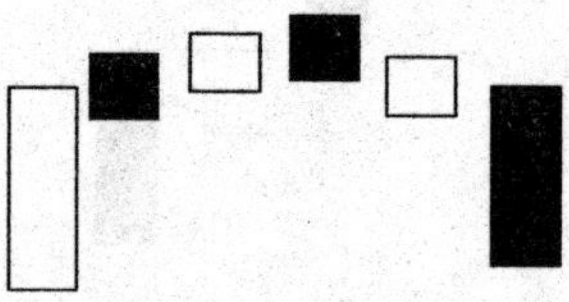

图2-43　宝塔顶

(2)操作策略

顶部塔形顶一旦出现,行情开始转向。这种图像一个倒放着的茶杯,一旦见到这种图形,先走为妙。

15. 顶部假三阳

(1)图形特征

在高价区出现;股价连拉三根阳线,但均为低开高走高收,每根阳线收盘价均比前一天最低价还低;这三根阳线均为假阳线,与三根阴线等同。股价一天比一天低,所以叫假三阳,有人又称为倒三阳(图2-44)。

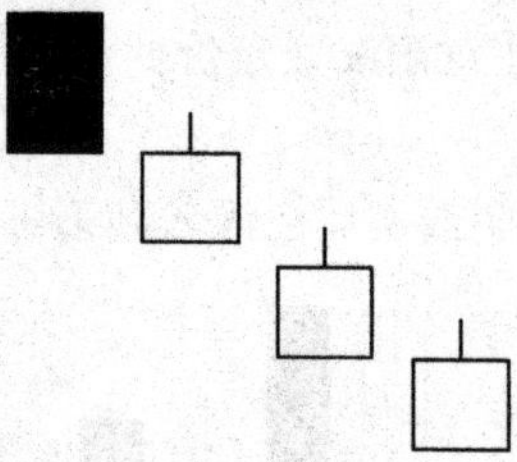

图2-44　顶部假三阳

(2)操作策略

假三阳一般在庄股中出现,这是庄家出逃前放的烟幕弹,投资者有此票的要卖,没有的不要买。

16. 空方尖兵

(1)图形特征

出现在下跌行情中;由数根K线组成;第一根K线为中阴线或大阴线并带有较长的下影线;股价反

弹数天后，某一天一根中阴线或大阴线下穿第一根阴线的下影线下方而构成空方尖兵(图2－45)。

图2－45 空方尖兵

(2)操作策略

第一根中阴线或大引线的长长下影线，是空方在杀跌前的一次试探性进攻，有人把这长下影线看作是深入多方阵地的尖兵，当后面的阴线跌破这根下影线后就成了空方尖兵，这是最后离场机会。

2.2.5 K线技巧

2.2.5.1 30分钟K线选股技巧

实战看盘最常用的就是日、周、月等K线图，这些图形对于投资者分析个股走势有很大的帮助，但是在遇到调整时，就会显出其宏观有余、微观不足的缺点，它通常很难让我们更加细致地观察个股的走势，但假如我们用分时K线图进行微观的观察与分析，就可以找到一些个股在调整中的规律。其中，使用30分钟K线图分析调整行情当中，对个股进行观察并抓住时机做反弹和短差有以下方法：

1. 参数设定

在股票软件中，30分钟K线图的均线参数通常被自动设定为5M、10M、30M等，K线图的走势较为凌乱，我们根本无法发现个股在此图显示出特有的运行规律。因此，我们必须对30分钟的均线参数设定进行修改。

通常来说，可以把均线参数设定为24M、80M、160M。如果某股调整开始后，股价先后跌破24M、80M线，说明调整在逐步加深，此时操作应该谨慎。而当股价调整到160M处时，此时应引起密切关注，特别是观察股价变动幅度和成交量在此时的变化，因为该区域走势是个股调整能否结束的最关键阶段。如果股价变动幅度变小，说明短期调整有望结束。

2. 观察与选股

运用30分钟K线图进行分析，被选对象要符合以下几个条件：

第一，要仔细观察，准确判断出该股的走势只是短期调整；

第二，K线调整到160M附近出现缩量横盘，股价波动变得微弱，一般波幅小于2%；

第三，在160M线附近调整的时间在两到三个交易日；

第四，通常在下午，特别是在下午14时左右放量上涨，成交量为前一个交易同一时段的3～5倍；收盘时K线穿过80M线，同时切换到60分钟线，它以小阳线报收。此时放量预示着个股调整的结束，而且第二天上涨的可能性最大。

最后，MACD、KDJ等指标此时形成交叉开口向上的形态，BOLL在中轨区运行。

3. 操作建议

由于每天只有少数个股符合上述情况，所以一旦个股符合上述条件时，特别是出现放量时应积极、果断介入。

4. 注意事项

由于庄家做盘的手法各异，个股的走势形态都各不相同，所以要想用好30分钟图，最关键的还是要多观察、多总结，不断积累经验。

(1)关注成交量。当股价调整到160M线时走势将面临转机，此时成交量最为关键。某些个股的成交量有时是在下午14时左右放量，但也有在第二天上午出现拉高放量的情况。

(2)结合大盘走势。如果大盘连续下调并出现衰竭,此时个股如果在160M线处出现横盘,则适用性最强。

2.2.5.2 60分钟K线确定卖点

很多投资者都有过这样的经历:买到过好的股票,但因为无法把握好的卖点,轻则中途震出或者利润缩水,重则“免费电梯”,甚至从赢利到亏损被套,从这个角度来看,卖甚至比买更为重要。而60分钟K线既比5分钟、15分钟、30分钟稳定,又比日线灵活,卖点不至于太过滞后,可作为卖点的参考。

对于涨升的股票,开始下跌,其实质无外乎开始洗盘做较大幅度的调整和短期内有减仓的迹象这两个方面,而这两个方面是短线交易者必须回避的情况,再加上现在的市场和以前已大不相同,洗盘和出货已不是当年“长阴缩量”和“短阴放量”这么简单的区别,现在的洗盘越来越像出货,现在的出货也越来越像以前的洗盘。所以投资者绝对不能用“好像是在洗盘,不要紧,还会涨的……”这类自我安慰的话来掩盖即将到来的风险。作为短线交易者,一旦盘中上行能量不足或者前期比较安定的筹码开始出现剧烈震荡、松动的情况,那么就必须提高警惕,出现卖点,不论赢亏,坚决出局,以回避后市的不可预知走势。

一般来说,出现剧烈震荡的异动或者盘中上行能量不足,在60分钟图表上,具体表现如下:

第一,根据核心K线体系的原则,常态的上涨阳线(实体阳线或实体大于上下影的阳线)和常态的下跌阴线(缩量阴线,确切地说是量能小于均量的阴线),为常态行情,价格在没有外力作用下,仍旧会向原方向前进,大家可以安心持股。一旦某日出现剧烈的震荡或者是带量下跌,在60分钟上表现为长上影,长下影,长上下影,一小时内跌幅较大的阴线,同时量能大于均量,此类K线被称为“异动K线”。

第二,在经过一段时间的放量涨升后,上行能量开始减退不足,显示上攻开始乏力或者准备进入较长时间的调整,在60分钟上表现为短期均量线下破长期均量线,显示短期量能释放的平均程度开始萎缩。

以上两种情况,出现任何一种,或者两种同时出现,投资者都必须临阵准备卖出状态,密切跟踪,随时准备根据后面的演化而短线出局。

在出现上述情况的前提下,如果某日出现下面三种情况中的一种,甚至是三种情况中的任意两种复合情况(下跌几乎就成为百分百),必须毫不犹豫,果断出局:

第一,上涨阳量大于下跌阴量,这称为良性量能,当某小时上涨阳量小于下跌阴量,同时随后出现的下跌阴量仍然在放大时,显示多空力量开始转化,空方占优,同时价格跌破5单位均线,指标在技术高位死叉,为卖点。

第二,某小时下破5单位均线后,两个小时都被均线压制,无法站回均线,5单位均线向下拐头,结合指标的技术位置,为卖点。

第三,突然没有任何征兆的下跌,技术指标快速下滑至20以下超卖区,耐心等待其技术反抽,在指标重新反抽到技术高位时,为卖点。需要注意的是,如果出现前两个卖点时,价格已下滑到重要均线支撑位或者指标下滑到超卖区,可不必急忙卖出,等待其进行技术反抽。

同时,60分钟K线战法只适用于短线涨升或宽幅震荡的股票,并不适用于窄幅牛皮震荡的股票和总体处于下跌趋势的股票,短线交易者不应参与横盘震荡的股票,在选择突破方向之前,极早退出。在选择方向后,再做打算不迟,后者总体处于下跌趋势,百分之九十的时候卖出都是对的,只有一次是错的,那就是在下跌见底的时候。

2.2.5.3 周K线精解

1. 光头光脚周阳线

光头光脚周阳线,是指周一开盘价为最低价,周五收盘价为最高价,收盘价远远高于开盘价的周K线,其中心值则位于K线实体的中间。一般来说,光头光脚周阳线的出现说明在一周的交易时间内,买方占尽了明显的优势,卖方势单力薄,毫无还击之力。

(1)光头光脚周阳线出现的三种情况

第一,本周初期买方不动声色地在低位吸纳筹码,在周三、周四才开始发力拉高,由于卖盘稀少,指数或股价在几天之内就被大幅推高,周五以最高价报收。

第二,买方在上周整理行情中早已经做好了充足准备,本周一一开盘就展开了凌厉的攻势,在本周中段虽然卖方出现过反击，但是卖盘软弱无力，买方变本加厉继续拉高，直至周五以最高价报收。

第三，本周的升势是对上一两周升势的延续，周一一开盘就持续拉高上升，市场一直看好。本周内股价经常跳空高开高走，并在极度乐观的情绪中以全周最高价收盘。

(2)光头光脚周阳线的解读

光头光脚周阳线出现的上述三种情况，均孕育着危机，分别体现在：

第一种情况，买方在本周初吸纳，后半周急拉，往往是一种短线行为，否则就会缓慢推高而不是急拉。因此，其目标价位不会很高，往往是见好就收。同时，由于后半段升势过急，未经过充分洗筹换手，获利回吐的压力很大。

第二种情况，买卖双方在本周经历过一番较量，有一定程度的换手，买方持股价格升高。但是，如果后半周升势过急因此而拉出大阳线的话，新接手的买方又有了较大的获利差价，市场新增了回吐的压力。另一方面，本周中段经过一定的震荡，使一些曾经被套牢的持股者产生了警觉，下周一旦有什么风吹草动，他们会首先卖出，以避风险。但是，如果本周中段换手之后，股价虽然以最高价报收，却未经急升，那么本周的阳线就不会是大阳线，与上周相比，周线较小，这样下周仍然有上升的动力。

第三种情况，股价在本周之前已经持续上升，本周又出现多次跳空高走，说明庄家已经大幅获利，在市场气氛一致看好、中小户卖盘踊跃的情况下，庄家已经创造了获利了结的最好时机，功成身退已经成了庄家的明智选择。另一方面，由于市场一致看好，该进场的买盘已经进场，此后的扬升(将)缺乏新买盘的推动，因此后市蕴藏了大幅回落的危机。

基于此，一旦出现了光头光脚周阳线，下周股价走势将出现逆转，即由上升转向下跌，因此下周将是高位卖出的时机。尤其是下周初股价大幅上扬的话，极有可能会走出冲高回落行情。因此，下周前半段坚持高位卖出的方针不能动摇。

如果本周的光头光脚周阳线是一根较小的周线的话，很有可能在本周经过换手整理，上攻能量没有耗尽，大市仍有上升空间。因此，本周若是线体较小的光头光脚周阳线，那么下周仍将继续收出阳线。尤其是下周初先做回档又跌不破本周中心值的话，下周继续上升、全周收阳线的可能性就增大。

如果大盘下跌后出现转暖的迹象，在有理由认为反弹不会演变成为反转的情况下，周K线若出现了实体较大的光头光脚的大阳线，一般应该视作见顶回落的信号，在大多数情况下周K线会出现一两根阴线。因此，这种情形下周K线出现的大阳线也应当作为卖出信号来对待。

2. 光头光脚周阴线

光头光脚周阴线是指周一开盘价就是最高价、周五收盘价就是最低价而且明显低于开盘价的周K线，其中心值位于实体的中间。

(1)行情特征

光头光脚周阴线的出现，说明了在本周内卖方占尽了优势，买方力量薄弱，毫无还击之力。卖方在周一一开盘就主动出击，坚决地将股价向下打压，本周内无论买方是否进行过反击，都被证明是徒劳的，因为卖方最终得以最低价收盘。这种情况表明，本周股价经过了较大幅度的调整，卖方完全控制了局面。因此，在操作上，本周收盘价以上的卖出操作，都被实践证明是正确的，对上半段的卖出操作来说更是这样。此时，市场已经普遍出现了悲观情绪。

光头光脚周阴线在日线图上是一种强烈的卖出信号，但是在周线图中却并非如此，投资者对于此线的出现完全不必惊慌。经过一周的持续下跌，卖压能量已经在很大程度上得到了释放，尽管下周的前半段仍然会有一定的卖压，但是力度已经大大削弱。而且，本周出高位卖出的人已经有了一定的差价，已经在考虑在下周低位伺机买回。在技术上，本周内可能经过了跳空下跌的走势，而技术指标经过调整，可能已经有了反弹的要求。但是，由于这种周阴线常常出现在下跌过程当中而不是跌势的尽头，因此要指望股价短期转入牛市，却是一种不切实际的奢望。

(2)操作策略

根据以上分析，投资者应按如下策略操作：

①下周股价将会反弹，全周走势将会表现为先抑后扬的行情。因此，持股者不必在下周初匆忙低卖，在下周后半周可能会有更高的价位。而空仓者可以在下周前半段找低位买入，期待做一个短线的反弹。

②此线出现之后,若下周收出阳线,再下周收阴的概率较大,因此,再下周初段是高位卖出的机会。

在周K线中,无论周阴线还是周阳线一旦上升达到五周,无论投资者赢多赢少最好是卖出了结,因为周线往往以升幅大小来衡量,以上升时间来衡量,如果不掌握这一规律,那么就有可能由盈到亏。

3. 上下影周阳线

上下影周阳线是指收盘价明显高于开盘价但低于最高价,开盘价高于最低价,上下影线的长度大致相等的周K线,其中心值位于实体之中。

上下影周阳线是周K线图上出现最多的一种阳线。它的出现,说明全周都有多空双方力量的较量和争夺,走势有一定程度的反复,无论是在高位还是在低位,都有一定程度的卖压出现,其上下影线说明了这点。也就是说,买方无论是在低位还是在高位,都未能占据绝对的优势,尽管全周拉出阳线,说明买方力量仍较强大,但是卖方的力量也不容忽视。这一点,是这种周阳线有别于其他光头或光脚周阳线的重要特点。

(1)行情特征

上下影周阳线虽然在股价波动中频繁出现,但是它最重要、也最经常地扮演了两种意义相反的角色:

一方面,当股价经过持续或者大幅的下跌之后,出现了这种实体不是很大的周阳线,通常是股价止跌回升步出低谷的标志,此后股价仍会继续扬升。

另一方面,当股价经过持续或者大幅的上升之后,如果出现这种周阳线而且实体较长,那么,它就预示升势达到或者即将达到顶部,股价将会转向下跌。

此外,在上升途中,若出现与上周的阳线大小相似的这种周阳线的话,则说明买盘进一步增强,股价进一步上升的可能性较大。但是,若本周的上下影周阳线的线体明显大于上周的话,那么,买方主力拉高出货的嫌疑就很大。

总之,对这种上下影周阳线的分析,绝对不能仅看其形状就妄下结论,一定要结合它所处的位置及其线体的大小来辨别。

(2)操作策略

出现上下影周阳线后,投资者可做如下操作:

①股价经过持续下跌或者经过中期整理之后,出现线体不大的这种周阳线,是股价转向上升的标志,应该在下周初果断地买入待涨,原来已经持股者则应该继续持股。

②当股价上升途中出现这种周阳线,如果线体并不大,下周股价仍有可能进一步上升,但是风险也同时增大。在操作上,如果下周初股价不升反跌,而又跌不破本周中心值就企稳回升,这就可以期待下周再收阳线,应该果断跟进。反之,如果下周初就继续上升,谨慎的操作就是观望。此时,持股者可观望至股价上升乏力时乘高卖出,而空仓者则可期待股价冲高回落。

③股价经过持续上升后出现这种周阳线,如果线体明显比上周阳线长,那就是升势即将逆转的标志,下周走势很可能冲高之后转向下跌,一轮调整行情即将到来。因此,持股者应该在下周初冲高之时卖出了结,而持币者此时切忌冒险买入。

由于周K线的时间跨度要远远大于日K线,在出现同样的K线组合的情况下,周K线所预示的买卖信号的可信度要远远高于日K线。此外,如果能把对周K线的分析和其间的股价形态分析结合起来,分析的效果会更佳。

4. 上下影周阴线

上下影周阴线是指开盘价明显高于收盘价但低于最高价、收盘价高于最低价的周K线。其中心值位于阴线实体中心区域。

(1)行情特征

上下影周阴线出现的频率较高,但是比较经常出的位置是走势由上升转向下跌的转折点,或者是跌势将到尽头的前一周,因此,这种周阴线有预警的意味。相同的K线,处于不同的位置就会预测出不同的走势,主要是因为它的下影线在不同位置上虚实不同:当股价从高位回落时,形成其下影线的买盘较虚,当中不乏尾市拉高以便下周继续卖出的护价盘。而当股价持续下跌之后,形成其下影线的买盘较实,当中大多是低位建仓盘。

(2)操作策略

①在股价经过反复上升之后出现此线，是走势由上升转向下跌的标志，属于强烈的卖出信号，其后必出现一轮跌势。因此下周应果断卖出，并且暂时离场观望。

②如果它前面是一根不小的周阴线，本周出现这种阴线说明下周仍将收出周阴线，但是下周达到或者即将达到底部，股价跌势将尽，升势在望。在操作上，空仓者应该在下周寻找低位部分建仓，在下周止跌回升时继续加码买入。持股者在下周的高位短线卖出，但是仍然应该在下周低位重新买入，以防踏空。而中长线持股者既然不能在本周较高的价位卖出，下周卖出的可能已经不大。

③如果它前面是一根下影光头阴线，本周的上下影阴线最高价、最低价均未能超过上周的范围，那就意味着股价已经探底回稳，是一个强烈的买入信号，下周股价将会掉头上升。因此，下周开盘应该果断满仓杀入，而且之后应该以持股为主，再下周走势转弱才考虑卖出较为稳妥，因为可以期待此后将走出一波较有力度的上升行情。

5. 周K线选股技法

周K线是指以周一的开盘价，周五的收盘价，全周最高价和全周最低价来画的K线图。月K线则以一个月的第一个交易日的开盘价，最后一个交易日的收盘价和全月最高价与全月最低价来画的K线图，同理可以推得年K线定义。周K线、月K线常用于研判中期行情。对于短线操作者来说，众多分析软件提供的5分钟K线、15分钟K线、30分钟K线和60分钟K线也具有重要的参考价值，如图2－46所示。

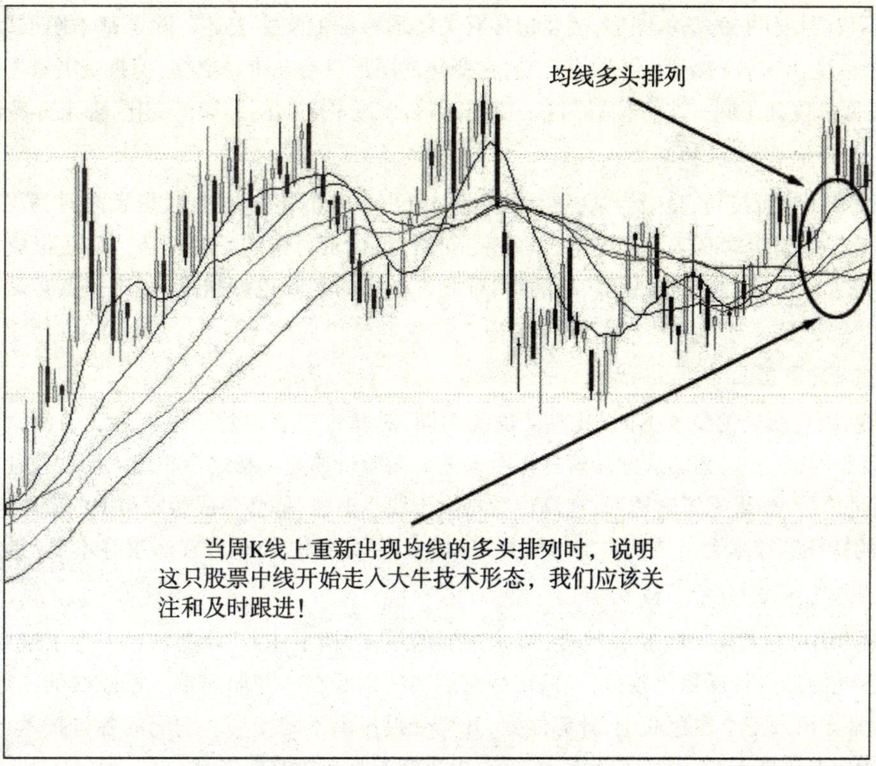

图2－46　均线多头排列图

对于中长线投资者而言，周K线的意义非常重大。因为周K线反映的是中级大行情，周期比较长，因此周K线的准确度要远远高于日K线，而日K线则比较容易形成“技术骗线”。因此，通常在买入点，一般先考虑周K线的状态是否安全，再考虑日K线的价量关系是否良好。状态是否安全，最后才以盘面变化择低而入。反之亦然，即所谓“周线选股，日线买股”。周K线不止在中长线投资者中广泛运用，在短线实战中也可灵活运用。

而多数投资者平时都习惯了较为重视对日K线方面的分析，在周K线方面尤其是在短线的操作中却常常并不十分留意。实际上，日K线是对一个交易日的记录，由于变化太快极易出现技术性陷阱，而周K线反映的是一周的交易状况，短期K线上出现的较大波动在周K线上一般都会被过滤或烫平。因此，如果能够将日K线的分析和周K线的分析相结合，则对操作指导的效果会更好。

在实际操作中,对于买卖时机的把握首先要分析周K线是否安全,然后再分析日K线的组合及量价关系配合是否合理,最后才能在适当的时机选择操作方向。一般而言,将两者结合起来指导实际操作可以避免很多失误。如果仅仅依靠日K线的组合来判断短线的操作方向难免会面临较多的不确定性风险,同时也容易形成追涨杀跌的习惯。在强势的行情中过早抛掉手中的获利筹码,而在弱市行情中又由于反弹力度时强时弱难以掌握,又极为容易跟进马上就被套。

从表面来看,周K线与日K线的形态是相同的,但实际上两者所覆盖的交易周期上的差异所透露出的操作方向有时会完全不同,甚至会给出相反的买卖信号。

而牛股行情的培育,往往需要较长的时间,周K线图能够过滤掉一些短线的杂波,可以清晰地看清个股的趋势并发现主力资金的运作痕迹。

投资者如果注意到在周K线图上出现的技术特征,则抓住牛股的可能性比较大。

2.2.5.4 K线技术的注意事项

所谓K线走势图,就是股价(指数)在一定时间内的开盘价、收盘价、最高价、最低价用阴线、阳线表示的走势图,以便投资者观察目前的涨跌趋势,作出正确的投资决策。在股市实战中,K线分析是投资者用得最广、频率最高、效果最好的一种实用性操盘技巧。因此,作为股市中人要想获得投资成功,就一定要认真学习和研究K线,并在实践中真正掌握它。在此,必须要注意以下几个问题:

1. 牢记各种K线图形的特征

投资者不仅要记住它的基本图形,还要记住有关图形特征的文字表述。除了基本图形以外,它还会在基本图形上演变出来各种图形,譬如说平底,它变化的图形就有几十种之多,但投资者只要记住临近的几根K线"最低价位处于同一水平位置"这一特征,那么无论平底的图形如何变化,都很容易识别。

2. 学会K线综合分析技巧

所谓K线综合分析技巧,是指当某一组K线同时发出多种市场信号时,投资者能对其正确地加以梳理,从而推断出一个符合客观实际的结论,以此来指导自己投资行为的一种技巧。从股市成功人士的经验来看,K线综合分析技巧运用得越多、越娴熟,对股价走势的判断也就越准确,这一点必须引起投资者的高度重视。

3. 要知其然,更要知其所以然

很多K线,因它所处的位置不同,其含义也就不同,对此一定要留意。以大阳线为例,很多人认为,凡是大阳线就是涨的信号,其实这样理解是不全面的。当股价快速上扬之后拉出大阳线往往有见顶的意味,它不是买进信号,如果不了解透彻,在高位看见大阳线也追涨,势必要成为股市中的套牢人。因此,投资者对K线的特征和技术含义要认真加以研判,知其一,更要知其二,这样在运用时才不会发生差错。

4. 反复比较,不要张冠李戴

在K线图形中,尤其是一些K线组合,形状相似的很多,稍不注意,就会认错。为了避免误认,要学会对一些相近的图形进行反复比较,真正搞清楚它们的区别所在。譬如同是三根阳线的图形,由于阳线实体的变化,常会出现三个白色武士、升势停顿、升势受阻三个不同图形。它们的各自技术含义不同,与之相对应的操作方法也不同,因而不能混为一谈,以免遭受不必要的损失。

§2.3 量价分析

2.3.1 量价基础

2.3.1.1 成交量概述

所谓成交量,是指一个时间单位内对某项交易成交的数量,它既可以反映某只个股的交易数量,也可以反映市场总体的交易数量,两者的含义基本接近。

从个股的成交量来看，由于股票在二级市场中只能通过转手的方式进行买卖，即手中没有股票的投资者要想买入股票，就得从那些手中持有股票的投资者手中购买。而股票交易是一对正好相反的操作：投资者成功地买入一定数量的股票也代表同时有相应的持股者卖出了数量相同的股票。

因此，通俗地讲，所谓成交量就是指买方买入了多少股票，或者是卖方卖出了多少股票。例如：对于一只股票来说，假设其当日的成交量为10000股，那么，这就代表当日的买方买入了10000股，并且卖方也卖掉了10000股。这种计算方法称为单边计算方法，即仅以买方买入的数量或卖方卖出的数量来表示成交量，国内股市即以这种方法计算成交量。

成交量看似仅仅反映了当日的成交数量这一信息，然而，只要善于分析就能从成交量中挖掘出重要的信息，特别是通过成交量放大或缩小的变化形态，投资者便可以很好地提前了解并准确预测一只个股的未来走势。

需要特别说明的是：在股市交易中，"手"是买卖交易时的术语，它是一笔股票交易中的最小成交单位，1手=100股，因而，10000股也可以称为100手。投资者在股票买卖中，不能1股、2股地买卖，只能1手、2手地买卖。

2.3.1.2 成交量的表现形式

因为市场就是各方力量相互作用的结果，虽然说成交量比较容易作假，控盘主力常常利用广大散户对技术分析的一知半解而在各种指标上做文章，但是成交量仍是最客观的要素之一。

1. 市场分歧促成成交

所谓成交，自然是有买有卖才会达成，光有买或光有卖绝对达不成成交。成交必然是一部分人看空后市，另外一部分人看多后市，造成巨大的分歧，又各取所需，才会成交。

2. 缩量

缩量是指市场成交极为清淡，大部分人对市场后期走势十分认同，意见十分一致。这里面又分两种情况：一是市场人士都十分看淡后市，结果只有人卖，却没有人买，所以急剧缩量；二是市场人士都对后市十分看好，只有人买，却没有人卖，所以又急剧缩量。缩量一般发生在趋势的中期，大家都对后市走势十分认同，碰到下跌缩量这种情况，就应坚决出局，等量缩到一定程度，开始放量上攻时再买入。同样，碰到上涨缩量这种情况，就应坚决买进，坐等获利，等价上冲乏力，有巨量放出的时候再卖出。

3. 放量

放量一般发生在市场趋势发生转折时，市场各方力量对后市分歧逐渐加大，在一部分人坚决看空后市时，另一部分人却对后市坚决看好，一些人纷纷把家底甩出，另一部分人却在大手笔吸纳。放量相对于缩量来说，有很大的虚假成分，控盘主力利用手中的筹码大手笔对敲放出天量，是非常简单的事。只要分析透了主力的用意，也就可以将计就计。

4. 堆量

当主力意欲拉升时，常把成交量做得非常漂亮，几日或几周以来，成交量缓慢放大，价慢慢推高，成交量在近期的K线图上形成了一个状似土堆的形态，堆得越漂亮，就越可能产生大行情。相反，在高位的堆量表明主力已不想玩了，在大举出货。

5. 量不规则性放大缩小

这种情况一般是没有突发利好或大局基本稳定的前提下，妖庄所为，风平浪静时突然放出历史巨量，随后又没了后音，一般是实力不强的庄家在吸引市场关注，以便出货。

2.3.1.3 成交量的常见变化

成交量是技术分析的重要指标，虽然庄家在打压吸筹和拉高出货时可能会产生虚假的成交量，但投资者可根据股价的位置判断庄家意图。

当成交量逐渐放大时，投资者可依以下几种情形对股票的行情加以判断：

第一，成交量增加，表示买方需求增加，换手积极，股价看涨。但成交量增加的同时，也就意味着投机气氛浓厚，行情基础不稳固，股价随时有下滑的可能。

第二,成交量过分膨胀,股价自然跟随急涨,市场主力及大户出货相当容易,中小投资者无法判断主力的真实意图,继续拉高或寿终正寝的可能性都很大。当成交量减少时,浮动筹码必然增加,卖压随即表面化,股价也随之滑落,投资人兴趣大减,资金很快从证券市场抽走,来不及撤退的被动套牢,要等证券市场重新活跃才有重生机会。

成交量增加,从正面看是表示证券市场繁荣,股价上升的好现象,但相对的高利润必有高风险相伴随,投资者在获取收益时,千万别忘了风险的存在。

在技术分析时,成交量的警示作用也是明显的,最明显的情形是,股价高涨,成交量激增,成交总额与股票指数不断创出新高;但假若只是成交量增加,而股价与股价指数没有明显的涨升,这表示股价已达高峰,回档的可能性极大,也是投资者应该有所警惕的时候了。连日上涨的股票,突然高开低走而且以低价收盘时,投资者就应特别注意了。这种情况表明股价已有回档的征兆,正是乌云密布的时候,最好还是暂时避开为妙;交易量日渐萎缩,股价也逐渐推动往日的雄风,表示该股已逐渐趋近高价,投资者可以考虑获利了结。

2.3.2 量价进阶

量价关系,即量价分析,就是分析价格、成交量、持仓量三者的关系,它分为技术性强势和弱势。通俗地讲就是价量是否一致,结合整理形态和反转形态进行分析,成功的概率较大。

1. 价升量增

成交总值是测量行情变化的温度计,从成交总值增加或减少的速度上可以推断出多空战争规模的大小。

在上升趋势中,投资人购买股票,短期或中长期都可获得利润,赚钱的示范效应激发起更多人的投资意愿,从而使交投活跃。在积极的换手下,成交量不断创纪录,股价也不断上扬,但接最后一棒的往往被套。

成交量是股市的"元气",股价只不过是它的表征而已,所以,成交量通常比股价先行。一般来说,在底部价升量增是买入信号,在顶部是卖出信号。而顶部和底部的价升量增的重大区别就是换手率底部区域的个股当日换手率一般不超过5%。顶部区域的当日换手率大多在10%左右,走势凶猛的个股还能达到30% ~50%之间。

2. 价升量减

股价上升,成交量反而减少,表明买气已弱,卖方力量随时有表现的可能。因此,投资者对"缩量上涨"应保持高度警惕。

价升量减所显示的是一种量价背离的走势。一般说来,价升量减表明股价将无力上扬,但"股市无铁律",有时也会出现股指不断冲破历史新高而成交量却不放大的情况。一般来说,大盘股或短期涨幅较大个股价升量减是卖出信号;小盘股可以长时间地价升量减,这主要是由于流通盘小主力容易控盘所造成的结果。

3. 价跌量增

价跌而量增往往是主力机构出货的先兆,必须高度警惕。价跌而量增,往往在以后的交易日里价虽跌而量不再增,这恰恰表明机构出货后不再"空头回补",股价还有下行空间。一般来说,在股价短期有较大涨幅之后,价跌量增应卖出。股价在跌幅较大之后,底部出现价跌量增现象是买入信号。

4. 价跌量减

价跌量减大多是一个多头市场的象征。在多头市场里,每一次下调或调整,市场都充满一种惜售心理,加之"买涨不买跌",成交量萎缩也就在情理之中了。通常股价走在上升趋势中出现价跌量减的现象,是买入机会。而当股价走在下降趋势中出现价跌量减的现象,说明没有资金吸纳筹码,下跌趋势将会绵绵不绝,应注意及时止损。

5. 价升量平

股价在高位区,出现价格小幅上涨成交量处在较高的水平。这是一种主力逐渐减持筹码的行为,也叫"放量滞涨",此现象出现应减仓出局。一般来说,股价在低价区出现成交量稳定放大,但价格涨幅较小,这是主力在低位吸筹的行为。此现象出现应对该股重点跟踪,寻找合适时机加仓。

6. 天量天价

当某只股票在一轮行情中某一天出现了一个较高的价格，在出现最高的股价同时成交量在这天也是一个最大值，以后一段时间股价和成交量再也没有出现新高，这种走势就叫天量天价。

股价上行理应是一个渐进过程，成交量的放大也应比较温和，突放巨量往往欲速而不达。出现巨量既有主力机构拉高出货的阴谋，也有跟风盘盲目追涨惹下的祸根，理性的投资者大多会对"天价天量"敬而远之。

对于多数股票来讲，一般都是先有天量后有天价，也就是量价背离。

7. 地量地价

所谓地量即成交量已无法再萎缩，卖气减弱使股价见底。股价下行后往往导致换手不积极，成交量随股价创新低而萎缩。每一次萎缩都可能导致再一次小反弹。而当成交量无法再萎缩时，这时股价也可能出现一个新低价，这时下跌行情已基本结束。在实践应用中，多数股票都是先见地量后见地价。

8. 涨跌停板制度下量价关系分析

由于涨跌停板制度限制了股票一天的涨跌幅度，使多空的能量得不到彻底地宣泄，容易形成单边市。很多投资者存在追涨杀跌的意愿，而涨跌停板制度下的涨跌幅度比较明确，在股票接近涨幅或跌幅限制时，很多投资者可能经不起诱惑，挺身追高或杀跌，形成涨时助涨、跌时助跌的趋势。而且，涨跌停板的幅度越小，这种现象就越明显。目前，在沪、深证券市场中，ST板块的涨跌幅度由于被限制在5%，因而它的投机性也是非常强的，涨时助涨、跌时助跌的现象最为明显。

(1)涨停量小，将继续上扬；跌停量小，将继续下跌。在涨跌停板制度下，股票在涨停板时没有成交量，那是卖主目标更高，想今后卖出更好的价格，因而不愿意以此价抛出，买方买不到，所以才没有成交量。第二天，买方会继续追买，因而会出现持续涨停。

在涨跌停板制度下，股价跌停，买方寄希望于明天以更低价买入，因而缩手，结果在缺少买盘的情况下成交量小，跌势反而不止，股价出现连续跌停。

(2)涨停中途被打开次数越多、时间越久、成交量越大，反转下跌的可能性越大；跌停中途被打开的次数越多、时间越久、成交量越大，则反转上升的可能性越大。

(3)涨停时间越早，次日涨势可能性越大；跌停时间越早，次日跌势可能越大。

(4)封住涨停板的买盘数量大小和封住跌停板的卖盘数量大小，说明买卖盘力量大小。这个数量越大，继续当前走势的概率越大，后续涨跌幅度也越大。

(5)注意庄家借涨停板制度反向操作：

①庄家出货时，先以巨量买单挂在涨停位，因买盘量大集中，抛盘措手不及而惜售，股价少量成交后收涨停。自然，原先想抛的就不抛了，而这时有些投资者以涨停价追买，此时庄家撤走买单，填卖单，自然成交。当买盘消耗得差不多时，庄家又填买单接涨停价位处，以进一步诱多；当散户又追入时，他又撤买单再填卖单……如此反复操作，以达到高挂买单虚张声势诱多，在不知不觉中悄悄高位出货。

②庄家洗筹或吃货时，先以巨量在跌停价位处挂卖单，吓出大量抛盘时，他先悄悄撤除原先卖单，然后填写买单，吸纳抛盘。当抛盘吸纳将尽时，他又抛巨量在跌停板价位处，再恐吓持筹者，以便吸纳……如此反复操作。

在此种场合，巨额买卖单大多是虚的，不足以作为判断后市继续先前态势的依据。判断虚实的根据为是否存在频繁挂单、撤单行为，涨跌停是否经常被打开，当日成交量是否很大。若是，则这些量必为虚；反之，则为实，从而可依先前标准做出判断结论。

2.3.3 量价实战

2.3.3.1 成交量均线法则

1."搭下阳减"成交量组合

(1)定义及使用注意事项

①五日成交量均线在上，十日成交量均线在下，五日成交量均线自上向下搭，与十日成交量均线趋近

交叉,五日成交均量与十日成交均量趋于一致,大致持平。

②五日成交量均线与十日成交量均线趋近交叉当日,K线为阳线,与此相对应,当日成交量为阳量。

③五日成交量均线与十日成交量均线趋近交叉前一日,K线为阳线。与此相对应,当日成交量为阳量,但趋近交叉前一日量比趋近交叉日量大。

④通常出现在上涨中段。庄家进行短暂强势调整后,很快会继续上攻。

⑤K线形态上,五日成交量均线与十日成交量均线趋近交叉,当日的股价往往被趋近交叉前一日的股价所包容。有时,即使不被包容,但交叉当日的股价也仅仅比交叉前一日的股价最高价高出一点点儿。

⑥五日成交量与十日成交量趋于一致,大致持平时,允许有百分之十以内的正负误差,二者越接近越好。

⑦符合葛南维移动平均线四个买入法则之一。

⑧成交量组合出现同时或出现后一两个交易日内,如有K线组合出现相配合,则该只股票股价上涨概率更大。

⑨按此方法买入股票股价上涨一段后,如果葛南维移动平均线八大法则中四个卖出法则之一出现,应卖出股票。

(2)成交量组合出现的背景

"搭下阳减"成交量组合出现时,K线形态上往往是庄家的震仓洗盘行为过程。庄家震仓洗盘行为方式通常有四种:一为一次性打压式,二为往复震荡式,三为混合式,四为强势整理式。

"搭下阳减"成交量组合在K线上的表现形式即为强势整理式庄家震仓洗盘行为。这种洗盘震仓的特点是:短促而有力,持续时间只有一天,K线通常为低开的小阳线,且股价往往被前一天的股价所包容。这表示经过前一阶段的拉抬之后,庄家要短暂地休息一下,挤出短线获利盘,充分进行筹码换手,提高平均持仓成本,便于庄家继续将股价拉升至高位时出货。

2."上叉阳减后阴"成交量组合

(1)定义及使用注意事项

①五日成交量均线在下,十日成交量均线在上。五日成交量均线自下向上叉,与十日成交量均线趋近交叉。五日成交均量与十日成交均量趋于一致,大致持平。

②五日成交量均线与十日成交量均线趋近交叉当日,K线为阳线,与此相对应,当日成交量为阳量。

③五日成交量均线与十日成交量均线趋近交叉前一日,K线为阳线。与此相对应,当日成交量为阳量,但趋近交叉前一日的量比趋近交叉日量大。

④五日成交量均线与十日成交量均线趋近交叉次日,K线为阴线,与此相对应,当日成交量为阴量。

⑤通常出现在小幅上涨后期,大幅拉升前夕。

⑥K线形态上往往对应着庄家的震仓洗盘过程,庄家进行短暂洗盘震仓后,随即会展开上攻行情。

⑦五日成交均量与十日成交均量趋于一致时,允许有百分之十以内的正负误差,二者越接近越好。

⑧符合葛南维移动平均四个买入法则之一。

⑨成交量组合出现同时或出现后一、二个交易日内,如有K线组合出现相配合,则该只股票股价上涨概率更大。

⑩按此方法买入股票且股价上涨一段后,如果葛南维移动平均线八大法则中四个卖出法则之一出现,应卖出股票。

⑪成交量组合一般都是短线选买点的,投资者宜在成交量组合出现后的次日,逢低买入。

(2)成交量组合出现的背景

股价经过一段时间的下跌之后,当下跌动力不足时,通常会止跌回稳。此时,表明该股投资价值已显现,投资者可逢低吸纳。当大多数股票受大盘影响,陆陆续续都发出止跌回稳信号时,如何从众多股票中判断出哪些股票会产生大行情,哪些股票产生小行情,就成为了投资者首先考虑的问题。

"上叉阳减后阴"成交量组合的出现,可以有效地帮助投资者发现即将产生大行情的股票。该成交量组合在K线形态上通常显示的是庄家的震仓洗盘行为过程。按照惯例,在庄家震仓洗盘之后,随后发生的往往是股价的大幅飙升。因此,投资者如在"上叉阳减后阴"成交量组合出现的次日买入该股,即可以享受坐轿的乐趣。

3."搭下阳后阴"成交量组合

(1)定义及使用注意事项

①五日成交量均线在上,十日成交量均线在下,五日成交量均线自上向下搭,与十日成交量均线趋近交叉,五日成交均量与十日成交均量趋于一致,大致持平。

②五日成交量均线与十日成交量均线趋近交叉当日,K线为阳线,与此相对应,当日成交量为阳量。

③五日成交量均线与十日成交量均线趋近交叉次日,K线为阴线,与此相对应,当日成交量为阴量。

④五日成交量均线与十日成交量均线趋近交叉前一日,K线为阴线,与此相对应,当日成交量为阴量。

⑤出现在小幅上涨末期或横盘整理末期,有时出现在短暂强势整理末期。

⑥五日成交均量与十日成交均量趋于一致时,允许有百分之十以内的正负误差,两者越接近越好。

⑦符合葛南维移动平均线四个买入法则之一。

⑧成交量组合出现的同时或出现后一两个交易日内,如有K线组合出现相配合,则该只股票股价上涨概率更大。

⑨按此方法买入股票且股价上涨一段后,移动平均线八大法则中四个卖出法则之一出现,应卖出股票。

(2)成交量组合出现的背景

股价在从底部向上爬起初段,由于投资者刚从被套的惊悸中缓过劲来,因此,解套盘抛压不断,阻滞了股价的上行速度。另外,庄家为了能在日后的大幅拉升中减少抛压,从而降低拉升成本,往往也有意无意地压制股价的上行速度,使得意志薄弱的持仓盘在低位换手。尤其是当股价缓慢爬升至前期高点时,庄家更是要在此强制洗盘,使得成交量逐步减少,造成M头的假象出现。随着某日成交量的突然增加,导致五日成交均量与十日成交均量趋于一致,庄家最终完成了前一顶部区域的洗盘,做好了向上大幅拉升的准备。在大幅拉升之前,庄家还不忘最后打压一下,于是"搭下阳后阴"成交量组合出现了。

4."上叉阴减"成交量组合

(1)定义及使用注意事项

①五日成交量均线在下,十日成交量均线在上,即五日成交均量低于十日成交均量,五日成交量均线自下向上叉,与十日成交量均线趋近交叉,五日成交均量与十日成交均量趋于一致,大致持平。

②五日成交量均线与十日成交量均线趋近交叉当日,K线为阴线,与此相对应,当日成交量为阴量。

③五日成交量均线与十日成交量均线趋近交叉前一日,K线为阴线,与此相对应,当日成交量为阴量,但趋近交叉前一日量比趋近交叉日量大。

④出现在横盘整理末期、下跌末期。

⑤中短期K线平均线(5日、10日、30日)呈现空头排列时居多。

⑥五日成交均量与十日成交均量趋于一致时,允许有百分之十以内的正负误差,两者越接近越好。

⑦符合葛南维移动平均线四个买入法则之一。

⑧成交量组合出现同时或出现后一两个交易日内,如有K线组合出现相配合,则该只股票股价上涨概率更大。

⑨按此方法买入股票且股价上涨一段后,如果葛南维移动平均线八大法则中四个卖出法则之一出现,应卖出股票。

(2)成交量组合出现的背景

股价走势处于盘跌之中时,如何准确地判明底部的出现是每一个投资者都关心的问题。有些投资者因在下跌半途中吃货,结果惨遭被套,其根本原因就在于没有真正判明底部就进场了。其实,底部的判断有一定的规律,只要掌握了规律,底部并不难抓到。例如,3月25日股市成交量有效放大,伴随股价下跌,表明底部承接有力,意味着主力已开始悄然进场,边打压,边入货。3月26日,成交量减少伴随一根小阴线,且小阴线被前一日中阴线所包容,形成"阴线孕育阴线"K线组合,表明在低位,投资者普通惜售,抛压极轻。如果再结合RSI技术指标来看,则连续底部背离现象已出现。至此,成交量、K线等技术指标均给出了明确的底部信号,投资者趁此机会入市,就抄到了此轮行情的大底。

5."上叉阳增"成交量组合

(1)定义及使用注意事项

①五日成交量均线在下,十日成交量均线在上,即最近五日成交均量小于十日成交均量。五日成交量均线自下向上叉,与十日成交量均线趋近交叉。五日成交均量与十日成交均量趋于一致,大致持平。

②五日成交量均线与十日成交量均线趋近交叉当日,K线为阳线。与此相对应,当日成交量为阳量。

③五日成交量均线与十日成交量均线趋近交叉前一日,K线为阳线。与此相对应,当日成交量为阳量,但此日成交量小于趋近交叉日的成交量。

④通常出现在横盘整理末期,小幅上涨末期,或大幅拉升初段。

⑤如K线平均线呈多头排列,则后市出现大行情概率极大。

⑥五日成交均量与十日成交均量趋于一致时,允许有百分之十以内的正负误差,两者越接近越好。

⑦符合葛南维移动平均线四个买入法则之一。

⑧成交量组合出现同时或出现后一两个交易日内,如有K线组合出现相配合,则该只股票股价上涨概率更大。

⑨按此方法买入股票且股价上涨一段后,如果葛南维移动平均线八大法则中四个卖出法则之一出现,应卖出股票。

(2)成交量组合出现的背景

许多投资者都有追涨杀跌的习惯,对于这种习惯,要分别看待。股价在高位时,追涨为不明智行为。但当股价在低位缓步上升时,尤其当股价与成交量同步上升时,绝佳的买点往往在此时出现,投资者应即时跟进买入。在大行情的初段参与并且一路持有,二三十个甚至四五十个交易日后,投资者可获得超乎想象的利润。原理就在于:量价同步缓慢齐升且K线平均线呈多头排列时,后市必有大行情出现。

6."上叉微阳"成交量组合

(1)定义及使用注意事项

①五日成交量均线在下,十日成交量均线在上,即最近五日成交均量小于十日成交均量,五日成交量均线自下向上叉,与十日成交量均线趋近交叉。五日成交均量与十日成交均量趋于一致,大致持平。

②五日成交量均线与十日成交量均线趋近交叉当日,K线为阳线。与此相对应,当日成交量为阳量,此阳量小于五日成交均量或十日成交均量。

③五日成交量均线与十日成交量均线趋近交叉前一日,K线为阴线。与此相对应当日成交量为阴量。

④出现在横盘整理末期,大幅拉升初段,大幅拉升前夕。

⑤中短期K线平均线(5日、10日、30日)既可呈现为多头排列状态,也可呈现为空头排列状态,但呈现为多头排列居多。

⑥五日成交均量与十日成交均量趋于一致时,允许有百分之十以内的正负误差,两者越接近越好。

⑦符合葛南维移动平均线四个买入法则之一。

⑧本成交量组合出现同时或出现后一两个交易日内,如有预示股价即将上涨的K线组合出现相配合,则该只股票股价上涨概率更大。

⑨按此方法买入股票且股价上涨一段后,如果葛南维移动平均线四个卖出法则之一出现,或预示股价即将下跌的成交量组合出现,应卖出股票。

(2)成交量组合出现的背景

股价经过一段时间调整后,出现了跌不下去而横盘整理的情形。在横盘期间,成交量逐步缩减,随着成交量的逐步减少,五日成交量均线下移至十日成交量均线下方。当空方力量耗尽后,多方主力开始转守为攻,抢夺最后的便宜筹码,并将股价逐级抬高。由于主力抢吃筹码,促使成交量有效放大,使得五日成交量均线逐步上移,最终与十日成交量均线趋近交叉,这意味着十日内的均量与五日内的均量趋于一致。如果此时K线平均线也调整到位的话,那么,一轮大规模上攻准备工作即告完成,大幅拉升已近在眼前,投资者应抓紧时机吃货,等待拉升。

7."上叉阳增后阴减"成交量组合

(1)定义及使用注意事项

①由两根连续阳量、两根连续阴量组合而成。

②两根阳量呈递增趋势,两根阴量呈递减趋势(极个别股两根阴量有时也呈递增趋势)。

③通常五日成交量均线在下,十日成交量均线在上,五日成交量均线自下向上叉(叉在上述四个交易日内任意一天均可)。

④有时,五日成交量均线在上,十日成交量均线在下,十日成交量均线顶托着五日成交量均线向上移动。

⑤通常出现在小幅上升回档末期或大幅拉升前夕。

⑥本成交量组合在K线形态上通常表现为庄家的试盘、震仓洗盘过程。

⑦本组合完成时,K线平均线须符合葛南维移动平均线四个买入法则之一。

⑧成交量组合出现同时或出现后一两个交易日内,如有K线组合出现相配合,则该只股票股价上涨概率更大。

⑨按此方法买入股票且股价上涨一段后,如果葛南维移动平均线八大法则中卖出法则之一出现,应卖出股票。

(2)成交量组合出现的背景

主力在拉升一只股票之前,一般要在目标价位以下经过漫长的低吸筹码阶段,此阶段有时长达数月。当主力发现在低位越来越难以吸到便宜筹码时,认为拉升时机已经成熟,这时候成交量已经稀少到最小状态,主力只需用很少的资金买入很少的筹码就能把股价打成一根中阳线,这时即标志着主力在主升浪之前的试盘已经开始。如同军队中的小股侦察部队刺探敌情一样,主力试盘的目的是为了看一看响应的投资者多寡,同时兼在相对低位吃货。试盘之后,即是洗盘,洗盘的目的主要是将意志不稳的投资者驱赶出局,同时看看持股者是否惜售。

上面这些过程在成交量上显示的即是试盘时为两根连续递增的阳量,表示投资者看好后市,坚定追买促使价升量增。当洗盘时显示为两根连续递减的阴量,表示投资者惜售,不愿在低位抛货,导致价跌量减。投资者发现此成交量组合之后,可在次日逢低买入,等待拉升。

8."搭下阴增"成交量组合

(1)定义及使用注意事项

①五日成交量均线在上,十日成交量均线在下,五日成交量均线自上向下搭,与十日成交量均线趋近交叉,五日成交均量与十日成交均量趋于一致,大致持平。

②五日成交量均线与十日成交量均线趋近交叉当日,K线为阴线,与此相对应当日成交量为阴量。

③五日成交量均线与十日成交量均线趋近交叉前一日,K线为阴线,与此相对应当日成交量为阴量,但趋近交叉前一日量比趋近交叉日量小。

④出现在下跌末期、波段整理末期、横盘整理末期。

⑤五日成交均量与十日成交均量趋于一致时,允许有百分之十以内的正负误差,两者越接近越好。

⑥符合葛南维移动平均线四个买入法则之一。

⑦成交量组合出现同时或出现后一两个交易日内,如有预示股份上涨的K线组合出现相配合,则该只股票股价上涨概率更大。

⑧按此方法买入股票且股价上涨一段时间后,如果葛南维移动平均线八大法则中四个卖出法则之一出现,应卖出股票。

(2)成交量组合出现的背景

经过较长一段时间的盘跌或波段下跌之后,伴随着股价的下跌,如果成交量在低位稳步增加,特别是五日成交均量与十日成交均量趋于一致或大致持平时,表明近期内投资者平均持仓量趋于一致,显示成交量已调整到位。此时,几条中短期K线平均线如果再相距很近时,就表明平均持仓成本也趋于一致。那么,此时即可以认定庄家调整股价非常彻底、到位,大幅拉升的基本条件已经成熟。投资者可根据自身情况,分别采取选择买入该股,同时设亏损止损,或选取追涨止损暂缓买入,以待进一步观察后市走势的对策。

投资者采取上述原则和方法选股,选定买入时机并严格控制风险,一般得胜而归的概率很大。在目前的弱市中,此成交量组合尤其适用。

9.“上叉中间阴托”成交量组合

(1)定义及使用注意事项

①五日成交量均线低于十日成交量均线,即五日成交均量小于十日成交均量。

②由一根阳量、一到三根阴量组合而成(以一到两根阴量居多)。

③阳量大于五日成交均量,有时甚至会大于十日成交均量。

④第一根阳量后面的一到三根阴量中,其中一根阴量与五日成交均量趋于一致,托住了五日成交量均线。

⑤通常出现在小幅上涨后期或横盘整理后期。

⑥上述组合出现后,后市上涨二到四个交易日(出现二到四根阳量)、涨幅10% ~30%的概率极大,在设好止损的前提下,立即跟进买入,买入点最好选在下跌中的下影线部分。

⑦股价上涨时,成交量会随之增加,并使五日成交量均线上移,最终导致五日成交量均线自下向上交叉在十日成交量均线之上,在第一根阳量与后面的二到四根阳量中间,为一到三根阴量。

⑧符合葛南维移动平均线四个买入法则之一。

⑨成交量组合出现同时或出现后一两个交易日内,如有K线组合出现相配合,则该只股票股价上涨概率更大。

⑩按此方法买入股票且股价上涨一段时间后,如果葛南维移动平均线八大法则中,四个卖出法则之一出现,应卖出股票。

(2)成交量组合出现的背景

股价在下跌时,往往伴随着成交量的减少,当成交量缩小到一定程度不再缩小时,意味着抛压已轻,股价随时有可能反弹回升,甚至转势向上。随着成交量的逐渐缩小,五日成交量均线下移至十日成交量均线下方,当向上的动能累积到一定程度时,成交量会突然增加,超过五日成交均量甚至十日成交均量,表明庄家已开始发动行情了。但此时投资者不要忙于跟进,因为这只是庄家的试盘先头侦察部队,紧接着就是庄家的向下打压洗盘,以试探空方火力强弱,并根据空方的火力强弱程度,决定打压洗盘的力度。在打压结束之后,庄家的大规模拉升才会展开。因此,投资者应选择庄家打压最凶猛过后的一瞬间,在下影线部分跟进买入,即可以享受坐轿的乐趣。

10.“搭下阴”成交量组合

(1)定义及使用注意事项

①五日成交量均线在上,十日成交量均线在下,即最近五日成交均量大于十日成交均量,五日成交量均线呈抛物线状自上向下搭,与十日成交量均线趋近交叉,五日成交均量与十日成交均量趋于一致,大致持平。

②五日成交量均线与十日成交量均线趋近交叉当日,K线为阴线,与此相对应,当日量为阴量。

③五日成交量均线与十日成交量均线趋近交叉前一日,K线为阳线,与此相对应,当日量为阳量。

④符合葛南维移动平均线八大法则中的四个买入法则之一。

⑤出现在筑底横盘整理末期或小幅上升末期(大幅拉升前夕)。

⑥“搭下阴”可细分为搭下上阴、搭下下阴两种。搭下上阴指五日成交量均线与十日成交量均线趋近交叉当日,阴量大于五日、十日的成交均量,搭下下阴指五日成交量均线与十日成交量均线趋近交叉当日,阴量小于五日、十日的成交均量。

⑦K线平均线既可呈现为多头排列状态,也可呈现为空头排列状态。

⑧成交量组合出现后一两个交易日内,如有预示股价上涨的K线组合出现相配合,则该只股票股价上涨概率更大。

⑨五日成交均量与十日成交均量趋于一致时,允许有10%以内的正负误差,两者越接近越好。

⑩包括搭下阴在内的所有选买点成交量组合都是适用于短线选买点的,一定注意要快进快出。

(2)成交量组合出现的背景

股价在爆发大行情前,一般都有一段相对平静状态,且成交量变化不大,五日成交量均线与十日成交量均线几乎平行一致。此时,庄家在悄悄低位吸货。如果庄家有意拉抬某只股票,那么该只股票由于庄家的介入,成交量会明显增加并导致五日成交量均线抬高。之后,庄家会减弱、暂时停止上攻趋势,甚至打压股价进行强制洗盘,目的是将小幅上攻中获利的短线筹码挤出。待庄家觉得浮筹减少时,下一步就该进行上攻之前的试盘兼吸货了,此次吸货是准备用于大幅拉升前夕震仓打压之用。此日K线显示为阴线,成交量显示为阳量。次日,庄家进行快速拉升前的最后一次低位洗盘,将前一交易日庄家试盘时跟进的散户压出,并迫使前几个交易日跟进的散户彻底绝望,对该只股票不再抱有上涨的幻想,从而最终离场。在一片悲观声中,该只股票下一个交易日拉开了主升浪的序幕。

11."上叉阳增减阴减"成交量组合

(1)定义及使用注意事项

①由连续的三根阳量、连续的二根阴量组合而成。

②三根阳量中,前两根阳量为递增趋势,后两根阳量为递减趋势,二根阴量呈递减趋势(极个别股两根阴量有时也呈递增趋势)。

③通常五日成交量均线在下,十日成交量均线在上,五日成交量均线自下向上叉。

④有时五日成交量均线在上,十日成交量均线在下,十日成交量均线顶托五日成交量均线向上移动。

⑤通常出现在小幅上升回档末期或大幅拉升前夕。

⑥本成交量组合在K线形态上通常为庄家的试盘、震仓洗盘过程。

⑦符合葛南维移动平均线四个买入法则之一。

⑧成交量组合出现同时或出现后一两个交易日内,如有K线组合出现相配合,则该只股票股价上涨概率更大。

⑨按此方法买入股票且股价上涨一段后,如果葛南维移动平均线八大法则中四个卖出法则之一出现,应卖出股票。

(2)成交量组合出现的背景

主力机构在拉抬某只股票前,通常都要有一个低位吸货过程和试盘震仓过程,低位吸货方式主要有慢慢横盘低吸和快速拉抬式暴吸两种,而试盘震仓过程的手法则多种多样,本成交量组合的形成过程即是其中一种。连续的三根阳量表示庄家的试盘行为,以测试追风买盘是否积极。连续的两根阴量表示庄家的震仓行为,以测试持股者的心态是否稳定,是否惜售,如果测试结果是股价上涨时量增,下跌时量缩,则说明拉抬股份的时机已经成熟,主力可以大规模介入该只股票,而不用担心拉抬失败或耗费大量抬升资金。

12."搭下阴减"成交量组合

(1)定义及使用注意事项

①五日成交量均线在上,十日成交量均线在下,即最近五日成交均量大于十日成交均量,五日成交量均线自上向下搭,与十日成交量均线趋近交叉,五日成交均量与十日成交均量趋于一致,大致持平。

②五日成交量均线与十日成交量均线趋近交叉当日,K线为阴线,与此相对应,当日成交量为阴量。

③五日成交量均线与十日成交量均线趋近交叉前一日,K线为阴线,与此相对应,当日成交量为阴量,但趋近交叉前一日量比趋近交叉日量大。

④出现在下跌末期、横盘整理末期、小幅上升后调整末期。

⑤通常出现在底部或次底部,以次底部时居多。

⑥"搭下阴减"成交量组合出现时,K线形态与一些技术指标,如KDJ等形态有时显示极为不好,似有破位下行趋势,但此种形态恰恰是某些庄家拿手的洗盘震仓的杰作。

⑦五日成交均量与十日成交均量趋于一致时,允许有10%以内的正负误差,两者越接近越好。

⑧符合葛南维移动平均线八大法则中四个买入法则之一。

⑨成交量组合出现同时或出现后一到两个交易日内,如有K线组合出现相配合,则该只股票股价上涨概率更大。

⑩按此方法买入股票且股价上涨一段后,如果葛南维移动平均线八大法则中四个卖出法则之一出现,应出货。

(2)成交量组合出现的背景

股价在较长时间的下跌或横盘整理之后,盘子已轻,持股者普遍心态稳定,如果此时大盘予以支持向上或至少不狂跌,则庄家的小幅拉升兼最后的吸货就开始了。

经过一段小幅拉升之后,庄家基本上摸清了其他投资者的动向,为了在大幅拉升时节约拉升成本,庄家按惯例要进行震仓洗盘。"搭下阴减"成交量组合就是庄家震仓洗盘时的成交量表现情况。庄家在刚开始洗盘时(第一根阴量),一些投资者还能坚持持仓,但在庄家进一步的打压下(第二根阴量),心态不稳者终于被赶出局,平均成交持仓量趋于一致,这时,庄家才确信,拉升中潜在的抛盘隐患被扫清了,大幅拉升可以开始了。如果投资者在这一时刻跟进吸货,可即时享受坐轿的乐趣。

13."搭下微阳"成交量组合

(1)定义及使用注意事项:

①五日成交量均线在上,十日成交量均线在下,五日成交量均线自上向下搭,与十日成交量均线趋近交叉,五日成交均量与十日成交均量趋于一致,大致持平。

②五日成交量均线与十日成交量均线趋近交叉当日,K 线为阳线,与此相对应,当日成交量为阳量,此阳量小于五日成交均量或十日成交均量。

③五日成交量均线与十日成交量均线趋近交叉前一日,K 线为阴线,与此相对应,当日成交量为阴量。

④出现在下跌末期、横盘整理末期、大幅拉升前夕。

⑤中短期 K 线平均线(五日、十日、三十日)既可呈现为多头排列状态,也可呈现为空头排列状态。

⑥五日成交均量与十日成交均量趋于一致时,允许有 10% 以内的正负误差,两者越接近越好。

⑦符合葛南维移动平均线四个买入法则之一。

⑧成交量组合出现或出现后一两个交易日内,如有 K 线组合出现相配合,则该只股票股价上涨概率更大。

⑨按此买入股票且股价上涨一段后,如果葛南维移动平均线四个卖出法则之一出现,应卖出股票。

(2)成交量组合出现背景

股价经过下跌或横盘整理之后,在下跌或横盘末期,由于买盘的进入导致开始放量。在放量时,五日成交量均线被抬高,此放量通常为庄家的试盘行为;之后,庄家为测试盘子轻重要进行数日的强制调整,在调整期间,成交量明显减少,使得五日成交量均线自上向下搭。庄家觉得抛压已轻后,会再向上攻击,当发现只用很少的量就能将 K 线打成阳线后,明白了持股者惜售的心情,庄家的大幅拉升马上就会开始。因此,投资者一旦发现"搭下微阳"成交量组合出现,应立即以市价买入该股,等待享受拉升的快乐。

2.3.3.2 成交量选股

股市中有句老话:"技术指标千变万化,成交量才是实打实的买卖。"可以说,成交量的大小,直接表明了市场上多空双方对市场某一时刻的技术形态最终的认同程度,也被作为判断市场的重要指标。

1. 用成交量判断多空头

股谚云:"股市上什么都能骗人,唯有成交量不能骗人。"成交量是一个重要的信号但较难掌握,它就像股市的元气,股价则不过是它的表面现象而已。成交量通常比股价先行,股市上有先见量后见价之说。

股价突破盘整,成交量大增,而股价仍继续上涨是多头市场来临的征兆,也是抄底买进的信号。多头市场结束前,成交量也会有信号暗示股价即将下跌。

而空头市场成交量的特征,就是股价下跌导致买盘不积极,成交量随股价创新低而萎缩,无法萎缩时就容易出现反弹,这样一波一波往下跌,出现新的低价,直到成交量再也无法萎缩时,下跌行情就结束了。

空头市场行情初期,投资者看法不一,成交量依然巨大,直到出现大跌,交易逐步停滞,而股价远离大成交量聚集的价位,股价继续下跌,这就是空头市场来临的征兆,也是卖出的信号。

空头市场结束转为多头市场前,成交量也会发出信号。空头市场的尾声成交量都已萎缩,随后成交量有放大的迹象，股价有时会升，有时依然横盘或缩量下跌。但上涨的种子已经埋下，涨势势在必行。

可见，多空市场的成交量始终在轮换，由低到高、由高到低。经验不足的投资者可看比较直观的线能量能指标（PVEL），它主要以K线搭配成交量来观察价量彼此的关系，具有很实用的参考价值，用它抄底逃顶少有骗线。在高价圈，K线下跌量能下降，表示是跌势初期；在低价圈时，表示股价跌势已届末期，K线下跌量能上升，属于量价背离现象，意味着低档接手积极，股价近谷底；高价圈时表示主力大户出货。

当前市场走势若要出现翻转，很大程度上取决于量化的几个指标：

首先，要看是否有地量出现。常言道，地量见地价。

其次，仅以此还不能使股指翻转向上，沪深两个市场成交总和必须达到100亿之上，而且必须连续三天以上保持100亿以上交投活跃的成交量，因为只有这样才能说明市场人气重新活跃，场外增量资金开始介入股市，市场机会开始增多。

再次，在有成交量放出的前提下，还需要有号召力的至少两个以上的板块热点轮番活跃市场，每个板块至少有一个颇具潜力和影响力的头羊股引领。

最后，两周周线收盘收于五周线上。

以上是针对大盘成交量的一点使用技巧介绍。个股也大同小异，也需要有成交量的征兆。若要掌握抄底逃顶的技巧，必须关注成交量的变化特征。

2. 用平均每笔成交法寻找潜力股

平均每笔成交虽然在证券时报上作为公开信息已经发布很长时间了，然而很少有投资者在实战中通过这种方式来寻找潜力黑马。其实，这种方式也是能够洞察成交量背后的庄家真面目的。其使用的具体技巧如下：

（1）平均每笔成交 = 成交总股数 ÷ 成交总手数

当今的股市，广大散户才是市场资金的主流，但是散户投资者受个人资金量限制，很难有单笔数千股甚至数万、数十万股以上的成交，一般1000股到3500股的成交最为多见。而大资金运作一只股票，不可能总是几百股地成交，其每笔成交股数必然较大。那么，一只股票如果在数天以上的交易时间里，平均每笔成交均呈现较大值"例如在1000股以上"，则说明该股票必然有较大资金在运作。这样，根据该股的其他信息综合分析，即可寻找到庄家正在建仓或已高度控盘的黑马。

（2）实战手筋

①庄家在建仓时，连续大手笔地吃进某股票，平均每笔成交会不断呈现较大值，一般在700～1500之间。

②庄家高度控盘的股票，由于市场浮筹较少，平均每笔成交也必然经常呈现较大值，一般在1000以上。很多庄家喜欢在拉升一段后整理较长时间，这段时间内，成交量时常极度萎缩，尾市常常出现拉升互盘动作。结合平均每笔成交分析，可跟踪庄家的行踪。

③由于庄家出货的股票大单子甩下来，砸在众多散户手里，分成多笔成交，其平均每笔成交随着庄家出货的进程必然呈现越来越小的状态，最后出货完毕，股价随波逐流，呈现散户行情。

（3）补充说明

①平均每笔成交法对于寻找价位在15元以下，流通盘不大的黑马最为适用。再结合股票成交量、基本面等情况综合分析，抓住庄家正在建仓的黑马的成功率极高。该方法对于大盘股同样适用，只是由于盘大参与者众，庄家的行踪往往会被较大的成交额所淹没；而高价股一般都是由低价位炒上来的，此时只能跟踪庄家控盘状态，存在相对价格风险。

②一般来说，当某只股票当日换手率较高，而平均每笔成交也较大时，该数值的参考性较高，说明庄家实力非同小可。但对于放量滞涨，大抛单不断出现的股票则要当心。

③平均每笔成交法对于不同价位、不同流通盘的股票要区别对待。因为十元的股票平均每笔成交是1000，与二十元的股票平均每笔成交是500反映了相同的资金实力。同样，一样的平均每笔成交，而流通盘较大的股票的主力资金实力必然更强。

④平均每笔成交法对于寻找黑马相当有效，而对于判断拉升后的股票是否出货，则应密切结合成交量来判断。因为庄家出货手法众多，有时候采用高台跳水法，几天内即出货完毕，该指标来不及提前反

映。一般来说,若股票涨幅不是很大时(最低点起算小于50%),中线可继续守仓;若涨幅已翻倍甚至更多时,缩量沿五日均线或强势横盘时可继续持有,但连续放量时则宜抛出。

3. 量比道破个股天机

在观察成交量方面,卓有成效的分析工具是量比,它将某只股票在某个时点上的成交量与一段时间的成交量平均值进行比较,排除了因股本不同造成的不可比情况,是发现成交量异动的重要指标。在时间参数上,多使用十日平均量,也有使用五日平均值的。在大盘处于活跃的情况下,适宜用较短期的时间参数,而在大盘处于熊市或缩量调整阶段宜用稍长的时间参数。

一般来说,若某日量比为0.8~1.5倍,则说明成交量处于正常水平;量比在1.5~2.5倍之间则为温和放量。如果股价也处于温和缓升状态,则升势相对健康,可继续持股,若股价下跌,则可认定跌势可以在短期内结束,从量的方面判断应可考虑停损退出;量比在2.5~5倍,则为明显放量,若股价相应地突破重要支撑或阻力位置,则突破有效的机率颇高,可以相应地采取行动;量比达5~10倍,则为剧烈放量,如果是个股处于长期低位且出现剧烈放量突破,则涨势的后续空间巨大,是“钱”途无量的象征。但是,如果是个股已有巨大涨幅的情况下出现如此剧烈的放量,则值得高度警惕。

某日量比达到10倍以上的股票,一般可以考虑反向操作。在涨势中出现这种情形,说明见顶的可能性压倒一切,即使不是彻底反转至少涨势会休整相当长一段时间。在股票处于绵绵阴跌的后期,突然出现的巨大量比,说明该股在目前位置彻底释放了下跌动能。

量比达到20倍以上的情形基本上每天都有一两单,是极端放量的一种表现,这种情况的反转意义特别强烈。如果在连续上涨之后,成交量极端放大,但股价出现“滞涨”现象,则是涨势行将死亡的强烈信号。当某只股票在跌势中出现极端放量,则是建仓的大好时机。

量比在0.5倍以下的缩量情形也值得好好关注,其实严重缩量不仅显示了交易不活跃的表象,同时也暗藏着一定的市场机会。缩量创新高的股票多数是长庄股,缩量能创出新高,说明庄家控盘程度相当高,而且可以排除拉高出货的可能。缩量调整的股票,特别是放量突破某个重要阻力位之后缩量回调的个股,常常是不可多得的买入对象。

涨停板时量比在一倍以下的股票,上涨空间无可限量,第二天开盘即封涨停的可能性极高。在跌停板的情况下,量比越小则说明杀跌动能未能得到有效宣泄,后市仍有巨大下跌空间。

但是,很多散户往往有一种错误的想法,那就是掌握股票理论没有必要。其实差矣,掌握了股市理论,更有利于准确把握市场规律,从而获得成功。

2.3.3.3 成交量陷阱

经典的股市投资理论都认为,成交量是不会骗人的。一般来说,成交量的大小与股价的上升或下跌成正比关系,具体归纳一下,就是:量增才能价涨;成交量萎缩则股价就不会大幅下跌;长时间盘整的股票带量突破盘局向上涨升时,意味着庄家要拉高;股价在高位放巨量后股价一定还会创新高。这些观点有时是正确的,但在许多情况下是片面的,甚至完全是错误的,下面就来分析一下庄家常设的成交量陷阱。

1. 久盘后突然放量突破

这里说的久盘,有的是指股价在炒高了相当大的幅度后的高位盘整,有的是炒高后再送配股票除权后的盘整,还有的是中报或年报公告前不久的盘整。

所谓盘整是指在一个时期内(如两个月、三个月,甚至半年等)股票在一个相对窄小的价格区间进行波动,上行无力,下跌无量,交投极不活跃,不被市场人士关注。

这种股票有时候会在某一天的开盘后发现挂有大量的买单或卖单,摆出一幅向上拉升的架势。开盘后半小时到一小时内,大量的买单层层叠叠地封挂在买一、买二、买三的价位上,同样,卖单也大批大批地挂在卖一至卖三各价位上。成交量急剧上升,推动股价上涨。

这个时候,投资者会立即发现它的成交量异常变化,不少人甚至会试探性地买入。但是由于买单已经塞得满满的,要想确保成交,只能直接按市场卖出价买进。正是因为这种市场买入的人增多,尽管抛单沉重,股价还是会不断上升,更进一步增强了买入的信心,并产生该股将突破盘局带量上升,展开新一轮升势的联想。

一小时左右，股价可能劲升至8%左右，有的甚至以大量买单短时间封涨停。但不久后又被大量卖单打开涨停，回调到涨幅7%～8%左右盘整。盘整时买二、买三的挂单很多，买一的挂单相对少一些。但卖一至卖三的三个价位的卖单并不多，然而成交量却不少，显然是有卖盘按市价在买一的价位抛出。直到当天收盘时，大部分股票都在7%～8%的涨幅一带成交。

第二天，该股可能略为低开，然后快速推高，上涨至5%～7%一带。也有的干脆高开高走，大有形成突破缺口的架势。当许多人看到该股突破盘局而追涨时，该股在涨到5%～7%左右会突然掉头下跌，大量的抛单抛向那些早上挂单追涨而未能成交又没有撤单的中小散户。虽然随后还会反复拉升，但往上的主动买单减少，而往下的抛单却不断，股价逐渐走低，到收市前半小时甚至跌到前天的收盘价以下。随后的日子，该股成交量萎缩，股价很快跌破前次的起涨点，并一路阴跌不止。如果投资者不及时止损，股价还会加速下跌，跌到难以相信的程度，使投资者深度套牢。

那么，为什么该股会在突然放量往上突破时又调头向下，甚至加速下跌呢？这就是庄家利用成交量设置的陷阱。通常的情况是，庄家在久盘以后知道强行上攻难以见效，如果长期盘整下去又找不到做多题材，甚至还有潜在的利空消息已经被庄家知道。为了赶快脱身，庄家在久盘后，采取滚打自己筹码的方式，造成成交量放大的假象，引起短线炒手关注，诱使人们盲目跟进。这时，庄家只是在启动时滚打了自己的股票，在推高的过程中，许多追涨的人接下了庄家的大量卖单。那些在追涨时没有买到股票，然后就将买单挂在那里的人更加强了买盘的力量，并为庄家出货提供了机会。庄家就是这样利用量增价升这一普遍被人认可的原则，制造了假象，达到出货的目的。

如图2－47所示，以“经纬纺机”为例，该股于1997年6月24日职工股上市前几天，庄家造成了几根小阳线，做出吸货的模样，24日，压低开盘后，成交量迅速放大，股价几乎拉到涨停。当天成交量高达1500多万股，但随后却连连阴跌不止，跌幅高达50%以上。

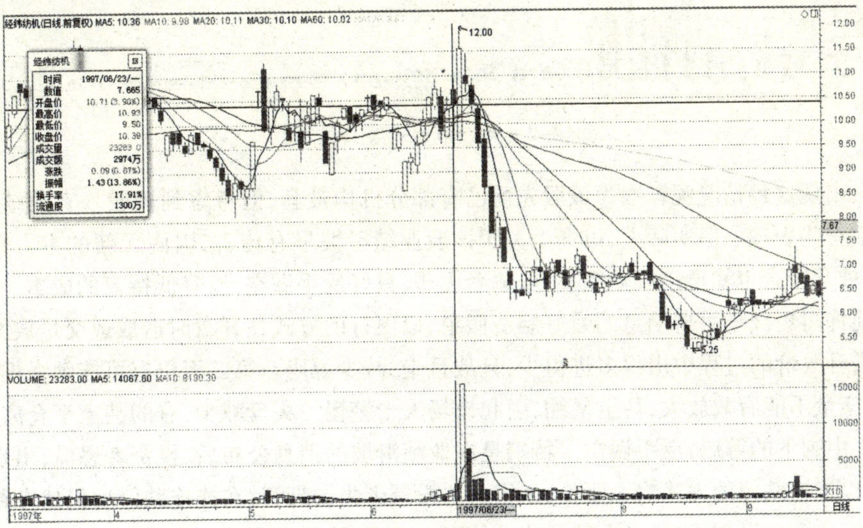

图2－47　经纬纺机日线图

2. 中报或年报公告前，个股成交量突然放大

中报或年报公布前，许多企业的业绩已经做出来了。因此，公司董事会、会计师、会计师事务所以及发表中报或年报的新闻媒体都会领先一步知道消息。因此，股价在中报或年报公布前会因消息的泄漏而出现异常波动。业绩好的公司，其经营状况早就在各券商和大机构的调研之中，其经营业绩也早有可能被预测出来。因而庄家早就入主其中，将股价做到了很高的位置盘整，等待利好公布出货。但也有一些上市公司信息披露保密工作做得好，直到消息公布前几天才在有关环节泄露出来。这时，庄家要在低价位收集筹码已经来不及了，可是优秀的业绩又确实是做短线的机会。因此，一些资金会迅速进入这些股票，能买多少买多少，股价也不急不火地上升，成交量温和放大。待消息公布时，投资者一致认同该股值得买入时，该股会在涨停板位置高开。然后，先期获得消息的人会将股票全部抛出，做一个漂亮的短线投机。

报表公布前，还有一种情况是，某只股票本来一直阴跌不止，形成下降通道。但中报公布前的某一天，该股突然以压低开盘，或在盘中狠狠地打压，造成股价异常波动，以吸引市场人士关注。随后，该股会有大量的买单或者卖单同时出现。成交量猛增,股价也在不断推高。这时,广大投资者认为该股中报或年报一定会公布业绩有重大改善,于是,想搏一下该股的报表,做一次短线炒作,在当天大胆跟进。岂料第二天,该股放量不涨,有的甚至缩量盘跌,随后更是一路加速下降。待公布业绩时,该股业绩大滑坡,股价无量下跌,有的甚至连连跌停,使投资者深度套牢。

如图2－48所示,1999年泸州老窖(000568)于7月29日以前一直在一条下降通道中盘跌,成交量萎缩。但是,8月3日,该股在16.10元开盘后,迅速打压至15元。然后大量抛单和买单出现,将股价推升,最高达17.70元,当天震幅达2.7元。许多人依据成交量放大跟进的原则,在当天买入该股。没想到第二天该股不涨反跌,随后一路阴跌不止,到8月13日公布中报,每股只有0.1元的收益,与去年年终报表相比,业绩大幅下降。随后该股连跌三个跌停板,一直跌到11.30元。短短几天,跌幅高达6元多,使许多人在放量上涨的那天买入后高位套牢。

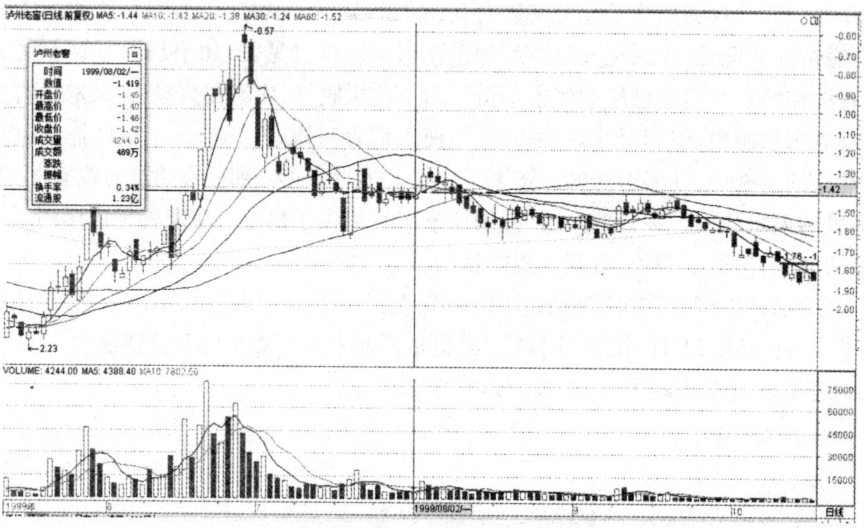

图2－48　泸州老窖日线图

为什么会出现这种情况呢?因为该股先前已有部分机构被套,但考虑到该股一直业绩不错,希望中期报表公布前有些表现。但实际上,市场上关于该股业绩滑坡早有传言,因而无新的主力介入。越是临近中报公布,被套庄家也知道该股业绩不好,解套无望,只好反手做空,以降低持筹的成本。于是,庄家利用报表公布前许多短线炒手搏消息的爱好制造假象,以滚打的方式在开盘时造成成交量放大的陷阱。自己实际上在推升股价的过程中出得多进得少,且战且走,减少筹码。第二天仍有可能勉强推高,但因出得多进得少,成交量不能有效放大,甚至量缩,引起市场人士警惕。买盘减少,有的甚至平仓离场。这时候,庄家又利用手中剩下的筹码,反手做空。特别是在业绩滑坡的消息公布后,投资者恐慌,出现多杀多的现象,庄家干脆以连连跌停的方式封杀股价,杀得一些投资者失去理智,在连连跌停后仍然在跌停板上挂出卖单。这时候,庄家见做空成功,又会低价位加倍买入股票,摊平成本,以图在下一轮行情中获利。

归纳一下,中报或年报公布前股票走势行情,有以下三种:

①股价一直长时间在上升通道中运行,股价大幅涨升,有的甚至翻番,该股一般业绩优秀,一定有长庄入住。待优良的业绩公布后,通常伴有高送配消息。复牌后,会放出巨大的成交量,庄家借利好出货。

②股价在报表公布前,一直做窄幅盘整,但是于某一天温和放量,股价稳步推高。该股通常业绩不错,但无长线庄家炒作。业绩公布后复牌,成交量放大为短线炒手出货。

③报表公布前,股价一直在下降通道中,业绩报表在所有报表截止日前几天还迟迟不露面,但股价却于某一天突然放量。这通常是被套庄家反多为空,制造成交量放大的陷阱。这种陷阱是最值得防范的。

3. 高送配除权后的成交量放大

庄股炒作的一条铁律是:该股一定有大比例的送配消息。在大比例送红股、用公积金转送和配股消息公布前,庄股通常都炒得很高了。这时候,一般稍有买卖股票经验的人都不会在高位买进。而股价大幅上升后,庄家拉抬也没有什么意义。所以股价要在高位企稳一段时间,等待送红股或公积金转送的消息。一旦消息公布,炒高了的股票大幅除权,使价位降到很低,30元的股票,10送10就只有15元了。这时候,庄家利用广大中小散户追涨的心理,在除权日大幅拉抬股价,造成巨大的成交量。道理和手法和上述两个陷阱设置时如出一辙。当散户幻想填权行情到来时,庄家却乘机大肆出货。

通常来说,这种行情只有两三天。以象屿股份为例,如图2-49所示,该股1998年曾从12元左右炒到41元以上。7月17日公布中期业绩,庄家乘利好出货,走了一部分,随后一直在高位震荡,没有人追高。8月24日,该股10股送红股5股,另公积金转赠两股。除权后,庄家在开盘后有明显的滚打行为,成交量放大,许多人跟进,使庄家获得绝好的出货机会。第二天,该股继续出货,随后进入盘整。

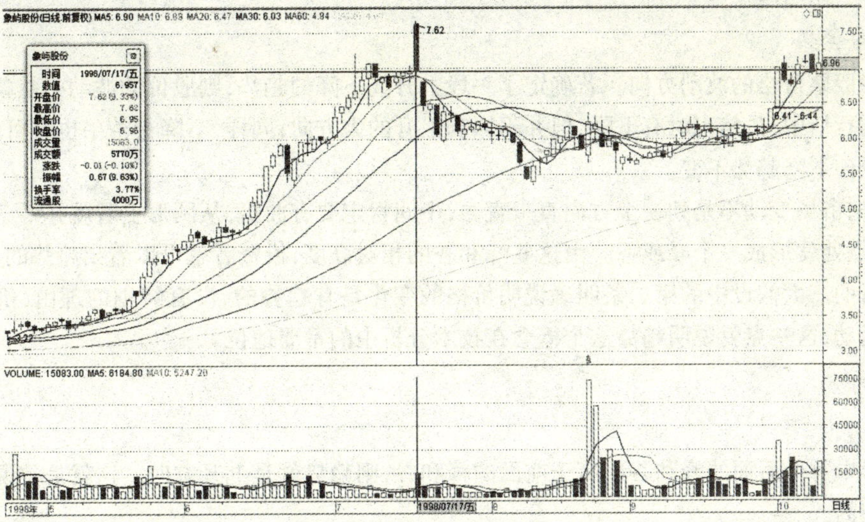

图2-49 象屿股份日线图

许多股票大幅除权后,的确会有填权行情,但要具体对待。一般来说,除权前股价翻了一番、两番甚至三番的股票很难立即填权。此外,除权后股本扩大到9000万股,甚至上亿股的股票,除权后也难以填权。只有那些在除权前庄家吸纳很久,正准备大幅拉升的股票在除权后才有可能填权。

值得指出的是,庄家利用除权后的成交量放大制造陷阱,有可能在除权当天进行,也可能要过几天,要根据当时的大局而定。有的一次出货不尽,就在除权后多次震荡,设置各种看似筑底成功的假象,在放量上攻途中出货。对于大幅除权后的股票,投资者要仔细研究其股本扩张速度是否能和业绩增长保持同步。还要考察除权后流通股数量的大小及有无后续炒作题材。切不可见放量就跟,见价涨就追。

4. 逆大势下跌而放量上攻

有些股票可能长时期在一个平台或一个箱形内盘整。但是,有一天在大势放量下跌,个股纷纷翻绿,市场一片衰叹之时,该股逆势飘红,放量上攻,造成了"万绿丛中一点红"的市场效果。这时候,许多人会认为,该股敢逆势而为,一定是有潜在的利好待公布,或者有大量新资金入驻其中,于是大胆跟进。谁料该股往往只有一两天的行情,随后反而加速下跌,使许多在放量上攻那天跟进的人套牢。

庄家在吸筹的时候,成交量不要多大,只要有耐心,在底部多盘整一段时间就行。庄家要出货的时候,由于手中筹码太多,总得想方设法,设置成交量的陷阱。因此,我们在研究量价关系时,应全面考察一只股票长时间(半年或一年以上)的运行轨迹,了解它所处的价位和它的业绩之间的关系,摸清庄家的活动迹象及其规律,以避免在庄家放量出货时盲目跟进。

§2.4 形态分析

形态分析是技术分析的重要组成部分,它通过对市场横向运动形成的各种价格形态进行分析,并且配合成交量的变化,推断出市场现存的趋势将会延续或反转。广义上的形态分析理论主要包括切线理论和狭义的形态理论(包括反转形态和持续形态)。

2.4.1 切线

2.4.1.1 趋势——切线理论的基础

在证券市场中,"顺势而为,不逆势而动",已经成为投资者的共识。

股价变动有一定的趋势,在长期上涨或下跌的趋势中,会有短暂的盘旋或调整,投资者应把握长期趋势,不为暂时的回调和反弹所迷惑;同时,也应及时把握大势的反转。切线理论就是帮助投资者识别大势变动方向的较为实用的方法。

1. 趋势的含义

趋势是指股票价格的波动方向。若确定了一段上升或下降的趋势,则股价的波动必然朝着这个方向运动。上升的行情中,虽然也时有下降,但并不影响上升的大方向;同样,下降行情中也有可能上升,但不断出现的新低使下降趋势不变。

一般说来,市场变动不是朝一个方向直来直去,中间肯定要有曲折,从图形上看就是一条曲折蜿蜒的折线,每个折点处就形成一个峰或谷。由这些峰和谷的相对高度,投资者就可以看出趋势的方向。

技术分析的三大假设中的第二条明确说明价格的变化是有趋势的,没有特别的理由,价格将沿着这个趋势继续运动,这一点就说明趋势这个概念在技术分析中的重要地位。

2. 趋势的方向

(1)上升方向

如果图形中每个后面的峰和谷都高于前面的峰和谷,则趋势就是上升方向。这就是常说的一底比一底高或底部抬高。

(2)下降方向

如果图形中每个后面的峰和谷都低于前面的峰和谷,则趋势就是下降方向。这就是常说的一顶比一顶低或顶部降低。

(3)水平方向(无趋势方向)

如果图形中后面的峰和谷与前面的峰和谷相比,没有明显的高低之分,几乎呈水平延伸,这时的趋势就是水平方向。水平方向趋势是被大多数人忽视的一种方向,这种方向在市场上出现的机会是相当多的。

3. 趋势的类型

按道氏理论的分类,趋势分为三种类型:

(1)主要趋势

主要趋势是趋势的主要方向,是股票投资者极力要弄清楚的。了解了主要趋势才能顺势而为。主要趋势是股价波动的大方向,一般持续的时间比较长(这是技术分析第二大假设所决定的)。

(2)次要趋势

次要趋势是在主要趋势过程中进行的调整。由于趋势不会是直来直去的,总有个局部的调整和回撤,次要趋势完成的正是这一使命。

(3)短暂趋势

短暂趋势是在次要趋势中进行的调整。短暂趋势与次要趋势的关系就如同次要趋势与主要趋势的关系一样。

这三种类型的趋势最大的区别是时间的长短和波动幅度的大小。主要趋势持续时间最长,波动幅度最大;次要趋势次之;短期趋势持续时间最短,波动幅度最小。

2.4.1.2 支撑线和压力线

1. 支撑线和压力线的含义

支撑线又称为抵抗线,是指当股价下跌到某个价位附近时,会出现买方增加、卖方减少的情况,从而使股价停止下跌,甚至有可能回升。支撑线起阻止股价继续下跌的作用,这个起着阻止股价继续下跌的价格就是支撑线所在的位置。

压力线又称为阻力线，是指当股价上涨到某价位附近时，会出现卖方增加、买方减少的情况，股价会停止上涨，甚至回落。压力线起阻止股价继续上升的作用。这个起着阻止股价继续上升的价位就是压力线所在的位置。

在某一价位附近之所以形成对股价运动的支撑和压力，主要由投资者的筹码分布、持有成本以及投资者的心理因素决定。当股价下跌到投资者（特别是机构投资者）的持仓成本价位附近，或股价从较高的价位下跌一定程度（如50%），或股价下跌到过去的最低价位区域时，都会导致买方大量增加买盘，使股价在该价位站稳，从而对股价形成支撑。当股价上升到某一历史成交密集区，或当股价从较低的价位上升一定程度，或上升到过去的最高价位区域时，会导致大量解套盘和获利盘的抛出，从而对股价的进一步上升形成压力。

2. 支撑线和压力线的用途

通常而言，支撑线和压力线的作用就是阻止或暂时阻止股价朝一个方向继续运动。由于股价的变动是有趋势的，要维持这种趋势，保持原来的变动方向，就必须冲破阻止其继续向前的障碍。比如，要维持上升行情，就必须突破上升压力线的阻力和干扰，创造出新的高点；要维持下跌行情，就必须突破支撑线的阻力和干扰，创造出新的低点。

由此可见，支撑线和压力线有被突破的可能，它们不足以长久地阻止股价保持原来的变动方向，只不过是暂时停顿而已（见图2－50，图2－51）。

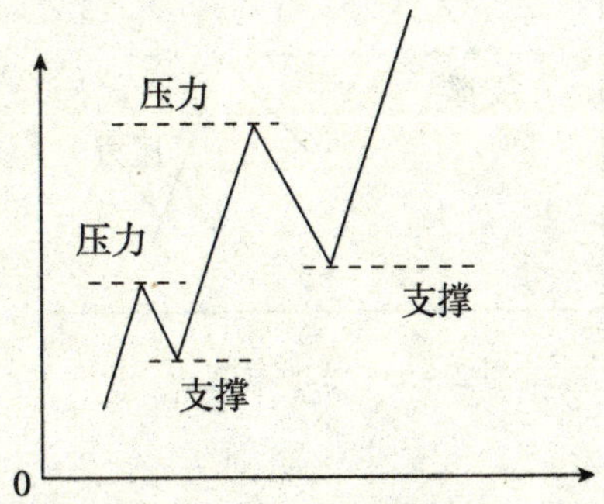

图2－50 支撑线和压力线的用途（上升趋势）

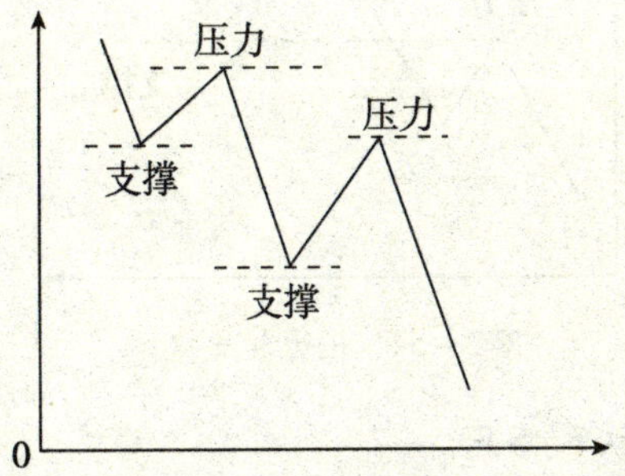

图2－51 支撑线和压力线的用途（下降趋势）

同时，支撑线和压力线又有彻底阻止股价按原方向变动的可能。当一个趋势终结了，它就不可能创出新的低价或新的高价，这时的支撑线和压力线就显得异常重要。

在上升趋势中，如果下一次未创新高，即未突破压力线，这个上升趋势就已经处在很关键的位置了。如果往后的股价又向下突破了这个上升趋势的支撑线，这就产生了一个很强烈的趋势有变的警告信号。这通常意味着这一轮上升趋势已经结束，下一步的走向是下跌。

同样，在下降趋势中，如果下一次未创新低，即未突破支撑线，这个下降趋势就已处于很关键的位置。如果下一步股价向上突破了这次下降趋势的压力线，这就发出了这个下降趋势将要结束的强烈信号，股价的下一步将是上升的趋势（见图2－52，图2－53）。

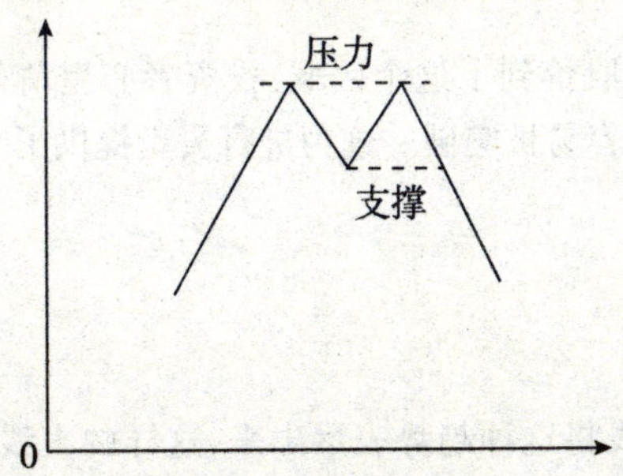

图2－52 支撑线和压力线的用途（向上反转）

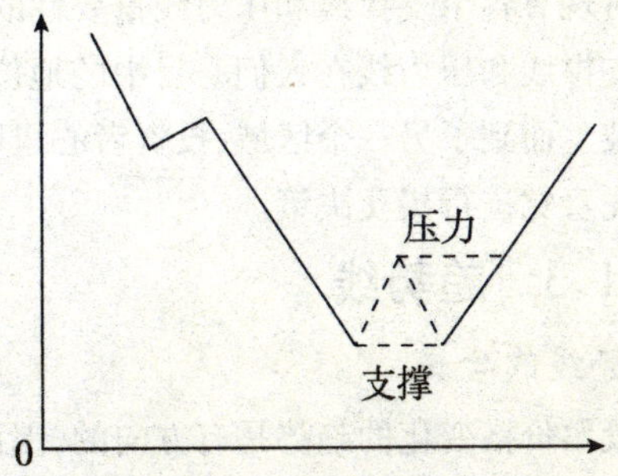

图2－53 支撑线和压力线的用途（向下反转）

3. 支撑线和压力线的相互转化

支撑线和压力线之所以能起支撑和压力作用，两者之间之所以能相互转化，很大程度上是心理因素方面的影响,这也是支撑线和压力线理论上的依据。

证券市场中主要有三种投资者:多头、空头和旁观者。旁观者又可分为持股者和持币者。假设股价在一个区域停留了一段时间后突破压力区域开始向上移动,在此区域买入股票的多头们肯定认为自己对了,并对自己没有多买入些股票而感到后悔。在该区域卖出股票的空头们这时也认识到自己弄错了,他们希望股价再跌回他们卖出的区域时,将他们原来卖出的股票补回来。而旁观者中的持股者的心情和多头相似,持币者的心情同空头相似。无论哪一种投资者,都有买入股票成为多头的愿望。这样,原来的压力线就转化为支撑线。

正是由于投资者决定要在下一个买入的时机买入,所以股价稍一回落就会受到大家的关注,他们会或早或晚地进入股市买入股票,这就使价格根本还未下降到原来的位置,新的买进大军自然又会把价格推上去,使该区域成为支撑区。在该支撑区发生的交易越多,就说明很多的投资者在这个支撑区有切身利益,这个支撑区就越重要。

以上的分析过程对于压力线也同样适用,只不过结论正好相反。

可见,一条支撑线如果被跌破,那么这一支撑线将成为压力线;同理,一条压力线被突破,这个压力线将成为支撑线。这说明支撑线和压力线的地位不是一成不变的,而是可以改变的,条件是它被有效的、足够强大的股价变动突破(见图2-54,图2-55)。

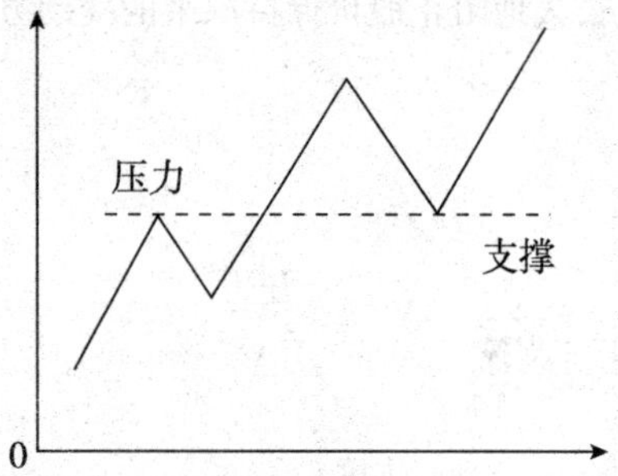

图2-54 压力转支撑

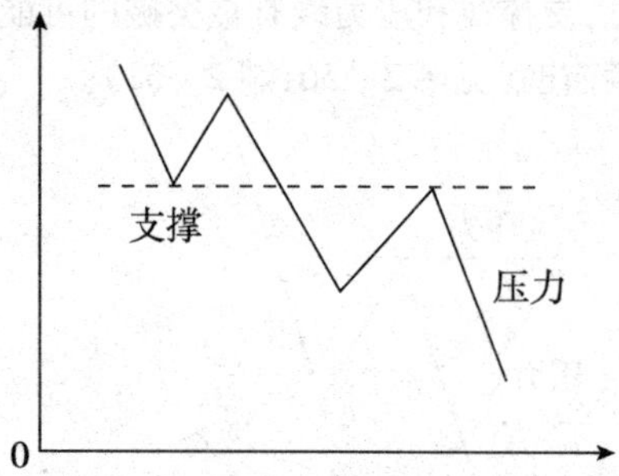

图2-55 支撑转压力

4. 确认和修正

由于每一条支撑线和压力线的确认都是人为进行的,主要是根据股价变动所画出的图表,这里面有很大的人为因素。

一般来说,一条支撑线或压力线对当前影响的重要性有三个方面的考虑:一是股价在这个区域停留时间的长短;二是股价在这个区域伴随的成交量大小;三是这个支撑区域或压力区域发生的时间距离当前这个时期的远近。很显然,股价停留的时间越长、伴随的成交量越大、离现在越近,则这个支撑或压力区域对当前的影响就越大,反之就越小。

上述几个方面是确认一条支撑线或压力线的重要识别手段。有时,由于股价的变动,会发现原来确认的支撑线或压力线可能不真正具有支撑或压力的作用,比如说不完全符合上面所述的条件,这时就有一个对支撑线和压力线进行调整的问题,这就是支撑线和压力线的修正。而对支撑线和压力线的修正过程其实是对现有各个支撑线和压力线重要性的确认。

每条支撑线和压力线在人们心目中的地位是不同的。股价到了这个区域,投资者心里清楚,它很有可能被突破。而到了另一个区域,投资者心里明白,它就不容易被突破。这为进行买卖提供了一些依据,不至于仅凭直觉进行买卖决策。

2.4.1.3 趋势线

1. 趋势线的含义

由于股票价格变化的趋势是有方向的,因而可以用直线将这种趋势表示出来,这样的直线称为趋势线。其中,反映价格向上波动发展的趋势线称为上升趋势线(图2-56);反映价格向下波动发展的趋势线则称为下降趋势线(图2-57)。

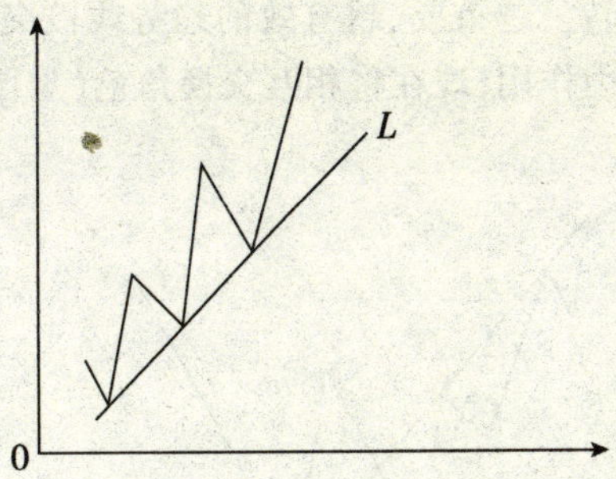

图2－56　上升趋势线

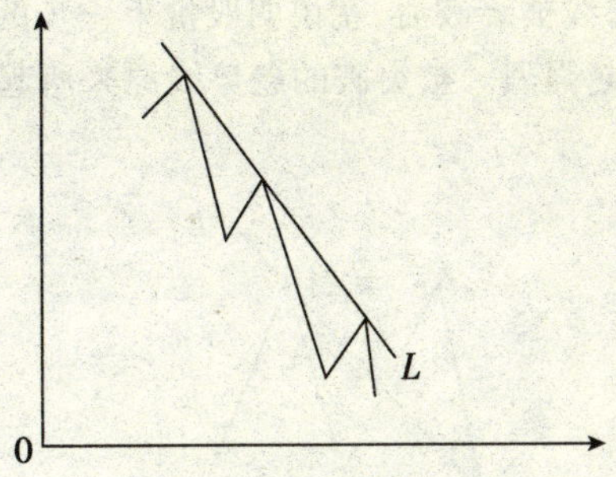

图2－57　下降趋势线

由于股票价格的波动可分为长期趋势、中期趋势及短期趋势三种，因此，描述价格变动的趋势线也分为长期趋势线、中期趋势线与短期趋势线三种。

由于价格波动经常变化，可能由升转跌，也可能由跌转升，甚至在上升或下跌途中转换方向，因此，反映价格变动的趋势线不可能一成不变，而是要随着价格波动的实际情况进行调整。也就是说，价格不论是上升还是下跌，在任一发展方向上的趋势线都不是只有一条，而是若干条。不同的趋势线反映了不同时期价格波动的实际走向，研究这些趋势线的变化方向和变化特征，就能把握住价格波动的方向和特征。

2. 趋势线的画法

连接一段时间内价格波动的高点或低点，即可画出一条趋势线。在上升趋势中，将两个低点连成一条直线，就得到上升趋势线；在下降趋势中，将两个高点连成一条直线，就得到下降趋势线。如图中的直线 L。一般来说，标准的趋势线必须由两个以上的高点或低点连接而成。

由上可以看出，上升趋势线起支撑作用，是支撑线的一种；下降趋势线起压力作用，是压力线的一种。

虽然趋势线很容易画出，但并不意味着容易掌握。通常画出一条直线后，还会有很多问题需要解答，最关键的问题是正确确定趋势线的高点或低点。然而，正确判断趋势线的高点或低点并不是一件十分简单的事情，它需要对过去价格波动的形态进行分析研究。

根据两点决定一条直线的基本原理，画任何趋势线必然选择两个有决定意义的高点或低点。一般来说，上升趋势线的两个低点，应是两个反转低点，即下跌至某一低点开始回升，再下跌没有跌破前一低点又开始上升，则这两个低点就是两个反转低点。同理，决定下跌趋势线也需要两个反转高点，即上升至某一高点后开始下跌，回升未达前一高点又开始回跌，则这两个高点就是反转高点。

在若干条上升趋势线和下跌趋势线中，最重要的是原始上升趋势线或原始下跌趋势线。它决定了价格波动的基本发展趋势，有着极其重要的意义。原始趋势的最低点是由下跌行情转为上升行情之最低点，至少在一年中此价位没有再出现，例如1999年12月29日沪市的1341点。原始趋势的最高点是上升行情转为下跌行情之最高点，同样至少在一年中此价位没有再出现，例如2001年6月14日沪市的2245点。

3. 趋势线的确认

要得到一条真正起作用的趋势线，要经多方面的验证才能最终确认，不合条件的一般应删除。

首先，确实有趋势存在。也就是说，在上升趋势中必须确认出两个依次上升的低点，在下降趋势中必须确认两个依次下降的高点，才能确认趋势的存在。

其次，画出直线后，还应得到第三个点的验证才能确认这条趋势线是有效的。一般说来，所画出的直线被触及的次数越多，其作为趋势线的有效性越能得到确认，用它进行预测越准确有效。

另外，这条直线延续的时间越长，越具有有效性。

4. 趋势线的作用

一般来说，趋势线有两种作用：

（1）对价格今后的变动起约束作用，使价格总保持在这条趋势线的上方（上升趋势线）或下方（下降趋势线）。实际上，就是起支撑和压力的作用。

(2)趋势线被突破后,就说明股价下一步的走势将要反转。越重要、越有效的趋势线被突破,其转势的信号就越强烈。被突破的趋势线原来所起的支撑和压力作用,现在将相互交换角色(见图2-58,图2-59)。

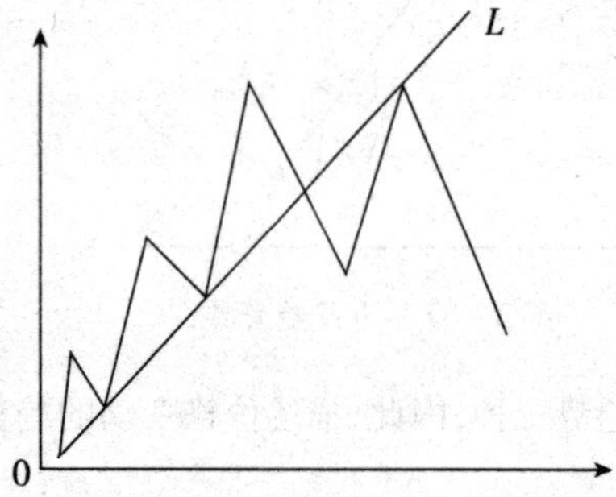

图2-58 跌破上升趋势

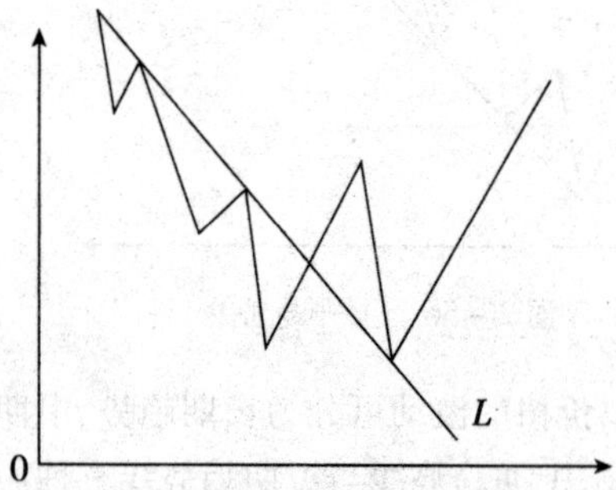

图2-59 突破下降趋势

2.4.1.4 轨道线

轨道线又称通道线或管道线,是基于趋势线的一种方法。在已经得到了趋势线后,通过第一个峰和谷可以画出这条趋势线的平行线,这条平行线就是轨道线,如图2-60、图2-61中的虚线。

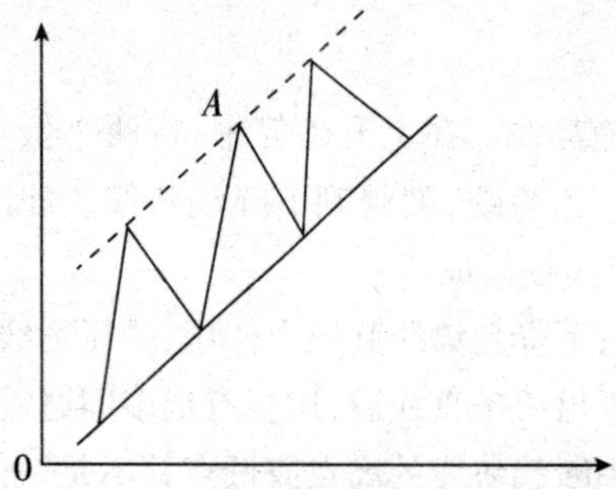

图2-60 上升轨道线

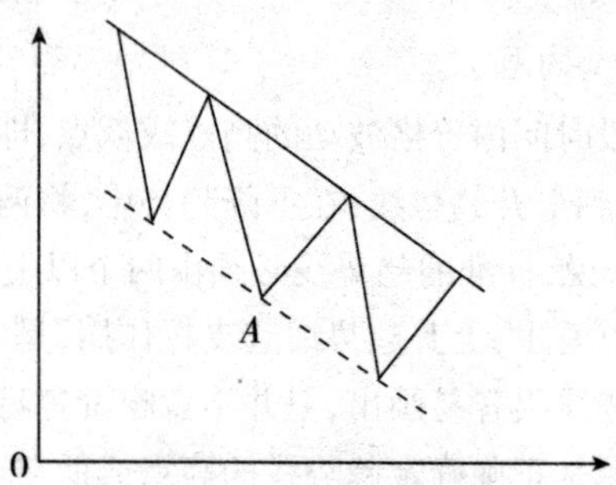

图2-61 下降轨道线

两条平行线组成的一个轨道,就是常说的上升和下降轨道。轨道的作用是限制股价的变动范围,让它不能变得太离谱。一个轨道一旦得到确认,那么价格将在这个通道里变动,对上面或下面的直线的突破将意味着行情有一个大的变化。

与突破趋势线不同,对轨道线的突破并不是趋势反转的开始,而是趋势加速的开始,即原来的趋势线的斜率将会增加,趋势线的方向将会更加陡峭(图2-62)。

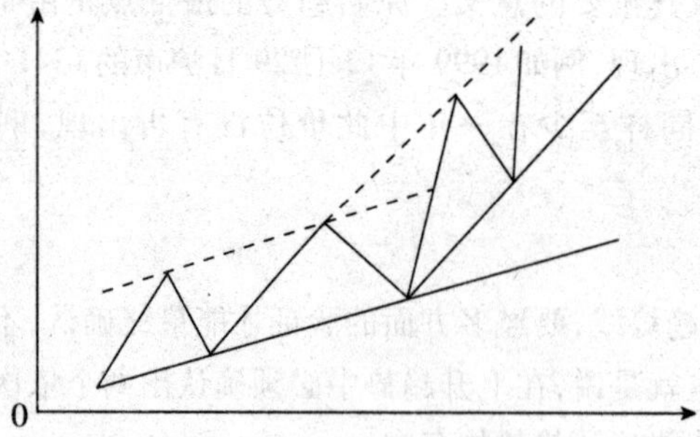

图2-62 轨道线加速

轨道线也有一个被确认的问题。一般而言,轨道线被触及的次数越多,延续的时间越长,其被认可的程度和重要性越高。

轨道线的另一个作用是提出趋势转向的警报。如果在一次波动中未触及轨道线,离得很远就开始掉头,这往往是趋势将要改变的信号。这说明,市场已经没有力量继续维持原有的上升或下降的趋势了。

轨道线和趋势线是相互合作的一对。很显然,先有趋势线,后有轨道线。但趋势线比轨道线要更为重要,一般来说,趋势线可以单独存在,而轨道线则不能单独存在。

2.4.1.5 百分比线

1. 百分比线的应用原理

百分比线是利用百分比率的原理进行的分析，百分比线是将前一轮行情中重要的高点和低点之间的涨跌幅按$\frac{1}{8}$、$\frac{2}{8}$、$\frac{1}{3}$、$\frac{3}{8}$、$\frac{4}{8}$、$\frac{5}{8}$、$\frac{2}{3}$、$\frac{6}{8}$、$\frac{7}{8}$、$\frac{8}{8}$的比率生成百分比线。

在各比率中，$\frac{4}{8}$最为重要，$\frac{1}{3}$、$\frac{3}{8}$及$\frac{5}{8}$、$\frac{2}{3}$比率也往往起到重要的支撑与压力位作用。因此股价在一轮上升趋势结束以后，在回调的过程中我们需要重点关注的几个位置，就是前一轮上涨幅度的33%、50%和66%的价位，通常股价回调到这些位置的时候都会出现止跌或反弹。或是一轮下跌趋势以后，出现一波反弹。

投资者需要注意，当股价反弹到前一轮下跌的33%、50%、66%价位的时候，就是需要防范风险了。因为股价反弹到这些位置的时候，会产生一定的压力。因此，投资者可以应用百分比线来掌握股价回调或是反弹的目标位，使自己的操作更有前瞻性。

2. 百分比线的画法

要想正确画好百分比线，首先需要先来确定一个完整的波段，即一轮完整的上涨或是下跌，如果上涨或是下跌的趋势还没有结束，那么是没有办法来进行测算的。因此，要想画好百分比线，首先就要确定趋势的结束之后才能画线。

确定好趋势以后，只要找到前一个上涨或是下跌的波段的最高点和最低点就可以了。利用软件的画图功能，从最低点连接到最高点或是从最高点连接到最低点，就出现一组百分比线的数据。从中可以知道股价在未来的反弹或是回调之中的股价目标位。

如图2－63所示，中体产业(600158)从最高点(图中1处)连接波段最低点(图中2处)，所画的百分比线，后期股价上涨的目标位恰好在百分比线的判断之中，图中的横线即为百分比线的各比率，对股价走势起压制的作用。

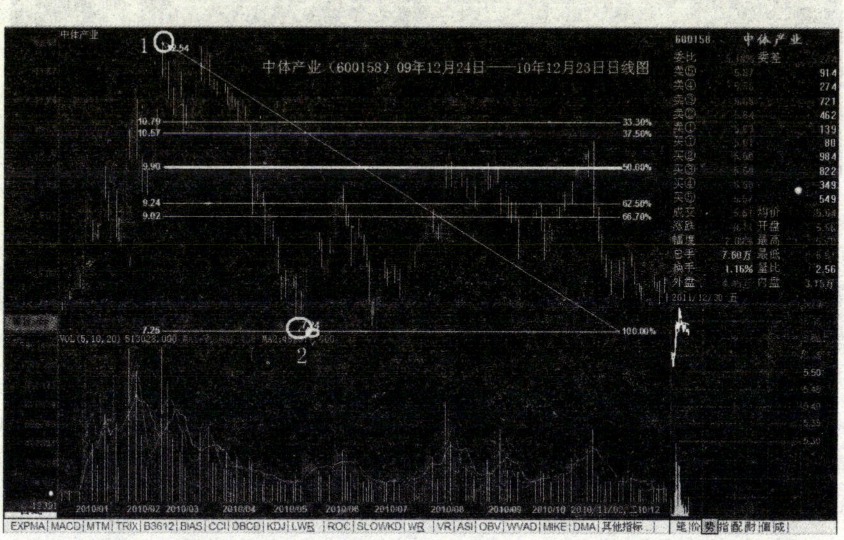

图2－63 中体产业(600158)2009年12月24日～2010年12月23日日线图

3. 百分比线的应用技巧

在实际中，我们应用百分比线的时候，只要抓住两条主线，就可以很好地应用好百分比线，从而让百分比线在实际中能够发挥更大的作用。

(1)判断市场趋势的性质

当市场上涨时，很多人都在疑惑这是反弹还是反转；或是当市场下跌时，很多人也是在疑惑这是下跌还是属于正常性质的回调，这个问题一直困惑着广大的投资者。

由此，在应用百分比线进行判断时，就可以界定股价的上涨是属于反弹还是反转，股市的下跌是属于真的下跌还是正常的回调。

在百分比线中的一系列比例中，我们要关注一下在50%这个位置的得与失。如果股价处于上涨，此时可以观察股价是否已经上涨超过前一轮下跌幅度的50%的压力。如果能突破则是属于反转的上涨，否则仍属于反弹式的上涨。同理，在下跌中，如果下跌幅度超过前期上涨幅度的50%，则是明显的大跌趋势，而并非是正常范围内的回调。因此，我们能通过百分比线的计算，来确定股价的趋势的性质。

（2）测算股价上涨或下跌的目标价位

在一段趋势的运行中，投资者都想知道上涨或是下跌的目标位置。如果能提前测算出来，对于大家的操作帮助相当大，属于市场中的先知先觉者，因此就需要来利用百分比线来进行测算。

一般来说，投资者只要将前一次行情中重要的高点和低点之间的涨跌幅按$\frac{1}{8}$、$\frac{2}{8}$、$\frac{1}{3}$、$\frac{3}{8}$、$\frac{4}{8}$、$\frac{5}{8}$、$\frac{2}{3}$、$\frac{6}{8}$、$\frac{7}{8}$、$\frac{8}{8}$的比率生成的百分比线来进行计算。在上述的各比率中，$\frac{1}{3}$、$\frac{1}{2}$、$\frac{2}{3}$最为重要，对于股价往往起到重要的支撑与压力位作用。由此可以测算出股价上涨或下跌的目标价位，只是股价到达某些重要比率价位的时候，要提高警惕，可以提前采取一些操作来把握市场的机会。

如图2-64所示，华鲁恒生（600426）该股票于2010年1月18日最高点16.70元连接至2010年7月2日最低点7.33元，作了一个百分比线。

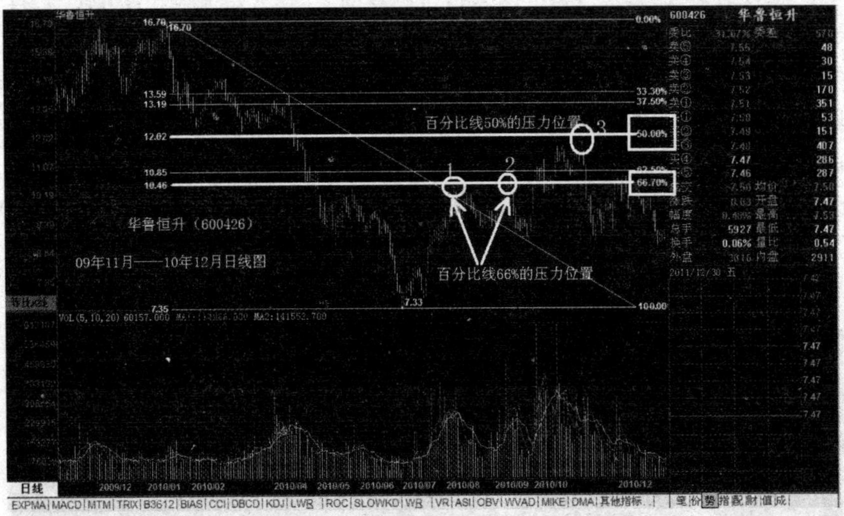

图2-64　华鲁恒生（600426）2009年11月~2010年12月日线图

当股价开始反弹以后，在百分比线的66%受到压力，如图中1、2两个压力位，这就明确了股价反弹的目标到了，至少可以采取减仓的操作。

随后可以看到，虽然股价再次上涨，但是在50%的压力位处无力突破，股价见顶回落。实际上这次的反弹仅仅到达了前一轮下跌的50%的位置，是属于反弹，而并非是属于反转的上涨。因此对于此次反弹，如果投资者学会利用百分比线就可以提前预知市场上涨的性质，以及反弹的目标位，从而做出明智的卖出，以避免股价的大跌，回避了股价的大跌带来的投资风险。

2.4.1.6　黄金分割线

1. 黄金分割线的含义

13世纪的数学家法布兰斯在他的一本著作中，提到过一些奇异数字的组合。这些奇异数字的组合是1、1、2、3、5、8、13、21、34、55、89、144、233。在这组数字中有两个规律：

（1）任何一个数字都是前面两数字的总和。如：2=1+1、3=2+1、5=3+2、8=5+3。

（2）任何一个数与后面数相除时，其商几乎都接近0.618。由此，1、1、2、3、5、8、13等被称作神秘数字，而这个0.618数值就是世人盛赞的黄金分割率。

黄金分割率运用的最基本方法，是将1分割为0.618和0.382，引申出一组与黄金分割率有关的数值，即：(0)、(0.382)、(0.5)、(0.618)、1。由经过0、0.382、0.5、0.618、1组成的平行线叫黄金分割线。

这些平行线分别被称为黄金分割线的0位线、0.382位线、0.5位线、0.618位线和1位线,同时这五条线也就是我们在点击黄金分割线快捷键后拖动鼠标形成的五条线。

2. 黄金分割线的运用

(1)运用黄金分割线买卖股票必须解决的问题

①如何确定股价的出发点,即黄金分割线的0位线。一般是以股价近期走势中重要的峰位或底位。当股价上涨时,以底位零点股价为基数,其涨跌幅达到某一重要黄金比时,则可能发生转势。

②如何确定已知股市走势中的第二个黄金分割点,即确定黄金分割线的0.382位线。一般是以距零点较近的股价转折点作为黄金分割线的0.382位线。

③如何运用黄金分割点把握股市走势,买卖股票。如果我们知道了0和0.382分割点在股价中的位置,是不是到达0.5点时,就跑掉呢?不见得。这要结合大盘和个股股质具体情况来定,具体问题具体分析。若出现换手率过大、筹码分布指标快速向上移动、涨幅过大或基本面重大利空的其中一种情况,都应该考虑离场。

(2)黄金分割线的运算模式

首先,0.382和0.618是反映股市变化的重要转折点。当股价涨势趋近或达到38.2%和61.8%时,反跌很可能出现。反之,当股价跌势趋近38.2%和61.8%时,反弹的可能性很大。

其次,当股价上升时,可按黄金率算出上升的空间价位。一般预计股价上升能力与反转价位点的数字是0.191、0.382、0.618、0.809和1。当股价涨幅超过1倍时,反跌点数字为1.91、1.382、1.618、1.809和2,依次类推。

例如:股市行情下跌结束后,股价最低价为5.8,那么,股价上升时,投资人可预算出股价上升后反跌的可能价位。即:

5.8×(1+19.1%)=6.91元;

5.8×(1+38.2%)=8.02元;

5.8×(1+61.8%)=9.38元;

5.8×(1+80.9%)=10.49元;

5.8×(1+100%)=11.6元。

第三,当上升行情结束,下跌行情开始时,上述数字仍然可以预计反弹的不同价位。例如:当最高价为21元,即:

21×(1-19.1%)=16.99元;

21×(1-38.2%)=12.98元;

21×(1-61.8%)=8.02元;

21×(1-80.9%)=4.01元。

3. 黄金分割线的实战

黄金分割线的实战运用主要集中在两个方面,一是利用股价回调和反弹的幅度来预测股价运行趋势,二是判断股价的回调支撑区和反弹压力区。

(1)利用回调和反弹幅度来判断走势

利用黄金分割线,可以依据股价向下回调的幅度和向上反弹的高度,来判断行情的性质和股价未来的运行趋势。

1)从回调幅度判断

一轮真正的上升行情中,会有几次级别比较大的回调整理过程,这种回调整理的第一目标位,一般是前段上升行情高度的0.382线附近,第二和第三目标位则是前段上升行情高度的0.5线和0.618线附近。

如果股价回调到0.382线上方或附近时,就重拾升势,则表明股价的强势上升行情依旧。当股价向下击穿0.382这条重要支撑线后,该段上升行情的0.5线是最重要的支撑位。

如果股价回调到0.5线上方或附近时,就又重新返身向上,则说明股价的上升行情并未结束。当股价向下击穿0.5线这条重要支撑线后,该段上升行情高度的0.618线就是最后一个支撑位。

如果股价有效向下击穿0.618线,则说明这段上升行情即将结束,股价的上升趋势将转为下降趋势或水平运动趋势。

2)从反弹幅度判断

一轮大的下跌行情中会有几次级别较大的反弹出货过程,这种反弹出货过程,对于投资者逢高卖出股票有很大的帮助,同时,还可以用黄金分割线来判断反弹行情的性质。

当股价从高位下跌过程中,由于前期跌势过猛,股价会有一个比较大的反弹。当这种反弹高度未到0.382线处,就又重新下跌,则意味着这种反弹是弱势反弹,股价未来的跌势可能会更加凶猛。

当股价的反弹高度未到0.5线处,就重新下跌,则预示着这种反弹是下跌途中的中级抵抗,股价的下降趋势依旧,下跌行情尚未结束。

当股价的反弹高度达到0.618线处时,说明股价的下跌趋势将趋缓,下跌行情也有可能转向横向整理的行情。

需要注意的是,以上这些分析方法不适应那些前期涨幅过高的老庄股。

(2)利用支撑和压力区判断走势

黄金分割线的另一个运用就是利用不同黄金分割线之间的距离,将股价的上升和下降行情,划分为几个回调支撑区和反弹压力区,借以判断股价未来的运行趋势。

1)回调支撑区

在一轮比较大级别的上升行情中,股票运行态势按黄金分割标准划分,自上而下可分为四个区域,即无压力区、强力支撑区、最后支撑区和无支撑区等。

第一,上升行情中的无压力区,是指股价在上升过程中的0.382这条黄金分割线以上的区域。在一轮大的上升行情里,股价一般都会出现几次比较大的回调走势,而在这种回调过程中,只要股价始终运行在0.382这条线黄金分割线以上的区域时,股票的上升趋势就会持续下去,这对投资者的持股待涨和逢低买入决策很有帮助。

不过,这里的无压力区并不是说股价的运行无压力,而是指股价在这个区域中、重新向上运行时的压力相对比较小,其再度上冲的真正压力是在这一轮行情前期所创下的高点附近。换句话而言,也就是只有股价真正突破前期高点后,继续向上运行时,才算得上没有真正的压力,即所谓的“涨不言顶”。

第二,上升行情中的强力支撑区,是指股价在上升过程中的0.382~0.5这两条黄金分割线之间的区域。当股价经过一轮比较大的上升行情,开始向下回调整理时,如果回调至0.382~0.5线之间的区域就遇到比较强劲的支撑,只要股价始终运行在0.382~0.5线之间的区域,就表明此前股价从高位的回调整理,是一种上升行情中的强势整理行情,股价的上升趋势并未发生改变。

强势支撑区是股价上升行情中的一个重要回调支撑区域,也是投资者持股观望或清仓出局的决策区域。一旦股价在这个区域运行一段时间后又返身向上,就可能意味着强势整理已经结束,股价将重拾升势。此时,投资决策还是以持股待涨或逢低吸纳为主。而一旦股价向下突破这个强势整理区,就应引起投资者的高度警觉并随时清仓离场。

当这个强势整理区被有效向下突破后,它就可能变成一个重要的压力区,并成为未来股价向上运行的强大压力区。

第三,上升行情中的最后支撑区,是指股价在上升过程中0.5~0.618这两条黄金分割线之间的区域。这个区域是判断股价的上升行情是结束,还是希望尚存的重要区域,也是主力可能护盘的最后区域。

当股价运行在0.5~0.618这个区域时,说明股价的上升行情尚未结束,股价再次向上的可能性仍在。而一旦股价有效向下突破0.5~0.618这个区域时,则说明股价的上升行情即将结束,股价向下运行的可能性日益大增,此时的投资决策应以持币观望为主。

第四,上升行情中的无支撑区,是指股价在上升行情末期,运行在0.618这个黄金分割线以下的区域。0.618这条黄金分割线是上升行情的比较重要的支撑线,它不仅可以显示上升行情中回调整理的极限位置,还决定了这种回调整理是上升行情中的正常整理还是新一轮下跌行情的开始。如果股价向下有效突破0.618线,则意味着原来的股价上升行情已经结束,股价将由原来的上升趋势转变为下降趋势。

与无压力区相同,这里的无支撑区并不是说股价运行无支撑,而是指股价在这个区域运行时,该区域对其支撑力非常小，股价大多以阴跌为主。此后，股价运行的唯一支撑点是在这轮上升行情的起点。对于刚刚进入无支撑区的股票，投资者唯一的投资决策应该是持币观望。

2)上冲阻力区

在一轮比较大级别的下跌行情中，股票运行态势按黄金分割标准划分，自上而下可分为四个区域，即无支撑区、强压力区、最后阻力区和无压力区等。

第一，无支撑区。下跌行情中的无支撑区，是指股价在下跌过程中的0.618这条黄金分割线以下的区域。在一轮大的下跌行情里，股价一般都会出现几次比较大的反弹走势，而在这种向上反弹过程中，只要股价始终运行在0.618这条线黄金分割线以下的区域时，股票的下降趋势就会持续下去，这时，投资者的投资决策应以持币观望为主。

下跌行情中的无支撑区对投资者来说是个非常重要的区域。在价值投资盛行的行情中，对于那些基本面已经或开始恶化的个股，投资者不能因为其价低就买，因为股谚有云，“跌不言底”，即在股市下跌过程中不能轻易地判断其底部，因此，面对那些运行在无支撑区的个股，投资者最好的操作策略就是持币观望。

第二，强压力区。下跌行情中的强压力区是指股价在下跌反弹过程中的0.618~0.5这两条黄金分割线之间的区域。当股价经过一段跌幅比较大的下跌行情后，反弹到0.618~0.5之间的区域时，就表明股价已经触及到一个重要的强阻力区。

如果股价能有效站稳或向上突破这个强阻力区，则表明股价向上反弹的趋势还将继续，而如果股价只是触及这个区域后重新掉头向下运行，则预示着股价的反弹行情即将结束，股价将开始新一轮的下跌行情。

对于大部分股票而言，经过一段幅度比较大的反弹行情后，在这个强压力区附近遇到强大阻力而重新下跌的概率相当大，因此，当股票运行到这个强大阻力区时，投资者应密切注意股价的运行趋势，随时做好短线卖出股票的准备。

2.4.2　形态

形态法是根据价格图表中过去一段时间走过的轨迹形态来预测股票价格未来趋势的方法。价格走过的形态是市场行为的重要部分，从价格轨迹的形态中，我们可以推测出证券市场处在一个什么样的大环境之中，由此对今后的投资给予一定的指导。一般来说，形态主要包括头肩顶、头肩底、双重顶底、三重顶底等。

2.4.2.1　头肩顶

1. 形态分析

头肩顶走势，可以划分为以下不同的部分(图2－65)：

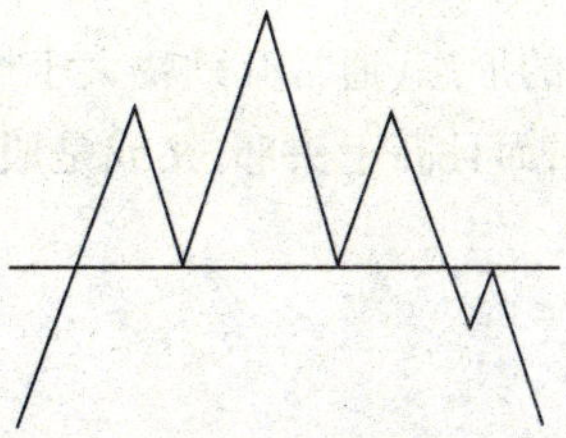

图2－65　头肩顶

(1)左肩部分——持续一段上升时间，成交量很大，过去在任何时间买进的人都有利可图，于是开始获利沽出，令股价出现短期的回落，成交较上升到其顶点时有显著减少。

(2)头部——股价经过短暂的回落后，又一次强力的上升，成交亦随之增加。不过，成交量的最高点较之于左肩部分，明显减退。股价升破上次的高点后再一次回落。成交量在这回落期间亦同样减少。

(3)右肩部分——股价下跌到接近上次的回落低点又再获得支持回升，可是，市场投资的情绪显著减弱，成交较左肩和头部明显减少，股价没法抵达头部的高点便告回落，于是形成右肩部分。

(4)突破——从右肩顶下跌穿破由左肩底和头部底所连接的底部颈线,其突破颈线的幅度要超过市价的3%以上。

简单来说,头肩顶的形状呈现三个明显的高峰,其中位于中间的一个高峰较其他两个高峰的高点略高。至于成交量方面,则出现梯级型的下降。

2. 实战应用

头肩顶是一个不容忽视的技术性走势,我们从该形态可以观察到多空双方的激烈争夺情况。开始时,看好的力量不断推动股价上升,市场投资情绪高涨,出现大量成交,经过一次短期的回落调整后,那些错过上次升势的人在调整期间买进,股价继续上升,而且攀越过上次的高点,表面看来市场仍然健康和乐观,但成交已大不如前,反映出买方的力量在减弱中。那些对前景没有信心和错过了上次高点获利回吐的人,或是在回落低点买进作短线投机的人纷纷沽出,于是股价再次回落。第三次的上升,为那些后知后觉错过了上次上升机会的投资者提供了机会,但股价无力升越上次的高点,而成交量进一步下降时,差不多可以肯定过去看好的乐观情绪已完全扭转过来。未来的市场将是疲弱无力,一次大幅的下跌即将来临。

具体而言,对头肩顶走势的形态分析如下:

(1)头肩顶走势是一个长期性趋势的转向形态,通常会在牛市的尽头出现。

(2)当最近的一个高点的成交量较前一个高点为低时,就暗示了头肩顶出现的可能性;当第三次回升股价没法升抵上次的高点,成交继续下降时,有经验的投资者就会把握机会沽出。

(3)当头肩顶颈线击破时,就是一个真正的沽出讯号,虽然股价和最高点比较,已回落了相当的幅度,但跌势只是刚刚开始,未出货的投资者继续沽出。

(4)当颈线跌破后,投资者可以根据这形态的最少跌幅量度方法预测股价会跌至哪一水平。具体量度的方法是:从头部的最高点画一条垂直线到颈线,然后在完成右肩突破颈线的一点开始,向下量出同样的长度,由此量出的价格就是该股将下跌的最小幅度。

3. 应用法则

(1)通常左肩和右肩的高点大致相等,部分头肩顶的右肩较左肩为低。但如果右肩的高点较头部还要高,形态便不能成立。

(2)如果其颈线向下倾斜,显示市场非常疲乏无力。

(3)成交量方面,左肩最大,头部次之,而右肩最少。不过,根据有些统计所得,大约有三分之一的头肩顶左肩成交量较头部为多,三分之一的成交量大致相等,其余的三分之一是头部的成交大于左肩的。

(4)当颈线跌破时,不必成交增加也应信赖,倘若成交在跌破时激增,显示市场的抛售力量十分庞大,股价会在成交量增加的情形下加速下跌。

(5)在跌破颈线后可能会出现暂时性的回升(后抽),这种情形通常会在低成交量的跌破时出现。不过,暂时回升应该不超越颈线水平。

(6)头肩顶是一个杀伤力十分强大的形态,通常其跌幅大于量度出来的最小跌幅。

(7)假如股价最后在颈线水平回升,而且高于头部,又或是股价于跌破颈线后回升高于颈线,这可能是一个失败的头肩顶,不宜信赖。

2.4.2.2 头肩底

1. 形态分析

头肩底(图2-66)和头肩顶的形状一样,只是整个形态倒转过来而已,又称"倒转头肩式"。形成左肩时,股价下跌,成交量相对增加,接着为一次成交量较小的次级上升。接着股价又再下跌且跌破上次的最低点,成交量再次随着下跌而增加,较左肩反弹阶段时的交投为多——形成头部;从头部最低点回升时,成交量有可能增加。整个头部的成交量来说,较左肩为多。

当股价回升到上次的反弹高点时,出现第三次的回落,这时的成交量很明显少于左肩和头部,股价在跌至左肩的水平,跌势便稳定下来,形成右肩。

最后,股价正式策动一次升势,且伴随成交大量增加,当其颈线阻力冲破时,成交更显著上升,整个形

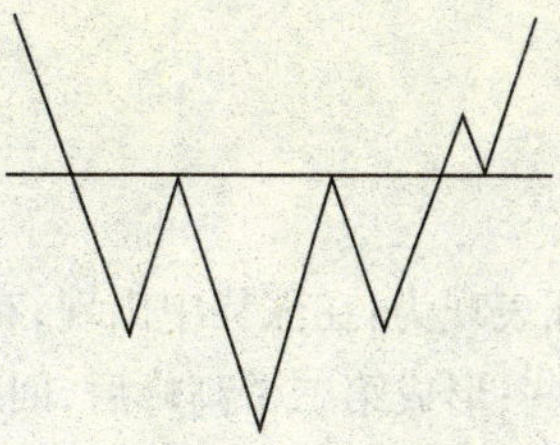

图2-66　头肩底

态便告成立。

2. 实战应用

头肩底的分析意义和头肩顶没有两样，它告诉我们过去的长期性趋势已扭转过来，股价一次又一次地下跌，第二次的低点（头部）显然较先前的一个低点为低，但很快地掉头弹升，接下来的一次下跌股价末跌到上次的低点水平已获得支持而回升，反映出看好的力量正逐步改变市场过去向淡的形势。当两次反弹的高点阻力线（颈线）打破后，显示看好的一方已完全把淡方击倒，买方代替卖方完全控制整个市场。

3. 应用法则

(1)头肩顶和头肩底的形状差不多，主要的区别在于成交量方面。

(2)当头肩底颈线突破时，就是一个真正的买入讯号，虽然股价和最低点比较，已上升一段幅度，但升势只是刚刚开始，尚未买入的投资者应该继续追入。

其最少升幅的量度方法是从头部的最低点画一条垂直线相交于颈线，然后在右肩突破颈线的一点开始，向上量度出同样的高度，所量出的价格就是该股将会上升的最小幅度。

另外，当颈线阻力突破时，必须要有成交量激增的配合，否则这可能是一个错误的突破。不过，如果在突破后成交逐渐增加，形态也可确认。

(3)一般来说，头肩底形态较为平坦，因此需要较长的时间来完成。

(4)在升破颈线后可能会出现暂时性的回跌，但回跌不应低于颈线。如果回跌低于颈线，又或是股价在颈线水平回落，没法突破颈线阻力，而且还跌低于头部，这可能是一个失败的头肩底形态。

(5)头肩底是极具预测威力的形态之一，一旦获得确认，升幅大多会多于其最少升幅。

4. 操作要领

(1)头肩底的买入时机有三次，即第一次买入时机是在股价已经较长时间和较大幅度下跌之后出现放量（至少量未缩小）持续大幅下跌时，此时虽然还不知道它会形成头肩底，但急跌或持续大幅下跌之后一定会有反弹，本身就是买入时机；第二次买入时机是在形成右肩成交量明显缩小时，因为此时头肩底的雏形已经出现了；第三次买入时机是股价放量突破颈线位和回抽时。

(2)头肩底的特征是头部的下跌阶段不见成交量的缩小，有时反而放量急跌，头部的上升阶段成交量放大明显，右肩形成时成交量比头部上升过程中的量又显著萎缩，股价突破颈线位时放量非常明显，如出现回抽量又快速缩小。

(3)头肩底向上突破颈线位时常常同时向上突破一条重要的压力线或同进向上突破30日移动平均线，从而使头肩底形态更为可信。

(4)头肩底向上突破后最小升幅至少是头部顶点至颈线位的垂直距离，而大多数头肩底形态的实际升幅都远远超过理论升幅。

(5)头肩底虽然是非常可靠的底部反转形态，但偶尔也有失败的头肩底出现。因此，止损位的设立仍是必要的。第一次急跌后买入止损位可设在亏损10%时，在右肩买入的可设在股价有效跌穿左肩的低点而无回升迹象时，在突破颈线位后和回抽时买入的当股价又下跌到颈线之下走势疲软时。

(6)头肩底形态实际上是三重底形态演变而来的，只是其第二个低点即头部比第一个和第三个低点更低而已。如果头肩底形态出现一个以上的左肩或和右肩则属于复合头肩底，当其突破时也是可靠的中第线买入时机。

2.4.2.3 双重顶底

1. 双重顶底特征

(1)双顶特征

双顶(图2-67),又称M头,其特征表现为:在涨势中出现;有两个高峰,其高点并不一定在同一高度上,有时第二个头甚至比第一个头高一些;形成第二个高峰后,回落时跌破了前一个低点,并收于其下方;在跌破颈线之后,常常有一个回抽,在颈线附近受阻回落,从而确认向下突破有效。

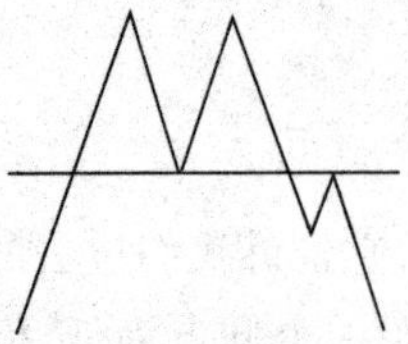

图2-67 双重顶底

双顶的技术含义在于:见顶回落时,为卖出信号。因此,在遇到双顶走势时,投资者应及时停损离场。另外需要注意的是:双顶形成时,在两次冲击高峰时都应有较大的成交量(只是第二次的成交量明显小于第一次)。双顶形成的时间超过一个月,则转势的信号就更可靠。

(2)双底特征

双底(图2-68),又称W底,其特征表现为:在跌势中出现;有两个低谷,最低点基本相同;第二个低谷形成时,成交量极度萎缩,但向上突破颈线时成交量迅速放大;在突破之后常常有回抽,在颈线附近止跌回升,从而确认向上突破有效。

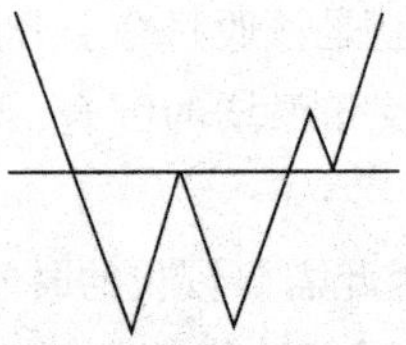

图2-68 双底

双底的技术含义在于:筑底回升时,为买进的信号。因此,作为投资者,在遇到双底走势时,可试探性地跟进做多,其买进方法与头肩底买进方法相同。

2. 形态分析

一只股票上升到某一价格水平时,出现大成交量,股价随之下跌,成交量减少。接着股价又升至与前一个价格几乎相等之顶点,成交量再随之增加却不能达到上一个高峰的成交量,再第二次下跌,股价的移动轨迹就像M字。这就是双重顶,又称M头走势。

一只股票持续下跌到某一水平后出现技术性反弹,但回升幅度不大,时间亦不长,股价又再下跌,当跌至上次低点时却获得支持,再一次回升,这次回升时成交量要大于前次反弹时成交量。股价在这段时间的移动轨迹就像W字,这就是双重底,又称W走势。

无论是"双重顶"还是"双重底",都必须突破颈线(双头的颈线是第一次从高峰回落的最低点;双底之颈线是第一次从低点反弹之最高点),形态才算完成。

3. 实战应用

股价持续上升为投资者带来了相当的利润,于是他们沽售,这一股沽售力量令上升的行情转为下跌。当股价回落到某水平,吸引了短期投资者的兴趣,另外较早前沽出获利的亦可能在这水平再次买入补回,于是行情开始回复上升。但与此同时,对该股信心不足的投资者会因觉得错过了在第一次的高点出货的机会而马上在市场出货,加上在低水平获利回补的投资者亦同样在该水平再度卖出,强大的沽售压力令股价再次下跌。由于高点二次都受阻而回,令投资者感到该股没法再继续上升(至少短期该是如此),假如愈来愈多的投资者沽出,令股价跌破上次回落的低点(即颈线),于是整个双头形态便告形成。

双底走势的情形则完全相反。股价持续的下跌令持仓的投资者觉得价太低而惜售,而另一些投资者则因为新低价的吸引尝试买入，于是股价呈现回升，当上升至某水平时，较早前短线投机买入者获利回吐，那些在跌市中持货的亦趁回升时沽出，因此股价又再一次下挫。但对后市充满信心的投资者觉得他们错过了上次低点买入的良机，所以这次股价回落到上次低点时便立即跟进，当愈来愈多的投资者买入时，求多供少的力量便推动股价扬升，而且还突破了上次回升的高点（即颈线），扭转了过去下跌的趋势。

双头或双底形态是一个转向形态，当出现双头时，即表示股价的升势已经终结，当出现双底时，则表示跌势告一段落。

通常这些形态出现在长期性趋势的顶部或底部，所以当双头形成时，我们可以肯定双头的最高点就是该股的顶点；而双底的最低点就是该股的底部了。

当双头颈线跌破，就是一个可靠的出货讯号；而双底的颈线冲破，则是一个入货的讯号。

4. 双重顶底的应用法则

(1) 双头的两个最高点并不一定在同一水平，二者相差少于3%是可接受的。通常来说，第二个头可能较第一个头高出一些，原因是看好的力量企图推动股价继续再升，可是却没法使股价上升超逾百分之三的差距。一般双底的第二个底点都较第一个底点稍高，原因是先知先觉的投资者在第二次回落时已开始买入，令股价没法再次跌回上次的低点。

(2) 双头最少跌幅的量度方法，是由颈线开始计起，至少会再下跌从双头最高点至颈线之间的差价距离。

双底最少涨幅的量度方法也是一样，双底之最低点和颈线之间的距离，股价于突破颈线后至少会升抵相当长度。

(3) 形成第一个头部（或底部）时，其回落的低点约是最高点的10% ~20%（底部回升的幅度也与此相同）。

(4) 双重顶（底）不一定都是反转信号，有时也会是整理形态，这要视二个波谷的时间差决定，通常两个高点（或两个低点）形成的时间相隔超过一个月为常见。

(5) 双头的两个高峰都有明显的高成交量，这两个高峰的成交量同样尖锐和突出，但第二个头部的成交较第一个头部显著为少，反映出市场的购买力量已在转弱。

双底第二个底部成交量十分低沉，但在突破颈线时，必须得到成交量激增的配合方可确认。

双头跌破颈线时，不需成交量的上升也应该信赖。

(6) 通常突破颈线后，会出现短暂的反方向移动，称之为反抽，双底只要反抽不低于颈线（双头之反抽则不能高于颈线），形态依然有效。

(7) 一般来说，双头或双底的升跌幅度都较量度出来的最小升跌幅大。

5. 双重顶底的分析与操作要领

(1) 双重底有三次买入时机。第一次买入时机是当股价反弹后下跌至前次低点附近时，这实际上也就是前面介绍的二次探底不破，第二次买入时机是股价放量上涨突破颈线位时，第三次买入时机是股价有效突破颈线位后明显缩量回抽时。

(2) 成交量在判断双重底中具有重要的作用。首先，反弹后下跌时即第二个底的成交量应比第一个底缩小，这表明下跌动力减弱而不易跌穿前一低点；其次，突破颈线位时成交量必须放大，否则假突破的可能性大；再次，突破后有时出现回抽，成交量也应较突破时的量显著萎缩。另外，第二个低点一般较第一个低点高些，少数也有稍跌破第一个低点，但很快又上升至第一个低点之上，仍视为双重底。双重有效突破后的最小升幅为双重底最低点至颈线位的高度。

(3) 当时认为的双重底也有演化成下降三角形，或下跌过程中箱形整理，或者假突破的可能，其后再创新低继续下跌。因此，仍应有止损的准备。在第二次下跌至前次低点附近买入的股票，当股价有效跌穿第一个低点时应止损；股价向上突破颈线位和回抽颈线时买入的股票，在股价跌至颈线位之下时而又无上涨迹象时，应暂时出局观望。

(4) 有时投资者在反弹结束下跌至第一个低点买入时以为是双底，但股价仅上升至前一次反弹的高度附近就告回落且又在前两次的低点附近止跌回升，这次上涨至前次反弹的高度时才放量突破展开上升行情，这就是常说的三重底，它是由双重底演变而来，只是其完成的时间更长，突破后的上涨更有力、幅度更大。因此,三重底的第三个低点附近和放量突破颈线时是最佳买入时机。

2.4.2.4 三重顶底

1. 形态分析

任何头肩型,特别是头部超过肩部不够多时,可称为三重顶(底)型。三重顶形态(图2－69)也和双重顶十分相似,只是多一个顶,且各顶分得很开、很深。成交量在上升期间一次比一次少。三重底(图2－70)则是倒转的三重顶,其分析含义一样。

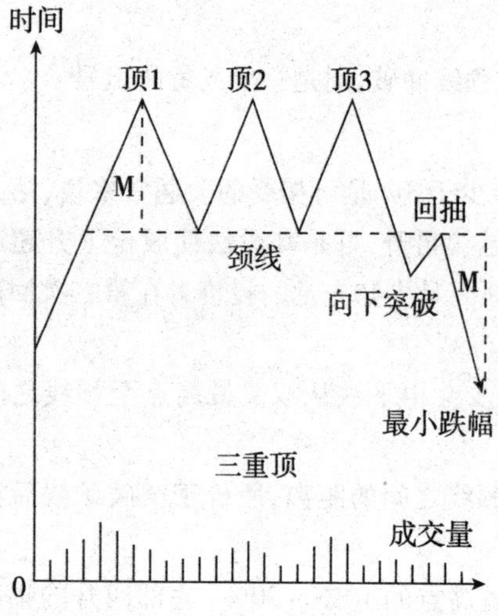

图2－69 三重顶

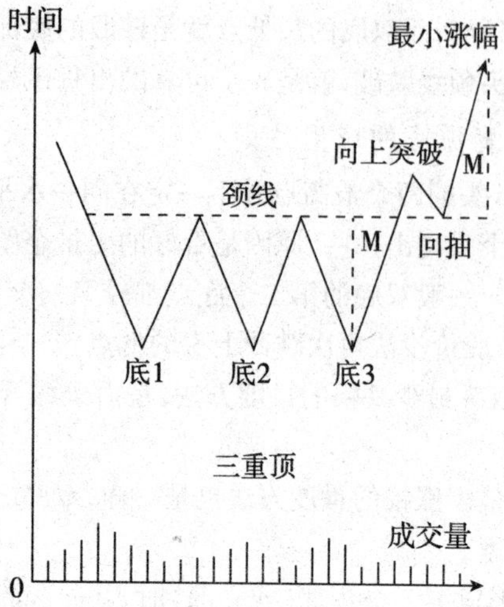

图2－70 三重底

2. 实战应用

股价上升一段时间后投资者开始获利回吐,市场在他们的沽售下从第一个峰顶回落,当股价落至某一区域即吸引了一些看好后市的投资者的兴趣,另外以前在高位沽出的投资者亦可能逢低回补,于是行情再度回升,但市场买气不是十分旺盛,在股价回复至与前一高位附近时即在一些减仓盘的抛售下令股价再度走软,但在前一次回档的低点被错过前一低点买进机会的投资者及短线客的买盘拉起。由于高点两次都受阻而回,令投资者在股价接近前两次高点时都纷纷减仓,股价逐步下滑至前两次低点时一些短线买盘开始止蚀,此时若愈来愈多的投资者意识到大势已去均沽出,令股行跌破上两次回落的低点(即颈线),于是整个三重次形态便告形成。

三重底走势则完全相反,股价下跌一段时间后,由于股价的调整,使得部分胆大的投资者开始逢低吸纳,而另一些高抛低吸的投资者亦部分回补,于是股价出现第一次回升,当升至某一水平时,前期的短线投机者及解套盘开始沽出,股价出现再一次回挫。当股价落至前一低点附近时,一些短线投资者高抛后开始回补,由于市场抛压不重,股价再次回弹;当回弹至前次回升的交点附近时,前次未能获利而出的持仓者纷纷回吐,令股价重新回落,但这次在前两次反弹的起点处买盘活跃;当愈来愈多的投资者跟进买入,股价放量突破两次转折回调的高点(即颈线),则三重底走势正式成立。

3. 应用法则

(1)三重顶(底)之顶峰与顶峰,或底谷与底谷的间隔距离与时间不必相等,同时三重顶之底部与三重底之顶部不一定要在相同的价格形成。

(2)三个顶点价格不必相等,大至相差3%以内即可。

(3)三重顶的第三个顶成交量非常小时,即显示出下跌的征兆,而三重底在第三个底部上升时,成交量大增,即显示出股价具有突破颈线的趋势。

(4)从理论上讲,三重底或三重顶最小涨幅或跌幅,底部或顶部愈宽,力量愈强。

2.4.2.5 复合头肩型

1. 形态分析

复合头肩型是头肩式(头肩顶或头肩底)的变形走势,其形状和头肩式十分相似,只是肩部、头部或

两者同时出现多于一次。大致来说可划分为以下几大类(图2-71,图2-72):

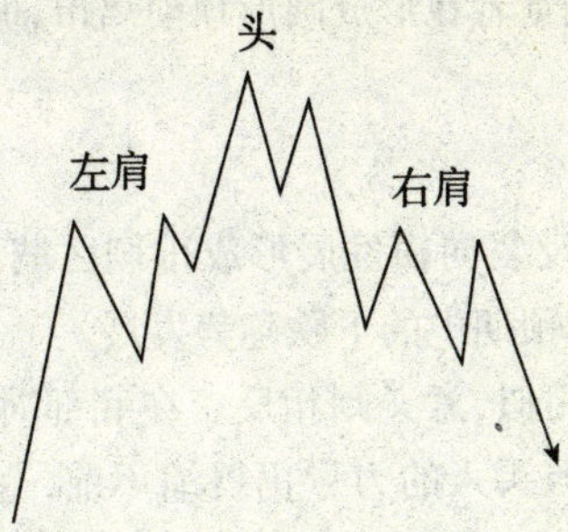

图2-71 复合头肩顶

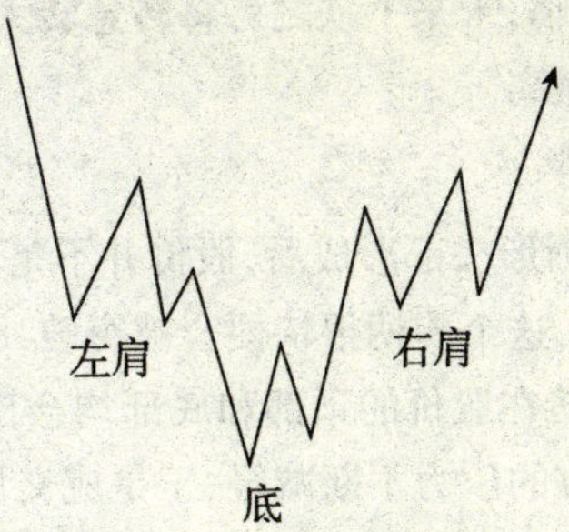

图2-72 复合头肩底

(1)一头双肩式形态。一个头分别有两个大小相同的左肩和右肩,左右双肩大致平衡。比较多的是一头双右肩,在形成第一个右肩时,股价并不马上跌破颈线,反而掉头回升,不过回升却止于右肩高点之下,最后股价继续沿着原来的趋势向下。

(2)一头多肩式形态。一般的头肩式都有对称的倾向,因此当两个左肩形成后,很有可能也会形成一个右肩。除了成交量之外,图形的左半部和右半部几乎完全相等。

(3)多头多肩式形态。在形成头部期间,股价一再回升,而且回升至上次同样的高点水平才向下回落,形成明显的两个头部,也可称作两头两肩式走势。有一点必须留意:成交量在第二个头往往会较第一个减少。

2. 实战应用

复合头肩形态的分析意义和普通的头肩式形态一样,当在底部出现时,即表示一次较长期的升市即将来临;假如在顶部出现,显示市场将转趋下跌。

在形成复合头肩型的初期,因成交量可能不规则,使形态难以辨认,但时间稍长就很容易看出它和头肩型的趋势完全一致。

许多人都高估复合头肩形态的预期上升(或下跌)威力,其实复合头肩形态的力量往往较普通的头肩形态为弱。在中期性趋势出现时,复合头肩形态完成其最少升幅(或跌幅)便不再继续下去,而普通头肩形态的上升(或下跌),往往是比其量度出来的最大幅度更大。

3. 应用法则

复合头肩形态的颈线很难画出来,因为每一个肩和头的回落部分(复合头肩底则是回升部分),并不会全都落在同一条线上。因此,应该以最明显的两个短期低点(复合头肩底则是短期反弹高点),连接成颈线。另外,也可以回落(或反弹)到其价位次数最多的水平位置连接成颈线。

2.4.2.6 圆顶

1. 形态分析

圆顶(图2-73)的股价呈弧形上升,即虽不断升高,但每一个高点维持不了多少就回落,先是新高点较前点高,后是回升点略低于前点,这样把短期高点连接起来,就形成一个圆形顶,在成交量方面也会有一个圆形状。

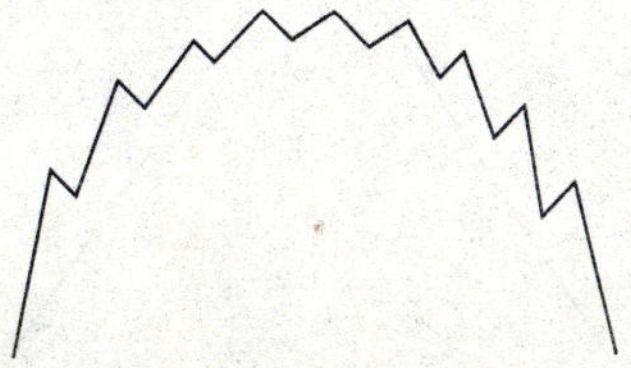

图2-73 圆顶

2. 实战应用

经过一段买方力量强于卖方力量的升势之后,买方趋弱或仅能维持原来的购买力量,使涨势缓和,而卖方力量却不断加强,最后双方力量均衡,此时股价会保持没有上落的静止状态。如果卖方力量超过买方,股价就回落,开始只是慢慢改变,跌势不明显,但后期则由卖方完全控制市场,跌势便告转急,说明一个大跌市即将来临,未来下跌之势将转急转大,那些先知先觉者在形成圆形顶前离市,但在圆形顶完全形成后,仍有机会撤离。

3. 应用法则

(1)有时当圆形头部形成后,股价并不是马上下跌,只反复向横发展形成徘徊区域,这个徘徊区称作碗柄。一般来说,这个碗柄很快便会被突破,股价继续朝着预期中的下跌趋势发展。

(2)圆形反转在股价的顶部和底部均会出现,其形态相似,意义则相反。在底部时表现为股价呈弧形下跌,初时卖方的压力不断减轻,于是成交量持续下降,但买入的力量仍畏缩不前,这时候股价虽是下跌,然而幅度却缓慢和细小,其趋势曲线渐渐接近水平。在底部时买卖力量达至均衡状态,因此仅有极小的成交量。然后,需求开始增加,价格随着上升,最后买方完全控制市场,价格大幅上扬,出现突破性的上升局面。成交量方面,初时缓慢地减少到一个水平,然后又增加,形成一个圆底形。这种形态显示一次巨大的升市即将到临。投资者可以在圆形底升势转急之初追入。

2.4.2.7 圆底

1. 形态分析

圆底(图2-74)在跌势中出现,下跌后速度越来越慢,成交量逐渐萎缩,后逐渐转变为上涨,速度越来越快,成交量也呈放大态势,其形状像圆弧。

图2-74 圆底

2. 实战应用

筑底回升,买进信号,投资者可在上涨速度加快时跟进做多,但要做好停损出场的准备。

3. 应用法则

(1)圆底的时间跨度越长,上升潜力就越大。

(2)圆底不像头肩底,有明显的买进点。头肩底、双底要有效冲破颈线即可视为买进信号,而圆底上涨时无颈线可辨别,因此要不要买进,一要密切观察成交量变化,二要注意该股能否冲过历史密集成交区。

2.4.2.8 尖顶

1. 形态分析

尖顶(图2-75)出现在涨势中,上涨的速度越来越快,突然乌云压城,出现快速下跌,其形状像倒置的V字,且转势点的成交量特别大。

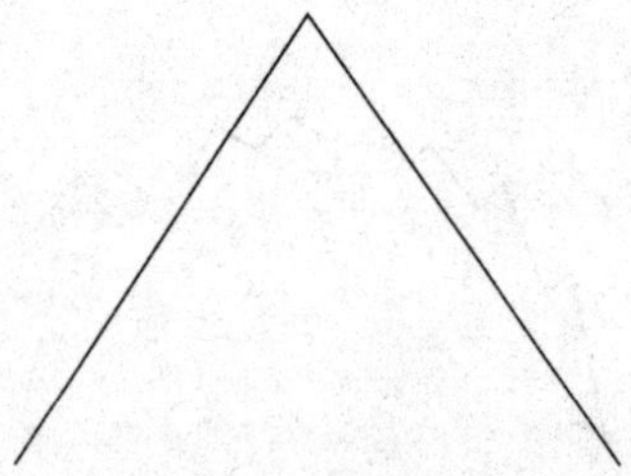

图2-75 尖顶

2. 实战应用

触顶暴跌,卖出信号,投资者应及时停损离场。

3. 应用法则

倒置V形走势一旦形成，股价回落速度非常快，仅几天或一两个星期股价跌去大半是常有的事，对此投资者一定要警觉。

2.4.2.9 尖底

1. 形态分析

(1)下跌阶段：通常V型的左方跌势十分陡峭，而且持续一段短时间。

(2)转势点：V型的底部十分尖锐，一般来说，形成这个转势点的时间仅2～3个交易日，而且成交量在这个低点明显增多。有时，转势点就在恐慌交易日中出现。

(3)回升阶段：接着股价从低点回升，成交量亦随之而增加(图2－76)。

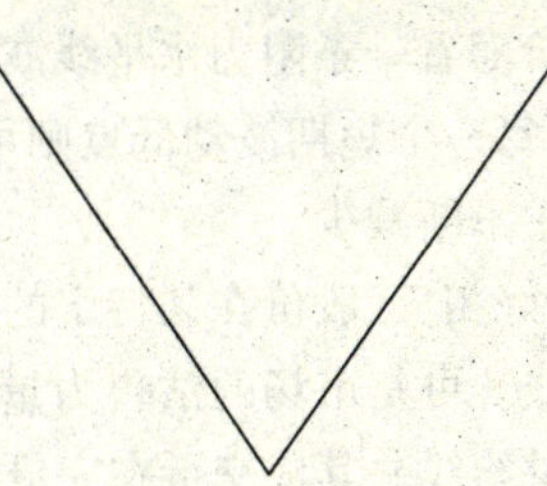

图2－76 尖底

2. 实战应用

由于市场中卖方的力量很大，令股价稳定而又持续地回落，当这股沽售力量消失之后，买方的力量完全控制整个市场，使得股价出现戏剧性的回升，几乎以下跌时同样的速度收复所有失地。因此，在图表上股价的运行形成一个像V字般的移动轨迹。倒转V型其情形则恰恰相反，市场看好的情绪使得股价节节攀升，可是突如其来的一个因素却扭转了整个趋势，卖方以上升时同样的速度下跌，形成一个倒转V型的移动轨迹。通常该形态是由一些突发的因素或一些消息灵通的投资者所不能预见的因素造成。

3. 应用法则

(1)V型走势在转势点必须有明显成交量配合，在图形上形成倒V型。

(2)股价在突破伸延V型的徘徊区顶部时，必须有成交量增加的配合，在跌破倒转伸延V型的徘徊底部时，则不一定有成交量的增加。

2.4.2.10 上升下降三角形

1. 上升下降三角形的特征

(1)上升三角形特征：①在涨势中出现；②上涨的高点基本处于同一水平位置，回落低点却不断上移(如将上边的高点和下边的低点分别用直线连起来就构成一个向上倾斜的三角形)；③成交量不断萎缩，向上突破压力线时放出大量；④在突破后常常有回抽，在原来高点连线处止跌回升，从而确认向上突破有效(图2－77)。

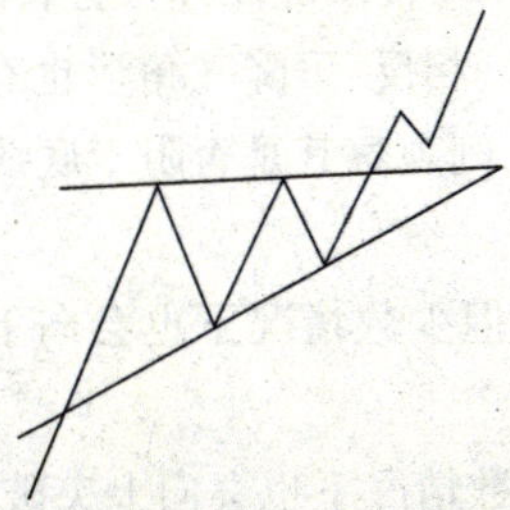

图2－77 上升三角形

(2)下降三角形特征：①在跌势中出现；②反弹的高点不断下移，但回落的低点处于同一水平位置(如将上边的高点和下边的低点分别用直线连起来，就构成一个向下倾斜的三角形)，最后股价跌破支撑线向下滑落；③在跌破支撑线后常常有回抽，并在原来的支撑线附近遇阻，从而确认向下跌破有效(图2－78)。

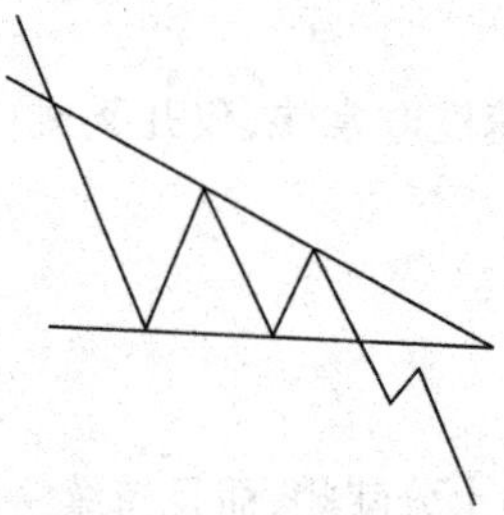

图 2-78　下降三角形

2. 形态分析

股价在某水平呈现较小的卖压,价格从低点回升到水平便告回落,但市场的购买力十分强,股价未回至上次低点即告弹升,该情形持续使股价随着一条阻力水平线波动日渐收窄。如果把每一个短期波动高点连接起来,可画出一条水平阻力线;而每一个短期波动低点则可相连出另一条向上倾斜的线,这就是上升三角形,其成交量在形态形成的过程中不断减少。

下降三角形的形状与上升三角形恰好相反,股价在某特定的水平出现稳定的购买力,因此,每回落至该水平便告回升,形成一条水平的需求线。可是市场的沽售力量却不断加强,股价每一次波动的高点都较前次为低,于是形成一条向下倾斜的供给线。其成交量在完成整个形态的过程中,一直十分低沉。

3. 实战应用

上升三角形显示买卖双方在该范围内的较量,但买方的力量在争持中已稍占上风。卖方在其特定的股价水平不断沽售下并不急于出货,但却不看好后市,于是股价每升到理想的沽售水平便即沽出,这样在同一价格的沽售形成了一条水平的供给线。不过,市场的购买力量很强,他们不待股价回落到上次的低点,更迫不及待地购进,因此形成一条向右上方倾斜的需求线。另外,也可能是有计划的市场行为,部分人士有意把股价暂时压低,以达到逢低大量吸纳的目的。

下降三角形同样是好淡双方在某价格区域内的较量表现,然而好淡力量却与上升三角表所显示的情形相反。看淡的一方不断地增强沽售压力,股价还没回升到上次高点便再沽出,而看好的一方坚守着某一价格的防线,使股价每回落到该水平便获得支持。此外,这种形态的形成亦可能是有人在托价出货,直到货源沽清为止。

3. 应用法则

(1)上升三角形和下降三角形都属于整理形态。上升三角形在上升过程中出现,暗示有突破的可能,下降三角形正相反。

(2)上升三角形在突破顶部水平的阻力线时,有一个短期买入讯号,下降三角形在突破下部水平阻力线时有一个短期沽出讯号。但上升三角形在突破时须伴有大成交量,而下降三角形突破时不必有大成交量来证实。

(3)这两种形态虽属于整理形态,有一般向上向下的规律性,但亦有可能朝相反方向发展,即上升三角形可能下跌,因此投资者在向下跌破 3%(收市价计)时,宜暂时沽出,以待形势明朗。同时在向上突破时,没有大成交量配合,也不宜贸然投入。相反,下降三角形也有可能向上突破,这里若有大成交量则可证实。另外,在向下跌破时,若出现回升,则观察其是否阻于底线水平之下,在底线之下是假性回升,若突破底线 3%,则图形失败。

(4)上升三角形最终出路向上居多,但少数情况下也会向下突破。如出现向下突破,投资者应及时沽空离场。

(5)下降三角形最终向下居多,但少数情况下也会向上突破。如出现向上突破,投资者应反手做多。

4. 操作要领

上升三角形通常出现在上升趋势的中途,是较为常见的中途整理形态,它是在股价经过前阶段的大幅上涨之后,进入回调整理阶段所形成的。股价回落的低点一个比一个高,而高点却在同一水平受阻,最后股价向上放量突破阻力,展开新的上升浪。因此,当股价放量向上突破上升三角形的上边压力线时,是最佳的买入时机。

(1)上升三角形一旦放量向上突破应果断跟进,突破后的上升是快速而有力的,其升幅至少是上升三角形内的最大垂直高度。

(2)由于上升三角形属于上升趋势的中途整理形态,在其形态形成过程中的成交量应逐步萎缩,而向上突破时成交量必须有效放大。

(3)上升三角形完成的时间不应过长或至三角形顶端才突破,否则上升力度有限或可靠性降低甚至会演化为横向走势。

(4)如突破时成交量配合不理想,股价又重新回到三角形之内应小心假突破并应止损,特别在有些涨幅已经很大的股票,庄家往往利用假突破制造多头陷阱,达到高位派发的目的,其特点就是突破后很快股价又跌回至整理形态之内并形成头部。

2.4.2.11 扩散三角形

1. 扩散三角形的形态分析

股价经过一段时间的上升后下跌,然后再上升再下跌,上升的高点较上次为高,下跌的低点亦较上次的低点为低。整个形态以狭窄的波动开始,然后和上下两方扩大,如果我们把上下的高点和低点分别连接起来,就可以画出一个镜中反照的三角形状,这便是喇叭形(图2-79)。

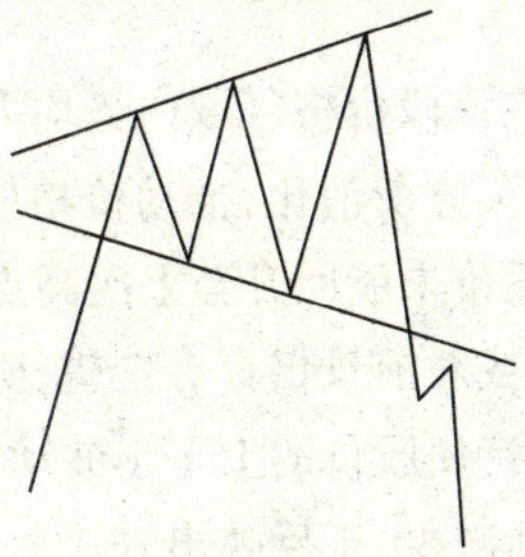

图2-79 扩散三角形

成交量方面,扩散三角形在整个形态形成的过程中,保持着高而且不规则的成交。扩散三角形分为上升型和下降型,其含义一样。

2. 扩散三角形的实战应用

扩散三角形的整个形态是因为投资者冲动的投资情绪所造成,通常在长期性上升的最后阶段出现。这是一个缺乏理性和失去控制的市场,投资者受到市场炽烈的投机风气或传言感染,当股价上升时便疯狂追上,但他们对市场的前景却一无所知,又或是没有信心,所以当股价下跌时又盲目地加入抛售行列。他们冲动和杂乱无章的行动,使得股价不正常地大上大落,形成上升时,高点较上次为高,低点则较上次为低。至于不规则而巨额的成交,正反映出投资者激动的买卖情绪。

该形态说明大跌市来临前的先兆,因此扩散三角形可以说是一个下跌形态,暗示升势将到尽头,可是形态却没有明确指出跌市出现的时间。只有当下限跌破时,形态便可确定,未离市的投资者就该马上沽出撤离了。

3. 扩散三角形的应用法则

(1)一个标准的扩散三角形应该有三个高点,二个底点。这三个高点一个比一个高,中间的两个低点则一个较一个低。当股价从第三个高点回跌,其回落的低点较前一个低点为低时,可以假设形态的成立。和头肩顶一样,扩散三角形属于"五点转向"形态,故此一个较平缓的扩散三角形也可视之为一个有较高右肩和下倾颈线的头肩式走势。

(2)该形态并没有用最少跌幅的量度公式估计未来跌势,但一般来说,振幅都是很大。

(3)该形态也有可能会向上突破,尤其在扩散三角形的顶部是由两个同一水平的高点连成,如果股价以高成交量向上突破(收市价超越阻力水平百分之三),那么该形态最初预期的分析意义就要修正,它显示前面上升的趋势仍会持续,未来的升幅将十分可观。这是因为当扩散三角形向上冲破时,理论上是一次消耗性上升的开始,显示市场激动的投资情绪进一步扩大,投资者已完全失去理性的控制,疯狂地不计价追入。当购买力消耗完结后,股价最终便大幅跌下来。

扩散三角形是由投资者冲动和不理性的情绪造成的,因此它很少在跌市的底部出现,原因是股价经过一段时间的下跌之后,投资意愿薄弱,因此在低沉的市场气氛中,不可能形成该形态。

2.4.2.12 收敛三角形

1. 形态分析

收敛三角形由一系列的价格变动所组成,其变动幅度逐渐缩小,即每次变动的最高价低于前次的水准,而最低价比前次水准高,呈一压缩图形,如从横的方向看股价变动领域,其上限为向下斜线,下限为向上倾线,把短期高点和低点,分别以直线连接起来,就可以形成一个相当对称的三角形。收敛三角形的成交量,因愈来愈小幅度的股价变动而递减,然后当股价突然跳出三角形时,成交量随之变大(图 2-80)。

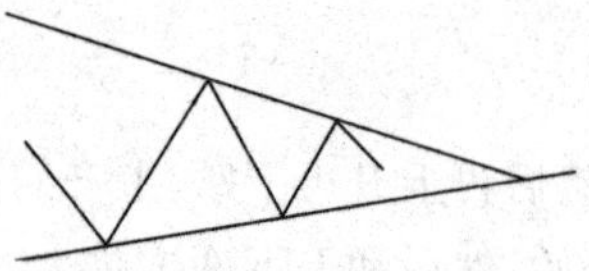

图 2-80 收敛三角形

2. 实战应用

收敛三角形是因为买卖双方的力量在该段价格区域内势均力敌,暂时达到平衡状态而形成的。股价从第一个短期性高点回落,但很快地便被买方所消化,推动价格回升。但购买的力量对后市没有太大的信心,又或是对前景感到有点犹疑,因此股价未能回升至上次高点已告掉头,再一次下跌。在下跌的阶段中,那些沽售的投资者不愿意太低价贱售或对前景仍存有希望,所以回落的压力不强,股价未低跌到上次的低点便已告回升,买卖双方的观望性争持使股价的上下小波动日渐缩窄,形成了此一形态。

成交量在收敛三角形成的过程中不断减少,正反映出好淡力量对后市犹疑不决的观望态度,使得市场暂时沉寂。

一般情况下,收敛三角形是属于整理形态,即股价会继续原来的趋势移动。只有在股价朝其中一方明显突破后,才可以采取相应的买卖行动。如果股价往上冲破阻力(必须得到大成交量的配合),就是一个短期买入讯号;反之若是往下跌破(在低成交量之下跌破),便是一个短期沽出讯号。

收敛三角形的最少升幅量度方法是当股价往上突破时,从形态的第一个上升高点开始画一条和底部平等的直线,我们可以预期股价至少会上升到这条线才会遇上阻力。至于股价上升的速度,将会以形态开始之前同样的角度上升。因此我们从这量度方法估计到该股最少升幅的价格水平和所需要的完成时间。

3. 应用法则

(1)一个收敛三角形的形成,必须要有明显的两个短期高点和短期低点出现。

(2)收敛三角形的股价变动愈接近其顶点而未能突破界线时,其力量愈小,若太接近顶点的突破即失效。通常在距三角形底边一半或四分之三处突破时会产生最准确的移动。

(3)向上突破需要大成交量伴随,向下突破则不必。有一点必须注意,假如收敛三角形向下跌破时有极大的成交量,可能是一个错误的跌破讯号,股价于跌破后并不会如理论般回落。倘若股价在三角形的尖端跌破,且有高成交的伴随,情形尤为准确;股价仅下跌一两个交易日后便迅速回升,开始一次真正的升市。另外,有假突破时,应随时重划界限形成新的三角形。

(4)虽然收敛三角形大部分是属于整理形态,不过亦有可能在升市的顶部或跌市的底部中出现。根据统计,收敛三角形中大约四分之三属整理形态,而余下的四分之一则属转势形态。

(5)收敛三角形突破后,可能会出现短暂的反方向移动(反抽),上升的后抽止于高点相连而成的形态线,下跌的后抽则受阻于低点相连的形态线之下,倘若股价的后抽大于上述所说的位置,形态突破的可能则有误。

2.4.2.13　底部三角形

1. 形态分析

(1)在跌势中出现。

(2)股价在三次探底时,几乎都在相同的价位上获得支撑。

(3)股价每次探底后反弹的高点不断下移。

(4)股价第三次探底后,反弹力度加强,成交量放大,冲过了上档压力线并立于压力线上方。

(5)在形成三角形时成交量呈逐步萎缩状态,以至出现极度萎缩。

(6)向上突破之后常常会有一次回抽,配合较小的成交量(图2-81)。

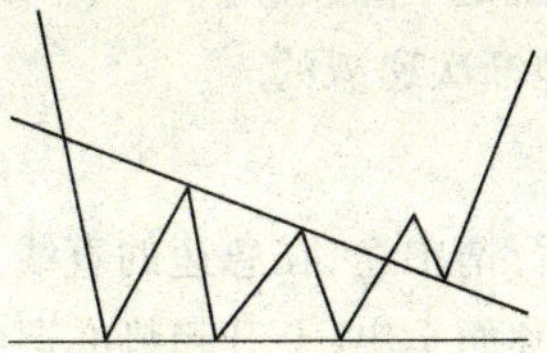

图2-81　底部三角形

2. 实战应用

筑底回升,买进信号,在底部三角形形成的后期,不能再盲目做空,而要密切注意成交量变化,一旦发现成交量放大,股价冲破压力线时就可试着做多,如回探颈线再创新高时可加码买进。

3. 应用法则

底部三角形是深沪股市中最常见、最实用的底部形态之一。如果它能成功地向上突破,上升空间很大,投资者应对它高度重视。

2.4.2.14　上升下降旗形

1. 上升下降旗形特征

(1)上升旗形特征:①在涨势中出现;②上涨高点的连线平行于回落低点的连线,且往下倾斜(看上去就像迎面飘扬的一面旗子);③股价冲破压力线后,常常有一个回抽,并在压力线附近止跌回升,以确认向上突破有效(图2-82)。

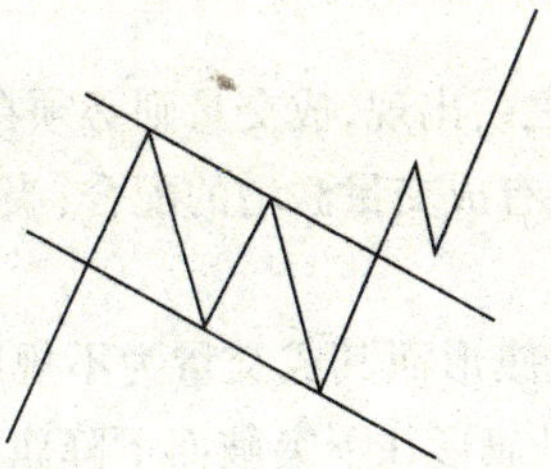

图2-82　上升旗形

(2)下降旗形特征:①在跌势中出现;②反弹高点的连线平行于下跌低点的连线,且往上倾斜,看上去就像一面旗子的旗面;③在股价跌破支撑线后,常常有一个回抽,并受阻于支撑线,确认向下突破有效;④成交量呈不规则状态(图2-83)。

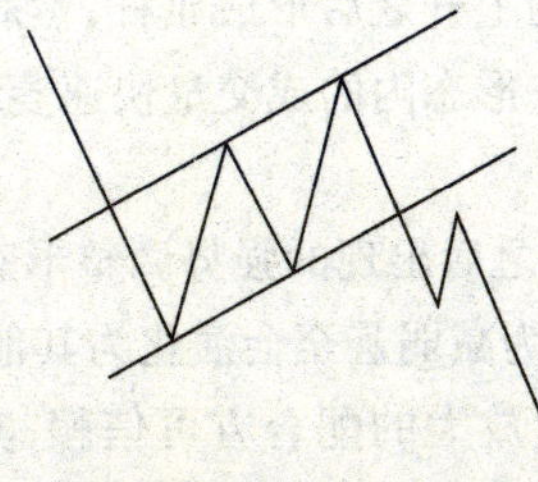

图2-83　下降旗形

2. 形态分析

旗形走势的形态就像一面挂在旗杆顶上的旗帜，这形态通常在急速而又大幅的市场波动中出现，股价经过一连串紧密的短期波动后，形成一个稍微与原来趋势呈相反方向倾斜的长方形，这就是旗形走势。旗形走势又可分作上升旗形和下降旗形。

上升旗形的形成过程是：股价经过陡峭的飙升后，接着形成一个紧密，狭窄和稍微向下倾斜的价格密集区域，把这密集区域的高点和低点分别连接起来，就可以画出二条平行而又下倾的直线，这就是上升旗形。

下降旗形则刚刚相反，当股价出现急速或垂直的下跌后，接着形成一个波动狭窄而又紧密，稍微上倾的价格密集区域，像是一条上升通道，这就是下降旗形。

成交量在旗形形成过程中，是显著地渐次递减的。

3. 实战应用

旗型经常出现于急速上升或下降的行情中途，在急速的直线上升中，成交量逐渐增加，最后达到一个短期最高纪录，早先持有股票者，已因获利而卖出，上升趋势亦遇到大的阻力，股价开始小幅下跌，形成旗形。不过大部分投资者对后市依然充满信心，所以回落的速度不快，幅度也十分轻微，成交量不断减少，反映出市场的沽售力量在回落中不断地减轻。经过一段时间整理，到了旗型末端股价突然上升，成交量亦大增，而且几乎形成一条直线。股价又像形成旗形时移动速度一样急速上升。这是上升形成的旗形。

在下跌时所形成的旗形，其形状为上升时图形之倒置，在急速的直线下降中，成交量增加达到一个高点，然后有支撑反弹，不过反弹幅度不大，成交量减少，股价小幅上升，形成旗形，经过一段时间整理，到达旗形末端，股价突然下跌，成交量大增，股价续跌。

以上分析可见，旗形是个整理形态。即形态完成后股价将继续原来的趋势方向移动，上升旗形将向上突破，而下降旗形则是往下跌破，上升旗形大部分在牛市第三期中出现，因此形态暗示升市可能进入尾声阶段。下降旗形大多在熊市第一期出现，这形态显示大市（或介）可能作垂直式的下跌。因此这阶段中形成的旗形十分细小，可能在三四个交易日内已经完成，如果在熊市第三期中出现，旗形形成的时间需要较长，而且跌破后只作有限度的下跌。

旗形形态可量度出最少升跌幅。其量度的方法是突破旗形（上升旗形和下降旗形相同）后最少升跌幅度，相等于整支旗杆的长度。至于旗杆的长度是以形成旗杆的突破点开始，直到旗形的顶点为止。

4. 应用法则

（1）这形态必须在急速上升或下跌之后出现，成交量则必须在形成形态期间不断地显著减少。

（2）当上升旗形往上突破时，必须要有成交量激增的配合；当下降旗形向下跌破时，成交也是大量增加的。

（3）在形态形成中，若股价趋势形成旗形而其成交量为不规则或很多又非渐次减少的情况时，下一步将是很快的反转，而不是整理。即上升旗形往下突破而下降旗形则向上升破。换言之，高成交量的旗形形态市况可能出现逆转，而不是个整理形态。因此，成交量的变化在旗形走势中是十分重要的，它是观察和判断形态真伪的唯一方法。

（4）股价应在四周内向预定的方向突破，超出三周时，就应该特别小心，注意其变化。

5. 操作要领

上升旗形是在股价经过快速而陡峭的上升之后形成旗杆，然后进入调整而形成一个股价波动紧密，狭窄且稍微向下倾斜的平行四边形旗面。形态内的成交量快速萎缩，向上突破时成交量又快速放大且股价再次出现快速拉升。

（1）上升旗形是在股价大幅快速上涨之后出现的强势调整形态，调整时间不应超过四周且形态的成交量必须显著萎缩，否则形态的作用会大为减弱甚至会演化为其他形态。

（2）上升旗形向上突破时应有成交量放大的配合方可信赖，其突破后的升幅与旗杆的长度大致相同，其上涨的速度与旗杆相似。

（3）上升旗形一旦放量向上突破旗形的上边压力线则进入最佳买入时机，上升又将开始。止损点可设在旗形的下边支撑线被跌破时。

2.4.2.15　上升下降楔形

1. 上升下降楔形的特征

(1)上升楔形的特征:①在跌势中出现;②反弹高点的连线与下跌低点的连线相交于右上方(构成一个向上倾斜的楔形图),最后股价跌破支撑线向下滑落;③在楔形的形成过程中,成交量不断减少,呈现价升量减的反弹;④股价跌破支撑线后常常有回抽,并在原来的支撑线附近受阻,从而确认向下突破有效(图2-84)。

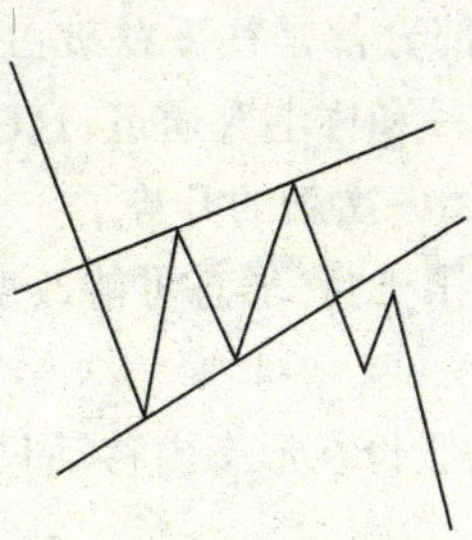

图2-84　上升楔形

(2)下降楔形的特征:①在升势中出现;②上涨高点的连线与回落低点的连线相交于右下方(构成一个向下倾斜的楔形图),最后股价突破压力线,并收于其上方;③在楔形的形成过程中,成交量不断减少,而且股价越接近尖端,成交量越小,但当股价上升突破压力线时成交量明显放大;④股价突破压力线后,常常有回抽,并在原来的压力线附近止跌回升,从而确认上升突破有效(图2-85)。

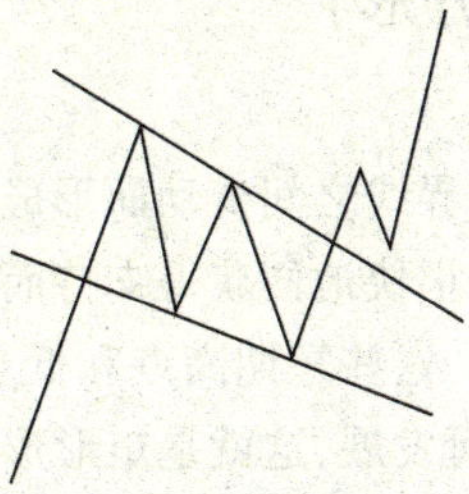

图2-85　下降楔形

2. 形态分析

楔型系股价变动介于两条收敛的直线之中。与三角线不同处在于两条界线同时上倾或下斜。成交量变化和三角形一样向顶端递减。楔型又分为上升楔形和下降楔形。

上升楔型指股价经过一次下跌后有强烈技术性反弹,价格升至一定水平又掉头下落,但回落点较前次为高,又上升至新高点比上次反弹点高,又回落形成一浪高一浪之势,把短期高点相连,短期低点相连形成一条向上倾斜直线,下面一条则较为陡峭。

下降楔型则相反,高点一个比一个低,低点亦一个比一个低,形成两条同时下倾的斜线。

两种楔型成交量都是越接近端部,成交越少。

3. 实战应用

上升楔型:表面上看来,上升三角形只有一边上倾,所代表的是多头趋势,而上升楔型两边上倾,多头趋势应该更浓,但实际上并非如此。因为上升三角形的顶线代表股价在一定价格才卖出,当供给被吸收后(上升界线代表吸收),上档压力解除,股价便会往上跳。在上升楔型中,股价上升,卖出压力亦不大,但投资人的兴趣却逐渐减少,股价虽上扬,可是每一个新的上升波动都比前一个弱,最后当需求完全消失时,股价便反转回跌,因此,上升楔型表示一个技术性意义之渐次减弱的情况。上升楔形是一个整理形态,常在跌市回升阶段出现,上升楔型显示尚未跌见底,只是一次跌后技术性反弹,当其下限跌破后,就是沽出讯号。上升楔型的下跌幅度,至少将新上升的价格跌掉,而且要跌得更多,因为尚未见底。

下降楔型:其市场含义和上升楔形刚刚相反。股价经过一段时间上升后,出现了获利回吐,虽然下降楔形的底线往下倾斜,似乎说明市场的承接力量不强,但新的回落浪较上一个回落浪波幅为小,说明沽售力量正减弱中，加上成交量在这阶段中的减少可证明市场卖压的减弱。

下降楔形也是个整理形态，通常在中长期升市的回落调整阶段中出现。下降楔形的出现告诉我们升市尚未见顶，这仅是升后的正常调整现象。一般来说，形态大多是向上突破，当其上限阻力突破时，就是一个买入讯号。

4. 应用法则

(1)楔形（无论上升楔形还是下降楔形）上下两条线必须明显地收敛于一点，如果形态太过宽松，形成的可能性就该怀疑。一般来说楔形需要两个星期以上时间完成。

(2)虽然跌市中出现的上和或楔形大部分都是往下跌破占多，但相反地若是往上升破，而且成交亦有明显的增加，形态可能出现变异，发展成一和样上升通道，这时候我们应该改变原来偏淡的看法，市道（或股价）可能会沿着新的上和或通道，开始一次新的升势了。

同样，倘若下降楔形不升反跌，跌破下限支持，形态可能改变为一和样下降通道，这时候后市的看法就应该随着市势的变化而作出修正了。

(3)上升楔形上下两条线收敛于一点，股价在形态内移动只可以作有限底的上和下，最终会告跌破。而股价理想的跌破点是由第一个低点开始，直到上升楔形尖端，之间距离的$\frac{2}{3}$处。有时候，股价可能会一直移动到楔形的尖端，出了尖端后还稍作上升，然后才大幅下跌。

(4)下降楔形和上升楔形有一点明显不同之处，上升楔形在跌破下限支持后经常会出现急跌；但下降楔形往上突破阻力后，可能会向横发展，形成徘徊状态或圆状，成交仍然十分低沉，然后才慢慢开始上升。这种情形的出现，我们可待股价打破徘徊闷局后才考虑跟进。

2.4.2.16 矩形（股票箱、长方形）

1. 形态分析

矩形是股价一连串在两条水平的上下界线之间变动而形成的形态。股价在其范围之内出现上落，价格上升到某水平时遇上阻力，掉头回落，但很快地便获得支持而回升，可是回升到上次同一高点时再一次受阻，而挫落到上次低点时则再得到支持。这些短期高点和低点分别以直线连接起来，便可以绘出一条通道，该通道既非上倾，亦非下降，而是平行发展，这就是矩形形态（图 2－86）。

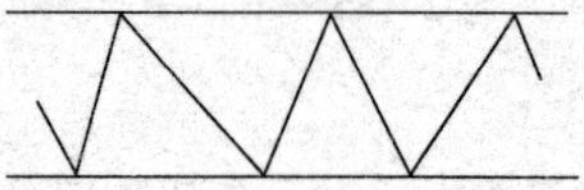

图 2－86 矩形

2. 实战应用

矩形为冲突型，是描述实力相当的争战双方的竞争。

矩形形态告诉我们，好淡双方的力量在该范围之间完全达至均衡状态，在这段期间谁占不了谁的便宜。看好的一方认为其价位是很理想的买入点，于是股价每回落到该水平即买入，形成了一条水平的需求线。与此同时，另一批看淡的投资者对股市没有信心，认为股价难以升越其水平，于是股价回升至该价位水平，便立即沽售，形成一条平行的供给线。

从另一个角度分析，矩形也可能是投资者因后市发展不明朗，投资态度变得迷惘和不知所措而造成。所以，当股价回升时，一批对后市缺乏信心的投资者退出；而当股价回落时，一批憧憬着未来前景的投资者加进，由于双方实力相若，于是股价就来回在这一段区域内波动。

一般来说，矩形是整理形态，顺升市和跌市中都可能出现。长而窄且成交量小的矩形在原始底部比较常出现，突破上下限后有买入和卖出的讯号，涨跌幅度通常等于矩形本身宽度。

3. 应用法则

(1)矩形形成的过程中，除非有突发性的消息扰乱，其成交量应该是不断减少的。如果在形态形成期间，有不规则的高成交出现，形态可能失败。当股价突破矩形上限的水平时，必须有成交量激增的配合；但若跌破下限水平时，就不需高成交量的增加。

(2)矩形呈现突破后,股价经常出现反抽,这种情形通常会在突破后的三天至三星期内出现。反抽将止于顶线水平之上,往下跌破后的假性回升,将受阻于底线水平之下。

(3)一个高低波幅较大的矩形,较一个狭窄而长的矩形形态更具威力。

4. 操作要领

在上升趋势中,股价经过一段时间的单边上涨之后,进入横向整理阶段,当股价上升至某一水平时就遇阻回落,但下跌到一定水平又获得支撑上升,来回反复。待时机成熟,便放量向上突破,开始新的上升波段或者是进入高一层的新箱体运行。

(1)矩形应由基本相同的高点和低点组成,形态内的成交量应逐步萎缩,在形态突破前应小心其演化成三重顶的可能,特别是升幅较大的股票。

(2)矩形应由三个大致相同的低点和高点组成,三个低点和高点在相差3%的范围内都是可以接受的。

(3)矩形向上突破后的升幅一般是矩形的垂直高度或是其数倍,且波幅越大的矩形其突破后的升幅越大。

(4)矩形向上突破时应有成交量明显放大的配合,否则其可靠性降低。

(5)矩形在突破前可短线操作即在箱底附近买进箱顶附近卖出,止损点设在箱底跌破时;放量向上突破箱顶时是明确的中线买入时机,止损位设定在股价又跌至箱顶之下时,以防假突破。

2.4.2.17　菱形

1. 形态分析

菱形的形态犹如钻石,其颈线为V字状。成交量如同三角状,渐次减少。菱形实际是喇叭形和收敛三角形的结合。左半部和喇叭形一样,第二个上升点较前一个高,回落低点亦较前一个为低,当第三次回升时,高点却不能升越第二个高点水平,接着的下跌回落点却又较上一个为高,股价的波动从不断地向外扩散转为向内收窄,右半部的变化类似于收敛三角形。如图2－87所示。

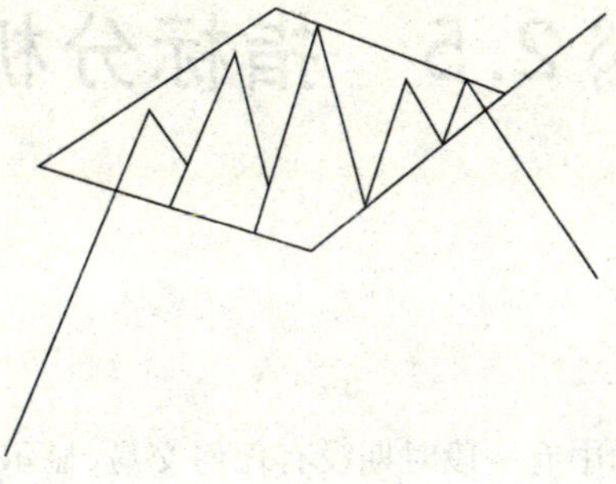

图2－87　菱形

2. 实战应用

当股价愈升愈高之际,投资者显得冲动和失去理智,因此价格波动增大,成交亦大量增加,但很快地投资情绪渐渐冷静下来,成交减少,股价波幅收窄。市场从高涨的投资意愿转为观望,投资者等待市场进一步的变化再做新投资决定。

3. 应用法则

(1)菱形很少为底部反转,通常它在中级下跌前的顶部或大量成交的顶点出现,是个转向形态。

(2)当菱形右下方支持跌破后,就是一个沽出讯号;但如果股价向上突破右方阻力时,而且成交量激增,那就是一个买入讯号。

(3)其最小跌幅的量度方法是从股价向下跌破菱形右下线开始,量度出形态内最高点和最低点的垂直距离,这距离就是未来股价将会下跌的最少幅度。

2.4.2.18　潜伏底

1. 形态分析

股价在一个极狭窄的范围内横向移动,每日股价的高低波幅极少,且成交量亦十分稀疏,图表上形成一条横线般的形状,这形态称之为潜伏底。如图2-88所示。

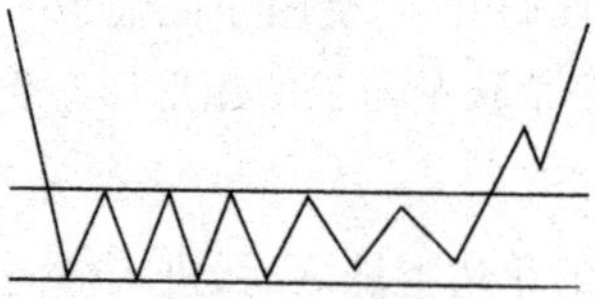

图2-88　潜伏底

经过一段长时间的潜伏静止后,价位和成交量同时摆脱了沉寂不动的闷局,股价大幅向上抢升,成交亦转趋畅旺。

2. 实战应用

潜伏底大多出现在市场淡静之时,及一些股本少的冷门股上。由于这些股票流通量少,而且公司不注重宣传,前景模糊,结果受到投资者的忽视,稀少的买卖使股票的供求十分平衡。持有股票的人找不到急于沽售的理由,有意买进的也找不到急于追入的原因,于是股价就在一个狭窄的区域里一天天地移动,既没有上升的趋势,也没有下跌的迹象,表现令人感到沉闷,就像是处于冬眠时期的蛇虫,潜伏不动。

最后,该股突然出现不寻常的大量成交,原因可能是受到某些突如其来的消息,例如公司盈利大增、分红前景好等的刺激,股价亦脱离潜伏底,大幅向上扬。或在该潜伏底中,先知先觉的投资者在潜伏底形成期间不断在做收集性买入,当形态突破后,未来的上升趋势将会强而有力,而且股价的升幅甚大。所以,当潜伏底明显向上突破时,值得投资者马上跟进,跟进这些股票利润十分可观,且风险很低。

3. 应用法则

(1)通常潜伏底时间应较长。

(2)投资者必须在长期性底部出现明显突破时方可跟进。突破的特征是成交量激增。

(3)在突破后的上升途中,必须继续维持高成交量。

§2.5　指标分析

2.5.1　缺口

2.5.1.1　缺口的概念

缺口是指股价在快速大幅变动中有一段时期没有任何交易,显示在股价趋势图上是一个真空区域,这个区域称之"缺口",它通常又称为跳空。当股价出现缺口,经过几天,甚至更长时间的变动后,然后反转过来,回到原来缺口的价位时,称为缺口的封闭,又称补空。

2.5.1.2　缺口的分类

1. 普通缺口

在图形里,普通缺口经常出现在一个交易频繁的整理与反转区域,而且它出现在整理形态的机会较反转形态大,因此若发展中的矩形与对称三角形出现缺口时,就能确定此形态为整理形态。

同时,普通缺口的特征是出现跳空现象,但并未导致股价脱离形态而上升或下降,短期内走势仍是盘局,缺口亦被填补。短线操作者如果预测此一发展迹象,则可在此价格区域内高出低进,赚取差价。普通缺口由于很容易被封闭,在多空争斗里亦不代表何方取得主动,其短期技术意义近乎于零,但是对于较长期技术分析却有很大的帮助,因为一个密集形态正逐渐形成,终究多空双方要诀是胜负。

2. 突破缺口

当形态确立后,从K线表示股价以一个大小不一的缺口跳空上升或下降远离形态,突破盘局,此缺口就是表示真正的突破已经形成,行情将顺着股价趋势行进下去,即股价向形态上端突破,整理区域便成为支撑区,将有一段上升行情出现;股价向形态下端突破,整理区域就成为阴力区,将有一段下跌行情出现。长阳线，显示一方的力量得以伸展，另一方则败退，同时缺口亦显示突破的有效性，突破缺口愈大，表示变动愈强烈。

成交量的配合扮演着重要的角色，如果发生缺口前成交量大，突破后成交量未扩大或随价位波动而相应减少，表示突破后并没有大换手，行情变动一段后由于获利者回吐承接力量不强时，便回头填补缺口。突破缺口发生后，成交量不但没有减少，反而扩大，则此缺口意义深远，近期内将不会回补。与突破形态一样，下跌突破缺口并不一定出现大成交量，但仍有效。

3. 继续缺口

继续缺口，亦称逃逸缺口。它出现的次数比前两种缺口要少，通常是在股价突破形态上升或下跌后远离形态而至下一个整理或反转形态的中途出现，因此继续缺口可大致预测股价未来可能移动的距离，所以又称为测量缺口。

如果行情进行中出现两个缺口，股价变动的终点就可能在两个缺口之间。所以，就可以计算出此段股价波动终点的大概价位。同时，如果跳空现象连续出现，表示距变动终点位置愈来愈近。

4. 竭尽缺口

在多头市场出现此类缺口，表示长期上涨行情即将结束。空头市场出现此类缺口，暗示跌势接近尾声，将进入整理或反转阶段。任何一种热门股票的上升或下跌行情出现竭尽缺口，绝大部分均已先出现其他类型的缺口，然而并不是所有股票在行情结束前都会产生竭尽缺口现象。

缺口发生的交易日或次日成交量与过去相比显得特别庞大，而预期将来一段时间内不可能出现比此更大的成交量或维持此成交量水准，极可能就是竭尽缺口。如果缺口出现后的隔一天，行情有当日反转情形而收盘价停在缺口边缘，就更加肯定是竭尽缺口。同理，下跌行情结束前出现向下跳空K线，成交量萎缩，此缺口亦是竭尽缺口。

K线图形有时会出现在同一价位区发生的两个缺口，也就是上升与下跌行情里产生竭尽缺口，之后股价会继续朝相同方向移动。经过一星期或稍长时间的变动，开始朝反方向移动，而在先前竭尽缺口价位跳空，反转下跌或上升，形成突破口（图2－89）。

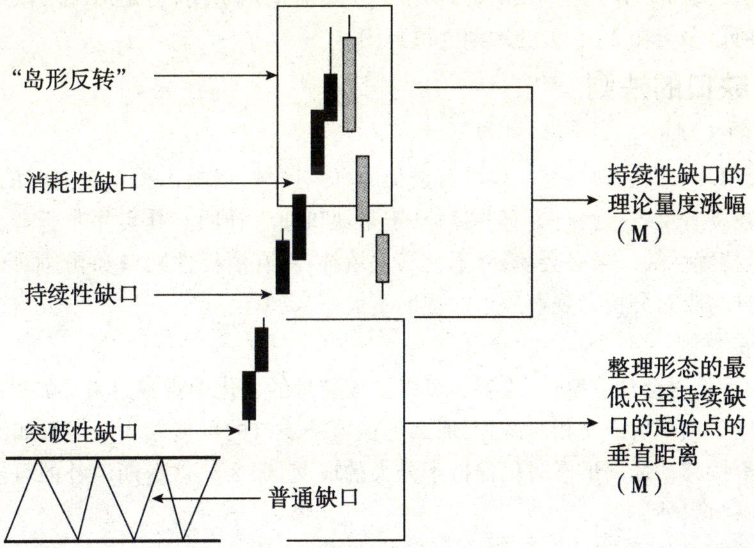

图2－89　缺口的分类

2.5.1.3　缺口的应用

1. 普通缺口的应用

普通缺口并无特别的分析意义，一般在几个交易日内便会完全填补，它只能帮助我们辨认某种形态的形成。普通缺口在整理形态上要比反转形态时出现的机会大得多，所以当发现发展中的三角形和矩形有许多缺口，就应该增强它是整理形态的信念。

2. 突破缺口的应用

突破缺口的分析意义较大，经常在重要的转向形态如头肩式的突破时出现，这缺口可帮助我们辨认突破讯号的真伪。如果股价突破支持线或阻力线后以一个很大的缺口跳离形态,可见突破强而有力,很少有错误发生。形成突破缺口的原因是其水平的阻力经过时间的争持后,供给的力量完全被吸收,短暂时间缺少货源,买进的投资者被迫要以更高价求货。又或是其水平的支持经过一段时间的供给后,购买力被完全消耗,沽出需以更低价才能找到买家,因此便形成缺口。

假如缺口发生前有大的交易量,而缺口发生后成交量却相对减少,则有一半的可能,不久缺口将被封闭。若缺口发生后成交量并未随着股价的远离缺口而减少,反而加大,则短期内缺口将不会被封闭。

3. 持续性缺口的应用

持续性缺口的技术性分析意义最大,它通常是在股价突破后,远离形态至下一个反转或整理形态的中途出现,因此持续缺口能大约的预测股价未来可能移动的距离,所以又称为量度缺口。其量度的方法是从突破点开始,到持续性缺口始点的垂直距离,就是未来股价将会达到的幅度。或者说,股价未来所走的距离,和过去已走的距离一样。

4. 消耗性缺口的应用

消耗性缺口的出现,表示股价的趋势将暂告一段落。如果在上升途中,即表示即将下跌;若在下跌趋势中出现,就表示即将回升。不过,消耗性缺口并非意味着市道必定出现转向,尽管意味着有转向的可能。

在缺口发生的当天或后一天若成交量特别大,而且趋势的未来似乎无法随交量而有大幅的变动时,这就可能是消耗性缺口。假如在缺口出现的后一天其收盘价停在缺口边缘形成了一天行情的反转时,就更可确定这是消耗性缺口。

消耗性缺口很少是突破前一形态大幅度变动过程中的第一个缺口。绝大部分的情形是它的前面至少会再现一个持续缺口。因此可以假设,在快速直线上升或下跌变动中期出现的第一个缺口为持续缺口,但随后的每一个缺口都可能是消耗性缺口,尤其是当这个缺口比前一个空距大时,更应特别注意。

持续缺口是股价大幅变动中途产生的,因而不会于短时期内封闭,但是消耗性缺口是变动即将到达终点的最后现象,所以多半在 2 ~ 5 天的短期内被封闭。

2.5.1.4　缺口的法则

(1)一般缺口的法则

一般缺口都会填补。因为缺口是一段没有成交的真空区域,反映出投资者当时的冲动行为,当投资情绪平静下来时,投资者反省过去行为有些过分,于是缺口便告补回。其实并非所有类型的缺口都会填补,其中突破缺口、持续性缺口未必会填补,不会马上填补;只有消耗性缺口和普通缺口才可能在短期内补回,所以缺口填补与否对分析者观察后市的帮助不大。

(2)突破缺口的法则

突破缺口出现后是否会马上填补,投资者可以从成交量的变化中观察出来。如果随突破缺口出现之前有大量成交,而缺口出现后成交相对减少,那么迅疾填补缺口的可能较大。但假如缺口形成之后成交大量增加,股价在继续移动远离形态时仍保持十分大的成交,那么缺口短期填补的可能就会很低。就算出现后抽,也会在缺口以外。

(3)持续性缺口的法则

股价在突破其区域时急速上升,成交量在初期量大,然后在上升中不断减少,当股价停止原来的趋势而成交量又迅速增加时,这是好淡双方激烈争持的结果。其中一方得到压倒性胜利之后,便形成一个巨大的缺口,这时候成交量又开始减少了。

(4)消耗性缺口的法则

消耗性缺口通常是形成缺口的一天成交量最高(但也有可能在成交量最高的翌日出现),接着成交减少,显示市场购买力(或沽售力)已经消耗殆尽,于是股价很快便告回落或回升。一般来说,在一次上升或下跌的过程里,缺口出现愈多,显示其趋势愈快接近终结。比如:当升市出现第三个缺口时,暗示升市快告终结;当第四个缺口出现时,短期下跌的可能性更加浓厚。

2.5.2 均线

2.5.2.1 均线的概念

均线,又称移动平均线(MA),是以道·琼斯的"平均成本概念"为理论基础,采用统计学中"移动平均"的原理,将一段时期内的股票价格平均值连成曲线,用来显示股价的历史波动情况,进而反映股价指数未来发展趋势的技术分析方法。它是道氏理论的形象化表述。

移动平均线通常使用3日、6日、10日、12日、24日、30日、72日、200日、288日、13周、26周、52周等,不一而足,其目的在取得某一段期间的平均成本,而以此平均成本的移动曲线配合每日收盘价的线路变化来分析某一期间多空的优劣形势,以研判股价的可能变化。一般来说,现行价格在平均价之上,意味着市场买力(需求)较大,行情看好;反之,行情价在平均价之下,则意味着供过于求,卖压显然较重,行情看淡。

以十日移动平均线为例。将第1日至第10日的10个收盘价,累计加起来后的总和除以10,得到第一个10日平均价,再将第2日至第11日收盘价和除以10,则为第二个10日平均价,这些平均价的连线,即成为10日移动平均线。移动平均线的期间长短关系其敏感度,期间愈短敏感度愈高。一般股价分析者,通常以6、10日移动平均线观察短期走势;以10日、20日移动平均线观察中短期走势;以30日、72日移动平均线,观察中期走势;以13周、26周移动平均线,研判长期趋势。西方投资机构非常看重200天长期移动平均线,以此作为长期投资的依据,行情价格若在长期移动平均线下,属空头市场。反之,则为多头市场。

2.5.2.2 均线的特点

均线的最基本的思想是消除偶然因素的影响,另外还稍微有一点平均成本价格的涵义。

1. 均线的基本特点

(1)追踪趋势

注意价格的趋势,并追随这个趋势,不轻易放弃。如果从股价的图表中能够找出上升或下降趋势线,那么,均线的曲线将保持与趋势线方向一致,能消除中间股价在这个过程中出现的起伏。而原始数据的股价图表不具备这个保持追踪趋势的特性。

(2)滞后性

在股价原有趋势发生反转时,由于均线的追踪趋势的特性,均线的行动往往过于迟缓,调头速度落后于大趋势,这是均线的一个极大的弱点。等均线发出反转信号时,股价调头的深度已经很大了。

(3)稳定性

从均线的计算方法可知,要比较大地改变均线的数值,无论是向上还是向下,都比较困难,必须是当天的股价有很大的变动。因为均线的变动不是一天的变动,而是几天的变动,一天的大变动被几天一分摊,变动就会变小而不显出来。这种稳定性有优点,也有缺点,投资者在应用时应多加注意,掌握好分寸。

(4)助涨助跌性

当股价突破了均线时,无论是向上突破还是向下突破,股价有继续向突破方面再走一程的愿望,即均线的助涨助跌性。

(5)支撑线和压力线的特性

由于均线的以上四个特性,使得它在股价走势中起支撑线和压力线的作用。

2. 均线的优点

(1)适用移动平均线可观察股价总的走势,不考虑股价的偶然变动,这样可自动选择出入市的时机。

(2)平均线能显示"出入货"的讯号,将风险水平降低。无论平均线怎样变化,反映买或卖信号的途径一样。即:若股价(一定要用收市价)向下穿破移动平均线,便是沽货讯号;若股价向上冲移动平均线,便是入货讯号。利用移动平均线,作为入货或沽货讯号,通常获得颇可观的投资回报率,尤其是当股价刚开始上升或下降时。

(3)通常来说,平均线分析是比较简单的,能使投资者很清楚地了解当前价格动向。

3. 均线的缺点

(1)移动平均线变动缓慢,不易把握股价趋势的高峰与低谷。

(2)在价格波幅不大的市场,平均线位于价格之中,出现上下交错型的出入货讯号,因而使分析者无法定论。

(3)平均线的日数没有一定标准和规定,常根据股市的特性不同发展阶段、分析者思维定性而各有不同。

因而,投资者在拟定计算移动平均线的日子前,必须先清楚了解自己的投资目标。如果是短线投资者,一般应选用10天移动平均线,中线投资者应选用90天移动平均线,长期投资者则应选用250天移动平均线。很多投资者选用250天移动平均线,判断现时市场是牛市或熊市,即若股价在250天移动平均线之下,则是熊市;相反,若股价在250天移动平均线之上,则是牛市。

为了避免平均线的局限性,更有效掌握买卖的时机,充分发挥移动平均线的功能,一般将不同期间的平均线予以组合运用。目前市场上常用的平均线组合有“6、12、24、72、220日平均线”组合;“10、25、73、146、292日平均线”组合等,组内移动平均线的相交与同时上升排列或下跌排列均为趋势确认的讯号。

2.5.2.3 均线的计算

“平均”是指最近n天收市价格的算术平均,“移动”是指在计算中始终采用最近n天的价格数据,因此,被平均的数组(最近n天的收市价格)随着新的交易日的更迭,逐日向前推移。通常在计算移动平均值时,会采用最近n天的收市价格。首先把新的收市价格逐日地加入数组,而往前倒数的第n+1个收市价则被剔去。然后,再把新的总和除以n,就得到了新的一天的平均值(n天平均值)。

(1)日平均价=当日成交金额÷当日成交股数(亦有直接采用当日收盘价代替日平均价者)。

(2)6日平均价=(当日平均价+前五日平均价×5)÷6。

(3)10日平均价=(当日平均价+前九日平均价×9)÷10。

(4)30日、72日、13周、26周等平均价计算方法类推。

其计算公式为MA=(P1+…+Pn)÷n(P为每天价格,n为日数)。

2.5.2.4 均线的意义

第一,上升行情初期,短期移动平均线从下向上突破中长期移动平均线,形成的交叉叫黄金交叉,预示股价将上涨。黄色的5日均线上穿紫色的10日均线形成的交叉,10日均线上穿绿色的30日均线形成的交叉均为黄金交叉。

第二,短期移动平均线向下跌破中长期移动平均线形成的交叉叫死亡交叉,预示股价将下跌。黄色的5日均线下穿紫色的10日均线形成的交叉,10日均线下穿绿色的30日均线形成的交叉均为死亡交叉。

第三,在上升行情进入稳定期,5日、10日、30日移动平均线从上而下依次顺序排列,向右上方移动,称为多头排列,预示股价将大幅上涨。

第四,在下跌行情中,5日、10日、30日移动平均线自下而上依次顺序排列,向右下方移动,称为空头排列,预示股价将大幅下跌。

第五,在上升行情中股价位于移动平均线之上,走多头排列的均线可视为多方的防线;当股价回档至移动平均线附近,各条移动平均线依次产生支撑力量,买盘入场推动股价再度上升,这就是移动平均线的助涨作用。

第六,在下跌行情中,股价在移动平均线的下方,呈空头排列的移动平均线可以视为空方的防线,当股价反弹到移动平均线附近时,便会遇到阻力,卖盘涌出,促使股价进一步下跌,这就是移动平均线的助跌作用。

第七,移动平均线由上升转为下降出现最高点和由下降转为上升出现最低点时,是移动平均线的转折点,预示股价走势将发生反转。

2.5.2.5　均线的作用

1. 揭示平均成本

移动平均线反映了市场在一定期间内的平均持股成本，将其与当日股价作一比较，则可知道平均成本的增减及获利盘与套牢盘的多寡。

2. 揭示股价趋势

移动平均线向上，表明趋势向上；移动平均线向下，表明趋势向下。投资者通过分析短、中、长期移动平均线，就可知道·琼斯划分的股价主要趋势、次级运动和日常波动的情况。

3. 助涨，助跌

当移动平均线处于上升阶段时，其对股价有助涨功能，即当股价从移动平均线上方回落至移动平均线附近时，移动平均线对股价有支撑作用，促使股价回升。因为移动平均线代表着平均成本，当股价在移动平均线之上时，表明大多筹码为获利盘，当股价回落至移动平均线附近时，获利盘减少，抛压自然就减轻了。

当移动平均线处于下降阶段时，它对股价有助跌的功能，即当股价从移动平均线下方反弹到移动平均线附近时，移动平均线会对股价形成阻力作用，近股价迫使股价回落。因为当股价从下方反弹到移动平均线附近时，大量套牢盘要求解套形成的抛压就很重。

4. 揭示买卖时机

除了葛兰维八大法则之外，短、中、长期移动平均线在趋势改变时发生交叉，也会发出买卖信号，交叉分黄金交叉和死亡交叉两种。当短期平均线从下方向上突破中长期平均线时，是黄金交叉，此为买入信号；当短期平均线从上方向下跌破中长期平均线时，是为死亡交叉，此为卖出信号。

5. 揭示多头市场与空头市场

股价和中、短、长期移动平均线的排列次序是辨别多头市场和空头市场的一个依据。当股价和短、中、长期移动平均线自上而下排列时，称为“多头排列”，意即处于多头市场；反之则称“空头市场”，意即处于空头市场。

6. 吸附功能

当股价上升远离平均线或中长期平均线向上移动，而短期平均线向下移动时，说明上升趋势并未改变，由于获利的打压，股价将会出现回档；当股价下跌远离平均线，或中长期平均线向下移动，而短期平均线向上移动时，说明下跌走势并未改变，由于抢反弹买盘的介入，股价将会出现反弹。

应该注意的是，移动平均线只关注价的突破，而没有考虑成交量的配合，因而有时会出现假突破的“陷阱”，诱使投资者上当，故应与成交量分析相配合。同时，移动平均线分析并未指出在股价偏离移动平均线达到多大程度时会回档或反弹，这也是一大缺憾，幸好可用乖离率补救。此外，在股价波幅不大的牛皮市，移动平均线系统频繁发生的买卖信号应视为无效信号，否则会不断地进出股市，追高杀低，落得个替证券公司打工的下场。

2.5.2.6　均线的研判

第一，平均线由下降逐渐走平而股价自平均线的下方向上突破是买进讯号。当股价在移动平均之下时，表示买方需求太低，以至于股价大大低于移动平均线，这种短期的下降给往后的反弹提供了机会。这种情况下，一旦股价回升，便是买进讯号。

第二，当股价在移动平均线之上产生下跌情形，但是刚跌到移动平均之下却开始反弹，这时，如果股价绝对水平不是很高，则表明买盘很大，是一种买进讯号。不过，这种图表在股价水平已经相当高时，并不一定是买进讯号，只能作参考之用。

第三，移动平均线处于上升之中，但实际股价发生下跌，未跌到移动平均线之下，接着又立即反弹，也是一种买进讯号。在股价的上升期，会出现价格的暂时回落，但每次回落的绝对水平都在提高。所以，按这种方式来决策时，一定要看股价是否处于上升期。一般来说，在上升期的初期，这种规则适用性较大。

第四，股价在平均线下方加速下跌，远离平均线，为买进时机，因为这是超卖现象，股价不久将重回平均线附近。

第五,平均线走势从上升趋势逐渐转变为盘局,当股价从平均线上方向下突破平均线时,为卖出讯号。股价在移动平均线之上,显示价格已经相当高,且移动平均线和股价之间的距离很大,那么,意味着价格可能太高,有回跌的可能。在这种情况下,股价一旦出现下降,即为抛售讯号。不过,如果股价还在继续上涨,那么,可采用成本分摊式的买进,即随着价格上涨程度的提高,逐渐减少购买量,以减小风险。

第六,移动平均线缓慢下降,股价虽然一度上升,但刚突破移动平均线就开始逆转向下,这可能是股价下降趋势中的暂时反弹,价格可能继续下降,因此是一种卖出讯号。不过,如果股价的下跌程度已相当深,那么,这种规则就不一定适用,它可能是回升趋势中的暂时回落。因此,投资者应当做仔细的分析。

第七,移动平均线处于下降趋势,股价在下跌过程中曾一度上涨到移动平均线附近,但很快又处于下降状态,这时是一种卖出讯号。一般来说,在股市的下降过程中,常会出现几次这种卖出讯号,这是下降趋势中的价格反弹,是一种短期现象。

第八,股价在平均线上方突然暴涨,向上远离平均线为卖出时机,因为这是超卖现象,股价不久将止涨下跌回到平均线附近。

第九,长期移动平均线呈缓慢的上升状态,而中期移动平均线呈下跌状态,并与长期移动平均线相交。这时,如果股价处于下跌状态,则可能意味着狂跌阶段的到来,这是卖出讯号。需要注意的是,在这种状态下,股价在下跌的过程中有暂时的回档,否则不会形成长期移动平均线和中期移动平均线的交叉。

第十,长期的移动平均线(一般是26周线)是下降趋势,中期的移动平均线(一般是13周线)在爬升且速度较快地超越长期移动平均线,那么,这可能意味着价格的急剧反弹,是一种买进讯号。出现这种情况,一般股价仍在下跌的过程中,只不过中期的下跌幅度要低于长期的下跌幅度。

2.5.2.7 均线的法则

在均线的应用上,最常见的是葛兰威尔的移动平均线八大买卖法则(简称葛氏法则,如图2-90所示)。该法则以证券价格(或指数)与移动平均线之间的偏离关系作为研判的依据。在这八大法则中,有四条是买进法则,另外四条是卖出法则。

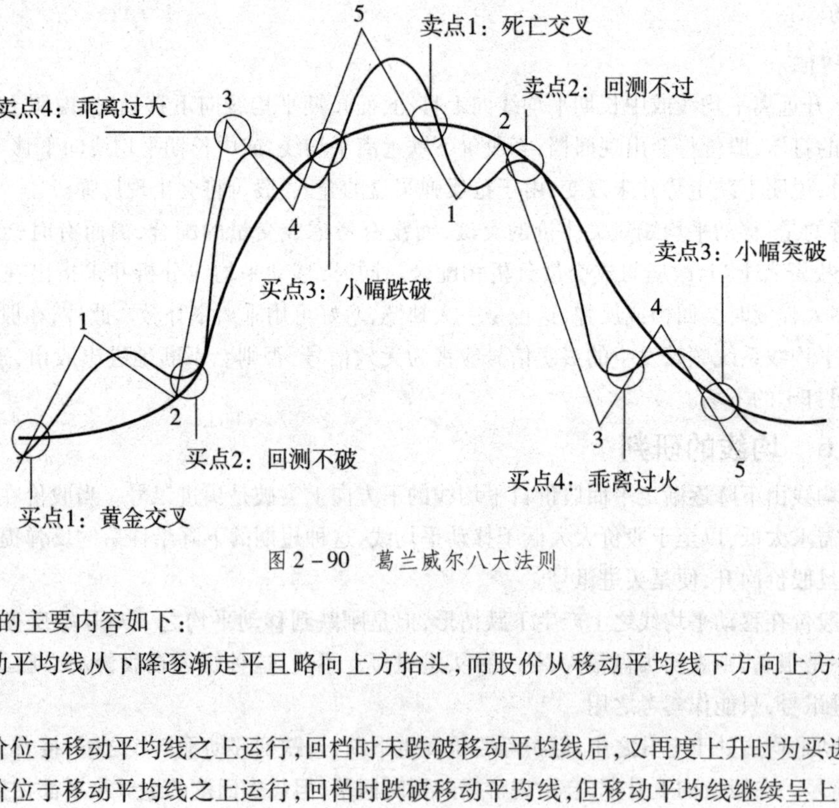

图2-90 葛兰威尔八大法则

葛氏法则的主要内容如下:

第一,移动平均线从下降逐渐走平且略向上方抬头,而股价从移动平均线下方向上方突破,为买进信号。

第二,股价位于移动平均线之上运行,回档时未跌破移动平均线后,又再度上升时为买进时机。

第三,股价位于移动平均线之上运行,回档时跌破移动平均线,但移动平均线继续呈上升趋势,此时为买进时机。

第四,股价位于移动平均线以下运行,突然暴跌,距离移动平均线太远,极有可能向移动平均线靠近

(物极必反,下跌反弹),此时为买进时机。

第五,股价位于移动平均线之上运行,连续数日大涨,离移动平均线愈来愈远,说明近期内购买股票者获利丰厚,随时都会产生获利回吐的卖压,应暂时卖出持股。

第六,移动平均线从上升逐渐走平,而股价从移动平均线上方向下跌破移动平均线时说明卖压渐重,应卖出所持股票。

第七,股价位于移动平均线下方运行,反弹时未突破移动平均线,之后又出现下跌趋势,此时为卖出时机。

第八,股价反弹后在移动平均线上方徘徊,而移动平均线却继续下跌,此时宜卖出所持股票。

葛氏法则的不足是没有明确指出投资者在股价距平均线多远时才可以买进卖出,这可用后面的乖离率指标弥补。

2.5.2.8 均线的应用

1.5 日均线操盘法

对于短线操盘用户来说,5 日均线是判断走势很重要的依据。它可以说是短期的生命线,股价在 5 日线以上说明多方势力强劲,还有做多上升的空间,反之跌破 5 日线则股价会出现一波回调。

(1)股价离开 5 日线过远、高于 5 日线过多,也即"五日乖离率"太大,属于短线卖出时机。乖离率多大可以卖出,视个股强弱、大小有所不同,一般股价高于 5 日线 7% ~15%,属于偏高,适宜卖出。若是熊市,一般股价低于 5 日线 7% ~15%,适宜短线买进。

(2)股价回落、跌不破 5 日线的话,再次启动时适宜买入。一般而言,慢牛股在上升途中,大多时间往往不破 5 日线或者 10 日线。只要不破,就可结合大势、结合个股基本面,继续持仓。若是熊市,股价回升、升不破 5 日线的话,再次出现较大抛单、展开下跌时适宜卖出。

(3)股价如果跌破 5 日线、反抽 5 日线过不去的话,需要谨防追高被套,注意逢高卖出。若是熊市,股价如果升破 5 日线、反抽 5 日线时跌不破的话,或者反抽 5 日线跌破但又止住的话,需要谨防杀跌踏空,注意逢低买回。

(4)股价如果有效跌破 5 日线,一般将跌向 10 日线或者 20 日线。如果跌到 10 日线、20 日线企稳、股价再次启动,则高位卖出的筹码,可以视情况短线回补,以免被轧空。若是熊市,股价如果有效升破 5 日线,一般将向 10 日线、或者 20 日线方向上升。如果升到 10 日线、20 日线附近受阻、股价再次展开下跌,则低位买的筹码,可以视情况短线卖出。

2.10 日均线操盘法

10 日均线是反映单边连续趋势的指标,在大盘两极的情况下,会在一段时间,通常是连续两周沿 10 日均线连续运动,一直等到股价跌破 10 日均线为止。

许多个股,特别是已经控盘的庄股,或者是主力颇有信心的题材股,在主升段的走势往往也会沿着 10 日均线涨升,其结束的经典方式是大阳线的爆出。

10 日线是职业套利者能够熟练掌握的最短均线,它是研判顶部与底部的第一个提示技术,当然更为精确的分析必须结合成交量能、主力习惯时间段、经典 K 线与长线指标(如心理线与随机指标中的周 KDJ 线)。

(1)股价向上突破 10 日均线是重要买入时机

股价在下跌趋势中,能跌到多少,大盘指数会跌到多少点,能跌多长时间,或者说底在哪里,没有人能够准确地作出预测,而只能顺势而为,那么如何才能做到顺势而为呢? 10 日移动平均线可以作为一个非常重要的参考标准,即当股价在 10 日均线之上运行时,可以认为股价的趋势向上,股价还会上涨,而当股价在 10 均线之下运行时,就可以认为股价的趋势向下,股价还会下跌。因此,10 日移动平均线是指导投资者分析、判断趋势的一个非常重要的客观标准。

股价在下跌趋势中,不断创出新低,高点不断下移,10 日均线在股价的上方以一定的速度向右下方下行,表明最近 10 个交易日买进股票的投资者都被套牢或者说最近 10 个交易日卖出股票的投资者都是正确的。而且,10 日均线还是股价反弹的强阻力之一,只要下跌趋势尚未结束,股价就较难站上 10 日均线,即使偶尔站上,也很快会回到其下面继续下跌。最后,股价下跌速度明显减缓,甚至止跌上涨,10日均线也下降趋缓有走平并抬头上行的迹象。而股价从下向上突破并站上10日均线时,说明下降趋势结束,上涨行情开始,是投资者非常重要的买入时机。

在运用股价向上突破10日均线这个方法时需注意以下几点:

第一,10日均线是多空双方力量强弱或强弱市场的分界线。当多方力量强于空方力量时,市场属于强势,股价就在10日均线之上运行,说明有更多的人愿意以高于最近10日平均成本的价格买进股票,股价自然会上涨。相反,当空方力量强于多方力量时,市场属于弱势,股价就在10日均线之下运行,表明有更多的人愿意以低于最近10日平均成本的价格卖出股票,股价自然会下跌。

第二,股价站上10日均线再买入,虽然离底部或与最低价相差一定价位,但此时上升趋势已明确,涨势刚刚开始,仍是买入的良机。

第三,股价向上突破10日均线应有量的配合,否则可能仅仅是下跌中途的反弹,很快又会跌回10日均线之下,此时就应止损出局再行观望,特别是在10日线下降走平再上行而后又归下行时,更应止损,说明跌势尚未结束。

第四,股价站上10日均线才买进股票,最大的优点是在上升行情的初期即可跟进而不会踏空,即使被套也有10日均线作为明确的止损点,损失也不会太大。

第五,10日均线特别适用于追踪强势个股的波段操作和对大盘趋势的分析即当股价站上10日均线时就坚决买入,当大盘指数站上10日时就看多、看涨,成功的概率较高。但是,在上升行情中,对于走势弱于大盘而没有庄家照顾的一些个股,时而跌破10日均线,时而站上10日均线形成震荡走高的态势,较难以运用10日均线把握。

第六,在持续较长时间的下跌趋势中,股价在下跌中途产生反弹时站上了10日均线但又很快跌破10日均线继续下跌,待第二次甚至第三次股价站上10日均线才真正上涨,这种情况经常出现。因此,在下跌趋势末期,当股价第二次或第三次站上10日均线时往往是最佳的买入时机。

第七,10日均线适用于中短线结合的操作方式,因此经常与5日均线和30日均线配合使用。

第八,10日均线操作法用于趋势明确的单边上升和单边下跌行情非常有效和可靠,而用于盘局效果差些。

(2)上升趋势中股价回档不破10日均线是买入时机

在上升趋势中,股价经过先期的快速上扬之后,由于短期获利盘太大,获利回吐必然出现,而这令股价调整,但只要股价不跌破10日均线且10日均线仍继续上行,则说明是正常的短线强势调整。上升行情尚未结束,此时是逢低买入的再一次良机,特别是股价在10日均线获得支撑又继续上涨时,说明调整结束,新的上升浪展开,更是追涨买入的时机。

在运用上升趋势中股价回档不破10日均线这个方法时需注意以下几点:

第一,10日均线是波段操作的重要参考指标。在下跌行情中它是重要的阻力线,而在上升趋势中却是强有力的支撑线。股价回调不破10日均线说明强势特征明显,任何一次的回调都是买入时机,涨势还会继续。

第二,在上升趋势中,股价回档至10日均线附近时成交量应明显萎缩,而再度上涨时成交量应放大,这样后市上升的空间才会更大。

第三,如要股价回调至10日均线附近买入,其后又很快跌破了10日线,还是应坚持止损原则,再等到调整结束股价重回10日均线之上时再买入。

(3)上升趋势中股价跌破10日均线但10日均线仍上行,股价很快又重回10日均线上方时是买入时机。

在上升趋势中,10日均线虽然是强支撑线,但有的庄家在洗盘时却有意将股价砸破10日均线,将短线客洗出局,然后再很快拉回10日均线上方并继续大幅上涨。为回避风险或保存利润,在股价跌破10日均线卖出后(如股价在短期内又回升至10日均线上方且10日均线仍继续上行)应再次买入甚至要追涨买入以防踏空,因为庄家洗盘的目的正是为了大幅拉升,涨升仍将继续。

在运用上升趋势中股价跌破10日均线,但10日均线仍上行,股价很快又重回10日均线上方这个方法时需注意以下几点：

第一，在上升趋势中，股价回调往往是买入的时机，但庄家有时出于种种目的，将一些重要的支撑位击穿，人为制造头部的假象，将短线客特别是根据技术操作者洗出局，然后再扎空上涨，以便让更多的投资者追涨抬轿。上升趋势中股价先跌破10日均线很快又重回10日均线之上就是庄家典型的骗线之一，而防止骗线的唯一方法就是当股价重回10日均线之上时再次买入。

第二，上升趋势中，只要上升行情未结束，股价跌破10日均线的时间往往很短且成交量明显缩小，一般最多不超过5个交易日，股价就会重回10日均线之上。

第三，上升趋势中股价跌破10均线又很快重回10日均线之上是买入时机，在上升行情的初期和中段较为可靠，如果是在股价大幅上涨已久之后或第三次特别是行情末期出现时，还是要小心为妙，很可能是庄家制造的多头陷阱。当股价跌破10日均线时应坚决止损，特别是放量长阴线跌破10日均线时。

(4)下跌趋势中股价急跌或暴跌远离10日均线是买入时机

下跌趋势中，股价在10日均线之下运行，如股价连续出现急跌或暴跌并远离10日均线，致使10日负乖离率过大，应是买入抢反弹的时机，甚至是中期买入良机。

在运用下跌趋势中股价急跌或暴跌远离10日均线这个方法时需注意以下几点：

第一，沪、深股市大盘每年都会发生数次急跌或暴跌，而每次都是最佳的中短线买入时机，这在由形态判断买入时机中已有定性的详细介绍，这里我们再用10日乖离收盘达到10%～15%，次日再遇恐慌性抛盘而10日负乖离盘中达到15%～20%时是最佳的买入时机，报复性的反弹或上涨就在眼前，甚至是中期的最佳买入点。

第二，在持续性下跌之后再出现暴跌，致使指数10日负乖离率达10%～15%后，次日再跌往往是中期底部。而在中期以上头部后不久出现的急跌或暴跌，大盘的10日负乖离率达10%～15%往往是短期强劲反弹的底部。

第三，如果大盘没有急跌或暴跌，而个股由于涨幅太大，庄家获利非常丰厚而急于兑现，采用打压方式出货，致使股价持续大跌或暴跌而10日负乖离率达到10%～15%甚至大于20%也不能轻易买入，除非10日负乖离率更大，否则止损出局在所难免。

急跌或暴跌致使10日负乖离率过大，之所以会产生反弹，其原因就在于空方力量在短期内就得以完全释放，以大幅下跌的空间换取了下跌的时间，而最近10个交易日卖出股票的投资者平均有10%～15%以上的亏损，存在摊低成本的需求。不过，人气的恢复需要一定时间，因此急跌或暴跌后先是报复性反弹，再经过一定时间的整固才会发生较大幅度的上涨。

3.30日均线操盘法

在均线当中，30日均线是一个重要的均线，它的支撑和压力都有相当大的分量。在股市里，运用的周期越长，股价变化趋势的可靠性也越来越高，股价每次运行到这个30日均线时，就会受到强支撑或强压力。当一个股长期运行在30日均线之下后，突然有一天放量突破了30日均线收盘时，说明主力已经有做多的意愿了。这个时候，我们就可以参考5日均线的变化，以中线的思路介入股票。30日均线放量突破了30日均线收盘后，就会沿5日线稳步上行，在上升到一定的幅度后，由于获利的就会获利了结，就会有卖出的压力。这个时候，主力会主动进行洗盘，将跟风的散户和不坚定的投资者给洗出局，这样就更有利于后面的拉升，洗盘洗到30日均线后，一般会受到支撑，会继续上行。

(1)30日均线确定买点

怎样才能确认洗盘洗到30日均线会受到支撑呢，如何来确定买点呢，一般要结合以下几种情况来分析：

①要确认主力的意思是出逃还是真的洗盘(可以通过各种交易数据加以确认，如察看资金有没有流出等来确认)。

②确认大盘是大反弹还是小反弹，还是反转。换句话说，个股上涨了一定的幅度后，回调到30日均线时，要看大盘在这个位置是不是止跌了。

③确认是不是上升后，第一次回调到30日均线(一般第一次回调到30日均线时，受支撑的成功最高)。

综上,只要确认是洗盘和大盘在反弹途中在个股回调到30日均线,这个时候如果大盘也同时回调止跌,那么这个30日均线的支撑成功率会大大地提高。这是弱市当中的谨慎操作手法。在牛市当中,第一次回调到30日均线时,是最好的买入机会;在弱市的时候,就要配合大盘的止跌企稳,才能确认30日均线是不是会受到支撑。

一般的投资者,可能不方便用看资金进出的方法去判断是不是真的洗盘,最简单的办法是,在弱市当中去找牛股,比如,一个前期涨幅大的板块,如果第一波行情没有吃到,那么等它回调到20或30日均线时,我们就可以大胆地吃第二波行情,所以我们就专找一些前期涨幅大的牛股,先收藏在自选股里,跟踪,等它第一次回调到20线或30日均线时,这时大盘又正好止跌反弹,那么,我们就在这个均线支撑位果断介入,等吃它的第二波行情。

(2)30日均线解套方法

用30日均线来解套的股票须具备以下几个特点:买点一定要在20或30日均线附近;一定是弱市中的牛股;一定是第一次回调到20或30日均线的位置;大盘正是止跌回稳。这些条件都具备了,如果股票破位,即破重要的支撑位,那么第二天或第三天股价反抽20或30日均线时,就是离场的机会。最多也就是损失了手续费。破位是指收盘点位在重要支撑位的下方,所以,确定买点,不光是买到相对的低价,也是为万一买错了,留好止损的位置。而等第二次回调到20或30日均线后,相对成功率就会降低了,除非很强的牛股;第三次回调到20或30日均线后,成功率会大大地降低,那么我们就没有必要参与了。

(3)30日均线的应用法则

①30日均线是庄家的护盘线。当股价向上突破30日均线时,一般有庄家入场,一旦进入上升,只要股价回调不破30日均线就说明庄家尚未出局,上升并未结束,庄家往往会在股价下跌时守护30日均线。当然,根据庄家操盘手法和习惯的不同,有的庄家守护20日或40日等不同的中期均线。

②股价由上升时的高点回落至30日均线的时间至少应在一周以上,有的是横向整理而股价并不出现大幅回落而是等待30日均线上行靠近股价,有的是股价出现大幅回落主动接近30日均线。因此,对买入时机的把握应有耐心并关注30日均线的支撑。

③股价在回调至30日均线的过程中,成交量应明显地萎缩,而上升时成交量应放大。

④在股价回落至30日均线附近买入后,如股价不涨反跌,有效向下跌破30日均线特别是放量破位时,应坚决止损离场,哪怕等待股价重回30日均线之上时再买入。

4.60日均线操盘法

根据相关统计,由于80%~90%的个股走势与大盘的走势高度相关,所以,对一般的投资者来说,只有正确判断大盘的走势并在每一轮大的行情中积极操作,才能够获得最大的利润。

对于大盘趋势的判断,均线虽然有滞后性,但中期均线对大盘大趋势的反映还是非常清晰的,也比较容易把握。投资者有时候在股票软件上设了很多条均线,有时也并非是5日、10日等普通均线,但有时一条简单的均线就能说明问题,此时不妨试一试把复杂的问题简单化来观察一下大盘的趋势。

纵观2004年以来的沪市综指走势图,相比10日、30日、120日等均线,显然60日均线更能清晰地显示出行情大的变化趋势,同时又不过于敏感或滞后。这在单边趋势明显的2006~2009年的股市中表现得尤为明显。

在2006年1月至2007年10月牛市见顶之前,指数只在2006年8月和2007年6~7月间3次短暂跌破60日均线。而2007年11月见顶跌破60日均线后,指数只在2008年1月短暂反弹冲上60日均线,其后在一路跌到1664点的时间里,反弹最多接近但都没有超越60日均线。本轮上升行情在2009年1月有效站稳60日均线后,一直到8月17日才自高位回落跌穿60日均线。

从更长一点的沪市历史来看,股市长期受压在60日均线之下运行,表明市场在弱势盘整或者长期下跌的过程中,缺乏系统性机会,风险大于收益。

2009年9月,股指在60日均线之下运行了30个交易日,最大偏离60日均线的幅度为14%,且两度跌穿120日均线。而2006年开始的牛市中,最多在60日均线之下运行了20天,最大偏离60日均线的幅度为8.82%,且没有跌穿过120日均线。可见大顶跌破60日均线之后的第一次明显低点的偏离度不过

12.7%。而当时的市场涨幅没有2007年的牛市大,但调幅的偏离度等指标甚至超过2007年见顶开始后的情况,市场运行似乎已不大正常,想要在短期内再度延续小牛市的升途比较困难。股指进入了一个偏弱的大格局之中,维持一个大的箱体震荡可能是首选,而且60日均线自9月22日再度下移。

(1)大盘在60日均线之下如何操作

投资者不要试图抓住每一个甚至是弱势之中的机会,因为简单来看,如果当投资者在股指长时间运行在60日均线之上时,都没有获得丰厚的利润,那么在股市长期受压在60日均线之下反而重仓试图抄底获取暴利时,则更可能适得其反。所以,中线投资者最好的办法是休息,亦或者轻仓短炒,等股指重新站稳60日均线之前并确认升势后再重仓操作。

如果投资者非要操作,一个短线操作时机是,大盘在短期下跌偏离60日均线过大时,选择短期跌幅最大的品种抢反弹。但抢完了无论盈亏一定要卖,否则抢就可能变成了套。从2008年的大跌市来看,股指阶段性低点与60日均线的最大偏离度甚至达到了29.3%,目前本次下跌最低点偏离度为14%(个股的偏离度则要大得多)。

另外,一个短线选择的对象就是站稳60日均线延续升势的个股。但以上证50为例,周五股价收在60日均线之上的只有贵州茅台等6只,占比只有12%,从这个角度看,大盘还任重道远。而且选择这些强势个股也还需要它们有涨升的迹象,且不要对收益期望过高,同时要防止在大盘反弹遇阻时,这些强势个股出现补跌。如近期的大唐发电就是一个比较典型的例子。

(2)大盘在60日均线之上如何操作

并不擅长短线操作的投资者,对于大盘或者个股首次的大致买点可选在自低点突破60日均线的回抽确认之后(这里要注意60日均线需不再下行)。以之前本轮指数升势为例,大致在2000点附近了,之前可能还有1~2次小骗线,且离最低点1664点已错过了20%的升幅,但不必遗憾,安全总是会有代价的,没有任何方法是十全十美的。

对于卖点的选择,由于中长期升势的头部,有时股指离60日均线的偏离度会比较远,跌破60日均线再卖出就显稍晚(如本轮的跌破60日均线时收盘为2870点),可以稍修正为有效跌穿(如3天3%的原则等)10日或者20日均线时卖出(如本轮应在3200点附近),指数理论收益在60%。这期间会有2~3次的卖出骗线,但总体收益差不多,而且这样操作可以及时减少在2007年"5.30"暴跌时的损失。另外,与之前的做法类似,投资者可在大盘在短期涨幅偏离60日均线过大时先适量减仓,如本轮升势两个明显高点的偏离度为20.3%和17.8%。

当然,大盘还有一种选择,即在60日均线上下反复震荡,那么需要观察大盘在60日均线上下各自的幅度和时间,看其是偏强还是偏弱。总体操作对象和方法基本不变,仍以谨慎操作为主,并对仓位和预期目标进行调整。

这种方法的核心含义是在把握大趋势下取得合理与丰厚的收益,对短线更敏感的投资则可根据需要尝试30日等均线来指导投资。

5.120日均线操盘法

在股市中,稳健投资才是获得持久盈利的保证。而对于稳健的投资者来说,股价未来中长期的上涨潜力才是关注的重点。其理论基础就是顺势而为。尽管从理论上讲,选股何时都可以进行,但是如果把握不好时机那么往往事倍功半,徒增失误。

从日线方面分析,中线走强股票的重要特征就是股价自下而上站到120日均线之上。这表示股价下行的风险已经相对较小,是中线选股的重要前提。

在筑底完成,股价站到120日均线之上后,股价通常已经脱离底部区域,从中线的角度分析,主力通常选择边拉边洗,逐步抬高入市成本,震荡推升的方式引领股价上涨。这为上涨中途把握较为安全的买点提供了可能。因此,120日均线是本选股方法的基础。

在具体的买点把握方面,投资者还要借助中短期均线进行研判和选择。

一般而言,股价中短期走强可通过10日、20日均线金叉(或多头排列)来表示。经过长期下跌之后,如果股价展开上涨的时候,连10、20日均线金叉都无法形成,则股价上涨仅可定位为短期反弹,期间交易难度大、时间短、获利空间小。因此,120日均线选股法中也包含了10、20日均线的位置关系对股价的影响。在此，下面就股价向上突破120日均线之后的买点把握进行探讨。

(1)选股模式解析

①中线走强股票选择法

选股思路：在长期下跌趋势中，10日均线金叉20日均线之后，表示中短期趋势开始走好，是一个中短线买点。那么当股价向上突破120日均线之后，则意味着股价由短线反弹向中长期上涨发展，是中期趋势走好的重要标志。只要股价在突破点之上获得支撑，价量齐升，则上涨前景看好。

选股模式：10日、20日均线呈多头排列，RSI(14)处于强势区，股价上穿120日均线。

选股条件：10日均线>20日均线，1日均线上穿(金叉)120日均线，RSI>50。

操作步骤(见图2-91)：综合研究——语言选股平台——源指标——均线组1——修改参数为1、120、10、20(见A处)——设计选股条件(见B处)

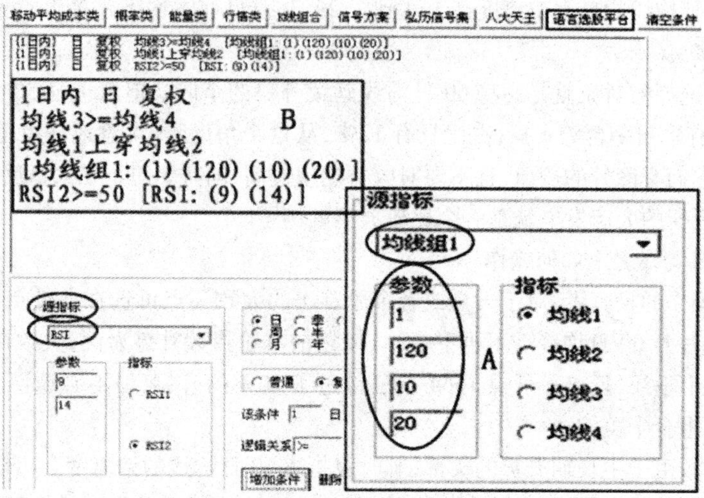

图2-91 120日均线指标操作步骤

注意事项：如果120日均线走平或向上，则向上突破的点位较为安全，上涨趋势较为顺利；如果120日均线方向向下，那么后期股价容易产生反复，第一止损位置是股价与120日均线的焦点，第二止损位是120均线。

如图2-92所示，东源电器(002074)日线图A处显示股价带量向上突破120日均线，但是120日均线方向依然向下，随后股价出现调整，但是没有打穿股价与均线的焦点引出的水平支撑线a，而重试升势。与之对比，B处显示的鱼跃科技(002223)向上突破的时候，120均线已经走平，同时量能逐渐放大(见直线b处)，突破之后的股价走势就相对平稳得多。那么后者的获利难度相对较低，涨幅相对较大。

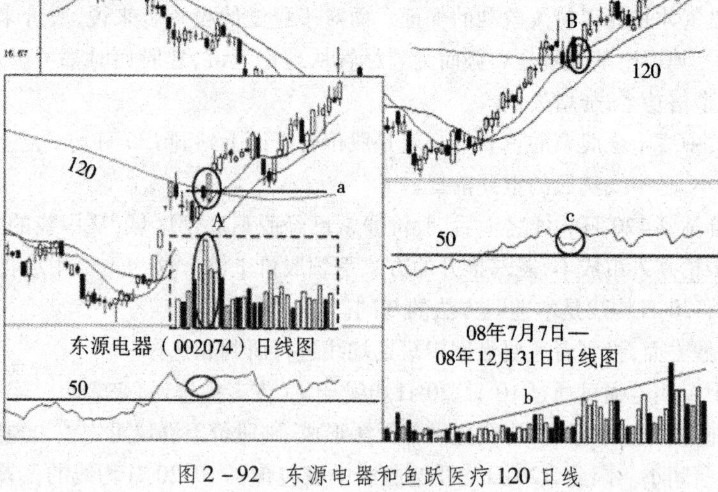

图2-92 东源电器和鱼跃医疗120日线

②股价跌穿120日均线之后,再次走强选股法

选股思路:股价展开反弹到达120日均线或向上突破之后再次跌穿120日均线,但是没有大幅下跌,呈现底部抬高格局。此时,120日均线走平或向上,表示中长期处于横盘状态。10日、20日均线在120日均线之下二次金叉,而且股价与120日均线之间的距离较小。那么,只要股价向上突破120日均线,则表示阶段性回调结束,中长期上涨潜力开始释放。尤其是当大盘指数符合此走势之后,成为选股买进的重要时机。

选股条件:1日均线>120日均线,10、20日均线在120日均线之下金叉。

如图2-93所示,沪综指在图中A处显示,10日、20日均线在120日均线之下金叉,同时股指站到120日均线之上,显然调整可能结束,选股时机成熟。那么当日选股可得到首钢股份(000959)。图中B处显示该股符合买进条件,之后成交量随大盘稳步增加。当股价中大阳线成功站稳120日均线(见C处)时即可大胆买进。

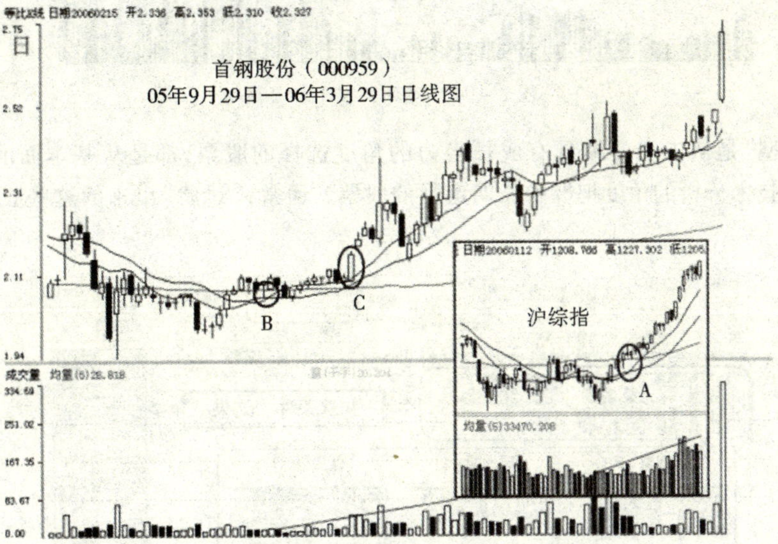

图2-93 首钢股份120日线

注意事项:

第一,选择120日均线走平或向上时,上涨的有效性将大大增加。

第二,如果选出的股票较多,可通过"今日120日均线大于昨日均线,今日收盘价>120日均线"进行精选。

③120日均线之上,中期波段选股法

选股思路:股价处于120日均线之上,表示上升格局没有改变,10日均线金叉20日均线,表示短期调整结束,中期上升趋势再次恢复。按此思路设置选股条件,可选出即将展开中期上涨的股票。

选股条件:1日均线>20日均线>120日均线,10日均线金叉20日均线。

验证条件:成交量有效放大,股价稳步上涨,创出新高。

如图2-94所示,沪综指在图中A处显示,在120日均线之上,10、20均线金叉,随之通过以上条件选股,可选出双环科技(000707)。B处显示10、20日均线金叉之后,成交量显著放大(见a处),构成买进机会。当随后股价创出新高,并获得有效支撑之后即可顺势加仓。

(2)黑马过滤器精选方法

以上是单纯从技术分析的角度编制的选股方法。为了提高胜算,我们有必要通过基本面进行股票精选。通过弘历软件中黑马过滤器进行股票筛选,可以缩小关注范围,提升股票质量,提高投资胜算。

如图2-95所示,黑马过滤器于2009年1月5日,通过第二个选股方案"120日均线之上,短期波段选股"法共选出31只股票。之后,将其导入"黑马过滤器"进行"防守型"、"成长型"、"强势型"精选发现,防守型共3只,分别为:海螺型材、浦东建设、华阳科技三只;成长型共2只,分别为宗申动力、扬农化工;强势型共7只(见图中)。其中,"防守型"是从基本面的角度选出业绩相对良好,具有中长期防守意

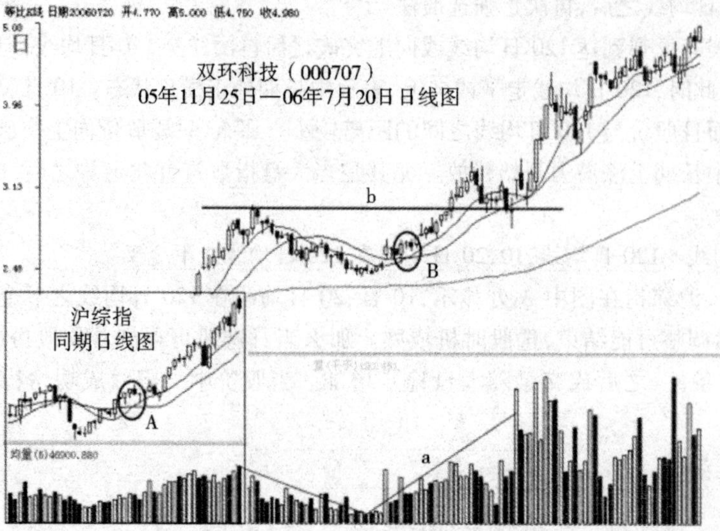

图 2-94 双环科技 120 日线

义的股票；“成长型”是从未来业绩具有成长潜力的角度选择的股票，都是从基本面的角度进行选股。“强势型”是从纯技术分析的角度把握中长期走强的股票。通常，“过滤”出来的这些股票更具有中长期关注的价值。

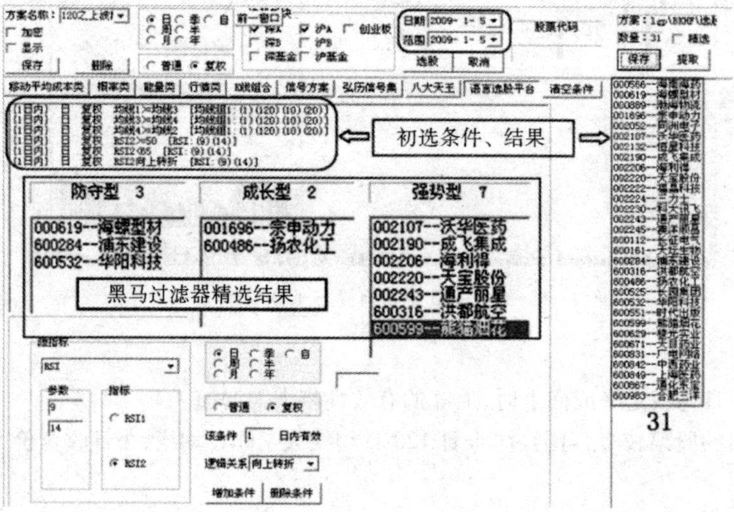

图 2-95 黑马过滤器

(3)补充事项

①选股时机以及买进时机

先大后小、先长后短的投资思想成为把握获利机会的前提。因为，当大盘不好的时候，个股很难出现较好的买点，而且买进之后的上涨空间也不会很大。所以，最好在大盘出现相关走势特征的时候，抓住机会进行选股。

②一旦股价跌穿 20 日均线，即表示波段上涨结束，风险加大，要及时出局。

2.5.3 趋向指标

趋向指标是用来判断大盘和个股未来趋势的指标，主要包括 MACD 指标、DMI 指标、DMA 指标、TRIX 指标等。

2.5.3.1 MACD 指标

MACD(Moving Average Convergence Divergence)指数平滑异同移动平均线为查拉尔·阿佩尔(Gerald Apple)所创，其利用两条长短期的平滑平均线，计算二者之差离值，以此来作为研判行情买卖之依据。

MACD是根据移动平均线较易掌握趋势变动方向的优点发展而来的，它利用两条不同速度（一条变动的速率快——短期的移动平均线，另一条较慢——长期的移动平均线）的指数平滑移动平均线来计算二者之间的差离状况（DIF）作为研判行情的基础，然后再求取其DIF之9日平滑移动平均线，即MACD线。事实上，MACD就是运用快速与慢速移动平均线聚合与分离的征兆，来研判买进与卖出的时机和讯号。

1. MACD的基本运用方法

MACD在应用上，是以12日为快速移动平均线（12日EMA），而以26日为慢速移动平均线（26日EMA），首先计算出此两条移动平均线数值，再计算出两者数值间的差离值，即差离值（DIF）=12日EMA-26日EMA。然后根据此差离值，计算9日EMA值（即为MACD值）；将DIF与MACD值分别绘出线条，然后依“交错分析法”分析，当DIF线向上突破MACD平滑线即为涨势确认之点，也就是买入讯号。反之，当DIF线向下跌破MACD平滑线时，即为跌势确认之点，也就是卖出讯号。

MACD理论除了用以确认中期涨势或跌势之外，同时也可用来判别短期反转点，在图形中可观察DIF与MACD两条线之间离差和垂直距离的直线柱状体（其直线棒的算法为，将DIF线减去MACD线即得）。当直线棒由大开始变小，即为卖出讯号，当直线棒由最小（负数的最大）开始变大，即为买进讯号。因此，我们可依据直线棒研判短期的反转点。

一般而言，在持续的涨势中，12日EMA在26日EMA之上，其间的正差离值（+DIF）会愈来愈大。反之，在跌势中，差离值可能变负（-DIF），负差离值也愈来愈大，所以当行情开始反转时，正或负差离值将会缩小。

2. 计算方法

（1）计算平滑系数

MACD最大的长处，在其指标的平滑移动，特别是对某些剧烈波动的市场，这种平滑移动的特性能够对价格波动做较和缓的描绘，从而大为提高资料的实用性。不过，在计算EMA前，首先要求得平滑系数。所谓的平滑系数，即移动平均周期之单位数，如：几天、几周等，其计算公式如下：

$$\text{平滑系数}=\frac{2}{\text{周期单位数}+1}$$

如12日EMA的平滑系数为$\frac{2}{12+1}=\frac{2}{13}=0.1538$；

26日EMA平滑系数为$\frac{2}{27}=0.0741$

（2）计算指数平均值（EMA）

一旦求得平滑系数后，即可用于EMA之运算，公式如下：

今天的指数平均值=平滑系数×（今天收盘指数-昨天的指数平均值）+昨天的指数平均值。

依公式可计算出12日EMA为：

$$12\text{日EMA}=\frac{2}{13}\times(\text{今天收盘指数}-\text{昨天的指数平均值})+\text{昨天的指数平均值}$$

$$=\frac{2}{13}\times\text{今天收盘指数}+\frac{11}{13}\times\text{昨天的指数平均值}$$

同理，26日EMA亦可计算出：

$$26\text{日EMA}=\frac{2}{27}\times\text{今天收盘指数}+\text{昨天收盘指数}+\frac{25}{27}\times\text{昨天的指数平均值。}$$

由于每日行情震荡波动之大小不同，并不适合以每日的收盘价来计算移动平均值，于是有需求指数的产生，以需求指数代表每日的收盘指数。计算时，都分别加重最近一日的分量权数（两倍），即对较近的资料赋予较大的权值，其计算方法如下：

$$DI=\frac{C\times2+H+L}{4}$$

其中，C为收盘价，H为最高价，L为最低价。

所以,上列公式中的今天收盘指数,可以需求指数来替代。

(3)计算指数平均的初值

当开始要对指数平均值做持续性的记录时,可以将第一天的收盘价或需求指数当作指数平均的初值。若要更精确一些,则可把最近几天的收盘价或需求指数平均,以其平均价位作为初值。此外,亦可依其所选定的周期单位数,来作为计算平均值的基期数据。

3. 研判

(1)DIF 与 MACD 在 0 以上,大势属多头市场。DIF 向上突破 MACD 可作点交叉向下,只能看作行情的回档,不能看成空头市场的开始。

(2)DIF 与 MACD 在 0 以下,大势属空头市场。DIF 向下跌破 MACD,可作卖,若 DIF 向上突破 MACD,是高价位抛售股东的股档的回补现象,也可看作少数投资者在低价位试探着去接手,只适合买入走短线。

(3)牛差离:股价出现二或三个近期低点,而 MACD 并不配合出现新低点,可作买。

(4)熊差高:股价出现二或三个近期高点而 MACD 并不配合新高点,可作卖。

(5)MACD 可配合 RSI(相对强弱指标)与 KD(随机指标),互相弥补各自的缺点。

(6)高档二次向下交叉要大跌,低档二次向上交叉要大涨。

4. 评价

MACD 技术分析,运用 DIF 线与 MACD 线之相交形态及直线棒高低点与背离现象,作为买卖讯号,尤其当市场股价走势呈较为明确波段趋势时,MACD 则可发挥其应有的功能,但当市场呈牛皮盘整格局,股价不上不下时,MACD 买卖讯号较不明显。当用 MACD 作分析时,亦可运用其他的技术分析指标如短期 KD 指标作为辅助工具,而且也可对买卖讯号作双重的确认。

2.5.3.2 DMI 指标

DMI 指标,系由 J. Wells Wilder 于 1978 年在其书中首先提出,DMI 指标提示投资人不要在盘整市场中入场交易,一旦市场变得有利润时,DMI 立刻引导投资者进场,并且在适当的时机退场,因而为近年来受到相当重视的指标之一。

DMI 动向指标又称移动方向指标或趋向指标,是属于趋势判断的技术性指标,其基本原理是通过分析股票价格在上升及下跌过程中供需关系的均衡点,即供需关系受价格变动之影响而发生由均衡到失衡的循环过程,从而提供对趋势判断的依据。

动向的指标有三条线:上升指标线,下降指标线和平均动向指标线。这三条线均可设定天数,一般为 14 天。

1. 计算方法

动向指标的计算比较复杂,运算的基本程序为:

(1)按一定规则比较每日股价波动产生的最高价、最低价和收市价,计算出每日股价波动的真实波幅 TR,上升动向 +DM 和下降动向 -DM,在运算基日基础上按一定天数将其累加,以求 N 日的 TR,+DM 和 -DM 值。

(2)将 N 日的上升动向值和下降动向值分别除以 N 日的真实波幅值,从而求出 N 日的上升指标 +DI 和下降指标 -DI。

(3)通过 N 日的上升指标 +DI 和下降指标 -DI 之间的差和之比,计算出每日动向指标 DX。

(4)按一定天数将 DX 累加后平均,求得 N 日的平均动向指标 ADX。

通常而言,制作动向指标的具体计算程序和方法分别如下:

(1)计算真实波幅(TR)

动向指标中的真实波幅是通过比较下列三种股价差额的绝对值,取其中最大的价差绝对值作为股价的每日真实波幅。

①当日最高价与当日最低价之间的价差。

②当日最低价与上日收市价之间的价差。

③当日最高价与上日收市价之间的价差。

(2)计算当日动向值

当日动向值分上升动向,下降动向和无动向三种情况,每天的当日动向值只能是三种情况中的一种。

①上升动向(+DM)

当日最高价高于上日最高价的部分为当日上升动向值,即+DM值,条件是上升劝向值必须大于当日最低价减去上日最低价的绝对值,否则+DM=0。

②下降动向(-DM)

当日最低价低于上日最低价的部分为当日下降动向值,即-DM值,条件是下降动向值必须大于当日最高价减去上日最高价的绝对值,否则-DM=0。

③无动向

无动向代表当日动向值为"零"时的情况,即当日的+DM=0。有两种股价波动情况可能出现无动向:当日最高价低于上日最高价并且当日最低价高于上日最低价时;上升动向值正好与下降动向值相等时,这两情况下的±DM值均为零。

(3)计算14日的TR,+DM和-DM

动向指标是一种股价趋势分析工具,因此采用一定天数的平均指标更能反映市场趋势。平均指标的采样天数过多,指标摆动较为平滑,采样天数过少,指标摆动又过于敏感,一般是以14日采样作为运算的基础天数。

14日的TR即TR14,为14天的TR之和,同理,14日±DM即±DM14为14天的±DM之和。

为简化计算过程,在第一个TR14计算出来之后,RT14的计算方法可改为:

当日TR14=上日TR14-上日$\frac{TR14}{14}$+当日TR,+DM14和-DM14的简化方法以此类推。

(4)计算上升指标(+DI)和下降指标(-DI)

上升指标和下降指标的计算方法为分别将其上升劝向值和下降劝向值除以真实波幅值。即:+DI14=+DM14TR14-DI14=-DM14TR14

(5)计算动向指标(DX)

动向指标是上升指标与下降指标之间的差和之比,它的计算公式如下:

DX=[(+DI14)-(-DI14)]÷[(+DI14)+(-DI14)]×100%

(6)计算平均动向指标(ADX)

由于每日的动向指标值跟随每日股价波幅上落,上下起伏较大,为使动向指标表现得比较平滑,一般以平均动向指标作为最终的分析指标。平均动向指标仍按14天作为运算基础,它的计算公式为:

ADX=(DX1+DX2+……+DX14)÷14

同样,为运算能够简化,在计算出第一个ADX后,平均动向指标的计算公式可改为:

当日ADX=(上日ADXL×13+当日DX)÷14

(7)动向指标图的绘制

在得出以上计算过程中的三个重要数值+DI,-DI和ADX后,可将它们绘制在动向指标图上。动向指标图一般绘于股价走势图下方,横轴表示时间,绘制时要与股价走势时间相对应,以便分析研判,纵轴表示数值单位,由于三种数值的单位均在0~100之间,可用0和100表示纵轴的单位坐标。

在绘制图表过程中,要用线条将每日数值逐日连接起来,形成三条波动曲线。

2. 运用法则

动向指标在应用时,主要是分析上升指标+DI,下降指标-DI和平均动向指标ADX三条曲线的关系,其中+DI和-DI两条曲线的走势关系是判断出入市的讯号,ADX则是对行情趋的判断讯号。

(1)上升指标+DI和下降指标-DI的应用法则

①走势在有创新高的价格时,+DI上升,-DI下降。因此,当图形上+DT14从下向上递增突破-DT14时,显示市场内部有新的多头买家进场,愿意以较高的价格买进,因此为买进讯号。

②相反,当-DI14从下向上递增突破+DI14时,显示市场内部有新的空头卖家出货,愿意以较低价

格沽售,因此为卖出讯号。

③当走势维持某种趋势时,+DI14 和 -DI14 的交叉突破讯号相当准确,但走势出现牛皮盘档时,应将+DI14 和 -DI14 发出的买卖讯号视为无效。

(2)平均动向指标 ADX 的应用法则

①趋势判断。当行情走势朝单一方向发展时,无论是涨势或跌势,ADX 值都会不断递增。因此,当 ADX 值高于上日时,可以断定当前市场行情仍在维持原有趋势,即股价会继续上涨或继续下跌。特别是当+DI14 与 ADX 同向上升或 -DI 与 ADX 同向上升时,表示当前趋势十分强劲。

②牛皮市判断。当走势呈牛皮状态,股价新高及新低频繁出现,+DI 和 -DI 愈走愈近,反复交叉,ADX 将会出现递减。当 ADX 值降低至 20 以下,且出现横向移动时,可以断定市场为牛皮市。此时趋势无一定动向,投资者应持观望,不可认为 ±DI14 发出的讯号入市。

③当走势维持某种趋势时,+DI14 和 -DI14 的交叉突破讯号相当准确,但走势出现牛皮盘档时,应将+DI14 和 -DI14 发出的买卖讯号视为无效。

(2)平均动向指标 ADX 的应用法则

①趋势判断。当行情走势朝向单一方向发展时,无论是涨势或跌势,ADX 值都会不断递增。因此,当 ADX 值高于上日时,可以断定当前市场行情仍在维持原有趋势,即股价会继续上涨,或继续下跌。特别是当+DI14 与 ADX 同向上升,或 -DI 与 ADX 同向上升时,表示当前趋势十分强劲。

②牛皮市判断。当走势呈牛皮状态,股价新高及新低频繁出现,+DI 和 -DI 愈走愈近,反复交叉,ADX 将会出现递减。当 ADX 值降低至 20 以下,且出现横向移动时,可以断定市场为牛皮市。此时趋势无一定动向。投资者应持观望,不可认为 ±DI14 发出的讯号入市。

③转势判断。当 ADX 值从上涨高点转跌时,显示原有趋势即将反转。如当前处于涨势,表示跌势临近;如当前处于跌势,则表示涨势临近。此时 ±DI 有逐渐靠拢或交叉的表现。ADX 在高点反转的数值无一定标准,一般以高度在 50 以上转跌较为有效。观察时,ADX 调头向下,即为大势到顶或到底之讯号。

3. 指标评价

(1)不需要主观判断,只需要在有效市场讯号下采取行动。而且上升指标与下降指标的交错讯号容易理解。

(2)在动向指标中增添 ADXR 指标,能够扩充动向的指标。ADXR 是 ADX 的“评估数值”,其计算方法是将当日的 ADX 值与 14 日前的 ADX 值相加后除以 2 得出。ADXR 的波动一般较 ADX 平缓,当 ±DI 相交,发出买卖讯号后,ADXR 又与 ADX 相交,则是最后的出入市机会,随后而来的行情较急,因此应立即采取行动。

ADXR 还是市场的评估指标,当 ADXR 处于高位时,显示行情波动较大,当 ADXR 处一低档,则表明行情较为牛皮。

2.5.3.3 DMA 指标

DMA 指标属于趋向类指标,也是一种趋势分析指标。它是依据快慢两条移动平均线的差值情况来分析价格趋势的一种技术分析指标,主要通过计算两条基准周期不同的移动平均线的差值,来判断当前买入卖出的能量的大小和未来价格走势的趋势。

1. 计算方法

DMA 指标的计算方法比较简单,其计算过程如下:

DMA = AMA - 长期平均值,AMA = 短期平均值。

和其他指标的计算一样,由于选用的计算周期不同,指标也包括日指标、周指标、月指标、年指标以及分钟指标等各种类型。经常被用于股市研判的是日指标和周指标。虽然它们计算时的取值有所不同,但基本的计算方法一样。另外,随着股市软件分析技术的发展,投资者只需掌握形成的基本原理和计算方法,无须去计算指标的数值,更为重要的是利用指标去分析、研判股票行情。

2. 使用原则

DMA 指标的一般使用原则是:当实线向上交叉虚线时为买进点;当实线向下交叉虚线时为卖出点。

针对指标的常用规律是:当实线从高位两次向下交叉虚线时,则股价下跌幅度可能会较深;当实线从低位两次向上交叉虚线时,则股价上涨幅度可能会较大。

DMA 指标也可以用来观察股价与均线之间的背离情况。一旦股价的高点比前一次的高点高,而指标的高点比指标前一次的高点低时,表示从指标上反映出股价的上涨动力不足,暗示股价很快就会反转下跌;一旦股价的低点比前一次的低点低,而指标的低点比指标前一次的低点高时,表示指标反映出股价不会再持续下跌,暗示股价很快就会反转上涨。

实际应用时,我们可以通过选择不同的长短天参数来调整指标图形,进而获得较为准确有效的买卖信号。一般默认设定的短天参数取10天,长天参数取50天。公式中一律由短天期平均值减去长天期平均值,而且可以以倍数更改原始设定值。而如果参数值选取不当,会影响指标的使用效果。例如:当参数天数过短时,则指标出现讯号的时间会提前,并且讯号的次数会增加,相对也会增加骗线的机会。所以,建议使用者根据自己的习惯和经验,选择恰当的参数来指导自己的投资决策。

2.5.3.4 TRIX 指标

TRIX 指标为股价之三重指标平滑移动平均线,此指标类似于 MACD,属于长期趋势指标,在盘整或短期波动较剧烈的行情中,容易出现假讯号,该指标于长期趋势中,过滤掉许多不必要的波动,配合一条 TRIX 的平均线使用,其效果相当良好。

TRIX 指标的应用原则为:盘整行情时,本指标不适用;长期趋势中,TRIX 向上交叉其 TMA 线,买进,TRIX 向下交叉其 TMA 线,卖出;TRIX 与股价产生背离时,应注意随时会反转。

2.5.4 大势指标

大势指标是用来判断大盘和个股未来走势的指标,主要包括 ADL 指标和 ADR 指标两种。

2.5.4.1 ADL 指标

ADL 指标,即腾落指标,它是以股票每天上涨或下跌之家数作为计算与观察对象,以了解股票市场人气的盛衰,探测大势内在的动量是强势还是弱势,用以研判股市未来动向的技术性指标。

1. 计算方法

将每天收盘价上涨股票家数减去收盘价下跌的股票家数(无涨跌不计)后的累积值,即为 ADL 指标。

$$\text{ADL}(T) = \sum_{i=1}^{t}(\text{上涨家数} - \text{下跌家数})$$

其中,起始日期为 ADL(1),目前日期为 ADL(T)。

2. 运用原则

ADL 指标与股价指数比较类似,两者均为反映大势的动向与趋势,不对个股的涨跌提供讯号,但由于股价指数在一定情况下受制于权值大的股票,当这些股票发生暴涨与暴跌时,股价指数有可能反应过度,从而给投资者提供不实的信息,ADL 指标则可以弥补这一缺点。

由于 ADL 指标与股价指数的关系比较密切,观图时应将两者联系起来共同使用。一般情况下,股价指数和 ADL 指标同时上升,或两者皆跌,则可以对升势或跌势进行确认。如果股价指数大动而腾落指标横行,或两者反方向波动,不可互相印证,说明大势不稳,不可贸然入市。具体来说,有以下六种情况:

(1)股价指数持续上涨,腾落指标 ADL 亦上升,股价可能仍将继续上升。

(2)股价指数持续下跌,腾落指标 ADL 亦下降,股价可能仍将继续下跌。

(3)股价指数上涨,而腾落指标 ADL 下降,股价可能回跌。

(4)股价指数下跌,而腾落指标 ADL 上升,股价可能回升。

(5)股市处于多头市场时,腾落指标 ADL 呈上升趋势,其间如果突然出现急速下跌现象,接着又立即扭头向上,创下新高点,则表示股价可能再创新高。

(6)股市处于空头市场时,腾落指标 ADL 呈现下降趋势,其间如果突然出现上升现象,接着又回头,下跌突破原先所创低点,则表示另一段新的下跌趋势产生。

2.5.4.2 ADR 指标

ADR 指标,即涨跌比率,又称回归式的腾落指标,是将一定期间内股价上涨的股票家数与下跌的股票家数做一统计求出其比率。其理论基础是“钟摆原理”。由于股市的供需像钟摆的两个极端位置,当供给量大时,会产生物极必反的效果,则往需求方向摆动的拉力越强;反之,亦然。

1. 计算方法

ADR 指标的计算方法如下:$涨跌比率(R)=\frac{N日内上涨股票家数移动合计}{N日内下跌股票家数移动合计}$

N 值一般取 14 日,也有用 10 日或者 24 日,甚至更长 6 周、13 周、26 周等。

涨跌比率的计算方法与移动平均线的计算方法完全相同,如以 6 日为 X 期间时,当第 7 日的涨跌家数累计加入后,必须同时将第一时的涨跌家数删除以保持 6 日的最新移动资料。涨跌比率所采样的期间,决定线路上下的震荡次数与空间,期间愈大,上下震荡的空间愈小;反之期间愈小,震荡空间愈大。

2. 运用原则

(1)当涨跌比率(R)大于 1.5 时,表示股价长期上涨,有超买过度的现象,股价可能要回跌。

(2)当涨跌比率(R)小于 0.5 时,表示股价长期下跌,有超卖过度的现象,股价可能出现反弹或回升。

(3)当涨跌比率(R)在 1.5 与 0.5 之间上下跳动时,表示股价处于正常的涨跌状况中,没有特殊的超买或超卖现象。

(4)当涨跌比率(R)在 2 以上或 0.3 以下时,表示股市处于大多头市场或大空头市场的末期,有严重超买或超卖现象。

(5)除了股价进入大多头市场,或展开第二段上升行情之初期,涨跌比率有机会出现 2.0 以上的绝对买卖数字外,其余次级上升行情超 1.5 即是卖点,且多头市场低于 0.5 元现象极少,是极佳之买点。

(6)涨跌比率如果不断下降,低于 0.75,通常显示短线买进机会。在空头市场初期,如果降至 0.75 以下,通常暗示中级反弹机会,而在空头市场末期,10 日涨跌比率降至 0.5 以下时,为买进时机。

(7)对大势而言,涨跌比率有先行示警作用,尤其是在短期反弹或回档方面,更能比图形领先出现征兆。若图形与涨跌比率成背驰现象,则大势即将反转。

2.5.5 能量指标

能量指标是用来判断市场人气的指标,主要包括 AR 指标、BR 指标、PSY 指标、CR 指标、VR 指标等。

2.5.5.1 BRAR 指标

人气指标(AR)和意愿指标(BR)都是以分析历史股价为手段的技术指标,其中,人气指标较重视开盘价格,从而反映市场买卖的人气。而意愿指标则重视收盘价格,反映的是市场买卖意愿的程度。

两项指标分别从不同角度股价波动进行分析,达到追踪股价未来动向的共同目的。其中,BR 无法单独使用,须配合 AR 使用,可以有效提供投资者辨认高价圈和低价圈。

1. 人气指标

人气指标是以当天开市价为基础,即以当天市价分别比较当天最高、最低价,通过一定时期内开市价在股价中的地位,反映市场买卖人气。人气指标的计算公式为:

$$AR=\frac{N日内(H-O)之和}{N日内(O-L)之和}$$

其中:H = 当日最高价;L = 当日最低价;O = 当日开市价;N 为公式中的设定参数,一般设定为 26 日。

人气指标的基本应用法则为:

(1)AR 值以 100 为中心地带,其 ±20 之间,即 AR 值在 60~120 之间波动时,属盘整行情,股价走势比较平稳,不会出现剧烈波动。

(2)AR 值走高时表示行情活跃,人气旺盛,过高则表示股价进入高价,应选择时机退出。AR 值的高度没有具体标准,一般情况下,AR 值上升至 150 以上时,股价随时可能回档下跌。

(3)AR 值走低时表示人气衰退,需要充实,过低则暗示股价可能跌入低谷,可考虑伺机介入,一般

AR 值跌至 70 以下时，股价有可能随时反弹上升。

(4)从 AR 曲线可以看出，一段时期的买卖气势，一般具有先于股价到达峰顶或跌入谷底的功能，观图时主要凭借经验，还可与其他技术指标配合使用。

2. 意愿指标

意愿指标是以昨日收市价为基础，分别与当日最高、最低价相比，通过一定时期收市收在股价中的地位，反映市场买卖意愿的程度。意愿指标的计算公式为：

$$BR = \frac{N\text{日内}(H - CY)\text{之和}}{N\text{日内}(CY - L)\text{之和}}$$

其中：CY = 昨日收市价；N 为公式中的设定参数，一般设定值同 AR 一致。

意愿指标的基本应用法则为：

(1)BR 值的波动较 AR 值敏感，当 BR 值在 70 ~ 150 之间波动时，属盘整行情，应保持观望。

(2)BR 值高于 400 以上时，股价随时可能回档下跌，应选择时机卖出；BR 值低于 50 以下时，股价随时可能反弹上升，应选择时机买入。

3. 人气指标和意愿指标的综合运用

一般情况下，AR 可以单独使用，BR 则需与 AR 并用，才能发挥效用。因此，在同时计算 AR、BR 时，AR 与 BR 曲线应绘于同一图内，AR 与 BR 合并后，应用及研判的法则如下：

(1)AR 和 BR 同时急速上升，意味股价峰位已近，持股时应注意及时获利了结。

(2)BR 比 AR 低，且指标处于低于 100 以下时，可考虑逢低买进。

(3)BR 从高峰回跌，跌幅达 1.2 时，若 AR 无警戒讯号出现，应逢低买进。

(4)BR 急速上升，AR 盘整小回时，应逢高卖出，及时了结。

4. BRAR 指标的买卖原则

(1)BR = 100 是强弱的均衡状态。

(2)BR < AR，而 AR < 50 时可买。

(3)BR 由高档下跌一半，股价反弹。

(4)BR 由低档上涨一半，股价回档。

(5)BR > 300 以上，进入高价圈。

(6)BR > AR，再转而变成 BR < AR 时，可能作底。

(7)AR > 180 以上，进入高价圈。

(8)AR < 100 之后急剧下跌，致使 AR < 40 时可买。

2.5.5.2 PSY 指标

心理线(PSY 指标)是一种建立在研究投资人心理趋向的基础上，将某段时间内投资者倾向买方还是卖方的心理与事实转化为数值，形成人气指标，作为买卖股票的参数。

1. PSY 指标的计算方法

PSY = N 日内的上涨天数 N × 100

N 一般设定为 12 日，最大不超过 24，周线的最长不超过 26。

2. PSY 指标的运用原则

(1)由心理线公式计算出来的百分比值，超过 75 时为超买，低于 25 时为超卖，百分比值在 25 ~ 75 区域内为常态分布。但在涨升行情时，应将卖点提高到 75 之上；在跌落行情时，应将买点降低至 45 以下。但具体数值要凭经验和配合其他指标。

(2)一段上升行情展开前，通常超卖的低点会出现两次。同样，一段下跌行情展开前，超买的最高点也会出现两次。在出现第二次超卖的低点或超买的高点时，一般是买进或卖出的时机。

(3)当百分比值降低至 10 或 10 以下时，是真正的超买，此时是一个短期抢反弹的机会，应立即买进。

(4)心理线主要反映市场心理的超买或超卖，因此，当百分比值在常态区域上下移动时，一般应持观望态度。

(5)高点密集出现两次为卖出讯号;低点密集出现两次为买进讯号。

(6)心理线和下面的 VR 指标配合使用,决定短期买卖点,可以找出每一波的高低点。

(7)心理线和逆时针曲线配合使用,可提高准确度,明确指出头部和底部。

2.5.5.3 CR 指标

CR 指标又称为价格动量指标,它能够大体反映出股价的压力带和支撑带,弥补了指标分析的不足。

1. 计算公式

中间价 = (最高价 + 最低价) ÷2

上升值 = 今天的最高价 - 昨天的最低价(负值记0)

下跌值 = 昨天的中间价 - 今天的最低价(负值记0)

a 线:CR 的 10 天平均线后移 5 天。

b 线:CR 的 20 天平均线后移 9 天。

c 线:CR 的 40 天平均线后移 17 天。

d 线:CR 的 62 天平均线后移 28 天。

a、b 两线所合成的区域叫做"副地震带",c、d 两线合成的区域叫做"主地震带"。

2. 分析要领

运用指标应该综合其他技术指标共同分析。

当由下向上穿过"副地震带"时,股价会受到次级压力。反之,当从上向下穿过"副地震带"时,股价会受到次级支撑的压力。

当由下向上穿过"主地震带"时,股价会受到相对强大的压力;反之,当由上自下穿过"主地震带"时,股价会受到相对强大的支撑力。

CR 跌穿 a、b、c、四条线,再由低点向上爬升 160 时,为短线获利的一个良机,应适当卖出股票。

CR 跌至 40 以下时,是建仓良机。而高于 300 ~ 400 时,应注意适当减仓。

3. 买卖原则

CR 与 BR、AR 最大的不同在于采用中间价作为计算的基准。由于价格虽然收高,但其中一天的能量中心却较前一天为低,这是一个不可忽略的重点。可以和 BR、AR 完全分开独立使用,对于股价何时上涨、何时下跌能提供难得的参考。本身配置四条平均线,平均线又较先行若干天,另一方面,平均线之间又相互构筑一个强弱带,被应用来对股价进行预测。

(1)平均线周期由短到长分成 a、b、c、d 四条。

(2)由 c、d 构成的带状称为主带,a、b 构成的带状称为副带。

(3)跌至带状以下两日时,买进。

(4)亦会对股价产生背离现象。

(5)由带状之下上升 160 时,卖出。

(6)跌至 40 以下,重回副带,而线由下转上时,买进。

(7)上升至带状之上时,而线由上转下时,宜卖出。

(8)主带与副带分别代表主要的压力支撑及次要压力支撑区。

(9)在 300 以上,渐入高档区,注意线变化。

2.5.5.4 VR 指标

容量比率(VR)指标是一项通过分析股价上升日成交额(或成交量)与股价下降日成交额比值,从而掌握市场买卖气势的中期技术指标,是反映股市交易量强弱的指标,对其进行分析可以了解股市上市资金的走势,了解股市资金的气势。

1. 计算公式

VR = (日内股价上升日交易金额总计 + $\frac{1}{2}$日内股价不变交易金额总计) ÷ (日内股价下降日交易金

额总计 + $\frac{1}{2}$日内股价不变交易金额总计) × 100

2. 分析要领

VR 值在 80～150 之间波动,表明股价变动小,呈盘整格局,投资者以观望为主;值趋近 250 时,表明股市进入多头超买警戒区;350 以上时,投资者应及时出货;值趋近 60 时,说明股市超卖区已经形成空方主力减弱,投资者可借机入市购股。通常,值在 160～280 时,投资者应卖出股票;值在 40～60 时,投资者可买入股票。

3. 买卖原则

(1)VR 下跌至 40% 以下时,市场极易形成底部。

(2)VR 值一般分布在 150% 左右最多,一旦越过 250%,市场极易产生一段多头行情。

(3)VR 超过 350% 以上,应有高档危机意识,随时注意翻转之可能,可配合 CR 及 PSY 使用。

(4)VR 运用在寻找底部时较为可靠,确认头部时,多配合其他指标使用。

2.5.6 量价指标

量价指标主要是判断大盘和个股量价关系的指标,主要包括 OBV 指标、ASI 指标、EMV 指标、WVAD 指标等。

2.5.6.1 OBV 指标

OBV(On Balance Volume)为美国投资分析师 Lee Granville 的主要分析工具,能量是因,股价是果。关于成交量方面的分析,此为相当重要的分析指标之一。OBV 线亦称 OBV 能量潮,将成交量值予以数量化,制成趋势线,配合股价趋势线,从价格的变动及成交量的增减关系来推测市场气氛。OVB 的理论基础是市场价格的变动必须有成交量配合,价格的升降而成交量不相应升降,则市场价格的变动难以继续。

1. 计算方法

以某日为基期,逐日累计每日上市股票总成交量,若隔日指数或股票上涨,则基期 OBV 加上本日成交量为本日 OBV。隔日指数或股票下跌,则基期 OBV 减去本日成交量为本日 OBV。

即:当日 OBV = 前一日的 OBV ± 今日成交量。

2. 运用原则

OBV 线的基本理论基于股价变动与成交量值间的相关系数极高,且成交量值为股价变动的先行指标。短期股价的波动与公司业绩兴衰并不完全吻合,而是受人气的影响,因此从成交量的变化可以预测有股价的波动方向。

(1)当股价上涨而 OBV 线下降时,表示能量不足,股价可能将回跌。

(2)当股价下跌而 OBV 线上升时,表示买气旺盛,股价可能即将止跌回升。

(3)当股价上涨而 OBV 线同步缓慢上升时,表示股市继续看好,仍可持股。

(4)当 OBV 线暴升,不论股价是否暴涨或回跌,表示能量即将耗尽,股价可能止涨反转。

3. 指标研判

(1)OBV 线系依据成交量的变化统计绘制而成,因此 OBV 线属于技术性分析,与属于经济性的基本分析无关。

(2)OBV 线为股市短期波动的重要判断方法,但运用 OBV 线应配合股价趋势予以研判分析。

(3)OBV 线能帮助确定股市突破盘局后的发展方向。

(4)OBV 的走势,可以局部显示出市场内部主要资金的移动方向,显示当期不寻常的超额成交量是徘徊于低价位还是在高价位上产生,可使技术分析者领先一步深入了解市场内部原因。

(5)OBV 线对双重顶(M 头)第二个高峰的确定有较为标准的显示,当股价自双重顶第一个高峰下跌又再次回升时,如果 OBV 线能随股价趋势同步上升,价量配合则可能持续多头市场并出现更高峰。相反,股价再次回升时,OBV 线未能同步配合,却见下降,则可能即将形成第二个峰顶完成双重顶的形态,并进一步导致股价上涨反转回跌。

(6)OBV线适用范围比较偏向于短期进出,与基本分析丝毫无关。同时OBV也不能有效反效反映当期市场的转手情况。

4. 买卖原则

(1)必须观察OBV的N字形波动。

(2)当OBV超越前一次N字形高点,即记一个向上的箭号。

(3)当OBV跌破前一次N字形低点,即记一个向下的箭号。

(4)累计5个向上或向下的箭号,即为短期反转讯号。

(5)累计9个向下或向上的箭号,即为中期反转讯号。

(6)N字形波动加大时,须注意行情随时有反转可能。

2.5.6.2 ASI指标

ASI累计震荡指标(Accumulation Swing Index)为Welles Wider所创,以开盘、最高、最低、收盘价与前一交易日的各种价格相比较作为计算因子,研判市场的方向性。其买卖原则为:

1. 股价创新高、低,而ASI未创新高、低,代表此高低点不确认。

2. 股价已突破压力或支撑线,ASI却未伴随发生,为假突破。

3. ASI前一次形成的显著高、低点,视为ASI停损点;多头时,ASI跌破前一次低点,停损卖出;空头时,ASI向上突破前一次高点,停损回补。

2.5.6.3 EMV指标

阿姆氏简易波动指标(EMV)是由Richard W. Arms Jr.依据等量图及压缩图原理设计而成,他尝试将价格与成交量的变化,结合成一个指标,以观察市场在缺乏动力情况下的移动情形。

当较少成交量可以向上推动股价时,EMV的值会升高,同样的,较少的成交量向下推落股价时,EMV的值会降低。但是,如果股价需要大成交量来推动时,则EMV会趋向于0。

EMV的买卖原则为:

1. EMV值上升,代表量跌价增;EMV值下降,代表量跌价跌。

2. EMV趋向于0,代表大成交量;EMV>0,买进;EMV<0,卖出。

2.5.6.4 WVAD指标

WVAD是一种加权的量价动量指标,由Larry Williams所设计,其作用在于测量从开盘到收盘期间,买方与卖方各自的爆发力程度。其买卖原则为:

1. 指标为正值时,代表多方的冲力占优势,应买进。

2. 指标为负值时,代表空方的冲力占优势,应卖出。

3. WVAD是测量股价由开盘到收盘期间,多空双方的战斗力平衡。

4. 运用WVAD指标,应先将参数设置为长期。

2.5.7 强弱指标

强弱指标主要用来判断大盘和个股未来走势强弱的指标,主要包括RSI指标和W%R指标。

2.5.7.1 RSI指标

RSI是1978年美国作者Welles Wilder JR.在著作中所提出的交易方法之一,RSI的英文全名为Relative Strenth Index,中文名称为相当强弱指标。RSI的基本原理是在一个正常的股市中,多空买卖双方的力道必须取得均衡,股价才能稳定。而RSI是对于固定期间内,股价上涨总幅度平均值占总幅度平均值的比例。相对强弱指标是通过比较一段时期内的平均收盘涨数和平均收盘跌数来分析市场买卖盘的意向和实力,从而作出未来市场的走势。

1. 计算公式

RSI=[上升平均数÷(上升平均数+下跌平均数)]×100

具体方法：

上升平均数是在某一段日子里升幅数的平均，而下跌平均数则是在同一段日子里跌幅数的平均。例如：如果要计算九日 RSI，首先就要找出前九日内的上升平均数及下跌平均数，例举如下：

日数收市价		升	跌
第一天	23.70		
第二天	27.90	4.20	
第三天	26.50		1.40
第四天	29.60	3.10	
第五天	31.10	1.50	
第六天	29.40		1.70
第七天	25.50		3.90
第八天	28.90	3.40	
第九天	20.50		8.40
第十天	23.20	2.80	
(1~10 天之和)		+15.00 15÷9=1.67	+15.40 15.40÷9=1.71

第一天 RSI = [1.67 ÷ (1.67 + 1.71)] × 100 = 49.41

第十天上升平均数 = 4.20 + 3.10 + 1.50 + 3.40 + 2.809 = 1.67

第十天下降平均数 = 1.40 + 1.70 + 3.90 + 8.409 = 1.71

第十天 RSI = [1.67 ÷ (1.67 + 1.71)] × 100 = 49.41

如果第十一天收市价为 25.30，则：

第十一天上升平均数 = (1.67 × + 2.10) ÷ 9 = 1.72

第十一天下跌平均数 = 1.71 × 8 ÷ 9 = 1.52

第十一天 RSI = [1.72 ÷ (1.72 + 1.52)] × 100 = 53.09

据此，可计算以后几天的 RSI。同样，按此方法可计算其他任何日数的 RSI。至于用多少日的 RSI 才合适，最初 RSI 指标提出来时是用 14 天，14 天作为参数则成为默定值。但在实际操作中，分析者常觉得 14 天太长了一点，才有 5 天和 9 天的方法。

2. 运用原则

(1) 受计算公式的限制，不论价位如何变动，强弱指标的值均在 0 与 100 之间。

(2) 强弱指标保持高于 50 表示为强势市场，反之低于 50 表示为弱势市场。

(3) 强弱指标多在 70 与 30 之间波动。当六日指标上升到达 80 时，表示股市已有超买现象，如果一旦继续上升，超过 90 以上时，则表示已到严重超买的警戒区，股价已形成头部，极可能在短期内反转回转。

(4) 当六日强弱指标下降至 20 时，表示股市有超卖现象，如果一旦继续下降至 10 以下时则表示已到严重超卖区域，股价极可能有止跌回升的机会。

(5) 每种类型股票的超卖超买值是不同的。

在牛市时，通常蓝筹股的强弱指数若是 80，便属超买，若是 30 便属超卖。至于二三线股，强弱指数若是 85 至 90，便属超买，若是 20 至 25，便属超卖。但我们不能硬性地以上述数值，拟定蓝筹股或二三线股是否属于超买或超卖，主要是由于某些股票有自己的一套超买卖水平，即：股价反复的股票，通常超买的数值较高(90 至 95)，而视作超卖的数值亦较低(10 至 15)。至于那些表现较稳定的股票，超买的数值则较低(65 至 70)，超卖的数值较高(35 至 40)。因此我们对一只股票采取买卖行动前，一定要先找出该只股票的超买超卖水平。至于衡量一只股票的超买超卖水平，可以该股票过去 12 个月之强弱指标记录为参考。

(6) 超买及超卖范围的确定还取决于两个因素：一是市场的特性，起伏不大的稳定的市场一般可以规定 70 以上超买，30 以下为超卖。变化比较剧烈的市场可以规定 80 以上超买，20 以下为超卖；二是计算 RSI 时所取的时间参数。例如,对于 9 日 RSI,可以规定 80 以上为超买,20 以下为超卖。对于 24 日 RSI,可以规定 70 以上为超买,30 以下为超卖。

应当注意的是,超买或超卖本身并不构成入市的讯号。有时行情变化得过于迅速,RSI 会很快地超出正常范围,这时 RSI 的超买或超卖往往就失去了其作为出入市警告讯号的作用。

例如:在牛市初期,RSI 往往会很快进入 80 以上的区域,并在此区域内停留相当长一段时间,但这并不表示上升行情将要结束。恰恰相反,它是一种强势的表现。只有在牛市末期或熊市当中,超买才是比较可靠的入市讯号。

基于这个原因,一般不宜在 RSI 一旦进入非正常区域就采取买卖行动。最好是价格本身也发出转向信号时再进行交易。这样就可以避免类似于上面提到的 RSI 进入超买区但并不立即回到正常区域那样的“陷阱”。

在很多情况下,很好的买卖讯号是:RSI 进入超买超卖区,然后又穿过超买或超卖的界线回到正常区域。不过这里仍然要得到价格方面的确认,才能采取实际的行动。这种确认可以是:趋势线的突破、移动平均线的突破、某种价格形态的完成。

(7)强弱指标与股价或指数比较时,常会产生先行显示未来行情走势的特性,亦即股价或指数未涨而强弱指标先上升,股价或指数未跌而强弱指标先下降,其特性在股价的高峰与谷底反应最明显。

(8)当强弱指标上升而股价反而下跌或强弱指标下降而股价反趋上涨时,这种情况称之为“背驰”。当 RSI 在 70 至 80 上时,价位破顶而 RSI 不能破顶,这就形成了“顶背驰”。而当 RSI 在 30 至 20 下时,价位破底而 RSI 不能破底就形成了“底背驰”。这种强弱指标与股价变动产生的背离现象,通常是被认为市场即将发生重大反转的讯号。

和超买及超卖一样,背驰本身并不构成实际的卖出讯号,它只是说明市场处于弱势。实际的投资决定应当在价格本身也确认转向之后才做出。虽然在行情确实发生反转的情况下,这个确认过程会使投资者损失一部分利润,可是却可以避免在后来并未发生反转的情况下投资者可能作出的错误卖出决定。相对地说,这种错误会对投资者造成更大的损失,因为有时候行情会暂时失去动量然后又重新获得动量,而这时价格并不发生大规模的转向。

3. 买卖原则

(1)RSI 值于 0 ~ 100 之间呈常态分配。

(2)当 6 日 RSI 值在 80% 以上时,股市呈超买现象,若出现 M 头,为卖出时机。

(3)当 6 日 RSI 值在 20% 以下时,股市呈超卖现象,若出现 W 底,为买进时机。

(4)RSI 一般选用 6 天、12 天、24 天作为参考基期,基期越长越有趋势性——慢速 RSI,基期越短越有敏感性——快速 RSI。

(5)当快速 RSI 由下往上突破慢速 RSI 时,为买进时机;当快速 RSI 由上往下跌破慢速 RSI 时,为卖出时机。

4. 指标研判

(1)相对强弱指数能显示市场超卖和超买,预期价格将见顶回落或见底回升等,但 RSI 只能作为一个警告讯号,并不意味着市势必然朝这个方向发展,尤其在市场剧烈震荡时,需参考其他指标综合分析,不能单独依赖 RSI 的讯号而作出买卖决定。

(2)背离走势的讯号通常都是事后出现,而且有背离走势发生之后,行情并无反转的现象,有时背离一两次才真正反转,因此这方面研判需不断分析历史资料以提高经验。

(3)在牛皮行情时,RSI 徘徊于 40 ~ 60 之间,虽有时突破阻力线和压力线,但价位无实际变化。

2.5.7.2 W%R 指标

威廉指标(W%R)由 Larry Williams 于 1973 年首次提出,其全名“Williams Overbought/oversold index”。W%R 指标是测量行情震荡强度的指标,引用遇强则买,遇弱则卖的原理,提供给投资者交易的参考依据。

1. 计算公式

威廉指标是利用摆动点来量度股市的超买卖现象,可以预测循环期内的高点或低点,从而提出有效率的投资讯号，W%R = 100 - (C - Ln)(Hn - Ln) × 100。

其中：C为当日收市价，Ln为N日内最低价，Hn为N日内最高价，公式中N日为选设参数，一般设为14日或20日。

2. 运用原则

威廉指标计算公式与强弱指标，随机指标一样，计算出的指标值在0至100之间波动。不同的是，威廉指标的值越小，市场的买气越重，反之，其值越大，市场卖气越浓。应用威廉指标时，一般采用以下几点基本原则：

(1)当W%R线达到80时，市场处于超卖状况，股价走势随时可能见底。因此，80的横线一般称为买进线，投资者在此可以伺机买入；相反，当W%R线达到20时，市场处于超买状况，走势可能即将见顶，20的横线被称为卖出线。

(2)当W%R从超卖区向上爬升时，表示行情趋势可能转向，一般情况下，当W%R突破50中轴线时，市场由弱市转为强市，是买进的讯号；相反，当W%R从超买区向下跌落，跌破50中轴线后，可确认强市转弱，是卖出的讯号。

(3)由于股市气势的变化，超买后还可再超买，超卖后亦可再超卖，因此，当W%R进入超买或超卖区，行情并非一定立刻转势。只有确认W%R线明显转向，跌破卖出线或突破买进线，方为正确的买卖讯号。

(4)在使用威廉指标对行情进行研制时，最好能够同时使用强弱指标配合验证。同时，当W%R线突破或跌穿50中轴线时，亦可用以确认强弱指标的讯号是否正确。因此，使用者如能正确应用威廉指标，发挥其与强弱指标在研制强弱市及超买超卖现象的互补功能，可得出对大势走向较明确的判断。

3. 买卖原则

(1)W%R介于100%～0%之间；100%置于底部；0%置于顶部。

(2)设一条超卖线，价格进入80%～100%之间，而后再度上升到80%之上时，为买入信号。

(3)设一条超买线，价格进入20%～0%之间，而后再度跌落至20%之下时，为卖出信号。

(4)设一条中轴线，行情由下往上穿越时，表示确认买进信号；行情由上往下穿越时，表示确认卖出讯号。

4. 指标研判

威廉指标属于研究股价波幅的技术指标，在公式设计上，它与随机指标的原理比较近似，两者均为从研究股价波幅出发，通过分析一段时间内高，低价位与收市价之间的关系，反映市场的强弱及买卖气势。不同的是，随机指标采样天数较短，计算结果更具随机性，而威廉指标的采样天数不容易错过大行情，也不容易在高档套牢。但由于该指标敏感性较强，在操作过程中，如完全按其讯号出入市，未免过于频繁。因此，在使用过程中，最好能结合强弱指标，动向指标等较为平衡的技术指标一起研制，由此可对行情趋势得出较准确的判断。

2.5.8 停损指标

停损指标主要是用来判断个股止损位的指标，主要包括SAR指标等。SAR(Stop and Reverse)又名抛物线，是韦尔达系统中最简便的分析工具，属于时间与价格并重的系统，由于组成该指标的每一个点以弧线移动，故名之为抛物线。

1. 买卖原则

(1)任何一天的收盘价高于或低于SAR，则须执行空头或多头的停损交易。

(2)任何一次停损交易，也视为实况转变，交易者须改变立场，从事新趋势的交易。

(3)收盘价 > SAR，空头停损。

(4)收盘价 < SAR，多头停损。

2. 扩展应用

(1)对中长线波段有一定累计涨幅且出现放量加速的热门股，用SAR作为跟随性止盈点，往往会比过早卖出更好。

(2)对于市场热门股而言,以SAR指标翻绿为标志,对重仓股及时止损减仓,这远比犹豫不决错失卖点,把热门股做成冷门股要好。

(3)对SAR翻绿时,乖离率过大且中短线跌幅已大的个股,投资者要借宝塔线翻红或股价相对接近空头SAR指标值时,减磅止损。

(4)如果股价在底部时,SAR指标绿翻红,并出现连续攻击量,甚至以长阳乃至涨停板的形式上攻,其后势极有可能形成中线空翻多走势。

(5)若股价上攻价量配合流畅,且有中线题材配合,则投资者可在SAR指标翻红的盘中第一时间追入,这样往往会有较好的冲高惯性。

(6)当SAR翻红后回抽企稳时,下档SAR指标值附近亦是重要的低吸买点。而攻击性K线组合及成交量的放出,也是辅助介入的技巧。

2.5.9 超买超卖指标

超买超卖指标主要用来判断大盘或者个股当前是否出现过度买入或过度卖出的现象,未来趋势将反转,主要包括KDJ指标、KD线指标、CCI指标、MTM指标、OBOS指标、ROC指标、BIAS指标等。

2.5.9.1 KDJ指标

KDJ全名为随机指标(Stochastics),由George Lane所创,其综合动量观念,强弱指标及移动平均线的优点,早年应用在期货投资方面,功能颇为显著,目前为股市中最常用的指标之一。

1.买卖原则

(1)K值由右边向下交叉D值作卖,K值由右边向上交叉D值作买。

(2)高档连续两次向下交叉确认跌势,低档两次向上交叉确认涨势。

(3)D值<20%超卖,D值>80%超买;J>100%超买,J<10%超卖。

(4)KD值于50%左右徘徊或交叉时,无意义。

(5)投机性太强的个股不适用。

(6)可观察KD值与股价的背离,以确认高低点。

2.扩展应用

(1)放大法

因为KDJ指标非常敏感,因此经常给出一些错误的信号,这些信号容易误导投资者,认为产生进货信号或出货信号,因此操作失误。如果我们放大一级来确认这个信号的可靠性,将会有较好的效果。如在日K线图上产生KDJ指标的低位黄金交叉,我们可以把它放大到周线图上去看,如果在周线图上也是在低位产生黄金交叉,我们将认为这个信号可靠性强,可以大胆去操作。如果周线图上显示的是在下跌途中,那么日线图上的黄金交叉可靠性不强,有可能是庄家的骗线手法,这时候我们可以采用观望的方法。

(2)形态法

由于KDJ指标的敏感,它给出的指标经常超前,因此我们可以通过KDJ指标的形态来帮助找出正确的买点和卖点,KDJ指标在低位形成W底,三重底和头肩底形态时再进货。在较强的市场里,KDJ指标在高位形成M头和头肩顶时,出货的信号可靠性将加强。

(3)数浪法

KDJ指标和数浪相结合,是一种非常有效的方法。在K线图上,我们可以经常清晰地分辨上升形态的一浪,三浪,五浪。在K线图上,股价盘底结束,开始上升,往往在上升第一子浪时,KDJ指标即发出死亡交叉的出货信号,这时候,我们可以少考虑这个卖出信号,因为它很可能是一个错误信号或是一个骗线信号。当股指运行到第三子浪时,我们将加大对卖出信号的重视程度,当股指运动到明显的第五子浪时,这时如KDJ指标给出卖出信号,我们将坚决出货。这时候KDJ指标给出的信号通常将是非常准确的信号,当股指刚刚结束上升开始下跌时,在下跌的第一子浪,少考虑KDJ指标的买进信号,当股指下跌了第三子浪或第五子浪时,才考虑KDJ指标的买入信号,尤其是下跌五子浪后的KDJ指标给出的买进信号较准确。

(4)趋势线法

在股指或股价进入一个极强的市场或极弱的市场,股指会形成单边上升走势和单边下跌走势;在单边下跌走势中,KDJ指标会多次发出买入信号或低位钝化,投资者按买入信号操作了,将被过早套牢,有的在极低的价位进货的,结果股价继续下跌,低了还可以低。如果要有效解决这个问题,可以在K线图上加一条下降趋势线,在股指和股价没有打破下跌趋势线前,KDJ发出的任何一次买入信号,都将不考虑,只有当股指和股价打破下降趋势线后,再开始考虑KDJ指标的买入信号;在单边上升的走势中,市场走势极强,股指会经常在高位发出卖出信号,按此信号操作者将丢失一大段行情。我们也可以在日K线上加一条上升趋势线,在股价或股指未打破上升趋势线前,不考虑KDJ指标给出的卖出信号,当股指和股价一旦打破上升趋势线,KDJ给出的卖出信号,将坚决执行,不打折扣。

2.5.9.2 CCI指标

CCI全名为Commodity Channel Index,是由Donald R. Lambert所创,此指标同时适用于期货商品及股价,主要测量脱离价格正常范围的变异性。其买卖原则为:

1. 股价产生背离现象时,是一项明显的警告讯号。
2. 常波动范围在正负100之间,正100以上为超买讯号,负100为超卖讯号。
3. 测量脱离价格正常范围之变异性。

2.5.9.3 MTM指标

动量指标(MTM)是一种专门研究股价波动的技术分析指标,它以分析股价波动的速度为目的,研究股价在波动过程中各种加速,减速,惯性作用以及股价由静到动或由动转静的现象。动量指标的理论基础是价格和供需量的关系,股价的涨幅随着时间,必须日渐缩小,变化的速度力量慢慢减缓,行情则可反转。反之,下跌亦然。动量指标就是这样通过计算股价波动的速度,得出股价进入强势的高峰和转入弱势的低谷等不同讯号,由此成为投资者较喜爱的一种测市工具。

股价在波动中的动量变化可通过每日的动量点连成曲线即动量线反映出来。在动量指标图中,水平线代表时间,垂直线代表动量范围。动量以0为中心线,即静速地带,中心线上部是股价上升地带,下部是股价下跌地带,动量线根据股价波动情况围绕中心线周期性往返运动,从而反映股价波动的速度。

1. 计算公式

$MTM = C - Cn$

其中:C为当日收市价,Cn为N日前收市价,N为设定参数,一般选设10日,亦可在6日至14日之间选择。

举例:

表2-1 MTM指标

日期	收盘价	动量值	研判
1	19.25		
2	19.75		
3	20.25	+1.00	
4	20.75	+1.00	
5	21.10	+0.85	卖进
6	20.75	0.00	
7	21.00	-0.10	卖进
8	19.75	-1.00	
9	19.25	-1.75	买进
10	19.50	-0.25	买进

表2－1利用3天周期参数计算出来的动量值,表中当动量值减低或反转增加时,应为买进或卖出时机。

2. 运用原则

(1)一般情况下,MTM由上向下跌破中心线时为卖出时机,相反,MTM由下向上突破中心线时为买进时机。

(2)因选设10日移动平均线情况下,当MTM在中心线以上,由上向下跌穿平均线为卖出讯号,反之,当MTM在中心线以下,由下向上突破平均线为买入讯号。

(3)股价在上涨行情中创出新高点,而MTM未能配合上升,出现背驰现象,意味上涨动力减弱,此时应关注行情,慎防股价反转下跌。

(4)股价在下跌行情中走出新低点,而MTM未能配合下降,出现背驰,该情况意味着下跌动力减弱,此时应注意逢低承接。

(5)若股价与MTM在低位同步上升,显示短期将有反弹行情;若股价与MTM在高位同步下降,则显示短期可能出现股价回落。

3. 指标研判

有时候单用动量值来分析研究,显得过于简单,在实际中再配合一条动量值的移动平均线使用,形成快慢速移动平均线的交叉现象,用以对比,修正动量指标,效果更好。

2.5.9.4 OBOS指标

OBOS的中文名称是超买超卖指标,是运用上涨和下跌的股票家数的差距对大势进行分析的技术指标。

OBOS主要用途在于衡量大势涨跌气势,(OBOS为大势分析指标,也是涨跌家数的相关差异性),借以了解大势买卖气势的强弱及走向,以便操作的参考。

1. 计算方法

OBOS＝N日内上涨家数移动总和－N日内下跌家数移动总和

N日的采样统计一般设定为10日。

2. 运用原则

(1)OBOS的数值可为正数亦可为负数,当OBOS为正数时,市场处于上涨行情,反之为下跌行情。

(2)10日OBOS对大势有先行指标之功能,一般走在大势前,6日或24日的OBOS因其波动太敏感或太滞缓,参考价值不大。

(3)当OBOS达到一定正数值时,大势处于超买阶段,可选择时机卖出。反之,当OBOS达到一定负数值时,大势超卖,可选择时机买进。OBOS的超买和超卖的指标区域,因市场上市的总股只多寡而变。

(4)OBOS走势与股价指数相背离时,需注意大势反转迹象。

(5)OBOS可用趋势线原理进行研制,当OBOS突破其趋势线时,应提防大势随时反转。

(6)OBOS亦可采用形态原理对其研制,特别当OBOS高档走出M头或低档走出W底时,可按形态原理作出买进或卖出的抉择。

另外,OBOS反映的是股市的大趋势,对个股的走势不提出明确的结论。因此,在应用时只可将其作为大势参考指标,不对个股的具体买卖发生作用。

2.5.9.5 ROC指标

ROC(Price Rate of Change)是以当日价格比较其N天前之价格,以比率表示的,此指标由Gerald Apple和Fred Hitschler两人于《Stock Market Trading Systems》一书中介绍,采用12天及25天周期可达到相当的效果。其买卖原则为:

(1)ROC具有超买超卖的原则。

(2)个股经价格比率之不同,其超买超卖范围也略有不同,但一般介于正负6.5之间。

(3)ROC抵达超卖水准时,做买;抵达超买水准时,做卖。

(4)ROC对于股价也能产生背离作用。

2.5.9.6　BIAS 指标

乖离率(BIAS)指标是测量股价偏离均线大小程度的指标:当股价偏离市场平均成本太大时,都有一个回归的过程,即所谓的“物极必反”。

乖离率,简称 Y 值,是移动平均原理派生的一项技术指标,其功能主要是通过测算股价在波动过程中与移动平均线出现偏离的程度,从而得出股价在剧烈波动时因偏离移动平均趋势而造成可能的回档或反弹,以及股价在正常波动范围内移动而形成继续原有势的可信度。

乖离度的测试原理建立在——如果股价偏离移动平均线太远,不管股价在移动平均线之上或之下,都有可能趋向平均线的这一条原理上。而乖离率则表示股价偏离趋向指标的百分比值。

1. 计算公式

BIAS =(收盘价 - 收盘价的 N 日简单平均)÷收盘价的 N 日简单平均×100%

其中,N 日为设立参数,可按自己选用移动平均线日数设立,一般分定为 6 日,12 日,24 日和 72 日,亦可按 10 日,30 日,75 日设定。

2. 运用原则

乖离率分正乖离和负乖离。当股价在移动平均线之上时,其乖离率为正,反之则为负,当股价与移动平均线一致时,乖离率为 0。随着股价走势的强弱和升跌,乖离率周而复始的穿梭于 0 点的上方和下方,其值的高低对未来走势有一定的测市功能。一般而言,正乖离率涨至某一百分比时,表示短期间多头获利回吐可能性也越大,呈卖出讯号;负乖离率降到某一百分比时,表示空头回补的可能性也越大,呈买入讯号。对于乖离率达到何种程度是正确之买入点或卖出点,目前并没有统一原则,使用者可凭经验对行情强弱的判断得出综合结论。一般来说,在大势上升市场,如遇负乖离率,可以行为顺跌价买进,因为进场风险小;在大势下跌的走势中如遇正乖离,可以待回升高价时,卖出持股。

由于股价相对于不同日数的移动平均线有不同的乖离率,除去暴涨或暴跌会使乖离率瞬间达到高百分比外,短、中、长线的乖离率一般均有规律可循。下面是国外不同日数移动平均线达到买卖讯号要求的参考数据:

6 日平均值乖离:-3% 是买进时机,+3.5 是卖出时机;

12 日平均值乖离:-4.5% 是买进时机,+5% 是卖出时机;

24 日平均值乖离:-7% 是买进时机,+8% 是卖出时机;

72 日平均值乖离:-11% 是买进时机,+11% 是卖出时机。

2.5.10　压力支撑指标

压力支撑指标是主要用来判断大盘和个股支撑位、压力位的指标,主要包括 MIKE 指标和 BOLL 指标两种。

2.5.10.1　MIKE 指标

麦克支撑压力(MIKE)指标是一种因股价波动幅度大小而变动的压力支撑指标,设有初级、中级、强力三种不同级别的支撑和压力,用图标方式直接显示压力、支撑的位置。

1. 计算公式

(1)初始价(TYP)=(当日最高价 + 当日最低价 + 当日收盘价)÷3

(2)HV = N 日内最高价的最高值的 3 日指数移动平均

LV = N 日内最低价的最低值的 3 日指数移动平均

(3)初级压力线(WEKR)= TYP * 2 - LV 的 3 日指数移动平均

中级压力线(MIDR)= TYP + HV - LV 的 3 日指数移动平均

强力压力线(STOR)= 2 * HV - LV 的 3 日指数移动平均

(4)初级支撑线(WEKS)= TYP * 2 - HV 的 3 日指数移动平均

中级支撑线(MIDS)= TYP - HV + LV 的 3 日指数移动平均

强力支撑线(STOS)=2*LV-HV的3日指数移动平均

2. 应用法则

(1)经过计算后,得出六条线,构成三条通道:WEKR与WEKS构成窄通道,MIDR与MIDS构成中型通道,STOR与STOS构成一个相对较阔的通道,直观地反映出压力、支撑位置。MIKE指标随股价的变化而变化,能够在股价上涨过程中提供可能上升空间或在股价下降过程中提供可能下降空间,并且在波段操作中具有良好的提示作用。

(2)MIKE指标共有六条曲线,上方三条压力线,下方三条支撑线。

(3)当股价脱离盘整,朝上涨的趋势前进时,股价上方三条压力线作为压力参考价,下方支撑线不具有参考价值。

(4)当股价脱离盘整,向下跌的趋势前进时,股价下方三条支撑线作为支撑参考价,上方压力线不具有参考价值。

(5)当股价处于盘整阶段时,依据WEKR与MIDR构成卖出区域,依据WEKS与MIDS构成买入区域,并据此作为波段操作的买卖标准。

2.5.10.2 BOLL指标

布林线(Bollinger Bands)为John Bollinger设计,利用统计学原理标准差求其信赖区间,上下限之范围不被固定,随股价之变动而变动。

1. 计算公式

(1)日BOLL指标的计算公式

中轨线=N日的移动平均线;

上轨线=中轨线+两倍的标准差;

下轨线=中轨线-两倍的标准差。

(2)日BOLL指标的计算过程

①计算MA:MA=N日内的收盘价之和÷N。

②计算标准差MD:MD=平方根(N-1)日的(C-MA)的两次方之和除以N。

③计算MB、UP、DN线:

MB=(N-1)日的MA;

UP=MB+K×MD;

DN=MB-K×MD。

(K为参数,可根据股票的特性来做相应的调整,一般默认为2)

2. 应用法则

(1)布林线利用波带可以显示其安全的高低价位。

(2)当变易性变小,而波带变窄时,激烈的价格波动有可能随时产生。

(3)高低点穿越波带边线时,立刻又回到波带内,会有回档产生。

(4)波带开始移动后,以此方式进入另一波带,这对于找出目标值有相当帮助。

第 3 章
基本分析

股票价格是股票在市场上出售的价格，它的具体价格及其波动受制于各种经济、政治等因素，并受到投资心理和交易技术等的影响。概括来说，影响股票价格及其波动的因素，主要可以分为两大类：一是技术因素；一是基本因素。技术因素我们在第二篇里面已经讲过了，下面我们就来分析一下基本因素对市场的影响，也就是基本分析方法。

基本分析方法，也称为基本面分析方法，是指把对股票的分析研究重点放在它本身的内在价值上。由于股票价值在市场上所表现的价格，往往受到许多因素的影响而频繁变动，所以一种股票的实际价值很难与市场上的价格完全一致。如果某天受了一种非常性因素的影响，价格背离了价值，再加上某些投资者恐慌心理的烘托，必然会造成股市混乱，甚至形成危机。如在市场上发现某种股票估价过高，必然竞相出手；或另一种股票估价过低，则肯定引起投资者的抢购。

影响股票价值的因素很多，最重要的有三个方面：一是全国的经济环境是繁荣还是萧条。二是各经济部门如农业、工业、商业、运输业、公用事业、金融业等各行各业的状况如何。三是发行该股票的企业的经营状况如何，如果经营得当，盈利丰厚，则它的股票价值就高，股价相应的也高；反之，其价值就低，股价也低。下面我们就从零开始学习一下具体的基本分析方法。

§3.1 宏观因素与股票走势

3.1.1 宏观变动与股票走势

3.1.1.1 通货变动

通货是指一个国家的法定货币，它的国内购买力水平是以可比物价变动情况来衡量的。一般在没有价格管制而价格基本由市场调节的情况下，通货变动与物价总水平是同义语。一般来说，通货变动包括通货膨胀和通货紧缩两种。

1. 通货膨胀

通货膨胀是影响股票市场以及股票价格的一个重要宏观经济因素。它对股票市场的影响比较复杂，既有刺激股票市场的作用，又有压抑股票市场的作用。另外，通货膨胀主要是由过多增加货币供应量造成的，而货币供应量与股票价格一般呈正比关系，即货币供应量增大使股票价格上升；反之，货币供应量缩小则使股票价格下降，但在特殊情况下又有相反的作用。

需要注意的是，通货膨胀对证券市场特别是个股的影响，没有一成不变的规律可循，所以应具体情况具体分析。基于此，对这些影响进行分析和比较必须从该时期通货膨胀的原因、通货膨胀的程度、配合当时的经济结构和形势、政府可能采取的干预措施等方面入手。

一般而言，通货膨胀对股票走势的影响主要体现在以下几个方面：

(1)温和的、稳定的通货膨胀对股价的影响较小。通货膨胀提高了债券的必要收益率，从而引起债券价格下跌。

(2)如果通货膨胀在一定的可容忍范围内持续，而经济处于景气阶段，产量和就业都持续增长，那么股价也将持续上升。

(3)通货膨胀使得各种商品价格具有更大的不确定性,也使得企业未来经营状况具有更大的不确定性,从而增加证券投资的风险。

(4)严重的通货膨胀是很危险的,经济将被严重扭曲,货币加速贬值,这时人们将会通过囤积商品、购买房屋等方式进行保值。

这可能从两个方面影响证券价格:一是资金流出证券市场,引起股价和债券价格下跌;二是经济扭曲和失去效率,企业筹集不到必需的生产资金。同时,原材料、劳务成本等价格飞涨,使企业经营严重受挫,盈利水平下降,甚至倒闭。

(5)通货膨胀时期,并不是所有价格和工资都按同一比率变动,而是相对价格发生变化。这种相对价格变化引致财富和收入的再分配,因而某些公司可能从中获利,而另一些公司可能蒙受损失。

(6)通货膨胀不仅产生经济影响,还可能产生社会影响,并影响投资者的心理和预期,从而对股价产生影响。

(7)政府往往不会长期容忍通货膨胀存在,因而必然会使用某些宏观经济政策工具来抑制通货膨胀,这些政策必然对经济运行造成影响。

(8)通货膨胀对企业的微观影响表现为:通货膨胀之初,税收效应、负债效应、存货效应和波纹效应等都有可能刺激股价上涨,但长期严重的通货膨胀必然恶化经济环境、社会环境,股价将受大环境影响而下跌。

总之,当通货膨胀对股票市场的刺激作用大时,股票市场的趋势与通货膨胀的趋势一致。而其压抑作用大时,股票市场的趋势与通货膨胀的趋势相反。

2. 通货紧缩

通货紧缩将损害消费者和投资者的积极性,造成经济衰退和经济萧条,与通货膨胀一样不利于币值稳定和经济增长。

从消费者的角度来说,通货紧缩持续下去,使消费者对物价的预期值下降,而更多地推迟购买。对投资者来说,通货紧缩将使投资产出的产品未来价格低于当前预期,促使投资者更加谨慎,或推迟原有投资计划。消费和投资的下降减少了总需求,使物价继续下降,从而步入恶性循环。

从利率角度分析,通货紧缩形成了利率下调的稳定预期,由于真实利率等于名义利率减去通货膨胀率,下调名义利率降低了社会的投资预期收益率,导致有效需求和投资支出进一步减少,工资降低,失业增多,企业的效益下滑,居民收入减少,引致物价更大幅度的下降。

可见,因通货紧缩带来的经济负增长,使得股票、债券及房地产等资产价格大幅下降,银行资产状况严重恶化。而经济危机与金融萧条的出现,反过来又大大影响了投资者对证券市场走势的信心。

3.1.1.2 物价变动

普通商品的价格变动对股票市场有重要影响,一般情况下,物价上涨,股价上涨;物价下跌,股价也下跌。具体而言,商品价格对股票市场价格的影响主要表现在以下四个方面:

第一,商品价格出现缓慢上涨,且幅度不是很大,但物价上涨率大于借贷利率的上涨率时,公司库存商品的价值上升,由于产品价格上涨的幅度高于借贷成本的上涨幅度,公司利润上升,股票价格也会因此而上升。

第二,商品价格上涨幅度过大,股价没有相应上升,反而会下降。这是因为,物价上涨引起公司生产成本上升,而上升的成本又无法通过商品销售而完全转嫁出去,从而使公司的利润降低,股价也随之降低。

第三,物价上涨,商品市场的交易呈现繁荣兴旺时,有时是股票正陷于低沉的时候,人们热衷于及时消费,使股价下跌;当商品市场上涨回跌时,反而成了投资股票的最好时机,从而引起股价上涨。

第四,物价持续上涨,引起股票投资者的保障意识的作用增加,因而使投资者从股市中抽出来,转而投向动产或不动产,如房地产、贵重金属等保值性强的物品上,引起股票需求量降低,股价下跌。

3.1.1.3 周期变动

1. 周期变动概述

经济周期包括衰退、萧条、复苏和繁荣四个阶段(图 3-1),一般说来,在经济衰退时期,股票价格会逐渐下跌,到经济萧条时期,股票价格跌至最低点。而经济复苏开始时,股价又会逐步上升,到经济繁荣时,股价则上涨至最高点。

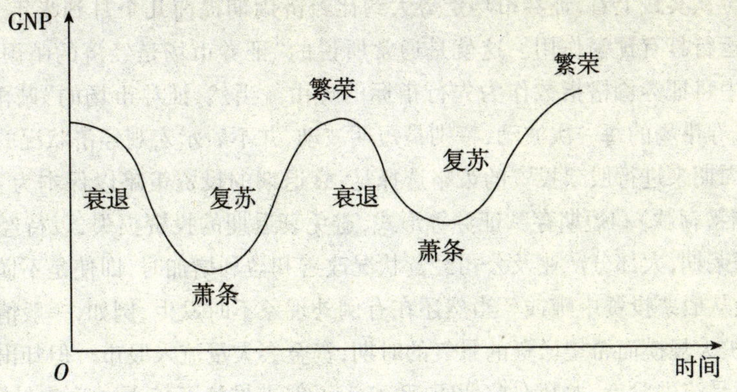

图3－1　经济周期的四个阶段

这种变动的具体原因是,当经济开始衰退之后,企业的产品滞销,利润相应减少,促使企业减少产量,从而导致股息、红利也随之不断减少,持股的股东因股票收益不佳而纷纷抛售,使股票价格下跌。当经济衰退已经达到经济萧条时,整个经济生活处于瘫痪状况,大量的企业倒闭,股票持有者由于对形势持悲观态度而纷纷卖出手中的股票,从而使整个股市价格大跌,市场处于萧条和混乱之中。经济周期经过低谷之后又出现缓慢复苏的势头,随着经济结构的调整,商品开始有一定的销售量,企业又能开始给股东分发一些股息红利,股东慢慢觉得持股有利可图,于是纷纷购买,使股价缓缓回升;当经济由复苏达到繁荣阶段时,企业的商品生产能力与产量大增,商品销售状况良好,企业开始大量盈利,股息、红利相应增多,股票价格上涨至最高点。

经济周期作为宏观经济运行的一种规律存在于我们的经济生活之中,它的存在并不依赖于国家、制度等的不同。战后,由于各国加强了对宏观经济的干预,经济周期由繁荣至萧条的波幅已大大减小,但经济周期仍然存在,而且周期的长度明显延长。也就是说,国家干预经济的政策只能在一定程度上削弱经济周期的振幅,却不能根除经济周期。

经济周期的时间有长有短,形态也多种多样,可以说没有完全相同的经济周期。但从证券市场的情况来看,证券价格的变动大体上与经济周期相一致。一般的规律是,经济繁荣,证券价格上涨;经济衰退,证券价格下跌。

在萧条阶段,经济下滑至低谷,百业不振,公司经营状况不佳,证券价格低位徘徊。由于预期未来经济状况不佳,公司业绩得不到改善,大部分投资者都已离场观望,只有那些富有远见且在不断搜集和分析有关经济形势并合理判断经济形势即将好转的投资者在默默地吸纳。

当经济走出萧条、步入复苏阶段时,公司的经营状况开始好转,业绩上升,债信提高。此时,由于先知先觉的投资者的不断吸纳,证券价格实际上已经回升至一定水平,初步形成底部反转之势。随着各种媒介开始报道萧条已经过去、经济日渐复苏,投资者的认同感不断增强,投资者自身的境遇亦在不断改善,从而推动证券价格不断走高,完成对底部反转趋势的确认。

随着经济的日渐活跃,繁荣阶段就会来临,公司的经营业绩也在不断提升,并通过增资扩大生产规模、占有市场。由于经济的好转和证券市场上升趋势的形成得到了大多数投资者的认同,投资者的投资回报也在不断增加,因此投资者的投资热情高涨,从而推动证券市场价格大幅上扬,并屡创新高,整个经济和证券市场均呈现一派欣欣向荣的景象。此时,一些有识之士在充分分析宏观经济形势的基础上认为经济高速增长的繁荣阶段即将过去,经济将不会再创高潮,因而悄悄地卖出所持的证券。证券价格仍在不断上扬,但多空双方的力量在逐渐发生变化,因此价格的上扬已成强弩之末。

由于繁荣阶段的过度扩张,社会总供给开始超过总需求,经济增长减速,存货增加;同时,经济过热造成工资、利率等大幅上升,使公司营运成本上升,公司业绩开始出现停滞甚至下降之势,繁荣之后衰退的来临不可避免。在衰退阶段,更多的投资者基于对衰退来临的共同认识加入到抛出证券的行列,从而使整个证券市场完成中长期筑顶,形成向下的趋势。

证券市场价格的变动周期虽然大体上与经济周期相一致,但在时间上并不与经济周期相同。如前所述，证券市场完成中长期的底部、形成上升趋势、完成中长期顶部、形成向下趋势在时间上比经济周期的四个阶段皆有提前。从实践上看，证券市场走势大约比经济周期提前几个月到半年。也就是说，证券市场走势对宏观经济运行具有预警作用。这就是通常所说的"证券市场是经济的晴雨表"的原因所在，也是在经济指标分析中将证券价格指数作为先行指标的理由。当然，证券市场的"晴雨表"功能是就其中长期趋势而言的，证券市场的每一次波动，特别是短期波动，并不表示宏观经济状况的变好或趋坏。

根据经济循环周期来进行股票投资的策略选择是：衰退期的投资策略以保本为主，投资者在此阶段多采取持有现金（储蓄存款）和短期存款证券等形式，避免衰退期的投资损失，以待经济复苏时再适时进入股市；而在经济繁荣期，大部分产业及公司经营状况改善和盈利增加时，即使是不懂股市分析而盲目跟进的散户，往往也能从股票投资中赚钱。当然还在有例外现象不时发生，例如，一般情况是企业收益有希望增加或由于企业扩大规模而希望增资的景气的时期，资金会大量流入股市。但却出现有萧条时期资金不是从股市流走，而是流进股市，尤其在此期间，政府为了促进景气而扩大财政支付，公司则因为设备过剩，不会进行新的投资，因而拥有大量的闲置货币资本，一旦这些资本流入股市，则股市的买卖和价格上升就与企业收益无关，而是带有一定的投机性。

此外，投资股票除了要洞悉整个大市场趋势外，还要了解不同种类的股票在不同市况中的表现，有的股票在上涨趋势初期有优异的表现，如能源、机械、电子设备等类的股票；有的却能在下跌趋势的末期发挥较强的抗跌能力，如公用事业股、消费弹性较小的日用消费品部门的股票。总之，投资者还应该考虑各类股票本身的特性，以便在不同的市况下做出具体选择。

2. 周期变动的经典理论——投资时钟

美国美林证券在2008年金融海啸全面爆发之前，是世界上赫赫有名的投资银行，虽然今天已经成为次级债危机中倒下的失败典型，但是该公司提出的投资时钟理论（图3-2），却依然是投资界奉为经典的经济周期分析工具。

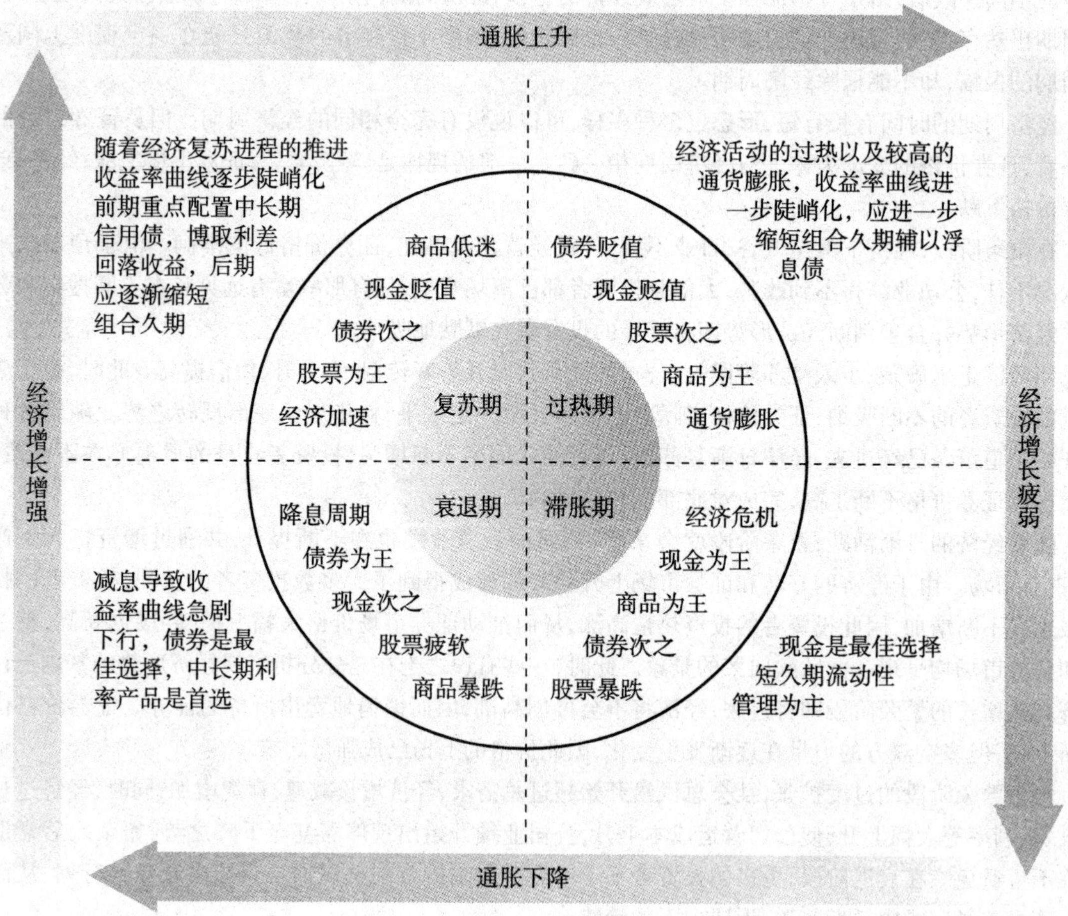

图3-2 投资时钟

"投资时钟"是一种将经济周期与资产和行业轮动联系起来的方法。投资时钟的分析框架有助于投资者识别经济中的重要拐点,从周期的变换中获利。

那么如何使用投资时钟呢?美林在超过30年的数据统计分析中,发现了投资时钟,根据经济增长和通胀状况,美林的投资钟将经济周期划分为四个不同的阶段。在每个阶段,图中标识的资产类和行业的表现倾向于超过大市,而处于对立位置的资产类及行业的收益会低过大市。

经典的繁荣—萧条周期从左下角开始,沿顺时针方向循环:债券、股票、大宗商品和现金组合的表现依次超过大市。但往往并没有这么简单。有时候,时钟会逆时针移动或跳过一个阶段。

从投资钟上看,一个经典的繁荣—萧条周期始于左下方,沿顺时针方向循环。投资者把投资钟画为圆圈的一个优点是——可以分别考虑增长率和通胀率变动的影响。经济增长率指向南北方向,通胀率指向东西方向。当经济受到海外因素影响或受到冲击时,如:"9·11",投资钟不再简单地按照顺时针方向变换阶段,投资钟的这种画法可以帮助投资者预测市场的变动。

一般来说,投资时钟可以帮助投资者制定行业投资战略:

(1)周期性:当经济增长加快,股票和大宗商品表现好。周期性行业,如高科技股或钢铁股表现超过大市。当经济增长放缓,债券、现金及防守性投资组合表现超过大市。

(2)持续期:当通胀率下降,折现率下降,金融资产表现好。投资者购买久期长的成长型股票。当通胀率上升,实体资产,如大宗商品和现金表现好。估值波动小而且久期短的价值型股票表现超出大市。

(3)与标的资产相关:一些行业的表现与标的资产的价格走势相关联。保险类股票和投资银行类股票往往对债券或股权价格敏感,在衰退或复苏阶段中表现得好。矿业股对金属价格敏感,在过热阶段中表现得好。石油与天然气股对石油价格敏感,在滞胀阶段中表现超过大市。

投资时钟对资产类和行业板块的投资也是有意义的,可以用来做配对交易。例如,如果在过热阶段,投资者应该做多大宗商品和工业股,位于对立面的是衰退阶段,所以投资者应该同时做空债券和金融股。

3.1.1.4　政治变动

1. 战争

战争对股票市场及股票价格的影响,有长期性的,亦有短期性的;有好的方面,亦有坏的方面;有广泛范围的,也有单一项目的,这要视战争性质而定。一般来说,战争促使军需工业兴起,凡与军需工业相关的公司股票自然要紧跟上涨。战争中断了某一地区之海空或陆运,提高了原料或成品输送之运费,因而商品涨价,影响购买力,公司业绩萎缩,与此相关的公司股票必然会跌价。其他由于战争所引起的许多状况,都是足以使证券市场产生波动的因素,投资人一定要冷静分析。

2. 政权

政权的转移、领袖的更替、政府的作为及社会的安定性等,均会对股价波动产生影响。

3. 国际政治形势

国际政治形势的改变,已愈来愈对股价产生敏感反应,随着交通运输的日益便利,通讯手段、方法的日益完善,国与国之间、地区与地区之间的联系越来越密切,世界从独立单元转变成相互影响的整体,因而一个国家或地区的政治、经济、财政等结构将紧随着国际形势改变,股票市场也随之变动。

4. 法律制度

如果一个国家(金融方面的)法律制度健全,使投资行为得到管理与规范,并使投资者的正当权益得到保护,会提高投资者投资的信心,从而促进股票市场的健康发展。如果法律法规不完善,投资者权益受法律保护的程度低,则不利于股票市场的健康发展与繁荣。

3.1.2　宏观指标与股票走势

3.1.2.1　资金指标

1. 货币供应量

货币供应量是单位和居民个人在银行的各项存款和手持现金之和,其变化反映了中央银行货币政策的变化,对企业生产经营、金融市场尤其是证券市场的运行和居民个人的投资行为有着重大的影响。

(1)货币供应量的三个层次

中央银行一般根据宏观监测和宏观调控的需要,根据流动性的大小将货币供应量划分为不同的层次。一般而言,我国现行货币统计制度将货币供应量划分为三个层次:

①流通中现金(M0),指单位库存现金和居民手持现金之和,其中"单位"指银行体系以外的企业、机关、团体、部队、学校等单位。

②狭义货币供应量(M1),指M0加上单位在银行的可开支票进行支付的活期存款。

③广义货币供应量(M2),指M1加上单位在银行的定期存款和城乡居民个人在银行的各项储蓄存款以及证券公司的客户保证金。其中,中国人民银行从2001年7月起,将证券公司客户保证金计入广义货币供应量M2。M2与M1的差额,通常称为准货币。中央银行可以通过增加或减少货币供应量调节货币市场,实现对经济的干预。货币供应量的变动会影响利率。中央银行可以通过对货币供应量的管理来调节信贷供给和利率,从而影响货币需求并使其与货币供给相一致,对宏观经济施加影响。

(2)货币供给量对股票价格的正比关系

货币供给量对股票价格的正比关系,有三种表现:

第一,货币供给量增加,一方面可以促进生产,扶持物价水平,阻止商品利润的下降,另一方面使得对股票的需求增加,促进股票市场的繁荣。

第二,货币供给量增加引起社会商品的价格上涨,股份公司的销售收入及利润相应增加,从而使得以货币形式表现的股利(即股票的名义收益)会有一定幅度的上升,使股票需求增加,从而股票价格也相应上涨。

第三,货币供给量的持续增加引起通货膨胀,通货膨胀带来的往往是虚假的市场繁荣,造成一种企业利润普遍上升的假象。保值意识使人们倾向于将货币投向贵重金属、不动产和短期债券上,股票需求量也会增加,从而使股票价格也相应增加。

由此可见,货币供应量的增减是影响股价升降的重要原因之一。当货币供应量增加时,多余部分的社会购买力就会投入到股市,从而把股价抬高;反之,如果货币供应量少,社会购买力降低,投资就会减少,股市陷入低迷状态,因而股价也必定会受到影响。而另一方面,当通货膨胀到一定程度,通货膨胀率甚至超过了两位数时,将会推动利率上升,资金从股市中外流,从而使股价下跌。

2. 资金净投放

资金的净投放是指中央银行根据市场和宏观调控需要,利用调整存款准备金、公开市场业务、调整再贴现率为三大调控手段,来调节对于资金净投放程度。

当央行对于市场资金的净投放为正时,表明市场需求的资金量小于央行投放的资金量,从而造成货币贬值,股市会有上涨。当资金投放量小于市场需求量时,货币增值,导致利率上调、股市下跌。

3. 金融机构各项存贷款余额

金融机构各项存贷款余额是指某一时点金融机构存款金额(包括企业存款、财政存款、机关团体存款、城乡储蓄存款、农业存款、信托及其他类存款)与金融机构贷款金额(包括工业贷款、农业贷款、商业贷款、建筑业贷款、私营及个体贷款、乡镇企业贷款、固定资产贷款、信托及其他类贷款)。其中,金融机构主要包括商业银行、政策性银行、非银行信贷机构和保险公司。

金融机构各项存贷款余额持续增加,说明市场中资金充裕,流入股票市场的资金就会随之增加,刺激股票价格的整体上涨。

4. 金融资产总量

金融资产总量是指手持现金、银行存款、有价证券、保险等其他资产的总和。

金融资产总量的增加,有助于增强金融市场的流动性,有利于刺激货币量的增加,从而刺激股票市场的整体走高。

5. 社会融资总量

社会融资总量是全面反映金融与经济关系,以及金融对实体经济资金支持的总量指标。它是指一定时期内(每月、每季或每年),实体经济从金融体系获得的全部资金总额。这里的金融体系为整体金融的概念,从机构看,包括银行、证券、保险等金融机构;从市场看,包括信贷市场、债券市场、股票市场、保险市场以及中间业务市场等。

社会融资总量的内涵主要体现在三个方面:

(1)金融机构通过资金运用对实体经济提供的全部资金支持,即金融机构资产的综合运用,主要包括人民币各项贷款、外币各项贷款、信托贷款、委托贷款、金融机构持有的企业债券、非金融企业股票、保险公司的赔偿和投资性房地产等。

(2)实体经济利用规范的金融工具、正规金融市场、金融机构服务所获得的直接融资,主要包括银行承兑汇票、非金融企业股票筹资及企业债的净发行等。

(3)其他融资,主要包括小额贷款公司贷款、贷款公司贷款、产业基金投资等。

社会融资总量的持续增加,显示了资金向实体经济的流动,一方面有利于上市公司资金紧张的缓解和业绩的提升,另一方面也有利于股票市场资金的流入,刺激股票市场的活跃和不断走高。

6. 外汇占款

外汇占款是指受资国中央银行收购外汇资产而相应投放的本国货币。由于人民币是非自由兑换货币,外资引入后需兑换成人民币才能进入流通使用,国家为了外资换汇要投入大量的资金,增加了货币的需求量,形成了外汇占款。

银行购买外汇形成本币投放,所购买的外汇资产构成银行的外汇储备。由于银行结售汇制由银行柜台结售汇市场和银行间外汇市场两层市场体系组成,两个市场上的外汇供求都存在管制刚性。因而,外汇占款也就相应具有两种含义:一是中央银行在银行间外汇市场中收购外汇所形成的人民币投放;二是统一考虑银行柜台市场与银行间外汇市场两个市场的整个银行体系(包括央行和商业银行)收购外汇所形成的投向实体经济的人民币资金。

在央行公布的月度统计数据中,“金融机构外汇占款”是金融市场高度关注的一个指标,也是股票市场流动性的一个重要因素,显示了外资对于国内经济以及A股的态度。外汇占款的增加,说明了外资的流入,有助于活跃国内的A股市场;相反,外汇占款的减少,说明了外资的流出,将间接影响国内A股的流动性,对A股的下行起到推波助澜的作用。

3.1.2.2 生产指标

1. 国内生产总值

国内生产总值(GDP)是指一个国家(或地区)所有常住居民在一定时期内(一般按年统计)生产活动的最终成果。

国内生产总值的增长速度一般用来衡量经济增长率(也称经济增长速度),它是反映一定时期经济发展水平变化程度的动态指标,也是反映一个国家经济是否具有活力的基本指标。

对于发达国家来说,其经济发展总水平已经达到相当的高度,经济发展速度的提高相对来说比较困难;对经济尚处于较低水平的发展中国家而言,由于发展潜力大,其经济发展速度可能达到高速甚至超高速增长。这时就要警惕由此可能带来的诸如通货膨胀、泡沫经济等问题,以避免造成宏观经济的过热。

一般来说,国内生产总值对证券市场的影响主要体现在以下方面:

(1)GDP持续稳定增长时,外部经济环境不断改善,公司的利润也随之持续增加,同时个人收入的增加以及对未来经济的良好预期,都将促使证券价格的上涨和证券市场的上升。

(2)GDP出现增速减缓时,经济已接近一个周期的顶峰,不过这种增长还将延续一段时间,但市场已经提前预期经济将步入衰退,一部分资金将从证券市场中流出,表现为证券市场的上升趋势减缓,交投也逐渐趋于清淡。

(3)伴随着高通胀的GDP增长时,成本的急剧上升使得公司的经营将面临困境,而实际购买力的下降也将使得资金流出证券市场,以及对未来经济预测的不确定性,都将导致证券市场出现持续低迷。

(4)GDP出现重大转折时,证券市场的趋势也将改变。当GDP长期处于负增长时,逐渐出现负增长速度减缓并向正增长发展时,表明经济有复苏迹象,证券市场也随之出现止跌回升。

2. 工业增加值

工业增加值是指工业行业在报告期内以货币表现的工业生产活动的最终成果,是衡量国民经济的重要统计指标之一,也是衡量股市的一个重要指标。

工业增加值是工业企业全部生产活动的总成果扣除了在生产过程中消耗或转移的物质产品和劳务价值后的余额,是工业企业生产过程中新增加的价值。它是国民经济核算的一项基础指标。各部门增加值之和即是国内生产总值,它反映的是一个国家(地区)在一定期时期内,所生产的和提供的全部最终产品和服务的市场价值的总和,同时也反映了生产单位或部门对国内生产总值的贡献。因此,建立增加值统计,将为计算国内生产总值提供可靠依据,是建立资金流量的基础。

工业增加值是工业生产和经济运行平稳的主要指标,如果增速或数值有略微的回落,就会产生经济形势下滑的预期,以使人们看空后期走势。而如果有较大增速的表现,则对经济的长期发展就会有一个利好的看法,而股市就会走出一波反弹行情。

3. 生产者物价指数

生产者物价指数(PPI)是一个用来衡量制造商出厂价的平均变化的指数,它是统计部门收集和整理的若干个物价指数中的一个。如果生产物价指数比预期数值高时,表明有通货膨胀的风险;如果生产物价指数比预期数值低时,则表明有通货紧缩的风险。

一般来说,较高的生产者物价指数就意味着较高的通货膨胀,则股市有上涨的趋势;较低的生产者物价指数就意味着有通货紧缩风险,人民币升值预期较大,利率相对提高,则股市就会下跌。

4. 采购经理指数

采购经理指数(PMI)是根据企业采购与供应经理的问卷调查数据而编制的月度公布指数。采购经理根据企业财务数据进行填报,反映企业实际财务和运行状况,取得的原始数据不做任何修改,汇总结果采用科学方法进行统计和计算,保证了数据来源的真实性。

从国际上看,PMI 分为制造业 PMI 和服务业 PMI,也有些国家建立了建筑业 PMI。它的应用起源于美国,目前全球已经有 20 多个国家建立了 PMI,成为全球范围内非常核心的一个经济分析指标。

制造业 PMI 是一个综合指数,由 5 个扩散指数(分类指数)加权计算而成。这 5 个分类指数及其权数是依据其对经济的先行影响程度确定的,具体包括:新订单指数,权数为 30%;生产量指数,权数为 25%;从业人员指数,权数为 20%;供应商配送指数,权数为 15%;原材料库存指数,权数为 10%。

PMI 具有明显的先导性,是经济先行指标,是国际上通行的宏观经济监测指标体系之一,对国家经济活动的监测和预测具有重要作用。通常以 50% 作为经济强弱的分界点,PMI 高于 50%,则反映制造业经济扩张;低于 50%,则反映制造业经济衰退。

根据美国专家分析,PMI 指数与 GDP 具有高度相关性,且转折点往往领先于 GDP 几个月。在过去 40 多年里,美国制造业 PMI 的峰值可领先商业高潮 6~18 个月,领先商业低潮一般 2~16 个月。

5. 全国用电量

全国用电量是指国家一定时期内全国用电的发电总量,是反映经济活动强弱的重要指标。全国发电量的上升意味着工业用电的增加,工业生产量加大,表明经济有高增长态势,股市就会表现出上扬。而发电量的降低,则意味着工业生产减少,股市就会表现出下跌。

6. 失业率

失业率是指劳动力人口中失业人数所占的百分比,而劳动力人口是指年龄在 16 岁以上具有劳动能力的人的全体。

目前,我国统计部门公布的失业率为城镇登记失业率,即城镇登记失业人数占城镇从业人数与城镇登记失业人数之和的百分比。而城镇登记失业人数是指拥有非农业户口,在一定的劳动年龄内,有劳动能力、无业而要求就业,并在当地就业服务机构进行求职登记的人员数。

一般来说,失业率上升与下降是以 GDP 相对于潜在 GDP 的变动为背景的,而失业率本身则是现代社会的一个主要问题。当失业率很高时,资源被浪费,人们收入减少。此时,经济问题还可能影响人们的情绪和家庭生活,进而引发一系列的社会问题。

需要说明的是，通常所说的充分就业是指对劳动力的充分利用，但不是完全利用，因为在实际的经济生活中不可能达到失业率为零的状态。在充分就业情况下也会存在一部分正常的失业，如由于劳动力的结构不能适应经济发展对劳动力的需求变动所引起的结构性失业。

3.1.2.3 投资指标

投资规模是指一定时期内在国民经济各部门、各行业再生产中投入资金的数量。投资规模是否适度是影响经济稳定与增长的一个决定因素。投资规模过小，不利于为经济的进一步发展奠定物质技术基础；投资规模安排过大，超出了一定时期人力、物力和财力的可能，又会造成国民经济比例的失调，导致经济大起大落。

衡量投资规模的主要变量是全社会固定资产投资。它按经济类型划分，主要包括国有经济单位投资、城乡集体经济单位投资、其他各种经济类型的单位投资和城乡居民个人投资等几种类型。固定资产投资是社会固定资产再生产的主要手段，而固定资产投资额是货币表现的建造和购置固定资产活动的工作量，是反映固定资产投资规模、速度、比例关系和使用方向的综合性指标。

随着我国改革开放的不断深入，投资主体呈现出多元化的趋势，主要包括政府投资、企业投资和外商投资三个方面。

1. 政府投资

政府投资是政府以财政资金投资于经济建设，其目的是改变长期失衡的经济结构，完成私人部门不能或不愿从事但对国民经济发展却至关重要的投资项目，如大型水利设施、公路建设和生态保护等。同时，政府投资也是扩大投资需求、促进经济增长的重要手段。

2. 企业投资

随着我国现代企业制度的建立，企业逐渐成为投资主体之一，企业投融资的权力不断扩大。随着我国市场化改革的不断深入，企业投资需求将成为国内投资需求的主要组成部分，企业投资的规模和方向影响着一国经济未来的走向。

3. 外商投资

外商投资包括外商直接投资和外商间接投资。外商直接投资是指外国企业和经济组织或个人（包括华侨、港澳台胞以及我国在境外注册的企业），按我国有关政策、法规，用现汇、实物、技术等在我国境内开办外商独资企业，与我国境内的企业或经济组织共同举办中外合资经营企业、合作经营企业或合作开发资源的投资（包括外商投资收益的再投资）以及经政府有关部门批准的项目投资总额内企业从境外借入的资金等。外商间接投资是指除对外借款（外国政府贷款、国际金融组织贷款、商业银行商业贷款、出口信贷以及对外发行债券等）和外商直接投资以外的各种利用外资的形式，包括企业在境内外股票市场公开发行的以外币计价的股票或人民币发行总额，国际租赁进口设备的应付款，补偿贸易中外商提供的进口设备、技术、物料的价款，加工装配贸易中外商提供的进口设备、物料的价款。

3.1.2.4 消费指标

1. 消费者物价指数

消费者物价指数（CPI），是反映与居民生活有关的商品及劳务价格统计出来的物价变动指标，通常作为观察通货膨胀水平的重要指标。一般而言，当 CPI > 3% 的增幅时，称为通货膨胀；当 CPI > 5% 的增幅时，称为严重的通货膨胀。

当存在通货膨胀时，代表人民币间接贬值，将导致股市上涨以配合利率的相对降低，从而对于市场来说是一个上涨因素。相反，CPI 的值相对较小则会预期人民币升值，利率上扬，股市将有不同程度的下跌。

2. 社会消费品零售总额

社会消费品零售总额是指国民经济各行业通过多种商品流通渠道向城乡居民和社会集团供应的消费品总额。简单地说，社会消费品零售总额包括以下几方面的内容：各种经济类型的批发零售贸易业、餐饮业、制造业和其他行业售给城乡居民和社会集团的消费品零售额，以及农民售给非农业居民和社会集团的消费品零售额。

如果按销售对象划分,可以将社会消费品零售总额划分为两大部分,即:对居民的消费品零售额,针对售给城乡居民用于生活消费的商品;对社会集团的消费品零售额,针对企业、事业和行政等各种类型单位用公款购买的用作非生产、非经营用的消费品。其中,居民的消费品零售额与国民经济核算中的居民消费之间具有密切的联系,前者中的大部分直接构成居民消费,是计算居民消费的主要资料来源之一。

社会消费品零售总额是研究国内零售市场变动情况、反映经济景气程度的重要指标。社会消费品零售总额的大小和增长速度也反映了城乡居民与社会集团消费水平的高低、居民消费意愿的强弱。而社会消费品需求是国内需求的重要组成部分,对一国经济增长具有巨大促进作用。

3. 城乡居民储蓄存款余额

城乡居民储蓄存款余额是指某一时点城乡居民存入银行及农村信用社的储蓄金额,包括城镇居民储蓄存款和农民个人储蓄存款,不包括居民的手持现金和工矿企业、部队、机关、团体等单位存款。

居民储蓄存款是居民可支配收入扣除消费支出以后形成的。居民储蓄量的大小首先决定于可支配收入的多少,同时又受可支配中消费支出比例的限制。在可支配收入一定时,消费支出多了,储蓄就会减少,是此多彼少的关系。当市场上人们的消费意愿增强时,储蓄相应缩小;市场消费意愿减弱时,储蓄相应增加。

居民储蓄增加以后,银行的资金来源扩大了,如果存贷比率不变,银行贷款投放也会相应增加,这就扩大了企业的资金使用,正常情况下就会扩大国内投资需求。所以,储蓄扩大的直接效果可能会导致投资需求扩大和消费需求减少。

4. 居民可支配收入

居民可支配收入是居民家庭在一定时期内获得并且可以用来自由支配的收入,它包括:家庭成员所从事主要职业的工资以及从事第二职业、其他兼职和偶尔劳动得到的劳动收入;家庭成员从事生产经营活动所获得的净收入;家庭资产所获得的收入,如存款利息、出租房屋收入、保险收益、股息与红利收入、知识产权收入;政府对个人收入转移的离退休金、失业救济金、赔偿等;单位对个人收入转移的辞退金、保险索赔、提取的住房公积金;家庭间的赠送和赡养。

居民可支配收入是通过居民家庭日常获得的总收入计算得来的。由于居民家庭总收入包括个人所得税、公积金、养老基金、医疗基金、失业基金等属于国家先发后征或居民家庭成员必须缴纳的刚性支出,因此这部分名义收入(居民不可自由支配的)必须予以扣除,余下的即为居民可以用来自由支配的收入。

3.1.2.5 国际指标

1. 汇率

外汇行情与股票价格有着密切的联系。一般来说,如果一个国家的货币是实行升值的基本方针,股价就会上涨,一旦其货币贬值,股价则随之下跌。所以,外汇的行情会带给股市很大影响。

在当代国际贸易迅速发展的潮流中,汇率对一个国家经济的影响更是越来越大。任何一国的经济在不同程度上都会受到汇率变动的影响。随着我国对外开放的不断深入,以及世界贸易开放程度的不断提高,我国股市受汇率的影响也会越来越显著。

汇率是外汇市场上一国货币与他国货币相互交换的比率。一般来说,国际金融市场上的外汇汇率是由一国货币所代表的实际社会购买力平价和自由市场对外汇的供求关系决定的。

汇率变动是国际市场商品和货币供求关系的综合反映。以外币为基准,当汇率上升时,本币贬值,国外的本币持有人就会抛出本币,或者加快从国内市场购买商品的速度。对于国内来说,一方面是流回国内的本币增多,另一方面是从国内流出的商品增多,出口量扩大,这就形成了国内需求的扩大和供给的减少。当汇率下降时,本币升值,国外对本币的需求增大以及流出增加,对国内的进口增加,这就使国内需求减少,使国内供给增加。总体效应就是:提高汇率会扩大国内总需求,降低汇率会缩减国内总需求。

一般来说,一国的汇率会因该国的国际收支状况、通货膨胀率、利率、经济增长率等的变化而波动;同样,汇率波动又会影响一国的进出口额和资本流动,并影响一国的经济发展。特别是在当前国际分工异常发达、各国间经济联系十分密切的情况下,汇率的变动对一国的国内经济、对外经济以及国际经济联系都产生重大影响。

汇率对证券市场的影响是多方面的。一国的经济越开放,证券市场的国际化程度越高,证券市场受汇率的影响就会越大。这里汇率用单位外币的本币标值来表示。

通常来讲,以外币为基准,汇率上升,本币贬值,本国产品竞争力强,出口型企业将增加收益,因而企业的股票和债券价格将上涨;相反,依赖于进口的企业成本增加,利润受损,股票和债券的价格将下跌。同时,汇率上升,本币贬值,将导致资本流出本国,资本的流失将使得本国证券市场需求减少,从而市场价格下跌。

另外,汇率上升时,本币表示的进口商品价格提高,进而带动国内物价水平上涨,引起通货膨胀。通货膨胀对证券市场的影响需根据当时的经济形势和具体企业以及政策行为进行分析。为维持汇率稳定,政府可能动用外汇储备,抛售外汇,从而减少本币的供应量,使得证券市场价格下跌,直到汇率回落恢复均衡,反面效应可能使证券价格回升。如果政府利用债市与汇市联动操作达到既控制汇率的升势又不减少货币供应量,即抛售外汇的同时回购国债,则将使国债市场价格上扬。

2. 国际收支

国际收支一般是一国居民在一定时期内与非本国居民在政治、经济、军事、文化及其他往来中所产生的全部交易的系统记录,它主要反映三个方面的内容:一国与他国之间的商品、劳务和收益等交易行为;该国持有的货币、黄金、特别提款权的变化以及与他国债权、债务关系的变化;凡不需要偿还的单方转移项目和相应的科目,由于会计上必须用来平衡的尚未抵消的交易。

一般而言,国际收支包括经常项目和资本项目:

(1)经常项目,主要反映一国的贸易和劳务往来状况,包括贸易收支(也就是通常的进出口)、劳务收支(如运输、港口、通讯和旅游等)和单方面转移(如侨民汇款、无偿援助和捐赠、国际组织收支等),是最具综合性的对外贸易的指标。

(2)资本项目,集中反映一国同国外资金往来的情况,反映一国利用外资和偿还本金的执行情况。资本项目一般分为长期资本和短期资本。长期资本是指合同规定偿还期超过一年的资本或未定偿还期的资本,其主要形式有直接投资、政府和银行的长期借款及企业信贷等。短期资本指即期付款的资本和合同规定借款期为一年或一年以下的资本。

另外,进口和出口是国际收支中最主要的部分。进口量是指一个国家(或地区)所有常住居民向非常住居民购买或无偿得到的各种货物和服务的价值。反之,出口量则指一个国家(或地区)所有常住居民向非常住居民出售或无偿转让的各种货物和服务的价值。进出口总量及其增长是衡量一国经济开放程度的重要指标,且进口和出口的数量与结构直接对国内总供需产生重大的影响。

实现国际收支平衡需要避免国际收支的过度逆差或顺差,可以维持适当的国际储备水平和相对稳定的汇率水平。

3.1.3 经济政策与股票走势

3.1.3.1 货币政策

货币政策,是指政府为实现一定的宏观经济目标所制定的关于货币供应和货币流通组织管理的基本方针和基本准则,它是政府调控宏观经济的基本手段之一。通常货币政策对宏观经济的影响主要针对货币供给量的调节和控制展开,进而实现诸如稳定货币、增加就业、平衡国际收支、发展经济等宏观经济目标。

一般而言,货币政策对股票市场与股票价格的影响非常大。宽松的货币政策会扩大社会上货币供给总量,对经济发展和证券市场交易有着积极影响。但是货币供应太多又会引起通货膨胀,使企业发展受到影响,使实际投资收益率下降。紧缩的货币政策则相反,它会减少社会上货币供给总量,不利于经济发展,不利于证券市场的活跃和发展。另外,货币政策对人们的心理影响也非常大,这种影响对股市的涨跌又将产生极大的推动作用。

另外,货币政策的作用主要通过货币政策工具来实施,货币政策工具是指中央银行为实现货币政策目标所采用的政策手段,分为一般性政策工具(包括法定存款准备金率、再贴现政策、公开市场业务)和选择性政策工具(包括直接信用控制、间接信用指导等),央行最常用的是一般性的政策工具。

1. 法定存款准备金率

法定存款准备率是指中央银行规定的金融机构为保证客户提取存款和资金清算需要而准备的在中央银行的存款占其存款总额的比例。当中央银行提高法定存款准备金率时,商业银行可运用的资金减少,贷款能力下降,货币乘数变小,市场货币流通量便会相应减少。所以,在通货膨胀时,中央银行可提高法定准备金率;反之,则降低法定准备金率。

由于货币乘数的作用,法定存款准备金率的作用效果十分明显。人们通常认为这一政策的工具效果过于猛烈,它的调整会在很大程度上影响整个经济和社会心理预期,因此,一般对法定存款准备金率的调整都持谨慎态度。

通常认为,如果中央银行提高法定存款准备金率,会在很大程度上限制商业银行体系创造派生存款的能力,等于冻结了一部分商业银行的超额准备。由于法定存款准备金率对应着数额庞大的存款总量,并通过货币乘数的作用使货币供应量更大幅度减少,证券市场价格便趋于下跌。反之,如果中央银行降低法定存款准备金率,通常都会导致证券市场行情上扬。降低存款准备金率是明确的政策放松信号,这有利于改善对国内宏观经济的预期;政策的出台,对非银行企业的业绩构成正面影响,有助于扩大信贷和刺激经济增长,有利于投资者信心恢复,短期市场将迎来反弹的机会。历次存款准备金率调整对股市的影响如表3-1所示。

表3-1 历次存款准备金率调整对股市的影响

公布日	大型金融机构			中小金融机构			股市
	调整前	调整后	幅度	调整前	调整后	幅度	沪指
2012年5月12日	20.5%	20%	-0.50%	17.00%	16.50%	-0.50%	
2012年2月18日	21%	20.5%	-0.50%	17.50%	17.00%	-0.50%	0.3%
2011年11月30日	21.50%	21%	-0.50%	18%	17.50%	-0.50%	2.29%
2011年06月14日	21%	21.50%	0.50%	17.50%	18%	0.50%	-0.95%
2011年05月12日	20.50%	21%	0.50%	17.00%	17.50%	0.50%	0.95%
2011年04月17日	20%	20.50%	0.50%	16.50%	17.00%	0.50%	0.22%
2011年03月18日	19.50%	20.00%	0.50%	16.00%	16.50%	0.50%	0.08%
2011年02月18日	19.00%	19.50%	0.50%	15.50%	16.00%	0.50%	1.12%
2011年01月14日	18.50%	19.00%	0.50%	15.00%	15.50%	0.50%	-3.03%
2010年12月10日	18.00%	18.50%	0.50%	14.50%	15.00%	0.50%	2.88%
2010年11月19日	17.50%	18.00%	0.50%	14.00%	14.50%	0.50%	-0.15%
2010年11月10日	17.00%	17.50%	0.50%	13.50%	14.00%	0.50%	1.04%
2010年05月02日	16.50%	17.00%	0.50%	13.50%	13.50%	0.00%	-1.23%
2010年02月12日	16.00%	16.50%	0.50%	13.50%	13.50%	0.00%	-0.49%
2010年01月12日	15.50%	16.00%	0.50%	13.50%	13.50%	0.00%	-3.09%
2008年12月22日	16.00%	15.50%	-0.50%	14.00%	13.50%	-0.50%	-4.55%
2008年11月26日	17.00%	16.00%	-1.00%	16.00%	14.00%	-2.00%	-2.44%
2008年10月08日	17.50%	17.00%	-0.50%	16.50%	16.00%	-0.50%	-0.84%
2008年09月15日	17.50%	17.50%	0.00%	17.50%	16.50%	-1.00%	-4.47%
2008年06月07日	16.50%	17.50%	1.00%	16.50%	17.50%	1.00%	-7.73%

续表

公布日	大型金融机构			中小金融机构			股市
	调整前	调整后	幅度	调整前	调整后	幅度	沪指
2008年05月12日	16.00%	16.50%	0.50%	16.00%	16.50%	0.50%	-1.84%
2008年04月16日	15.50%	16.00%	0.50%	15.50%	16.00%	0.50%	-2.09%
2008年03月18日	15.00%	15.50%	0.50%	15.00%	15.50%	0.50%	2.53%
2008年01月16日	14.50%	15.00%	0.50%	14.50%	15.00%	0.50%	-2.63%
2007年12月08日	13.50%	14.50%	1.00%	13.50%	14.50%	1.00%	1.38%
2007年11月10日	13.00%	13.50%	0.50%	13.00%	13.50%	0.50%	-2.40%
2007年10月13日	12.50%	13.00%	0.50%	12.50%	13.00%	0.50%	2.15%
2007年09月06日	12.00%	12.50%	0.50%	12.00%	12.50%	0.50%	-2.16%
2007年07月30日	11.50%	12.00%	0.50%	11.50%	12.00%	0.50%	0.68%
2007年05月18日	11.00%	11.50%	0.50%	11.00%	11.50%	0.50%	1.04%
2007年04月29日	10.50%	11.00%	0.50%	10.50%	11.00%	0.50%	2.16%
2007年04月05日	10.00%	10.50%	0.50%	10.00%	10.50%	0.50%	0.13%
2007年02月16日	9.50%	10.00%	0.50%	9.50%	10.00%	0.50%	1.41%
2007年01月05日	9.00%	9.50%	0.50%	9.00%	9.50%	0.50%	2.49%

2. 利率

利率(或称利息率)是指在借贷期内所形成的利息额与本金的比率,它直接反映的是信用关系中债务人使用资金的代价,也是债权人出让资金使用权的报酬。

从宏观经济分析的角度看,利率的波动反映出市场资金供求的变动状况。在经济发展的不同阶段,市场利率有不同的表现:在经济持续繁荣增长时期,资金供不应求,利率上升;当经济萧条市场疲软时,利率会随着资金需求的减少而下降。除了与整体经济状况密切相关之外,利率还影响着人们的储蓄、投资和消费行为;利率结构影响着居民金融资产的选择,影响着证券的持有结构。

利率可以分为存款利率、贷款利率、国债利率、回购利率、同业拆借利率等。随着市场经济的不断发展和政府宏观调控能力的不断加强,利率特别是基准利率已经成为中央银行一项行之有效的货币政策工具。一般来说,利率下降时,股票的价格就上涨;利率上升时,股票的价格就会下跌。因此,利率的高低以及利率同股票市场的关系,也成为股票投资者据以买进和卖出股票的重要依据:

(1)利率上升时,不仅会增加公司的借款成本,而且还会使公司难以获得必需的资金,这样公司就不得不削减生产规模,而生产规模的缩小又势必会减少公司的未来利润。因此,股票价格就会下降。反之,股票价格就会上涨。

(2)利率上升时,投资者据以评估股票价值所在的折现率也会上升,股票价值因此会下降,从而也会使股票价格相应下降;反之,利率下降时,股票价格就会上升。

(3)利率上升时,一部分资金从投向股市转向到银行储蓄和购买债券,从而会减少市场上的股票需求,使股票价格出现下跌。反之,利率下降时,储蓄的获利能力降低,一部分资金就可能回到股市中来,从而扩大对股票的需求,使股票价格上涨。

上述利率与股价运动呈反向变化是一般情况,我们也不能将此绝对化。在股市发展的历史上,也有一些相对特殊的情形。当形势看好时,股票行情暴涨的时候,利率的调整对股价的控制作用就不会很大。同样,当股市处于暴跌的时候,即使出现利率下降的调整政策,也可能会使股价回升乏力。美国在1978年就曾出现过利率和股票价格同时上升的情形。当时出现这种异常现象主要有两个原因:一是许多金融机构对美国政府当时维持美元在世界上的地位和控制通货膨胀的能力没有信心;二是当时股票价格已经下降到极低点,远远偏离了股票的实际价格,从而使大量的外国资金流向了美国股市,引起了股票价格上涨。在香港,1981 年也曾出现过同样的情形。当然,这种利率和股票价格同时上升和同时回落的现象至今为止也还是比较少见的。

既然利率与股价运动呈反向变化是一种一般情形,那么投资者就应该密切关注利率的升降,并对利率的走向进行必要的预测,以便在利率变动之前,抢先一步对股票买卖进行决策。

对利率的升降走向进行预测,在我国应注意以下几个因素的变化情况:

(1)贷款利率的变化情况。由于贷款的资金是由银行存款来供应的,因此,根据贷款利率的下调可以推测出存款利率必将出现下降。

(2)市场的景气动向。如果市场过旺,物价上涨,国家就有可能采取措施来提高利率水准,以吸引居民存款的方式来减轻市场压力。相反的,如果市场疲软,国家就有可能以降低利率水准的方法来推动市场。

(3)资金市场的银根松紧状况和国际金融市场的利率水准。国际金融市场的利率水准往往也能影响到国内利率水准的升降和股市行情的涨跌。在一个开放的市场体系中是没有国界的,如果海外利率水准低,一方面对国内的利率水准产生影响;另一方面,也会引致海外资金进入国内股市,拉动股票价格上扬。反之,如果海外的利率水准上升,则会发生与上述相反的情形。历次调整利率时间及股市表现如表 3-2 所示。

表 3-2　历次调整利率时间及股市表现一览

数据上调时间	存款基准利率			贷款基准利率			消息公布次日指数涨跌	
	调整前	调整后	调整幅度	调整前	调整后	调整幅度	上海	深圳
2012 年 06 月 08 日	3.50%	3.25%	-0.25%	6.56%	6.31%	-0.25%	—	—
2011 年 07 月 07 日	3.25%	3.50%	0.25%	6.31%	6.56%	0.25%	-0.58%	-0.26%
2011 年 04 月 06 日	3.00%	3.25%	0.25%	6.06%	6.31%	0.25%	0.22%	1.18%
2011 年 02 月 09 日	2.75%	3.00%	0.25%	5.81%	6.06%	0.25%	-0.89%	-1.53%
2010 年 12 月 26 日	2.50%	2.75%	0.25%	5.56%	5.81%	0.25%	-1.90%	-2.02%
2010 年 10 月 20 日	2.25%	2.50%	0.25%	5.31%	5.56%	0.25%	0.07%	1.23%
2008 年 12 月 23 日	2.52%	2.25%	-0.27%	5.58%	5.31%	-0.27%	-4.55%	-4.69%
2008 年 11 月 27 日	3.60%	2.52%	-1.08%	6.66%	5.58%	-1.08%	1.05%	2.29%
2008 年 10 月 30 日	3.87%	3.60%	-0.27%	6.93%	6.66%	-0.27%	2.55%	1.91%
2008 年 10 月 09 日	4.14%	3.87%	-0.27%	7.20%	6.93%	-0.27%	-0.84%	-2.40%
2008 年 09 月 16 日	4.14%	4.14%	0.00%	7.47%	7.20%	-0.27%	-4.47%	-0.89%
2007 年 12 月 21 日	3.87%	4.14%	0.27%	7.29%	7.47%	0.18%	1.15%	1.10%
2007 年 09 月 15 日	3.60%	3.87%	0.27%	7.02%	7.29%	0.27%	2.06%	1.54%
2007 年 08 月 22 日	3.33%	3.60%	0.27%	6.84%	7.02%	0.18%	0.50%	2.80%
2007 年 07 月 21 日	3.06%	3.33%	0.27%	6.57%	6.84%	0.27%	3.81%	5.38%
2007 年 05 月 19 日	2.79%	3.06%	0.27%	6.39%	6.57%	0.18%	1.04%	2.54%
2007 年 03 月 18 日	2.52%	2.79%	0.27%	6.12%	6.39%	0.27%	2.87%	1.59%
2006 年 08 月 19 日	2.25%	2.52%	0.27%	5.85%	6.12%	0.27%	0.20%	0.20%
2006 年 04 月 28 日	2.25%	2.25%	0.00%	5.58%	5.85%	0.27%	1.66%	0.21%
2004 年 10 月 29 日	1.98%	2.25%	0.27%	5.31%	5.58%	0.27%	-1.58%	-2.31%
2002 年 02 月 21 日	2.25%	1.98%	-0.27%	5.85%	5.31%	-0.54%	1.57%	1.40%

中国人民银行自 1996 年 5 月以来的 8 次下调存款利率,到 2002 年 1 年期定期储蓄存款的实际收益率只有 1.58%。股票价格在较长时间内持续上涨的情况下,股票投资的收益率远远高于存款的报酬率,

一部分储蓄存款转化为股票投资，从而加快了储蓄分流的步伐。从我国居民储蓄存款增长率来看，1994年居民储蓄存款增长率45.6%，之后增幅连年下滑，而同一时期股票市场发展迅速，1999年下半年开始，储蓄分流明显加快，到2000年分流达到顶点，同年我国居民储蓄存款增长率仅为7.9%。这一年股票市场也牛气冲天。2001年储蓄分流则明显减缓，增长率14.7%，居民储蓄倾向增强。2001年股市波动性加大，股价持续几个月的大幅回调，则是2001年储蓄分流减缓、居民储蓄存款大幅增加的主要原因之一。

中国人民银行决定，从2004年10月29日起上调金融机构存贷款基准利率，并放宽人民币贷款利率浮动区间和允许人民币存款利率下浮。这是央行9年来首次加息。应该说，仅从加息0.27%而言，的确幅度不大，短期之内对股市的影响也不是很明显。还有不少人认为利空出尽可当作利好，但如果这次加息表明的是一个进入加息周期的信号，就不能忽视对证券市场中长期的影响力，加息对股市的各相关方面还是会产生必然的影响。

3. 再贴现政策

再贴现政策是指中央银行对商业银行用持有的未到期票据向中央银行融资所作的政策规定。它一般包括再贴现率的确定和再贴现的资格条件。

(1)再贴现率主要着眼于短期政策效应，中央银行根据市场资金供求状况调整再贴现率，以影响商业银行借入资金成本，进而影响商业银行对社会的信用量，从而调整货币供给总量。在传导机制上，若商业银行需要以较高的代价才能获得中央银行的贷款，便会提高对客户的贴现率或提高放款利率，其结果就会使信用量收缩，市场货币供应量减少；反之，则相反。

(2)中央银行对再贴现资格条件的规定则着眼于长期的政策效用，以发挥抑制或扶持作用，并改变资金流向。

4. 公开市场业务

在多数发达国家，公开市场业务操作是中央银行吞吐基础货币、调节市场流动性的主要货币政策工具，通过中央银行与指定交易商进行有价证券和外汇交易，实现货币政策调控目标。中国公开市场业务包括人民币操作和外汇操作两部分，我国央行常用的公开市场业务工具主要包括：中央银行票据、回购交易、现券交易等。

(1)中央银行票据

中央银行票据即中国人民银行发行的短期债务凭证。中国人民银行通过发行中央银行票据可以回笼基础货币，中央银行票据到期则体现为投放基础货币。

(2)回购交易

回购交易分为正回购和逆回购两种。正回购为中国人民银行向一级交易商卖出有价证券，并约定在未来特定日期买回有价证券的交易行为。正回购为中国人民银行从市场收回流动性的操作，正回购到期则为中国人民银行向市场投放流动性的操作。逆回购为中国人民银行向一级交易商购买有价证券，并约定在未来特定日期将有价证券卖给一级交易商的交易行为。逆回购为中国人民银行向市场上投放流动性的操作，逆回购到期则为中国人民银行从市场收回流动性的操作。

(3)现券交易

现券交易分为现券买断和现券卖断两种：前者为中国人民银行直接从二级市场买入债券，一次性地投放基础货币；后者为中国人民银行直接卖出持有债券，一次性地回笼基础货币。

3.1.3.2　财政政策

财政政策是除货币以外政府调控宏观经济的另一种基本手段，它是指国家根据一定时期政治、经济、社会发展的任务而规定的财政工作的指导原则，通过财政支出与税收政策来调节总需求，是政府依据客观经济规律制定的指导财政工作和处理财政关系的一系列方针、准则和措施的总称，它是当代市场经济条件下，国家干预经济、与货币政策并重的一项基本手段。

1. 财政政策的手段对证券市场的影响

财政政策手段主要包括国家预算、税收、国债、财政补贴、财政管理体制、转移支付制度等。这些手段可以单独使用，也可以配合协调使用。

(1)国家预算

国家预算是财政政策的主要手段。作为政府的基本财政收支计划,国家预算能够全面反映国家财力规模和平衡状态,并且是各种财政政策手段综合运用结果的反映,因而在宏观调控中具有重要的作用。国家预算收支的规模和收支平衡状态可以对社会供求的总量平衡产生影响。在一定时期内,当其他社会需求总量不变时,财政赤字具有扩张社会总需求的功能,财政采用结余政策和压缩财政支出来减少社会总需求。

国家预算的支出方向可以调节社会总供求的结构平衡。财政投资主要运用于能源、交通及重要的基础产业、设施的建设,财政投资的多少和投资方向直接影响和制约国民经济的部门结构,因而具有造就未来经济结构框架的功能,也有矫正当期结构失衡状态的功能。

(2)税收

税收是国家凭借政治权力参与社会产品分配的重要形式。税收具有强制性、无偿性和固定性的特征,它既是筹集财政收入的主要工具,又是调节宏观经济的重要手段。税制的设置可以调节和制约企业间的税负水平。此外,税收还可以根据消费需求和投资需求的不同对象设置税种或在同一税种中实行差别税率,以控制需求数量和调节供求结构。同时,进口关税政策和出口退税政策对于国际收支平衡具有重要的调节功能。

税收是国家为维持其存在、实现其职能而凭借其政治权力,按照法律预先规定的标准,强制地、无偿地、固定地取得财政收入的一种手段,也是国家参与国民收入分配的一种方式。国家财政通过税收总量和结构的变化,可以调节证券投资和实际投资规模,抑制社会投资总需求膨胀或者补偿有效投资需求的不足。

运用税收杠杆可对证券投资者进行调节。对证券投资者之投资所得规定不同的税种和税率将直接影响着投资者的税后实际收入水平,从而起到鼓励、支持或抑制的作用。一般来说,企业从事证券投资所得收益的税率应高于个人证券投资收益的税率,这样可以促使企业进行实际投资即生产性投资。税收对股票种类选择也有影响。不同的股票有不同的客户,纳税级别高的投资者愿意持有较多的收益率低的股票,而纳税级别低和免税的投资者则愿意持有较多的收益率高的股票。

一般来讲,税征得越多,企业用于发展生产和发放股利的盈余资金越少,投资者用于购买股票的资金也越少,因而高税率会对股票投资产生消极影响,投资者的投资积极性也会下降。他们常会这么想,“与其挣的钱让国家拿走,还不如不挣”。相反,低税率或适当的减免税则可以扩大企业和个人的投资和消费水平,从而刺激生产发展和经济增长。

印花税是与股票市场联系最为密切的税收调节的一种,从普通印花税发展而来,是专门针对股票交易发生额征收的一种税。我国税法规定,对证券市场上买卖、继承、赠与所确立的股权转让依据,按确立时实际市场价格计算的金额征收印花税。我国历次印花税调整情况及对股市的影响见表3-3。

表3-3 历次印花税调整情况及对股市的影响

时间	印花税调整幅度	市场动态
2008年9月19日	证券交易印花税单边征收	沪指当天创史上第三大涨幅,收盘暴涨179.25点,涨幅为9.45%,超过1000只股涨幅超9%
2008年4月24日	从3‰调整为1‰	沪指收报3583点,暴涨304点,涨幅9.29%,创七年来涨幅最高纪录,这也是历史上第二大涨幅
2007年5月30日	从1‰调整为3‰	两市收盘跌幅均超6%,跌停个股达859家,12346亿元市值在一日间被蒸发
2005年1月23日	从2‰调整为1‰	1月24日沪指上涨1.73%
2001年11月16日	从4‰调整为2‰	股市产生一波100多点的波段行情
1999年6月1日	B股交易印花税降低为3‰	上证B指一月内从38点升至62.5点,涨幅高达50%

续表

时间	印花税调整幅度	市场动态
1998年6月12日	从5‰下调至4‰	当日沪指小幅收涨2.65%
1997年5月12日	从3‰上调至5‰	当天形成大牛市顶峰,此后股指下跌500点,跌幅达到30%
1992年6月12日	按3‰税率缴纳印花税	当天指数无剧烈反应,盘整一月后从1100多点跌到300多点,跌幅超70%
1991年10月	深市调至3‰,沪市开始双边征收3‰	大牛市行情启动,半年后上证指数从180点飙升至1429点,升幅高达694%

(3)国债

国债是国家按照有偿信用原则筹集财政资金的一种形式,也是实现政府财政政策、进行宏观调控的重要工具。国债可以调节国民收入的使用结构和产业结构,用于农业、能源、交通和基础设施等国民经济的薄弱部门和瓶颈产业的发展,调整固定资产投资结构,促进经济结构的合理化。政府还可以通过发行国债调节资金供求和货币流通量。

国债对股票市场具有不可忽视的影响,主要体现在以下方面:

第一,国债本身是构成证券市场上金融资产总量的一个重要部分。由于国债的信用程度高、风险水平低,如果国债的发行量较大,会使证券市场风险和收益的一般水平降低。

第二,国债利率的升降变动,严重影响着其他证券的发行和价格。当国债利率水平提高时,投资者就会把资金投入到既安全收益又高的国债上。

因此,国债和股票是竞争性金融资产,当证券市场资金一定或增长有限时,过多的国债势必会影响到股票的发行和交易量,导致股票价格下跌。

(4)财政补贴

财政补贴是国家为了某种特定需要,将一部分财政资金无偿补助给企业和居民的一种再分配形式。我国财政补贴主要包括价格补贴、企业亏损补贴、财政贴息、房租补贴、职工生活补贴和外贸补贴等。

(5)财政管理体制

财政管理体制是中央与地方、地方各级政府之间以及国家与企事业单位之间资金管理权限和财力划分的一种根本制度,其主要功能是调节各地区、各部门之间的财力分配。

(6)转移支付制度

转移支付制度是中央财政将集中的一部分财政资金,按一定的标准拨付给地方财政的一项制度。其主要功能是调整中央政府与地方政府之间的财力纵向不平衡,调整地区间财力的横向不平衡。

总之,财政预算政策、税收政策除了通过预算安排的松紧、课税的轻重影响财政收支的多少,进而影响整个经济的景气外,更重要的是对某些行业、某些企业带来不同的影响。如果财政预算对能源、交通等行业在支出安排上有所侧重,将促进这些行业的发展。同样,如果国家对某些行业、某些企业实施税收优惠政策,诸如减税、提高出口退税率等措施,那么这些行业及其企业就会处于有利的经营环境,其税后利润增加,该行业及其企业的股票价格也会随之上扬。另外,证券投资收入所得税的征收情况也对证券市场具有直接影响。一些新兴市场国家为了加快发展证券市场,在一个时期内免征证券交易所得税,这将加速证券市场的发展和完善。

2. 财政政策的种类对证券市场的影响

财政政策分为扩张性财政政策、紧缩性财政政策和中性财政政策等。实施紧缩财政政策时,过热的经济将会受到控制,证券市场也将走弱,因为这预示着未来经济将减速增长或走向衰退;而实施扩张性财政政策时,将刺激经济发展,证券市场则将走强,因为这预示着未来经济将加速增长或进入繁荣阶段。

具体而言,实施积极财政政策对证券市场的影响有:

(1)减少税收,降低税率,扩大减免税范围

减少税收对证券市场的影响为:增加收入直接引起证券市场价格上涨,增加投资需求和消费支出又

会拉动社会总需求。而总需求增加又反过来刺激投资需求,从而使企业扩大生产规模,增加企业利润。利润增加,又将刺激企业扩大生产规模的积极性,进一步增加利润总额,从而促进股票价格上涨。因市场需求活跃,企业经营环境改善,盈利能力增强,进而降低了还本付息风险,债券价格也将上扬。

(2)扩大财政支出,加大财政赤字

政府通过购买和公共支出增加对商品和劳务的需求,激励企业增加投入,提高产出水平,于是企业利润增加,经营风险降低,使得股票价格和债券价格上升。同时,居民在经济复苏中增加了收入,持有货币增加,景气的趋势更增加了投资者的信心,买气增强,证券市场和债券市场趋于活跃,价格自然上扬。尤其是与政府购买和支出相关的企业将最先、最直接从财政政策中获益,有关企业的股票价格和债券价格将率先上涨。但过度使用此项政策,财政收支出现巨额赤字时,容易导致通货膨胀加剧,物价上涨,使投资者对经济的预期不乐观,反而造成股价下跌。

(3)减少国债发行(或回购部分短期国债)

国债是证券市场上重要的交易券种,国债发行规模的缩减使市场供给量减少,从而对证券市场原有的供求平衡发生影响,导致更多的资金转向股票,推动证券市场上扬。

(4)增加财政补贴

财政补贴往往使财政支出扩大,其政策效应是扩大社会总需求和刺激供给增加,从而使整个证券市场的总体水平趋于上涨,这与紧缩财政政策的经济效应及其对证券市场的影响刚好相反。

3.1.3.3 收入政策

1. 收入政策概述

收入政策是国家为实现宏观调控总目标和总任务,针对居民收入水平高低、收入差距大小在分配方面制定的原则和方针。与财政政策、货币政策相比,收入政策具有更高一层次的调节功能,它制约着财政政策和货币政策的作用方向和力度,而且收入政策最终也要通过财政政策和货币政策来实现。

收入政策目标包括收入总量目标和收入结构目标。收入总量目标着眼于近期的宏观经济总量平衡,着重处理积累和消费、人们近期生活水平改善和国家长远经济发展的关系以及失业和通货膨胀的问题。收入结构目标则着眼于处理各种收入的比例,以解决公共消费和私人消费、收入差距等问题。

收入总量调控政策主要通过财政、货币机制来实施,还可以通过行政干预和法律调整等机制来实施。财政机制通过预算控制、税收控制、补贴调控和国债调控等手段贯彻收入政策。货币机制通过调控货币供应量、调控货币流通量、调控信贷方向和数量、调控利息率等贯彻收入政策。因而,收入总量调控通过财政政策和货币政策的传导对证券市场产生影响。

2. 对证券市场的影响

我国个人收入分配实行以按劳分配为主体、多种分配方式并存的收入分配政策。在以劳动收入为主体的前提下,国家依法保护法人和居民的一切合法收入和财产,鼓励城乡居民储蓄和投资,允许属于个人的资本等生产要素参与分配。

自1979年经济体制改革以来,我国对劳动者个人实行按劳分配原则。农村实行家庭联产承包,企业职工实行按时、按件计酬,还辅以奖金、津贴、补助等分配形式,在经营方式上实行承包制和租赁制。这些措施使劳动者收入有了较大提高。收入的增长带来积累的增加,城乡居民的可自由支配收入增长很快。随着经济的发展,居民的金融投资意识也将逐步增强。而随着居民金融投资意识的增强,就有越来越多的人进入证券市场,购买债券或进行股票投资。

同时,由于对企业放权让利,企业收入也得到较大增长。自1979年以来,对企业分别实行利润留成,利润递增包干,工资总额与利税增长挂钩,第一步、第二步利改税以及利税分流等多项分配制度改革,提高了企业积累和扩大再生产的积极性。随着现代企业制度的建立,企业的积累功能将大大增强。企业积累除用于自我发展外,部分积累较多的企业分别用于银行存款、购买债券、参与实业、合作投资、股权投资和股票投资、期货投资等。

党的“十六大”报告明确了一切合法的劳动收入和合法的非劳动收入都应该得到保护,把过去有关文献中“保护合法收入”的规定具体化和明确化了,并在论述分配制度时突破性地指出:“确立资本、劳动、技术和管理等生产要素按贡献参与分配的原则，完善按劳分配为主体、多种分配方式并存的分配制度”。在我国社会主义初级阶段，存在多种所有制经济和多种分配方式。在多种分配方式中获得的收入，有劳动收入与非劳动收入之别。在公有制经济中根据按劳分配方式获得的收入，国家事业单位以及党、政、军、警等部门的工作者所获得的工资、奖金等都是合法的劳动收入。私营企业和外资企业的职工所获得的工资、奖金等也是合法的劳动收入。个体劳动者的劳动收入同样是合法的。私营企业和外资企业的企业主凭借管理劳动和技术劳动获得的收入，也属于合法的劳动收入。

此外，按要素贡献分配的收入，同样可分为劳动收入和非劳动收入。劳动有狭义、广义之别，这里所讲的劳动要素，是狭义的一般工人的劳动。广义的劳动，还包括科技人员和管理人员的劳动。马克思的“整体劳动”概念，就是广义的劳动。因此，作为生产要素的劳动、技术工作、管理活动的贡献收入，是广义的劳动收入。而作为非劳动生产要素的资本贡献收入，则是非劳动收入。技术作为生产要素的收入可分为三个层次：一是技术劳动收入，二是技术专利转让收入，三是技术入股收入。技术专利有偿转让的收入也是劳动收入，因为科技发明是科技劳动成果。技术入股如果大幅度提高经济效益，则可获得较大的技术股收入。这与资本入股收入相类似，一般属于合法的非劳动收入。

党的“十七大”报告首次提出了“创造条件让更多群众拥有财产性收入”，明确了通过增加群众的财产性收入来分享改革开放成果的方向。通俗地讲，财产性收入就是指家庭拥有的动产（如银行存款、有价证券等）、不动产（如房屋、车辆、土地、收藏品等）所获得的收入。它包括出让财产使用权所获得的利息、租金、专利收入等，财产营运所获得的红利收入、财产增值收益等。财产性收入的增加必然会涉及各种投资，除了实业投资等，还包括投资金融产品，涵盖了储蓄、债券、保险和股票等。

2011 年 3 月，第十一届全国人民代表大会第四次会议政府工作报告明确指出：努力实现居民收入增长和经济发展同步、劳动报酬增长和劳动生产率提高同步，逐步提高居民收入在国民收入分配中的比重，提高劳动报酬在初次分配中的比重，加快形成合理的收入分配格局。城镇居民人均可支配收入和农村居民人均纯收入年均实际增长超过 7%。提高扶贫标准，减少贫困人口。加快完善社会保障制度，进一步提高保障水平。城乡基本养老、基本医疗保障制度实现全覆盖，提高并稳定城乡三项基本医疗保险参保率，政策范围内的医保基金支付水平提高到 70% 以上，全国城镇保障性住房覆盖面达到 20% 左右。

总之，随着社会主义市场经济体制的建立和完善，我国收入分配格局发生了根本性的变化，从而导致了我国民间金融资产大幅度增加，并具有相当规模。这些资产必然要寻找出路、储蓄，或者投资。由于资金分散，直接的实业投资很难普遍进行，大部分投资需借助于金融市场来实现。

民间金融资产的增大、社会总积累向社会分配的趋向，将导致储蓄增加，同时增加证券市场需求，促进证券市场规模的扩大和价格水平的逐步提高。着眼于短期供求总量均衡的收入总量调控，主要通过财政、货币政策来进行，因而收入总量调控通过财政政策和货币政策的传导对证券市场产生影响。

§3.2 行业变动与股票走势

3.2.1 行业及热点行业龙头股

1. 行业的概念

行业，是指从事国民经济中同性质的生产或其他经济社会活动的经营单位、个体等构成的组织结构体系，如林业、汽车业、银行业、房地产业等。

2. 证监会行业分类

中国证监会于 2001 年 4 月 4 日公布了《上市公司行业分类指引》，将上市公司分成 13 个门类，即农、林、牧、渔业，采掘业，制造业，电力、煤气及水的生产和供应业，建筑业，交通运输、仓储业，信息技术业，批发和零售贸易，金融、保险业，房地产业，社会服务业，传播与文化产业，综合类；以及 90 个大类和 288 个中类。

具体的分类结构与代码如下:

A 农、林、牧、渔业,包括:A01 农业,A03 林业,A05 畜牧业,A07 渔业,A09 农、林、牧、渔服务业。

B 采掘业,包括:B01 煤炭采选业,B03 石油和天然气开采业,B05 黑色金属矿采选业,B07 有色金属矿采选业,B09 非金属矿采选业,B49 其他矿采选业,B50 采掘服务业。

C 制造业,包括:C0 食品、饮料,C1 纺织、服装、皮毛,C2 木材、家具,C3 造纸、印刷,C4 石油、化学、塑胶、塑料,C5 电子,C6 金属、非金属,C7 机械、设备、仪表,C8 医药、生物制品,C99 其他制造业。

D 电力、煤气及水的生产和供应业,包括:D01 电力、蒸汽、热水的生产和供应业,D03 煤气生产和供应业,D05 自来水的生产和供应业。

E 建筑业,包括:E01 土木工程建筑业,E05 装修装饰业。

F 交通运输、仓储业,包括:F01 铁路运输业,F03 公路运输业,F05 管道运输业,F07 水上运输业,F09 航空运输业,F11 交通运输辅助业,F19 其他交通运输业,F21 仓储业。

G 信息技术业,包括:G81 通信及相关设备制造业,G83 计算机及相关设备制造业,G85 通信服务业,G87 计算机应用服务业。

H 批发和零售贸易,包括:H01 食品、饮料、烟草和家庭用品批发业,H03 能源、材料和机械电子设备批发业,H09 其他批发业,H11 零售业,H21 商业经纪与代理业。

I 金融、保险业,包括:I01 银行业,I11 保险业,I21 证券、期货业,I31 金融信托业,I41 基金业,I99 其他金融业。

J 房地产业,包括:J01 房地产开发与经营业,J05 房地产管理业,J09 房地产中介服务业。

K 社会服务业,包括:K01 公共设施服务业,K10 邮政服务业,K20 专业、科研服务业,K30 餐饮业,K32 旅馆业,K34 旅游业,K36 娱乐服务业,K37 卫生、保健、护理服务业,K39 租赁服务业,K99 其他社会服务业。

L 传播与文化产业,包括:L01 出版业,L05 声像业,L10 广播电影电视业,L15 艺术业,L20 信息传播服务业,L99 其他传播、文化产业。

M 综合类。

3. 热点行业龙头个股榜

(1)指标股:中国石油、工商银行、建设银行、中国石化、中国银行、中国神华、招商银行、中国铝业、中国远洋、宝钢股份、中国国航、大秦铁路、中国联通、长江电力。

(2)金融、证券、保险:招商银行、浦发银行、民生银行、深发展 A、工商银行、中国银行、中信证券、宏源证券、陕国投 A、建设银行、华夏银行、中国平安、中国人寿。

(3)地产:万科 A、金地集团、招商地产、保利地产、泛海建设、华侨城 A、金融街、中华企业。

(4)航空:中国国航、南方航空、上海航空。

(5)钢铁:宝钢股份、武钢股份、鞍钢股份。

(6)煤炭:中国神华、兰花科创、开滦股份、兖州煤业、潞安环能、恒源煤电、国阳新能、西山煤电、大同煤业。

(7)重工机械:中船股份、中国船舶、三一重工、安徽合力、中联重科、晋西车轴、柳工、振华港机、广船国际、山推股份、太原重工。

(8)电力能源:长江电力、华能国际、国电电力、漳泽电力、大唐发电、国投电力。

(9)汽车:长安汽车、中国重汽、一汽夏利、一汽轿车、上海汽车、江铃汽车。

(10)有色金属:中国铝业、山东黄金、中金黄金、驰宏锌锗、宝钛股份、宏达股份、厦门钨业、吉恩镍业、包头铝业、中金岭南、云南铜业、江西铜业、株冶火炬。

(11)石油化工:中国石油、中国石化、中海油服、海油工程、金发科技、上海石化。

(12)农林牧渔:北大荒、通威股份、中牧股份、新希望、中粮屯河、丰乐种业、新赛股份、敦煌种业、新农开发、冠农股份、登海种业。

(13)环保:龙净环保、菲达环保。

(14)航天军工:中国卫星、火箭股份、西飞国际、航天信息、航天通信、哈飞股份、成发科技、洪都航空。

(15)港口运输:中国远洋、中海海盛、中远航运、上港集团、中集集团。

(16)新能源:天威保变、丰原生化。

(17)中小板:苏宁电器、思源电器、丽江旅游、华星化工、科华生物、大族激光、中捷股份、华帝股份、苏泊尔、七匹狼、航天电器、华邦制药。

(18)电力设备:东方电机、东方锅炉、特变电工、平高电气、国电南自、华光股份、湘电股份。

(19)科技类:歌华有线、东方明珠、综艺股份、中信国安、方正科技、清华同方。

(20)高速类:赣粤高速、山东高速、福建高速、中原高速、粤高速、宁沪高速、皖通高速。

(21)机场类:深圳机场、上海机场、白云机场。

(22)建筑用品:中国玻纤、长江精工、海螺型材。

(23)水务:首创股份、南海发展、原水股份。

(24)仓储物流运输:中化国际、铁龙物流、外运发展、中储股份。

(25)水泥:海螺水泥、华新水泥、冀东水泥。

(26)电子类:晶源电子、生益科技、法拉电子、华微电子、彩虹股份、广电电子、深天马A、东信和平。

(27)软件:用友软件、东软股份、恒生电子、中国软件、金证股份、宝信软件。

(28)超市:大商股份、华联综超、友谊股份、上海家化、武汉中百、北京城乡、大连友谊、新华传媒。

(29)零售:王府井、广州友谊、新华百货、重庆百货、银座股份、益民百货、中兴商业、东百集团、百联股份、武汉中商、西单商场、上海九百。

(30)材料:星新材料、中材国际。

(31)奥运:中体产业、北京城建。

(32)酒店旅游:华天酒店、黄山旅游、峨眉山、丽江旅游、锦江股份、桂林旅游、北京旅游、西安旅游、中青旅游、首旅股份。

(33)酒类:贵州茅台、五粮液、张裕A、古越龙山、水井坊、泸州老窖。

(34)造纸:岳阳纸业、华泰股份、晨鸣纸业。

(35)啤酒:青岛啤酒、燕京啤酒。

(36)家电:佛山照明、青岛海尔、四川长虹、海信电器、格力电器、美的电器、苏泊尔。

(37)特种化工:烟台万华、金发科技、三爱富、华鲁恒升。

(38)化肥:盐湖钾肥、华鲁恒升、沙隆达A、柳化股份、湖北宜化、昌九生化、沧州大化、鲁西化工、沈阳化工。

(39)3G:中兴通讯、大唐电信、中国联通、亿阳信通、高鸿股份。

(40)食品加工:双汇发展、华冠科技、伊利、第一食品、承德露露、安琪酵母、恒顺醋业、上海梅林、维维股份。

(41)中药:马应龙、吉林敖东、片仔癀、同仁堂、天士力、云南白药、千金药业、江中药业、康缘药业、康恩贝、东阿阿胶、九芝堂、中汇医药。

(42)服装:雅格尔、伟星股份、七匹狼、豫园商城。

(43)通信光缆类:长江通信、浙大网新、特发信息、中创信测、东方通信、夏新电子、波导股份、中电广通。

(44)建筑与工程:宝新能源、中材国际、上海建工、中工国际、浦东建设、中色股份、空港股份、安徽水利、隧道股份、腾达建设、新疆城建、路桥建设、中铁二局。

(45)股指期货:厦门国贸、弘业股份、美尔雅。

(46)其他:建发股份、鲁泰A、珠海中富、紫江企业。

(47)参股券商:辽宁成大、吉林敖东、亚泰集团、锦江股份、大众交通、海欣股份。

3.2.2　股票行业板块热点判断

一个股票热点板块形成的过程中,盘面上会形成下列特征:

第一,个股或整个板块成交量明显连续增加。

第二,股价波动连续增大,收盘时经常拉尾市或打尾市,在开盘、中盘时也有此现象出现。

第三,某一板块的股价走势配合换手率的增加,开始由弱转强。大盘下跌时,个股和板块不跌,大盘涨,板块涨势超大盘,该板块可能成为市场热点。

此外,在判断是否为热点板块时,还要注意以下几点:

第一,热点形成的过程就是主力资金介入的过程,热点形成时间越长,持续时间也较长,或持续时间不长但板块股价上升幅度较大。

第二,股市不可能同时出现热点过多板块,如果出现市场同时疯狂炒作的情况,注意大盘是否出现一浪见顶信号。当新热点板块形成时,旧板块热点将进行调整。

第三,热点板块转移过程中,大盘往往有一次较大调整,主力资金机构借机调整持仓结构,进行换股和选择板块的操作。

3.2.3 行业的生命周期与股票走势

行业的生命周期是指行业从初生到衰退的演变过程,它分为四个阶段:初生期、成长期、成熟期、衰退期(见图3-3)。

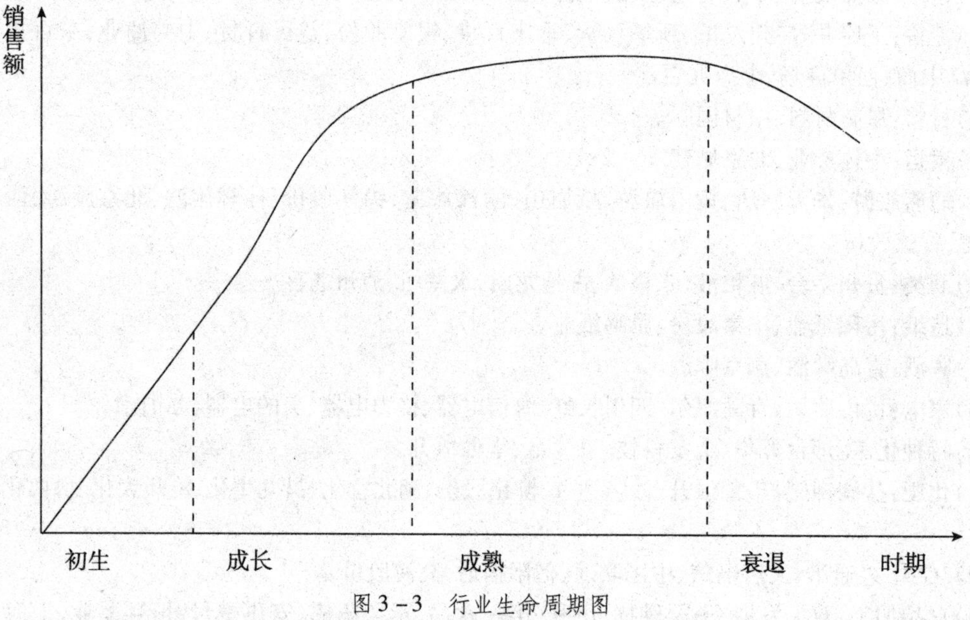

图3-3 行业生命周期图

1. 初生期

在出生期,由于新行业刚刚出现,行业内的企业数量较少。初生期的主要表现为资源配置单一、结构不合理、生产能力小、各种契约关系简单、企业缺少市场知名度、销售额小、资金紧缺。在财务上主要表现为:各种生产要素投入对资金的需求,其决策重点主要是资金的筹集,以筹集到的足够资金来保证企业所需各种资源的及时投入。在这一时期,企业生产经营上的任何差错,都可能直接威胁到企业的生存,直接使企业进入衰退期。由于较高的成本和较小的市场,使得这些企业面临较大的投资风险,但是在初生期后期,随着技术的提高,生产成本的降低和市场的扩大,这类企业会面临较好的发展机遇,因此比较适合投机者。

2. 成长期

进入成长期,随着新行业逐渐得到市场的认可,市场需求也开始提高。由于看好该行业的前景,大量厂商的进入使得产品逐步出现多样化的局面,厂商之间的竞争加剧。这一时期,厂商的利润增长很快,但面临的竞争风险也很大。到了成长期后期,由于优胜劣汰,厂商数量逐渐趋于稳定,销售和利润都保持平稳,受不确定因素的影响较少,行业的波动也较小。此时,投资者蒙受经营失败而导致投资损失的可能性大大降低,分享行业增长带来的收益的可能性大大提高,因此,这个阶段是进行投资的最佳时期。

3. 成熟期

在成熟期,企业资源投入达到一定规模后保持相对稳定水平,人力资源以及各种无形资源在企业的资源配置中占有相当的份额,企业资源结构趋于科学合理,企业的主要业务已经稳定下来,市场份额相对稳定,企业的目标是盈利及盈利与成长的平衡。而厂商之间的竞争手段也从价格手段转向非价格手段,而且由于进入壁垒较高,新厂商很难进入。但是行业的增长已经停滞,只有依靠技术的创新来实现新的增长。当行业进入成熟期后期时,投资者应考虑及时收回投资。

4. 衰退期

衰退期出现在较长的稳定阶段后,由于新产品及大量替代品出现,市场需求减少,产品销量下降,某些厂商开始向其他行业转移资金,整个行业进入生命周期的最后阶段。在衰退阶段,厂商数目减少,市场萎缩,利润率停滞或下降,当正常利润无法维持,或现有投资折旧完毕后,整个行业便逐渐解体。

在进行投资决策时,投资者应充分考虑公司所处的行业生命周期,以选择适合自己的资金和投资期限的行业的公司。

3.2.4 周期性行业与股票走势

1. 周期性行业的概念

周期性行业是指行业的景气度与外部宏观经济环境高度正相关,并呈现周期性循环的行业。周期性行业的特点是产品价格、需求以及产能呈现周期性波动,行业景气度高峰期来临时产品需求上升,价格大涨,为满足突然膨胀的需求,产能大幅度扩张,而在萧条期时则刚好相反。

2. 周期性行业的特征

周期性行业的特征就是产品价格呈周期性波动,产品的市场价格是企业盈利的基础。市场经济条件下,产品价格形成的基础是供求关系,而不是成本,成本只是产品最低价的稳定器,但不是决定的基础。市场经济的特征就是行业投资利润的平均化,如果某一个行业的投资利润率高了,那么就有人去投资,投资的人多了,投资利润率就会下降,如此周而复始。

3. 周期性行业的分类

(1)消费类周期性行业

消费类周期性行业包括房地产、银行、证券、保险、汽车、航空等,它兼具了周期性行业和消费行业的特性,其终端客户大部分是个人消费者(银行还包括企业),虽然品牌忠诚度较低,但仍具有一定的品牌效应。

①银行。银行产品价格相对较稳定,需求波动也较小,其中零售占比大的银行周期性更加弱化。银行业的盈利能力在几个行业中比较稳定,但中国银行业未来将面对利差逐步缩小和可能到来的利率市场化,还有房地产及金融风暴导致大量企业倒闭带来的坏账爆发的可能性。

②房地产。房地产价格和需求虽然波动较大,但波动速度和幅度小于工业品行业,而且产品具有多样性、差异化的特性,某些地区的产品更具有资源垄断的特征。龙头企业具有较好的抗风险能力,行业低谷可以带来低成本并购的机会,行业需求刚性和确定性较高。

③证券。证券业的价格具有相对的稳定性,需求波动性很高。证券业比较特殊的是投资者身处行业,周期转换比较明显,用估值和成交量等指标比较容易判断出行业的拐点。

④保险。保险实际上不属于周期性行业,但由于投资收益的存在,会呈现阶段的强周期性。中国保险主业的高速增长使波动性弱化,如果不是遇上大牛市或大熊市,保险业的周期性并不明显。应该注意的是,在充分竞争的市场环境中保险业是容易发生价格战的行业,为了获得暂时的市场份额和领先地位,可能出现非理性的保单设计,保单大部分都延续数年、数十年,坏的结果可能很长时间后才显现,投资者难以评估其中的风险。现阶段人寿和平安仍然处于寡头垄断竞争的地位,随着政策管制的放宽,众多的外资保险不断进入中国,外资保险市场份额逐步扩大,市场竞争将越来越激烈。

⑤汽车。汽车业车型换代迅速,技术更新较快,属于重资产型企业,行业竞争激烈,对油价敏感,影响利润的因素较多,盈利的判断比较困难。而且,即使景气度高峰期不同,企业的盈利能力各异,且提升幅

度未必很高。因而属于糟时可能很糟,好时未必好的行业。

⑥航空。航空业竞争激烈,恶性价格竞争经常出现(两到三折的价格随处可见),固定成本高昂,资本性开支庞大,运营成本随油价和汇率巨幅波动。航空业的这个行业特性,使其盈利能力低下。

房地产、银行、证券、保险这四个行业与日常生活密切相关,投资者可以比较容易直观地感受行业的冷暖,而且影响盈利的因素比较简单,因而相对更具可预测性,是投资周期性行业较好的选择。而汽车和航空的行业特性,决定了它们是不是好的投资标的。

(2)工业类周期性行业

工业类周期性行业包括有色金属、钢铁、化工、水泥、电力、煤炭、石化、工程机械、航运、装备制造等。这些行业与宏观经济相关度很高,宏观经济复杂多变,基本不可预测,而且产品价格波幅巨大、下跌迅猛,需求变化迅速而且周期长,有时投资者根本没有反应的时间。

工业类周期性行业的产品成本受原材料影响明显,基本上属于重资产型企业,投入产出周期长。行业景气度高峰期,大量的资本支出带来庞大的折旧和摊销,利润对产量的变化极为敏感。行业低谷时规模调整弹性小,影响盈利的不可测因素众多,所以盈利呈现高度的波动性,判断周期拐点的难度也较高。另外,石化、电力、石油等受政府价格管制的行业存在盈利意外下滑的可能性。

同时,工业品行业巨大的波动也带来高收益的机会,只是这种机会不是普通投资者容易把握的。特别是一些长周期行业,如有色金属,踏错节奏也许不是几年而是十几年才能解套。然而正是有色、石油、煤炭、黄金、钢铁这类资源性上游行业,产品单一,同质性强,大宗商品期货市场或商品价格指数对产品价格趋势和行业景气度有直观明确的指导性,根据产品价格区间判断行业拐点更容易。价格指数通常有一定的运行区间,虽然随着时间的推移区间会有所改变,但只要采集足够长周期的数据,就可以得出大概的规律。

此外,上游行业的利润波动性更大,风险也更高。中、下游行业产品种类纷繁复杂,不同历史时期各细分子行业的情况迥异,使行业周期的判断更加困难。由于产品的差异性,没有简单直观的价格指数作为判断依据,因而更依赖宏观经济和各子行业的具体情况。

4. 周期性行业的周期循环

周期性行业的周期循环常常沿着产业链按一定的顺序依次发生,通常复苏始于汽车、房地产、基础设施建设、机械、装备制造等下游行业,然后传导至化纤、非金属矿制品、有色金属冶炼压延、黑色金属冶炼压延等中游的加工制造业,最后是上游的有色、石油、煤炭、石化等行业。衰退也是从下游行业开始,依次传导至中游、上游行业。历史背景不同,周期循环并非简单重复,运行规律也不是一成不变,因而投资者不能简单地套用历史经验对周期拐点进行判断,而应根据经验,具体情况具体分析。

5. 周期性股票

周期性股票是数量最多的股票类型,它是指支付股息非常高(当然股价也相对高),并随着经济周期的盛衰而涨落的股票。这类股票多为投机性的股票,诸如汽车制造公司或房地产公司的股票等,当整体经济上升时,这些股票的价格也迅速上升;当整体经济走下坡路时,这些股票的价格也下跌。

我国典型的周期性行业包括钢铁、有色金属、化工等基础大宗原材料行业、水泥等建筑材料行业、工程机械、机床、重型卡车、装备制造等资本集约性行业。当经济高速增长时,市场对这些行业的产品需求也高涨,这些行业所在公司的业绩改善就会非常明显,其股票就会受到投资者的追捧;而当景气低迷时,固定资产投资下降,对其产品的需求减弱,业绩和股价就会迅速回落。

此外,还有一些非必需的消费品行业也具有鲜明的周期性特征,如轿车、高档白酒、高档服装、奢侈品、航空、酒店等,因为一旦人们收入增长放缓及对预期收入的不确定性增强,都会直接减少对这类非必需商品的消费需求。此外,金融服务业(保险除外)由于与工商业和居民消费密切相关,也有显著的周期性特征。简单来说,提供生活必需品的行业就是非周期性行业,提供生活非必需品的行业就是周期性行业。

与周期性股票对应的是非周期性股票,非周期性股票是那些生产必需品的公司,不论经济走势如何,人们对这些产品的需求都不会有太大变动,食品饮料、交通运输、医药、商业等收益相对平稳的行业就是非周期性产业。

§3.3　公司经营与股票走势

3.3.1　公司的基本要素与股票走势

3.3.1.1　公司行业地位

行业地位分析是公司基本素质分析的首要内容,公司只有确立了竞争优势,并不断通过技术进步和管理能力的提升来保持这种竞争优势,才具有长期投资价值。在大多数行业中,无论其行业平均盈利能力如何,总有一些企业比其他企业具有更强的获利能力。企业的行业地位决定了其盈利能力是高于还是低于行业平均水平,决定了其在行业内的竞争地位。一般而言,衡量公司行业竞争地位的主要指标包括成本优势、市场开拓能力和市场占有率、公司的管理水平、产品的品牌战略、产品的质量优势、技术水平、项目储备以及新产品的开发七个方面。

1. 成本优势

成本优势是指公司的产品依靠低成本获得高于同行业其他企业的盈利能力。在很多行业中,成本优势是决定竞争优势的关键因素,理想的成本优势往往成为同行业价格竞争的抑制力。如果公司能够创造和维持成本领先地位,并创造出与竞争对手价值相等或近似的产品,那么它只要将价格控制在行业平均或接近平均的水平,就能获取优于平均水平的经营业绩。成本优势的来源各不相同,并取决于行业结构。一般来讲,产品的成本优势可以通过规模经济、专有技术、优惠的原材料、低廉的劳动力、科学的管理、发达的营销网络等实现。其中,由资本的集中程度决定的规模效益是决定产品生产成本的基本因素。当公司达到一定的资本投入或生产能力时,根据规模经济的理论,生产成本和管理费用将会得到有效降低。

2. 市场开拓能力和市场占有率

市场占有率是市场开拓能力的体现和结果,只有积极通过各种营销手段争夺现有市场和开发潜在市场,才能扩大市场份额并提高市场占有率。而市场占有率的提高则意味着收益的增加和竞争能力的增强。另外,市场占有率还取决于公司的品牌战略和产品的竞争能力。

3. 公司的管理水平

管理水平高的公司,往往可以在相同条件下获得超过行业平均水平的利润。主要包括对各层次管理人员的素质及管理能力、企业管理风格和经营理念、内部调控机制、人事管理效率等进行分析。

4. 产品的品牌战略

品牌是一个商品名称和商标的总称,可以用来辨别一个卖者或卖者集团的货物或劳务,以便同竞争者的产品相区别。一个品牌不仅是一种产品的标识,而且是产品质量、性能、满足消费者效用可靠程度的综合体现。品牌竞争是产品竞争的深化和延伸,当产业发展进入成熟阶段,产业竞争充分展开时,品牌就成为产品及企业竞争力的一个越来越重要的因素。品牌具有产品所不具有的开拓市场的多种功能:一是品牌具有创造市场的功能,二是品牌具有联合市场的功能,三是品牌具有巩固市场的功能。

5. 产品的质量优势

质量优势是指公司的产品以高于其他公司同类产品的质量赢得市场,从而取得竞争优势。由于公司技术能力及管理等诸多因素的差别,不同公司间相同产品的质量是有差别的。消费者在进行购买选择时,产品的质量始终是影响他们购买倾向的一个重要因素。当一个公司的产品价格溢价超过了其为追求产品的质量优势而附加的额外成本时,该公司就能获得高于其所属行业平均水平的盈利。换句话说,在与竞争对手成本相等或成本近似的情况下,具有质量优势的公司往往在该行业中占据领先地位。

6. 技术水平

技术水平决定了产品的竞争能力,只有拥有了先进的技术水平,才能快速占领市场,在竞争中处于有利的位置。对公司技术水平的评价主要通过以下部分:机械设备、工艺技术、生产专利,以及专业人才和公司每年研发费用的投入数量等等。

7. 项目储备以及新产品的开发

任何产品都是有其生命周期的,只有不断进行产品更新和技术改造,随时能将储备的项目投向市场,才能保持公司的市场份额和在行业中的地位。

3.3.1.2 公司的盈利能力

衡量公司的盈利能力,以及通过分析各种资料对公司将来的盈利能力作出预测,是公司基本素质分析的重要内容之一。具体而言,它包括以下几方面的内容:

第一,要对公司所处行业的发展前景进行分析。通常新兴行业的成长性高,发展速度快,获利能力强。

第二,要分析公司的产品形态,是消费品还是生产资料。生产资料的生产受到经济周期变动的影响较大,其收益的波动要大于消费品生产企业。

第三,要考虑公司的需求形态。如果公司的产品主要以出口为主,那么还要受国际政治经济环境的影响。

第四,要分析公司的生产形态。通常情况下,技术密集型企业和资金密集型企业相对更具备竞争能力。

另外,公司所处的地理区位也很重要,东部地区经济发展速度较快,资本和人才优势明显,因而更有利于公司的发展。

3.3.1.3 公司的经营管理能力

公司的经营管理能力是指公司在企业经营和公司治理方面的能力,包括公司管理人员的素质及能力、公司经营效率、多种经营能力等多个方面。

1. 公司管理人员的素质及能力

公司的经营管理可以分为三个层次,即决策层、管理层和执行层。

(1)决策层

决策层主要指公司的董事会,负责制定公司的重大方针和决策方向。作为决策层,通常需要具备较高的管理技能和丰富的管理经验,具有开拓精神,对新事物和新观念有敏锐的感知能力,以及优秀的组织协调能力。

(2)管理层

管理层主要是贯彻决策层的意图,完成既定的任务和目标,并进行日常事务的管理。管理层应精通与该企业相关的技术知识和管理经验,并有较强的组织能力,善于与上下级沟通及对外交流合作。

(3)执行层

执行层是企业最基础的部门,各项决策和方针的执行最终将落实在执行层上。执行层需要熟练掌握本部门或本岗位的操作程序和操作技术,按时完成工作任务并保证产品质量,同时还要积极提出合理化建议,促进本部门工作效率的进一步提高。

2. 公司经营效率

公司经营效率的高低,直接影响到公司的盈利能力。一般而言,衡量公司经营效率可以从四个方面进行考察:公司生产能力的利用程度是否充分;公司的人均销售额和利润是否高于行业平均水平;公司每单位的设备投资的销售额和利润是否高于行业平均水平;经营管理人员的工作效率和开拓能力。

3. 多种经营能力

如果一个公司的生产经营范围局限于单一领域的话,那么受到经济周期的影响程度相对就会比较大。而如果一个公司能在稳健发展主业的同时,积极实施多元化发展,实行多种经营,就可以减少公司取得收益的不确定性,从而降低经营风险。

提高公司的多种经营能力,一般可以采用两种形式:一是纵向一体化,即向公司的上下游行业进行拓展,以加强对原材料供应的控制能力并扩大产品的销售市场,争取市场份额;二是横向一体化,即向与主业无关的领域拓展,可以在一定程度上减轻经营风险,但由于对新行业的不熟悉,贸然介入的话,往往会面临亏损或微利的尴尬局面,甚至影响到主业的发展,因而要三思而后行。

3.3.2 公司的财务指标与股票走势

在股票市场中,股票发行企业的经营状况是决定其股价的长期、重要因素。而上市公司的经营状况,则通过财务报表反映出来,因此,分析和研究财务统计报表,也就是通常所说的基本分析的部分,就显得尤为重要了。

进行股票投资的投资者在研究如何衡量股价以前,应先了解发行公司财务报表。不论买卖股票的动机,是从事投资还是进行投机;不论从事交易的方式,为长线还是短线交易,至少应知道资产负债表及损益表上面各项数字所代表的涵义。如果能进一步进行简单的财务比率分析,那就更能了解发行公司的营运情况、财务情况及盈利情况了。

从传统股票投资学的定义看,股价即为发行公司"实质"的反映,而了解发行公司的实质,就是它的营运情况、财务情况及盈利情况,最直接最方便的办法,便是从发行公司的财务分析着手。了解发行公司的财务状况和经营成效及其股票价格涨落的影响,是投资者进行决策的重要依据。

股票投资的财务分析,就是投资者通过对股份公司的财务报表进行分析和解释,来了解该公司的财务情况、经营效果,进而了解财务报告中各项的变动对股票价格的有利和不利影响,最终作出投资某一股票是否有利和安全的准确判断。因此,一般认为,财务分析是基本分析的一项重要组成部分,而财务分析最主要的就是针对资产负债表、现金流量表、损益表三大财务报表的分析。

3.3.2.1 资产负债表相关指标与股票走势

1. 现金和现金等价物

(1)含义

现金是指企业的库存现金以及可以随时用于支付的存款,它是我国企业会计中的一个总账账户,在资产负债表中并入货币资金,列作流动资产。

现金等价物是指企业持有的期限短,流动性强,易于变化为已知金额的现金、价值变动风险很小的投资。通常投资日起三个月到期或清偿之国库券、商业本票、货币市场基金、可转让定期存单、商业本票及银行承兑汇票等皆可列为现金等价物。现金等价物虽然不是现金,但其支付能力与现金的差别不大,因而可视为现金。

(2)选股策略

企业经营遇到困难时,现金越多越好,这时最理想的状况是:有大量的现金库存,而几乎没有什么债务,且没有出售股份或资产,同时公司过去一直保持盈利。

2. 存货

(1)含义

存货是指企业在日常活动中持有的以备出售的产成品或商品、处在生产过程中的在产品、在生产过程或提供劳务过程中耗用的材料和物料等,包括在途物资、原材料、在产品、库存商品、发出商品、委托加工物资、周转材料等七大类。

(2)选股策略

对于制造类企业,要查看其在存货增长的同时净利润是否相应增长。存货在某些年份迅速增加,而其后又迅速减少的制造类公司,很可能处于高度竞争、时而繁荣、时而衰退的行业,其中没有任何一家公司能让人变得富有。

3. 应收账款

(1)含义

是指企业对外销售商品、材料以及提供劳务而应向购货方或接受劳务方收取的款项,包括企业在销售过程中代购货方垫付的包装费用、运杂费用以及应向购货方收取的增值税款。

(2)选股策略

如果一家公司持续显示出比其竞争对手更低的应收账款占总销售的比率,那么它很可能具有某种相对竞争优势。

4. 流动比率与速动比率

(1)含义

流动比率,也称营运资金比率或真实比率,是指企业流动资产与流动负债的比率。速动比率是指速动资产对流动负债的比率,它是衡量企业流动资产中可以立即变现用于偿还流动负债的能力。流动比率和速动比率都是反映企业短期偿债能力的指标。

(2)选股策略

一般说来,流动比率与速动比率越高,说明企业资产的变现能力越强,短期偿债能力亦越强;反之则弱。一般认为,流动比率应在2:1以上,速动比率应在1:1以上。

需要说明的是,不同行业经营情况不同,其流动比率和速动比率的正常标准会有所不同。应当说明的是,这两个比率并非越高越好。流动比率过高,即流动资产相对于流动负债太多,可能是存货积压,也可能是持有现金太多,或者两者兼而有之;速动比率过高,即速动资产相对于流动负债太多,说明现金持有太多。企业的存货积压,说明企业经营不善,存货可能存在问题;现金持有太多,说明企业不善理财,资金利用效率低下。

5. 无形资产

(1)含义

无形资产是指企业拥有或者控制的没有实物形态的可辨认非货币性资产。

(2)选股策略

如果发现其他人所不能发现的资产负债表之外的无形资产,那就是优秀公司的持续性竞争优势,以及由此产生的长期盈利能力。

6. 资产回报率

(1)含义

资产回报率是指公司的年度盈利除以总资产值的比值,用来评估公司相对其总资产值的盈利能力。

(2)选股策略

大多数分析师认为资产回报率越高越好,事实上并非如此,过高的资产回报率可能暗示这个公司的竞争优势在持续性方面是脆弱的。

7. 短期贷款

(1)含义

短期贷款是指贷款期限在一年以内(含一年)的贷款,一般用于借款人生产、经营中的流动资金需要。短期贷款的币种包括人民币和其他国家、地区的主要可兑换货币。短期流动资金贷款的期限一般在六个月左右,最长不超过一年。一般短期贷款只能办理一次展期,展期不能超过原定期限。

(2)选股策略

当投资于金融机构时,通常应回避那些短期贷款比长期贷款多的公司。

8. 长期贷款

(1)含义

长期贷款是指贷款期限在五年(不含五年)以上的贷款。

(2)选股策略

好公司通常负担很少的长期贷款或压根没有长期贷款。这是因为这些公司具有超强的盈利能力,当需要扩大生产规模或进行企业并购时,它们完全有能力自我融资。一般而言,它们的充足的盈余能在3~4年时间内偿还所有长期债务。

9. 债务股权比率

(1)含义

债务股权比率是衡量公司财务杠杆的指标,即显示公司建立资产的资金来源中股本与债务的比例,计算方法为将公司的长期债务除以股东权益。也有部分投资者在计算时,只采用需要支付利息的长期债务,而不采用总负债。债务股权比率可用来显示在与股东权益相比时,一家公司的借贷是否过高。

(2)选股策略

越是好公司,盈利能力越强,股东权益较高,总债务较低。除非你是在寻找金融机构,债务股权比率低于0.8较好,越低越好。

10. 留存收益

(1)含义

留存收益是指企业从历年实现的利润中提取或留存于企业的内部积累,它来源于企业的生产经营活动所实现的净利润,包括企业的盈余公积和未分配利润两个部分,其中盈余公积是有特定用途的累积盈余,未分配利润是没有指定用途的累积盈余。

(2)选股策略

公司留存收益的增长率是判断公司是否得益于某种持续性竞争优势的一项好指标。原因很简单:公司留存的收益越多,它的留存收益增长就越快,而这又将提高公司未来收益的增长率。

11. 财务杠杆

(1)含义

财务杠杆是指由于债务的存在而导致普通股每股利润变动大于息税前利润变动的杠杆效应,它是企业利用负债来调节权益资本收益的手段。

(2)选股策略

财务杠杆的股票的影响是负债和优先股筹资在提高企业所有者收益中所起的作用,是以企业的投资利润与负债利息率的对比关系为基础的:①投资利润率大于负债利息率,此时企业盈利,企业所使用的债务资金所创造的收益(即息税前利润)除债务利息之外还有一部分剩余,这部分剩余收益归企业所有者所有;②投资利润率小于负债利息率,企业所适应的债务资金所创造的利益不足支付债务利息,对不足以支付的部分企业便需动用权益性资金所创造的利润的一部分来加以弥补。这样便会降低企业使用权益性资金的收益率。由此可见,当负债在全部资金所占比重很大,从而所支付的利息也很大时,其所有者会得到更大的额外收益,若出现投资利润率小于负债利息率时,其所有者会承担更大的额外损失,从而直接影响到市场对公司股票的估值。

12. 股东权益回报率

(1)含义

股东权益回报率等于净利润除以股东权益,它是衡量股票投资者回报的重要指标。

(2)选股策略

有时公司的股东权益会显示为负数,需要注意的是,那些濒临破产的公司股东权益也为负数。如果公司显示出一贯强劲的净利润,但却拥有负的股东权益,那么该公司可能是一家具有持续性竞争优势的公司。所以要记住:高股东权益回报率意味着"近玩",而低股东权益回报率意味着"远观"。

3.3.2.2 现金流量表相关指标与股票走势

1. 资本开支

(1)含义

资本开支是指购买厨房和设备等长期资产的现金或现金等价物的支出。

(2)选股策略

一般而言,较好公司的资本开支占净利润的比率都非常小。如果一家公司将净利润用于资本开支的比例一直保持在50%之下,那么它就是具有持续竞争优势的公司。如果该比例保持低于25%的水平,那么这家公司就很可能具有与之有利的持续性竞争优势。

2. 回购股票

(1)含义

回购股票是指上市公司利用现金等方式,从股票市场上购回本公司发行在外的一定数额股票的行为。一般来说,公司在股票回购完成后可以将所回购的股票注销。

(2)选股策略

一个公司具有持续性竞争优势的特征之一是公司曾经回购过自身股票。通过使用公司多余的资金用于回购股票,会减少流通股数量,从而提高每股收益,最终导致公司股票价格上涨。在现金流量表上仔细查看其投资活动产生的现金流,可以看到名为“发行(回购)股票,净值”的一个账户,该账户列出了公司发行和回购股票的净额。如果一家公司每年都进行股票回购,那么很可能这是一家具有持续性竞争优势的公司,因为只有这样的公司才有充裕的资金从事股票回购。

3.3.2.3 损益表相关指标与股票走势

1. 毛利率

(1)含义

毛利率是指毛利占销售收入的百分比,其中,毛利是销售收入与销售成本的差额。

(2)选股策略

只有具备某种可持续性竞争优势的公司才能在长期运营中一直保持盈利,尤其是毛利率在40%及以上的公司,这可以根据该公司在过去10年的年毛利率来判断。

2. 销售费用及一般管理费用占销售收入的比例

(1)含义

销售费用是指企业在销售产品、自制半成品和工业性劳务等过程中发生的各项费用,包括由企业负担的包装费、运输费、装卸费、展览费、广告费、租赁费(不包括融资租赁费),以及为销售本企业产品而专设的销售机构的费用,包括职工工资、福利费、差旅费、办公费、折旧费、修理费、物料消耗和其他经费。

(2)选股策略

销售费用及一般管理费用越少越好,一般而言,其占销售毛利的比例保持在30%以下最好。

3. 研发开支

(1)含义

研发开支是指企业在产品、技术、材料、工艺、标准的研究、开发过程中产生的各项费用。

(2)选股策略

在选股时,要注意回避那些必须经常花费巨额研发开支的公司,尤其是高科技公司。巨额研发一旦失败,其长期经营前景将受到很大影响,这意味着公司业务未来长期不稳定,持续性不强。

4. 折旧费用

(1)含义

折旧费用是指企业所拥有的或控制的固定资产按照使用情况计提的折旧费用。

(2)选股策略

一般具有持续性竞争优势的公司,相对于那些陷入过度竞争困境的公司而言,其折旧费占毛利率的比例较低。

5. 利息费用

(1)含义

利息费用是指企业短期借款利息、长期借款利息、应付票据利息、票据贴现利息、应付债券利息、长期应付引进国外设备款利息等利息支出(除资本化的利息外)减去银行存款等的利息收入后的净额。

(2)选股策略

具有持续性竞争优势的公司几乎不需要支付利息,甚至没有任何利息支出。在消费品类领域,具有持续竞争优势的公司,其利息支出均小于其营业利润的15%。

6. 税前利润

(1)含义

税前利润是指将所有费用开支扣除之后,在所得税被扣减之前的利润。

(2)选股策略

税前利润主要是用于在同等条件下,将一家公司或投资与另一项投资进行比较。同时,税前利润也是计算投资回报率常用的一个指标。

7. 净利润

(1)含义

净利润是指在利润总额中按规定交纳了所得税以后公司的利润留存,一般也称为税后利润或净收入。

(2)选股策略

在选股时,需要考虑的因素有:净利润是否能保持长期增长态势;净利润占总收入的比例是否明显高于它们的竞争对手;净利润是否一直保持在总收入的20%以上。

8. 每股收益

(1)含义

每股收益指税后利润与股本总数的比率。

(2)选股策略

一般而言,10年的每股收益数据足以让我们明确判断出公司是否具有长期竞争优势,同时用于筛选那些每股收益连续10年或者10年以上都表现出持续上涨态势的公司。

3.3.2.4　财务指标选股的十二大法则

1. 家底厚

考察一个人家里是否有足够的物质基础,比如是否有房有车,我们可作如下分析:假如他有一座别墅,有高级轿车,各种资产很多,你就会认为他有较好的物质条件。但是如果他的房子是贷款买的,还要还贷款付月供,车是业务需要租来的。也就是说他资产多,但负债占很大比例,自有资产很少,那么他的家底就大打折扣了。

以上就是会计里的"资产负债表"及其所描述的内容。它告诉我们,一个人、一个家庭或一个企业所能运用的全部资产有多少,其中多少是负债,多少是自有资产(净资产)。也就是说,资产=负债+净资产。通过这张会计报表,就能知道其家底的情况。

据此,具体到选股时,可参考的财务指标有:(1)股本,也就是注册资本或股份总数;(2)每股公积金,即全部资本公积金除以总股本;(3)每股未分配利润,即历史积累下来的收益。最好是股本大小适中,每股公积金和每股未分配利润越大越好。

2. 收入高

考察完家底,还要考察他是否能赚钱。如果家底好,但是个败家子,那也不行;如果家底一般,但他很能赚钱,那也还行。所以,就要看他的收入怎么样。比如,他开了一家饭店,生意很红火,每年的收入很高。收入扣掉成本、费用并交完所得税后,还有很高的净利润。那就说明他能赚钱。

以上就是会计里的"利润表"及其所描述的内容。利润表也就是按照这样的顺序记账的:收入(这是利润之源)-成本(如原材料、工人工资)-费用(如广告费等销售费用、管理层工资等管理费用、贷款利息等财务费用)+营业外收入(如政府补贴、彩票中奖等意外之财)-营业外支出(如丢失钱包的意外损失)-所得税=净利润。通过这张表,就能知道收益怎么样。

据此,具体到选股,可参考的财务指标有:(1)每股收益,即净利润除以总股本;(2)每股收益扣除,即扣除非经常性的、非经营性的损益后的每股收益。如果它明显小于每股收益,就说明其净利润里掺杂的有过多的非经营性收益,以防因此高估公司的盈利能力。

3. 质量高

考察完收入,还应该考察一下他的收入的质量怎么样。比如,他饭店的收入很高,但收到的都是些"白条",没有收到现金。那这种收入的质量就不高。所以还要看他是否赚到了真金白银。

以上是会计里的"现金流量表"及其所描述的内容。现金为王,通过这张表,你能知道收益质量怎么样。

据此,具体到选股时,可参考的财务指标有:每股经营活动现金流量净额,即报表里的经营活动现金流量净额除以总股本,并要求其和每股收益进行对比,越高越好,且不能长期为负。

也许有人会问收入和现金的区别,这是没有完全理解"利润表"和"现金流量表"各自作用的缘故。以一个简单的经济活动为例,比如:本年度销售良好,每月销售20万元货物,客户约定明年1月1日统一付款。

对于这个经济活动,在"利润表"里记录:本年度销售收入240万元。即每月销售20万,12个月就是240万。已经发货并取得了收款权利,即可算为收入。

在"现金流量表"里记录:本年度一分钱没有收到,第二年1月1日收到现金240万元。

在"资产负债表"里记录:本年度"应收账款"为240万元。(因为今年销售的产品尚未收到用户付款。)

这样我们就能知道,今年销售还不错,但是尚未收到现金。因此,如果只看"现金流量表",只把现金当收入,那么就会误认为去年一年没有任何绩效,销售为0,今年1月1日当天,销量剧增。这显然是片面的、不真实的。虽然本年的销售暂时没有收到现金,但却不能说今年没有绩效销售为0,并因此完全否定今年的工作。所以,我们既要看"现金流量表",也要看"利润表"。

通过"利润表",我们要把属于当期的收入,记录在当期,而无论是否收到现金,这正是为了真实客观地反映经济活动。现金的情况,可以在"现金流量表"里记录和查看。只有二者结合,才能更加全面地了解企业的经营情况。

所以,"收入"和"净利润",可以是没有收到现金的。也正因为此,我们才需要同时看一下现金流量表的现金流情况。如果收入高,同时收到了现金,那就是很好的情况。但如果收入一直高,但多年都未收到现金,比如饭店的"白条"越来越多,但要账很多年都收不回来现金,那就要当心白条成为坏账损失的风险了。

4. 效率高

虽然赚了净利润,但还要和投入相比较,才能确定效率如何。比如,甲投入100万元(净资产),每年盈利10万元(净利润),与投入相比,他的"净资产收益率"有10%;而乙每年也盈利10万元(净利润),但要为此投入1000万元(净资产),其"净资产收益率"就是1%。

显然,如果只比较每年的盈利数额,并不能确定谁更有赚钱能力。而且,像乙这样"净资产收益率"只有1%的水平,那还不如把钱存到银行吃利息多。这样的盈利能力和效率,实在太低。所以,如果把钱交给这样低效的企业,那就是浪费资源了。如果一直是这种低效的盈利能力,那么这样的企业盈利越多、增长越快,其实也就相当于越败家了。

所以,我们不能只看收入和净利润总数,一定要与投入相比,确定效率。净资产收益率=净利润÷净资产。也就是说,净资产收益率越高,效率就越高,也就越好。为大家所熟知的股神巴菲特一般都要求不低于15%的净资产收益率。

据此,具体到选股时,可参考的财务指标有:(1)净资产收益率ROE;(2)投资资本报酬率ROIC(把净资产和负债的投入放在彼此相当的位置上,以综合考量企业使用全部投资资本的收益率,而不管资本的来源是什么。一般来说,该指标越高越好)。

5. 风险低

我们不能只看收益,同时还要看风险。只有高收益、低风险才是最好。

一般来说,企业可以通过借钱(如银行贷款)来做生意。只要借款利息小于通过借款赚的净收益就划算。所以,可以通过过多的负债,来推高它的净资产收益率。

但债务是要还的,利息是固定的,经营好的时候还行,一旦遇到经营风险,债务负担会让企业雪上加霜甚至破产。所以,高负债无疑是一种潜在的风险因素。而负债率较低、盈利较好的企业,不仅安全性较高,也表明企业财务上有运用财务杠杆的余地。

据此,具体到选股时,可参考的财务指标有资产负债率等。

6. 成长性强

在确保了收益、收益质量、收益效率和低风险后,还应当关注其业绩增长情况,增长越快,创造的价值也就越高。

而对于是否有成长性，可以从会计报表里看数据、找证据。如果今年前三季度的收入比去年同期高，说明“同比”在增长；如果今年第三季度比今年第二季度的收入高，说明“环比”在增长。如果从报表里找不到以上迹象，那么就很难确信它在增长或成长。

据此，具体到选股时，可参考的财务指标有：收入同比增长率，净利润同比增长率，经营现金流净额同比增长率，收入环比增长率，净利润环比增长率，经营现金流净额环比增长率。

7. 潜力足

企业增长的潜力也可以从财务报表中提前预知。比如，如果“现金流量表”里的“经营活动现金流量净额”大增，就说明企业收到的现金大增，这往往预示着企业经营的景气度趋强。而如果“资产负债表”里的“预收款项”大增，则说明企业的产品在市场上很抢手，企业产品很强势有定价权，以至于需要买方先交预付款才能有份。卖方先收到“预收款项”，待完成发货后，“预收款项”才能转化为“收入”和“利润”。所以，“预收款项”可以认为是利润的蓄水池，当然是越多越好。

据此，具体到选股时，可参考的财务指标有预收款项，一般越大越好，增幅越高越好。此外，还可以对比每股经营活动现金流量净额与每股收益，前者越高越好。

8. 空间大

关于企业经营的产品（或业务）的利润空间，到底是很薄还是很厚，可以根据“销售毛利率”这一指标来判断。

比如甲开的饭店，一个月收入10万元，但成本有5万元。收入扣掉这些成本，那其“毛利”就剩下5万元了，则其“销售毛利率”就是50%。很显然，在相同情况下，销售毛利率越高越好，厚利多销肯定比薄利多销要好得多，其抗经济风险与波动的空间也大。

很多顶级品牌，如茅台酒、东阿阿胶等，这些产品与其他同类公司的产品相比成本差不多，但它们却售价高且不断提价，而销量不仅不受影响甚至不降反增，这样的产品，销售毛利率就高。总之，“销售毛利率”高，说明产品好。

据此，具体到选股时，可参考的财务指标有销售毛利率。此外，还可以观察毛利率同比和环比变化情况，提高为好，下降则要警惕。

9. 管理佳

两个产品同样的销售毛利率，但是甲花了大量的广告费，乙没做广告，显然甲最终的净利润就更多。也就是说，除了成本，还有其他费用（如广告费等销售费用、管理层工资等管理费用、贷款利息等财务费用）。只有成本低（毛利率高）、费用低（净利率也高），才是最佳选择。

销售净利率＝（收入－成本－费用）÷收入。因此，“销售净利率”高，说明费用低、管理好。

此外，前面提到的“净资产收益率”如果能长期保持高且稳定，也能充分说明企业管理上的高效率。因为企业盈利后资产就增加了，只有增加资产才能创造相应的收益，而不是把赚来的钱挥霍在不能产生效益的乱投入上，其净资产收益率才能保持不变，否则就会降低。因此“净资产收益率”长期高且稳定，也是一个企业管理优秀的突出表现。

据此，具体到选股时，可参考的财务指标有销售净利率。此外，还可以观察净利率同比和环比变化情况，提高为好，下降则要警惕。同时，还可以观察净资产收益率连续多年的稳定性。

10. 现金足

如果满足了上面的全部条件：家底厚、收入高、质量高、效率高、风险低、成长性强、潜力足、空间大、管理佳，那是否就能确认这是一个好公司了呢？仍然不能。比如，一个人开的饭店，每年赚了很多真金白银的净利润。但是第二年，他还需要把这些钱全部再投入到饭店的装修改进上，否则就落伍了，人们就不来了，就无法维持了。以此类推，年年如此。那么，就相当于每年都从头再来，最终也没赚到钱。

所以，我们要的是那种后续不需要很多再投入就能维持正常运转和发展的公司，是那种每年赚的钱，都能随时自由地拿走消费，而不会影响公司正常运转和发展的公司。这种能自由使用的钱才是真的钱，会计上称之为“自由现金流”。

自由现金流 = 经营活动现金流量净额 - 资本支出。资本支出,就是为维持正常运转和发展所需要进行的支出,如装修场地、更新设备等。显然,自由现金流的多寡是衡量一个企业好坏的重要参考。

据此,具体到选股时,可参考的财务指标有:(1)自由现金流量;(2)每股股东自由现金流量;(3)每股企业自由现金流量。均为越高越好。

11. 壁垒高

从报表看,以上条件都符合的两个公司,就一样好吗?未必。一个现在很好但明年就倒闭的公司,肯定不如年年都好的百年老店更值钱。所以,我们还要衡量其是否能长久,也就是说,所投的这个公司或生意是竞争者很难进入与我竞争的,也就是壁垒很高,建立起很高的城墙,别人随便攻都攻不破,这是判断要不要投一个公司时非常重要的标准之一。总之,一个不能持有10年的公司,也就不值得你持有10分钟。

12. 估值优

通过上面程序筛选出了好公司,但是如果为之支付远远高于其价值的过高买价,也是很难得到良好投资回报的。因此,我们需要对公司整体(及其每股股份)进行价值评估(简称"估值")。

估值在思路上也是很简单的,方法就是折现法,即先估算出该公司未来能赚多少钱,再按一个合适的利率把未来的钱折现到现在。

在进行折现时,折现率一般采用当前的市场利率,如同样期限的贷款利率等;或用资金的实际成本作为折现率。用一个公式概括上述折现的过程,即:

PV = C/(1 + r)^t(注:^t 是次方)

其中:PV = 现值,C = 期末金额,r = 贴现率,t = 投资期数。

从上述公式中,可以知道:在保证效率的前提下,未来的净收益及净收益增长率如果增大,则公司价值提高,从而股价也理应提高。所以结论是:相同情况下,如果未来净收益多、成长高,那么该公司(及其每股)的价值就提高,正常情况下股价也能上升。长期看,股价与公司业绩正相关。

只要理解了这个简单的估值思路,那就能初步给很多公司进行估值了。投资者可以据此估算一个公司未来的净收益,然后折现到现在就知道该公司及股票值多少钱了。具体上,可以估算该公司未来每年的净收益,比如第二年、第三年……第十年等。然后把未来每年的净收益分别折算到现在,再加总一下,就是该公司现在的价值。净收益,可以采用前面介绍过的"自由现金流"。这种方法也称为"现金流折现法",简称DCF模型。同时,这也是巴菲特认为唯一正确的估值方法。

第4章 实战操作

§4.1 新手如何看盘

4.1.1 新手必知的看盘术语

1. 公开发行

公开发行，又称公募，是指发行人通过中介机构向不特定的社会公众广泛地发售证券。

2. 溢价发行

溢价发行是指发行人按高于面额的价格发行股票，因此可使公司用较少的股份筹集到较多的资金，同时还可降低筹资成本。

3. 一级市场

一级市场指股票的初级市场也即发行市场，在这个市场上投资者可以认购公司发行的股票。通过一级市场，发行人筹措到了公司所需资金，而投资人则购买了公司的股票成为公司的股东，实现了储蓄转化为资本的过程。一级市场的特点主要有：发行市场是一个抽象市场，其买卖活动并非局限在一个固定的场所；发行是一次性的行为，其价格由发行公司决定，并经过有关部门核准；投资人以同一价格购买股票。

4. 二级市场

二级市场是指流通市场，是已发行股票进行买卖交易的场所。二级市场的主要功能在于有效地集中和分配资金，促进短期闲散资金转化为长期建设资金；调节资金供求，引导资金流向，沟通储蓄与投资的融通渠道；二级市场的股价变动能反映出整个社会的经济情况，有助于抽调劳动生产率和新兴产业的兴起；维持股票的合理价格，交易自由、信息灵通、管理缜密，保证买卖双方的利益都受到严密的保护。已发行的股票一经上市，就进入二级市场。投资人根据自己的判断和需要买进和卖出股票，其交易价格由买卖双方来决定，投资人在同一天中买入股票的价格是不同的。

5. 无形市场

无形市场是相对于有形市场而言的，它不设交易大厅作为交易运行的组织中心，投资者利用证券商与交易所的电脑联网系统，可直接将买卖指令输入交易所的撮合系统进行交易。投资者委托买卖、成交回报、股份资金的交割，均通过证券商与交易所的电脑联网系统实现。

6. 开市价

开市价又称开盘价，是指某种证券在证券交易所每个交易日开市后的第一笔买卖成交价格。

7. 收市价

收市价又称收盘价，是指某种证券在证券交易所每个交易日里的最后一笔买卖成交价格。

8. 最高价

最高价是指某种证券在每个交易日从开市到收市的交易过程中所产生的最高价格。

9. 最低价

最低价是指某种证券在每个交易日从开市到收市的交易过程中所产生的最低价格。

10. 市盈率

市盈率又称股份收益比率或本益比率,是股票市价与其每股收益的比值,计算公式是:市盈率 = 当前每股市场价格 ÷ 每股税后利润。

11. 换手率

换手率也称周转率,指在一定时间内市场中股票转手买卖的频率,也是反映股票流通性强弱的指标之一,其计算公式为:周转率(换手率) = 某一段时期内的成交量 ÷ 发行总股数 × 100%。

12. 做收盘

(1)收盘前瞬间拉高

在全日收盘前半分钟(14:59)突然出现一笔大买单,把股价拉至很高位。由于庄家资金实力有限,为节约资金而能使股价收盘收在较高位或突破具有强阻力的关键价位,尾市"突然袭击",瞬间拉高。假设某股10元,庄家欲使其收在10.8元,若上午就拉升至10.8元,为把价位维持在10.8元高位至收盘,就要在10.8接下大量卖盘,需要的资金必然很大,而尾市偷袭由于大多数人未反应过来,反应过来也收市了,无法卖出,庄家因此达到目的。

(2)收盘前瞬间下砸

在全日收盘前半分钟(14:59)突然出现一笔大卖单,把股价砸至很低位,其目的是使日K形成光脚大阴线,或十字星,或阴线等较"难看"的图形,使持股者恐惧而达到震仓的目的;使第二日能够高开并大涨而跻身升幅榜,吸引投资者的注意;操盘手把股票低价位卖给自己或关联人。

13. 做开盘

(1)瞬间大幅高开

开盘时以涨停或很大升幅高开,瞬间又回落。突破了关键价位,庄家不想由于红盘而引起他人跟风,故做成阴线,也有震仓的效果。试盘动作,试上方抛盘是否沉重。

(2)瞬间大幅低开

开盘时以跌停或很大跌幅低开。目的是为了出货或收出大阳使图形好看。

14. 盘中瞬间大幅拉高或打压

(1)瞬间大幅拉高

盘中以涨停或很大升幅一笔拉高,瞬间又回落。其目的是试盘,试上方抛盘是否沉重。

(2)瞬间大幅打压

盘中以跌停或很大跌幅一笔打低,瞬间又回升。其目的是试盘,试下方接盘的支撑力及市场关注度或做出长下影,使图形好看,吸引投资者。

15. "钓鱼线"

在个股当日即时走势中,开始基本保持某一斜率地上行,之后突然直线大幅跳水,分时图上形成类似一根渔竿及垂钓的渔线的图形。此为庄家对倒至高位,并吸引来跟风盘后突然减低好几个价位抛出巨大卖单所至,此时若接盘不多,出不了多少,可能庄家仍会把股价拉回去,反之则一泄千里。

16. 长时间无买卖

由于庄家全线控盘或多数筹码套牢在上方,又无买气,所以该股长时间无买卖。

17. 在买盘处放大买单

这种情况往往是庄家资金不雄厚的表现。庄家企图借此吸引散户买入,把价位拉高。庄家若欲建仓,并大幅拉高,隐蔽还来不及,怎么露出真正意图。

18. 普通股

普通股是指在公司的经营管理和盈利及财产的分配上享有普通权利的股份,代表满足所有债权偿付要求及优先股东的收益权与求偿权要求后对企业盈利和剩余财产的索取权。它构成公司资本的基础,是股票的一种基本形式，也是发行量最大，最为重要的股票。目前在上海和深圳证券交易所中交易的股票，都是普通股。

普通股股票持有者按其所持有股份比例享有以下基本权利：

(1)公司决策参与权。普通股股东有权参与股东大会，并有建议权、表决权和选举权，也可以委托他人代表其行使股东权利。

(2)利润分配权。普通股股东有权从公司利润分配中得到股息。普通股的股息是不固定的，由公司盈利状况及其分配政策决定。普通股股东必须在优先股股东取得固定股息之后才有权享受股息分配权。

19. 优先股

优先股是相对于普通股而言的。主要指在利润分红及剩余财产分配的权利方面，优先于普通股。优先股有两种权利：

(1)在公司分配盈利时，拥有优先股票的股东比持有普通股票的股东分配在先，而且享受固定数额的股息，即优先股的股息率都是固定的。普通股的红利却不固定，视公司盈利情况而定，利多多分，利少少分，无利不分，上不封顶，下不保底。

(2)在公司解散，分配剩余财产时，优先股在普通股之前分配。

20. 绩优股

绩优股是指那些业绩优良，但增长速度较慢的公司的股票。这类公司有实力抵抗经济衰退，但这类公司并不能给你带来振奋人心的利润。因为这类公司业务较为成熟，不需要花很多钱来扩展业务，所以投资这类公司的目的主要在于拿股息。另外，投资这类股票时，市盈率不要太高，同时要注意股价在历史上经济不景气时波动的记录。

21. 热门股

热门股是指交易量大、流通性强、股价变动幅度较大的股票。

22. 成长股

成长股是指这样一些公司所发行的股票，它们的销售额和利润额持续增长，而且其速度快于整个国家和本行业的增长。这些公司通常有宏图伟略，注重科研，留有大量利润作为再投资以促进其扩张。

23. 指标股、权重股、权重指标股

指标股、权重股、权重指标股的概念相似，是指总股本非常大的股票，因为总股本大，在股市中所占比重很大，所以它们的涨跌对整个股市影响很大。

24. 牛市

在股票市场上，买入者多于卖出者，股市行情看涨称为牛市。

25. 熊市

熊市与牛市相反，股票市场上卖出者多于买入者，股市行情看跌称为熊市。

26. 多头、多头市场

多头是指投资者对股市看好，预计股价将会看涨，于是趁低价时买进股票，待股票上涨至某一价位时再卖出，以获取差额收益。一般来说，人们通常把股价长期保持上涨势头的股票市场称为多头市场。多头市场股价变化的主要特征是一连串的大涨小跌。

27. 空头、空头市场

(1)空头：空头是投资者和股票商认为现时股价虽然较高，但对股市前景看坏，预计股价将会下跌，于是把借来的股票及时卖出，待股价跌至某一价位时再买进，以获取差额收益。采用这种先卖出后买进、从中赚取差价的交易方式称为空头。人们通常把股价长期呈下跌趋势的股票市场称为空头市场，空头市场股价变化的特征是一连串的大跌小涨。

(2)空头市场：股价呈长期下降趋势的市场。空头市场中，股价的变动情况是大跌小涨，亦称熊市。

(3)买空：投资者预测股价将会上涨，但自有资金有限不能购进大量股票于是先缴纳部分保证金，并通过经纪人向银行融资以买进股票，待股价上涨到某一价位时再卖，以获取差额收益。

(4)卖空:卖空是投资者预测股票价格将会下跌,于是向经纪人交付抵押金,并借入股票抢先卖出。待股价下跌到某一价位时再买进股票,然后归还借入股票。

(5)多翻空:原本看好行情的多头,看法改变,卖出手中的股票,有时还借股票卖出,这种行为称为翻空或多翻空。

(6)空翻多:原本做空头者,改变看法,把卖出的股票买回,有时还买进更多的股票,这种行为称为空翻多。

(7)利空:利空是指能够促使股价下跌的信息,如股票上市公司经营业绩恶化、银行紧缩、银行利率调高、经济衰退、通货膨胀、天灾人祸等,以及其他政治、经济、军事、外交等方面促使股价下跌的不利消息。

(8)长空:长空是指长时间做空头。投资者对股势长远前景看坏,预计股价会持续下跌,在借股卖出后,一直要等股价下跌很长一段时间后再买进,以期获取厚利。

(9)跳空:股价受利多或利空影响后,出现较大幅度上下跳动的现象。当股价受利多影响上涨时,交易所内当天的开盘价或最低价高于前一天收盘价两个申报单位以上。当股价下跌时,当天的开盘价或最高价低于前一天收盘价在两个申报单位。

28. 利多

利多是指刺激股价上涨的信息,如股票上市公司经营业绩好转、银行利率降低、社会资金充足、银行信贷资金放宽、市场繁荣等,以及其他政治、经济、军事、外交等方面对股价上涨有利的信息。

29. 长多

长多是指长时间做多头。投资者对股势前景看好,现时买进股票后准备长期持有,以期股价长期上涨后获取高额差价。

30. 死多

死多是指抱定主意做多头。投资者对股势长远前景看好,买进股票准备长期持有,并抱定一个主意,不赚钱不卖,宁可放上若干年,一直到股票上涨到一个理想价位再卖出。

31. 回档

回档是指股价上升过程中,因上涨过速而暂时回跌的现象。

32. 反弹

反弹是指在下跌的行情中,股价有时由于下跌速度太快,受到买方支撑暂时回升的现象。反弹幅度较下跌幅度小,反弹后恢复下跌趋势。

33. 涨停板、跌停板

为了防止证券市场上价格暴涨暴跌,避免引起过分投机现象,在公开竞价时,证券交易所依法对证券所当天市场价格的涨跌幅度予以适当的限制。即当天的市场价格涨或跌到了一定限度就不得再有涨跌,这种现象的专门术语即为停板。当天市场价格的最高限度称涨停板,涨停板时的市价称为涨停板价。当天市场价格的最低限度称为跌停板,跌停板时的市价称跌停板价。

34. 洗盘

洗盘是指投机者先把股价大幅度杀低,使大批小额股票投资者(散户)产生恐慌而抛售股票,然后再抬高股价,以便乘机渔利。洗盘是机构或庄家“做庄”时经常使用的操盘手法。“洗盘”一词最早流行于20世纪70年代末的台湾股市,意思是庄家为达到其炒作的最终目标价位,在拉抬股价途中分阶段地清洗筹码。

洗盘的目的主要有:让低价买入股票的中小散户出局,以减轻股票上升时的压力;让持股者的平均成本上升,以使庄家在最终出货时顺利逃跑;庄家在洗盘时高抛低吸,降低自己的持仓成本,最大限度地提高自己的盈利。

具体操作方法是,在股价拉升到某一阶段,突然打压股价,使投资者误以为庄家在出货,纷纷卖出股票,而庄家在低位全部吃进,等到卖盘稀少时,再往上拉抬股价,并促使前期出货的投资者在高位重新买回筹码。一般在一只股票的拉升过程中,庄家经过多次洗盘。

如:中国宝安(000009),于2006年年初从3.4元到9.65元这个涨升阶段中,经过了两次大幅震荡洗盘,从而大幅提高了庄家盈利。

洗盘和出货主要是从成交量区分的,出货时往往带量,而洗盘一般是缩量的。

35. 超跌反弹和抢反弹

股票大幅下跌,跌到了某个支撑位,有向上反弹(就是向上涨)的要求,就叫超跌反弹;此时买入股票,等反弹了就卖,就叫抢反弹。反弹不是反转,涨了几天还要向下跌,所以要"抢"。反转则是股票的趋势发生了改变,从下降趋势转为了上涨趋势,未来股价将呈现整体上涨。

36. 箱体震荡

股票的价格在一定的范围上下波动,就像在一只股票箱子内上下跳动。

4.1.2　新手必知的看盘指标

1. 集合竞价

集合竞价具有重要的定性作用,它从总体上反映了多空双方或做多或做空或不做的倾向,由此可以了解多空基本意愿。

具体操作中,主要是与昨日集合竞价和收盘价相比,看开盘高低和量能变化。一般来说,"高开+放量"说明做多意愿较强,则大盘当日收阳的概率较大;"低开+缩量"说明做空意愿较强,则大盘当日收阴的概率较大,亦可自己计算30日及60日均价线进行配合,同样根据突破原则可判断盘中资金的活跃程度。

(1)集合竞价低于昨天的收盘价时,如果委比始终为负值(绿色),而且百分比很大,或由小逐步变大,说明主动卖盘很多,股价也会随之下跌。如果委比成为正值(红色),并逐步地放大,说明在低开的价位上有很多的买盘出现,股价也会不断地由低向上攀升,甚至于在开盘前突然翻红,这暗示着全天上涨的概率很大,此时可做重点关注。

(2)集合竞价高于昨天的收盘价时,如果委比始终为正值,并且不断增大,股价也不断的上涨,则说明该股为买方市场,但不一定要追进,可以在开盘后,结合大盘的发展趋势,在股票回补缺口时再考虑买入。有时虽然集合竞价高于昨天的收盘价,但是委比正值很小,甚至会变为负值,则可以看成这个价位上抛压较大,而且这个价位很可能成为今天的阻力位,出现这种情况的个股要尽量规避。

(3)9点25分集合竞价结束后,当量比小于1时,说明在集合竞价时参与的资金比较少,交易清淡。如果所关注的股票在集合竞价时委比为正值且相对较大,而此时的量比也很大在2以上,就应该引起高度重视了。打开K线图,注意买一和卖一上的挂单,如果买一以及下面的买单都很大,而卖一以及上面的卖单都很小,则说明抛盘很小,而争抢介入的人很多,这时候短线机会较大,可结合前期K线走势决定是否建仓。

2. 挂单

挂单真正的含义是主流资金的当日运作布局,投资者需要注意理解其真正的含义,如主流资金在什么价位挂出大单、上压下托的位置等。关注的焦点是:到达此价位,是否有主动性买卖盘的出现。一定要关注此时关键位置的即时买卖盘以及成交重心,它充分体现了主流资金的控制意图"放弃操作"与"坚决操作"。如大盘不好,个股挂单被瞬间击破,要看是大额抛单还是散户的小额抛单以及股价下落的幅度、速度,其后能否瞬间收回,缩、放量能是否真实。分析当天主流资金的挂单布局意图——吸洗拉出,结合股价日K线图表的相对位置来研判,下面将仔细展开。

(1)单向整数抛单转买单的意义

①单向连续出现整数抛单,而挂单持续较小(多为单手),且并不因此成交量出现大幅的改变,此种盘面一般多为主力在隐蔽式对敲所致,尤其在大盘成交稀少时极为明显。此时应是处于吸货末期,进行最后打压吸货之时(当然应结合股票的整体趋势来判断)。

②单向连续出现整数买单,而挂盘并无明显变化,交易全为主力对倒所致,此时理解,一般多为主力拉升初期的试盘动作或派发初期激活追涨跟风盘的启动盘口。

(2)买二、买三、卖二、卖三的解读

①在盘面中不断有大挂单在卖三、卖二处挂出,并且股价价位不断上撤,最后突然出现一笔大买单(至少200手以上)一口吃掉所有挂单,然后股价立刻被打爆,出现短线大幅拉升。此时主力用意有二:一方面显示自己的资金实力;另一方面引诱跟风者持续跟入,减少自己实际资金过多介入控制持仓,利用同向合力形成技术共振,减少拉升压力。

②有时买盘较少,买一、买二、买三处只有10~30多手,在卖单处也只有几十手,却不时出现抛单,而买一却不是明显减少,有时买单反而悄然增加,且价位不断上移,可以肯定主力同时敲进买、卖单对敲。此类股票如蛰伏于低位,可做中线关注,在大盘弱市尤为明显,一般此类主力运作周期较长,且较为有耐心。

(3)机会买单解读

如200手以上连续向上买单而卖单较少,卖一价格被吃掉后又出现抛单,而买一不见增加反而减少,价位甚至下降。很快出现小手买单将买一补上,但不见大单,反而在买三处有大单挂出,一旦买一被打掉,小单又迅速补上,买三处大单同时撤走,价位下移后,买二成为买一,而现在的买三处又出现大单(数量一般相同或相似)且委比是100%以上。如果此价位是高价位,则可以肯定主力正在出货。小单买进,大单卖出,同时对敲维持买气。

(4)交易单手数的解读

通过长期盯盘,发现盘中主力通过市场买卖单的数量来捕捉信息。一般主力常选择110、111、113、114、118、119等交易单进行操盘,原因是单子过大,容易引起市场注意;单子太小容易产生合并,百手单恰到好处。但由于证券市场的长庄模式开始没落,也许主力将改变手法,在使用时应谨慎分析,以免本末倒置。

3. 分时线

分时线即大盘、个股分时走势图中白色曲线,它反映的是大盘、个股的实时走势。

(1)对于大盘来说,当指数上涨时,如果黄色曲线在白色曲线走势之上,表示小盘股涨幅较大;而当黄色曲线在白色曲线走势之下,则表示大盘股涨幅较大,也就是我们常说的“二八现象”,即20%的大盘股上涨,而80%的小盘股不涨甚至下跌。

(2)对于大盘来说,当指数下跌时,如果黄色曲线仍然在白色曲线之上,表示小盘股跌幅小于大盘股的跌幅;如果白色曲线反而在黄色曲线之上,则说明小盘股的跌幅大于大盘股的跌幅。

4. 均价线

均价线即个股分时走势图中的黄色曲线,是反映个股分时走势中即时成交的平均价格,反映的是当天投资者的平均成本。在个股实际的走势当中,主要从以下几个方面看均价线。

(1)判断个股的走势强弱

均价线衡量的是当日个股多空力量强弱的分界线。通常来说,强势的个股股价肯定是在均价线上方运行,而弱势的个股会在均价线下方运行。在个股实际的走势当日,我们要密切注意股价是否运行在均价线上方。

(2)均价线的支撑力度

对于强势的个股,均价线往往有比较强的支撑力度,股价通常也会在均价线上方运行。在盘中股价会在均价线上方运行,即使跌破均价线,也会瞬间被拉回到均价线上方,而且伴有成交量的配合。反之,如果是弱势个股,即使早盘股价高开、高走,不过盘中在跌破均价线之后,不会出现强有力的支撑,往往还出现放量跌破均价线的情况。

(3)均价线与收盘价的差离

通常情况下,个股当日的收盘价跟均价线的差离不会太大的。有些庄家会利用尾盘的大幅拉升、打压来进行骗线。如果大幅拉升、打压之后,收盘价与均价差离比较大,那么就是庄家的骗线行为。比如在2010年4月15日,ST德棉(002072)在实行退市风险警示之前就走出了骗线的走势,当日在即将收盘的时候,连续出现了上千手的大单,将股价大幅拉升2%,但是均价线没有出现大幅走高,最终收盘价和均价差2%左右。

5. 单笔成交

单笔成交是指个股当前成交的手数,我们经常说的出现大单,都是通过单笔成交中发现的。在个股分时走势图中,按下 F1 键就可以看到详细的单笔成交。对于广大投资者来说,我们主要关注的就是正常拉升出现的大买单、砸盘出现的大买单,以及隐性成交的大单等。

(1)大单扫盘

在涨势中常有大单"从天而降",将卖盘挂单连续悉数吞噬,即称"扫盘"。比如2010年5月11日,铜峰电子(600237)在早盘10:40左右出现的大单扫盘,将上压板上的大卖单连续吃掉。

在股价刚刚形成多头排列且涨势初起之际,若发现有大单一下子连续地横扫了多笔卖盘时,则预示主力正大举进场建仓,是投资人跟进的绝好时机,可以进行短线或中线买入操作。

(2)隐性买卖盘

在买卖成交中,有的价位并未在委买卖挂单中出现,却在成交一栏里出现了,这就是隐性买卖盘,其中经常蕴含主力的踪迹。如果出现单向整数连续隐性买单,而挂盘并无明显变化,一般多为主力拉升初期的试盘动作或派发初期激活追涨跟风盘的启动盘口。

一般来说,上有压板,而出现大量隐性主动性买盘(特别是大手笔),股价不跌,则是大幅上涨的先兆。下有托板,而出现大量隐性主动性卖盘,则往往是主力出货的迹象。

(3)大单对敲

为了拉升股价,提高成交量,主力往往会进行大单对敲操作,即主力利用多个账号同时买进或卖出,人为地将期价抬高或压低,以便从中获益。当成交栏中连续出现较大成交量,且买卖队列中没有此价位挂单或成交量远大于买卖队列中的挂单量时,则十有八九是主力刻意对敲所为。

在股价上升途中,一般都会出现主力的大单对敲。若股价在顶部,主力的大单对敲多是为了掩护出货,比如2010年5月17日,短期逆市涨停之后的铜峰电子(600237)在高开之后,出现了短暂的大幅拉升,然后游资大肆出货,之后探底8.05元之后,出现了大单对敲拉升的走势。虽然股价拉升,但是还是庄家的出货行为。因为这是相对高位,加上大盘短线出现暴跌,短线风险出现。若股价在底部,则多是为了激活人气。

(4)低迷期的大单

首先,当某只股票长期低迷,某日股价启动,卖盘上挂出巨大抛单(每笔经常上百、上千手),买单则比较少,此时如果有资金进场,将挂在卖一、卖二、卖三档的压单吃掉,可视为是主力建仓动作。注意,此时的压单并不一定是有人在抛空,有可能是主力自己的筹码,主力在制造成交量吸引散户注意。大牛股在启动前就时常出现这种情况。

(5)盘整时的大单

当某股在某日平稳的运行中,股价突然被上千手大抛单砸至跌停板附近,随后又被快速拉起;或者股价被突然出现的上千手大买单拉升后又快速归位。表明有主力在其中试盘,主力向下砸盘,是在试探基础的牢固程度,然后决定是否拉升。该股如果一段时期总收下影线,则向上拉升可能大,反之出逃可能性大。

(6)下跌后的大单

某只个股经过连续下跌,在其买一、买二、买三档常见大手笔买单挂出,这是绝对的护盘动作,但这不意味着该股后市止跌了。因为在市场中,股价是护不住的,"最好的防守是进攻",主力护盘,证明其实力欠缺,否则可以推升股价。此时,该股股价往往还有下降空间。但投资者可留意该股,因为该股套住了庄,一旦市场转强,这种股票往往一鸣惊人。

6. 平均每笔手数

平均每笔手数是全天的成交金额与成交中手数的比例。从某种意义上说,平均每笔手数是主力使用资金量的充分体现,关注焦点是:主力在关键位置(如当日或近几日的密集成交区的资金放缩情况和一分钟成交笔数的增减),一分钟成交笔数的增减代表了散户与主力心态的充分体现,也是判断主流资金出货进货的即时窗口,为让其直观,将其进行平滑,制成类似股价30天及60天移动平均线,根据突破原则判断盘中资金介入实际情况,以免一叶障目,以偏概全。

7. 买卖盘

买卖盘主要就是看个股分时走势图中买一至买五、卖一至卖五的挂单。买卖盘挂单往往是庄家“表决心”的窗口,比如庄家在什么价位挂出大单,上压下托的位置;在什么价位时会出现主动性的买盘进行护盘、出现主动性的卖盘进行打压等。

目前,深沪交易所对买盘和卖盘的揭示,指的是买价最高前五位揭示和卖价最低前五位揭示,是即时的买盘揭示和卖盘揭示,其成交后纳入成交量,不成交不能纳入成交量。因此,买盘与卖盘之和与成交量没有关系。

而投资者要想看出成交量中哪些是以买成交,哪些是以卖成交,可以利用股票电脑分析系统中对“外盘”和“内盘”的揭示,以卖方成交的纳入“外盘”,以买方成交的纳入“内盘”,从而区分成交量中哪些以买方成交,哪些以卖方成交。

在实战的过程中,投资者通常要观察的是以下三个方面:

(1)是否有大买单、大卖单

在买一至买五、卖一至卖五是否出现大单,比如在个股上攻的过程中,通常在买一至买五会出现大买单,在卖一至卖五出现大卖单;对于出货中的个股,在卖一至卖五没有大卖单,但是在买一至买五往往会出现数千手、上万手的大买单;而处于吸货中的个股,往往相反,在盘中我们经常能看到在卖一至卖五出现大卖单,进行压盘,控制股价的上涨,从而达到打压吸货的目的。

(2)观察第二、三档买卖盘

有一些庄家为了显示自己的资金实力,或者想达到打压吸货、逢高派发的目的,往往会在买二、买三以及卖二、卖三出现比较大的买卖盘。当股价上涨时,卖二、卖三上的大卖单不断撤单,然后上挂;当股价下跌时,买二、买三的大买单不断撤单,然后下挂。

(3)观察挂单语言

为了显示自己的控盘程度、操作的计划,有一些庄家会在买卖盘挂出神奇数字的挂单,比如111、444、888、144、666等。不同的数字,是庄家神秘的操盘语言,往往都蕴含了不同的玄机。

比如111、1111,如果在买盘出现预示可能即将拉升,出现在卖盘预示可能下跌。对于封死涨停的个股,在买二、买三、买四、买五位置往往出现全是1的挂单,表明主力控盘程度高。

比如444、4444、144、1444,是恶庄的表现,预示股价不是即将大幅拉升,就是大幅下跌,往往出现在涨停板之后的买二、买三、买四、买五位置。

比如888、8888、188、1888,也就是“发”、“一起发”的意思,如果出现在股价的高位区域,需要警惕,庄家有出货意图。

比如555、5555,往往出现在股价的底部区域,是庄家吸货的标志,预示着股价未来将出现上涨。

8. 内外盘

委托以卖方价格成交的纳入“外盘”;委托以买方价格成交的纳入“内盘”。

“外盘”和“内盘”相加,称为成交量。分析时由于卖方成交的委托纳入“外盘”,如“外盘”很大,意味着多数卖的价位都有人来接,显示买势强劲;而以买方成交的纳入“内盘”,如“内盘”过大,则意味着大多数的买入价都有人愿意卖,显示卖方力量较大;如内外盘大体相当,则买卖方力量相当。

经常看盘的投资者应该都有过这样的经验:当某只股票在低位横盘,庄家处于吸筹阶段时,往往是内盘大于外盘的,具体的情形就是庄家用较大的单子托住股价,而在若干个价位上面用更大的单子压住股价,许多人被上面的大卖单所迷惑,同时也经不起长期的横盘,就一点点地卖出,此时庄家并不急于抬高价位买入,只是耐心地一点点承接,散户里只有少数人看到股价已无深跌可能,偶尔比庄家打高一点少量买入,才形成一点点外盘。这样一来就造成主动性卖盘远大于主动性买盘,也即内盘比较大。这样的股当时看起来可能比较弱,但日后很可能走出大行情,尤其是长期出现类似情况的股值得密切关注。但如果股价经过充分炒作之后已经高高在上了,情形就恰恰相反:盘中买单要较卖单大,庄家用大买单赶着散户往上冲,他一点点地出,出掉一些后把价位再抬上去,其实是原来的大买单撤了又高挂了,看起来像是大家奋勇向前,其实是散户被人当过河卒用了。偶尔有跟庄的大户一下子把底下的托盘给砸漏了,我们才会看到原来下面的承接盘如此弱不禁风,原因就是大家都被赶到前面去了,个别没买上的恐怕还赶紧撤单高挂，大有不买到誓不罢休的架势，底下其实并没几个单子了，庄家只好尽快补个大单子顶住。这个时候的外盘就远大于内盘了。短线跟进、快进快出可能还行，稍不留神就可能被套进去，让你半年不得翻身。上面提到的是庄家吸筹和出货时的两种典型情况，当时内外盘提供的信号就与我们通常的认识相反，所以首先要做的是搞清楚股价处于什么位置，在没有前提条件的情况下来单纯地分析根本就得不出有意义的结论。积极关注外盘、内盘数量的大小和比例，投资者可从中发现主动性的买盘多还是主动性的抛盘多，由此判断趋势强弱的真实情况，是一个较佳的辅助指标。

但投资者在使用外盘和内盘时，要注意结合股价在盘中分时的低位、中位和高位的成交情况以及所占该股当日总成交量比例的情况。因为主力做盘的客观性，所以，外盘大，股价并不一定上涨；内盘大，股价也并不一定下跌。

股价经过了长时间的数浪下跌，股价处于较低价位，成交量极度萎缩。此后，盘中成交温和放出，当日外盘数量增加，大于内盘数量，股价将可能上涨，此种情况较可靠。

在股价经过了长时间的数浪上涨后，股价处于较高价位，成交量巨大，并不能再继续增加。当日内盘数量放大，大于外盘数量，股价将可能继续下跌。

在股价持续阴跌过程中，时常会出现外盘大、内盘小，此种情况并不表明股价一定会上涨。因为庄家用几笔抛单将股价打至较低位置，然后在卖一、卖二挂卖单，并自己吃掉卖单，造成股价小幅上升。此时的外盘将明显大于内盘，使投资者认为庄家在吃货，而纷纷买入。

在股价持续上涨过程中，时常会发现内盘大、外盘小，此种情况并不表示股价一定会下跌。因为庄家用几笔买单将股价拉至一个相对的高位，然后在股价小跌后，在买一、买二挂买单，让投资者认为主力在出货，纷纷卖出股票，此时庄家层层挂出小单，将抛单通通接走。这种先拉高后低位挂买单的手法，常会显示内盘大、外盘小，从而达到欺骗投资者的目的。

股价已上涨了较大的涨幅，如某日外盘大量增加，但股价却难以大幅上涨，投资者要警惕庄家诱多出货。

当股价已下跌了较大的跌幅，如某日内盘大量增加，但股价却难以大幅下跌，投资者要警惕庄家诱空吸货。

另外，有两种极端的情况就是涨停和跌停时的内外盘。当股价涨停时，所有成交都是内盘，但上涨的决心相当坚决，并不能因内盘远大于外盘就判断走势欠佳，而跌停时所有成交都是外盘，但下跌动力十足，因此也不能因外盘远大于内盘而认为走势强劲。

在实战当中，对于广大投资者来说，除了观察内外盘的大小，还要结合股价在盘中分时的低位、中位和高位的成交情况以及所占该股的当日总成交量比例的情况。

总而言之，内盘和外盘的大小对判断股票的走势有一定帮助，但一定要同时结合股价所处的位置和成交量的大小来进行判断，而且更要注意的是股票走势的大形态，千万不能过分注重细节而忽略了大局。

9. 盘口量能

(1)个股分析

个股攻击一般因启动时间不同，分为早盘攻击型(9:30～10:00)、中盘攻击型(10:00～14:00)、尾盘拉升型(14:00～15:00)。从攻击气势看，早盘攻击最具爆发力，是短线操作的首选，能够使收益最大化。这在市场处于横盘震荡状态使用效果不错，但在活跃的市场氛围下，作为部分主力庄股借机拉高出货的方式，当日盘口有短线被套的可能。其缺点是无法把握当日可能出现的冲高回落，这需要借助对大盘走势预测进行出击的选择。中盘攻击相对于早盘攻击来说，走势基本定型，一般不会出现冲高后大幅回落的走势，因而可以作为稳健的盘口出击方式。

中盘攻击分为稳步攀升型与震荡攀升型。这里对早盘洗筹后的快速拉升型进行总结：出现此类形态的个股，在大盘攻击过程中的震荡市道下较多，为热点的切换或主力经过拉升后需要进行短线浮筹的清洗，一些产生突破行情的个股，在经过较大幅度的升幅后，需要对盘面浮筹进行清洗，而主力又不愿意在日线形态上进行，所以选择在盘口进行。早盘直接拉高洗筹显然会增加洗筹成本，对于浮动筹码来说是一种乐于接受的洗盘的方式，因此主力一般采取早盘震荡下行的洗筹方式。

该类个股一般为小幅高开或平开的走势，小幅上冲后(涨幅一般在2%以内)，震荡下行。盘中呈现低点逐波下移的走势,此时盘面为弱势表现,盘口没有启动的迹象。如果此时大盘分时上处于见顶回落或震荡下行的走势,该股突然放量向上,突破早盘以来的所有高点。分时图上为一根立起的旗杆,此时尚不能判断该股是否能够真正走强,必须结合回落的幅度进行综合观察,回落幅度最低应不低于早盘的最高点。此时可以谨慎建立试验性仓位,等待再次突破时重仓追击。此点当日介入的安全度较高,一般为当日盘口开始启动的信号。

(2)观察要点

①早盘回落的幅度不要过深,应控制在3%以内的幅度。如果幅度过深,一波直接过高点的难度加大。同时在盘口启动的初期就消耗了过大的量能,不利于后期量能的持续爆发。

②拉起的方式,最好在底部稍一构造后,立即展开快速拉升,直接过早盘高点,幅度在0.5%~1%,盘中为主动攻击性买单。当然,对于一两笔大单直接上拉的应排除在外,量能上也应是处于温和放量状态,显得很自然的放量。

③回落的低点最低不低于早盘高点,之后呈现上升三角整理形态,也可为窄幅的强势震荡。

10. 成交量

成交量是判断股票走势的一个重要依据,也是投资者买卖股票的一个重要参考指标。“量在价先”,“天量天价、地量地价”这样的股市谚语就说明了成交量的重要性。

在股市中,成交量可以决定成交价及其后的股价走势。一般来说,在个股股价、股指上升的过程中,成交量应该有所放大,即“量增价升”,因为只有这样才能维持其原有的走势。比如在2008年股指见底之后,成交量就出现了稳步放大,然后上证指数走出了一波从1664点到3478点的翻倍走势。如果把个股、股指的上涨看作是列车的行进速度,那么成交量就是列车的动力。个股、股指的上涨就好像是列车在走上坡路,没有动力是万万不能的。而下跌就好像是列车在走下坡路,无需太大的动力或根本无需动力,即“量减价跌”,因为此时惯性起到了巨大的作用。比如上证指数2007年10月创下6124高点之后,在大调整过程中,成交量逐级萎缩。

在实战中,投资者可以通过分时走势图中的“总手”、“现手”指标来了解个股、大盘当日的成交量。总手,即当日开盘成交到当前为止的总成交手数。收盘时的总手,则表示当日成交的总手数。现手,是指最新一笔买卖手数,在盘面的右下方即可看到当前每笔的成交明细。通常情况下,如果个股、大盘出现高开,成交量同时放大,那么上涨的可能性比较大;反之,则下跌的可能性比较大。如果想了解个股、大盘的历史成交量,可以通过K线来查看。

11. 换手

换手,即换手率,是指在一定时间内市场中股票转手买卖的频率,即成交量÷流通总股数×100%,是反映股票流通性强弱的指标之一。

通常情况下,个股换手率越高表明该股的交投越活跃,人们购买该股的意愿比较强烈;反之,换手率越低表明该股的交投越清淡,该股缺少人们的关注。具体到数值方面,又分为如下几种情况:

(1)一般情况下,大多数股票每日的换手率在1%~25%,不包括新上市的股票。

(2)当换手率达到3%~7%,说明该股进入相对活跃状态,买卖的人多,股价容易上涨。

(3)当换手率达到7%~10%,说明具有强势股的特征,股价进入高度活跃状态。

(4)当换手率达到10%~15%,说明该股已经有大庄在其中操作。

(5)当换手率超过15%,如果连续出现多个交易日,是诞生大牛股的标志,比如2009年7月29日启动的熊猫烟花(600599)。

(6)当出现特大换手率,比如超过50%,表明股价的分歧巨大,有资金开始出货,其股价则常常会在第二天就下跌,所以这种个股最好不要买入。

换手率的大小只是一个相对的概念,出现在股价的不同区域其意义是不同的。比如在股价的中低位区域出现巨量换手,往往是主力建仓的标志;如果是在股价的高位区域出现巨量换手,通常是主力出货的标志。此外,对于控盘程度比较高的个股,往往会走出低换手率创新高、甚至涨停的走势。

12. 价量分布图

在个股分时走势图中,按下F2键就能看到价量分布图。它主要由红柱、绿柱、百分比、成交量、成交笔数、每笔均量、成交价格等组成。

(1)红柱、绿柱分别表示的是买进和卖出的量。

(2)百分比是指该价位成买进和卖出的成交数量占总成交量的比率,如果比率越高,表明该价位的成交越大。

(3)用黄色背底显示的价格是指当前股票的成交价格。

(4)每笔均量是指该价位的成交量与成交笔数的比值,该数值的大小可以透露出庄家的活动迹象。比如对于流通盘5亿以内的个股,每笔均量如果超过500手,那么肯定是庄家所为。

13. 委比与量比

(1)委比

在个股分时走势图的右上角,我们就能看到个股的委比值。该数值反映的是当前个股委买委卖手数之差与委买委卖手数之和的比值。在实战中,我们主要是看该百分比数值的大小。

委比是用以衡量一段时间内买卖盘相对强度的指标,其计算公式为:

委比=[(委买手数-委卖手数)÷(委买手数+委卖手数)]×100%

委买手数:现在所有个股委托买入下三档之手数相加之总和。

委卖手数:现在所有个股委托卖出上三档之手数相加之总和。

委比值变化范围为-100%～+100%。

当委比值为正值并且委比数大时,说明市场买盘强劲;当委比值为负值并且绝对值大时,说明市场抛盘较强;委比值从-100%升至+100%,说明买盘逐渐增强,卖盘逐渐减弱。相反,从+100%降至-100%,说明买盘逐渐减弱,卖盘逐渐增强。

(2)量比

相对于委比而言,量比指标对于短线投资者的参考价值更大,往往成为短线投资的秘密武器。从量比指标定义上看,它是当天每分钟平均成交量与前五天内每分钟平均成交量的比值。这个指标所反映出来的是当前盘口的成交力度与最近五天的成交力度的差别,这个差别的值越大,表明盘口成交越趋活跃。从某种意义上讲,越能体现主力即时做盘,准备随时展开攻击前蠢蠢欲动的盘口特征。因此量比资料可以说是盘口语言的翻译器,它是超级短线临盘实战洞察主力短时间动向的秘密武器之一。在沪深两市的综合排名中,我们就可以看到当日个股量比的排名,短线高手往往从中就能把握短线的机会。

量比是衡量相对成交量的指标。它是开市后每分钟的平均成交量与过去5个交易日每分钟平均成交量之比,其计算公式为:量比=现成交总手÷[(过去5个交易日平均每分钟成交量)×当日累计开市时间(分)]。

若突然出现放量,量比指标图会有一个向上突破,越陡说明放量越大(刚开市时可忽略不计)。若出现缩量,量比指标会向下走。

一般来说,量比数值大于1,说明当日每分钟的平均成交量大于过去5个交易日的平均数值,成交放大;量比数值小于1,表明现在的成交比不上过去5日的平均水平,成交萎缩。

(3)委比与量比的应用

委比的取值范围从-100%至+100%,比如当委比为正值时,表示买方的力量比卖方强,股价上涨的几率大;当委比为负值的时候,表示卖方的力量比买方强,股价下跌的几率大。不过该数值只是一个即时的指标,所以在综合排名中会看到"即时委比前几名、后几名"的排名,随着股价的运行、挂单的变化,该数值会不断出现变化。此外,委比数值的正负也不绝对反映个股的强弱,委比为负值的时候股价往往也是上涨的,为正值的时候股价反而也会出现下跌。

通常来说,个股的量比在0.8～1.5之间属于正常水平。如果量比数值大于1,表示这个时刻的成交总手量已经放大;若量比数值小于1,表示这个时刻成交总手萎缩。不过也不是量比值越大越好、越小越差。

量比在1.5～2.5之间,表明温和放量,如果股价也处于温和缓升状态,则升势相对健康,可继续持股,若股价下跌,则可认定跌势难以在短期内结束,从量的方面判断应可考虑停损退出。

量比在2.5～5之间,为明显放量,若股价相应地突破重要支撑或阻力位置,则突破有效的几率颇高,可以相应地采取行动。

量比在 5~10 之间,为剧烈放量。如果个股处于长期低位,出现剧烈放量突破,则涨势的后续空间巨大,是“钱”途无量的象征。但是,如果在个股已有巨大涨幅的情况下出现如此剧烈的放量,则值得高度警惕。

量比在 10 以上,为股放天量。如果出现在个股的底部区域,往往是一个反转走强信号。如果出现在个股的高价区域,则是一个反转走弱的信号。

量比在 0.5 以下,属于严重缩量的情况,往往暗藏了变盘带来的操作机会。

此外,对于涨停的个股,如果当日的量比低于 1,那么就表明无量涨停,后市上涨的空间将比较大,次日开盘封死涨停的可能性就比较高。

4.1.3　新手必知的看盘流程

第一,在开盘时要看集合竞价的股价和成交额,看是高开还是低开,也就是说,和昨天的收盘价相比价格是高了还是低了。它表示市场参与者综合了各种信息和一夜的充分思考后,做出的体现市场意愿的价格。成交量的大小则表示参与买卖人的多少,它往往对一天内成交的活跃程度有很大的影响。

第二,在开盘半小时内看股价变动的方向。一般来说,如果股价开得太高,在半小时内就可能会回落;如果股价开得太低,在半小时内就可能会回升。这时要看成交量的大小,如果高开又不回落;而且成交量放大,那么股价就很可能要上涨。看股价时不仅要看现在的价格,而且要看昨天的收盘价、当日开盘价、当前最高价和最低价、涨跌的幅度等,这样才能看出现在的股价是处在一个什么位置,是否有买入的价值。

第三,看股票是在上升还是在下跌。一般来说,下降中的股票不要急于买入,而要等它止跌以后再买。上升中的股票可以选择低点买,但要小心不要被它套住。一天内股票往往要有多次升降的波动,可以看所要买的股票是否和大盘指数的走向一致,是强于大盘还是弱于大盘。如有条件,最好的办法就是盯住大盘;如要投机的话,可在股价上升到顶点时卖出,在股价下降到底部时买入。

第四,看日 K 线图的波段。这样做虽然不能保证买卖完全正确,但至少可以卖到一个相对的高价和买到一个相对的低价,而不会买一个最高价和卖一个最低价。通过买卖手数即委比或量比(委比是即时,量比是隔日)可以看出是买方的力量大还是卖方的力量大。如果卖方的力量远远大于买方则最好不要买入。

第五,现手说明撮合刚刚成交的一次成交量的大小。如果连续出现大量,说明很多人在买卖该股,成交活跃,应该加以注意。而如果半天也没人买,则不大可能成为热点股。现手累计数就是总手数,总手数也叫做成交量,有时它是比股价更为重要的指标。总手数与流通股数的比称为换手率,它说明持股人中有多少人是当天买入的。换手率高,说明该股买卖的人多,是活跃股,容易上涨。

4.1.4　新手如何看大盘个股

大盘一般就是看深沪股市指数的走势。事实上,我们完全可以将整个大盘当做一支个股来分析。

1. 看大盘

大盘的指数有多种,一般都显示特定股票的走势。散户一般用沪市的“上证综合指数”,也就是大家熟悉的“沪指”来看大盘;深市一般用“深证成分指数”,也就是“深成指”。

大盘的走势可以分为“当天走势”与“连续走势”两种,也就是分时走势图与 K 线图。

(1)上证综合指数分时图

①上证走势趋势强弱的表示。红色代表买气,绿色代表卖气。

②每一柱状线是一分钟累计成交量,单位是手,1 手 = 100 股。

③上证指数上涨或下跌强弱度。红色代表上涨;绿色代表下跌。

④涨跌值、幅度值是当前上证指数与前一个交易日收盘指数的比较结果。

(2)上证综合指数 K 线图

①当前涨跌平盘的股票数。

②特定交易周期内的成交量。

③特定指标的图形与数值。用“/”和“*”可以切换不同的指标。

④上证指数的K线图。用“F8”键或者“08”键可以切换不同的周期。

2. 看个股

由于每个股民炒股最终都必须确定到特定的个股,因此看个股更是看盘的基本功。

(1)个股的分时走势图

①股票名称与代码。

②每一分钟该股票成交价格构成的曲线。

③分笔成交明细。

④每一根柱线就是每一分钟的累计成交量,以手为单位。

⑤涨跌与幅度都是与个股昨天收盘价的比较。

注意:成交价在卖出价的叫外盘,成交价在买入价的叫内盘。当股价上涨的时候,外盘大于内盘,表示很多人在抢盘买入,看多的人多;当股价下跌的时候,内盘大于外盘,表示很多人抛出股票,看空的气氛在增加。

(2)个股的K线走势图

个股的K线走势图可以很全面、细致地分析特定的股票。

①K线和平均线。平均线的周期与特定周期的价格也出现在K线上面的横栏上。

注意:K线的周期包括日、周、月、5分钟、15分钟、30分钟和60分钟。另外,平均线的周期也是可以改变的,一般采用5天、10天和60天的设置。

②成交量表示特定周期的累计成交量。

③技术指标图形,可以用“/”和“*”切换不同的指标。

注意:K线的阳线与阴线确定是以开盘价为准。当时成交价格高于或者等于开盘价,就是红色的阳线;反之就是绿色的阴线。

4.1.5 新手全天盯盘详解

4.1.5.1 看开盘

1. 开盘盘口的多角度分析

(1)从市场投资心理角度

人们之所以重视开盘30分钟,是因为经过上一交易日的思考,投资者所做出的投资决策是较为坚决且接近理性的,在此期间最能反映参与者的多空力量对比。所以,30分钟应大致可以分析全天的走势。

一般来讲,一般短线散户更多地喜欢将手里要了结的股票在头30分钟抛掉,而在当日最后30分钟决定买进股票。

而市场主力做盘也喜欢在开盘30分钟完成当日的拉高、试盘、洗盘等任务,因为在这段时间人们的投资心理最浮躁,最希望得到某种方向的指引。

庄股在其起跳瞬间,开盘前20分钟的走势较为关键。如果大盘开市指数惯例性地上打下压试盘,股价受其干扰不大,在大盘指数走低时会稳定运行于前一日收盘价上方作横盘处理,均价与股价的关系基本保持平行,即使有抛单打低股价也能被迅速拉回盘整区。在此期间,如出现向上大笔拉升的过激动作,要视股价与均价的位置决定买入时机,在股价脱离均价2%以上,均价却无力上冲时,切勿追高,短期内股价必将有一个向均价回归的过程。开盘形态的强度决定了该股当日能否走强,从中可以洞悉庄家做当日盘的决心。

多方资金为加快建仓步伐,开盘后通常会快速抢进,而空方资金为能尽快派发,采取诱多拉高,造成开盘后急速冲高;反之亦然。因此通过开盘后的30分钟的市场表现有助于大势及个股的正确研判。

多空多方之所以重视开盘后的第一个10分钟,是因为此时盘中买卖量都不是很大,因此用不大的量即可以达到预期的目的,主力机构通过集合竞价跳空高开拉高或跳空低开打压,借此测试抛压和跟风盘多寡,借以对今日操作计划进行修正。

第二个10分钟是多空双方进入休整阶段的时间,一般会对原有趋势进行修正。因此,这段时间是选择买入或卖出的较为重要的一个转折点。

第三个10分钟因参与交易的人越来越多,买卖盘变得较实在,因此可信度较高,这段时间在走势上基本成为全天走向的基础,此时投资者应密切注意个股的量价关系是否配合,委买单与委买单的多寡,研判大势是“走多”或“走空”。一般而言,开盘委比达到两倍以上,显示人气旺盛,短线资金入场;反之,离场观望。如两者相差不大,则需观察是否有大手笔委托(买卖)单,同时应结合前期量价趋势加以分析。

为了能正确地把握走势特点与规律,可以以开盘为原始起点(因为开盘价是多空双方都认可的结果,它也是多空力量的均衡位置),然后以开盘后的第10分钟、20分钟、30分钟指数或价位移动点连成三条线段。因此,开盘30分钟的走向实际上预示了当日的价格趋势。

①如果是9点40分、9点50分、10点与原始起点(9点30分)相比,三个点位皆比此点高,则表明当天的行情趋好的可能性较大,10点30分以前成交量持续异常放量则为庄家或机构拉高出货,如出现此情况应以抛出为主。

②如果是9点40分、9点50分、10点与原始起点(9点30分)相比,三个点位皆比此点低,则表明当天的行情趋坏的可能性较大,空头力量过于强大,收阴线概率大于80%。

③如果是9点40分、9点50分、10点与原始起点(9点30分)相比,9点40分、9点50分两个移动点比原始起点高,而另一个移动点比原始起点低,表示当天行情买卖双方势力均强,行情以大幅震荡为主,如多方逐步占据优势向上。

④如果是9点40分、9点50分、10点与原始起点(9点30分)相比,9点40分、9分50分两个移动点比原始起点低,而另一个移动点比原始起点高,则表示空方力量大于多方,而多方也积极反击,出现底部支撑,一般收盘为探底的阴线。

⑤如果是9点40分、9点50分、10点与原始起点(9点30分)相比,其中9点40分这个移动点比原始起点低,而另外两个移动点比原始点高,则表示今日空方的均线被多方击破,反弹成功并且将是逐步震荡向上的趋势。

(2)从形态分析,基本形态有以下几种:

①跳空高开,高开高走。投资者可利用5分钟K线观察,如其出现连续的缺口,且高点上移,不回补缺口,回档在盘中进行,同时成交量伴随放大,强势毕现,短线小仓位及时介入。

②跳空低开,低开低走。股价逐浪下行,5分钟K线观察,如其出现连续的缺口,待其反弹,如成交量不予配合,应及时出局。

③震荡走弱。其可分为两种情况:一类高开冲高回落走势,此类如出现低位,可视为短期离场,中期吸纳,一般为收长阴为主力打压吸筹;如果涨幅已出现一倍以上,而且出现两次高开长阴,无论出现巨量与否,都应中线离场。

④平开或低开反弹走弱,盘面特征显示上涨过快,后续量能不济,逐浪下行,一顶低于前一顶,此时应区别对待,如果是低位,可能主力边试盘边吸筹;如果是高位(尤其是大箱体内),有可能是主力借助震荡出货。

⑤震荡走强形态。其可分为两种:一是高开低走走强,如近日连续走强后,今日出现冲高走弱,稍作休息,再度走强,强势已显露无遗,盘中完成换手,如果高位出现此种情况应密切关注量能,不能异常放大。二是低开低走后走高,盘面特征表现为震荡剧烈,并且从量能观察,空方趋于衰竭,此时介入可作反弹。如果为小盘股或超小盘股,如出现频繁高开低开,说明主力吸筹困难,故意造成短线利差诱使投资者卖出。

以上是几个基本形态,关键看前30分钟的收盘价,它近似于全天的收盘价,我们也可以换个说法,如30分钟收阳线全天收阳线的可能性大,反之亦然。

(3)成交量分析

在预测全天收盘指数的时候一定要结合量价原理分析成交量的变化。

①价升量增形态全天收阳线的概率大,价升量减全天收阴线的概率大。

②冲高回落形态，主要看回落阶段的成交量变化。如果回落过程中成交量逐步放大，说明承接盘踊跃，短线线客逢低吸纳，全天有望保持30分钟收盘价格；如果回落过程中成交量逐步缩小说明市场观望气氛浓重。全天收盘可能保持不了30分钟收盘价格。

需要强调的是，回落过程中成交量不同的情况要区别对待，不能教条对待，股市里面是充满变数的。一些控盘庄股在回落过程中，如果成交量缩减很快也说明筹码锁定程度高，全天收盘也可以维持30分钟价位。有些时候虽然在回落过程中成交量未见萎缩，但其是主力的对倒护盘造成的虚假成交，不是实效的买卖盘，这也会出现打破开盘30分钟多空平衡力量的情况，这一点大家要具体分析。

这种技巧对于判断大盘全天收盘很准确。因为个股人为因素多一些。

2. 开盘判断个股当天走势

如果将开盘的时间一分为三的话，那么，其前面的15分钟所显示的多为多、空双方主力展示他们各自预期目的的时期；中部的15分钟所显示的多为多、空双方主力进行休整、思考的阶段；后面的15分钟所显示的多为多、空双方主力已经明确的进取、攻击的方向。在这三个不同的阶段之中，如果一旦出现了一种直线上升或直线下跌的趋势之时，则分别表明多方或空方的主攻力量是相当强劲的。

开盘是容易控制、操纵的时段，我们在股市开盘的时间里，也就可以基本上看出控盘主力庄家的操作意图。

多头的力量为了在开盘的时候能够较为顺利地吃到货，通常会在开盘之后匆匆地抢进；而空头的力量为了要迅速地完成整个派发计划，就会在开盘之时故意快速地拉升，于是也即造成了股价开盘之后的急速冲高。

多头的力量有时为了取得更多的便宜货，也就会在开盘之时，利用自己手中的现有筹码向下刻意打压砸股价；而空头的力量则会在胆战心惊的"恐吓"之下，不顾一切地进行全力抛售，即造成了股价开盘后的急速下跌。

以开盘为起点，以第一个15分钟、第二个15分钟及第三个15分钟的不同位置波动点正式确定下来，并且将之相连接成三条直线线段，具体要结合股票价格上升、下跌时势头的力度（趋势线的角度）和持续时间的程度来进行综合研判，最终可以帮助我们把握住控盘主力庄家的整体操作意图。

（1）开盘如果是先涨后跌再涨，有以下几种情况：

①开盘后，股价上涨，然后，股价回档时却未能低于开盘价的价格；再涨时创出新高。这显示着多头主力的攻击力量很大，收阳的机会也就基本上已成为定局。

②开盘后，股价上涨，然后，股价回档时却未能低于开盘价的价格；再涨时并没有创出新的高点，则说明多头主力的力量不足，只是稍占优势，一旦出现有力的下挫，收阴的可能性较大。

③开盘后，股价上涨，然后，股价回档时低于开盘价的价格；再涨时创出了新的高点。这显示多、空双方主力之间的分歧比较大，当天所出现的震荡幅度也就会相对较大，但是，最终仍然可能会以阳线报收。

④开盘后，股价上涨，然后，股价回档时低于开盘价；再涨时无法创出新高。这显示空头主力的势力过大，当天所面临的调整压力较重，一旦出现冲高无力的情形，马上就会出现急挫的现象；只有在底部得到了足够的支撑，才会可能有较强力度的反弹出现。当天所出现的震幅度也就会相对较大。

（2）开盘如果是先跌后涨再跌，有以下几种情况：

①开盘后，股价下跌；反弹时也未能高于开盘价；然后，股价创出新低。这显示空头主力的攻击力量很大，收阴的机会也就基本上已成为定局。

②开盘后，股价下跌；反弹时未能高于开盘价，再跌时却没有创出新低。则说明空头主力的力量不足，只是稍占优势，一旦出现有力的上扬，收阳的可能性较大。

③开盘后，股价下跌；反弹时却高于开盘价；再跌时又创出新低。这显示多、空双方主力之间的分歧比较大，当天所出现的震荡幅度也就会相对较大。但是，尾盘最终仍然可能会收在较低位置，并以阴线报收。

④开盘后，股价下跌；反弹时却高于开盘；再跌时无法创出新的低点。这显示多头主力的势力过大，当天所面临的下档支撑较大，一旦出现下探无力的情形，马上就会出现急升的现象；只有底部得到了足够的支撑，才会可能有极强力度的冲高机会出现。

(3)开盘如果是先涨后涨再跌,有以下几种情况:

①开盘后,股价上涨;下跌时却未能低于开盘价。这显示着此日相当乐观,多头主力的攻击力量很大,收阳的机会也就基本上已成为定局。

②开盘后,股价上涨;下跌时创出了低于开盘价的新的低点。这显示着空头主力的攻击力量极大,当天所出现的震荡幅度也就会相对较大,其下探的幅度也就较深。

(4)开盘如果是先跌后跌再涨,有以下几种情况:

①开盘后,股价下跌;反弹时却未能高于开盘价。这显示着空头主力的攻击力量很大,收阴的机会也就基本上已成为定局。

②开盘后,股价下跌;反弹时却创了高于开盘价的新的高点。这显示着此日的发展可以谨慎乐观,多头主力的攻击力量相对较大,当天所出现的震荡幅度也就会相对很大。但是,如果它出现在相对较高的位置盘整之后,则有可能会是空头主力故意误导投资者,进行拉高出局的行为,后市则会出现急跌。

(5)开盘如果是先涨后跌再跌:

开盘后,股价上涨;下跌时创出了低于开盘价的新的低点。这显示着此日的发展十分不容乐观,空头主力的攻击力量极大,当天所出现的震荡幅度相对很大。如果它出现在相对较高的位置盘整之后,则极有可能会是空头主力为了误导投资者,故意制造的多头陷阱,进行拉高出局的行为,后市则会可能出现急跌。

(6)开盘如果是先跌后涨再涨:

开盘后,股价下跌;上涨时却创出了高于开盘价的新高。这显示着此日的发展十分乐观,多头主力的攻击力量极大,当天所出现的震荡幅度相对很大。如果它出现在相对较低的位置盘整之后,则极有可能是多头主力为了误导投资者,故意制造的空头陷阱。

3. 开盘判断个股未来趋势

在一个上升的市场或者下跌的市场里,开盘的价格若是高开或者低开,在一般程度上,都是其沿着原有趋势继续发展的表现。反之,在一个上升的市场或者下跌的市场里,开盘的价格若是低开或者高开,在一般程度上,则极有可能是主力故意策划的一个“陷阱”;同时,这也可能是多、空双方主力力量的突然扭转。

而在一个平衡市的牛皮市场里,开盘的价格不管是高开、低开或者平开,其最终的结果都同样是扑朔迷离的,令人十分难以捉摸。

一般情况下,开盘的价格如果高于前一日的价格最高点,这多是控盘的主力庄家准备拉抬股价的前兆,在这种情况之下,我们也就可以继续做多头;若是开盘的价格低于前一日的最低价,这多是控盘的主力庄家看淡后市的预兆,在这种情况之下,我们也就应该做空头。若是开盘的价格向上穿越了整理图形形态的某些较为关键位置之时(例如:头肩底的颈线位;箱形、三角形的上界线),或者是已经重新站在了一直压制它的某一股价移动平均线之上时,均为买入的信号。

反之,若是开盘的价格向下跌穿了整理图形形态的某些较为关键位置之时(例如:头肩底的颈线位;箱形、三角形的下界线),或者是又已经重新站在了一直支撑它的某一股价移动平均线之下时,均为卖出的信号。

一般来说,每日开盘之后45分钟与收盘之前45分钟的交易变化,都非常重要。在连续低迷了一段时期之后,若是开盘的价格出现大幅度高开,则一般都预示着其股票价格的大幅度反弹即将迅速开始。

如果开盘的价格是在连续性冲高之后而出现的重挫,那么,第二天的高开则一般都有出货的嫌疑。

如果市场上出现有利好消息的影响,开盘的价格在高开之后,说明人气旺盛,抢筹码的心理较多,市场有向好的一面。但是,其紧接着是大幅度高开高走的话,这样就会使前几日买入的投资者获利十分丰厚,则容易造成过重的获利回吐压力。故此,往往都会有一个回档的过程,经过盘中盘整一段时间之后,以便于消化场内的获利筹码,回档时则是我们进货建仓的最佳良机。若是在大势已经连续性大幅度上涨多时,而后才发生的大幅跳空缺口,常常是多方主力的能量完全喷发的象征,是竭尽全力的最后一击,表明牛市已走到了尽头。

如果仅仅只是利好传闻,而无实际的利好,仅仅只是高开了不太多,那也就表明市场上的人气较为平静,多、空双方主力的力量均无恋战情绪,其跳空高开之后,则常常都会迅速地回补所出现的缺口。

开盘的价格在开盘之后即开始低走,如果此时的大盘已经持续低迷了一段时日,表明获利回吐或者亏损割肉的投资者都已经开始变得迫不及待了,故市势有进一步转坏的可能。在一般的情形下,都会有一个反弹的出现;如果市况确实处于一种极为不佳的状态,盘整之后的大盘指数也开始破位向下低走,在一般的情况下,其股票的价格也就将会同时随之而继续下跌。

若是在股票的价格连续性冲高之后的低开低走,如果没有真实性的利空出现的话,则其在稍加下挫之后,仍然会折返逐步地向上盘升;如果真的有利空出现的话,则其在低开低走之后,一旦回稳,仍然会有一个反弹出现。

有一些股民一看到某些个股开盘出现较大幅度的高开之后,并且伴有一些较大笔的买单(常常为控盘主力庄家故意对冲)时,就总以为是控盘主力庄家即将开始迅速拉抬股价了,便迫不及待地赶忙跟了进去。由于他们对控盘主力庄家的各种狡黠手法缺乏一定的深刻了解,结果很容易陷入一些多头的陷阱之中,像如此匆匆忙忙、毫无顾忌地"入市",其最终的后果是十分危险的。

4.1.5.2 看中盘

在中盘的初始阶段,市场很自然地就会对开盘的结果进行一定幅度上的某种修正,它主要是针对开盘开得太高或太低之后所出现偏离过多的走势,作出一些必要的缓步调整。

1. 中盘主力行为透析

(1)通常在开市后的10点15分以后,市场偏离前一日的波动中心区过多的话,则会有三种情形出现:

①如果太低则在一般情况下都会出现一些相应的反弹,并将其逐步拉回到当日即时平均价的附近。

②如果太高则在一般情况下也都会出现一些相应的回档,并将其逐步拉回到当日即时平均价的附近。

③如果开盘之后的走势出现了一种极端的两极分化,而在10点15分之后却仍然未见对其进行某种程度上的修正,则可对当日的行情走势强弱、涨跌立刻给予判定。

(2)10点30分~14点时所进行的多空搏斗阶段、多空决胜阶段则主要是针对下列出现的各种不同因素而分别进行:

①多、空双方主力各自控制的指标股之间的决心。

②盘中价量配合状态之间的关系。

③盘中的趋势波动形态的具体变化。

④各种类型股票的强弱表现如何。

⑤委买委卖的增减速度如何。

(3)11点30分~13点,在休市的这一段"较短"时间里,市场上的广大投资者也就可以回归"自然"不再受到市场气氛的诱导、操纵,也就有了十分充裕的时间去反思自己前一段时间的操作得失,重新冷静地确定自己以后的投资决策和方针。

如果大市在盘中一直进行盘悬高位的整理势态,并创下了当天的最高股价,那么,一种情况表明市场上的控盘主力庄家的攻击力量是相对较强的,市场大势在他们的操纵之下,人气十分旺盛,市场完全有可能继续向较好的一方面发展;而另一种情况,则也有可能是市场上的控盘主力庄家故意想制造一种向好的假象,以便于他们利用市场上投资者的抢购,借机出货。若是前一种情况出现,则尾盘应有较为冲动性的主动攻击盘进场,市势应该继续保持一种相对较强的势头,进一步快速冲高。如工商银行的表现就是例证。若是后一种情况出现,则尾盘的市势可能将会根本不动,甚至缓缓地向下回档。

如果股票大势一直连续不断地下跌,反弹的需要已经迫在眉睫之时,则控盘的主力庄家常常会刻意地进行打压,形成一种人气低迷,市场向淡的市场氛围,使之呈快速下跌的状态,以便让场外众多的散户投资者下定决心斩仓出局,甚至于还会因此而故意造成第二次加速下探。

中盘的涨势是否能够较为平均地分布在各种类型的不同股票之中,以及是否能够十分均衡地分布在"人气指标股"之上,将是尾盘走势平稳的一个必要的先决条件。如果中盘的涨势仅仅只是过度地集中在某一种类型的单个股票之上,而不能够充分地带动“人气”,那么,其他类型的股票则极有可能在尾盘时与之大唱反调,从而出现拖累该种强势类股票的情形。如果涨幅很平均,各类股均有十分强势的个股,那么,大盘就有如拥有了铜墙铁壁一样,在一般情况之下,是不易被全盘打败的。

在中盘的时候,占据大盘指数较大比例的多、空指标类股票,在一般的情形之下,则必须是前一日的强者今日仍然将表现出一种强势,而前一日的弱者若是也能够逐步转化为强势,则大盘指数就绝无下跌之理由;若是前一日的强者今日却开始慢慢地转为弱势,而前一日的弱者却仍然显示出一种弱势,那么,大盘指数也就绝无上涨之条件。若是多方所掌握的各类指标股占据的加权指数是相对较大的,则涨势一般也就会更为凶猛;反之,若是空方所掌握的各类指标股是相对较大的,则跌势也就会不轻。在一般的情形之下,指标股强则为多头指标,转弱则沦为空头指标;而一旦出现了涨停,则显示市场多方主力做多的决心十分坚决,通常对尾盘的买方士气大有益处;而一旦出现了跌停,则显示市场空方主力做空的决心十分坚决,通常会引起尾盘一片追杀。

2. 中盘的重要时间点

中盘波动的形态,根据其主要的趋向与状态,有下列4个要点:

(1)用目前这一波的高、低点与上一波的高、低点进行比较,从而判断出涨、跌的强弱程度。

(2)用目前这一波的高、低点与盘中所出现的最高、最低点进行比较,从而判断出是否突破了,并创出新高点或者新低点。

(3)波动的波数,通常市场上涨、跌波动的数目愈多,在涨势之中,则表示由于空头的全力掼压,使得市场的步伐变得愈沉重,涨势已经明显开始乏力;而在跌势之中,则表示由于多头的竭力反攻,使得市场上的人气渐渐旺盛,空头的力量已经明显削弱,反弹即将成功。中盘所形成的波数通常在8个以上,其意义极大,较明显地显示多、空拼战的激烈。

(4)14点时的市场波动趋势对尾盘影响极大。如果在14点时,其突破了盘中的最高点,则往后的60分钟内将有可能会出现明显的急拉趋势;反之,若是其跌破了盘中的最低点,则尾盘时将有可能会出现一阵明显的急跌势头。

无论多、空中的哪一方,在盘中发起主动性反攻的时机,以13点30分为反攻点者,都是最容易反攻成功的。反攻时间如果太早,通常很容易功亏一篑,反攻时间若太晚则趋势已经形成,纵然能够充分利用尾盘的作用,也将回天乏术。

股市上涨、跌停板的出现,对其他个股的影响是很大的。在14点钟以后所出现的跌停板,并且以跌停关门,在一般意义上,则会严重地影响到尾盘投资者追买的意愿。杀尾盘始终都是投资者心中挥不去的一个阴影。而这种悲剧的产生,往往都是由跌停板的出现作为开始的。因此,在14点30分以后,若是出现的跌停数在10家以上,通常就都会对市场形成颇大的杀伤力。一般意义上,通常涨停板的带动力远远不如跌停板所形成的威力,而跌停则是杀尾盘的前兆。

我们通常可以把14点15分以前所出现在中盘的最高点和最低点分别描出来,并取其中间值作为分水岭。如果市场上14点15分的波动值在中间值与最高点的中间,那么,尾盘则会仍然以震荡趋坚或突破新高之几率较大;如果其是在中间值和最低点中间,那么,尾盘则会以震荡趋软或跌破新低之几率较大。

如果此时已经突破了新高,则势必在尾盘仍然会有一番股价的拉抬,使其再度走高;反之,如果其此时已经跌破了盘中的最低点,则势必在尾盘仍然还将有进一步的卖压出现,使其再一路挫低。

3. 中盘实战技巧总结

在10点以后,股市进入多空双方搏杀阶段,除去开盘与收盘的半个小时,其余时间全为盘中交易,股价在盘中走势,无论是探底拉升、窄幅震荡,或冲高回落全部体现控盘主力的操作意图。盘中运行状态一般有以下几种常见情况:

(1)个股低开高走,若探底拉升超过跌幅的$\frac{1}{2}$时,此时股价回调跌不下去,表示主力做多信心十足,可于昨日收盘价附近挂内盘跟进(短线)。

(2)大市处于上升途中,个股若平开高走,回调不破开盘,股价重新向上,表示主力做多坚决,待第二波高点突破第一波高点时，投资者应加仓买进（买外盘价）。

(3)大市低位时，个股如形成W底、三重底、头肩底、圆弧底时，无论其高开低走、低开低走，只要盘中拉升突破颈线位，此时突放巨量，不宜追高，待其回调颈线不破颈线时挂单买进。其中低开低走行情，虽然个股仍在底部但毕竟仍属弱势，应待突破颈线时红盘报收，回调也不长阴破位时才可买进（中线）。

(4)个股低位箱体走势，高开低走，平开平走，低开平走，向上突破时可以跟进，但若是高位箱体突破时，应注意风险（当日股价走势出现横盘，最好观望，以防主力震荡出货）。但若出现放量向上突破时，尤其是高位箱体一年左右成交地量时，是高开或平开平走，时间又已超过$\frac{1}{2}$时，为卖点变成委买单，出现箱顶高点价位时，即可外盘跟进；若低开平开，原则上仅看做弱势止跌回稳的行情，可以少量介入，搏其反弹，且无大量跟进。此种事例较多，例如2001年中期头部时，许多中价次新股都形成高位箱体，有少量差价。

(5)大市下跌时，若个股低开低走，突破前一波低点，多是主力看淡行情，有其弱势或有实质性利空出台，低开低走，反弹无法超过开盘，多是主力离场观望，若再次下破第一波低点，则应市价杀跌卖出。

(6)个股如形成三重顶、头肩顶、圆弧顶时，跌破颈线时应果断卖出，趁其跌破后股价拉回颈线处反弹无力时卖出。

(7)升势中，若高开低走，二波反弹无法创出最高，此刻若放出大量，在二波反弹高位反转时卖出，主力利用高开吸引投资者追涨跟风借机放量，派发的惯用伎俩手法。

(8)大盘趋弱时，个股高开低走翻黑后，反弹无法翻红时，投资者宜在无法翻红时，获利了结，以免在弱势中高位被套。

(9)个股箱体走势往下跌时，箱底卖出。无论高开平走、平开平走或低开低走，尤其在箱体呈现大幅震荡，一旦箱体低点支撑失守，显示主力已失去护盘能力，至少短线向淡，暗示一轮新的跌势开始，投资者应毫不犹豫斩仓出局。

(10)需要说明的是，对盘面进行总体判断，主要通过结合大盘判断个股。

①计算盘中买盘与抛单的比例，判断大盘强弱。

②运用ADL判断，大盘指数与ADL同步，说明涨跌真实，走势健康。大盘指数与ADL出现背离，说明主力通过指标股调控来操纵指数，达到其操盘意图。

③盘中波段高低点的判断，尤其值得研究高低点处量价关系问题。如分析软件中有1分钟线，可将其打开，观察指数（股价）的运行力度、角度、时间延点。1分钟K线符合神奇数字的规律，起点大部分以5根时间单位出现，下一波幅常规应出现8根时间单位，如出现比预期的时间单位短，时间分布区域的拐点将出现，调整时可关注时间单位对比。如出现强势调整，K线实体遭到挤压，上拐点将出现，此处考虑单一的时间因素，如加K线实体大小，将对盘中波段高低点的判断较为准确。

④盘中分析还应重点观察均价线，因为均价线对盘中走势的判断具有明确的警示作用。日线图上刚出现突破迹象的个股盘中运行一般都较为稳健，盘中一个破绽就是庄家很少将股价再打到均价下方运行，当天没有必要做这个动作。如果发现盘中向下打低均价回抽无力时，要小心是否开盘形态是一个诱多动作，识别这个动作的要领是诱多形态开盘一小时后必然向下跌破均价走低，显示庄家无心护盘，有意作震荡。所以如果错过了开盘强势的个股，要及时发现摆脱指数震荡而能以温和放量的方式将股价运行于均价上方的个股，尽量在均价附近进货比较稳妥。

4.1.5.3　看尾盘

尾盘是股票交易经过多、空双方主力一天激烈战斗的最终胜负时刻，它即将为之作出这一天来的最后交易总结。它所造成的震荡频率的高低，所取得的优胜得失多少，不仅仅可以鼓舞自己阵营内的士气，而且对次日开盘都有相当巨大的影响。证券市场上的大多数技术指标，都是以一日的收盘价作为原始依据，它具有一种承前启后、继往开来的决定性作用，因而深具指导意义。

1. 尾盘盘口的多角度分析

尾盘在时间上一般被认为是在最后的45分钟。从14点15分钟开始，多、空双方主力即开始竭尽全力地向对方的势力范围发起最后攻击。而且因为此时在市场上参与交易的人数，在一般情况之下，都是最多的,一旦某种趋势的发展特别明显、明确之时,就会有层出不穷的推波助澜者蜂拥而来,从而将其趋势的发展推高到一个新的阶段。

特别是尾盘最后30分钟的走向对投资者日后研究、判断趋势的发展,极具重要的参考意义。在一个正常的上升或者下降的趋势中,收盘价逐步地上升或缓慢地下跌,都属于一种正常的情况。如果出现了一些十分反常的情况,那么,就要特别小心地进行研究、判断,并应当结合收市时的一些具体变化,以及尾盘45分钟前的运行趋势来分辨。

(1)若是在股票运行趋势的过程之中,出现了股价先跌、后升、再跌之势,股价在反弹之后又重新调头向下快速跌落,尾盘则将有可能会连续下跌,这种情形所造成的杀伤力极大,当我们发现是日的尾盘即将走淡之时,就应该积极地沽售,尽快地离场,以回避次一日的风险。

(2)若是在股票运行趋势的过程之中,出现了股价先升、后跌、再升之势,股价在回档之后又重新调头向上快速涨升,甚至于出现最后45分钟的股票运行趋势一直向上涨升,那么,则当日收盘于高处便几乎成为定局。如果发现是日的尾盘即将向好之时,则可以适量持仓,以迎接次一日的高开。如果当日收盘价比前一日的要高,而最低价要比前一日的低,第二天早上会按照惯性高开。

(3)如果全天的股价运行趋势一直都呈现盘跌的走势,尾盘却突然无任何理由地拉高,投资者在此时此刻便要特别小心多头陷阱;如果这个时候的股价运行趋势已经连续几天下跌了较多,则也可能是一种转势的表现。反之,若是全天的股价运行趋势一直都呈现盘升的走势,尾盘却突然无任何理由地打压,我们在此时此刻便要特别小心空头陷阱。在一般的情况之下,尾盘出现这种急跌,多不需要我们立即入市抢反弹,第二天早上按照惯性就会有更低的价位出现。如果这个时候的股价运行趋势已经连续几天上升了较多,则也可能是一种转势的表现。

(4)在正常的情况之下,尾盘杀跌,一般都预示着后市状况不佳。如果杀跌时无量,则会有诱空的嫌疑;如果杀跌时放量主要是依赖于大盘指标股,那么,后市下跌的动力也嫌不足。但是,大盘在冲高之后,高位开始出现抛盘而引发的杀跌行情,则后市就堪忧了;大盘若是全天涨跌都是无序的,而尾盘却放量下跌,全天成交量依然不减,一般都意味着下跌仍然将持续一段时间。

(5)在正常的情况之下,尾盘拉升一般都表示后市仍然可以看好。在牛市之中,尾市拉升预示着第二天开市必涨;在熊市之中,尾市拉升则表明将有反弹出现的可能。如果拉升的幅度过于急躁,而且尾盘的个股均有这种故意拉抬的迹象,那么,次一日的大盘一般都会有调整出现。尾盘股票价格的拉升一般都有多头的主力在尽力护盘,同时也意味着它的反弹依然未尽。

2. 尾盘个股量能分析技巧

多空决胜与强化本来是属于中盘的,之所以将它放在此处来介绍,是因为它与尾盘是紧紧相关的,其中也有着一种十分重要的关联作用。

若是14点多空主力力量趋势已经渐渐地明朗了,那么,在14点30分~14点40分也就会出现一种强者愈强,弱者愈弱的强化效果。在通常的情况之下,我们以当日盘中所出现的最高点和最低点分别为上下限,并且取其平均值为中间值,那么,多空强化的标准即是以14点15分时的趋势波动值为基准:

(1)如果当时的趋势波动值突破了当日盘中的最高点,则也就会在强化时间内出现急涨。

(2)如果当时的趋势波动值跌破了当日盘中的最低点,则也就会在强化时间内出现急跌。

(3)如果当时的趋势波动值介于中间值与盘中最高点之间,则也就会在强化时间内仍然以震荡趋坚的几率较多。此时此刻,我们应留意其是否会突破盘中的最高点,通常在尾盘前才突破盘中的最高点,一般都会在修正尾盘时出现拉回的效应。

(4)如果当时的趋势波动值介于中间值与盘中最低点之间,则也就会在强化时间内仍然以震荡走软的几率较大。此时此刻,我们应留意其是否会跌破盘中的最低点,而出现在尾盘时的急跌重挫,通常都会以14点45分跌破盘中最低点最为凶悍,其尾盘也就将不是那么容易拉升。

针对尾盘的多、空各自力量的强化,在通常的情况之下,一般都会在收盘前的最后15分钟里出现一种相反方向的走势,其主要原因是在于当日进行冲销的低买高卖或者高卖低补,它们所产生的买盘或者卖盘均会在这最后的15分钟里出现,并以之来平衡强化时间内过度的超涨超跌。如国航在2006年8月18日的当天表现。

从一般的角度而言，在盘面上影响尾盘拉杀的关键的因素是：涨、跌停家数的多与少；涨势的种类能否平均分布；多、空主力各自控制的指标股之间的决心如何；14点30分时趋势波动的具体位置。

总而言之，尾盘收市之前60分钟内的异常变化，决定后市未来方向发展的可能性极大，其有效性也同样极大。而尾盘收市之前30分钟内所出现的异动情况，对后市未来方向发展的可能性也有一定程度的影响，我们同样需要特别地进行关注。而尾盘收市之前的15分钟内所出现的一些现象，除非是在某种特殊情况之下发生，或者是突发性消息的刺激之外，在一般的意义上，其无效性极大，骗钱的可能性也极大。

3. 尾盘判断次日个股走势

尾盘不仅对当日多空双方交战起到总结作用，而且还决定次日的开盘，所以，股票市场波动最大时间段是在临收市半小时左右。此时股价常常异动是主力取巧操作的典型手法，因此尾盘效应应格外重视。

如当日盘口强劲，会在尾市半小时左右引发跟风盘的涌入，使股价脱离当日走势斜率单边上行，此时庄家会借机大笔拉高，以封死下一交易日的下跌空间。由于此时跟进的买盘都有强烈的短线利润的兑现心理，因此尾盘若在抢盘时出现5%以上的升幅，要小心次日获利盘兑现对股价造成的抛压以及庄家次日开盘借势作打压震荡所带来的被动，投资者不要在尾市过分追高抢货，以免陷入庄家次日短期震荡给仓位带来的被动局面。

(1)尾盘修正

中午的前市收盘是多空双方都进入休整的时间，为后市的争夺进行充分的准备。但是前市尾盘的最后拼搏，已能表现出多空双方的强弱；因此依据前市尾盘的修正，便基本可以判断后市的走势：首先，找出前市的最高值与最低值，计算出其中间值；然后以前市收盘值与前市取最高值、最低值、中间值进行比较，判断其后市的走势：

①如果前市收盘值在最高值与中间值之间，那么尾市多方将强于空方，以震荡逐步走强或再创新高的走势。

②如果前市收盘值在最低值与中间值之间，那么尾市空方将强于多方，以震荡逐步下挫或再创新低的走势。

(2)判断次日

①涨势中(平均移动线系统呈多头发散)

尾盘价涨量缩，其次日开盘为跳高开盘，随即卖盘抛压将明显转大，此称为涨势惜售现象。

尾盘急速下跌而成交量却放大，次日一般以平开或高开方式开盘(除非该股涨幅太大，而且成交量也放出天量的长阴，否则一般在尾市最后15分钟会出现急速下跌，这是主力或机构洗盘的特征)。

尾盘价涨量增，表示股市人气旺盛，看涨心态浓厚，次日一般以高开方式开盘。

②盘整中(平均移动线系统呈横盘整理)

尾盘价跌成交量增大，次日一般以平盘或低开方式开盘居多，这种现象开盘往往代表上攻资金参与不积极，预示大盘将转入调整或下跌阶段。

尾盘价涨成交量也增，这表明当日大盘，多方明显强于空方，次日一般以平开或高开方式开盘。

突破关键关口时，量与价俱增，说明多方信心十足，致使成交量与价同步增加，次日一般以大幅高开方式开盘，然后再走出高开低走回档盘整的走势。

③跌势中(平均移动线系统呈空头发散)

尾盘价跌成交量缩，大市的跌势中出现价跌量缩，说明空方强于多方，次日将小幅低开开盘，再急速或逐步下跌。

尾盘价涨成交量也放大(K线收长阴)，次日以平盘方式开出，然后往下逐步下跌，否则将直接向下跳空下行。

尾盘价涨成交量也放大(K线是收小阴或小阳)，这则说明尾盘量价俱增，配合KDJ等指标低位，次日将以高开方式开盘呈震荡反弹走势。

④观察要点

早盘回落的幅度不要过深，应控制在3%以内。幅度过深，一波直接过高点的难度加大。同时在盘口启动的初期就消耗了过大的量能,不利于后期量能的持续爆发。

拉起的方式,最好在底部稍一构造后,就立即展开快速拉升,直接过早盘高点,幅度在0.5%~1%左右,盘中为主动攻击性买。当然对于一两笔大单直接上拉的应排除在外,量能上也应是处于温和放量状态,应显得很自然的放量。

回落的低点最低不低于早盘高点,之后呈现上升三角整理形态,也可为窄幅的强势震荡。

§4.2 短线狙击

4.2.1 认识短线操作

1. 短线的概念

短线通常是指在一个星期或两个星期以内的时期,投资者只想赚取短期差价收益,而不去关注股票的基本情况,主要依据技术图表分析。一般的投资者做短线通常都是以两三天为限,一旦没有差价可赚或股价下跌,就平仓一走了之,再去买其他股票做短线。

2. 短线和波段的区别

K线图有60分钟线、日线、周线、月线,看上去样子都是相似,但其差别在于波动幅度有所不同。60分钟线是超短线,约4天一个低与高的循环;日线是短线,约9天一个循环;周线的波段约3个月;月线则更长。

如果是纯粹的技术分析的话,短线和波段的分析方法是不同的,而日K线和周K线的分析方法是一样的。具体来说,短线和波段的区别主要有以下方面:

(1)短线交易留给投资者的思考时间较少,波段则有相对充足的时间去判断股价运行方向;短线更容易受资金操纵,但是非系统性风险带来的损失则会更大。

(2)短线的交易成本高,但可能的损失有限,思想负担小;波段交易成本低,做错了代价大,思想长期处于紧张之中,更容易犯错。短线比波段难做,只能依据盘感,需要有足够的实战经验,有经验的人做波段比做短线好一点。

(3)短线,必然交易频繁,接受概率选择的次数多,错误率高,错误次数多,包括止损和踏空、止损累积、亏损叠加等,这些便是短线的命门。而一般的波段行情投资者烦恼少,失误机会少,佣金少,但很有可能盈利也少;而一个做短期行情交易的投资者就会佣金高,事情多,烦恼多,但有机会获得更多的利润。

(4)做短线必须有条件,即精力旺盛,须双眼时刻不能离开屏幕;盘感要好;勇于"频繁"止损;手续费足够低,跑道通畅,适合中小规模资金。大资金受市场流动性限制,意义不大。波段操作要会判断大势,计算盈亏比,以短线寻找进出点。

短线和波段的共同点是都要求顺势,只不过波段顺大势,而短线顺小势罢了。一般来说,新手做波段为宜,最高境界为波中带短线,但这往往需要极高的技巧,需要慢慢磨炼。

4.2.2 短线操作实战

4.2.2.1 分时图狙击短线股

1. 分时图常见形态

不同的分时走势图形态所透露的股价涨跌信息是不同的,也是短线投资者决定是否追涨、抛出的依据。根据分时走势图的不同走势形态,我们可以分成如下的三种常见形态:

(1)攻击形态

这类股往往是受到某种消息的刺激、板块的个股联动,或者大盘趋势做多的刺激,这类属于超级强势。通常以高开开盘,高开幅度越大越强势。在开盘之后会出现快速拉升,然后逐波上涨;更强势的攻击形态则是在开盘30分钟以内快速上涨，超强势的个股会冲击涨停板，往往伴随成交量的急剧放大。同时白色曲线（实时股价）和黄色曲线（均价线）会同时上涨。出现攻击形态的个股，次日股价惯性上冲的可能性比较强烈，往往会出现连续上涨的走势。

以攻击涨停的个股为例，在分时走势图中，会形成一波式涨停、二波式涨停、三波式涨停、多波式涨停、突破箱体式涨停等走势形态。以梅雁水电（600868）在2012年10月23日的走势为例，如图4－1所示，早盘股价高开2.42%之后，出现了快速上冲走势，在10:09左右冲击涨停板，走出两波式涨停走势。我们可以看到，在该股的分时走势图中，股价（白色曲线）一直在黄色曲线（均价线）上方运行。对于攻击形态的个股，即使股价不涨停，在盘中大部分的时间里，股价也会在黄色曲线上方运行，即使跌破黄色曲线，也会放量收回来。

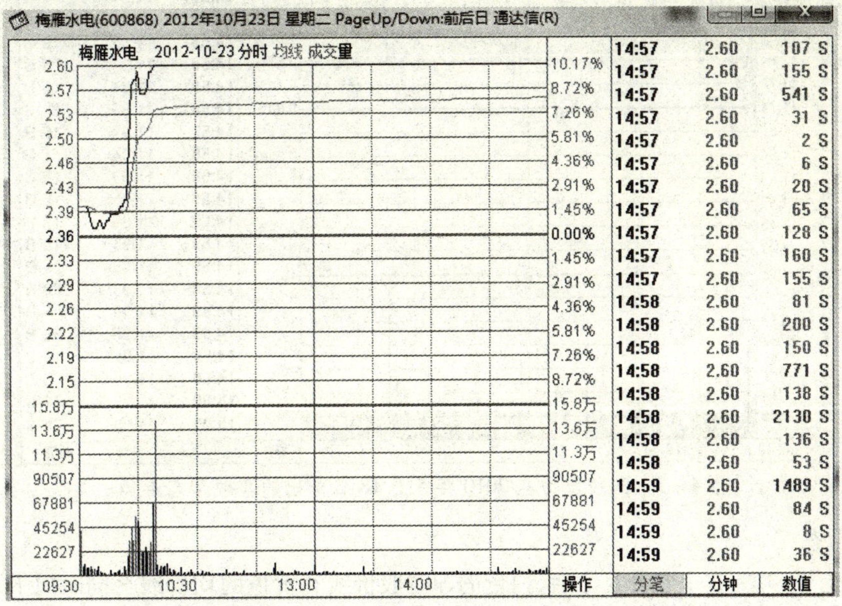

图4－1 梅雁水电在2012年10月23日的两波式涨停走势

再来看一个例子，如图4－2所示，2010年5月18日，受到中央新疆工作会议近期召开的利好刺激，国际实业（000159）股价以接近2%的幅度高开，开盘之后瞬间冲高，整理10分钟之后，开始逐波大幅走高，走出攻击形态。之后全天的股价都在黄色均价线上方运行，强势特征明显。在午后13:45左右还一度封死了涨停板。

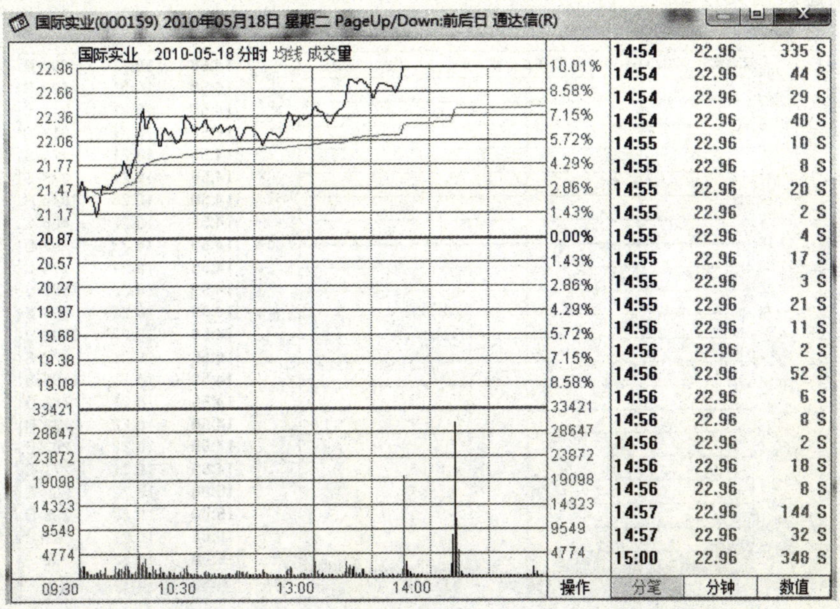

图4－2 国际实业在2010年5月18日走出的攻击形态走势

(2)整理形态

整理形态是指当日股价围绕黄色曲线进行上下波动，该股的涨跌幅一般不大，黄色曲线往往呈现直线运行趋势，当日的成交量也不会出现异常。以涪陵电力(600452)在2010年5月18日的走势为例，如图4-3所示，当日股价低开1%，开盘之后一波小幅上冲。当日，股价就围绕黄色曲线进行上下波动，股价在11.6～12.10之间来回震荡，这就是整理形态。该交易日最终股价以11.95元收盘，涨幅1.79%，成交量出现了萎缩。走出整理形态的个股，次日往往还会继续整理，但不排除由整理变成攻击或弱势形态。

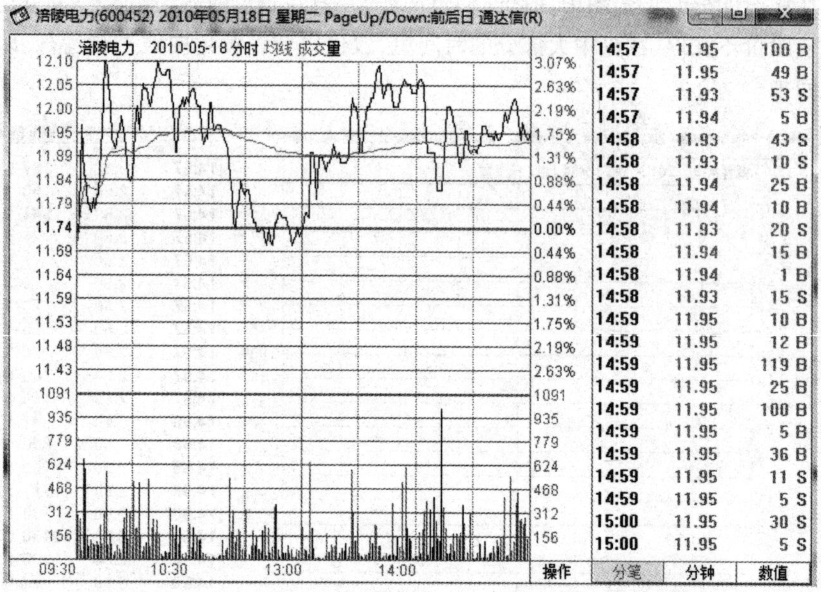

图4-3　涪陵电力在2010年5月18日走出的整理形态走势

(3)弱势形态

这类分时走势形态，在个股开盘之后，白色的即时股价线和黄色的均价线会同时向下走。在盘中大部分时间里，股价在黄色的均价线下方运行，即使突破均价线，也不会停留太长的时间。以荣华实业(600311)的走势为例，如图4-4所示，在2010年5月18日股价出现了接近-3%幅度的低开。开盘之后，股价开始大幅下挫，白色曲线和黄色曲线急转直下，形成弱势形态。盘中大部分时间，该股股价在黄色的均价线下方运行。虽然在午后，随着大盘的反弹出现了一波反弹，但是尾盘还是出现了回落，最终收跌8.42%。个股短期如果走出弱势形态，那么次日下跌几率依然较大，这类形态的出现除非是K线图非常的强，否则不建议当天抄底。

图4-4　荣华实业在2010年5月18日走出的弱势形态

2. 大盘分时走势图

大盘分时走势图就是指反映上证指数、深圳成分指数等大盘指数即时分时走势的技术图表。通常情况下，由左侧的图形显示部分和右侧的数量显示部分构成。以同花顺 V4.60.43 股市行情分析软件为例，在盘中交易或收盘的时候，输入 03(或 F3 键)、04(或 F4 键)就可以分别打开上证指数、深圳成分指数的分时走势图。

(1)图形显示部分

图形显示部分主要包括上方的白色曲线、黄色曲线、红色柱线、绿色柱线，以及下方的黄色柱线、蓝色柱线等，如图 4-5 所示。

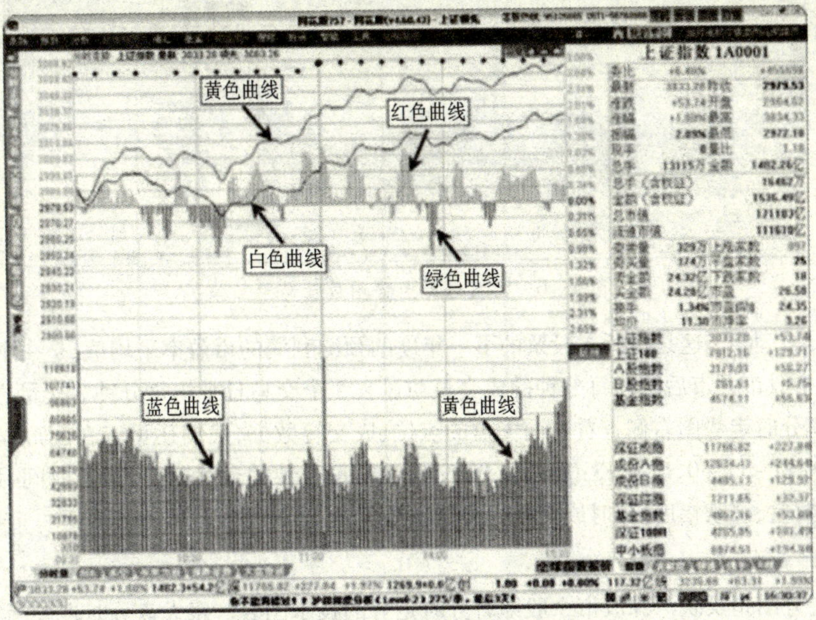

图 4-5 大盘分成走势图图形显示部分

①白色曲线。表示沪深证券交易所每日对外公布的大盘实际指数，是利用加权平均法计算出来的，也就是大盘加权指数。加权平均法计算的指数是指用每只股票总股本乘以当日市价累计之和再除以这些股票的总股本，最后乘以基数，得出的指数。

②黄色曲线。是不含加权的大盘指数，也就是不考虑上市股票盘子的大小，而将所有的股票对上证指数的影响看作是相同的，采取的计算方法是简单平均法。简单平均法计算的指数即只是将各股的市价之和除以市场的股票数，最后乘以一个基数而得出的指数。

③红色柱线。这是用来反映指数上涨强弱程度的，红柱线渐渐增长的时候，表示指数上涨的力量渐渐增加；缩短时，上涨力量减弱。

④绿色柱线。这是用来反映指数下跌强弱程度的，绿柱线渐渐增长的时候，表示指数下跌的力量渐渐增加；缩短时，下跌力量减弱。

⑤黄色柱线。用来表示指数上涨过程中每一分钟的成交量的，单位是手(每手等于 100 股)。

⑥蓝色柱线。用来表示指数下跌过程中每一分钟的成交量的，单位是手。

(2)数量显示部分

数量显示部分主要包括最新的指数点位、涨跌数量、涨跌幅度、开盘点位、最高点位、最低点位、委比、振幅、量比、成交总手、成交总金额、现手、委买量、委卖量、上涨家数、下跌家数、平盘家数、市盈率等，如图 4-6 所示。

①委买量，是指所有股票买入委托下五档手数相加的总和。

②委卖量，是指所有股票卖出委托下五档手数相加的总和。

③委比，是指所有股票委买委卖手数之差与之和的比值。

④市盈，即市盈率，大盘走势分时图中显示的市盈率是所有股票最近一个年度市盈率的平均值。另

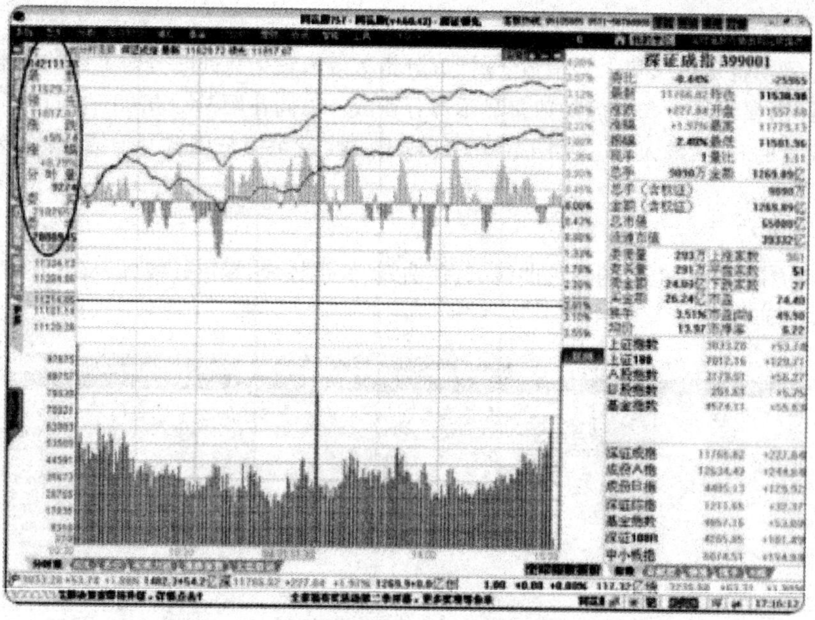

图4－6　大盘分时走势图数量显示部分

外还有一个“市盈（动）”，这是指所有股票的下一年度的预测利润的市盈率平均值，是一个估值。

⑤量比，是指股市开市后平均每分钟的成交量与过去5个交易日平均每分钟成交量之比。

除了在大盘分时走势图右侧查看当前大盘的点位、成交等数据，我们还可以在图形显示部分通过点击来查看大盘9:30～11:30，以及13:00～15:00交易时段每分钟的走势信息，包括时间、最新点位、黄色曲线点位、涨跌数量、涨跌幅度、分时成交量、委买量、委卖量。

3. 个股分时走势图

个股分时走势图指反映沪深股市个股即时分时走势的技术图表。跟大盘分时走势图相比，个股分时走势图更与投资者自身的利益密切相关。除了反映个股的即时走势，还为投资者提供了买入、卖出的直观依据。

跟大盘分时走势图一样，个股分时走势图同样分为图形显示和数量显示部分。

（1）图形显示部分

图形显示部分主要包括上方的白色曲线、黄色曲线，以及下方的黄色柱线、蓝色柱线和白色柱线，如图4－7所示。

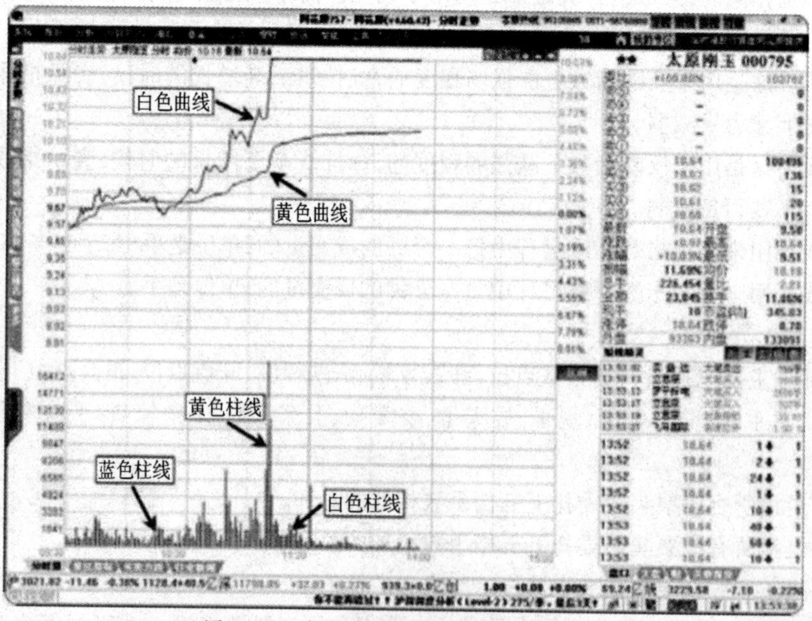

图4－7　个股分时走势图图形显示部分

个股分时走势图的左侧是图形显示部分：

①白色曲线，表示该种股票即时实时成交的价格。

②黄色曲线，表示该种股票即时成交的平均价格，即当天成交总金额除以成交总股数。

③黄色柱线，在红白曲线图下方，用来表示个股上涨过程中每一分钟的成交量，单位是手（每手等于100股）。

④蓝色柱线，表示个股下跌过程中每一分钟的成交量，单位是手。

⑤白色柱线，表示个股价格不变过程中每一分钟的成交量，单位是手，通常出现在涨停、跌停的个股当中。

（2）数量显示部分

数量显示部分主要包括最新的股价、开盘价、最高价、最低价、五档委托买卖挂单、涨跌数量、涨跌幅度、委比、振幅、量比、总手、均价、成交金额、现手、换手、市盈（动）、外盘、内盘、成交明细等。个股分时走势图数量显示部分如图4－8所示。

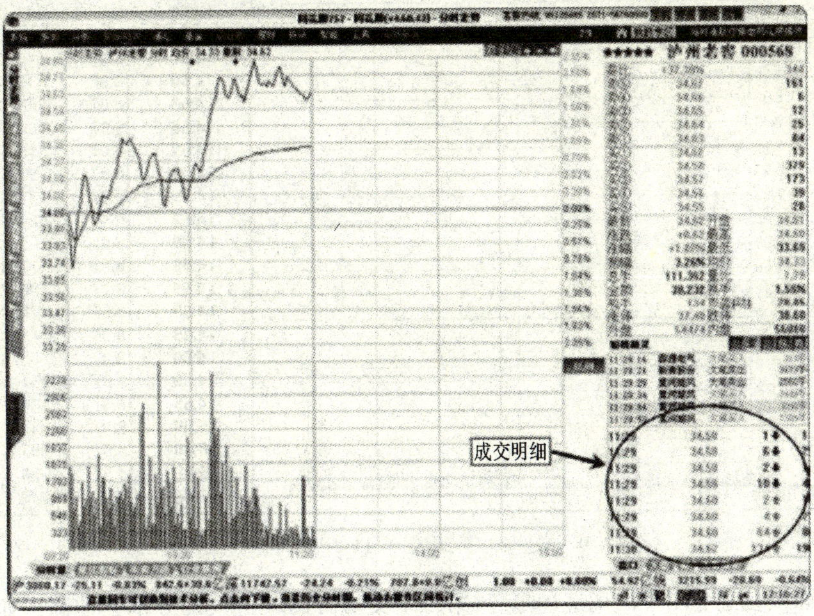

图4－8　个股分时走势图数量显示部分

个股分时走势图的右侧是数量显示部分：

①外盘。又称主动性买盘，即成交价在卖出挂单价的累积成交量。

②内盘。又称主动性卖盘，即成交价在买入挂单价的累积成交量。

③量比。是指个股当天成交总手数与五日成交手数平均的比值。

④买一至买五。五档委托买入的价格，买一、买二、买三、买四、买五依次等候买进，谁的报价高谁就排在前面，其中买一的价格最高。

⑤卖一至卖五。五档委托卖出的价格，卖一、卖二、卖三、卖四、卖五依次等候卖出，谁的报价低谁就排在前面，其中卖一的价格最低。

⑥成交明细。在个股分时走势图右下方的部分，显示动态每笔成交的价格和手数。红色向上的箭头表示以卖出价进行的成交，绿色箭头表示以买入价进行的成交。

⑦委比。即该股委买委卖手数之差与之和的比值。计算公式如下：委比＝［（委买手数－委卖手数）÷（委买手数＋委卖手数）］×100%

⑧量比。当日总成交手数与近期平均成交手数的比值。计算公式如下：量比＝现在总手÷当前已开市多少分钟÷（5日总手数÷5÷240）。其中“5日总手数÷5÷240”表示5日来每分钟平均成交手数。

4. 分时图选股三法

分时图中有两条非常重要的线：股价线和均价线，对于投资者这两条线并不陌生，但是利用他们去寻找当日的最佳买点的投资者寥寥无几。下面让我们从股价在日平均线以上运行时、股价在日平均线以下运行且均线平缓移动时、股价在日平均线以下运行且远离日平均线时这三种情况中来寻找黄金买点。

(1)分时选股法一：回落支撑买入法

如果大盘运行平稳，而且在分时走势图中个股股价是在日平均线以上运行，并且日平均线的运行也是平稳向上的，那么每次股价回落到日平均线的支撑点附近时，都是买点所在，股民应该把握好这个时机建仓入场。

如图4－9所示，该股小幅高开后回落，一度跌破前日收盘价，随后上冲上日均线开始震荡。在10点左右股价回落至日均线并得到支撑，此时是黄金买点。随后股价开始拉高，并一直处于日均线之上平稳移动。在下午开盘后该股出现了放量的拉升动作，直接拉至涨停。

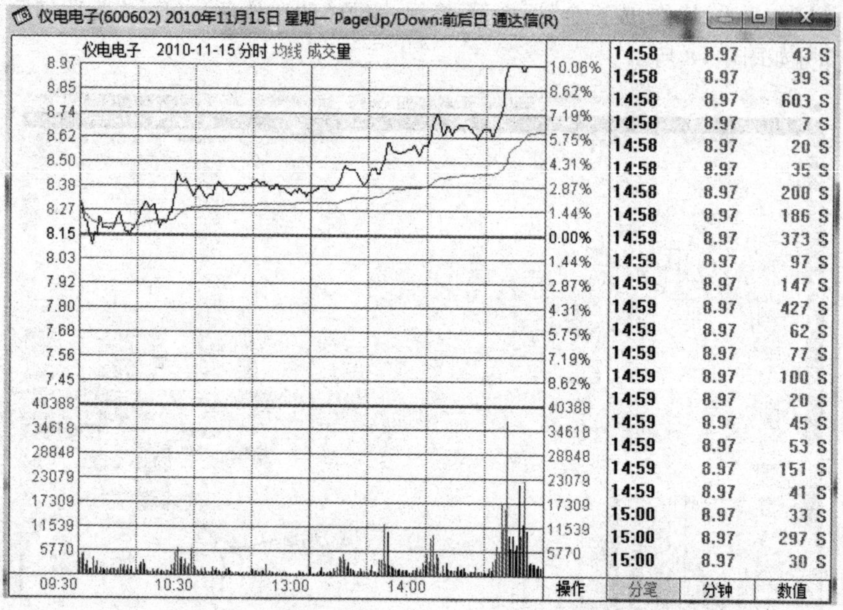

图4－9　仪电电子2010年11月15日分时走势

一般来说，如果在走势图中出现这种走势，第二个交易日的股价大部分都会冲高。如果第二个交易日大盘走低，那么股民可以先将手中筹码抛出套利，以免股价随大盘下行；如果第二个交易日大盘走势良好，那么股民就可以持筹不动，将利润最大化。

(2)分时选股法二：分时突破买入法

如果股价在日平均线以下运行，当日平均线走势平稳，并且该股从平均线以下开始掉头向上放量突破日平均线，说明多方在发起攻击，股民应该抓住这样的机会进场买进。

如图4－10中所示，开盘后该股经过一段上冲后开始回落，随后股价回落到日平均线以震荡运行，庄家是想通过这种方式，把那些持股信心不坚定的短线投机者震荡出局。该股在14点左右再次下行至日平均线，并得到支撑开始放量突破日平均线，此时是一个黄金买入点。随后由于多头力量巨大，该股股价直接被拉至涨停。

这种情况下，大盘的情况必须引起股民的注意。如果大盘运行状态平稳，或者处于上涨阶段，股民便可以放心地入场操作；如果大盘不断下行，最好持币观望，不要轻易入场。当然，在操作的同时也要注意个股当时处于什么阶段，如果是处于上涨阶段的后期，也就是说股价已经大幅度上涨，甚至股价已经是翻番了，那股民就应该多看少动；如果个股处于长期下跌的底部，或者是在上涨的中期，那就不要放过这样的天赐良机，放心进场参与短线操作，实现快速套利的目标。

(3)分时选股法三：分时反转买入法

如果股价在日平均线下面运行，并且股价远离日平均价格(一般离日平均线两个点以上)，一旦股价掉头向上，那么此时就是股民的最佳买入点。

如图4－11所示，该股在股价回落过程中并没有放量，这就说明盘中的恐慌性抛盘并不多。这种回

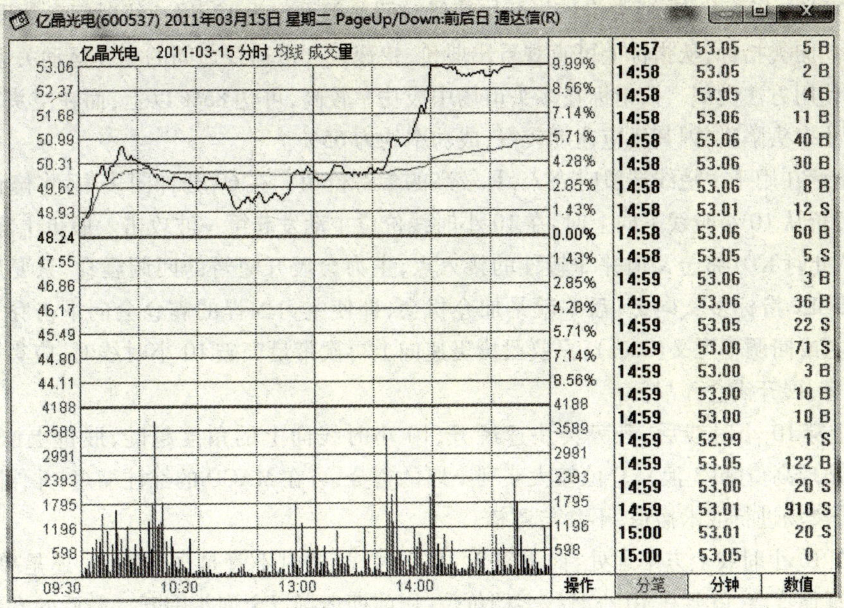

图4-10 亿晶光电2011年3月15日分时走势

落只是庄家洗盘的一种手段而已。股价再次下穿日平均线,并且出现巨量,明显属于庄家快速打压股价。随后股价远离日平均线一路下行,在11点左右开始横盘调整,下午开盘后,该股开始掉头向上,此时可以入场买进。随后由于巨量支持,股价一路拉升,尾盘时回调盘整。

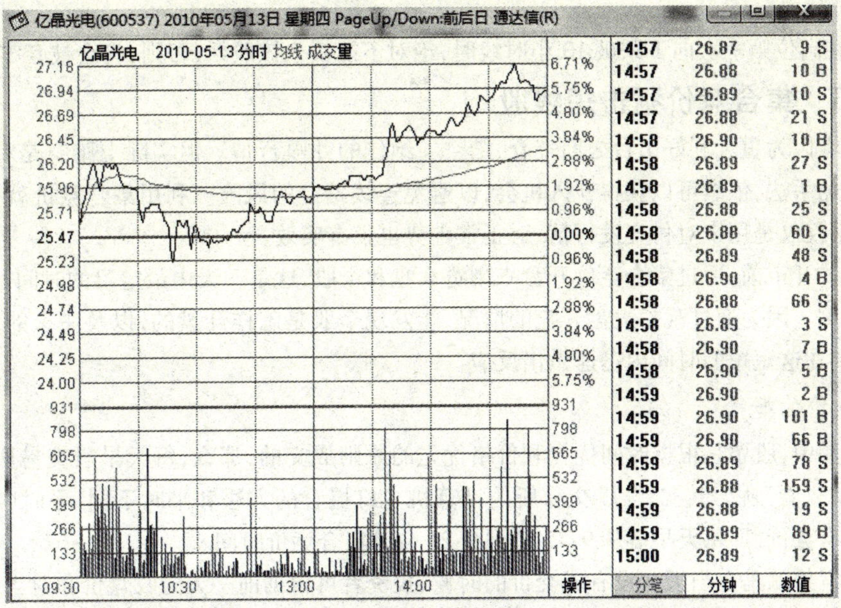

图4-11 亿晶光电2010年5月13日分时走势

需要注意的是,在实际操作过程中,也要结合当时大盘的情况进行理性分析。如果大盘处于低迷时期,那么就要控制好仓位,最好只用一小部分资金参与这种走势的短线操作。还要注意的一点是,如果此时个股的价格处于高位区域,也就是说经过大幅度上涨之后出现这种走势,股民最好不要进场操作;如果此时个股股价处于底部,或者股价刚刚启动的初期,那么就可以大胆进场。

4.2.2.2 60分钟线狙击短线股

如果投资者进行短线甚至超短线交易时,就不得不关注60分钟、30分钟、15分钟的技术形态了,其中尤以60分钟图表兼具稳定性及迅捷性于一身,是承前启后的短线技术图表,以下是运用60分钟图表操作短线的一些技巧:

(1)股价从阶段高位向下,经一轮完整的子浪调整,MACD出现底背离。K线组合出现标志性K线,此时应观察 EXPMA 指标状态,通常将该指标快速线时间参数设定为 12,慢速线时间参数设定为 50。

该指标属趋向类指标,从指标上可直观看出股价、快速线和慢速线之间的相互运动关系,其使用方法与均线系统的使用方法类似。该指标在多头市场中成功率较高,可达 85% 以上;而在空头市场中应用此指标须注意防止多头陷阱,因其反应速度较慢,成功率约为 65%。

另外,该指标在用于中短线选股时介入,具较高的参考价值。在 60 分钟图表中,将修正 KDJ 指标的频繁波动,当股价从 10 小时线下向上时,在 10 小时线价位主动发起第一波攻击。股价上穿 10 小时线之后(1 浪完成),此时 KDJ 将金叉但并非较佳的接入点,主力会展开短暂的回调震仓,只要股价不再下破 10 小时线,EXPMA 指标多头向上,盘中就是加仓机会,即使主力凶悍的震仓会向下击穿 10 小时线,但 MACD 仍然向上或回调不死叉(2 浪),只要股价迅速向上再次带量突破 10 小时线时,应集中全部资金发起总攻围剿庄家,展开满仓作战。

(2)股价上穿 10 小时线后,升势会快速展开,10 小时线向上的角度越陡,股价上涨的力度越强,MACD 的红柱出现高位峰(3 浪),仓位较大获利丰厚的资金,可在 MACD 的红柱缩短,并伴随 KDJ 出现高位死叉时,部分离场进行战术撤退,不参与调整。

(3)股价在 10 小时线上方不远处,向下靠近 10 小时线,此时不管是平台整理,还是单边下跌,只要 MACD 没有出现顶背离,就要在 10 小时线上档价位,用前期离场资金迎头围歼。最后的升势会在出现急速放量的上标志性 K 线,或长上影线、长阴线,股价上涨而 MACD 的峰位比前峰低(顶背离)时结束,EXPMA 指标出现死叉,从而完成 5 浪。

此时,如果 K 线组合出现第二根 K 线的最高价,低于前一根 K 线的最高价,MACD 的红柱第一次缩短,立刻在第一时间内向买三或更低价派单,清仓离场,撤出战斗。注意:一定不要挂单在卖盘等,否则,利润会迅速下降。

(4)股价在高位第一次向下跌破 10 小时线时,绝对不能买入该股票,否则,将会被套牢。

4.2.2.3 集合竞价狙击短线股

很多投资者因为重大利好出台之前空仓,踏空了绝佳的井喷行情。但实际上踏空是有补救措施的,只要掌握必要的手法,依然可以获得介入机会,以避免连续踏空的风险。利用集合竞价就是其中手法之一,这种方法不仅仅是用来对付突发行情,对正常走势也很有实效。

在每日正式开市前,通过集合竞价开盘来浏览大盘和个股,这是一天中最宝贵的时间,也是捕捉当日牛股的最佳时刻。因为通过观察大盘开盘的情况,能发现个股是怎样开盘的,以及庄家的计划怎样。最重要的是,还要在这短短的时间内迅速做出反应。

1. 集合竞价的概念

在股票交易中,股票是根据时间优先和价格优先的原则成交的,那么,每天早晨交易所刚上班时,谁是那个“价格优先者”呢?其实,早晨交易所的计算机主机撮合的方法和平时不同,平时叫连续竞价,而早晨则称为集合竞价,即每天早晨从 9:15 分到 9:25 分是集合竞价时间。

所谓集合竞价就是在当天还没有成交价的时候,投资者可根据前一天的收盘价和对当日股市的预测来输入股票价格,而在这段时间里输入计算机主机的所有价格都是平等的,不需要按照时间优先和价格优先的原则交易,而是按最大成交量的原则来定出股票的价位,这个价位就被称为集合竞价的价位,而这个过程被称为集合竞价。

9:25 分以后,投资者就可以看到证券公司的大盘上各种股票集合竞价的成交价格和数量。有时,某种股票因买入人给出的价格低于卖出人给出的价格而不能成交,那么,9:25 分后大盘上该股票的成交价一栏就是空的。当然,有时有的公司因为要发布消息或召开股东大会而停止交易一段时间,那么集合竞价时,该公司股票的成交价一栏也是空的。

因为集合竞价是按最大成交量来成交的,所以对于普通股民来说,在集合竞价时间,只要打入的股票价格高于实际的成交价格就可以成交了。所以,通常可以把价格打得高一些,也并没有什么危险。因为普通股民买入股票的数量不会很大,不会影响到该股票集合竞价的价格,只不过此时你的资金卡上必须要有足够的资金。

2. 集合竞价的意义

不少投资者对集合竞价感到陌生,有的人甚至炒股多年从来没有参与过集合竞价。实际上,集合竞价有诸多的优点,只要运用得当,有时甚至会获得意想不到的收获。

从交易所角度而言,每一个交易日的上午9:15~9:25为接受各券商集合竞价申报时间,9:25公布集合竞价价格,即我们常说的“开盘”。集合竞价的申报价格在前收盘价的跌停板至涨停板之间。

我们知道,有些时候市场行情变化很快,如能够在第一时间“抢单”成功,便意味着已成功了一半。现在不少基金仅1分钱的波动即可获利,一些保险公司就是通过这1分钱的差价获取利润的,但前提是必须抢在前面排队。虽然交易所是在同一时间里接受券商的委托申报,但投资者在券商处的委托申报也是需要排队的,如果预计第二天的行情会涨停或者跌停,排在前面者就能较快成交。

另外,如前一天买的股票涨停了,觉得它第二天还会高开,但又怕它高开后低走,这时投资者就可以在前收盘的基础上高挂一定的价位(为保险起见可以挂前收盘价)参与集合竞价,哪怕它开到涨停板后又低走,投资者仍然能够以涨停价位成交,不会留下遗憾(凡是高于开盘价的有效申买委托和低于开盘价的有效申卖委托均必然以开盘价成交,但也可能不成交,要视委托的先后)。即使不能成交,也可在集合竞价亮盘后撤单再委托,对其后的交易没有丝毫影响。

3. 集合竞价的步骤

集合竞价的步骤如下:

第一步:确定有效委托在有涨跌幅限制的情况下,有效委托是这样确定的:根据该只证券上一交易日收盘价以及确定的涨跌幅度来计算当日的最高限价、最低限价。有效价格范围就是该只证券最高限价、最低限价之间的所有价位。限价超出此范围的委托为无效委托,系统作自动撤单处理。

第二步:选取成交价位。首先,在有效价格范围内选取使所有委托产生最大成交量的价位。如有两个以上这样的价位,则依以下规则选取成交价位:高于选取价格的所有买委托和低于选取价格的所有卖委托能够全部成交;与选取价格相同的委托的一方必须全部成交。如满足以上条件的价位仍有多个,则选取离昨天市价最近的价位。

第三步:集中撮合处理。所有的买委托按照委托限价由高到低的顺序排列,限价相同者按照进入系统的时间先后排列;所有卖委托按委托限价由低到高的顺序排列,限价相同者按照进入系统的时间先后排列。依序逐笔将排在前面的买委托与卖委托配对成交,即按照“价格优先,同等价格下时间优先”的成交顺序依次成交,直至成交条件不满足为止,即不存在限价高于等于成交价的叫买委托、或不存在限价低于等于成交价的叫卖委托。所有成交都以同一成交价成交。

第四步:行情揭示。如该只证券的成交量为零,则将成交价位揭示为开盘价、最近成交价、最高价、最低价,并揭示出成交量、成交金额。剩余有效委托中,实际的最高叫买价揭示为叫买揭示价,若最高叫买价不存在,则叫买揭示价揭示为空;实际的最低叫卖价揭示为叫卖揭示价,若最低叫卖价不存在,则叫卖揭示价揭示为空。集合竞价中未能成交的委托,自动进入连续竞价。

4. 集合竞价的原理

设股票A在开盘前分别有6笔买入委托和5笔卖出委托,根据价格优先的原则,按买入价格由高至低和卖出价格由低至高的顺序将其分别排列如下:

备注:股票数量,1手=100股,分列出委托买入价和委托卖出价。

序号	委托买入价	数量(手)	序号	委托卖出价	数量(手)
1	3.80元	2	1	3.52元	5
2	3.76元	6	2	3.57元	1
3	3.65元	4	3	3.60元	2
4	3.60元	7	4	3.65元	6
5	3.54元	6	5	3.70元	6
6	3.45元	3			

按不高于申报的最高买价3.80元和不低于申报的最低卖价产3.52元的原则,首先可成交第一笔,即3.80元买入委托和3.52元的卖出委托成交第一笔共2手,若要同时符合申买者和申卖者的意愿,其成交价格必须是在3.52元与3.80元之间,即最低申卖价3.52元到最高申买价之间,具体价格要视以后的成交情况而定。

第一笔委托成交后,其他的委托排序如下:

序号	委托买入价	数量(手)	序号	委托卖出价	数量(手)
1			1	3.52	3
2	3.76元	6	2	3.57	1
3	3.65元	4	3	3.60	2
4	3.60元	7	4	3.65	6
5	3.54元	6	5	3.70	6
6	3.45元	3			

在第一笔成交中,由于卖出委托的数量5手多于买入委托数量2手,按交易规则,买入委托序号1的2手全部成交,而卖出委托量序号1的还剩余3手。

第二笔成交情况:序号2的买入委托价格为3.76元,数量为6手。在卖出委托中,序号1~3的委托的数量正好为6手,其价格意愿也符合要求,正好成交,其成交价格在3.60元~3.76元的范围内,即3.52元成交3手,3.57元成交1手,3.60元成交3手,三笔成交总数量为6手。

应注意的是,第二笔成交价格的范围(3.52元~3.60元)是在第一笔成交价格的范围(3.52元~3.80元)之内,且比第一笔成交价格的范围区间要小一些。

第二笔委托成交后剩下的委托情况为:

序号	委托	买入价数量(手)	序号	委托卖出价	数量(手)
3	3.65	4			
4	3.60	7	4	3.65	6
5	3.54	6	5	3.70	6
6	3.45	3			

第三笔成交情况:序号3的买入委托其价格为3.65元,而卖出委托序号4的委托价格符合要求,这样序号3的买入委托与序号4的卖出委托就正好配对成交,其价格为3.65元,因卖出委托数量6手大于买入委托数量4手,故序号4的卖出委托仅只成交了4手。

第三笔成交后的委托情况如下:

序号	委托买入价	数量(手)	序号	委托卖出价	数量(手)
4	3.60	7	4	3.65	2
5	3.54	6	5	3.70	6
6	3.45	3			

完成以上三笔委托后,因最高买入价为3.60元,而最低卖出价为3.65,买入价与卖出价之间再没有相交部分,所以这一次的集合竞价就已完成。

成交汇总:

第一笔:3.52元2手

第二笔:3.52元3手

3.57元1手

3.57 元2 手

第三笔:3.52 元4 手

三笔共成交:12 手

最后一笔的成交价 3.65 元(成交了4 手为最大一笔成交)这笔就为集合竞价的开盘价。剩下的其他委托将自动进入开盘后的连续竞价。

在以上过程中,以买价为主,通过一次次的配对,成交的价格范围逐渐缩小,而成交的数量逐渐增大,直到最后确定一个具体的成交价格,并使成交量达到最大。在最后一笔配对中,如果买入价和卖出价不相等,其成交价就取两者的平均。

在这次的集合竞价中,三笔委托共成交了 12 手(264),成交价格为 3.65 元,按照规定,所有这次成交的委托无论是买入还是卖出,其成交价都定为 3.65 元,交易所发布的股票 A 的开盘价就为 3.65 元,开盘成交量为 12 手。

当股票的申买价低而申卖价高而导致没有股票成交时,上海股市就将其开盘价空缺,而将连续竞价后产生的第一笔价格作为开盘价。而深圳股市对此却另有规定:当股票的申买价低但申卖价高从而导致当天没有股票成交时,若最高申买价高于前一交易日的收盘价,就选取该价格为开盘价;若最低申卖价低于前一交易日的收盘价,就选取该价格为开盘价;若最低申买价不高于前一交易日的收盘价,最高申卖价不低于前一交易日的收盘价,则选取前一交易日的收盘价为今日的开盘价。

5. 集合竞价的规则

(1)9:15 ~ 9:20 这五分钟开放式集合竞价,可以委托买进和卖出的单子,投资者看到的匹配成交量可能是虚假的,因这 5 分钟是可以撤单的,很多主力在 9:19 左右撤单,当买进时,你不撤单,他可撤出,然后他卖给你,因此一定要把撤单键放在手上。

(2)9:20 ~ 9:25 这五分钟开放式集合竞价,可以输委托买进和卖出的单子,但不能撤单,有的投资者认为他已撤单就完事了,事实上这五分钟撤单无效。这五分钟看到的委托是真实的,因此要抢涨停板的,一定要看准这五分钟。利用按 81(沪 A 综合排名,股票软件股票代码输入界面输入 81 回车)和 83(深 A 综合排名)可以看到,比如兰生股份 600826 在 2006 年 10 月 9 国庆长假后,第一个涨停,利用 81(沪 A 综合排名)在 9:23 左右看到要涨停,而且当时封单只 30 万股,赌一把在 9:24 ~ 9:30 涨停,当天成交了 311 万股,次日开盘就可赚钱。

(3)9:25 ~ 9:30 这五分钟不叫集合竞价时间,电脑在这五分钟内可接收买和卖委托,也可接收撤单,但这五分钟内电脑不处理,如果估计委托价格能成交,那么撤单是排在后面来不及的。对于高手而言,这五分钟换股票一定要利用,比如集合竞价卖出股票后,资金在 9:25 就可利用,从而可在 9:26 买进另一只股票。还有如果要得到新股开盘价,以高价格得开盘价,那么高出开盘价的部分在 9:25 返回,就又可利用这部分返回的资金。

(4)9:25 产生的开盘价都是按成交量最大化原则定出的,深圳股票在收盘 14:57 ~ 15:00 是收盘集合竞价时间,这 3 分钟不能撤单,只能输买进和卖出单子,因此深圳收盘价也是集合竞价得来的,而一般投资者看到的上海最后一笔只有价格,股数为 0,这是因为上海收盘价格是按最后一笔倒推 1 分钟的加权平均价算出的,不是集合竞价得来的,这在防止操纵收盘价方面不如深交所。

(5)上海新开户当天不能买进股票,因为开户是在登记结算公司,交易是在上交所,两个机构之间数据库不能及时对接,要等晚上清算后接上,因此次日才能买股票。上海股票当天在其他营业部撤销指定交易,在另一个营业部当天可指定,但股票在新营业部看不到明细,只能根据自己的记忆卖出。深圳股票上一个交易日办理转托管的,第二天可在新营业部卖出。

(6)深圳停牌一小时的股票可以提前委托,上海停牌一小时的股票不能提前委托,上交易在 10:30 准时开门,早一秒就弹回来了返回“废单”,对于连续涨停的股票,如果想要追进,应在 10:29:53 ~ 10:29:56 输入确认键,因网络速度时快时慢,需要几秒钟在路上行走,相反出现重大利空时,也可跑得快。

(7)零股处理,配股可以买进零股,但正常买进时,投资者只能委托 100 股整数倍,如果有零股要卖出,如 57 股,那么只能一次性出,不能分两次卖零股,债券委托是一手整数倍,即面值 1000 元整数倍,新股申购时,中小板是 500 股整数倍,上海新股是 1000 股整数倍,新股申购委托后不能撤单,一个申购流程前后五个交易日,如周二申购,下周一解冻。

(8)股票、基金、权证一笔委托数量不能超过100万份,特别是权证在末日轮时,几分钱不适合大资金操作。

(9)没涨跌幅限制的股票有:新股上市第一天,股改对价股上市第一天,暂停交易的ST盈利后恢复交易第一天,新股第一天最高价上海不超过发行价两倍,中小板新股第一天最高价不超过发行价9倍,股改对价上市第一天虽无涨跌幅限制,但跌幅不超过50%。上交所是这样表述的,买卖无价格涨跌幅限制的证券,集合竞价阶段的有效申报价格应符合下列规定:

①股票交易申报价格不高于前收盘价格的200%,并且不低于前收盘价格的50%;

②基金、债券交易申报价格最高不高于前收盘价格的150%,并且不低于前收盘价格的70%。

(10)证券开市期间停牌的,停牌前的申报参加当日该证券复牌后的交易;停牌期间,可以继续申报,也可以撤销申报;复牌时对已接受的申报实行集合竞价,集合竞价期间不揭示虚拟开盘参考价格、虚拟匹配量、虚拟未匹配量。这种情况在权证末日轮交易所紧急停牌出现过,比如武钢认沽580999,还有中小板上市当天换手超过70%的情况,都要停牌5分钟,记住这5分钟可以委托,也可撤单。

6. 集合竞价选股方法

一般来说,集合竞价选股的方法主要有:

(1)在开盘前,将通过各种渠道得来的可能上涨的个股选入自选股,进行严密监视,比如大的证券报上推荐的个股,不要小看,因为相信和跟风的人太多了,往往是这样的声势可以造就莫名的短线强势。

(2)在开盘价出来后,判断大盘当日的走势,如果没有问题,可选个股了。

(3)快速浏览个股,从中选出首笔量大,量比大(越大越好)的个股,并记下代码。

(4)快速浏览这些个股的日(周)K线等技术指标,做出评价,再复选出技术上支持上涨的个股。

(5)开盘成交时,紧盯以上有潜力的个股,如果成交量连续放大,量比也大,观察卖一、卖二、卖三挂出的单子是否都是三四位数的大单。

(6)如果该股连续大单上攻,应立即打入比卖三价格更高的买入价(有优先买入权,且通常比你出的价低些而成交)。

(7)在一般情况下,股价开盘上冲10多分钟后都有回档的时候,此时看准个股买入。

(8)如果经验不足,那么在开盘10~15分钟后,综合各种因素,买入具备以上条件的个股,则更安全。

从理论上来说,一个股票符合自己的集合竞价条件时,如果单子能够在9:25以前委托成功,一般可以打一个比较高的价格,因为它会以开盘价成交。但是大多数情况下,由于稍微片刻的犹豫,开盘价已经出来了。那么,什么价格委托合适呢?

一般来说,10元以下的股票,开盘价加0.1元委托比较合适。高于10元的股票则可以高于开盘价的1.5%的价格去挂单,一般都能成交。开盘价出来后要马上委托,若犹豫几分钟,机会可能就消失了,所以新股操作,要强调纪律,做好计划,不能临时随意变化。

另外,开盘挂单的成功率还跟大盘趋势,高低位,股票质地,价格有关。

(1)大盘不好,在高位,开盘后易出下影线。

(2)与价格有关,价格低,很少有下影线。而价格出人意料之高的,往往开盘后下探,留下下影线,能保证竞价没买到,但开盘后还有买入机会。

(3)与股票质地有关,必炒的股票,由于众多机构、游资抢筹,就无下影线,因此为保证成交,开盘后可以比开盘价高1.5%的价格挂单。这样操作,可以保证盈利的最大化,也对持股的信心有好处。万一做错,对于减少亏损,及时止损都有好处。特别是大盘高位,及大盘下跌中,记住这样做,非常重要。

4.2.2.4 短线获利六大战法

1. 战法一:飞龙在天

(1)战法招式

①大盘的30日均线向上,60日均线不向下。

②沪市三日的成交量平均超过90亿。

③目标股股的30日均线和60日均线均向上(或者20日均线和30日均线向上)。

④股价与30日均线60日均线集于一点(或者20日均线和30日均线集于一点)。

⑤个股当天的K线是放量的上涨阳线。

⑥KDJMACD指标是良性的。

⑦OBV位于历史最高位附近。

(2)战法原理

①该战法是大盘处于强势阶段的黄金不可放过的机会,大盘在强势时每年出现的机会为三次左右,个股会多一些,一些职业投资者专门等待这类机会。

②这种机会出现的时候,具备了趋势、量能、成本共振的情况,多数情况下,不管是大资金与小资金都可多加注意,因为这是极品机会,仓位的轻重可以参考。

③一般情况下,这种获利机会属于起涨阶段,涨幅长能超过15%,市场上的牛股有很多都是从这种技术形态开始起飞的。

④对于长时间处于窄幅横盘的个股以及第二次放量的个股出现这种形态要加分。

⑤如果有量能配合的话,可以在第一次买进时就投入较大的兵力,如果出现跳空开盘,短线升幅会相当凌厉。

⑥在上半年春节前后,螺旋桨组合的个股与部分次新股容易出现这种情况。

(3)战法风险

①不管大盘还是个股,只要出现了与上述条件相反的情况,比如说重要均线向下的集于一点,应该果断减仓。

②如果个股已经上涨了较多,比如说已经走完五个波段个股有可能出现骗线。

③需要注意的是,在大盘处于弱势的时候,比如说有一条均线60日均线向下,而短期均线与股价向上集于一点时,往往是局部高点,一些初学者容易把这种错误与上述极品公式进行混淆。

2.战法二:虎狼之争

(1)战法招式

①大盘的30日均线,60日均线均向上。

②大盘的三天成交量平均在100亿以上。

③大盘当天上涨。

④个股成交量位于市场前6名,涨幅位于市场前16名。

⑤个股的5日均线向上。

⑥个股的KDJMACD指标处于良性状态。

⑦个股的K线位置不能太高。

(2)战法原理

①强势追大量,弱势抄急跌。这是股市中最常见的两种机会,是强势市场中最容易把握和常见的获利机会,能否把握住这种机会,决定投资者是否会买卖股票。

②这种获利机会既是大众机会,又是牛股摇篮,适合各种资金操作,但为了提高准确率,应该小仓位多品种果断操作。

③对于那些是市场热点或者在大盘调整时股价表现强劲的个股可以加分。

④对于没有利好公布而上涨的个股加大注意,有利好伴随的这种情况,可靠率要打折扣。

⑤这种操作都是超短线操作,持有的时间和幅度都要根据个股的分时状态把握,由于这类个股的运行速度较快,应该设立止损位与止赢位。

(3)战法风险

①刚刚上市的次新股,不属于本公式包含的范围。

②注意伴随利好,特别是终结利好的个股有出货嫌疑。

③这种个股容易出现追高的操作,因此不能重仓于某一个单个品种。

④在弱市中,这类个股往往是杀伤力最大的一类个股。

3. 战法三:直上云霄

(1)战法招式

①大盘前期出现8%以上的跌幅。

②大盘今日周KDJ线的J线小于10并且向上。

③个股前期是窄幅螺旋桨的K线组合或者是低位斜上升通道的K线组合。

④个股出现无量下跌,在下跌时没有出现跌停板。

⑤个股止跌后用连续阳线收复。

⑥个股的流通盘应低于一亿。

⑦时间出现在上半年。

(2)战法原理

①螺旋桨个股代表主力控盘良好,低位斜上升窄幅通道是主力可能建仓的经典K线组合。

②部分已经有主力重仓的品种因为大盘的持续下跌,一些跟风的有一定数量的失去信心而抛售股票,导致该股出现短线急跌,这种情况使得主力庄家被严重套牢,这是第一种情况。

③第二种情况是该股明显有主力建仓,此时利用大盘的下跌进行洗盘,也有可能机构意识到可以用更低的价格拿到筹码,但不管怎样,主力前期买进的筹码一定会被套牢的。

④发动前一方面进行最后的洗盘,把三无概念投资者震仓出局,从而多拿筹码;另一方面在发动前让合作伙伴或者领导同志有机会以较好的价位买进,达到公关的目的。

⑤在操作时一定要等到该股止跌后出现强有力的反击时才能介入,并且该股在反击时不能放出爆量,且反击应该是持续性的,否则要注意转变思路。

⑥如果目标股是没有经过大幅炒作的次新股与基本面良好的个股可以适当加重仓位,这种个股的操作应该是中线与短线相结合的,并且仓位可以用两次买进法,并且大一些也无方。

(3)战法风险

①每年在接近年底的时候都会有一部分大幅炒作过的个股因资金链问题出现连续的跳水走势,因此对这类个股要值得高度警惕。

②一些个股因基本面发生重要利空也容易出现连续急跌,要防止这类个股的杀伤力。

③要防止因为大盘的连续下跌,使得整个市场的重心下移,或者大盘的反弹是暂时的,经过短暂的停止后,继续下跌,所以操作是中线的还是短线的应该参考大盘。

④要防止连续高比例送股的个股出现这种走势,因为这类个股可能下跌了较多后依然还是高价股。

4. 战法四:飞火流星

(1)战法招式

①大盘的20日均线与40日均线向上,昨日的大盘指数是光头阴线。

②个股的20日均线与40日均线向上。

③昨日个股的K线有较长的上影线且成交量较大。

④今日大盘有止跌迹象。

⑤个股绝对价位不高且今日走势较强。

(2)战法原理

①在大盘处于多头的过程中,部分刚刚完成吸货或者其他原因准备开始发动的个股因为猝不及防的大盘下跌导致目标股出现带有长上影线的K线。

②这类个股的发动速度较快,并且由于具备报复性质,往往涨幅也较大,常常成为当日涨幅的前几名。

③对于这类个股可以在第一次买进时采用小仓位与短线的思维,在确认大盘没有危险后可以再进一步的逢低吸纳。

④对于这类个股的低价股与小盘股可以适当加仓。

⑤如果部分K线与上述条件是正好相反的,比如说下跌途中的下影线,则是做空的明显信号。

(3)战法风险

①由于大盘出现尾市的下跌才容易出现上述机会,因此要防止大盘的系统风险出现。

②如果个股在出现上影线的当天或者第二天有利好出现及开股东大会。

③要注意部分K线高位的个股在先拉升后进行反向的出货操作，因此个股的前期升幅大不大十分重要。

④对于这种情况超级大盘股不宜过分看好。

5. 战法五：一石二鸟

(1)战法招式

①大盘的30日均线向上或者周KDJ线的J线向上。

②大盘的三天平均成交量高于900亿。

③个股的股价KDJ与MACD处于良性状态。

④第一天是放量的阳线，第二天是阴线，第三天是放量的阳线。

⑤个股的10均线向上。

(2)战法原理

①该战法用于股价处于底部区域操作，放量的两阳加一阴的K线组合显示有新主力资金建仓或者老主力回补筹码经典组合。

②用这种方法建仓显示主力对当前的点位或者对中短期较为看好，也有可能是目标股存在着一定的基本面利好。因此适合各种资金先期小单追进，等待个股的均线与个股指标调好后，进一步加仓。

③一般情况下，敢于这么做的主力都是有中线思想或者针对某个题材，因此获利空间可以参考大盘的运行状态。

④如果运行这种招式的个股是低价股、小盘股、绩优股、指标股应该加大注意力。

⑤如果大盘出现这种招式，又是春节前后，可以适当看好当年的行情。

(3)战法风险

①如果在个股或者大盘的高位出现破均线的两阴加一阳，则是典型的空方发难图形，要注意防范风险。

②在个股出现炮打双灯的招式后，如果大盘继续下跌，应该防止主力弃庄或者主力借大盘弱市实施打压操作。

③要注意螺旋桨K线组合的个股通过除权进行假低位的骗线操作，达到减仓的目的。

④有时主力进行吸货操作限制价位，后续操作改成箱体吸货。

6. 战法六：独孤九剑

(1)战法招式

①大盘的30日均线不是向上。

②个股的绝对价位不高。

③个股在尾市用一两笔单子把股价打下5%。

(2)战法原理

①本战法的原理主要是根据量价关系"短线量少而股价急跌可能反转"引申来的，这种实战目的有两个，一个是利用涨停板的方法进行最后的通买，另一个是打消跟风者追高买进的意愿。这种操作可以调低个股的短线指标。

②如果这种情况是出现在大盘与个股的双丛低位，个股的基本尚可，需要考虑重仓中线买进。

③对于小盘股与次新股可以加大选股准确率的力度。

④也有一些机构的实战操作是利用开盘的大幅低开，其原理与上述情况一样，但没有这种尾市特征好。

⑤这种情况不能是在大盘大跌并在尾市急跌时出现，在大盘大涨情况下出现也不好，最好是在大盘平稳的时候出现。

(3)战法风险

①要防止部分大户利用这种手段刺激庄家，但庄家没有理睬，判断的标准是尾市的单子越大，收盘价格接近跌停越可靠。

②要注意区别那些在尾市放量下跌的个股，这种情况可能是庄家真在出货。

③出现上述K线特征后，不能在当日收盘后出现该股的利空。

4.2.2.5 短线操作八大精要

1. 短线操盘五技法

(1)用幅度化控制操作节奏

个股走势很小有一气呵成式的，大多是采取一段一段的渐进方式，其中留有调整的空当，但每段涨幅的比例几乎相等，所以可以将它简称为幅度化。幅度化控制的是尺度和斜率，幅度化在操作中的提示不能用别的规律替代，它以独具一格的形式预见新的升势来临、持续和将告一段落。比如，形态并无迹象显示滞涨时，它会提前预警，这一段涨得差不多，快要调整了，此时便不该产生买进的念头；股价的上涨，人们会担心能否继续，它会及时来安抚；别紧张，后市还有戏，股价结束一段涨幅后整理。

(2)克制追高欲望待回调时介入

大家有必要了解顶和底形式过程中的一些关键问题：第一，股价到顶时(无论大顶小顶)，要做头，通常不会在推上去后不进行盘整就直接砸下来。它要制造一些假象，让走势有所反复(即便是短期头部，为了洗筹，也要诱在高位，出在低位)。要看清是不是在做头，特别是做中长期大顶，除了关注头部信号、形态标志、中短期均线支撑力度之外，还要警惕，股价在高位大幅震荡，单日分时走势上下落差超过50%，多日折腾就是不创新高。第二，股价回调跌到底之后，一般不会马上回升，做底也有一个过程，先是企稳，然后由底部向上突破，不时地还要往下砸一砸，用意是吓跑一些低位筹码。

投资股市也有较安全的方法，既能保证收益又不致被套牢，在股价走高回落企稳时伺机介入就是一种颇受称道的方法。股市风险大多出现在股价走高时，回调走低就是在释放风险，投资者能克制住追高的欲望，炒股便成功了一半。介入回调的股票，一定要选处于大的上升趋势中的股票。回调走势启动前会有一个底部盘局，这时虽无再跌的可能，但何时回升还是个未知数，故不要过早介入，股价刚脱离底部区域或5日均线开始上翘时，才是建仓的良机。

(3)巧用平台突破寻找介入契机

股价上涨了一段时间，不继续往上走，也不往下调，而是横盘整理。这种横盘整理的态势可上可下，但如果仔细观察，到底是升中继的强势整理还是盘整出货，还是能看出些许迹象来的。如果是强势整理，那么横盘时上下振幅窄小，而且前期上涨时成交量放得不是过大，相反就可能是盘整出货。强势整理突破一般是有征兆的，通常会在盘局的尾声来一次缩量收阴，也就是最后砸一下，大多数地量就是这么砸出来的，如果成交量略有放大，只是恢复性收回失地；如果成交量成位放大，就是大阳直接突破，介入的契机是走平的5日均线在等10日均线上来。

(4)小幅上扬时在5日均线处吸纳

股价以小幅上扬的形式，不急不躁地沿着坚挺的5日均线爬行，有的连续收小阳，有的一会收阳一会收阴，靠近5日均线就弹升，离远便函回调，可以趁缩量落到5日均线处吸纳，在没有大涨之前，不必担心会冷不丁掉下来。

(5)5日均线弯至10日均线时介入

股价结束一波上扬，若欲再涨，有必要进行一番洗筹。这里再介绍一种中继形态，即5日均线下弯，但只是达到10日均线而已，不突破或不有效突破10日均线的向上形态。在回升前会出现地量，且准确地出现在5日均线交叉于10日均线的接触点。此时介入，效果比较明显。

2. 嗅探主力的痕迹

要从散股(即没有主力的股票)中寻找主力的痕迹，还是有难度的。事实上，主力只是一个名称而已，因为进行实际操作的还是具体的人。而人的个性千差万别，反映到操作上面来说就是方法多种多样，建仓的过程也是五花八门，因此单靠某一种办法是很难识别主力的建仓行为的。

但投资者本身还是可以根据主力做项目这个最终的目的来进行分析，从而选择一些有针对性的办法进行跟踪。一般来说，建仓的目的只是为了买进尽可能多的筹码，因此在这一个阶段，该股票的市场买盘绝对会多于抛盘，也就是说市场的供求关系已经发生了质的变化。这实际上给投资者提供了一个观察的方法，只要某一只股票在市场上表现出求大于供的状况，那么主力的身影就出现了。

当然，这里还要满足两个条件：第一，该股的基本面没有发生变化。第二，整个市场的基本面没有发生大的变化。从市场的基本面来说,供求关系只能通过市场交易来得到体现,因此成交价以及成交量是投资者关注的唯一方向。但仅仅靠盘后的一些分析,其意义是不大的,有些观点认为放量就是信号,这是比较狭隘的。举例如下:

某股在低位徘徊,某几日出现放量,价跌,疑是主力建仓,实是某一大账户因某种原因出货,大手笔砸出而已。后几日又出现放量,价再跌,实是前两天市场接进的筹码原想抢超跌反弹,因迟迟不见反弹而杀出。

事实上,成交量到底多少为多、多少为少,这是很难把握的。有时候,随大盘的上涨或下跌也会放量,这是非常正常的。因此,依靠日线图并非良策,只有在即时行情中才能寻找到蛛丝马迹。

所以,投资者必须睁大双眼盯着行情走势图,注意每一笔成交的情况以及随时变化的接抛盘价位和数量,这才是寻找主力建仓痕迹的根本办法。只要有非常规的成交或者接抛单,那么就是主力的身影。

需要注意的是:这里并不是说每一次,毕竟市场的偶然性是很大的。但是如果这种非常规的交易连续不断地出现,那么就不能认为是市场所为了。比如:在大盘走弱时,出现恐慌性的杀跌盘。根据市场规律,这类散股不存在集中性的打压盘。所以,应该是主力在压价,一方面希望在更低的价位建仓,另一方面也希望吸引更多的杀跌盘出来。

类似以上的现象是非常多的,只要投资者牢牢记住,这是一家散股即可。具体的做法就是:假设自己是一个散户,正在买卖该股,仔细观察整个交易过程是否按照散户的原则在进行。这种做法虽然比较辛苦,但一旦抓住了牛股,以后就不用这么费力了。

3. 嗅探庄股的痕迹

用于判断庄股的方法有很多种,如观察其走势是否独立于大盘,观察盘中是否有大手笔的接抛盘等。这些观察虽然很重要,但是如果盘中的主力趴下了,那么这些方法也就用不上了。其实,投资者还应该密切关注那些不太引人注意的小细节,如十大流通股东名单等,它也可以帮助我们找到主力的蛛丝马迹。

如果十大股东中,全部都是筹码不太多的个人账户,一般情况下这种股票被认为是散股,也就是无主力的个股。但如果满足某种条件,那么这些散股中仍然很有可能是有主力隐藏其中的。

假如投资者孤立地分析当期十大股东,如果都是持股不足30万股的个人账户,确实无法判定其中是否有主力。但如果投资者能够进行动态地分析,结果就不一样了。现在上市公司必须每一个季度都要公布十大流通股东,这样一来,投资者的手头上就有一份每三个月变化一次的十大流通股东名单。

将连续几个季度的十大流通股东名单进行对照,如果有三个或以上的账户持股数量频繁变动,哪怕每次变动的数量小到一股,那么就可以基本断定,这家股票有主力。其理论依据在于:只要是主力,就不可能在一个季度的交易中一点也不动。一旦大盘拉出阳线,即使是半死的主力也很难抵挡拉升的强烈冲动欲望。在这种小规模拉升过程中,一般都会选择筹码较多的账号,这样更便于操作。所以,这些排在前十位的账号就被动过,持股数量就会改变。

运用这种方法寻找主力的唯一的反对意见,就是认为这些变动的账号依然是散户。一般来说,一个散户如果在一个账号中,持有二十几万股筹码并且数量上有变化,那么就表明在三个月内进行过买卖。而事实上,这种概率是非常小的,即使出现也不会超过一个账户,而我们分析的条件是三个或以上的账户。

需要说明的是:通过十大股东的名单,投资者虽然可以找出一些隐藏着的主力,但并不是所有的主力都是可以通过这种方式找到的。因此,这是一个在数学上来说属于充分但不是必要的条件。

4. 识别间断性交易

间断性交易,是指在当天交易时段内,某些时间段的交易出现了停顿。由于现在一般的行情显示软件最小的单位时间间隔是一分钟,因此,连续的交易实际上就是指每一分钟都有成交。

将时间单位定为一分钟,那么一天的交易时段就有四个小时,共二百四十分钟。如果一只股票出现多时段成交为零,而全天的成交量仍然巨大,那么唯一的解释就是在成交的时候手笔都比较大。也就是说,该股当天的成交是以大单子为主。如果该股正处于历史较低位置,出现这种巨量和间断性交易是极不正常的,且不说哪来这么多的大买单,就是这么多的大抛单也是难以理解的。因此,唯一的解释就是盘中有主力在运作,成交量是故意做给市场看的。

尽管庞大的单笔交易会吸引市场的买单,但也很容易暴露主力做盘的意图。所以,主力会把每一笔交易分成若干笔,来模仿自然交易。但如果当天要做出成交量大增的假象,难度是非常大的,所以会采用间断性交易的方式。

主力的手法越来越隐蔽,在多数情况下,是边打边吸,利用波段降低成本。但主力一直用这种方式的话,周期过长。所以,主力会策划一个极短的周期来完成洗盘,出于成本的考虑,当投资者发现这种伴随间断性交易的堆量来吸引买盘时,应该清醒地认识到,很可能是盘中被套主力在运作。这种异动经常出现于主力洗盘之前的试盘操作,如果可以准确地判断并及时介入,很可能会跟随主力获得可观的收益。

也许有人会有疑问,难道主力就不能再做得仔细一点,把每一笔交易再分成几笔?确实,主力完全有能力做到这一点。真正的职业操盘手是非常辛苦的,尽管有时候庞大的单笔交易会吸引市场的买单,但更多的时候还必须完全模仿市场的自然交易,将每笔的成交量压到甚至不足千股。

如果当天要做出成交量大增的假象,那么交易的连续性是万万不可忽视的,否则市场是会看出主力做盘的意图的。但从目前的实际情况看,似乎能做到这一点的职业操盘手还真的不多。当然,对于我们市场上的投资者来说这是一个好的消息。这个小小的细节说明:盘中是被套主力在运作,否则绝对没有必要通过堆量来吸引买盘。其实,让市场认识到这一点绝对不是主力所愿意的,但没有办法,因为主力疏忽了这一个小小的细节。

5."下空"走势分析

所谓"下空"是指股价的交易过程中,下档的接盘明显比上档的压盘小,而"下空"走势是指股价在一路上升过程中一直处于"下空"状态。

由于现在行情刷新的速度可高达1分钟10次,也就是每6秒钟一次,因此,作为投资者,可以更细致地进行行情的实时分析。假设某只股票15分钟的"下空"走势中,下档是出现过万股以上的接盘的,甚至有几次还有过两万多股的接单。但最多在1分钟之内,有时甚至快到下一笔单子传过来,这笔相对大一些的接单就没有了。那么是撤单了吗?绝对没有这么快的速度,而且每一次出现的大单子都被撤也不符合常理。

结论是很明显的,那就是:这只股票是有主力深度介入的,上档的压盘一定会有很大一部分是主力自己的盘子,"下空"走势的目的就是告诉市场,该股的题材不错,现在正在放量上冲。至于上档的压盘,有人买更好,没有人买就自己买。因为股价已经明显高于主力的持仓成本,所以在下面挂大接单是不可能的,万一市场有大单砸出就会无故增加仓位。但为了营造热烈的氛围,还是会在下面挂万股以下的接单。在一路往上扫货的过程中,既有自己的压盘,也会有市场的主动性买单,但总体来说,买进的一般要多于卖出的,所以一旦下档出现大接单,则要立马砸掉。

6.透析放量涨停

经常会有个股走出涨停行情,这里面有各种类型的涨停,比如大量涨停就是一种,它是指在股价涨停的现象下,成交放出了大量。那么,这说明了什么呢?

第一,该股一定有主力在其中运作,该主力对上市公司本身比较了解,对于公司何时推出预盈公告非常清楚。

第二,该主力愿意让市场在目前价位跟进。这是比较常见的现象。许多投资者都会碰到这样一些股票,尽管其中也有主力,但是在一些很低的价位还是愿意让市场跟进。

那么,主力为什么愿意而且很明显是故意做出成交量来吸引市场跟进呢?这有两种可能性:一种是主力的仓位已经达到预期的要求,无法再增加仓位,但持有的仓位并没有达到控盘的程度;另一种是主力已经被高高地套在上面,即使再增加部分仓位也无法把成本有效地降下来。

7.透析放量上攻

许多投资者都会发现这种情况:某股在开盘后突然出现急速的放量上攻态势,往往半个小时甚至十五分钟的成交量就要超过平常一天的成交量。对此,有一种明确的说法:放量跟进,这是有一定道理的。对于任何一个股票来说,抛盘每天都会有,而且上涨后抛盘会更大。所以股价上涨的话,成交量自然是会放大的。但这里所说的放大并不是一个很短的时间概念,比如大势走好的中期背景,或者个股基本面的长期利好等。而如果在个股的基本面上没有任何消息,大盘的走势也比较平稳,甚至下跌的情况下开盘后就放量上攻,那就不能轻言"放量跟进"了。如果完全放弃类似"放量跟进"之类的个人主观意愿而进行客观分析的话,我们就会对这种情况有一个比较清醒的认识。

假设基本面和大盘都比较平静,那么开盘后的一小段时间里成交量仍然应该是非常小的,现在突然出现很大的成交量,明显是不正常的,一般来说,这其中大部分的成交只能是主力之类的投资人在运作,其可能性有两种:主力想往上做,或者是想出货。

既然想往上做,那么为什么还要自买自抛呢?那就是想吸引市场的注意力,吸引市场参与。原因在于:主力已经不愿意再增加筹码了。

在大盘盘整甚至下跌的途中,要想不增加筹码而拉高股价是职业操盘手的最高境界,因此,尽管有如此招数,但主力最后的结果仍以失败居多。实际上,在短暂的放量上冲以后,股价马上就被打回原地的例子并不少见。因此,想短线跟庄的话绝对不是这种时候。对于主力来说,这一招的目的往往是为了能够在某种程度上对抛盘起到一种威慑的作用。

一般来说,股价的上升有三种原因:市场买盘推进、主力买进推高和市场抛盘减少。

主力在大部分情况下面对的就是抛盘。对于手拿抛单的投资人来说,一旦股价涨上去以后就会把心里预期的卖出价提高,从而相对减少市场的抛压。因此,主力要把股价打高,达到尽可能地少增加筹码,主力只有在一天中交易最清淡的时候往上打。据此可知,开盘以后是最好的时段。尽管盘中经常会看到主力运用这种招数,但其实要达到这个目的,并不一定要放很大的量,关键是股价上去以后,不能很快就掉下来,这才是解决之道。

8.短线操盘手法精华

实战解读盘口语言的核心机密是观察委买盘和委卖盘。股市中的主力庄家经常在此挂出巨量的买单或卖单,然后引导股价朝某一方向走。许多时候,大资金利用盘口挂单技巧,引诱投资人作出错误的买卖决定,委买委卖盘常失去原有意义,例如有时刻意挂出大的卖盘动摇持股者的信心,但股价反而上涨,充分显示主力刻意示弱、欲盖弥彰的意图。因此,注重盯住盘口是关键,这将有利于投资者有效地发现主力的一举一动,从而更好地把握买卖时机。

(1)上压板、下托板

大量的委卖盘挂单俗称上压板;大量的委买盘挂单俗称下托板。无论上压下托,其目的都是为了操纵股价,诱人跟风,且股票处于不同价区时,其作用是不同的。

当股价处于刚启动不久的中低价区时,主动性买盘较多,盘中出现下托板,往往预示着主力做多意图,可考虑介入跟庄追势;若出现上压板而股价却不跌反涨,则主力压盘吸货的可能性偏大,往往是大幅涨升的先兆。

当股价升幅已大且处于高价区时,盘中出现了下托板,但走势却是价滞量增,此时要留神主力诱多出货;若此时上压板较多,且上涨无量时,则往往预示顶部即将出现,股价将要下跌。

(2)连续单向大单

①盘口意义

连续的单向大买单,显然非中小投资者所为,而大户也大多不会如此轻易买卖股票而滥用自己的钱。

大买单数量以整数居多,但也可能是零数。但不管怎样都说明有大资金在活动。如用大的买单或卖单告知对方自己的意图,像666手、555手,或者用特殊数字含义的挂单比如1818手(要发要发)等,而一般投资者是绝不会这样挂单的。

大单相对挂单较小且并不因此成交量有大幅改变,一般多为主力对敲所致。成交稀少的较为明显,此时应是处于吸货末期,进行最后打压吸货之时。大单相对挂单较大且成交量有大幅改变,是主力积极活动的征兆。如果涨跌相对温和,一般多为主力逐步增减仓所致。

②扫盘

在涨势中常有大单从天而降,将卖盘挂单连续悉数吞噬,即称扫盘。在股价刚刚形成多头排列且涨势初起之际,若发现有大单一下子连续地横扫了多笔卖盘时,则预示主力正大举进场建仓,是投资人跟进的绝好时机。

③隐性买卖盘

在买卖成交中,有的价位并未在委买卖挂单中出现,却在成交一栏里出现,这就是隐性买卖盘,其中经常蕴涵庄家的踪迹。

单向整数连续隐性买单出现，而挂盘并无明显变化，一般多为主力拉升初期的试盘动作或派发初期激活追涨跟风盘的启动盘口。

一般来说，上有压板，而出现大量隐性主动性买盘（特别是大手笔），股价不跌，则是大幅上涨的先兆。下有托板，而出现大量隐性主动性卖盘，则往往是庄家出货的迹象。

（3）无征兆大单

一般无征兆的大单多为主力对股价运行状态实施干预所致，如果是连续大单个股，现行运作状态有可能被改变。如不连续也不排除是资金大的个人大户或小机构所为，其研判实际意义不大。

1）大单吸货

股价处于低位，买单盘口中出现层层大买单，而卖单盘口只有零星小单，但突然盘中不时出现大单炸掉下方买单，然后又快速扫光上方抛单，此时可理解为吸货震仓。

2）小规模暗中吸筹

有时买盘较少，买一、买二、买三处只有10～30多手，在卖单处也只有几十手，但大于买盘，却不时出现抛单，而买一却不是明显减少，有时买单反而增加，且价位不断上移，主力同时敲进买、卖单。此类股票如蛰伏于低位，可做中线关注，在大盘弱市尤为明显，一般此类主力运作周期较长，且较为有耐心。

3）经常性机会大买单

多指500手以上而卖单较少的连续向上买单。卖一价格被吃掉后又出现抛单，而买一不见增加反而减少，价位甚至下降，很快出现小手买单将买一补上，但不见大单，反而在买三处有大单挂出，一旦买一被打掉，小单又迅速补上，买三处大单同时撤走，价位下移后，买二成为买一，而现在的买三处又出现大单（数量一般相同或相似）且委比是100%以上，如果此价位是高价位，则可以肯定主力正在出货。小单买进，大单卖出，同时以对敲维持买气。

4）低迷期的大单

首先，当某只股票长期低迷，某日股价启动，卖盘上挂出巨大抛单（每笔经常上百、上千手），买单则比较少，此时如果有资金进场，将挂在卖一、卖二、卖三档的压单吃掉，可视为是主力建仓动作。注意，此时的压单并不一定是有人在抛空，而有可能是庄家自己的筹码，庄家在造势吸引注意。

5）盘整时的大单

当某股在某日正常平稳的运行之中，股价突然被盘中出现的上千手大抛单砸至跌停板附近，随后又被快速拉起；或者股价被突然出现的上千手大买单拉升然后又快速归位。表明有主力在其中试盘，主力向下砸盘，是在试探基础的牢固程度，然后决定是否拉升。该股如果一段时期总收下影线，则向上拉升可能大，反之出逃可能性大。

6）下跌后的大单

某只个股经过连续下跌，在其买一、买二、买三档常见大手笔买单挂出，这是绝对的护盘动作，但这不意味着该股后市止跌了。因为在市场中，股价是护不住的，“最好的防守是进攻”，主力护盘，证明其实力欠缺，否则可以推升股价。此时，该股股价往往还有下降空间。但投资者可留意该股，因为该股套住了庄，一旦市场转强，这种股票往往一鸣惊人。

（4）识别庄家利器——笔均量

笔均量是指某只股票当日的总成交量与当日的总成交笔数的比例。也称作每笔成交量。每笔成交量的大小，显示出某股的交投活跃程度和大资金进出的力度大小。与换手率仅反映交投活跃情况相比，每笔均量还可有效地反映大资金的买卖增减。某只股票有时在同一股价区间换手率相同，但笔均量却发生明显的变化，则多意味主力行为已发生了变化。

从这个意义上讲，笔均量具有慧眼识庄的特别功能，它比其他盘口信息来得更直观、更令人信服。

①当股价呈现底部状态时，若每笔成交出现大幅跳升，则表明该股开始有大资金关注，若每笔成交连续数日在一较高水平波动而股价并未出现较明显的上升，更说明大资金正在默默吸纳该股。在这段时间里成交量未必出现大幅增加的现象。当我们发现了这种在价位底部的每笔成交和股价及成交量出现明显背驰的个股时，应予以特别的关注。一般而言，当个股每笔成交远超过大市平均水平每笔成交量以上时，我们可以认为该股已有庄家入驻。

②机构庄家入庄某股后，不获利一般是不会出局的。入庄后，无论股价是继续横盘还是呈现慢牛式的爬升，其间该股的每笔成交较庄家吸纳时是有所减少还是持平，也无论成交量有所增加还是萎缩，只要股价未见大幅放量拉升，就说明庄家仍在盘中。特别是在淡静市场中，庄家为引起散户注意，还往往用对敲来制造一定的成交假象，甚至有时还不惜用对敲来打压震仓，若如此，每笔成交应仍维持在一相对较高的水平。此时用其来判断庄家是否还在场内，十分灵验。

③若股价放量大阳拉升，但每笔成交并未创新高时，应特别提高警惕，因为这说明庄家可能要派发离场了。而当股价及成交量创下新高但每笔成交出现明显萎缩，也就是出现背驰时，跟庄者切不可恋战，要坚决清仓离场，哪怕股价再升一程。

当每笔成交与其他价量指标出现明显背驰时，应特别引起我们的注意。同时，在选股中，在其他条件相同时，我们应注意在买入时尽量选取每笔成交量更大的股票。因为每笔成交量大的股票的庄家实力更强劲，这无疑会有助于你在更短的时间里获取更大的收益。

(5)对敲实战解析

对敲，即主力利用多个账号同时买进或卖出，人为地将股价抬高或压低，以便从中获益。当成交栏中连续出现较大成交盘，且委买卖盘中没有此价位挂单或成交量远大于实际委买卖盘中的挂单量时，则十有八九是主力刻意对敲所为，此时若股价在顶部多是为了掩护出货，若是在底部则多是为了激活股性。

庄家对敲主要是利用成交量制造有利于庄家的股票价位，吸引散户跟进或卖出。庄家经常在建仓、震仓、拉高、出货、反弹行情中运用对敲。庄家对敲的方式主要有以下几种：

①建仓通过对敲的手法来打压股票价格，以便在低价位买到更多更便宜的筹码。在个股的K线图上表现为股票处于低位时，股价往往以小阴小阳沿10日线持续上扬。这说明有庄家在拉高建仓，然后出现成交量放大并且股价连续地阴线下跌，而股价下跌就是庄家利用大手笔对敲来打压股价。这期间K线图的主要特征是：股票价格基本是处于低位横盘（也有拉涨停的），但成交量却明显增加，从盘口看股票下跌时的每笔成交量明显大于上涨或者横盘时的每笔成交量。这时的每笔成交会维持在相对较高的水平（因为在低位进行对敲散户尚未大举跟进）。

另外，在低位时庄家更多的是运用夹板的手法，即上下都有大的买卖单，中间相差几分钱，同时不断有小买单吃货，其目的就是让股民觉得该股抛压沉重上涨乏力，而抛出手中的股票。

②拉升利用对敲的手法来大幅度拉抬股价。庄家利用较大的手笔大量对敲，制造该股票被市场看好的假象，提升股民的期望值，减少日后该股票在高位盘整时的抛盘压力（散户跟他抢着出货）。这个时期散户投资者往往有买不到的感觉，需要高报许多价位才能成交，从盘口看小手笔的买单往往不容易成交，而每笔成交量明显有节奏放大。强势股的买卖盘均有三位数以上，股价上涨很轻快，不会有向下掉的感觉，下边的买盘跟进很快，这时的每笔成交量会有所减少（因为对敲拉抬股价，不可能像吸筹时再投入更多资金，加上散户跟风者众多，所以虽出现“价量齐升”，但“每笔成交”会有所减少）。

③震仓洗盘因为跟风盘获利比较丰厚，庄家一般会采用大幅度对敲震仓的手法使一些不够坚定的投资者出局。从盘口看在盘中震荡时，高点和低点的成交量明显放大，这是庄家为了控制股价涨跌幅度而用相当大的对敲手笔控制股票价格造成的。

④对敲拉高，当经过高位的对敲震仓之后，股评家也都长线看好，股价再次以巨量上攻。这时庄家开始出货，从盘口看往往是盘面上出现的卖二、卖三上成交的较大手笔，而我们并没有看到卖二、卖三上有非常大的卖单，而成交之后，发现原来买一或者是买二甚至是买三上的买单已经不见了，或者减小了，这往往是庄家运用比较微妙的时间差报单的方法给一些经验不足的投资者布下的陷阱。散户吃进的往往是庄家事先挂好的卖单，而接庄家卖出的往往是跟风的散户。

⑤反弹对敲庄家出货之后，股票价格下跌，许多跟风买进的中小散户已经套牢，成交量明显萎缩，庄家会找机会用较大的手笔连续对敲拉抬股价（这时庄家不会像以前那样卖力了），较大的买卖盘总是突然出现又突然消失，因为庄家此时对敲拉抬的目的只是适当地拉高股价，以便能够把手中最后的筹码也卖个好价钱。

(6)机构拉升的主要手法

①拉的本质是诱，成交与否并不重要，关键在于诱使他人向上买。通常是在第二或第三卖盘挂相对

大量的抛单(一般个股在5万股为大单,1万~2万股为居中,5000股以下为小单)为诱饵,使有意者跨越第一卖盘直上第二卖盘,从而使价位上升一个价档。此做法充分利用买盘人气较旺时,进货者不计几分钱的成本,只欲一次成交自己想要的股数的心理,从容地使股价"自动"上扬,庄家会在仓位较重的时候减出一定的筹码。

②此种单属于无意成交类买单。具体做法为:在第二、第三甚至第一买盘(根据买方人气而定,人气鼎盛时挂第一买盘)挂中、大单,使有意买入者迫不得已将买盘挂在第一买盘甚至抛盘价位,以候成交。向上拉抬的手法还有很多,这里不一而足。

对敲型拉升靠吸引跟风盘,借其力而四两拨千斤,无须太多资金就可使股价上升较多,且能惯性上行。此类手法需对大盘有较高要求,时机要选择好,即跟风买盘要远大于卖盘。在大盘不佳时不可运用,若逆市对倒拉升,抛盘强于买盘,庄家要接下大量沽盘,抬高了持仓成本及不必要的持仓量,事倍功半。

③震仓:洗盘是因为跟风盘获利比较丰厚,庄家一般会采用大幅度对敲震仓的手法使一些不够坚定的投资者出局。从盘口看在盘中震荡时,高点和低点的成交量明显放大,这是庄家为了控制股价涨跌幅度而用相当大的对敲手笔控制股票价格造成的。

4.2.3 短线操作技巧

1.如何提高短线成功率

许多投资者都喜欢做短线,喜欢以"短平快"的累积收益来实现效益的最大化,同时也可满足自己不断追新猎奇的心理。但事实上,我们所追求的利润很多情况下往往难以实现,一个星期、一个月甚至一年劳累下来,账户里的资金往往并未上涨多少,弄不好还可能缩水。

那么,怎样才能提高短线操作的成功率呢?其要点有以下四个方面:

(1)锁定强势个股

即在沪深股市的涨幅榜上寻找全天走势较强的个股进行跟踪,并从技术形态、上档压力、成交配合、次日可能出现的涨幅等角度进行综合考虑,从中挑出自己认定的后市可能续涨者。由于谋求的是超短线利润,甚至可以不必关心该股票所对应的上市公司的主营业务、业绩状况等基本因素,但必须对其流通盘、主力介入程度及现状、第二天会否因召开股东大会等停牌、是否除权等情况有比较充分的了解,以便制定相应的投机策略。

(2)判定大盘走势

即使进行超短线操作,也必须得到较为强势的大盘的配合,否则成功的可能性将大打折扣。股指全天大部分时间的走势对于超级短线投机者来说并不十分重要,重要的是尾市的走势。

(3)两点半后介入

在大多数情况下,两点半左右启动的上涨是真涨,当然,两点半左右开始的下跌也是真跌,且会对次日早市的走势产生影响。还有一种情况是,两点半时大盘如螃蟹般横行,即使其后有所上拉或下砸,在一般情况下幅度都不会太大,此时若选准个股,仍会有不少的机会。在买入自己所看好的股票时千万不能冲动,尤其是资金量较大的朋友,绝不能因一时冲动而将所有资金"一枪打光",以免引起主力的警觉而停止拉升甚至就此洗盘,这可是超级短线爱好者最忌讳的事。将所有的资金介入一只股票也不利于规避风险。

(4)次日铁定走人

不论次日大盘及自己所介入的个股怎样变化,都应该按照事先设定的方案进行操作,如果达到预期的盈利标准或止损位时,当然应该退出观望,即使未获得预期的收益或未触及止损价,也最好在当天了结。不少人就是在不得已的情况下将超级短线做成了普通短线,进而进一步"拉长"为中线甚至长线的。

最后,需要说明一下关于设定预期目标的问题。这当然得看自己参与个股的具体表现,以往的经验表明,预期收益率定为2%~6%左右为好(若市场走软,可相应降低,在极度疲弱的市场中几乎没有操作的必要)。如果买进当天,已经有所获利且个股走势相当强(如封涨停或收在全天最高价附近),则可于次日挂略高于前收盘的价位参与集合竞价,也可视次日的走势相机行事。短线投机者应当坚持的原则是:赚钱是第二位的,不亏钱或者尽量少亏钱才是第一位的。卖出后再度上涨的钱理所当然应该由别人赚,我们只要赚到对得起超短持股时间的超短线收益即可。

2. 短线不宜的股票类型

(1)舆论关注的股票

一是舆论不可能关注正在跌的股票(除非可以做空),它毫无谈论价值;二是舆论肯定关注涨得好的股票,这样可以宣传自己的实力,于是散户在舆论的推波助澜中丧失了对此股的分析,即使有些许怀疑也把它压下去了。于是我们可以看到往往放大量的大阳线竟然都是头部,这再次证明股市中充满欺骗。

(2)没走出底部的股票

有些股票的走势像“一江春水向东流”,投资者在任何一个预测的底部介入,事后看都不是底。一般来说,月线测底的准确性很高,20月均线可以作为牛熊分界线,任何在它之下走的股票都要放弃。如果有的股票上市不足20个月,投资者如果拿不定主意也要放弃。

(3)移动筹码分布图上,筹码很分散的股票

筹码分散意味着主力吸筹不够,仍然会震荡,很容易回落,投资者此时进去,运气好参加横盘,运气不好下跌套牢。就算是碰到牛股,投资者也早已精神崩溃、割肉逃命了。

(4)量能技术指标不良的股票

有些股票图形好像有潜力,但量能指标很差,此时你要相信量能指标,千万不要被股价的外表所欺骗。幻想股价没有量的支持而上涨,就像是儿童喜欢童话故事。

(5)前期大幅炒高的股票

这种股票即使目前回落了,也不要碰。山顶左边的10元与山顶右边的10元价值是不同的,出货前与出货后的10元价值也是不同的,在山顶右边的每一次接货都是自寻死路。

(6)未来没有成长性的股票

投资者经过综合判断后,这只股票成长性不高,后来它开始上涨,于是推翻自己的想法又追进去了,这时股票才开始下跌,投资者自己就会后悔当初的冲动。所以不要随时推翻自己当初的深思熟虑,否则就不用思考了,因为反正都会被推翻。

3. 短线操作十大铁律

短线炒股,时间短,风险较大,因此,很多炒股新手投资者就显得捉襟见肘,手足无措。短线炒股,不仅要具备一定的看盘、分析的技术和能力,还需要良好的心理状态、丰富的信息源,炒股技法更是颇有讲究。短线操作被喻为刀口舔血,要制定铁的纪律,才有可能出奇制胜。下面是在实践中总结出的短线操作十条铁律,供大家参考:

第一条:快进快出。原本想快进短炒,结果长期被套是败招,因此,即使被套也要遵循铁律而快出。

第二条:短线要抓领头羊。这跟放羊密切相关了,领头羊往西跑,你不能向东。地产“领头羊”万科涨停了,买进绿景地产收益可能也不菲。铁律是不要去追尾羊,不仅跑得慢,还可能掉队。

第三条:上涨时加码,下跌时减磅。这与我们骑自行车的道理一样。上坡时,用尽全力猛踩,一松劲就可能倒地;下坡时,紧握刹车,安全第一。铁律是一旦刹车失灵,要弃车保人,否则撞上汽车就险象环生了。

第四条:一般情况下,即使不是太好的股票,如果连续下跌了50%都可抢反弹。遭遇重大利空被腰斩的股票,不管基本面多差,都有20%的反弹。铁律是不能热恋,反弹到阻力平台或填补了两个跳空缺口后要果断下车。

第五条:牛市中不要小觑冷门股。牛市中的大牛股哪一只不是从冷门股里跑出来的?铁律是不要相中“红牌冷门股”,这样有可能被罚下场。

第六条:买进股票下跌8%应坚决止损。在被动局面时,一定要丢“卒”保“车”,保住了资金才有翻盘的可能。铁律是止损时主要针对规避系统性风险,不适应技术性回调。

第七条:高位三连阴时卖出,低位红三兵时买进。阴线乌云弥漫,暴雨将至;阳线三阳开泰,艳阳高照。铁律是庄家将用此骗钱洗盘或下跌中继,应结合个股基本信息甄别。

第八条:买进大盘暴跌时逆势上行的股票。这无疑像海边游泳,只有退潮时,才能看清谁在裸泳。裸者有两种可能:一是穿了昂贵的“隐身衣”,一是真没钱买泳裤。铁律是逆市飘红有可能是大资金扛顶,后市大涨;也有可能是庄家诱多拉高出货,关键看是否补跌。

第九条:敢于买涨停板股票。追涨停之所以被称为敢死队,是需要胆略和冒险精神的。因为只要涨停被封死,随后还有涨停。铁律是在连续涨停被打开前,一定不要松手,松手就前功尽弃。

第十条:买入跌停板被巨量打开的股票。巨量跌停,被大单快速掀开,应毫不犹豫杀进。巨量下一般都能从跌停到涨停,当日有20%的斩获。铁律是美丽的焰火,很快成过眼烟云,翌日集合竞价时立马抛空。

4. 短线操作22条军规

(1)“攻击临界点”

个股放量攻击颈线位,在攻击量能已有效放大但突破颈线位还在3%以下幅度时,是短线绝佳买点。

(2)“堆量上行节节高”

个股处于上升途中,当其成交量无法连续放大时,会通过在一个小的价格区间连续几天的量能堆积来达到超过前一个高点的最大量的目的,形成波峰最大量逐渐减小的上升通道,并受到平行上行的13、34、55日均线系统的有力支撑。上升通道下轨正好是13日均线的零乖离位置,是短中线绝佳进仓点。

(3)“旱地拔葱”

个股经过连续下跌或回调,当反弹或反转的第一根阳线就是涨停板或是9%以上的大阳线时,后市往往还有10%以上的上涨空间,第一根阳线涨停价附近是短线绝佳进仓点。

(4)“小阳放量滞涨”

个股连续放量上攻,连续收出十字小阳线,这是多头上攻受阻的表现。缩量蓄势后还会继续上攻创新高,放量后缩量回调时是短线绝佳进仓点。

(5)“轻舟越过万重山”

个股从一个阶段性低点起涨,在累积涨幅不大的情况下,以3%以下的换手率有效突破并站稳年线,回档年线位置是短线中期的绝佳进仓点。

(6)“空头强弩之末”

个股脱离13、34、55日均线快速地连续向下回档,当股价的13日均线负乖离达到-20%左右时是短线绝佳进仓点。

(7)“头承接覆盖”

个股在均线的反压下快速下跌,跌近最低点时出现拉升,越跌越放大的成交量伴随着跌幅越来越小的阴线,当一根缩量阳线盖过了最后一根成交量最大的阴线实体时,缩量阳线的最高点附近是短线绝佳进仓点。

(8)“黄金买点”

个股从中期最低点连绵不断地上涨,当累积涨幅达到30%以上见顶后,回落到第一波的0.382、0.5、0.618黄金分割位时是短线的绝佳进仓点。

(9)“假阴线”

个股涨停板之后,次日继续放量,以超过涨停板的量能攻击重要技术压力位时受阻回落,只收出一根带有长上影线的实体为一个点左右的十字小阴线,这是主力做多遇阻的表现,次日往往会继续上攻,十字阴线的收盘价附近是短线绝佳进仓点。

(10)“颈线位量超”

个股放量攻击技术形态颈线位,当其成交量超过前几个颈线位高点的最大量但股价还未突破颈线位,在颈线位下缩量蓄势时是短线绝佳进仓点。

(11)“直破多头线”

个股依托13、34、55日均线向上运行,加速上扬带动13日均线陡峭上行时,突然快速掉头连续下跌,接近34日均线位置时是短线绝佳进仓点。

(12)“拨云见日”

当个股的MACD指标中的MACD和DIF伴随着红色柱状体的放大,从0轴下上穿0轴之上,当MACD的红色柱状体在0轴以上第一次缩短乃至发出绿色柱状体,但不破0轴,个股收阴线回调之时是短线绝佳进仓点。

(13)“高位巨量换手”

个股运行在平行上行的13、34、55日均线之上时,突然连续收出巨量阴线,但未破13日均线且巨量阴线的跌幅逐渐减小,缩量阳线在13日均线上覆盖了巨量阴线的实体,则阴线的收盘价附近就是短线绝佳进仓点。

(14)"日、周线同处零乖离"

当个股的13、34、55日均线系统及13、34、55周均线系统同处于多头运行状态时,股价调整回落到13周均线的零乖离位置,如果此时股价同时也回落到13日均线的零乖离位置,此点位是短中期绝佳进仓点。

(15)"穿越分水岭"

个股长期运行在下行的55日均线之下,当个股第一次从中期底点放量突破代表多空强弱分水岭的55日均线之后,穿过55日均线后第一次回档接近55日均线时是短线绝佳进仓点。

(16)"十全十美"

个股运行在上升途中,当它同时满足以下四个条件:

①均线条件:13、34、55日均线平行上行;股价与13日均线O乖离;三均线间距小。

②技术形态条件:处于动态颈线位有效突破回档或在颈线位滞涨。

③量能条件:回试13日均线时必须平量或是回调最大量。

④指标条件:MACD指标两线正好处于由下而上上穿O轴后的红色柱状形的第一次缩短调整时。

(17)"厚积薄发"

个股放量攻击态颈线位时,在颈线位临界点出现连续放量滞涨的横盘走势,这是庄家蓄势待发的信号,放量横盘回落至接近13日均线时是短线绝佳进仓点。

(18)"扭转乾坤"

个股从连续回调后的阶段性低点掉头回升,如果第一根阳线的实体盖过了最后一根阴线的实体,且成交量最后超过一根阴线一倍左右,此成交量可称为反转量。这根阳线为扭转乾坤的反转阳线,这根反转阳线收盘指数附近是短线绝佳进仓点。

(19)"宝剑锋自磨砺出"

个股运行在13日均线之上的上升途中,经过一波连续回调回落到13日均线之上后,当其再度放量从13日均线上攻,遇到沉重的抛压,收盘只留下长长的上影线时,13日均线附近是短线绝佳进仓点。

(20)"平量横盘"

个股经过一波上涨后,在横盘不回落的强势调整中,保持每一根的横盘量能接近或等同开始调整前的最大量阳线的量能,当这些平量横盘的k线再度受到向上的13日均线的支撑时,是短线绝佳进仓点。

(21)"火箭冲天加速度"

个股从阶段低点起涨,如果连续收出三(五)个涨停板,由于惯性作用,后市往往会达到五(七)个涨停板的价位。第三、五个涨停板附近是短线绝佳进仓点。

(22)"万里长城永不倒"

个股从低点向上放量拉升,同时突破了几个重要技术压力位,有效突破后出现第一次回档时会同时受到几个关键压力位的支撑,此时是短线绝佳进仓点。

§4.3　中线波段

4.3.1　认识中线操作

1. 中线波段的概念

中线的界定并不明确,通常是指时间在一周以上、半年以内的投资股票的方式。它通常也用来特指波段操作的方式,即投资股票的人在价位高时卖出股票,在低位时买入股票的投资方法。

2. 中线波段的原理

如图4-12所示,股价波段运行的模型结构图是所有波段操作的最基本前提。做波段一定要对这幅图了然于心,做到就像打字一样,手指会自然地去对位,而不是每次都要看着键盘去输入。只有这样,才能使操作更加顺手,也才能使自己的操作找到最基本的理论支持而不至于炒着炒着就走了调,跑着跑着就出了轨。

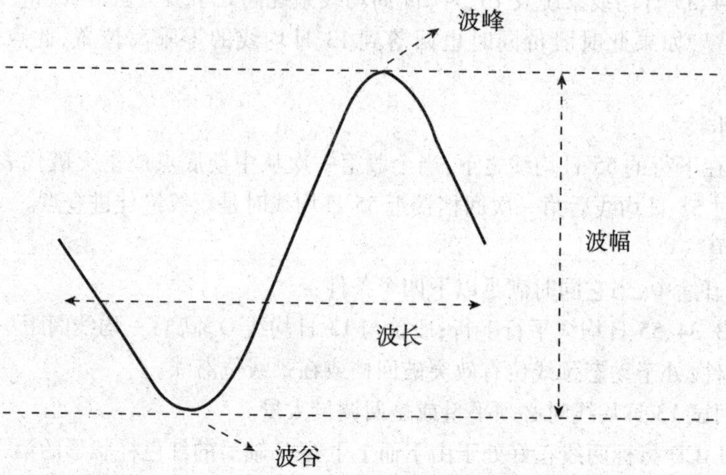

图 4-12　股价波段运行模型图

上图中,粗黑的曲线就是股价的运行轨迹。这是把股价(或者大盘指数)每天的收盘价格进行连线得到的曲线,反映的是股价涨跌的运行动作。股价运行如同人生一样变幻无常,亦有低谷,这个低谷就是波谷,位于曲线的最下方。相对应的,曲线上方运行的高位就是波峰,无限风光在险峰,这里就是股价运行的山峰,便是波峰。

竖着看的话,波谷到波峰之间的距离,就是波幅,是这个波段波动的幅度。这是很关键的一个因素,就像西洋摆钟运行之中左右摆动的幅度,不过那是横着的,这是竖着的。再作个比喻,就像把皮球砸到地板上,皮球腾空弹起,从地板到皮球弹起的高位就是皮球的波动幅度。波幅对于波段操作是非常重要的,一般来说,波幅大挣钱多,波幅小挣钱少,获多少利就看波幅的大小。假使买进的股票每天都是在原地微幅地波动,那么就没有什么波段操作的价值意义了。

横着看的话,横向的就是波段运行的时间,称为波长,其实就是股价的一个运行时间轴。波长越长,行情越久,我们能够捕捉到的机会越多,同时我们的操作也能够更从容,这个时候我们可以把眼光放长一些。如果波长很短,几天上去几天就下来了,我们就要随时保持高度的紧张感,获了利要知道跑,跌出了机会要知道接。

如果说纵向是决定我们操作利润多少的关键,那么横向就是决定我们能否持续获利的关键。这四个要素,是构成波段模型的基本四要素。另外,还有两个要素大家需要认识,一个叫做波势,一个叫做波轴。

波势是说这个波段整体的运行趋势,如果是从波谷向波峰运行,就是波势向上,如果是从波峰向波谷运行,就是波势向下。概念非常简单,但需要注意的是,这里所说的波段只是单个的波段。在股市实际的运行过程中,波段是由无数个单一波段所构成的,一个连着一个。这才是我们所探讨的波段,而我们所说的波段也是基于这样的图形模式。

从这个意义上来说,波势是反映波段整体趋势的概念。趋势向上,股价波动着上涨,重心不断上移,反之则重心不断下移。反映在大盘上,如果波势朝上走牛,个股上涨的概率较大,波段操作成功率较高,反之个股下跌概率较大,波段操作成功率就会很低,因而波势对我们的战略性决策很重要。波势向上,操作上应该表现得更积极、更主动、更大胆一些,反之则需要更小心、更警惕、更倾向于防守。

关于波轴,大多数投资者把波段运行的波峰和波谷之间即波幅的一半位置称为波轴,认为股价都是围绕着波轴在运行,因而当股价涨到波轴以下时应当买入,当股价运行到波轴以上时应该卖出。事实上,由于股价在上涨过程中,我们并不知道顶部在哪里,也就无法得到波轴的位置。这样一来,波轴就没有多大的实际指导意义了。

总之,波段是由“4+1”要素所构成的,即波谷、波峰、波幅、波长以及波势。前四个要素决定了投资者具体操作买卖点的选择、持股时间的选择、止损止盈价值的选择，而最后一个要素则让投资者更宏观地确立投资理念：顺势而为。

3. 中线波段的精髓

股价运行，就像水波一样，一道水波起来，波起波落，然后推动第二波再起再落……这其实就是伟大的“道氏理论”的精髓，股市运行的规律和大自然的现象是何其相似。

有潮起就有潮落，有潮落才有潮起，正是潮起潮落才造成了视觉上的美好享受。股市也是一样，股涨股跌，形成了股票市场上再普通不过的场景。能从这个普通现象里面抓住机会的人，自然会欣赏高低起伏的景观并乐在其中，而不能够认识股市规律还试图与市场作对的人，恐怕只能在股市波浪之中呛水而亡了。

波段操作能赚钱，低点买入高点卖出，投资者在实际的投资过程中，要学会审时度势，根据实际情况调整自己的操作，不呆板地拘泥于有没有价值，也不过分地追求买在最低点卖在最高点，以更平和的心态应对每一次投资行为。成功了，记住成功的经验，下一次会有用；失败了，吸取失败的教训，下一次也会有用。这样才能在学中做、做中学，提高自己操作的成功率，积少胜为多胜，积小利为大利。

这样的操作其实巴菲特和索罗斯也都在做，巴菲特并不是所有股票都一直持有，对于那些只有阶段性成长价值的股票，他也是在低位买入，高位卖出，即使不全抛，也会减持。而索罗斯则更擅长于做空股市，但他不是盲目地做空且一空到底。他只是在合适的时候做空，然后不能再做空了就平仓出局。

波段操作主要就是抓住股价波动创造出来的差价机会，因为不管是绩优股、绩差股，不管是蓝筹股、垃圾股，都不可能一直涨和一直跌，而是涨了又跌、跌了又涨。那么，股票对于我们来说，就没有了好与坏的不同，而只有涨与跌的区别。好公司的股票不一定能挣钱，坏公司的股票不一定会亏钱，主要取决于操作的方法。不同的人操作相同的股票，结果是截然不同的。

在有些人高位追入，死死拿着股票，还在眼巴巴地等着“解放军”到来的时候，波段操作者已经开始展开新的部署了。而当短线投机客还在忙于纠结是今天割肉还是等熬过今夜再说时，波段操作者已经可以落袋为安了。

但是，波段操作者同样面临着买了不涨、卖了不跌怎么办的问题。但其实没有任何一个人买了一定涨，没有谁卖了一定跌。没有怎么办，执行原定的交易计划，该止盈止盈、该止损止损，遵规守纪才能制胜千里。

所以，波段操作，才最适合大家的操作。我们所说的短线、长线，是根据大众普遍认识的时间来进行区分的，并没有严格的定义。而波段，则是更加模糊的区间操作。如果各种因素都力撑股市走好，股市还有得涨，波段可以长一些；如果行情不好，各种因素都比较复杂，则要小心谨慎，波段短一些，这样便能做到收放有度、进退自如。

4.3.2 中线操作实战

4.3.2.1 中线波段重在趋势

1. 认识市场的趋势

市场的趋势是合力作用的结果。市场中的各种买卖资金，实际上代表的是作用于两个方向的分力。某一方向的资金量大，则在该方向产生的作用力就越大，趋势更有可能向这一方向演化。由于每时每刻都有资金在进行市场交易，这就相当于每时每刻合力的方向都是变化的。因此，交易市场的运行是一个动态的过程。对于未来的趋势，由于投资者事前并不知道每个方向投入的资金和产生的作用力大小，所以从本质上讲，市场的趋势是不可预测的。但由于资金的投入及其产生的作用力具有一定的惯性，市场的趋势也由此产生了一定的规律性，不过这改变不了市场不可预测的本质。

根据一般的分类，趋势类型有上涨、下跌和盘整三种。市场的趋势，就是由三者的不同组合构成的。由于三种趋势类型之间转化的必然性，当个股处于上涨过程中时，其接下来的走势只有两种可能，即盘整或下跌；当个股处于下跌过程中时，其接下来的走势只有上涨或盘整两种选择；当个股处于盘整的过程中时，其接下来的走势只有下跌或上涨两种选择。

基于转化的必然性,在实际的操盘中,切换点的发现就是重中之重。一般来说,在一级和二级的趋势组合中,盘整+上涨、下跌+上涨、上涨+盘整+上涨、上涨+下跌+上涨、盘整+下跌+上涨、下跌+盘整+上涨,这六种组合趋势会出现上涨的趋势。因此,操作的策略就是观察与寻找这六种形态的趋势。

如果仔细分析上述的趋势形态,可以发现,其实回到最基本的趋势类型,只有两种形态值得投资者关注,那就是盘整与下跌,相对应的操盘策略就是买入处于盘整和下跌末端趋势的个股。但盘整之后也有两种可能性,其中一种就是继续下跌。而下跌之后,则对应上涨和盘整两种趋势。在把握下跌末端趋势的前提之下,这是一种至少不会亏损的操作方式。所以,买入处于下跌末端的个股是最为安全的一种操盘方式。

2. 认识趋势的级别

证券市场趋势的分形特征表明,其具有多样性和多尺度性。在证券市场趋势中,趋势的周期级别是这个尺度的反映。在特定的尺度之下,市场趋势产生某种程度的对称性。一般来说,趋势级别的分类是基于不同的时间周期内的走势进行的,它向我们展示了不同的时间周期内走势的变化情况,是我们观察趋势的一把比例尺。

一般的证券软件,在默认的情况下,将走势分为1分钟、5分钟、15分钟、30分钟、60分钟、120分钟、日线、周线、月线、45日线、季线、半年线、年线等13个级别。其中,1分钟走势中的单根K线为将1分钟内产生的开盘价、最高价、最低价、收盘价等4个指数点位或者股价进行合成,剩下12个周期级别的趋势亦是如此。同样,我们可以根据需要进行周期的设定,例如相应地增加10分钟、20分钟、45分钟等周期级别的趋势。

3. 趋势级别的分类

事实上,在1分钟的走势中就包含了后面所有级别的走势信息。例如:即使是1分钟走势,里面也包含了5分钟级别走势的所有转折点、走势中的最低价和最高价。但随着时间的延长,人的分辨能力以及电脑显示数量总是有限的。因此,就有了将走势进行合成,也就是将低级别的趋势通过电脑程序自动合并为高级别趋势的必要。

如图4-13所示是2011年3月29日~4月29日苏宁电器的日K线图,其中图中最后一根K线是4月29日当天的K线。我们观察这根K线的特征发现,首先它是阳K线,这就说明收盘价大于开盘价。其中开盘价和最低价相同,并且图中显示股价尝试攻击5日均线和10日均线,其后回调,最后形成带有上影线的阳K线。

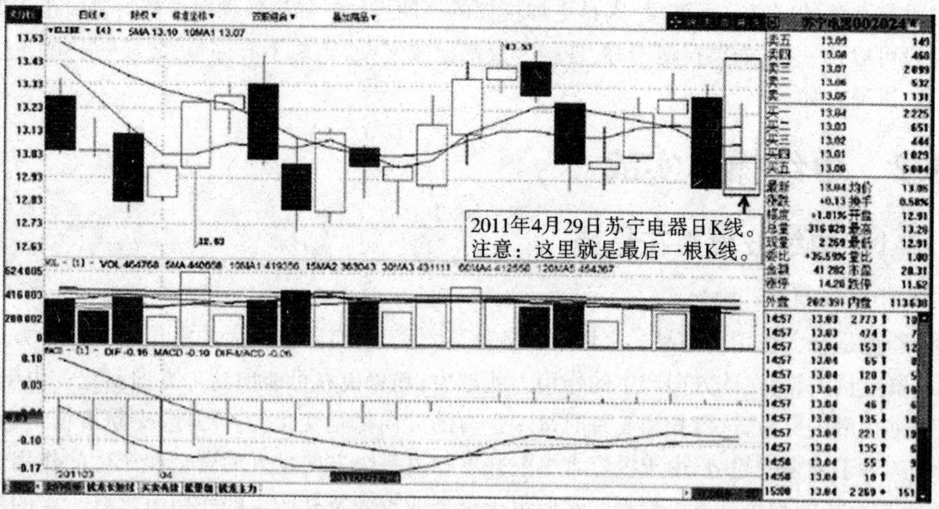

图4-13　走势级别的完全分类说明Ⅰ(苏宁电器2011年3月~2011年4月日K线图)

将2011年4月29日的日K线图进行第一阶段的放大,我们得到了120分钟K线走势图,如图4-14所示。注意,4月29日的120分钟K线只有图中所示方框内的两根K线,下面60分钟、30分钟、15分钟、5分钟、1分钟K线相同,都是指方框内的K线。对比日K线图,我们可以看到,带有上影线的一根日K线,这里被分解成了两根K线。从而,我们可以更加清楚明白地了解日K线的形成过程:从上图中的两根 K 线可以看到，当天走势中的最高价，也就是上影线的最高点是在上午形成的，而在当天的下午，形成了高开低走的阴 K 线，也就是当日 K 线中上影线的形成原因。

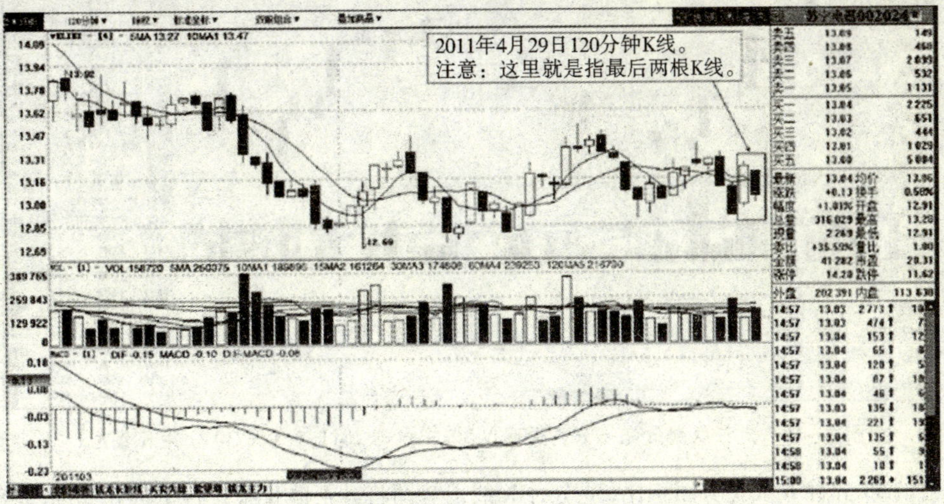

图 4－14　走势级别的完全分类说明Ⅱ（苏宁电器 2011 年 3 月～2011 年 4 月 120 分钟 K 线图）

将 2011 年 4 月 29 日的日 K 线图进行第二阶段的放大，我们得到了 60 分钟 K 线走势图，如图 4－15 所示。方框内包含了 4 根 K 线，其中阳 K 线 3 根，阴 K 线 1 根。从阴阳 K 线的时间分布看，上午 9 点半至 11 点半呈现上升的走势。其中 9 点半至 10 点半形成小阳 K 线，10 点半至 11 点半形成中阳 K 线，这两根阳 K 线构成 120 分钟 K 线图中的第一根阳 K 线；下午 1 点至 2 点则呈现单边下跌的走势，形成中阴 K 线，下午 2 点至 3 点股价小幅反弹，形成小阳 K 线，这两根 K 线共同构成 120 分钟 K 线图中的第二根阴 K 线，并最终促使日 K 线形成带有上影线的阳 K 线。通过对走势进行第二阶段的放大观察，我们对当天的走势过程有了进一步的了解。

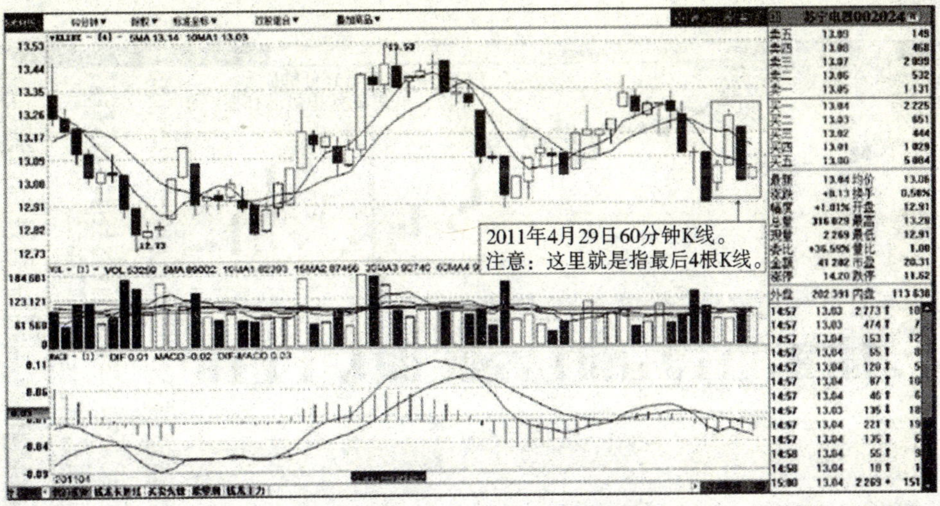

图 4－15　走势级别的完全分类说明Ⅲ（苏宁电器 2011 年 4 月 60 分钟 K 线图）

将 2011 年 4 月 29 日的日 K 线图进行第三阶段的放大，我们得到了 30 分钟 K 线走势图，如图 4－16 所示。图中的方框内共计有 8 根 K 线，其中阳 K 线 6 根，阴 K 线 2 根。上午的两个小时走势形成了 4 根阳 K 线，其中 10 点半至 11 点的走势形成带有上影线的中阳 K 线，即图中方框内的第三根阳 K 线；11 点至 11 点半形成小阳 K 线，即图中方框内的第四根阳 K 线，此时的股价完全位于之前半小时形成的最高价范围之内。通常情况下，当第二根 K 线相对于前面一根 K 线不能创新高的话，说明调整的趋势就要展开。我们看到，下午 1 点开盘之后，股价一路下跌打压，一度接近于早盘的最低价，随后股价有所回升，并形成了带有下影线的阴 K 线。通常情况下，当 K 线形成较长的下影线时，都是阶段性见底的征兆。所以，我们看到随后其走势止跌，接连形成三根并排的 K 线。

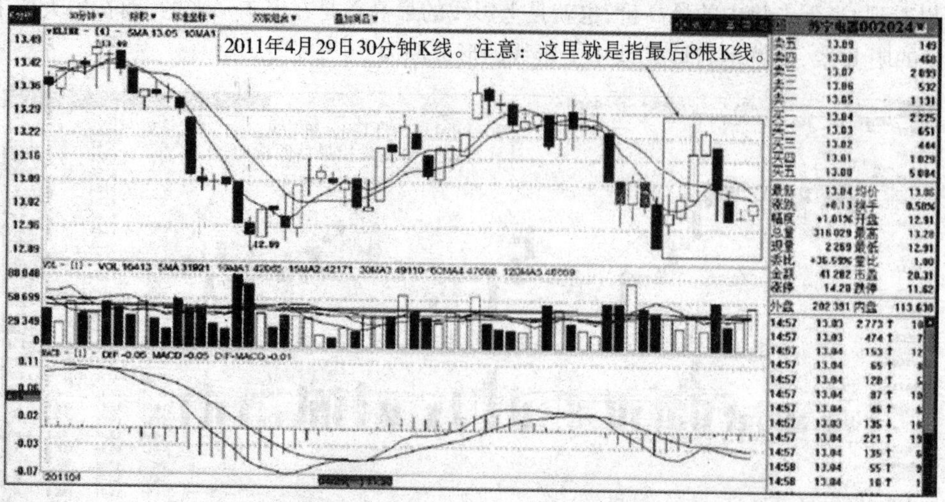

图4-16　走势级别的完全分类说明Ⅳ（苏宁电器2011年4月30分钟K线图）

与之前的60分钟K线走势图相比，30分钟K线走势图将其4根K线进行了再分解，形成8根K线，也就是将30分钟作为K线形成的最小单位，使其走势过程更加详细地展现在我们的面前。

将2011年4月29日的日K线图进行第四阶段的放大，我们得到了15分钟K线走势图，如图4-17所示。图中共包含了16根K线，其中阴阳K线分别为8根。再看阴阳K线的分布，上午阴阳K线分别为4根，下午阴阳K线同样都为4根。如果再看其4小时的分布，同样可以看到，在总共的4个小时内，每一个小时都呈现两根阴K线和两根阳K线。我们再比较阴阳K线的长度关系，可以看到在总共16根K线中，小阴、小阳K线占据12根，占比75%。这充分体现了股价在15分钟周期级别中的非线性变化过程。这种阴阳K线长度以及数量的对比，为我们在小周期的操盘介入中提供了较好的参考价值。一旦发现股价阶段性止跌，就要在小阳K线走势中介入。而一旦走势形成大阳K线，我们就要等待其回落，再择机进行买入。

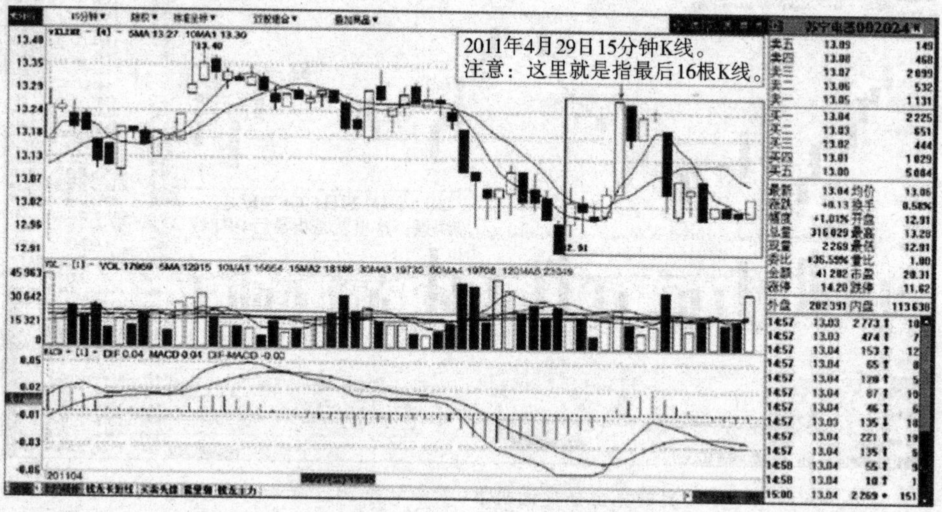

图4-17　走势级别的完全分类说明Ⅴ（苏宁电器2011年4月15分钟K线图）

将2011年4月29日的日K线图进行第五阶段的放大，我们得到了5分钟K线走势图，如图4-18所示。图中方框内共有48根K线，其中阳K线有26根，阴K线有22根。其波段走势特征也更为明显：以11点半为划分标准，从多空双方上午的较量看，阴阳K线的比例为9:15，下午的这一比例变为16:8。由此，我们可以看到在阳线较多的上午形成了上涨的格局，在阴线较多的下午形成下跌的格局。同时，这里上涨和下跌的非线性变化更为直接：在上午的24根K线中，其上涨的过程通过4根主要的阳K线完成；下午的下跌同样如此，通过4根主要的阴K线完成，其余大部分时间呈现小阴小阳的趋势。

将2011年4月29日的日K线图进行第六阶段的放大，我们得到了1分钟K线走势图，如图4-19所示。在一天总共4个小时计240分钟的交易中，形成了图中的240根1分钟K线。其波段走势过程以

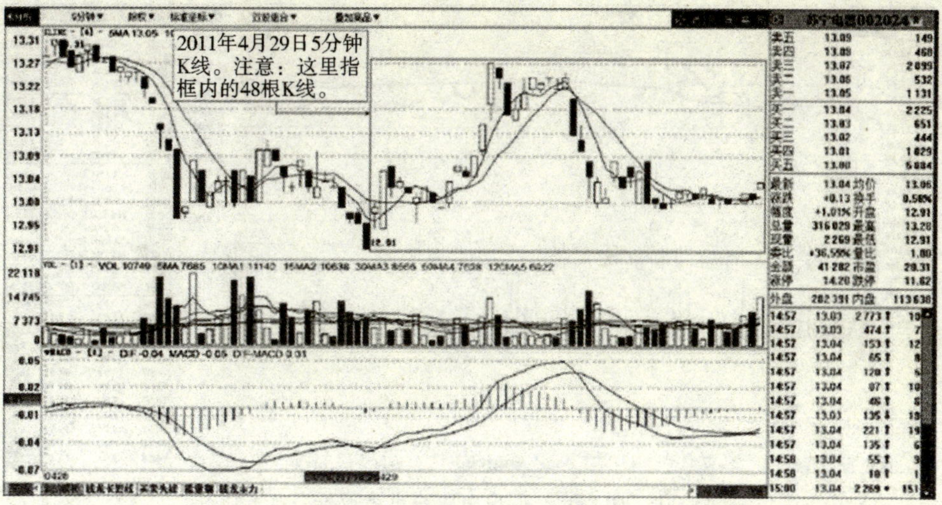

图 4－18　走势级别的完全分类说明Ⅵ(苏宁电器 2011 年 4 月 5 分钟 K 线图)

及走势细节变得更加清楚。底部盘整、顶部盘整、拉升和下跌过程可以非常简单地进行区分，同时经过这样的分解，我们可以观察其运行的每一个细节，买卖点也相应变得非常准确。从一般“低买高卖”的角度进行分析，上午 10 点半可以介入，上午 11 点到 11 点半则提供了非常多的卖出机会。当然，这种买卖的前提是可以进行“T＋0”的交易。

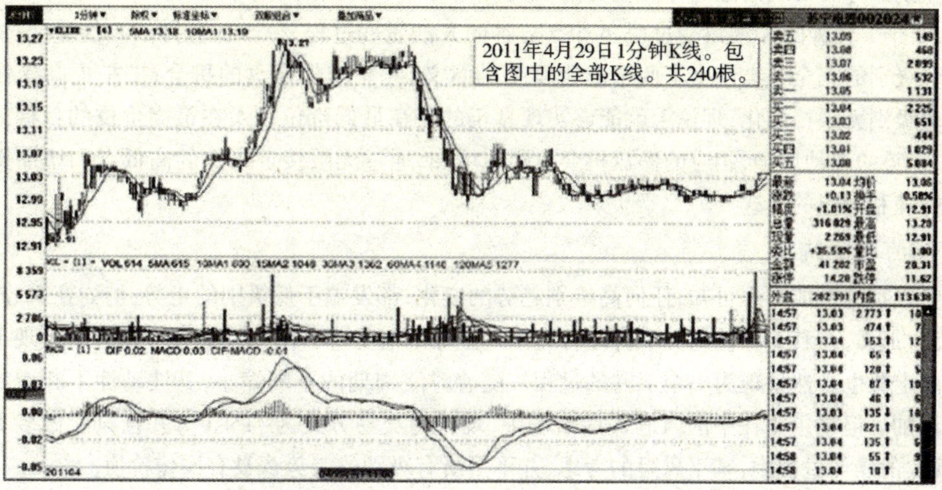

图 4－19　走势级别的完全分类说明Ⅶ(苏宁电器 2011 年 4 月 1 分钟 K 线图)

从对前面“1 根日 K 线—2 根 120 分钟 K 线—4 根 60 分钟 K 线—8 根 30 分钟 K 线—16 根 15 分钟 K 线—48 根 5 分钟 K 线—240 根 1 分钟 K 线”走势演变过程的分析可以看出，当我们把分析的周期不断缩小之后，比如到达 5 分钟级别，其走势就出现了明显的波动特征，并在波动的过程中显现出了操盘机会。通过周期级别的有效缩放，我们将可以更加清楚地观察趋势，从而利用趋势进行精确的买卖。

图 4－20 是 2011 年 4 月 29 日苏宁电器股价的分时走势图，其走势与 1 分钟 K 线图基本一致，差别就是它是连续变化的，因此，我们看到了连续的波段。图中，上涨和下跌过程也非常明了。但由于其下方只有成交量，没有其他的，如 MACD 指标，其下跌的线索就不是非常直接。不过，我们也基本上可以根据波段与分时均线的关系进行判断，以是否跌破分时均线作为趋势强弱的一个重要参考。图 13－9 中，就显示出其走势在下午 1 点 10 分将分时均线跌破，所以之后的走势就逐渐变弱。

以上是根据一般证券软件的设置对走势进行的分解。从本质上讲，所有图反映的都是同一个过程。但是通过对走势的分解，我们得以从不同的时间周期观察其走势。事实上，针对所有股票，我们都可以根据需要，设定不同级别的趋势图。但这不会改变级别周期越短，其走势越详细，走势过程中的波动也更大，操盘机会更多的特征。这也是我们对趋势图进行分解的意义所在。

级别的分类，也就是不同周期的走势图，反映的正是这个递归叠加的过程，是我们对趋势进行观察的

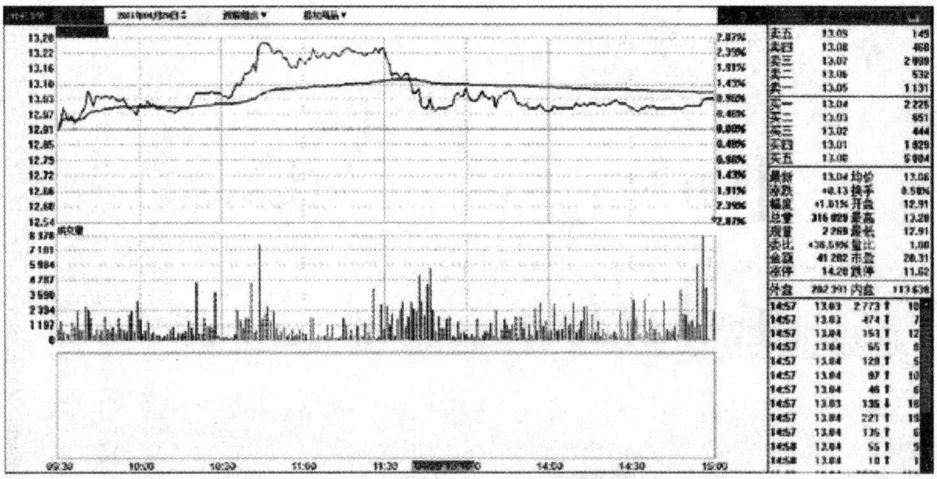

图 4-20 2011 年 4 月 29 日苏宁电器股价分时走势图

一部显微镜。证券软件就像一部自动归纳的机器,当低级别的走势结束时,自动将这些低级别的 K 线合成为高级别的 K 线,形成高级别的趋势。例如,早盘从 9 点 30 分开盘,到 9 点 35 分,形成 5 根 1 分钟 K 线,通过递归,其便构成了 1 根 5 分钟 K 线;如果是到 9 点 45 分,则就形成了 1 根 15 分钟 K 线……更大则有 4 根季 K 线和 12 根月 K 线,构成年 K 线。后面的趋势都是按照此方式进行递推。

趋势级别的分类反映的是趋势由量变向质变转化的一个自然过程。例如在 30 分钟的级别走势中,其正是由 30 个 1 分钟的 K 线量变过程、6 个 5 分钟的 K 线量变过程、2 个 15 分钟的 K 线量变过程等所构成的。趋势级别的完全分类产生了两个非常重要的意义:一是增加操盘的机会;二是提高操作的精度。我们将趋势级别无限精细化,理论上就能够实现真正的买在最低价位和卖在最高价位的目标。同时,级别缩小后,走势的波动增加,相应的操盘机会也跟着增加,通过无限接近买卖的高低点和增加操盘机会,能形成一种赢利最快的模式。

4. 趋势的两大特点

由趋势级别的形成原理可知,任何高级别趋势的变化,都发端于低级别的走势,例如在 5 分钟走势中出现了上涨,那么,在其 1 分钟走势中肯定首先出现上涨的态势;同样,如在 5 分钟走势中出现了下跌,那么 1 分钟的走势也必然呈现为一个下跌的过程。随着时间周期的不断缩小,其波动性不断增加,操盘机会也不断增加。但是由于在中国内地 A 股市场中,现行的交易方式为“T+1”,并且只能做多不能做空。所以,在现实的操作过程中,基于风险的考虑,并不是所有级别的走势都具有操作价值。

即使我们根据一些阶段性见底的条件,在 1 分钟或者更低的级别中买入某只股票,但由于 1 分钟走势的变化太快,其走势完全可能在接下来的时间内形成见顶的形态,随后股价出现下跌,甚至在收盘的时候低于我们买入的价格,致使我们手中的筹码出现被套的局面。所以,1 分钟级别的走势,在股票的交易中只能作为参考,不能作为决策的依据。

图 4-21 为冀中能源(000937)一天之中的 1 分钟级别走势。图中显示在 B 处出现了较好的买入机会,随后股价也出现了一定幅度的上涨。但是在“T+1”交易模式下,我们即使在 B 处买入,收盘的时候股价已经运行到了 E 处,最终还是亏损的,也就是会出现买入后赢利不能兑现的情况。由此我们可以看到,1 分钟级别的走势在“T+1”交易模式下并不适合交易判断。

同样是冀中能源的 K 线走势图,但图 4-22 是 5 分钟级别的。图中出现了 A、B 两处较好的买入机会,更重要的是,在买入后,我们能够在赢利的情况下顺利出局。A 点买入后,第二天早上开盘后有赢利卖出的机会,B 点买入后,第二天早上开盘后同样有赢利卖出的时间。因此,站在 5 分钟级别的走势中,“T+1”交易模式下,操盘的现实性大大提高。

如何解决这个问题呢?这就需要我们将操作的周期延长,例如:将其放到 5 分钟和 15 分钟级别的走势中,并且对交易时间进行适当的限制,如放到下午 2 点半之后进行,这样就能确保走势具有一定的稳定性,以及能在随后一个交易日开盘之后顺利兑现手中的筹码。这样就能在操作机会、稳定性和可操作性

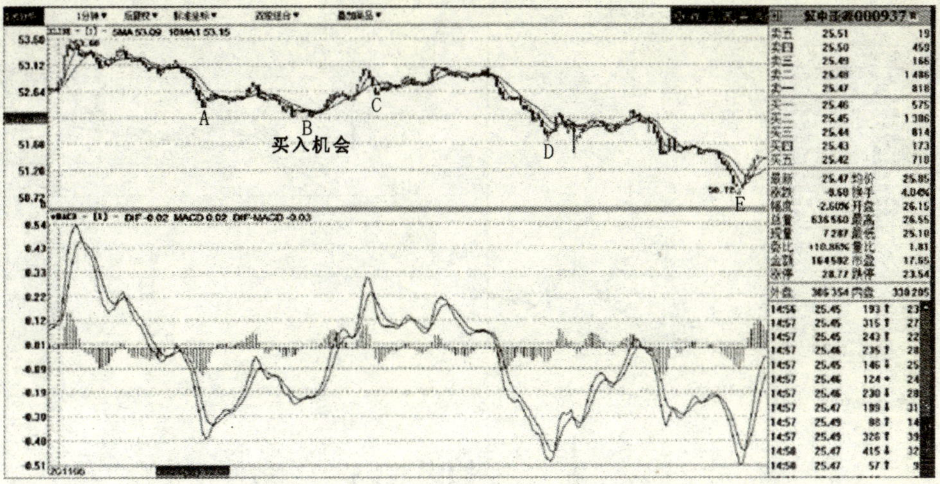

图 4-21　“T+1”条件下的合适操作级别分析Ⅰ(冀中能源 2011 年 6 月 1 分钟 K 线图)

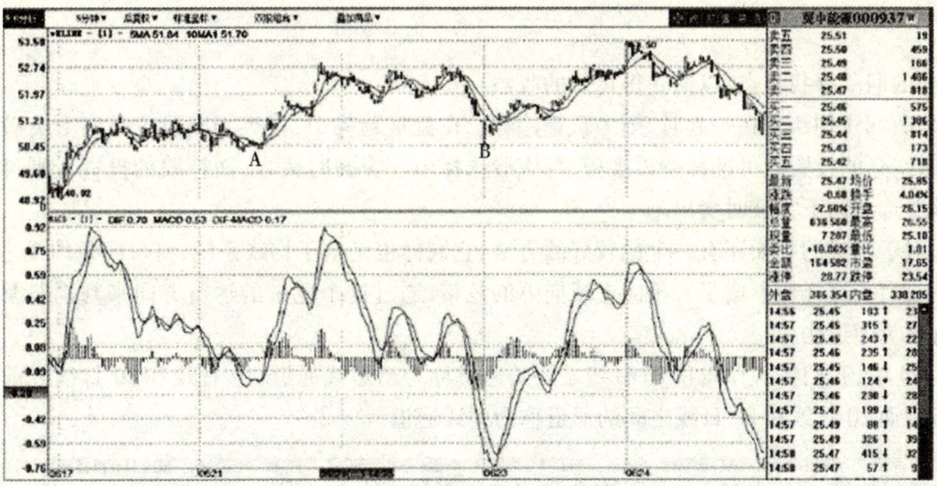

图 4-22　“T+1”条件下的合适操作级别分析Ⅱ(冀中能源 2011 年 6 月 5 分钟 K 线图)

之间取得平衡。

5. 均线法判断趋势

在使用均线系统对趋势进行判断时，通常 5 日线、10 日线的形态判断为短期趋势，20 日线、30 日线判断为中期趋势，而 60 日线、120 日线则判断为长期趋势。

对于趋势的判定和使用，一般来说，只要均线向上，则认为是上升趋势，均线横盘则认为是盘整趋势，而均线下降，当然是下降趋势了。

在均线系统上判断个股的趋势，主要是结合投资者自己的操作策略来进行，如果是短线投资者，则更多的关注短线趋势的走势。中线投资者则关注中线趋势的走势，而长线投资者当然是关注长线趋势了。

但这里需要注意的是，如果散户投资者想尽最大可能地规避风险，从而安全地盈利，无论是短线投资者还是中线投资者都应该关注长线趋势的情况。一般来说，短线投资者在进行短线操作的时候，要关注中线趋势是否向上，如果在中线趋势向上的情况下，再通过短线趋势来进行操作，那么其盈利的概率就会极高；反之则极有可能会造成亏损。这即是股市中常说的“看长做短”。

在图 4-23 中，双良节能从 2009 年 3 月 16 日开始，其 5 日线、10 日线、20 日线和 30 日线均向上发散，说明其中线和短线趋势向好，都处于上升阶段。到 2009 年 3 月 26 日和 4 月 9 日，股价两次出现回调，5 日均线也随之回落，但此时 10 日均线、20 日线和 30 日线仍然保持向上趋势，就可以理解为中线趋势仍然向好，此时的回调可以作为买点介入。

反之，如果中线趋势向下，那么即使短线趋势向上也不宜买入，因为此时即使买入后，也会在很短的时间内掉头向下。所以，对于散户投资者来说，最佳的操作方式就是在确认中长线趋势向好的前提下，利

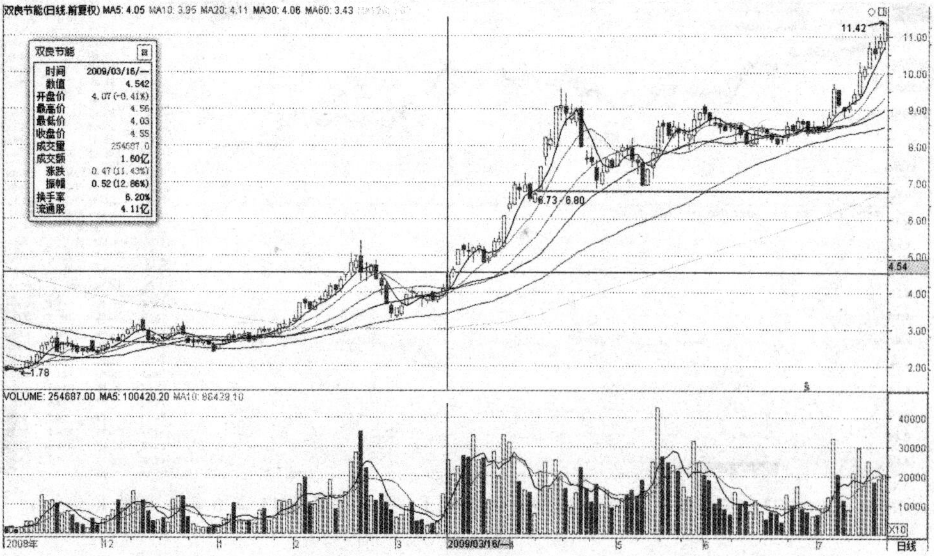

图 4－23　双良节能日线图

用短线趋势的回落寻找买点，以期获得良好的收益。

当大多数均线均纠集在一起时，则为盘整趋势。在盘整趋势中，很难判断股价是向上突破还是向下突破。此时空仓的投资者可选择持币观望，待该股选择向上突破时买入，而持股的投资者则可选择持股观察，待该股选择向下突破时卖出。

另外，对于趋势的判断还有一个比较好的方法，它同样也是基于均线系统，将每两条均线之间形成的空间填充上颜色，这样便形成了一条向上或向下的色带，通过这个色带的运行方向来判别股票的运行趋势，我们称之为通道法。

图 4－24 中，我们将 5 日线和 10 日线之间的通道称为超短线通道，10 日线和 20 日线之前的通道称为短线通道，而 20 日线和 30 日线之间的通道称为中线通道。

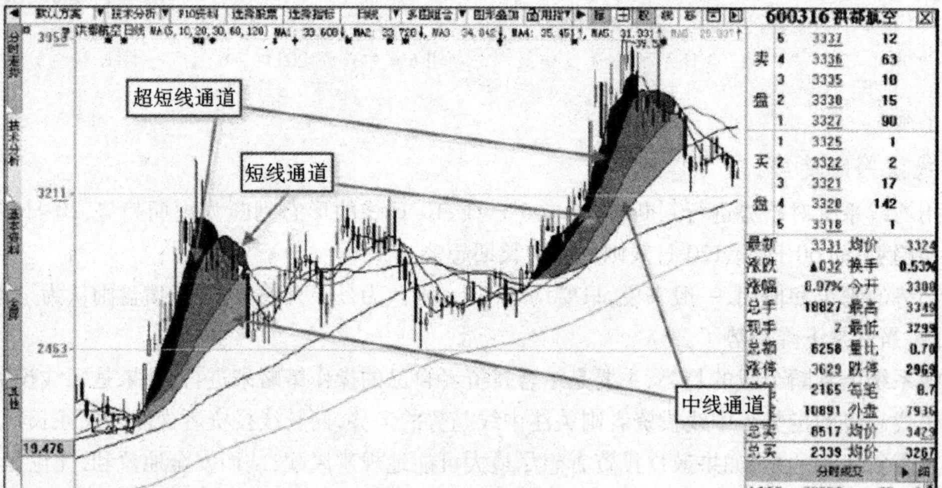

图 4－24　通道法应用（洪都航空）

使用通道法观察股票的运行趋势，不仅更为直观，同时也使得买卖点更为直接，简单来说，就是当通道打开时买入股票，而通道闭合时卖出股票。投资者在利用通道法辅助操作的时候，只需要关注中线通道是否向上打开就行了。

4.3.2.2 中线波段只抓龙头

所谓龙头股,就是市场中上涨幅度最大、上涨力度最大,对同板块中的个股有明显的领涨作用,并且对指数的上涨也有明显带动的个股。每一轮行情中,总有至少一只龙头股出现,盘中大多数个股在它们强势上涨的带动下均会展开跟风上涨,从而导致盘中出现一派做多的现象。

龙头股之所以可以形成最大涨幅,从技术角度讲,就是因为有巨量资金对它进行积极的运作,巨量资金入场便是一个信号,从而吸引更多的资金入场。在一轮行情中,投资者只有对龙头股进行操作,才可以实现较高的利润。只有龙头股的涨幅最大。

虽然龙头股涨幅惊人,但龙头股的数量却极少,一轮行情展开后,能够成为龙头股的仅有几只,并且分散在不同的板块中。

一般来讲,除了技术面的原因外,形成龙头股的原因主要有两个:一是由于公司的业绩连年增长给了庄家大幅炒作的理由;二是某种消息的刺激给了庄家短线炒作的题材。

受公司业绩增长而形成的龙头股,其上涨周期往往比较长;受消息刺激产生上涨行情的个股,其上涨周期要短很多。在分析龙头股时,投资者可以根据龙头股形成的原因判断龙头股上涨周期的长短。

一般来说,龙头股大致有三大体系:一是以行业背景为基础的龙头;二是以概念背景为基础的龙头;三是以地域背景为基础的龙头。另外,还有包括多种背景的综合性龙头股。

每个股民都十分期待能捕捉住龙头股,但这并不是一件容易的事。老股民捕捉龙头股的经验是投资龙头股首先要对龙头股的概念和特征有一个清醒的认识。通常来讲,其特征有以下几个方面:龙头股一般启动时,往往会伴随着跳空高开的明显迹象;往往最先出现在排行榜涨幅前列;成交量呈现放大迹象,量比一般会在3以上;成交金额一般会在电脑键盘敲81、83回车后出现;最关键的是它会带动同一板块中的其他股票涨升回落;龙头股展开每波上攻时,往往会在涨速比窗口上排在最前列,同时,同一板块的其他个股也会出现在涨幅比窗口中。

龙头股在技术方面的表现是:

第一,在静态图表上,从K线图表的价量关系上看,就必然会有许多大资金有计划地持续控盘。操盘动作的价格和成交量有规则的变化。

例如:2006年的牛市行情中,龙头股中国石化、招商银行等均出现一倍或几倍的上涨行情,不仅带动了整个股盘指数的上涨,也给持股者带来丰厚的利润。

龙头股对同板块或相关板块具有联动作用。例如:2005~2006年,黄金龙头股山东黄金和中金黄金的强劲上攻,带动整个有色金属板块出现持续性上涨走势。

第二,个股处于循环阶段的A段末期或B段初中期。

第三,大周期级别的技术状态处于中低位,KDJ指标低位金叉向上。

第四,多周期共振是该股出现连续上攻的必要条件。

第五,从浪形上看处于1.3浪的初中期阶段。

第六,短期平均线系统必须全部形成向上攻击的多头排列,并且必须要有大成交量(换手率至少在6%以上,并且是近期首次放量,量比放大2~3倍以上)。

第七,3日或5日平均线的大角度大于50度,陡峭上扬的向上攻击态势。如果处于连续拉升时5天线呈70度角度上升,5天线角度不会出现明显的改变苗头。如有改变角度的迹象出现,则意味着股价将出现短期调整。

第八,个股安全度比较高,没有重大基本面问题。

第九,连续,有持续性放量上攻的迹象。

4.3.2.3 雪狼波段操盘战法

1. 雪狼战法的K线特征

日K线图是研判股票走势的重要工具,中线波段的吸筹周期较长,虽然主力一定会刻意掩饰,但是仍然有许多迹象会泄露主力的真实意图。

(1)阳线量大,阴线量小,阳多阴少

与一般股票不同,中线波段股的K线图上阳线的成交量数倍于阴线成交量,特别醒目。提示该股买入意愿强烈而卖压极轻——供不应求股价即将上涨。

(2)股价上行而成交量递减

与一般价涨量增的股价运行规律不同,由于中线波段多数筹码被主力锁定,导致盘中筹码稀少,仅须较小的成交量就能将股价推高,并且越推高成交越小。我们可以看到均价线不断上行而均量线不断下行的特别现象。

(3)高位地量——中线波段的最佳介入点

在主力基本完成吸筹洗盘之后,主力的控盘程度已经达到拉升的临界状态,此时主力往往会停止行动,来测试盘中卖压大小。这种情况一般会形成较高位置的底量成交。

(4)中线波段的均线特征

采用(10,20,30)均线系统,中线波段在拉升前夕都会形成一条平滑上升的通道,其间股价极少跌破20日均线——我们称之为波段跑道,特征非常明显。

2. 雪狼战法的盘口特征

日线形态有时会遭到主力庄家的刻意操纵,因此还必须通过盘口分析来最后印证以上判断是否正确。

(1)外盘要远远大于内盘

在钱龙软件中以委卖价成交的主动性买盘称为外盘,以委买价成交的主动性卖盘称为内盘。从其含义中我们就可以理解为什么要求外盘大于内盘。否则,假如形态良好而盘口显示内盘极大,一定是庄家暗中出货,须谨防风险,不可介入。

(2)大单成交频繁

主力资金不可能一手两手地买卖股票,因此真正的潜力股应该是盘中大单成交活跃的个股。假如一只股票长期极少出现连续大手成交,基本上可以认定为散户行情易跌难涨。

(3)2~5分钟无成交

原理与地量相同,由于主力控盘,散户手中没有筹码,尤其是在下跌中,主力不动,该股就没有成交——此现象可以印证该股筹码已经集中于主力手中。

(4)盘中经常出现规律性的向上冲击波

主力资金的吸筹动作。普通股票则很少出现这种有力的上攻动作。

(5)关键突破形态时出现巨量涨停

盘口表现为快速封涨停,涨停后成交量极少。

很多人都认为看盘很难,事实上,如果观察股价动态走势图时,能够懂得庄家语言,那么就会在其中发现庄家的踪迹。一般来说,庄家在选中某只股票准备建仓时,会用试盘的手法看看这只股票有无庄家光顾,如果有庄则会试一试它的实力,来决定是将它赶出、并肩作战,还是跟随坐轿,这主要取决于自己实力的大小。散户如果懂得庄家语言,自然就能跟随坐轿,因为散户只有坐轿才能赚钱。

而要想找到这样的股票,就需要在成交量异动中仔细观察。首先要注意,如果这只股票有庄,当其他庄试图与其争夺筹码时,则会立即有所反映,能看出这种反映需要静观其买卖盘微妙的变化,一般非庄家机构很少有人能察觉主力庄家在买卖盘中的“对话”。

主力机构选股通常讲究天时、地利、人和,找一个最好的进庄时机,一般是当宏观经济运行至低谷而有启动迹象时,此时入庄会在日后的操控过程中得到来自基本面的正面配合,也能顺应市场大趋势的发展。庄家只是大规模资金的投资者,他的行动也必须符合市场发展趋势的要求即天时。地利,即是选择合适的股票,在正式炒作之前制定一份详细完整的操作计划。人和,即与各方面关系协调。

一切都准备好了之后,需要先了解选中的股票谁在坐庄,其方法主要是用一定的筹码投石问路,经过几天的震荡,操盘手用庄家语言就知道这只股票对手的实力,向机构决策人汇报,做出最后决定。

对此,主要选择的观察方法是:首先,仔细地、一笔一笔地看成交明细表;然后,再仔细地看看第一二三买卖盘的数量变化,对照现手、总成交量、内盘量和外盘量,对照今日即时走势曲线图,即可感觉到主力资金的活动。

一般来说,庄家选中的股票不外乎会打穿重要的技术支撑位,引发技术派炒手的止损盘;刻意形成股价向淡形态,动摇投资者持股信心,在恐慌之余卖出手中的股票。

3. 雪狼战法的卖点

中线波段一旦买入将迅速脱离成本区,进入获利状态,此时的操作要领在于要敢于持股,不要轻易被震出局。

(1)中线控盘波段股的最小涨幅是突破新高价位的150%。例如0710天兴仪表突破16元高位后第一目标达到24元。记住这一点有助于坚定持股信心。

(2)即使大盘下跌,只要该股表现强于大势,没出现持续放量长阴,OBV上升态势良好,仍要坚决持有。

(3)只要收盘价仍站在20日线之上,持有。

(4)涨幅超过50%,出现放量击穿20日线或连续两个涨停,逢高卖出。

4.3.2.4 八部天龙波段战法

1. 八部天龙战法之一:连阳战法

该种情形在不同股价区域出现代表不尽相同的信号:出现在长期下跌后的低价区域,是一个中线买入信号;出现在中价区域或高价区域,是一个短线买入信号,此时投资者宜快进快出。

(1)出现在低价区:股价在长期下跌之后,连续收出小阳线,同时成交量温和放大,意味着股价已探底成功,多方正逐步积蓄能量准备反攻。从另一个角度讲,很可能是某些主力资金在悄悄逢低建仓。因此,该信号出现后,未来股价有很大机会走出一波中级上升行情。

(2)出现在中价区或高价区:股价在到达一定高位之后,经过一段时间的换手洗盘,抛压已逐渐减轻,此时如果连续出现小阳线,伴随成交量逐步放大,通常预示着多方将发起一轮强攻,大幅拉升在即。

案例:台基股份(300046)在2010年7月2日至6日,日K线连续收出3根小阳线。7月7日股价开始大幅拉升(图4-25)。

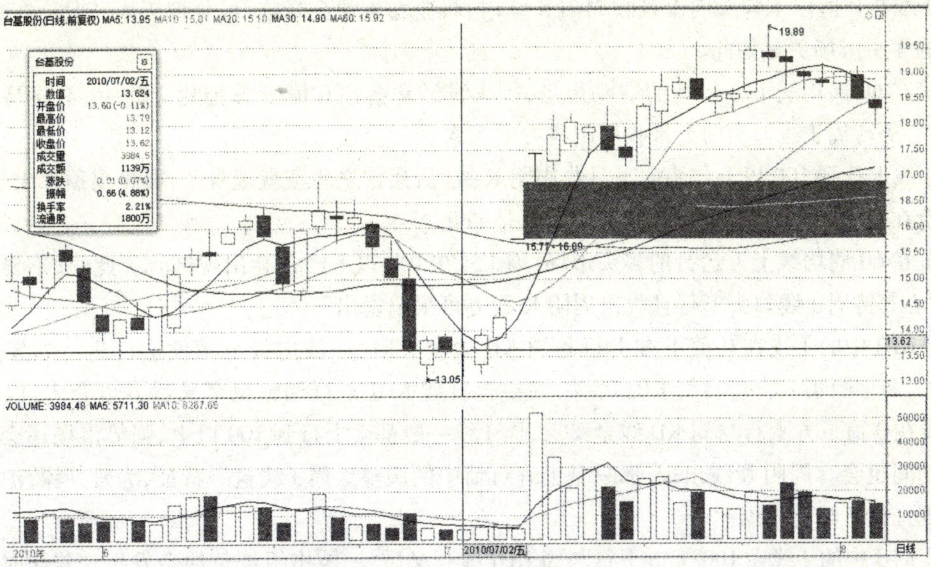

图4-25 台基股份日线图

2. 八部天龙战法之二:三阴战法

股价在经历了连续的下跌之后,到达了一个历史性低位。此时做空力量已消耗殆尽,成交量萎缩严重,而且跌势也逐渐趋于缓和,甚至偶尔还出现几次小幅反弹,似乎市场正在酝酿某种转机。但是,出乎人们预料,在某种利空刺激下,股价再次下跌,而且跌势转急,连续收出三根大阴线,有时还伴有跳空缺口。当第三根大阴线出现之后,悲观气氛已到达顶点,但股价却奇迹般止跌并展开反弹。随后抄底盘也跟风杀入,股价很快反转直上。三根连续下挫的大阴线将做空能量全部释放后,多头势力迅速控制局面,所以一旦反转，力度也相当强劲。投资者如能正确判断，勇于在市场最悲观的时候果断抄底，获利也相当丰厚。

案例：华润锦华(000810)2010 年6 月25 日、28 日、29 日连续3 日大幅下挫，日 K 线收出三根大阴线。6 月 30 日股价却反转直上报收涨停，此后一路上扬，至今涨幅达50%（图 4－26）。

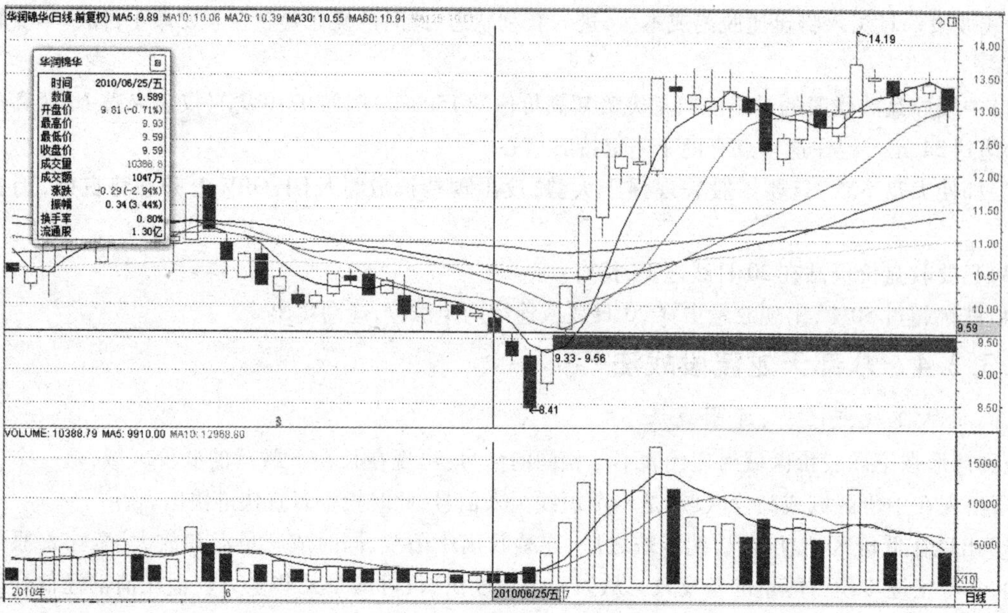

图 4－26　华润锦华日线图

3. 八部天龙战法之三：KDJ 战法

(1) 被许多人忽视的周 KDJ 中的 J 线对股价的反应最为敏感，而且较为准确，因此，应给予充分重视。具体而言，要注意以下方面：

①周 J 线在 0 值以下勾头向上且收周阳 K 线时，机会女神便会降临，可分批买入。股价在 60 周均线上方运行的多头市场更是如此。

②股价在 60 周均线下方运行的空头市场，周 J 线经常会在 0 值下方钝化。此时，不要马上采取买入，而要耐心等待周 J 线勾头向上且收周阳线方可买入。

③周 J 线上行到 100 以上勾头向下且收周阴 K 线时，死亡之恶魔就现身了，要警惕顶部出现，要先行减磅。股价在 60 周均线下方运行的空头市场更是如此。

④股价在 60 周均线上方运行的多头市场，周 J 线在 100 以上经常会出现钝化。此时，不要马上采取卖出，要耐心等待周 J 线勾头下行且收出周阴 K 线方可采取卖出。

(2) 周 KDJ 中的 J 线在 0 值下方上行与周 KD 线金叉时，一波中级行情便会产生。如果此时日线 KDJ 也金叉，要果断买入。若日线 KDJ 死叉，则要等日线 KDJ 下行调整也金叉后方可介入，以免短线套牢。周 J 线在 0 值下方上行与周 KD 线金叉后，周 J 线一般都会上行到 100 以上，强势市场还会在 100 以上钝化。期间也会有周阴 K 线出现，那只是上升行情中的调整。周 J 线这一特征，为研判深、沪两市波段性顶部出现提供了量化依据。

(3) 周 KDJ 中的 J 线在 100 上方下行与周 KDJ 线死叉后，一波中级调整便会发生。若此时日线 KDJ 也在高位死叉，要果断卖出。若日线 KDJ 金叉，也只是短线反弹，待日线 KDJ 也死叉时要果断卖出。周 J 线在 100 上方下行与周 KD 线死叉后，周 J 线一般都会下行到 0 值以下，弱势市场不会在 0 值下方钝化。其间也会有周阳 K 线出现，那只是下跌行情中的反弹。周 J 线这一特征，为研判深、沪两市波段性底部的出现提供了量化依据。一般而言，这种方法主要适用于空头市场。

(4) 周线 KDJ 中的 KD 两线底背驰后金叉是绝对的买入信号。周线 KD 线底背驰后的上升行情比没有底背驰只是超卖后的上升力度要强。这种情况，1996 年以来，沪市只发生过 4 次，信号可靠。应用周线 KBJ 时要记住：严重超卖的反弹，底部背驰才劲升。

(5)应用周线 KDJ 时还要结合月线 KDJ,处理好以下四种关系:

①周线、月线 KDJ 共振金叉是劲升的大机会,要把握住。

②月线 KDJ 金叉,周线 KDJ 死叉时,原则上要离场,待周线 KDJ 金叉时再买入。

③月线 KDJ 死叉,周线 KDJ 金叉时,是有力度的反弹,可适量介入。

④月线 KDJ、周线 KDJ 均死叉时,要全线离场,等待新机会。

另外,K,D 双双低于 10 的时候,存在短线上涨乃至暴涨的机会。但是还需注意:

首先,有时 K,D 指标双双低于 10 的情况,只会出现一天,有时会连续出现几天,买点有讲究。但是,由于 K,D 双双低于 10 是一种相对少见的、较为极端的情况,一般表明股价已经跌过头,空头已是强弩之末,能够招致短线技术派的抄底盘,从而带来上涨。

其次,需要注意也有例外,要设置止损、做好失败的准备,并且不适用于基本面发生巨变、极度恶化的个股。K,D 到了 10 以下也无法立即抄底,这就需要结合个股基本面综合考量。

最后,从已经扫描到的 K,D 双双低于 10 的个股的情况看,大多数例子是:K,D 指标双双低于 10 带来股价短线上涨乃至暴涨,比率较高。

一般来说,上述情况只是属于统计的范畴,不能作为规律看待,而适宜作为"概率性"较高的情况对待。同时,K,D 双双低于 10 的情况,只有细心人才能捕捉。大多数情况下,K,D 难以双双低于 10。上述机遇,有可遇不可求的成分。但是一旦遇到了,则机会只属于有准备的人。

4. 八部天龙战法之四:MACD 战法

MACD 是一个中线指标,用它不仅可以判断大盘的中级走势,而且在选股尤其是选强势股方面,MACD 也有着十分重要的作用。如果运用得好,可以成功地在相对低位捕捉到个股的起涨点。特别是"MACD 二次翻红"这种形态出现后,股价企稳回升的概率较大,具有较大的实战价值。

首先,将 MACD 指标调出,将其放在与 K 线同一个画面上;其次,调整技术指标参数。将移动平均线时间参数设定为 5、10、30,他们分别代表着短期、中期、长期移动平均线,成交量平均线参数设定为 5、10。MACD 中使用系统默认的标准值,即快速 E-MA 参数设定为 12,慢速 E-MA 参数设定为 26,DIF 参数设定为 9。

MACD 连续二次翻红使用法则满足"MACD 连续二次翻红"的个股往往会有非常好的上涨行情,所谓 MACD 连续二次翻红,是指 MACD 第一次出现红柱后,还没有等红柱缩没变绿便再次放大其红柱。这是利用 MACD 选强势股的关键,也是介入的最佳买点。特别是前期下跌时间长、下跌幅度大的个股,一旦出现"MACD 连续二次翻红"形态,股价企稳回升的概率较大。

如果某股走势符合上述的总的原则,同时又符合以下的四个条件,该股短期出现大幅上升的概率非常大:

第一,30 日移动平均线由下跌变为走平或翘头向上;

第二,日 K 线刚刚上翘或在 30 日移动平均线上方运行;

第三,DIF 在零轴下方与 MACD 金叉后可靠意义将会更大,在第一次翻红后,红柱开始缩短,越短越好;

第四,成交量由萎缩逐渐放大,特别是在二次翻红后,若能得到成交量的配合,该股后市向上冲击的力量会更大。

案例:博云新材(002297)自 2010 年 5 月底开始 MACD 由绿变红,股价亦开始缓慢回升,6 月中旬随大盘下跌股价再度下探,红柱又开始缩短,至 6 月 17 日缩短至极限。之后 7 月 16 日 MACD 再次翻红并逐渐伸长,这便是"MACD 连续二次翻红",最佳买点诞生。随后该股伴随成交量温和放大股价一路上涨,短短 5 个交易日上涨 30%,十分强势(图 4-27)。

5. 八部天龙战法之五:三重底战法

三重底,顾名思义,它比双重底多一个底:由三个底部组成,其颈线位置是将左底顶点与右底顶点连线延伸出去所形成的连线。与双重底相比,三重底是更为扎实的底部信号。

三重底形成的原理是:主力在吸筹阶段需要大量吃进股票,买盘的介入使股票成交放大。短线跟风客入场抢筹码,使股价推高。主力此时如果没有买到足够的数量,便会在某一价位时,通常是前期成交密

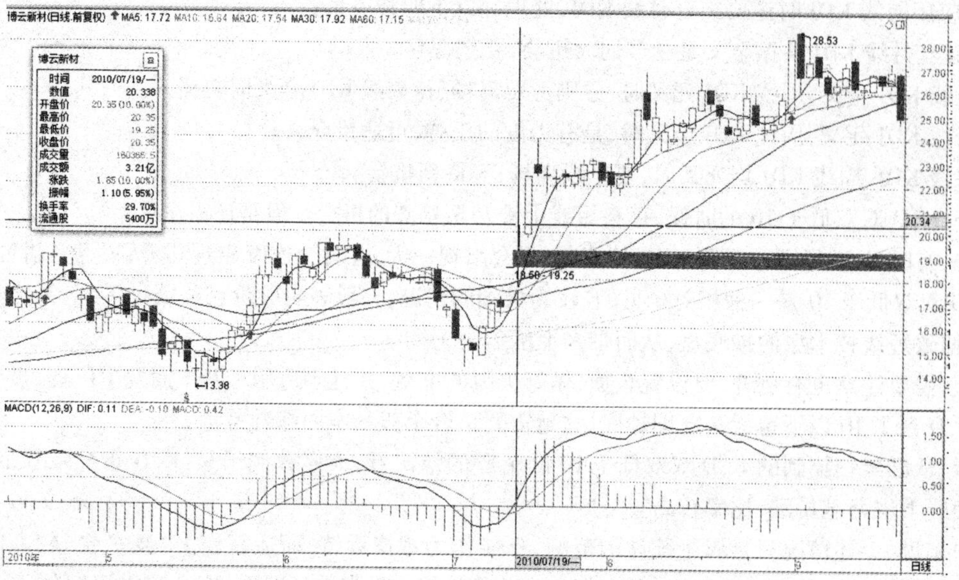

图 4－27　博云新材日线图

集区或重要技术位处向下砸盘,迫使部分短线跟风盘离场,股价下跌,庄家趁机再吸货,反抽至前期高点后,主力如法炮制,剩余短线客为了避免再次坐“电梯”。随后形成第三次底部,待股价重新回到颈线处,如果发现浮动筹码已寥寥无几时,便一举突破。此种形态称为三重底。如还有较多浮筹,则再多做几个来回。日K线图则形成两个以上凸点、三个以上的底,称为多重底。

使用三重底捕捉牛股时应注意:三重底的谷底与谷底间隔距离与时间不一定相等;3个谷底股价不要完全相同,差距可达3%,不要机械理解;三重底在第3个底部完成而股价上升时,成交量大量增加,即表示股价将会突破颈线而上升。

案例:航天机电(600151)在2010年5月中下旬股价最低下探至8.70元。第1个底部形成,随后股价缓慢盘升至10元左右,10元上方前期头部,套牢筹码也较多,强行拉升显然不明智,于是股价掉头向下,形成第1个凸点。6月初,股价再次探至前期底部,形成三重底的第二个底,最低价格正好也是8.80元左右,说明这一区域的支撑有效,股价重新返身向上,形成第2个凸点。由于第1个凸点短线客和套牢盘离场数量不多,股价在此仍然遇到较大阻力,再次向下也就在情理之中。吸取了前次教训,前期套牢盘在此区域也大多离场,到股价在7月初形成三重底的第3个底时,浮筹已较少,本周跟随大盘走出了一波飙升行情(图4－28)。

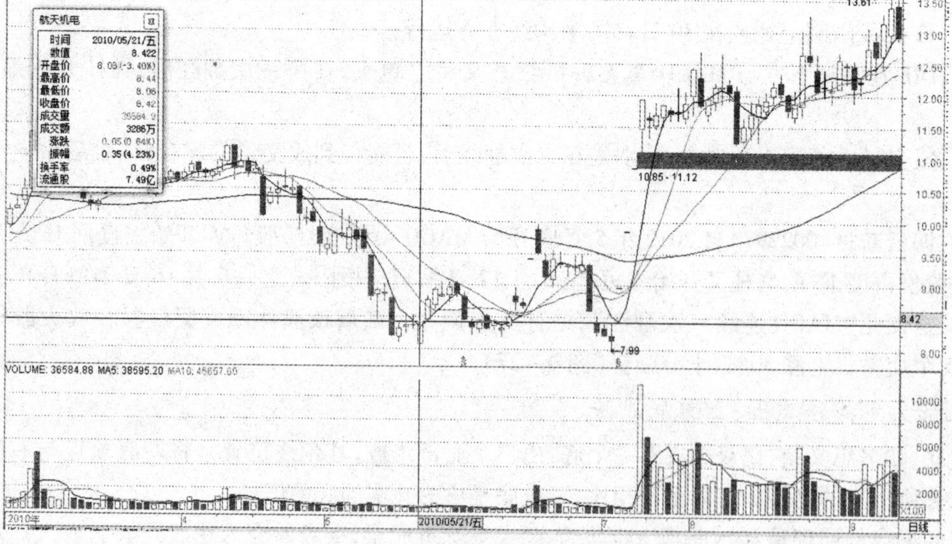

图 4－28　航天机电日线图

6. 八部天龙战法之六:旭日星战法

(1)基本概念

旭日之星形态由三根阴阳线组成。第一根阳线比较长,它在一定意义上强化了股价先前运行趋势,使市场多头气氛更浓;第二根阴阳线为类似于倒状锤子和流星的小实体 K 线;第三根阳线为一根指明新趋势的中阳线。理想的形态是在其中间的小实体与第一根和第三根之间都有跳空现象。需要指出的是,第二天小实体的颜色并不重要。

(2)反转确立

旭日之星的反转意义已经相当明确,无须再进一步加以确认。就形态本身而言,如果第一根和第三根阳线比较长的话,会强化形态的反转之意,如果比较短,则说明市场还没有表现出明确的趋势特征,有进一步确认的必要。

(3)形态演变

旭日之星形态的演变主要看第二根小实体的变化,如果第二根小实体演变成小十字,此时形态的反转之意就更强烈。进一步,如果中间的十字星彻底远离前后两根阴阳线,在它们的影线之间都出现了跳空缺口,那么,其反转之意更加昭然。

案例:经过较长时间的蓄势,深振业 A(000006)2010 年 7 月 19 日走出了一根极具多头意义的中阳线,7 月 20 日高开高走收出长阳线。由此反转确立。但 7 月 21 日后多头并没有继续拉升,而是收出 1 根小实体的阴线。7 月 22 日该股走出了一根纺锤线,表明多空双方力量开始趋向平衡,7 月 23 日该股高开高走,收出了一根大阳线。至此,旭日之星形态全面构筑完成,一轮新的拉升行情正式展开,之后涨幅超过 60%(图 4-29)。

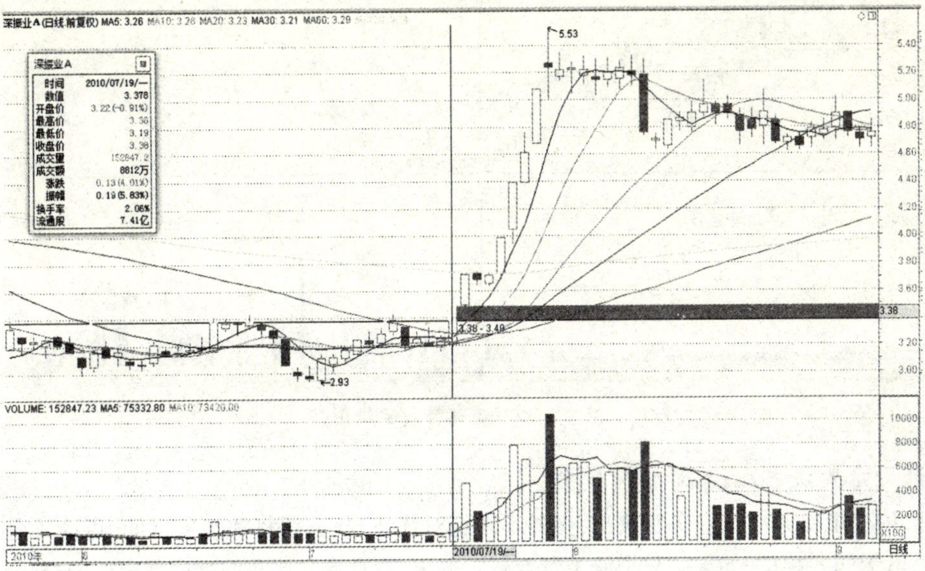

图 4-29 深振业 A 日线图

7. 八部天龙战法之七:圆弧底战法

(1)"圆弧底",是指 K 线连线呈圆弧形的底部形态。它有以下特征:

①股价处于低价区。

②股价变动简单且连续,先是缓缓下滑,而后缓缓上升,K 线连线呈圆弧形。

③成交量变化与股价变化相同,先是逐步减少,伴随股价回升,成交量也逐步增加,同样呈圆弧形。

④"圆弧底"形成末期,股价迅速上扬形成突破,成交量也显著放大,股价涨升迅猛,往往很少回档整理。

⑤有些形成时间较长,达半年之久,也有形成时间较短,1~2 个月。

(2)"圆弧底"清晰地显示了多空双方力量消长平缓变化的全过程:

①股价从高位跌下来,卖方的势力逐步减弱,主动性抛盘减少,买方力量畏缩不前,于是成交量随着

股价下跌持续下降。

②当股价跌至极低位时,开始有主力机构或先知先觉者入场悄悄收集,多方力量渐渐增强,股价及成交量缓缓上扬。

③最后,收集完成,买方势力完全控制市场,股价迅速攀升,卖方无力抵抗,往往无需回档,短期升幅相当惊人。

(3)在具体的投资过程中,需要注意:

①正确识别“圆弧底”:除前面所述形态特征外,还有两个细节会在某些“圆弧底”形态中出现:在刚刚经过底部的中点时,某日成交量突然放大,股价蹿升,但很快又恢复到平缓的上升趋势中;在形态形成的结束位置会出现一个平台,随后平台被突破,大幅上升行情开始。

②选择最佳买入时机:首先,在买入之前必须确认成交量的底部已形成;其次,要在连续几日和放量收阳线之后;另外,如果在“圆弧底”形成末期出现整理平台,则应在成交量萎缩至接近突破前成交量水平时及时抢进。

案例:美都控股(600175)在2010年6、7月份形成标准圆弧底形态,7月22日形成突破后,连续5个交易日进行整理,形成整理平台,8月2日随着平台被突破,大幅上升行情开始,进行狂飙拉升,短短数个交易日,股价升幅60%以上(图4-30)。

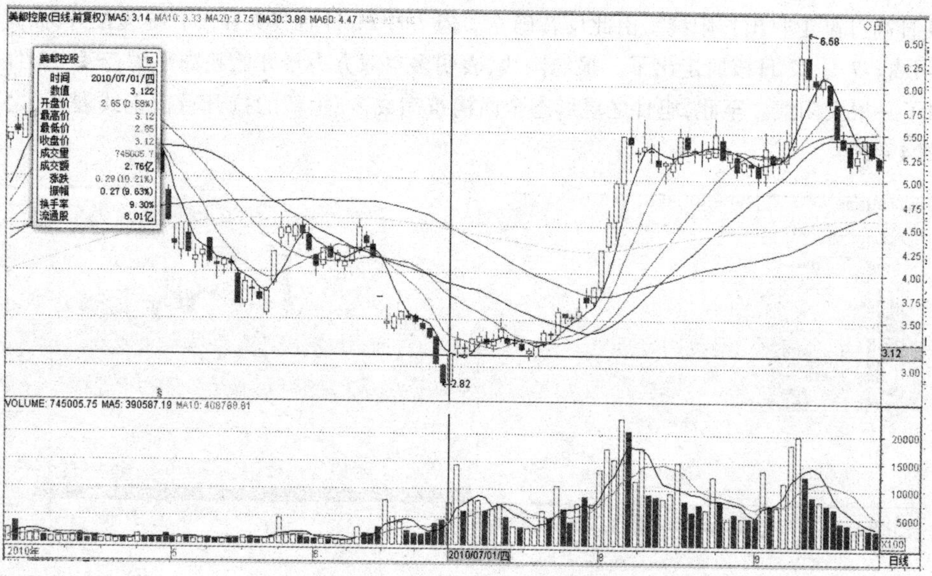

图4-30 美都控股日线图

8. 八部天龙战法之八:水浑才能摸鱼

一家上市公司,如果主营业务很突出,但并不占绝对优势,缺乏题材和想象空间,可能不易引起投资者注意而默默无闻。相反,如果一只个股主营业务不突出,却具备一些我们难以确定的题材,介入后反而易于获利。

一些股票主营业务很突出,但不独特,在市场中始终默默无闻,如盐田港、中国石油、宝钢股份等蓝筹股,大概就是水不够浑的原因吧。若无丝毫炒作题材,在股市中也就难以掀起波澜。相反,如果具备一些朦胧不确定性,其股性也就活跃,把握好合适的机会,也就容易获利。

案例:2010年8月份,媒体报道称多国患者感染了名为NDM-1的新型“超级病菌”,一名受感染的比利时男子死亡。有报道称,目前对这种超级细菌有效的主要是替加环素和黏菌素。受此消息影响,国际国内生物制药板块股票价格齐齐飙升。本次炒作与2009年H1N1流行过程中生物制药板块的炒作几乎如出一辙。当时,莱茵生物(002166)进行气势恢弘的3波炒作,升幅400%。而目前A股上市公司中,能够生产黏菌素只有联环药业企业(600513)。正是受到该消息刺激,联环药业短线出现爆发式上涨,连续4涨停,势不可挡。虽然我们不知道国际超级病菌如何演变,是否有更大规模的爆发。正因为题材朦胧,才有操作的空间,只要胆大心细,就容易有获利机会(图4-31)。

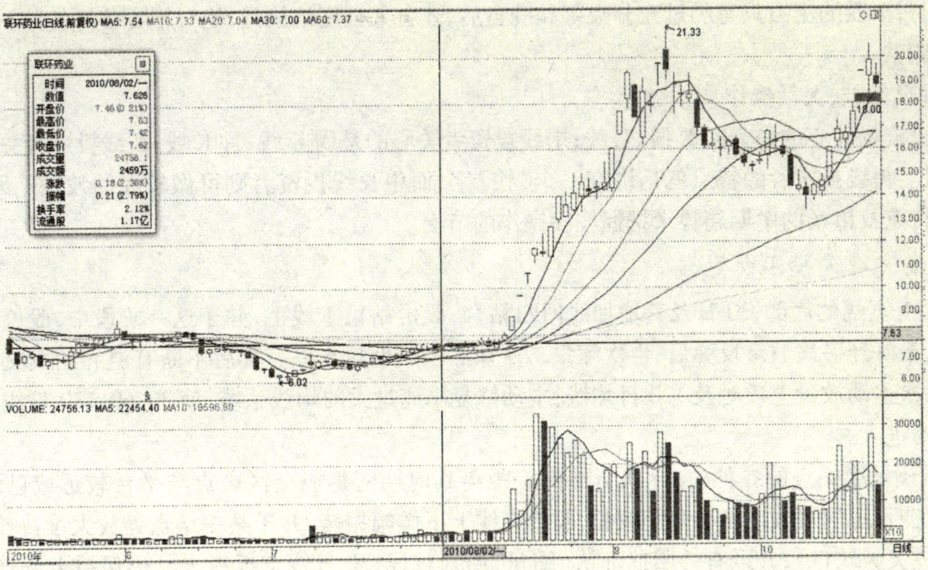

图4-31　联环药业日线图

4.3.3　中线操作技巧

1. 中线波段操作八大原则

(1)把握节奏,逢低介入

由于大盘处于反复的筑底过程中,所以股指极不稳定,一有风吹草动便会出现恐慌性的抛盘。然而,随着市场维稳呼声渐高,大盘走强不是梦想,因此当前过分看空已不足取,逢低介入应是不错的选择。

(2)注重轮动,精选个股

通过近段时期的市场观察,我们发现板块轮动这种模式,在市场中时常如海浪迭起,经久不衰,无不显示出这种海浪般的韵律。所以,择机介入新崛起的部分概念股,是获取短期收益的好方法。

(3)适可而止,逢高卖出

所谓波段,就是某只股票在一定时间内的高价与低价差。无论牛市或熊市,市场都会有这样的机会,而市场的机会总是提供给那些反应敏捷、判断正确的投资者,提供给那些善于把握好波段的人。在大盘尚未连续放出上攻的成交量时,逢顶背离卖出是较理性的抉择。

(4)观测趋势,控制仓位

波段操作的最大特点是不能满仓操作。在大盘尚未反转之前,只能当一名"游击队员"。在平衡市的短线资金可控制在30%左右,在市场反复走强时可增加至50%以上,如果近期股指放量突破短期箱体上沿即三千点一线,则可继续追加仓位。

(5)上升趋势,上升通道

只选取主要趋势向上,正处于上升通道的股票进行操作,决不理会重要趋势明显处于下降通道的股票进行冒险;买进时最好选择在主要上升趋势良好,在中级上升趋势向上的拐点刚刚出现的第一时间介入,在主要趋势上轨遇阻回落的第一时间卖出;个股长期在低位横盘的股票,在放量向上启动的第一时间介入是比较安全的。

(6)重视个股,也重大盘

大盘是个股的风向标,买进卖出时必须注意大盘的脸色,大盘的主要趋势和次要趋势均朝下时最好停止波段操作,确实有中长期上升趋势向上可以买进的股票时仓位也应该比较轻。买进整个大市处于大跌的时候,一定要暂停这种操作;不过,大市大跌数天之后,瞅准机会迅速来一下波段式操作,所赚必然更丰。

(7)刚刚启动,绝不追高

只买进和持有在底部刚刚启动,或者刚刚脱离了底部区域的股票,短时间内股价已经翻倍的股票,原则上不参与；个股的主力只有经过充分吸筹和洗盘后，才会大幅度地拉升，绝对不要参与各种不确定的刚刚开始的调整。

(8)知己知彼，灵活操作

短线投资者关心的是分时K线、日线；中线投资者关心的是周K线、月K线；长线投资者关心的是半年线、年线。短线投资者的特点就是讲究一个"快"字，而中长线投资者则可做较大的波段。因此，应根据自己的特点及市场的中期趋势来把握波段操作的节奏。

2. 中线波段选股四大标准

(1)要有宽阔的底部，30日及其增加线回归粘合，股价站稳于线上，并于这一阶段中，股价经历漫长的下跌后，最好经一次放量反弹后，再次缩量二次探底创新低后止跌。其后不断有温和的成交量放大现象，并于几次主动放量上攻触及120日均线，主动修复乖离过大的均线系统，使30、60、120日线走平粘合后即可考虑进入。

(2)从满足第一点的券种中，寻找当前价位距离其前期密集成交区高点与平台较远或已经向上突破，突破之前长短均线收拢粘合时间较长，股价在线上下微幅振荡，并于某一结点处放大量拉长阳(或向上跳空形成突破缺口)，并经有效回抽确认(缩量，回抽较浅，30日线支撑有力且仍保持上升趋势)勇敢介入。

(3)一旦一只股票进入拉升期，20、30日均线应始终保持上升，这一阶段，止损点应定于这两条线处，这两条线不应走平，更不应该出现拐点，一旦出现，立即离场。同时，计算每日涨幅与大盘涨幅的比，若主动强于大盘，则继续持有，并应注意短中长期均线之间的乖离率，过大意味着短线利润丰厚，随时可能转势或至少会出现回档调整。健康良好的均线系统不应"过分"向上发散，而良好的均线形态应短中长期均线均保持同步平行匀速向上，这样的涨势才长久而稳健。

(4)当市场由不屑到关注，再到一致看好时，应留心其可能出现的震荡，随时警惕。20、30日线一旦走平，立即考虑离场；中期均线之间的反压是大幅调整的。

3. 中线波段操作四大技巧

(1)认准价值

投资者的操作理念，无论投资还是投机，首先一定要遵循价值规律，这是最根本的一条。因为无论股票的价格如何变化，最终还是要围绕股票的自身价值而波动。如果投资者违背了这个价值规律，迟早要受到严厉的惩罚。

当然，衡量股票价值的标准很多，但最普通的莫过于市盈率和市净率这两个指标。一般来说，股票的市盈率在20～40倍之间波动当属正常；股票的市净率在2～4倍波动当属正常。除此之外，不是过分高估就是过分低估。

此外，分析股票的价值还要综合考虑股票的成长性和周期性，否则容易以偏概全，出现误判。比如，2007年10月份，有色金属板块经过反复炒作，投资者发现，这些股票越涨市盈率越低，几十元甚至上百元的股价造成了市净率远远脱离了正常波动的范围。再加上这些股票行业周期性太强，一旦出现业绩滑坡，很难支撑其高企的股价，所以出现90%以上的暴跌实属必然。

(2)把握趋势

股票波动的趋势有中长期趋势，还有短期趋势，考虑到投资者的承受能力，一般建议股民朋友们努力把握股票波动的中期趋势，不要拘泥于微小的、过短的波动。对于1分钟、5分钟K线图，一般不要去考虑，那是所谓"炒股高手"们要做的事情。

当然，从股票的中期波动来看，股票的价格波动无非是上涨、震荡、下跌。中短线尽量在股票上涨的趋势中去操作，因为盈利的概率远远大于在下跌或者震荡行情中的概率。股票在上涨趋势中，以主升浪速度最快，涨幅也非常惊人，为广大投资者所迷恋。

如果用波浪理论分析就会发现，股票在步入主升浪之前，都有主力收集筹码的蛛丝马迹(所谓1浪)。表现为：小幅放量，小阳盘升；等主力筹码收集完毕后，进而进行打压(所谓2浪)，清洗浮筹。然后开始大幅度拉升(所谓3浪)，迅速脱离主力的成本区。由于赚钱效应非常明显，这时该股票很容易引发市场投资者的追捧，使得该股票的走势越来越凌厉。

(3)熟悉环境

投资者在决定进行股票操作时,一定要全面分析市场所处的环境:市场是悲观的,还是乐观的;是处在多头市场,还是空头市场。是处在上升初期,还是上升末期;是下跌初期,还是下跌末期。投资者只有了解了大势,才能制定详细的股票操作计划,否则纵有千万本事,也会被碰得头破血流。比如,2007 年 10 月份,上证综指在 6000 点之上,投资者便不能盲目地寻找牛股,满仓做多;2008 年 10 月份,如果投资者还恶狠狠地割肉,看空股市,空仓等待抄大底,显然要犯历史性的错误。这个错误相对于其他错误而言,是不可原谅的。

(4)适当补仓

市场短期的运行方向变化较大,在波段思维的指导下,厌恶风险的新股民,不需要过多地考虑这轮行情能涨多久或者能涨多高,而只需要在这一波段中获利即可。

很多投资者在实际操作时,大都是“赚的时候不想走,亏的时候不愿走”,最终由获利变成亏损,由浅套变成深套。这是单向思维所造成的后果。如果能够树立起波段思维,那么,在投资操作中就可以果断交易,依据热点的转化规律和市场整体趋势的发展,来确定自己买卖的时间间隔。

①选股。部分个股的非理性并不代表所有的股票不适合投资,只要重视选股和选时,一定能获取更多的收益。至于投资风险,则是在任何市场环境下都必须重视的问题。

在回调行情的风险控制方面,不善于短线操作的、投资风格稳健的股民可以选择一些处于“避风港”的股票。比如钢铁股,市盈率不高,走势比较稳健,这样操作起来有一定安全感。而擅长于短线操作的投资者,可以积极把握调整的机会买入。

事实上牛市中的调整是件好事,凭借牛市中的一次次回调能够更好地把握市场投资机会。只要判断大盘总体升势不改,一旦短期调整势头确立,就先卖出手里涨幅巨大的股票,因为这类股票存在强烈的调整要求,一旦露出走弱迹象,应该快速卖出,而不能等到跌幅已大时才想到减仓。卖出股票后,不必急于马上买入股票,而是耐心等待大盘短期风险释放。当指数调整到位后,再重新选择热点股票买进。这样可以获取更加有利的投资机会。

②最佳方法是借助趋势轨道线。以股价变动的每次低点画出上升趋势线,作为下轨线。再根据趋势线的平行线画出反映股价变动趋势的轨道。从理论上来讲,另一条趋势线必须与上升趋势线平行。但为了提高实际应用价值,在操作中还是要重点考虑股价的历次高点所形成的上轨线。

一般来说,当股价再次接近轨道的下轨线时,投资者可以实施波段式买入;当股价重新上涨到上轨线,投资者可以实施波段式卖出。

§4.4 长线投资

4.4.1 认识长线操作

1. 长线操作的概念

长线操作是指投资人买入看好的股票长期持有,以获得长期的利益。它的时长并没有明确的界定,通常在半年以上,持有时间达数年甚至十数年。长线操作并不意味着绝对的持有,在持有的过程中也会有适当的仓位的调整。

2. 长线操作的原理

长线操作主要依靠基本面分析和股市周期分析,看重股市的中长期趋势而忽略其小幅波动。一般说来,基本面分析主要解决是否要入市的问题,而股市周期分析则解决何时入市的问题。进行长线操作的投资者何时了结出局,就要根据其投资目的来定。

(1)基本面分析的基本原理

当宏观面对股市有长期利空时,股市将在一段时间内震荡向下。此时就不适于入市进行长线操作。

而当宏观面对股市进行利好时,股市将在一段时间内振荡向上,此时就应该入市进行长线操作。一般来说,以下情况不适于入市进行长线操作:

①中央银行长期收紧银根管理局进行宏观调控。

②股市进行长期大规模扩容,越过了市场的承压能力。

③经济基本面状况不佳,上市公司普遍运作不好甚至亏损。

以下情况应该入市进行长线操作:

①中央银行开始放松银根管理局采取措施刺激经济发展。

②股市运作规范、投资者普遍具有信心。

③经济基本面状况长期向好,上市公司普遍运作良好,股市投资回报高。

(2)股市周期分析的基本原理

根据社会经济生活的规律性可知,宏观经济基本变化不大使股市投资者特别是机构投资者能够持有的投资资金数量大致呈现时期性变化,这使得股市也大致呈现周期性变化。长线投资者可在投资资金较充裕的初期入市,末期出局。期间对于股市的较小波动不予考虑。

根据我国目前的情况,如果各方面变化不大,每年春节前后和年中,投资者的资金较充裕。而每年年底,因财务结算投资者特别是机构投资者的资金相对紧张。

由于进行长线投资者不可能对投资股票进行多次买卖,因此,选股就显得特别重要,一般情况下应该选择有行业发展前途、效益好、股本扩张能力强的上市公司股票。

进行长线操作所依据的信息或消息必须得到证实,确认无误后再进行,否则就可能出现失误。在买入长线持有的股票时还应该分析大市,如果大市即将调整,则应观望一段时间。一般在大市成交量相对较小时买入。

结束长线操作的时机可由投资者自行决定,一般来说,达到下述目标即可了结出局:股市指数上升到投资者长线预期的目标;长线操作的股票上升到预期的目标;股市出现长期利空并已得到确认,不适于再进行长线操作。

4.4.2 长线操作实战

4.4.2.1 四个基本点建仓长线牛股

1. 公司必须优秀

要买到一个收益能够翻10倍的股票,说难也难,说不难也不难。以香港股市为例,为数不少的股票在香港的牛市中做到了这一点,甚至还有涨幅达到50~100倍的。这些股票长期的复合增长率在17%左右,如果一家上市公司的业绩能够实现这样可预见的持续增长,股价上涨10倍并不是一个梦想。

那么,投资者应该如何选择一家优秀的上市公司呢?

(1)选业绩

公司业绩每年增长15%左右,笔者认为这是我们选择股票的第一要求。要达到这个要求其实并不困难。中国的GDP年增长率每年可以达到9%~10%,而国内很多行业的增长速度远远高于这一水平,例如,奶制品行业每年可以增长30%,商业零售业可以增长20%多。

(2)看特征

除了看上市公司的历史业绩,一家优秀的公司还应具备以下几项特征:

①优秀的管理层。管理层包括公司的治理结构、管理能力以及管理团队等内容。

②时间足够长的成长或景气周期。这也是我们判断一家公司成长空间有多大的重要因素。

③企业的核心竞争力。核心竞争优势体现在:技术、管理、品牌、营销、成本控制和其他一些因素。

④所处的行业需求稳定增长,而不是暴涨暴跌。

⑤有良好的业绩和分红记录。

⑥估值相对较低。主要考虑公司的成长性是否突出、是否持续,成长预期是否合理。

(3)判断投资价值

判断一个公司在中国是否具有投资价值,首先,要与中国的宏观经济发展相呼应,看其在一个中短期内是否受益于"十一五"规划;其次,是否受益于人民币升值,其资本、人力、产品价值是否都会因此得到提升;再次,重大题材带来投资机会;最后,实质性资产重组。

综合评估上述几个方面,把同类型、同行业的公司加以仔细分析,货比三家,最后在一个合理的价位做出投资决策。

2. 公司必须盈利能力强

要使投资者确定自己选择哪一类型或哪几种类型的股票,应当从分析公司的内部情况中得出结论。分析公司的内部情况应从以下几个方面进行:

(1)公司的获利能力

公司利润率的高低、利润额的大小是其有无活力、管理效能优劣的标志。作为股票投资者,当然是选择利润丰厚的公司才予以投资。因为,投资者投资股票的目的,主要在于获取买卖差价或股利,而这些买卖差价或股利额的大小,常受到公司获利能力的影响。因此,公司获利能力的大小乃是投资股票须首先考虑的因素。换句话说,分析财务报表,首先必须分析公司当期投入的资本为何运用、获利状况如何,即进行收益性分析。

(2)公司管理能力

投资于股票的人大多注重以有形"数据"为基础的分析,这些数据包括政府部门的公报、统计数据、上市公司财务报告以及证券交易市场的交易资料。这是必要的,但是尚有许多重要的方面是无法用数量描述的,对这些方面的评估,对投资者来说也是必不可少的。比如企业的经营管理能力的大小。

经营管理能力强的上市公司,一般能够获得比同行业其他公司更高的赢利水平,也具有较强的应变能力。在决定公司管理能力的因素中,首先是公司领导核心,特别是决策核心的能力和精诚团结的情况。其次是公司合理的组织机构。最后是人才,这不仅指领导人才、技术专家等人才,也包括能任胜公司各种工作需要的一切中层管理人员及全体员工的水平及其优化组合。

(3)公司经营效率

主要是指分析财务报表中各项资金周转速度的快慢,即进行周转性分析,以检测股票发行公司各项资金的利用效果和经营效率。资金周转速度快,表明该公司经营活动顺利,"货如轮转",各项资金的利用效果好,经营效率高,对该公司的股票投资有利可图;反之,则经营效率低下,显示公司经营困难重重,不宜投资该公司的股票。

对外部人士来说,要了解上市公司的管理效率、营销效率和生产效率等可能是很困难的,但还是可以通过其他方式加以评估。如上市公司每月营业结算是快还是慢、营业额公布是迟还是早、财务报告公布是早还是晚、股东大会召开的先还是后等,这些都是上市公司经营效率的外在表现。

一般说来,处理例行事务效率较高的公司,在其他产销营运方面效率也会较高,那些领先公告财务报告和及时举行了股东大会的上市公司,大多是业绩较好的公司。

(4)公司经营规模和扩展能力

用公司营业额来估量上市公司的规模大小,这虽然不能表示公司的赢利水平,但能显示公司经营实力的强弱。其评估方法可以分为三个方面:评估营业额绝对值、评估营业额相对值、评估营业额增长率。

营业额相对值的评估,主要有每股营业额(用总营业额除以发行股数)和资产经营比率(用营业额除以资产总额)这两种方法。利用这两种方法,能够进一步了解上市公司经营规模的可靠性,其内部结构的合理性和经营效率水平。

营业额增减比率评估是把本期营业额同上期营业额相比较,也可用本期每股营业额同上期每股营业额来比较,以反映上市公司的发展趋势。

另外,投资者选购股票作为长期投资时,除了关注安全性与收益性外,更重要的必须分析股票发行公司扩展经营的能力,即进行成长性分析。如果公司收益逐月、逐年增加,并将其中相当部分用于再投资扩大生产经营,或有能力通过其他融资方式获取大量资金扩大生产经营,则说明公司产品获得广大消费者支持,未来前途不可限量,因而投资于该公司的股票前景看好;反之,则前景不妙。

(5)公司固定资产

公司固定资产是衡量上市公司实力的又一指标。资产雄厚的上市公司,肯定是值得投资的好对象。

在评估上市公司的固定资产时,特别要注意到公司的隐蔽资产。目前,我国上市公司的隐蔽资产是很多的(如地皮、房产等),这些公司的实际资产价值往往高于其账面价值。在经济不景气市场疲软时,其股价在短期内有可能偏低,公司业务也会受大环境影响。但这种"底子厚"的公司,显然是具有很大投资价值的。总有一日,其股票价格会上升到与实际资产相当的价位,给投资者带来丰厚的收益。

(6)公司资本结构

任何企业都需要借助外来资金进行经营,在业务兴旺、营业利润大大高于利息的情况下,举债经营可以增强企业能力,提高经营利润,增加股东收益。但是在经济衰退时期,竞争激烈、营销困难、入不敷出的情况下,举债经营则会大幅度降低股东的投资报酬,企业就会受到较大的冲击。投资者一定要考虑这个因素,切勿轻举妄动。

公司资本构成有两大部分:一是自有资本;一是负债。相应的有自有资本比率(自有资本/总资本),负债比率(负债/总资本)。负债率高的公司,其自有资本率就较低,反之亦然。对投资者有意义的是,自有资本率较高者,投资风险较小;负债率较高者,投资风险较大。

(7)公司的偿债能力

一个公司也许当年的营业状况良好,但如果资金结构不合理,偿还债务的能力差,则不仅难以保证企业的赢利,而且可能趋于破产。投资者不用说获取多的股利,甚至可能血本无归。分析公司的偿债能力,一是分析其短期偿债能力,看其有无能力偿还到期债务,这主要是通过分析、检查公司资金的流动性状况来推断;二是分析其长期偿债能力的强弱。这主要是通过分析财务报表中不同权益项目之间的关系、权益与收益之间的关系,以及权益与资产之间的关系来进行检测。总之,上述分析可归之为安全性分析。

3. 公司必须高成长

业绩好是一个静态的概念,而高成长是一个动态的概念。一般来说,业绩好的公司并不一定就有高成长性。认定绩优股的主要依据是每股收益、每股净资产、净资产收益率等指标,这些仅仅是一些静态的数字,只能代表上市公司的过去,并不表示上市公司未来的状况。高成长的股票有可能本身就是业绩优良的,如四川长虹、青岛海尔,而更有可能是从绩差股中脱胎换骨成长出来的,如托普软件等。

通常来讲,投资于高成长股会比投资于绩优股回报更丰厚。比如股票A为绩优股,第一年其每股收益为1元,投资者在25元价位购入1000股,共用资金2.5万元;一年过后,该股每股收益为1.20元,若假设没有任何炒作的因素干扰(市盈率不变),其价位为30元,此时投资者卖出1000股,获利为(30-25)元/股×1000=5000元,资金利润率为20%。股票B为成长股,第一年其每股收益0.2元,投资者在5元价位购入5000股,其用资金也是2.5万元;一年过后,该股每股收益增长了一倍,即为0.4元,假设没有其他因素干扰,其价位在10元,投资者卖出5000股,获利为(10-5)元/股×5000=2.5万元,资金利润率为100%。

由上述模拟案例可知,虽然股票B不是绩优股,但由于其成长性好,其价格一年间翻了一番,投资者取得了成倍的利润;而股票A虽是绩优股,但其成长性差于股票B,所以其利润率也低。所以,可以说高成长股的投资价值高于纯粹的绩优股。

4. 长线选股"五要十不要"

(1)长线选股的五个要点

长线选股的关键在于下功夫研究上市公司基本面,选取有发展潜力的上市公司在低位建仓,长期持有,波段操作。一般来说,长线选股要注重以下几个方面:

①研究国际、国内市场中哪些行业的产品具有潜在大市场。从上述行业中挑选出相关上市公司,再相互对照比较,看谁最有发展潜力。

②国家及地方政府大力扶持的行业。

③选有垄断性的公司。垄断包括地理位置垄断、资源垄断、行政许可垄断、技术垄断等。排位靠前的垄断方式可靠性较高,垄断是超额利润的来源。

④研究上市公司的现有项目和投资项目与国家经济政策及市场需求间的关系,用投资项目的盈利预

测来测算上市公司的潜在价值,进而推算其在二级市场可能达到的股价。

⑤要选股本结构合理,总股本较大,不易于主力操纵的个股。

(2)长线选股“十不要”

凡上市公司有以下十种情况中任何一种,就一票否决,一般通过这种方法可以排除95%以上的公司。

①有信用污点的公司不选。包括:大股东掏空上市公司、虚假陈述、隐瞒应当披露的信息、内幕交易、提供虚假会计信息等。

②整体不景气行业的公司不选。行业整体不景气,上市公司的经营就会受影响。

③母公司经营不善的公司不选。上市公司的母公司常被称为集团公司,如果集团公司经营不善,那么上市公司的经营能力往往也好不到哪里去,而且掏空上市公司的危险性也会上升。

④主业不突出,搞多元化经营的公司不选。

⑤企业规模过小的公司不选。规模过小的上市公司没有形成规模效应,经营成本高、抗风险能力弱。

⑥绩差绩平公司不选。

⑦5年内业绩大幅波动的公司不选。这一条同时排除了许多上市时间短的公司。公司业绩大幅波动说明公司经营不稳定,风险较高。要考察公司的稳定性,5年时间是必需的。

⑧无稳定现金分配的公司不选。稳定的现金分配证明了公司经营的稳定性和业绩的真实性。造假的公司只能造出账面利润而不能造出现金,只能通过送转股分配红利而不能通过现金分配红利。

⑨被媒体质疑的公司不选。

⑩累计涨幅巨大的公司不选。

4.4.2.2 长线操作实战之如何补仓

1. 补仓的作用和风险

补仓的作用主要在于以更低的价格购买该股票,使单位成本价格下降,以期望在补仓之后反弹抛出,将补仓所买回来的股票所赚取的利润弥补高价位股票的损失。投资者原先高价买入的股票,由于跌得太深,难于回到原来价位,通过补仓,股票价格无需上升到原来的高价位,就可实现平本离场。但补仓也有一定的风险,体现在:虽然补仓可以摊薄成本价,但股市难测,补仓之后可能继续下跌,将扩大损失。

2. 补仓的前提

补仓主要有两个前提:一是跌幅比较深,损失较大;二是预期股票即将上升或反弹。举例说明:1月15日,以10元买入“深发展A”10000股。10月15日,“深发展A”已跌至5元。这时预期该股将会上升或反弹,再买入10000股。此时的买入行为就叫做“补仓”。两笔买入的平均价为$[(10\times10000)+(5\times10000)]\div(10000+10000)=7.5$元,如果“深发展A”反弹到7.5元或以上,通过这次的补仓,就可以全部卖出,实行平本或盈利。如果没有后期的补仓,必须到10元才能回本。相反,如果5元继续下跌,下降到3元,那么,补仓的股票一样亏本,将扩大损失$(5-3)\times10000=20000$元。

3. 补仓不可盲目

补仓是被套牢后的一种被动应变策略,它本身不是一个解套的好办法,但在某些特定情况下它是最合适的方法。需要注意的是,在何时补仓、加仓何种股票,一定要讲究技巧。只要运用得法,补仓将是反败为胜的利器;如果运用不得法,它也会成为作茧自缚的温床。

一般来说,对于手中一路下跌的缩量弱势股不能轻易补仓。所谓弱势股就是成交量较小、换手率偏低的股票。它在行情中的表现是,大盘反弹时其反弹不力,而大盘下跌时却很容易下跌。一旦被界定为弱势股,则对其补仓应慎之又慎。因为我们补仓操作不是为了进一步套牢资金,而是要尽快将套牢的资金解套出来,在不能确认补仓之后股市会走强的前提下,匆忙在所谓低位补仓,风险其实是很大的。确认了强势股,敢于不断对强势股补仓才是资金增长、收益增加成功的关键。

另外,很多投资者常常出现类似的情况,那就是,一旦某只股票被套,那么,就一定要在套牢的股票上补回来。其实,从甲股赔了钱然后在乙股中赚回来效果完全一样。并且被套的个股往往是已经走坏的个股,既然要补仓,那么完全可以选择其他更好的品种。

具体来说，在实际应用中，投资者要学会以下补仓技巧：

(1)熊市初期不能补仓。虽然很多炒股的人都明白这个道理，但有些投资者无法区分牛熊转折点，这里有一个很简单的办法：股价跌得不深坚决不补仓。如果股票现价比买入价低5%就不用补仓，因为随便一次盘中震荡都可能解套。要是现价比买入价低20%～30%以上，甚至有的股价被腰斩时，就可以考虑补仓，后市进一步下跌的空间已经相对有限。

(2)大盘未企稳不补仓。大盘处于下跌通道中或中继反弹时都不能补仓，因为，股指进一步下跌时会拖累绝大多数个股一起走下坡路，只有极少数逆市走强的个股可以例外。补仓的最佳时机是在指数位于相对低位或刚刚向上反转时。这时上涨的潜力巨大，下跌的可能最小，补仓较为安全。

(3)弱势股不补。特别是那些大盘涨其不涨，大盘跌其跟着跌的无庄股。因为，补仓的目的是希望用后来补仓的股的盈利弥补前面被套股的损失，既然如此，大可不必限制自己一定要补原来被套的品种。补仓补什么品种不关键，关键是补仓的品种要取得最大的盈利，这才是要重点考虑的。所以，要补仓就补强势股，不能补弱势股。

(4)前期暴涨过的超级牛股不补。曾经有许多独领风骚的龙头，在发出短暂耀眼的光芒后，从此步入漫漫长夜的黑暗中。如：四川长虹、深发展、中国嘉陵、青岛海尔、济南轻骑等，它们下跌周期长，往往深跌后还能深跌，探底后还有更深的底部。投资者摊平这类股，只会越补越套，而且越套越深，最终将身陷泥潭。

(5)把握好补仓的时机，力求一次成功。千万不能分段补仓、逐级补仓。首先，普通投资者的资金有限，无法经受得起多次摊平操作。其次，补仓是对前一次错误买入行为的弥补，它本身就不应该再成为第二次错误的交易。所谓逐级补仓是在为不谨慎的买入行为做辩护，多次补仓，越买越套的结果必将使自己陷入无法自拔的境地。

4. 深套之后如何补仓

股市突发反弹，市场已经出现初步止跌企稳现象，由于大多数投资者是处于亏损状况的，而且有相当多的人被套程度较深。如果一味地等到股价涨到自己的保本价时再解套卖出，相对当时的市场环境而言比较困难。在股市仍处于底部阶段时，补仓的投资策略将会更加有效。

实施补仓操作时，投资者必须明确一个根本问题：补仓的目标是什么？可能有的投资者觉得补仓的目标就是解套。这是很片面的，解套仅仅是其次的，补仓的最重要目标是有效降低投资者的套牢成本，为投资者在未来行情中解套获利创造条件。

明确这个目标十分重要，它将有助于改变投资者僵化的操作方式。有的投资者补仓后，本来补仓的筹码已经获利，但整体持股尚不能解套，于是，就一味等待，结果反弹结束后，反而将补仓的资金一并套进去。其实，正确的做法是：补仓后如果发现股市滞涨，就立即将补仓筹码获利了结，不用管被套股票是否能解套，只要补仓时能获取一定收益，就等于是在降低套牢成本，也就等于是一次成功的补仓操作。

应用补仓策略最容易出现的失误是在股价还未跌到底时就急于补仓，造成越补仓套得越深的恶果。因此，补仓仅适用于在市场趋势真正见底后使用，千万不要过早地在大盘下跌趋势中摊平，以免非但不能解套，反而加重资金负担。

比较灵活的补仓卖出技巧有两种：一种是赚钱卖出法，这种补仓操作不以解套为重点关注目标，而是以获利为直接目的。另一种方法是赚股卖出法。这种补仓策略同样不是以获利为目的，但也不是为了获利，而是为了解救出更多的资金。例如：某位投资者在10元被套10手，在5元补仓10手，当股价涨到6元时开始构筑头部。本来投资者卖出在5元补仓的10手就可以获利，但投资者为了解救出更多资金，采用了卖出10手5元的股票和2手10元的被套股票的方法，这12手全部是保本的。虽然，表面看投资者暂时没有获取利润，但投资者却在不亏损的情况下使账面多出了20%的资金，可以在股价下跌后买入更多的便宜筹码，达到跌市赚股的目标。

5. 不断上涨中如何补仓

补仓可以有效降低投资者的持股成本，在上涨趋势中增加获利筹码，从而争取更大的利润。在当前的行情中，投资者是否需要补仓，关键还取决于个股的强势。补仓的操作适合于可以随时盯盘的投资者。

牛市行情的上升趋势中，在补仓过程中应该注意以下要点：

(1)补仓的时机。最适宜补仓的时机有两个:一是熊牛转折期,在股价极度低迷的时候补仓,从而摊低成本;二是在上涨趋势中,补仓买进上涨趋势明显的股票。

(2)补仓不一定要买进已有股票。大多数情况下,补仓是买进自己已经持有的股票,由于对该股的股性已经较为熟悉,再加上可以做盘中"T+0"的先机条件,获利的概率自然很大。但是,投资者在补仓的时候一定要跳出惯性思维的限制:自己没有持有的股票也可以补仓。因为补仓的最终目的是降低总体持仓成本,增加盈利机会。

(3)补仓有三种基本方法:

①逐次等额补仓法,适用于刚刚进入股市,对市场还缺乏了解,没有掌握系统交易策略的投资者。

②逐次等量补仓法,适用于对亏损承受能力弱,并且使用的是自有资金,能够经受长时间等待的投资者。

③金字塔式补仓法,适宜选择价格下跌空间不大的股票,并适合追求稳定收益,不指望获取丰厚回报的投资者。

在补仓的数量上,要看投资者是以中长线操作还是以短线"T+0"操作为主。如果是为了短线操作,那么,补仓买进的股票数量需要与原来持有的股票数量相等,并且必须补仓同一股票,这样才能方便进出。如果是以中长线为主,则没有补仓数量和品种的限制。

(4)注意控制风险

补仓时最大的风险存在于使用了错误的补仓方法,典型的做法是采用了分段补仓、逐级补仓的操作方法,这是不正确的,最成功的补仓操作必须是力求一次成功的。补仓的风险还在于操作时缺乏止损意识。事实上,在基本面等市场环境出现重大变化或市场行情出现重大转折的时候,需要有壮士断腕的决心。

4.4.2.3 巴菲特的长线操作精要

说到股市中的长线投资,不得不提股神巴菲特,因为他就是推崇长线投资、稳健投资的成功实践者,所以讨论股市长线投资一定要学习巴菲特的投资之道。

在巴菲特看来,预测明天的涨跌是一桩风险极高的买卖。预测股票短期涨跌好比掷硬币一样,50%的赢面,所以风险很高。如果我们最初的投资策略是正确的,并将投资时间延长至几年,这样投资风险将大大降低。

巴菲特不但这么说了,而且坚决执行了。他投资的H&R布洛克公司、百时美施贵宝公司、贾斯丁工业公司、百盛餐饮、耐克公司、可口可乐公司等,都是买入并持有若干年,有些公司至今仍然持有着,才保证了股神投资股票这么多年,每年平均都有20%以上的盈利率。

这并不是偶然,而是巴菲特严格执行长线投资的必然结果。但是,作为投资者,并不是单纯学习巴菲特的长线投资就能赚钱的。因为巴菲特的长线投资有很多重要前提,这些前提归纳成一句话就是:对上市公司进行充分的调研,并在一个适合的时机买入并持有。这么简单的一句话,每个人都会说,似乎道理也都懂,但是真要执行起来,是有很大学问的。

1. 选择投资对象

先说巴菲特是如何选择投资对象的,众所周知,股神巴菲特所投资的这些公司,无一例外地是具备行业垄断并具有持久性竞争优势的公司。他会对这些公司进行分析、调研。

在看上市公司财务报表时,巴菲特关注的其中一项是股东权益收益率,因为具备持久性竞争优势的公司均表现为高股东权益收益率。在美国过去的50年中,上市公司平均股东权益收益率为12%,他就会在高于12%的上市公司中寻找他熟悉并感兴趣的公司。如果汇总一下就会发现,巴菲特投资的公司都高于12%的股东权益收益率,如耐克公司过去的股东权益收益率平均值在20%左右;可口可乐的股东权益收益率在33%;华盛顿邮报在19%;麦当劳18%。

在上市公司报表中,还有一项也是巴菲特所关注的,这就是总资本回报率,巴菲特要求公司拥有一贯较高的总资本回报率,他期待的是保持一贯12%以上的总资本回报率。

从以上两项分析结果可以看出,巴菲特是一位追求较高安全性的保守投资者。其实作为长线投资者，首先应是一位追求安全的保守投资者。为确保投资资本的安全性，巴菲特为投资者提出以下几点建议：

第一，企业长期经济特征是否可以肯定地被给予评估。

第二，管理层是否可以肯定地被评估。不仅企业实现其全部潜能的能力可以被评估，而且企业英明地使用其现金流通量的能力也可被评估。

第三，管理层是否可以被充分信赖，保持渠道畅通，使收益得以从企业转入到股民手中，而不是被据为己有。

从以上几点可以看出，股神巴菲特是位追求绝对安全的保守者。在他看来，流行的投资项目应该回避，不熟悉的投资项目应该回避。要投资那些自己熟悉的，能看得到实际利润的、看得懂财务分析的公司。所以，互联网等高科技公司不在他的投资范围之内。

2. 选择投资时机

总结巴菲特的投资时机可以看出，他从不参与华尔街盛行的大势投资，也就是买入时机不在投资者疯狂时期，而在投资者们都绝望时，巴菲特就集中资金大胆投入。巴菲特认为投资者目光短浅的行为，是大比例投资的良好时机。

巴菲特之所以如此做，是因为他认为大多数投资者都在任意一天根据股市好坏而买入卖出，并不考虑公司的长期经济效益。所以，巴菲特考虑的是如何避开这种不理智的行为，并且在这种疯狂行径中寻找投资最佳时机。巴菲特认为，最理想的证券投资是集中投资，它强调在高概率事件上押大赌注，而不是在不同概率包里押相同分量的赌注。所以，选准时机大胆投入是获取丰厚回报的基石。

巴菲特认为，公司投资收益如同个人投资收益，短期赚多赚少意义不大，长期赚多赚少意义很大。对此，可以从两方面进行解读。

(1)衡量短期业绩时不包括投资收益，衡量长期业绩时投资收益很重要

巴菲特的导师格雷厄姆有句名言：股市短期是投票机，但长期是称重机。短期投资收益主要靠运气，长期投资收益才能看出实力。因此，巴菲特分析公司短期的年度业绩时，并不包括未实现及已实现的投资收益，但分析长达几年的业绩时，则将其包括在内。从巴菲特过去致股东的信来看，巴菲特指的长期一般是5年，至少是3年。

在1979年致股东的信中，巴菲特说："和衡量短期的每年业绩相反，衡量多年的长期经营业绩时，我们认为，应该包括所有已经实现的投资收益或损失，以及非经常性损益，而且运用股票投资以市值计价的财务报表。这些投资收益或损失，不管是已经实现还是未实现，对于股东来说，和过去一段时间通过经营以一种更加正常规律的方式实现的利润同等重要。只不过是这些投资收益短期波动变幻莫测，这个特点导致其用来作为衡量单一年度的管理业绩指标很不合适。"

在1983年致股东的信中，巴菲特说："我们认为任何单一年度已经实现的投资收益或损失毫无意义，但是经过一段时期或几年累计取得的已经实现的投资收益和未实现的投资收益非常重要。"

在1980年致股东的信中，巴菲特说："我们以营业利润除以股东权益来评估公司单一年度的经营业绩。我们的长期业绩衡量标准，则包括营业利润之外所有已实现或未实现的投资收益或损失。我们从股票投资上获得的长期投资业绩仍然显著超过我们每年的平均盈利。导致这种令人高兴的结果的主要原因，是我们前面讨论过的我们持有股票但不具有控制权的公司的留存收益已经转化为股票市值的增加。"

当巴菲特进行衍生品投资之后，由于衍生品投资收益的波动性非常大，而且必须采取逐日盯市制度，每日无负债结算，导致对季度和年度报告盈利的影响更大。因此，巴菲特认为，更不应将其纳入短期业绩衡量范围。

在2004年致股东的信中，巴菲特说："一般公认会计原则要求外汇投资合约必须采取逐日盯市制度，每日无负债结算，这个规定导致我们每个季度的未实现投资收益大幅波动，就像我们已经卖出我们的头寸一样，这使得我们报告的收益更加复杂多变。"

(2)不能只是为了调节报告利润而决定未实现投资收益是否实现或如何实现为真正的投资收益

巴菲特在2004年致股东的信中说："我们账面上有巨额的未实现投资收益，至于我们考虑是否实现

以及何时实现,与我们期望某个特定时间的报告盈利是高是低完全没有关系。"

巴菲特在1964年半年报致合伙人的信中说:"我们进入1964年时,账面上有2991090美元的未实现投资收益,这是在1963年取得的,可供合伙人分配。1964年上半年我们已经实现了2826248.76美元的投资收益(其中96%是长期投资收益),因此看起来似乎会让你们认为,1963年年报上所有属于合伙人的未实现投资收益,将会在1964年全部实现为真正的投资收益。我们想再次强调:报告投资收益高低和我们如何进行投资操作完全无关。有可能我在去年年报做出陈述之后,属于合伙人权益的合伙公司投资的证券市值从今年1月1日之后大幅缩水,这会导致我们尽管去年拥有大量已实现投资收益,而今年未实现投资收益大幅减少,因此毫无理由感到狂喜。同样的道理,尽管我们已经实现的投资收益非常少,也没有任何理由感到沮丧。我们绝对不会为了加快纳税或延迟纳税的目的来进行投资操作。我们做出的投资决策完全是基于我们综合考虑各种概率对最有利的投资机会的评估。如果这意味着要多缴税,没问题,我非常高兴长期投资收益的税率还是相当低的。"

总之,短期的投机会影响投资者长线投资的思路,所以要想成为一位长线投资者,就要学习巴菲特的投资思路,并且结合中国国情,选择适合自己的投资项目,认真分析,大胆投资,从长线的角度看,盈利一定是丰厚的。

4.4.3　长线操作技巧

1. 长线投资三字经

(1)心态稳

不去理会大盘的波动涨跌,也不要害怕类似"9·11"、金融危机以及最近的美国次级债券危机等一类突发性事件。心态不稳是长期投资的大敌,健全稳定的神经系统是投资制胜的一个重要条件。同时,也不要去预测短期的走势而自寻烦恼,那其实是为股市算命。我们主要应关心是不是优秀的公司,着眼的是公司的未来,选择的是长期持有,注重的是长期回报。

(2)眼界高

气魄大,眼界就高,就不会老盯着平庸的和失败的公司,也就不会去买垃圾股,就会下决心只拥有最优秀公司的股票,就会努力提高自身的素质和本领,磨炼出一双鹰一般锐利的眼睛,去辨别各种各样的公司。

要知道,我们要挑选的应该是极优秀的公司,不只是在行业中最佳,而且要在国内市场中最佳,最好还要将它们放在世界的大舞台上考察比较。要把时间和精力都放在选择公司上面,尽力使自己的股票品种全是最好的。

投资要大气很重要,否则学价值投资就学不到精华。学价值投资当然比学技术分析和小道消息好得多,但并不等于就是学巴菲特。学巴菲特是要在价值投资的基础上追求卓越,追求大气,有了大气的思维,在思想意识上才有远大目标,目光才可能长远,思想才可能崇高。这是指导思想和投资理念中很重要的东西。

(3)严选股

严格挑选股票是股票投资中的主要矛盾。投资的核心问题是如何用较低的风险取得较高的回报,要解决这一问题就必须选好股票。什么是投资哲学?这就是投资哲学。选择的股票必须要"万千宠爱在一身",就是要拥有多种独一无二的竞争优势。无论从哪个方面来考察公司,无论怎么苛刻,都挑不出影响公司长期成长和收益的毛病来,因为它是那样地卓越和超群。

很多人一听股价上涨100倍会有些吃惊,其实这并不罕见。比如:沃尔玛和微软公司上市也不过20~30年,股价都已涨了500~600倍之多,万科按1990年的原始股股价一元计算,则已涨了1400多倍。

因此,调查和思考企业的重大问题,比如持续竞争优势问题、盈利模式问题、自主定价权问题、未来利润增长点问题、行业特点问题、管理层问题、市场价格和内在价值的差异问题等,才是价值投资的首要步骤和关键内容。

这些问题财务报表上没有,或者说不直接反映。阅读财务报表含在调查里面,投资者可以通过阅读财务报表去思考企业的重大问题。要从大处着手,首先考虑公司有没有独一无二的竞争优势。这个“独一无二”极其重要,可以一下子就把优势公司和一般公司筛选出来。

(4)勤买股

大史学家司马迁在《史记》中说过一段精辟的话:“无财作力,少有斗智,既饶争时。”就是“没钱靠体力,钱少靠智力,钱多靠掌握时机”。买股要随时,就是主张“随时买”。据统计,在美国投资界百万富翁和千万富翁组成人员状况的调查中,尽管顶尖的往往是职业投资者,但人数比例最高的恰恰是在第二次世界大战以后简单买入并且长期持有的普通投资者。

(5)耐持股

在中国古代哲学中,有很多极具智慧的话语,如“不战而胜”,“无为而无不为”,“不战而屈人之兵”等。特别是“大道至简”和“以不变应万变”这两句话。投资的辩证法就在于:该复杂的复杂,该简单的简单。“选股要严格”,属于复杂的范围,但“买股要随时”和“持股要耐心”则格外简单。投资者把这些用来指导投资,就成了轻松赚钱的学问。也就是说,精选了好股以后,把好股简单地留起来就行了。

2. 长线投资六种人

不同类型的人适合采用不同的入市策略,因而长线投资也并不是每个人都适合的。投资者必须综合评价分析自身的素质、能力、条件,明确自己适合采用哪种策略战术。下面我们来具体说说哪些人适合做长线投资。

(1)需利用现在的资金为将来创造稳定现金流的人

这样的投资者一般是中青年,他们有一定的家庭负担,需要为未来生活筹划,因此应选择做长线投资。短期内虽然不能获得大量现金收益,但也不会有资产损失的风险,待将来股票升值后出售,就可以获得不菲的收入。

(2)没有过多空余时间和精力的人

这种人由于空余时间和精力少,没有过多的时间抽身关注股市行情变动,当他们想到要留意股票行情并作出交易决策时,可能已经错过了最佳时机。因此,这种人应做长线投资,选中股票后即静观其变。

(3)对行情的敏感性不强和缺乏应变力的人

要想利用股价短期内波动贱买贵卖赚取价差,就必须有能力跟踪市场变动信息,对市场和个股反转信号十分敏感。如果缺乏对股市信号的敏感或不能正确把握信号采取应变的人,则应该考虑进行长线投资。当然,这种能力可以通过后天的观察和对行情发展的对照总结来培养。

(4)决断能力较弱的人

做短线就必须适应股市变化的速度,能在急变情况下快速进行判断、作出决策。当股市信号出现后或股价变动后,犹犹豫豫不能下定决心,只会耽误最佳时机。相反,迅速决断能力较弱不会对长线投资者构成太大威胁。虽然该决定时不决定可能会错过最佳价位,但只要耐心等待,最后股票的收益总会不错。由于长线投资者有较充裕的时间作出判断,对直觉胆略依赖较少,因此对能否迅速作出决策的要求也不高。

(5)收入不稳定的人

这类人的收入时高时低,不妨用闲钱做长线投资。当个人资金状况较好时,可以持有股票获取股利,等待升值;当个人资金状况恶劣时,可把股票出售变现,以备急用。

(6)有耐心、信心和恒心的人

作为一名长线投资者,要有能力独立分析和思考,不可随波逐流,不可轻易被他人意见所左右;更重要的是要有耐心,能够持有一只股票足够长时间,而不会冲动地把它卖掉;要有韧劲,能够严格要求自己;而且要随时准备忍受痛苦,敢于坦承错误;头脑要开通,不因一时得失而裹足不前。

3. 长线高手的技巧

俗话说:长线是金,短线是银。不过一般人因为缺乏长线选股的眼光,都偏向于短线操作。短线操作主要是追随消息面的变化而买进卖出,少部分短线操作者,对于形势的判断比较有心得,还能获利,大部分的短线操作者都因为急于获利而变成欲速则不达,最后都以亏损出场。只有培养长线选股的眼光,才能矫正短线急于获利的心态。

长线选股并不排斥消息面，但要让消息面沉淀以后，观察其变化，再做决策。只有保持沉淀的心态，以虚静为本，才能进入长线的境界。但要学习此种虚静为本的精神，需要很多条件的配合，其中最重要的是对于产业的敏感度和深入度，其次，要走在形势的前面，不要老跟在形势的后面。

一般人因为习惯于线性思考，思考的执著性很高，喜欢拿理论当依据，认为有理论依据才有安全感，却没有想到所引用的理论是否合乎目前的时空环境。换句话说，不但没发觉自己用错了理论，反而自以为这是安全的保障。

"因执成病"是一般人不善于虚拟的最主要原因。如果学不会高度虚拟的能力，灵活度就谈不上。失去灵活度就不能因市场变化而取胜，只有先具有灵活度，才能进一步提升浑厚度，进入中长线操作的境界。灵活度代表了解其中的变化，浑厚度代表对这些变化有承受能力。一般人难有浑厚度是因为缺乏灵活度的基础训练，心里时常不安，就无法进行中线持股。

但只有虚拟能力也不行，虚拟之后必须实证。实证在技术分析里面就叫做"确认"，只有经过确认以后，心里才踏实。问题是一般人既然缺乏虚拟能力，也就无法进行确认的工作。确认的过程，不能单凭一个理由来确认，至少要有两个以上理由来支持确认，单靠一个理由太冒险了。

因此，对于形态、比例、幅度要有完整的看法，不能单凭形态就进行确认，并且对于无形的因素要有战略的眼光，才能有无相生、相得益彰。单靠线型或消息面还不够，必须加上战略的想象力，只有具备正确的构想力，才算具备长线选股的眼光。

孙子兵法说："多算胜，少算不胜，何况无算乎？"多算就是多方虚拟，把各种可能性都虚拟过了，最好和最坏的状况都想通了，才算具备高度虚拟的能力。在虚拟的过程中，时空的互换是最基本的训练，不但要想象短线的变化，对于中线的变化和长线的变化也要同时想通才可以。从时间的虚拟过程中了解股性，是一种很有效的方法。毕竟股市是机会财，只有在时间的虚拟过程中，才会发现时机的存在。

把握时机之外，还要进一步利用别人的错误来赚大钱，并且对市场要有耐心，让市场替你完成工作。同时，对于复杂的变化要有忍耐心与警惕心，只有做到以上各点，才能真正成为长线投资的高手。

如果对于短线、中线、长线的同时虚拟无法做到，那么转换一个角度，从本体性的思维来感觉整体的变化也是一条捷径。人的思考有一个很大的缺点，那就是线性思考很容易，非线性思考很难，而股市就建立在非线性思考上面。纵使从非线性思考的方法虚拟未来，也会出现"成心"和"匠意"，成见太深时是很难自我扭转的，要把"成心"转变为"道心"，就要靠本体性的烛照功夫。

从短线来看，股价是在反映消息面；从中线来看，股价是在反映基本面；从长线来看，股价是在反映产业面。要想把消息面、基本面、产业面都融会贯通，只有本体论才做得到。因为进入本体的境界以后，就能做到对外在的变化圆融无碍，对内在的价值虚静为本。

4. 长线投资八禁忌

(1)忌过于投机

对长线投资者来说，最重要的就是要树立理性的投资理念，不要为股价的小涨小跌所动，不要变投资为投机、变长线为短线操作。

(2)忌心浮气躁

也就是说，长线投资者要有一种等待的耐心和信心，股价有一定涨幅后要敢于持股待涨；也要敢于低位补仓，坚定自己的长线投资理念。

(3)忌急于翻本

长线投资者在被套牢或是割肉出局的情况下，都不要急于翻本。应坦然面对，耐心等待新的投资机会。

(4)忌恐慌杀跌

有些中长期投资者，尤其是新入市的股民，容易受到某些利空消息的影响，对股市或手中股票失去信心，感到恐慌，于是拼命抛售手中的股票；也有的会误信一些利好消息，这样往往会上了一些别有用心的主力庄家的当。因此，我们建议长线投资者一定要保持冷静的头脑，客观地分析各类消息的真实性，切忌盲目恐慌杀跌。

(5)忌频繁操作

长线投资者切忌在市场上追涨杀跌,频繁操作,这样只能给国家创造税收、给证券公司交佣金,自己获利甚少,甚至会加大投资风险。

(6)忌过度贪婪

过度贪婪是所有股票投资者的大忌,对于长线投资者来说也是如此。投资者想获取收益是理所当然的,但不能太贪心,许多时候,投资者的失败就是由过分贪心造成的。一个有理性的长线投资者在获利时,绝不会贪婪,而是果断了结,落袋为安。中线投资的获利应把握在25%左右,长线投资的获利可定位在50%以上。

(7)忌盲目跟风

有盲目跟风心理的投资者,看见他人纷纷买进股票时唯恐落后,在不了解股市行情和上市公司经营业绩的情况下,买入自己并不了解的股票。他们有时见到别人抛售某家公司的股票,也不问其抛售的理由,就糊里糊涂地卖出自己手中很有潜力的股票。由于跟风心理作怪,致使股市掀起波澜,一旦群体跟着抛售,市场供求失衡,供大于求,股市便一落千丈。

这样的盲目跟风者往往会被人所利用,结果是两手空空,后悔莫及。另外,有的投资者爱盲目追逐热点,要知道市场的热点总是不断变化的,如果盲目跟风、追逐热点,容易在高位套牢。

理性、有志于长线投资的投资者,不会盲目追逐热点,而是会从冷门股中寻找未来的热门股,从尚未被炒高的低价股中寻找有较大涨升空间的潜力股。长线投资者要树立独立买卖股票的意识,要学会结合自己的分析来炒股,不跟着他人走,不盲目跟风。

(8)忌盲目迷信

俗话说,老虎也有打盹儿的时候。股市中那些权威的股评家也有犯错误的时候。我们虽不能因此否认他们的作用,但也不能盲从权威专家的意见,如果权威专家的预测很准确,他们就不会在市场上发言了,而是自己去弄私募、去做巴菲特了。长线投资者要有自己的主见,对那些所谓股市专家的言论则应慎重考虑,千万不可盲目听信他们的意见。

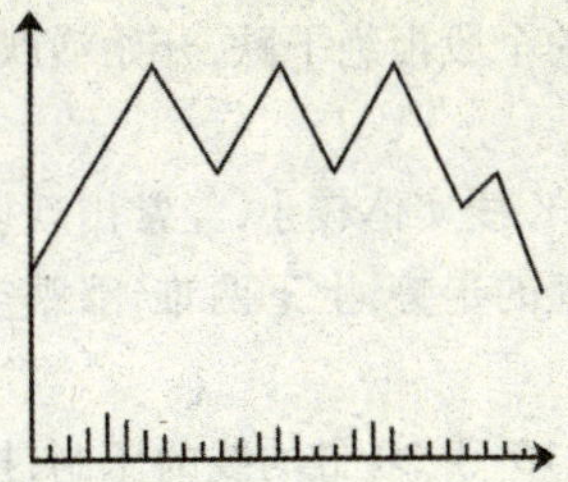

第 5 章 操盘策略

§5.1 抄底的技巧

抄底就是要买在市场的底部。抄底是一种境界，抄底包括抄大盘的底，也包括抄个股的底。抄到大盘的底可以在股指期货市场开仓多单，抄到个股的底可以满仓杀入，下面就来讲一讲如何来抄底。

5.1.1 如何判断大盘底部

低吸高抛是股市中盈利的基本法则，这看起来似乎很简单，但什么点位是低点，什么点位是高点，很难界定和把握。要把握好低吸高抛，就要大致把握好对顶和底的判断。

如果投资者在顶部理智地停手，就能保住盈利果实，就是赢家。不要奢望在最顶部卖出，能卖在次高点就不错了。如果投资者在底部大胆地介入，不要奢望在最低点买入，能买个次低点就不错了。所以，能否正确地判断顶部和底部，对散户能否在股市中获得盈利是十分重要的。

1. 从 K 线形态上判断

K 线形态基本有 V、U、W、L、头肩底等形态，双底居多，双底持久，单底凶猛。K 线组合呈两阳夹一阴、两连阳、并列红、阳包阴、巨量长阳线、长下影线或早晨之星、十字星或连续十字星、阴线越来越小的缩量小阴线或越来越长的放量恐怖大阴线。

底部有市场底和政策底，市场底往往是市场自发探明的，经过长期的考验，是自发形成的，有强烈的技术意义。虽然自发形成了技术型的底部区域，但并不意味着行情马上就会开始转折，不过行情的最终转折肯定会在这个区域中展开。政策底是由于某项重大政策的实施，在技术面的配合下，突然形成旱地拔葱式的底部。一般来说，市场底是圆的，政策底是尖的。

2. 从盘面上判断

大多数底是砸出来的，而不是横盘出来的。大盘经过了单边下跌、复杂阴跌再到单边暴跌完整的三段过程，单边暴跌常常是最后一跌。跌势末期，在没有做空动能的情况下一般会出现数根长阴线，加速下滑，破位下跌，连续大幅跳水，非理性暴跌，出现衰竭性的缺口。

大幅下跌引发杀跌盘涌出，大批股票连续跌停，绝大多数股票深幅下调，尤其是投资性股票也出现跌停。

真正见底是通过蓝筹股群体的破位补跌来完成的，会引发最后的获利解套盘和止损盘杀出。恐慌盘杀出，股指收出近乎光头光脚的大阴线，彻底释放做空动能，加速赶底。

真正底部的暴跌是毫无支撑的下跌，是打破心理支撑位、信心彻底崩溃的一瞬间。指数跌得不敢言底，低位振幅加大，个股风险充分释放，市场无法从技术面和基本面方面来解释，投资者普遍感到无所适从和看不懂。

这个阶段也正是主力建仓的阶段，主力会有意识地打压股价，看似固若金汤的底部被无情地击穿，引发散户心理恐慌，在低位盲目割肉，慌忙逃跑，而主力却乘机收集到大量的廉价筹码。

大盘如果反转，必然先存在某种明显的趋势行情，即对下降趋势的改变。重要的下降趋势线被有效突破,突破时成交量放大,形态的规模越大,反转的可能性越大。底部的跨度和波动幅度越大,反转形成后的行情变动幅度也就越大。连续跌停的庄股结束跳水,打开跌停上升,有的个股拒绝下跌,开始活跃,大盘蓝筹股止跌企稳。

短期均线由向下移动改为横向运动,30日均线慢慢改变下滑的趋势。日K线实体较小,经常出现多根或连续性的小阴小阳和十字星。股指在某一狭小区域内保持横盘震荡整理的走势,上下两难,涨跌空间均有限。

大部分个股的股价波澜不兴,缺乏大幅盈利的波动空间。股指突破5日、10日、20日均线的压制,拉出中阳。盘整时均线重合,中阴中阳交替,突破后均线多头排列,大盘已经悄悄地走出了经典的底部形态。若股指连续3天站稳在30日均线上方,就是大盘从底部上升的开始。如果是拉升后又打回原处,周线KDJ二次形成金叉,更能证明底部已经形成。

大盘究竟有没有真正见底,还需要关注大盘蓝筹股对市场的负作用力是否消除。当大盘股不再护盘的时候,大盘依然不跌并有大笔买卖单异动,就说明大盘已经见底,有向上变盘的可能。如果仅有冷门股补涨或超跌股反弹,并没有主流热点,不能彻底改变弱市或变盘向上。

3. 从技术指标上判断

股价始终在低位运行,受5日、10日均线的压制。短期、中期和长期均线都在低位弱势区域,呈空头排列。大盘日、周、月均线等所有各项技术指标均在低位运行,已严重超卖。

虽然股价下行,但有些指标或在低位钝化或出现底背离现象,跌破年线,跌破布林线下轨,虽然收出光头中阴,但MACD的绿柱线开始走平或缩短,DIF从底部上升,有形成金叉之势。再结合时间之窗、波浪理论等分析,判断底部就会更加准确一些。

4. 从时间上判断

中长期底部需要一定的时间来完成,要有相当长时间的弱势调整,有时与上升的时间相等或超过上升的时间,但大致符合神奇数字。

5. 从浪形上判断

从周线或月线看,股指运行是大上升浪的第2、第4调整浪的底或是调整A浪、C浪的底。

6. 从成交量上判断

场外资金犹豫不前,成交量不断萎缩,时而出现地量。成交量萎缩到极点,只占顶部成交量的20%。反转前5天平均成交量基本占流通市值的1%,日均换手率为1%左右,成交量萎缩才能止跌,地量之后见地价,地价之后方能见方向。如果继续下行的话,会出现价量背离。

要正确理解地量,场内的不想卖,场外的不想买,只有成交量放大之后,才能真正知道地量在哪里。成交量先是形成散兵坑,尔后又逐步放大,股指逐渐上升,转机即将出现。

7. 从人气上判断

散户普遍亏损,深套的人铁了心不打算割肉。市场上空头思维明显占上风,对利好麻木,利空放大,看空的人越来越多,对利空甚至中性消息过于敏感,无形中将利空因素放大。

根据股市相反理论,往往在多数人极度悲观、坚持不住时,底部也就来临了。最后一个多头倒下之时,就是底部到来之日。

这时候散户信心绝望,人气极度涣散,恐惧心理弥漫,观望气氛浓厚,纷纷下决心要斩仓割肉出局,场内的人几乎一致看空,都想杀出去;场外的开始倾向于一致看好,都想冲进来。

8. 从机构经营和仓位上判断

机构普遍亏损,基金普遍折价,基金亏损严重。机构建仓前夕,市场上一片看跌声,机构仓位较轻,基金等机构手里现金较多,股市就快见底了。

从缩量下跌到放量上升,说明主力机构已基本完成进货。如果主力进货的目的没有达到,会推迟底部形成的时间。

9. 从市盈率上判断

底部市盈率,1996年至2001年为30至35倍左右,2001年到股改之前为25至30倍左右,股改后为

15至20倍左右,2008年低点市盈率仅为15倍。

5.1.2 如何判断个股底部

1. 从个股K线图及技术指标方面看

(1)股价连续下跌,KD值在20以下,J值长时间趴在0附近。

(2)5日RSI值在20以下,10日RSI在20附近。

(3)成交量小于5日均量的$\frac{1}{2}$,价平量缩。

(4)日K线的下影线较长,10日均线由下跌转为走平已有一段时间且开始上攻20日均线。

(5)布林线上下轨开口逐渐张开,中线开始上翘。

(6)SAR指标开始由绿翻红,这时成交量温和放大,此为从底部启动的一个明显信号。

2. 从个股走势及盘面上来看

(1)个股股价在连续小阳后放量且以最高价收盘,这是主力在抢先拉高建仓,是起涨的信号。

(2)个股股价在低位,下方出现层层大买单,而上方仅有零星的抛盘,并不时出现大手笔炸掉下方的买盘后又扫光上方抛盘。此为主力在对倒打压,震仓吸货,可适量跟进。

(3)个股在低价位出现涨停板,但并不封死,而是在打开——封闭——打开之间不断循环,争夺激烈,并且当日成交量极大。这是主力在利用涨停不坚的假象震荡建仓,这种情况往往出现在突发某种利好的情况下。

(4)个股低开高走,盘中不时往下砸盘。但跟风者不多,上方抛盘依然稀疏,一有大抛单就被一笔吞掉,底部缓慢抬高,顶部缓慢上移,尾盘却低收。这是主力故意打压以免暴露痕迹,这种情况应在尾盘打压时介入。

(5)个股在经历长时间的底部盘整后向上突破颈线压力,成交量放大,并且连续多日站在颈线位上方。此突破为真突破,应跟进。

以上几种情况,是将个股走势与盘面特点结合技术指标来进行综合分析。一旦发现两者都符合,一定要打起十二分的精神来,瞪大眼睛,紧紧盯住。因为很有可能我们已经发现了该股中期的底部,以后的涨幅很可能会十分乐观。

5.1.3 利用布林线抄底

在机构博弈时代,由于机构的相互倾轧,市场出现快速急跌探底,往往给投资者极好的波段抄底、打地道战的良机。布林线下轨具有与生俱来的超卖特性可辅助抄底,但股价自高位冲击布林线下轨往往是见顶转轨向下的信号,故投资者在运用下轨抄底时,对撞轨的短线反弹还是中线波段抄底的意义必须明确。而且对股价处于底部、中部、高位必须区别对待,而配合资金流量指标MFI在市场到达冰点时冷静买入,可大大增加胜算。

一般来说,捕捉股市较大机会的布林线法则所要求的市场条件有::

首先,布林线BOLL不连续跌破下轨不出手。同时跌破布林线下轨,而且布林极限BB<0时,底背离迹象才是较好的买入机会。

其次,不见冰点不出手。资金流量指标MFI可视为带成交量的RSI指标。当MFI<20,代表资金短期冷却过快出现冰点的中短线超卖信号。MFI在20左右水平,股价出现一底比一底低,MFI一底比一底高的底背离,可视为较为可靠的中期反转上涨信号。MFI<35,指标连续两次有效上交叉其平均线时,视为中短线买入或持有信号。

再次,调整时间不够,威廉指标不多次撞底,不到四撞底的情况不出手。同时大盘中期跌幅已大,也出现威廉数撞底的中期调整到位迹象时为买入时机。

最后,市场不出现群体恐慌性抛售高潮不出手买入。在抛售高潮中,股价在长期盘跌的基础上,突然急剧地坠落;与之同时,成交量大大地加重,中小投资者迫于大额亏损与难以战胜的恐慌而大举斩仓,成交量底部突然膨胀为最大的特征。此时,空头得逞,重手大幅打破布林下轨才是“诱敌深入”的超跌抄底良机。而一旦这类底部巨量的个股出现攻击量上涨,往往可以捕捉到中期以上反转且较快拉升的机遇。

5.1.4 利用 MACD 抄底

MACD 称为指数平滑异同移动平均线,是从双移动平均线发展而来的,它的意义和双移动平均线基本相同,但阅读起来更方便。当 MACD 从负数转向正数是买的信号。当 MACD 从正数转向负数是卖的信号。当 MACD 以大角度变化,表示快的移动平均线和慢的移动平均线的差距非常迅速的拉开,代表了一个市场大趋势的转变。

1. MACD 的实战应用

一般来说,MACD 的“山峰”和“谷底”交易具有极大实战价值,可以帮助投资者投资和把握诸多交易机会。MACD 吸收了移动平均线的优点。移动平均线的买卖交易在“趋势明显”时效果很好,但是一旦遇到“牛皮盘整”行情,移动平均线所发出的信号就过于频繁而且极其不准确,容易使投资者遭受致命损失。而 MACD 恰好能做到:在牛皮行情中,能够一定程度上克服移动平均线虚假频繁的欺骗性信号;在趋势行情中,能够最大限度确保移动平均线的战果。

(1)MACD 的红绿柱

红绿柱本来的含义是多空力道的体现,在实际的操作中具有很高的实用价值,可以帮助投资者高抛低吸,踏准主力心跳的脉搏。

①红柱缩短=股价即将回调,对应策略是高抛。其含义是多方的力道正在衰退,虽然目前空方还没有占领主导地位,但是随着多方力道的减弱,空方力道会增强,所以出局观望是明智之举。缺点:经常出现伪信号,红柱再次加长,再次进入强势行情。

②红柱加长=股价将连续上涨,对应策略是持有。其含义是多方的力道正在加强,空方毫无还手之力。

③绿柱缩短=股价将止跌企稳,对应策略是中线资金进场低吸,一般都可以买在相对的低位。缺点:经常出现伪信号,绿柱再次加长,再次进入下跌行情。对应策略是破前期低点止损。

④绿柱加长=股价将连续下跌,对应策略是空仓。其含义是空方的力道正在加强,多方毫无还手之力。

⑤红柱翻绿柱=进入空头市场,后期走势以跌为主。

⑥绿柱翻红柱=进入多头行情,后期走势以涨为主。

⑦当 MACD 还是绿柱的时候,且绿柱一天比一天短,即将变成红柱的时候买进,要求红柱还没有出来,但是绿柱已经缩小的差不多的时候,其含义是在空方没有还手之力的时候,多方很容易对这个股票发动攻击行情。为了过滤伪信号,必须看前期的上涨和下跌是不是也符合条件,经常有正确信号的才可以操作,同时必须明确的是本次调整时的量能是缩小,基本上处在横盘小幅度整理的阶段时最好。

(2)DIF 与 DEA

MACD 在图形上包含 DIF 和 DEA 两条快慢线,买入和卖出信号也就决定于两线交叉点。很多人都会应用 MACD 一般性买卖信号,在图形上,大部分的市场分析人士以 DIF 与 DEA 形成的交叉点为买卖依据:DIF 向上黄金交叉 DEA,买入;DIF 向下死亡交叉 DEA,卖出;MACD 差离值柱由正变负往往提示卖出,由负变正往往提示买入。

但是实际运用中,市场分析人员所推崇的上述一般性买卖信号经常给投资者带来致命的损失。因为上述一般性买卖信号是趋势追踪性指标,几乎被整个市场人士所掌握,某些投资力量的操盘人物都是在市场上的“老油条”,甚至很多代表性人物本身就出身于散户投资者,他们熟知市场分析人士和散户的心理状况。普通投资者如按此操作很容易被修理得鼻青脸肿。

事实上,从长期心理研究角度发现,大部分投资者的方向性判断是错误的。试想,在巨大的心理压力之下,继续按照已经出现问题的上述 MACD 的一般性买卖信号操作,对投资者而言无异于雪上加霜。

2. MACD 的实战经验修正

(1)建议 MACD 使用周期必须缩小到分时 K 线

MACD 本身就是以追逐趋势为主,属于中长型指标,按照日线 MACD 操作需要具备非常优秀的心理素质。据观察，大部分投资者根本不可能连续很多个交易日都能承受巨大的资金权益波动，因而按照MACD日线周期操作，明显抬高了投资者的操作成本，使投资者原本沉重的心理负担变得更加超负荷运行。

关键在于：日线周期的MACD波动得非常缓慢，经常在市场行情已经发生了天翻地覆的变化之后，才步履蹒跚地发出已经迟得不能再迟的信号，此时介入将导致投资者的利润大幅度缩水。实际上，MACD完全可以缩小到分时K线中使用。而关于使用5、15、30、60分钟哪一种分时MACD可以参照指标周期共振综合使用，或者投资者可以挑选自己擅长的分时周期使用；一般来说，MACD在分时K线中使用效果比较显著。

(2)要充分使用MACD的顶底背驰信号

这是市场最明显的警示性信号，很难被人为操纵，因为MACD运算较为复杂，属于趋势追逐性工具，某些投资力量对顶底背驰信号进行骗线操作时经常力不从心。

3. 特别注意"山峰"和"谷底"

(1)在多头趋势中，DIF向下交叉DEA，形成了一个"山峰"，每次遇到这种情况我们一定要看清楚：这个"山峰"的位置和前几次"山峰"的位置相比，是高了还是低了，与此相对应的K线走势是逐步抬高还是在逐步降低。

如果K线走势逐步抬高，几个"山峰"也在同时稳步上行，此时投资者可安心持有多头仓位，等到K线价格有效跌破了普通移动平均线的重要支撑，再全部平仓。需要指出的是，空头投资者此时的风险却变得极大，此时不可逆势进行波段性空头操作。

关键点在于，如果K线走势逐步抬高，却突然出现与之相反、连续下降的"山峰"，形成了K线走势和MACD"山峰"的顶背驰，此时投资者应该立刻开始逐步平仓离场。这种情况往往意味着多头主力在拉高出货，价格的上涨往往是一种表面上的假象。

(2)在空头趋势中，DIF向上交叉DEA，形成了一个"谷底"，遇到这种情况时，我们一定要看清楚：这个"谷底"的位置和前几次"谷底"的位置相比，是高了还是低了，与此相对应的K线走势是逐步抬高还是在逐步降低。

如果K线走势逐步降低，几个"谷底"也在同步缓缓下滑，出现了K线走势和MACD谷底背离，此时投资者必须坚决持有空头头寸，除非K线价格有效向上突破了普通移动平均线的重要压力，再全部平仓。此时，多头投资者风险极大，不可逆势进行波段性多头操作。

如果K线走势逐步降低，"谷底"突然与之相反连续上升，投资者应该考虑开始逐步平仓离场。这种情况往往意味着空头主力在压盘出货，价格的下跌带有诱骗性。

总之，MACD是移动平均线最好的使用"伴侣"，投资者应在行情走势中多加运用，具体使用情况，应随品种不同和市场行情不同而有变化，灵活地加以运用。

5.1.5 利用成交量抄底

量能指标在战术抉择中有很重要的指导意义，而地量又是底部的重要特征，也就成为了抄底的又一重要指标。下面，来给大家介绍一下这种欺骗性小、相对忠诚、简单的成交量抄底——地量抄底。

1. 地量的衡量标准

地量通常并不是简单的直观感觉，还需要众多的指标来约束，主要表现在以下几个方面：

(1)地量是成交量的一种表现形式，它意味着成交量的极度萎缩。

(2)地量是一个相对值，也是一个浮动值。

(3)地量随流通盘的变化而变化，每日仅几万股的成交量肯定是地量。

(4)流通盘过一亿的股票，每日几十万股的成交量肯定也是地量。

(5)流通盘超过三个亿的股票，每日一两百万股的成交量一般也是地量。

地量在行情清淡的时候出现的最多，在股价即将见底的时候出现的也较多，在庄家震仓洗盘的末期也必然要出现，在拉升前整理的时候也会间断性地出现。

2. 地量出现的时机

(1)地量在行情清淡的时候出现得最多

在行情清淡的时候,人气涣散,交投不活,股价波动幅度较窄,场内套利机会不多,几乎没有任何赚钱机会。持股的不想卖股,持币的不愿买股,于是,地量的出现就很容易理解了。这一时期往往是长线买家进场的时机。

(2)地量在股价即将见底的时候出现的也很多

一只股票在经过一番炒作之后,总有价格向价值回归的道路。在其漫漫下跌途中,虽然偶有地量出现,但很快就会被更多的抛压淹没,可见此时的地量持续性极差。如果结合该公司基本面的分析后,在这一时期内介入,只要能忍受得住时间的考验,一般均会有所斩获。这种个股在大盘见底时最多,此时通常成本均线空头排列,筹码距离股价有一定的空间。

(3)地量在庄家震仓洗盘的末期也必然要出现

任何庄家在做庄的时候,显然不愿为别的投资者抬轿子,以免加大自己拉升途中的套利压力。于是,拉升前反复震仓、清洗获利盘就显得非常必要了。这一时期往往是中线进场的时机,如果再结合其他基本面、技术面的分析,一般来说均会有上佳的收益。

(4)地量在主力高控个股拉升前整理的时候,也会间断性地出现

一只股票在拉升前,总要不断地确认盘子是否已经很轻,以免拉升时压力过大而做庄成本加重。也就是说,在拉升前要让大部分筹码保持良好的锁定性,即“锁仓”。而要判断一只股票的锁仓程度,从技术上来说,地量的间断性出现是一个较好的信号,由于庄家需要不断地对倒、制造成交量,以达到震仓的目的。此时,通常 DMA 指标持续稳定向上,筹码相对集中。所以,这一阶段中,地量的出现是间断性的。如果能在这一时期的末期跟上庄,投资者就可能会吃到这只股票最有肉的阶段。

3. 地量可能的运行方式

(1)继续地量过程

在一段时间内,连续缩量的运行状态不会发生明显变化,甚至在出现 20% 以内的地量后,再次出现更小的地量。因此,投资者只能把 20% 这一信号作为可能的信号,大资金可以进行试探性建仓。

以武汉塑料(000665)为例(图 5-1),公司股价在 1 点时,股价为 10 元左右;2 点时,股价已达到了 8 元,下跌空间已达到 20%,成交量萎缩至 1.5 万股。大资金开始试探建仓。

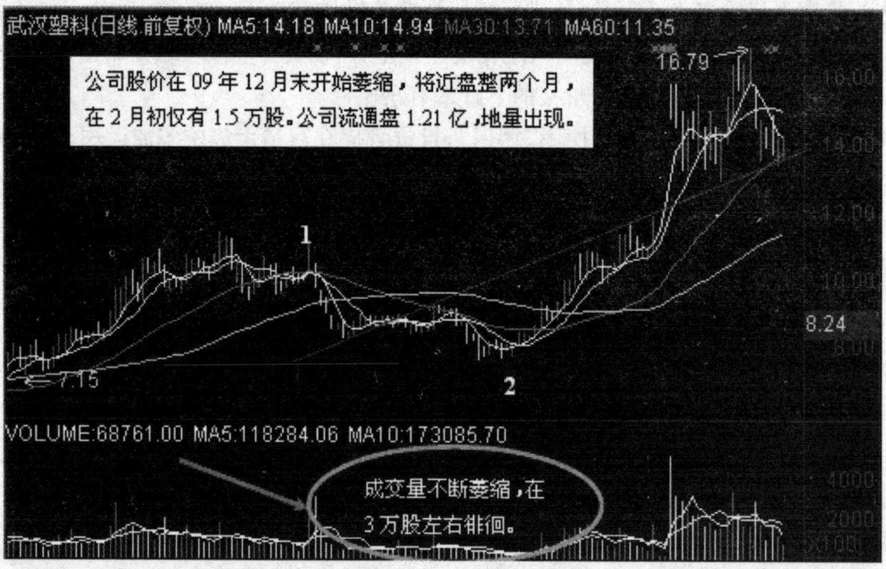

图 5-1 武汉塑料日线图

(2)放量下跌或上涨

放量下跌:如 2003 年 10 月中旬以后,大盘震荡加剧,下跌过程中成交放大,随后筑成中期底部。而且,从历史上其他几次底部形成的规律来看,在长期下跌的末段,出现地量后再次放量下跌,基本上可以

肯定是底部信号。

放量上涨:这是典型的上涨信号。地量规则还可以用来预测牛市中的调整是否结束,以及当前的调整到底是中级调整,还是小级别的调整。如果成交量在下跌过程中能够迅速缩小到高峰期的30%以内,则调整可望结束,牛市继续的概率较大。反之,如果在下跌的过程中,成交量不能有效萎缩,说明市场分歧较大,大主力在利用人们惯性心理大幅减仓,调整的幅度将加大,时间将延长。

5.1.6 利用错杀股抄底

每隔一段时间,市场就会出现一批阶段涨、跌幅较大的股票。对于阶段跌幅较大的股票,一般可按下跌成因和内在质地分为两类:一是"该跌股"——基本面和技术面都不支持维持"时价"从而导致股价大幅下跌的股票,即应该下跌而下跌的股票;二是"错杀股"——无论是基本面还是技术面,"时价"都没有高估,没有任何理由下跌而大幅下跌的股票,即不该下跌而下跌的股票。

"该跌股"和"错杀股"虽然在"之前"的走势中都出现大跌,但由于下跌成因和内在质地截然不同,所以在"之后"的走势中往往会呈现出两极分化之势。基于此,投资者要学会选择"错杀股"来抄底,从而获得大的收益。

1. "错杀股"的选择

投资者要想淘金大跌股,首先要弄清楚大跌股的下跌原因,以及阶段跌幅大的股票究竟是"该跌股"还是"错杀股",在此基础上尽量回避"该跌股"的风险,努力把握"错杀股"机会。在众多大跌股里,区分"该跌股"和"错杀股"的方法主要有两种:

(1)看基本面,究竟有没有下跌的理由

通常情况下,一家上市公司如果生产经营正常,产品供不应求,合同订单不断,所从事的行业又属国计民生,与群众的生产、生活关系密切,这种公司的股价一般没有理由下跌甚至大跌。从财报分析,如果每股收益、净资产、净利润等主要指标保持良好状态,优于同类公司,这种股票如果出现大跌,极有可能是"错杀性"下跌,相关股票极有可能是"错杀股"。反之,则是"回归性"下跌,相关股票成为"该跌股"的可能性较大。

(2)看技术面,究竟有没有下跌的依据

基本面没有理由下跌的股票不等于只能涨不能跌,适度下跌包括大涨后的技术性快跌,实际上都是资本市场的正常现象。属于"错杀股"的公司,一般指前期涨幅不大的优质股票出现无理由、非理性大跌的情形:从纵向来看,在前期大跌基础上出现连续大跌走势;从横向看,则是指个股的区间跌幅大幅跑输指数和其他个股尤其是可比的同类股票。用这两条标准来衡量大跌的股票是"该跌股"还是"错杀股",一般情况下不会跑偏。

在此基础上,若能再结合"之后"的走势一并分析,研判的准确率将更高。"错杀股"一般在见底后保持向上趋势:涨多跌少、高点上移、低点抬高,尤其是在大盘和多数个股跳水时表现得较为抗跌,企稳时则时常扮演领涨者的角色,从单个交易日看似乎涨幅不大,但阶段涨幅往往十分惊人;"该跌股"则正好相反,在见底后不是震荡就是续跌,且同时伴随跌多涨少、屡创新低等走势。在大盘和个股上涨时"该跌股"不涨,下跌时却扮演领跌角色,不仅单日表现不佳,而且阶段表现也差强人意。

投资者应在综合分析的基础上,再来区别大跌股到底是"该跌股"还是"错杀股",并在操作中高抛并避开"该跌股",低吸并持有"错杀股"。

2. "错杀股"的操作

在认定某一只股票为"错杀股"后,接下来就要通过巧妙的操作,设法让"错杀股"的潜在机会变成实际盈利。

一般来说,"错杀股"总的操作原则是:已有的筹码要坚决拿住,未持有的要寻找机会低吸并持有。若能在持有基础上,适当穿插波段操作,扩大盈利比例则更好,但须防止筹码丢失甚至追涨杀跌这种极端情况的出现。具体操作中,须根据"错杀股"三个阶段的不同特点采取相应的操作策略:

(1)"恐慌期"重在耐心等待

在前期大跌基础上,"错杀股"在恐慌期的跌幅往往最为惨烈。参与杀跌的投资者主要是一些不明真相、莫名恐慌、缺乏耐心，风控意识和操盘能力较低的群体，操作时常常伴随着情绪化、扩大化、极端化的倾向。这些因素的综合，促使“错杀股”在短时间里出现恐慌性下跌。操作技巧：原有的仓位继续持有，保留的资金继续等待，仓位轻的投资者可试探性地分批、逢低、少量买入，体现“试探性建仓”原则。

(2)“修复期”重在逢低吸纳

在“错杀股”的修复期，恐慌盘基本杀完，追涨盘尚未形成，多空双方处于心理调整、暂时平衡状态中。股价在低位缩量震荡、窄幅盘整，各项技术指标由坏变好、逐步修复。操作技巧：按照事先制定的计划，分批完成建仓，等待股价拉升。

(3)“上行期”重在避免折腾

踏空者开始进场，被套者开始补仓，短线客开始追涨。与此同时，股价涨多跌少，稳步上行，特别是当大盘和个股急跌甚至跳水时表现得极为抗跌，有时虽有短暂急跌出现，但低位停留时间极短，股价很快会被买盘托起。短线操作时，卖出的筹码时常踏空，很难正差接回。操作技巧：完成建仓的筹码耐心持有，不做或少做短差。即使要做短差，也要少量操作，且要及时接回；尚未完成建仓或买入数量不足的投资者，“错杀股”每次下跌都是难得的买入机会，应及时果断买入；在事先制定好计划的基础上，按照最终确定的目标价到价卖出，一轮完整的“错杀股”操作才告结束。否则，继续持有。

3. 操作“错杀股”需注意的问题

(1)要与大盘走势结合起来

“错杀股”走势既有其独立的一面——受自身的运行规律作用，也有横向制约的一面——受大盘和同类板块、相似个股的影响。因此，在操作“错杀股”时，既要从自身三个阶段的走势特点出发，把握规律、逢低建仓；又要与大盘走势结合起来，着眼“全局”，把握机会。在大盘不稳、趋势向下甚至大幅跳水时，应放慢建仓节奏，减少建仓数量，充分体现“稳字当头”原则；在大盘趋稳、趋势向上甚至单边暴涨时，应加快建仓节奏，增加建仓数量，果断参与“稳准狠”的操作。

(2)要与仓位控制结合起来

操作“错杀股”与参与其他股票交易一样，最终的盈利大小不完全取决于股价涨跌及幅度大小，而是与仓位控制及操作心态密不可分。只有做到仓位控制得法，始终保持良好心态，才能有效提高成功概率。普通投资者买入单一“错杀股”的总值，一般以不超过账户总值的五分之一为宜；资金量大的投资者比例可适当调低些，一般不超过十分之一这一“下限”；资金量小的投资者比例可适当调高些，一般不超过三分之一这一“上限”。

(3)要与进出节奏结合起来

几乎所有的“错杀股”，无论运行在哪个阶段，都会出现一定程度的波动，为投资者提供难得的短线交易机会。对于擅长短线交易的投资者，可利用“错杀股”盘中波动机会进行适度的高抛低吸和“补操作”，但需在急涨时卖、越涨越卖，急跌时买、越跌越买，如此操作则最终顺利回转、恢复筹码的概率较高。

5.1.7 抄底的七大原则

股票抄底是一门技术活，总体来说，投资者若想顺利、准确、适时地抄底，就需要遵循以下几方面的原则：

1. 趋势原则

在准备买入股票之前，首先应对大盘的运行趋势有个明确的判断。一般来说，绝大多数股票都随大盘趋势运行。大盘处于上升趋势时买入股票较易获利，而在顶部买入则好比虎口拔牙，下跌趋势中买入难有生还，盘局中买入机会不多。此外，还要根据自己的资金实力制定投资策略，是准备中长线投资还是短线投机，以明确自己的操作行为，做到有的放矢。同时，所选股票也应是处于上升趋势的强势股。

2. 分批原则

在没有十足把握的情况下，投资者可采取分批买入和分散买入的方法，这样可以大大降低买入的风险。但分散买入的股票种类不要太多，一般以在5只以内为宜。另外，分批买入应根据自己的投资策略和资金情况有计划地实施。

3. 风险原则

股市是高风险高收益的投资场所。可以说，股市中风险无处不在、无时不在，而且也没有任何方法可以完全回避。作为投资者，应随时具有风险意识，并尽可能地将风险降至最低，而买入股票时机的把握是控制风险的第一步，也是重要的一步。在买入股票时，除考虑大盘的趋势外，还应重点分析所要买入的股票是上升空间大还是下跌空间大、上档的阻力位与下档的支撑位在哪里、买进的理由是什么、买入后假如不涨反跌怎么办等，这些因素在买入股票时都应有个清醒的认识，尽可能地将风险降低。

4. 题材原则

要想在股市中特别是较短时间内获得更多的收益，关注市场题材的炒作和题材的转换是非常重要的。虽然各种题材层出不穷、转换较快，但仍具有相对的稳定性和规律性，只要能把握得当定会有丰厚的回报。买入股票时，在选定的股票之间应买入有题材的股票而放弃无题材的股票，并且要分清是主流题材还是短线题材。另外，有些题材是常炒常新，而有的题材则是过眼烟云，炒一次就完了，其炒作时间短，以后再难有吸引力。

5. 强势原则

"强者恒强，弱者恒弱"，这是股票投资市场的一条重要规律。这一规律在买入股票时会对大家有所指导。遵照这一原则，大家应多参与强势市场而少投入或不投入弱势市场，在同板块、同价位或已选择买入的股票之间，应买入强势股和领涨股，而非弱势股或认为将补涨而价位低的股票。

6. 底部原则

中长线买入股票的最佳时机应在底部区域或股价刚突破底部上涨的初期，应该说这是风险最小的时候。而短线操作虽然天天都有机会，也要尽量考虑短期底部和短期趋势的变化，并要快进快出，同时投入的资金量不要太大。

7. 止损原则

投资者在买入股票时，都是认为股价会上涨才买入。但若买入后并非像预期的那样上涨，而是下跌该怎么办呢？如果只是持股等待解套是相当被动的，不仅占用资金错失别的获利机会，更重要的是背上套牢的包袱后还会影响以后的操作心态，而且也不知何时才能解套。与其被动套牢，不如主动止损，暂时认赔出局观望。对于短线操作来说更是这样，止损可以说是短线操作的法宝。股票投资回避风险的最佳办法就是止损、止损、再止损，别无他法。因此，在买入股票时就应设立好止损位并坚决执行。短线操作的止损位可设在5%左右，中长线投资的止损位可设在10%左右。只有学会了割肉和止损的股民才是成熟的投资者，也才会成为股市真正的赢家。

5.1.8 抄底的风险防范

抄底和逃顶一样，是股市中最需要技术含量的两种策略。因为真正的底部只有一个，真正的顶部也只有一个，除此之外任何一次判断和操作都很可能是错的，因此，真正的抄底和逃顶都是很难做到的。

对于新手来说，一般初生牛犊不怕虎，一路持有一直到顶部，获利丰厚却不知道兑现，结果容易套在高山之巅。老手一般都有过惨痛的套牢经验，对顶部非常敏感，稍有风吹草动就赶忙脱手，一般真正的重要顶部他们不太会上钩。

但老手也有弱点，喜欢抄底，市场在下跌时确实非常诱人，股价打7折甚至对折，而且底部远不像顶部那样令人恐惧，看上去很美，于是老手就手痒了，认为自己已经看出底部，丰厚的利润正等待他去拾取。但一个自我强化的下跌趋势往往是底下有底，稍有犹豫就会牢牢套上，所以往往在半山腰能够看到一批老手又被套上了。

对此，投资者首先要认识到，抄底和止损有内在矛盾性，在下跌的初期应该尽早止损出局，而不要考虑任何抄底行为，比如资金亏损3%就开始减仓，没有任何理由。许多人股票一跌就马上想到抄底摊低成本，这样他们就没空去考虑止损，也就白白耽误了逃命机会，强化了自己错误的思路。所以，抄底永远要排在止损后面。

其次，抄底也需要有严格的纪律，那就是做错了要快点认赔，不要犯"老手套反弹"的毛病。一般人的思维往往会有自我强化功能,一旦开始抄底,他就会忘掉风险,忘掉止损的概念,一门心思期待在抄底中获利。而且抄底失误,他还会认为是市场错了,赖在那里不走,结果回过头来还是成为套牢一族。

再次,抄底的资金量不能太大,否则就完全暴露在高风险之下而没有余地,因为大周期下跌趋势是不可能轻易逆转的,投资者只是寻找一个小周期获利机会而已。

另外,投资者不能一次性进入。由于抄底失败的概率很大,投资者只能分批进入,慢慢感觉底部的位置,激进点的采取金字塔建仓。

最后,投资者还要寻找市场热点板块和最超跌板块来采取行动,而不是捞到篮里就是菜。

由于市场的下跌趋势非一朝一夕可以扭转,即使是一个相对底部,也需要一个反复确认和筹码换手过程。因此,投资者不必为一两天踏空而扰乱心态,而应当从一个整体的市场趋势变化中把握时机。

§5.2 逃顶的技巧

逃顶,就是要卖在市场的顶部。逃顶如抄底一样,也是一种境界,它包括逃大盘的顶,也包括逃个股的顶,判断大盘的顶可以在股指期货市场开仓空单,逃出个股的顶则可以落袋为安。

5.2.1 判断大盘顶部的技巧

在股市中,投资者经常会听到这样一句话,会买的是徒弟,会卖的才是师傅。这是因为股价在底部徘徊的时间较长,可以有充分的时间考虑,但在顶部为高点的时间非常短,不少投资者还没有来得及卖出,便开始下跌了。市场上有“底部百日,顶部三天”的说法,说明逃顶的难度。而投资者如想在投机性非常强的股票市场上生存和获利,必须学会一些逃顶的技巧和方法,可重点关注以下几点:

1. 股市的政策特征

中国股市是一个新兴的市场,政策调控将直接影响股市,在历史的走势中,可以看到许多头部是由政策调控造成的。如1995年停止国债、期货交易,造成5.18行情的大幅上涨;数日后公布新股上市额度,股指形成头部,大幅下跌。1996年12月中旬,深沪股市连续上涨,上证指数已涨到1258点,随后数日人民日报发表社论,认为股市市盈率太高,泡沫过多,结果造成股市大跌,形成阶段性头部。

因此,一个投资者如想成功逃顶,必须把握住政策导向,广泛搜集政策信息。并通过精心分析这些政策信息,通过政策面的微小变化,及时发现管理层的调控意图,这样才可以领先一步。

2. 利好出尽将形成头部

在股市中,由于信息的对称性,庄家有时利用掌握的信息在低位开始悄悄进货,并一路推高。等到消息证实时,反而是庄家逢高派发的好时机,这种情况被市场称为“见光死”。当股价已连续上涨非常大的幅度后,出利好消息反而容易形成头部。投资者想学会成功逃顶,就必须了解庄家常借利好出货的手法。

3. 市场现象特征

当散户大厅人山人海,进出极不方便的时候;当周围的人都争相谈论已经挣了大钱的时候;当散户大厅全都是新面孔的时候;当证券交易所门口自行车极多,没有地方停的时候;当买证券类报纸、杂志买不着的时候;当一个股市新手都敢推荐股票,并说这是庄股,目标位要拉到多高多高的时候;当卖冰棍的老太太都来买股票的时候;当大型股评报告会人满为患的时候;当证券交易所工作人员服务态度极端不好的时候;当开户资金大幅提高了再提高的时候;出现以上现象时,市场已在顶部或是顶部区域,这个时候我们就必须要谨慎看待,准备减磅离场。

4. 技术特征

当一个顶部出现时,技术分析方法可以给出明确的头部信号或卖点信号。如果投资者学好技术分析,将可以在图形上提前发现顶部。

(1)当K线图在高位出现M头形态、头肩顶形态、圆弧顶形态和倒V字形态时,都是非常明显的顶部形态。

(2)当股价已经过数浪上升,涨幅已大时,如5日移动平均线从上向下穿10日移动平均线,形成死亡交叉时,将显示头部已经形成。

(3)在K线图上,如在高位日K线出现穿头破脚、乌云盖顶、高位垂死十字都是股价见顶的信号。

(4)周KDJ指标在80以上,形成死亡交叉。通常是见中期顶部和大顶的信号。

(5)10周RSI指标如运行到80以上,预示着股指和股价进入极度超买状态,头部即将出现。

(6)宝塔线经过数浪上涨,在高位两平头、三平头或四平头翻绿时,是见顶信号。

(7)MACD指标在高位形成死亡交叉或M头时,红色柱状不能继续放大,并逐渐缩短时,头部已经形成。

(8)股价随布林线上升较长时间,当股价向上穿越BOLB1,又下穿BOLB1,随后再下穿BOLB2时。

(9)当长期上升趋势线被股价向下突破时。

5.2.2　判断个股顶部的技巧

总有人想买在最低点、卖在最高点,以求盈利最大化,岂不知买最低、卖最高是永远办不到的空想,最高点往往稍纵即逝,其机遇率可以说是无穷小。

所谓逃顶之"顶"并非指顶部的最高点,而是一个区域,至于如何界定顶部区域,没有一个标准,只能大致根据顶部特征来确认。比如头肩顶,若按有效跌破颈线位来界定不是不可以,但真到跌破颈线位再卖出,恐怕已经损失一大截,对于像倒V形反转的顶部便更难界定,因此最好以一些顶部特征来确定逃顶的时机。

1. K线组合

常见的见顶K线组合有十字线、T形、倒T形、阴包阳、川字形、并列线等,还有其他组合也可预示,尤其是在强势途中一般末升浪常常是连续性长阳或出现三次缺口,即便回档最多出现一根阴线;若连续出现两根,表明抛压渐现,离顶部不远了。另外,一次升浪见顶K线会出现8、10、13次等新高值,亦可作为参考。

2. 均线系统

5日线下叉10日线,对于倒V形5日线的弯度较陡,并出现一根长阴击穿两均线或在两均线下方等特征。若5日线下叉10日线,且10日线又下叉20日或30日线,形成三角形价压区则更有效。另外出现一根长阴斩断三条均线,30日均线由走平渐成下滑趋势等也都是顶部迹象。

3. 形态

如圆顶显示股价上涨乏力,不再按原先的陡峭角度持续上行而逐渐走平,震荡加剧,阴阳交错,K线常带上或下影线。形态上呈圆弧状,此种头部维持时间较长,非数天时间能构筑完成,较易识别。其他如头肩顶、M头等可参照有关书籍或资料。关于倒V形反转,主要以K线和均线配合即可发现。

4. 趋势和通道

当股价跌破已形成的上升通道下轨,结合均线和K线如同时出现见顶迹象,可靠度便大得多。

5. 成交量

量能是决定股价涨跌之灵魂,股价见顶大都是获利盘积攒了较大的空头能量,使多头买意渐乏,无力再将股价推高所致。此时便会出现价增量滞或量增价滞的现象,表明抛压渐现顶部即临。无论中长期还是短期顶部,大都顶部形成前放出大量,顶部形成后量即渐减。

要判断个股的底部,就要综合运用上面的指标,并辅以自己常用的技术指标配合。有的指标对顶部的确认作用显著,常有提前1~3天的预示功能。对于中长期顶部,最好以周线图为主,它可过滤日线图庄家骗线的因素;在周线图的基础上,然后再以日线图详判。对于短期顶部或小波段顶,一般K线、均线结合技术指标就可判断。因是短期,即便判断错了还有下一波段来弥补。而中长期顶部万一未能逃顶,被套后想解套难有时日,所以逃顶主要就中级以上行情的顶部而言。

除了掌握以上诸点外,对中长期顶部的识别,还要特别注意时空条件。一个中级以上的循环波段行情,都具有明显的完整5浪趋势,因此掌握一些波浪理论很重要。如果将3浪的顶当成顶部,就会误把腰部当顶;如5浪已走完,却还认为是正常的回档,就会错过逃顶的机会。此外,在学会识顶后,还要学会克服贪心之弱点,因为贪心会使投资者从思想上不情愿去承认或正视顶部。

5.2.3 利用K线和趋势线逃顶

下面以北亚集团1999年年底至2001年年底这两年内的走势为例,解析如何运用K线和趋势线来成功逃离顶部。

如图5-2所示,1999年12月下旬,北亚集团触底反弹,行情持续发展,到2000年3月份,已经出现了明显的沿上升趋势线上行的迹象,形成令人瞩目的牛市行情,行情持续到5月份仍然处于上升趋势线的上方。

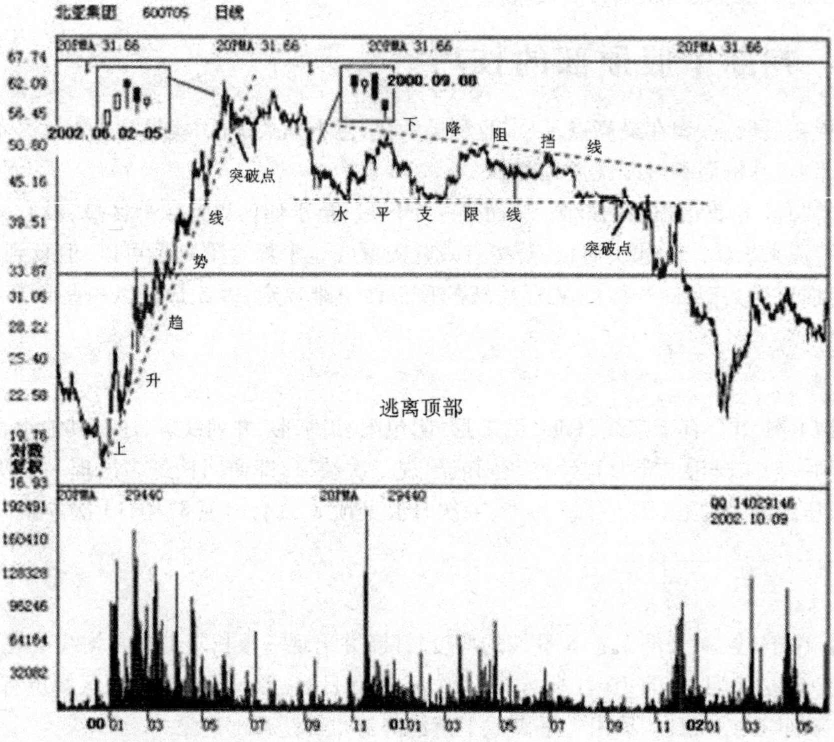

图5-2 北亚集团日线图

值得警惕的变化出现在6月2日和5日的两个上吊线:一般情况下,上吊线是牛市见顶信号或者熊市信号,这两个上吊线给了投资者一个明显的警示,即牛市可能见顶。随后在6月16日前后,股价向下突破了上升趋势线,图表再次发出警示,表明牛市见顶的可能进一步加大。

之后,北亚集团高位缩量盘整了两个多月,到9月8日,随着股价10股拆为15股的除权,图表上出现一个明显的看跌吞没线,看跌吞没线主要是熊市信号,随后股价大跌。

在2000年9月份~2001年9月份之间,股价维持在高位震荡盘整,这期间形成一个典型的下降三角形形态。这期间的三个顶点构成下降阻挡线,三个低点构成水平支撑线。

2001年10月8日,支撑线被向下突破,之后于10月23日形成一个较小的反抽;又于11月23日前后形成一个较大的反抽,随后形成缺口下跌,跌幅可观。

本图中,最佳的操作方法是:上吊线处适量减仓、上升趋势线突破处再度减仓、缩量盘整中进一步减仓、看跌吞没线处全抛光、对称三角形中不要买卖、水平支撑线突破后更不要操作。

5.2.4 利用RSI顶背离逃顶

RSI作为判断价格变动相对强弱的指标,可以根据一段时期内股价的变动情况,来推测未来价格的变动方向,因而在实战中有很强的指导意义。

1. RSI 指标的顶部判断

一般而言，RSI 指标通常选择的时间参数有 9 天、14 天、22 天等，通常认为时间参数越短，RSI 指标越灵敏，振幅也越大。具体体现在以下方面：

(1) 当短期 RSI 处于长期 RSI 上方时，属于多头市场；当短期 RSI 处于长期 RSI 下方时，则属于空头市场。当短期 RSI 低位上穿长期 RSI 时，预示买入；当短期 RSI 高位下穿长期 RSI 时，预示卖出。

(2) 从 RSI 曲线的形状来看，当 RSI 在较高或较低的位置形成头肩形或多重顶(底)，是采取行动的信号。形态出现的位置越高或越低，一般成功的机会就越大。另外，RSI 曲线也可使用趋势线分析，支撑线与压力线一旦被突破，也是卖出或者买入的信号。

(3) 从 RSI 指标与价格形态的背离来看，顶背离为卖出信号，底背离为买入信号。在实践中，依据 RSI 背离现象来研判行情的转向成功率一般较高，因而我们可以依据 RSI 顶背离现象来成功逃顶。

2. 个股案例分析

东莞控股(000828)于 2000 年春节过后开始大幅拉升，在 2 月 21 日创出一个短期高点 16.65 元，这时 9RSI 值达到 98.13，由于短线严重超买出现获利回吐。但很快走势在 10 日均线附近获得支持，重拾升势，并且向上突破在 2 月 29 日创出又一个高点 18.32 元，而这时 9RSI 值只有 80.88 出现了背离。

随后，行情略作休整，短线在 10 日均线附近止跌回升，3 月 9 日以 18.80 元创出新高，但此时 9RSI 值仅 80.28，第二次出现顶背离。这个时候，就是投资者顺利逃顶的大好时机。

连续两次的 RSI 的顶背离反映出该股短期不仅超买，而且上升动力在逐步减弱，从而引发了近一个多月的调整行情，直到 4 月 18 日才回稳。

从走势上看，该股 7 月底止跌后逐步回稳，在 8 月 22 日出现一个短期高点 19.39 元，这时 9RSI 值 81.63 有短线超买的迹象，同时由于大盘的大幅回落，造成该股短线也出现回档。但是行情很快回升，并且在 8 月 29 日创出历史新高 20.68 元。不过这时 9RSI 值只有 76，与 8 月 22 日相比明显背离，最终引发行情又一次进入调整期(图 5－3)。

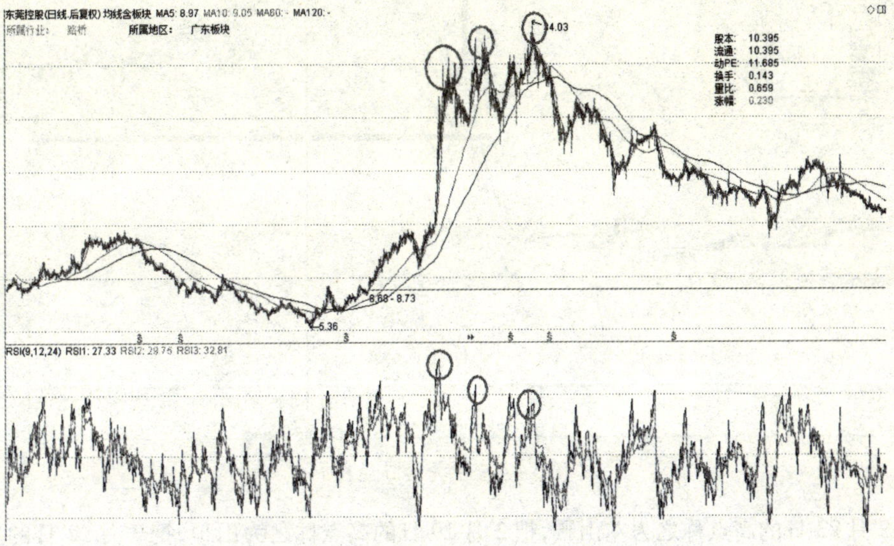

图 5－3　RSI 顶背离(东莞控股)

5.2.5　利用 BBI 指标逃顶

BBI 是一种移动平均线技术，但是它不是简单地将每日收盘价格进行平均，而是对四条不同时间的平均线进行再平均。BBI 在具体操作中常被称为自动趋势线，当价格持续上升并进入徘徊区的时候，这条曲线会完美地支撑着价格，当周期开始向下，价格首先击破这条曲线，而这个时候卖出信号就给出了。利用 BBI 逃顶的前提是必须和周期结合，简单地跌破 BBI 并不是头顶信号，只有在周期过了理想上升期后，价格跌破 BBI 才是重要的逃顶信号。在跌破 BBI 后，如果速度过快，那么随之而来对 BBI 的反抽也是常见的事情。

1. BBI 时间参数的选择

BBI 是 4 条移动平均线的再平均,如何选择时间参数是关键。在对 BBI 的应用上,很多人选择的是斐波那契数字 5、8、13、21,还有人选择 40、20、10、5,这些都是不正确的。

事实上,时间参数和投资者所跟踪的交易对象的循环周期息息相关,例如:如果交易 A 股票,首先应解析它的周期,假设发现它的周期是 22 天,那么选择的参数就是 44 天、22 天、11 天、6 天,这样做的目的是充分利用平均线的滞后性。

2. BBI 在周线上的应用

在周线图上广泛应用 BBI,可以为长线交易者提供一个逃顶的保障,因为长线交易的特征在于避免频繁的交易,试图最大限度地追随趋势,所以在周线图上价格跌破 BBI 将会提供一个较好的平仓机会,但是在周线图上的跌破不能等到周线收盘,而是一旦跌破 BBI 则立刻转向日线,看看日线是否出现了周期下降现象。如果出现则立刻离场,这是问题的关键所在。

BBI 与周期结合的逃顶技术适用于大资金和崇尚长期投机的散户,当然在具体应用中还要小心实验后再进行实战操作。

5.2.6 利用 MACD 指标逃顶

MACD 指标的逃顶主要是指 MACD 指标红柱隔山背离,以中关村(000931)为例(图 5-4),该股在 2000 年 2 月 22 日出现第一个高点,经过短暂回调之后,于 2 月 29 日创出第二个高点,再经过三周的回调之后,于 3 月 22 日创出第三个高点。

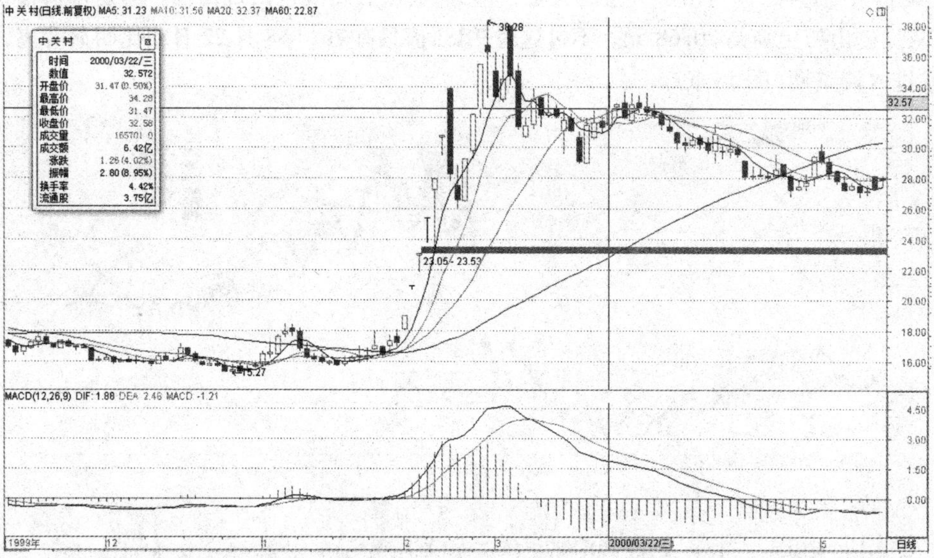

图 5-4 中关村日线图

如果把 2 月 22 日的高点称之为左山腰,把 2 月 29 日的高点称之为山顶,把 3 月 22 日的高点称之为右山腰,就可以发现,虽然右山腰的高点与左山腰的高点股价数值大致相等,但下方所对应的 MACD 技术指标却呈现出明显的不同特征:左山腰对应的 MACD 指标显示出的是高高的红色柱状,而右山腰所对应的 MACD 技术指标则是深深的绿柱出现。由于红柱的出现代表多方的力量增加,绿柱的出现代表空方的力量增强。所以,3 月 22 日出现的高点、2 月 22 日出现的高点相互对应的 MACD 红绿柱已经说明了左右山腰上的股价处于相互背离状态。

因此,如果把 2 月 29 日的高点看作山顶的话,此时右山腰与左山腰股价大致相同,而多空双方的力量却不尽相等,右山腰对应的空方力量明显加大,后市股价的下跌也应在情理之中。

所以,一旦投资者发现所持有的个股出现 MACD 隔山背离现象,应及早地抛出离场。

需要提醒投资者注意的是,有些强势股在出现 MACD 红柱隔山背离之后,表现为先出现一小段短暂时间的下跌,随后股价还会再度被拉起来,但这种情况通常出现在以下三种情况下:有非常强的强庄介入;股价前期的升幅不是很大;大势较好。如果上述三条均不具备,而出现MACD红柱隔山背离现象,则表明股价极易出大顶,投资者还是离场为宜。

5.2.7 散户逃顶的八大原则

1. 顺势而为,见好就收

我国股市仍然没有摆脱政策市的束缚,比如:2007年5月下旬,管理层多次提示"买者自负",可市场还不理会,股指继续上冲到4335点,盘面放量滞涨,累积了巨大的获利盘。从这种情况来看,调整是迟早的事。听话听音,应顺应政策意图,少一点贪念,多一点谨慎,见好就收,之后的"5·30"大跌也验证了政策的决心。

2. 逢高减磅

逐步减仓、逐步撤退的方法既可以逐步减少风险,又可以尽可能地去捕捉造顶阶段的一些中小机会。

3. 前期阻力位

所谓前期阻力位,是指当股价接近前期阻力位时,如果不能再增动量,则跃过此阻力位的难度会非常大,投资者不妨出局或减仓。

在股价运动过程中,每次高点的形成都有其特殊原因,而这一高点一旦形成,将会对该股后续的股价运动产生极为重要的作用:一则是该点位附近被套的筹码在股价再次运动至此时会产生解套要求,再则是股价行进至此时,投资者会产生心理上的畏惧,获利回吐的压力也随之增加。

因此,如果前期阻力位,特别是重要的阻力位没有被有效突破的话,或者投资者此时对股票的定价存在疑惑的话,则可以考虑减仓。如果正好处于市场的高点,则有出局的必要。

4. 充分利用高位震荡的机会逢高减磅

不采取诸如"落荒而逃"、在大市调整中、在相对低位匆忙逃跑的策略,而是利用震荡造顶的阶段性高位,利用大市每一次创新高的机会逢高减磅。即:既逐步撤退,又尽可能捕捉震荡造顶的中小机会。

5. 要有一定的余量

由于大市步入大调整之后,会有巨大的风险,所以,在策划逃顶的时候,一定要有一个提前量,有一定的预留空间。那种追求在"大厦倒塌"之前最后一分钟才离场的,极其贪婪、高风险的逃顶方式,是十分危险的。宁愿减少一定的利润,也要确保逃顶在顺利的、有充分把握的情况下完成。

6. 大盘是否见顶

在通常情况下,个股与大盘的联动性是非常强的,大盘处于升势时,买股票赚钱的概率远远超过大盘处于盘势或跌势时。如果大盘见顶,则差不多90%的股票都会随之下沉。所以,判断大盘是否见顶是考虑是否卖出股票的一个重要指标。

按这种方法操作有以下几点需注意:一是对大盘的见顶迹象和信号能有一定把握,二是要承担另外不随大盘表现的10%的股票此时继续上升的风险。也就是说,这一方法要求能看对大盘。另外,也要有"舍得"的勇气。

7. 量度升幅是否达50%或100%

至于量度升幅的方法,有几点特殊之处:首先,这一方法不是所有股票都适用,一般用在强势股上更为有效;第二,量度升幅的股价起始点需要小心处理。如果不能很好把握,最好不要使用该方法,否则,会误导自己或别人。

8. 跌出机会,人弃我取

行情在欢乐中死亡,在绝望中诞生。反弹行情往往是在过度的非理性暴跌中产生,市场严重超卖,短期做空动能集中释放的同时,必然会吸引场外抄底资金,产生一波报复性极强的反弹行情。这就像弹簧,被压得越紧,其反弹的动能就越足,这种反弹行情常常是短线高手追逐利润的最佳时机。

§5.3 捉涨停的技巧

5.3.1 初识涨停板

5.3.1.1 涨停板概述

涨停板是证券市场中交易当天股价的最高限度,也就是为了该股当天的最大收益,成为市场投机者追逐的最高目标。

1. 涨跌停制度的作用

涨跌停板的推出是防止新兴证券市场过度投机的产物,本意是防止市场过度波动。但是,涨跌停制度实际起了两个作用:

(1)在股票本身具有突然上涨10%以上冲击力时(比如突发重大利好消息、大盘反转),被迫在10%处停住,第二天由于本身上涨要求,还要继续上涨,这是一个明显的投机机会。

(2)涨跌停板对买卖股票的双方产生明显的心理影响。股票涨停后,对本来想卖股票的人来说,会提高心理预期,改在更高的位置卖出;而对想买的人来说,由于买不到,也会加强看好股票的决心,不惜在更高的位置追高买进。

所以,涨跌停板的助涨助跌作用非常大。当一只股票即将涨停时,如果能够及时判断出今天一天涨停将被牢牢封死,马上追进,那么,第二天出现的高点将给投资者非常好的获利机会。

2. 涨停股的市场意义

(1)上升初期涨停:以涨停来拉高建仓,此时,此涨停价的位置属于庄家的成本区。

(2)上升中期涨停:以连续涨停的手法迅速脱离成本区,此时,此涨停价位置属于庄家的利润区。

(3)相对高位涨停:以涨停的手法来吸引人气,引起市场的注意力。因为庄家深知散户的特点,即追涨杀跌,以此来吸引大量的市场跟风盘。此时,此价位成为庄家的派发区,也是最危险的区域。

5.3.1.2 涨停板的常见形态

1. 一波拉涨停

一波拉涨停是指股市开盘后,股价沿着某一角度上升,中途没有回档,直至涨停。有以下几种情况:

(1)开盘就是涨停板。分时走势轨迹简单明了,平行直线一条。

(2)跳空高开不回档,直至涨停。这种方式涨停的股票其分时走势图中运行的轨迹相对而言比较简单,大体上是斜线一条。跳空高开,是强势的表现。它说明投资者对该股前景看好,愿意以高于昨收盘的价格买入该股。不回档,则反映多头气势旺盛,能量巨大,空头没有丝毫发威的余地。这种情况大多在承接上一交易日的强势中出现。

(3)在昨收盘附近开盘,拉至涨停。这种方式涨停的股票,其分时走势图中的运行轨迹,也是比较简单的,大体上也是一条斜线。昨收盘附近开盘,说明开盘时该股的供求大体与昨收盘相当。多空双方的力量对比并没有产生大的变化。只是随着交易的展开,情况发生了变化,多头力量在运动中得到了增强,空方力量受到了削弱。

2. 二波拉涨停

二波拉涨停是指股市开盘后,股价回档,获得支撑后,调头沿着某一角度上升直至涨停。有以下几种情况:

(1)涨停开盘后,被打开,而后又涨停。涨停开盘常常反映着投资者对该股票的明显看好,是多头能量强劲的突出表现。

(2)跳空高开,回档获支撑后直至涨停。这种方式涨停的股票其分时走势中的轨迹,像一个评判是与否的“对勾”。跳空高开会明显地带来一定的获利空间,部分获利筹码很容易在这个时候涌出,从而迫使股价回档。而多头的能量一般不会在一个跳空高开中损失殆尽，所以往往会在很短的时间内重新聚集，向上发力，推动股价奔向涨停。

(3)在昨收盘处开盘，回档获支撑后拉至涨停。以这种方式涨停的股票，其运行轨迹，在分时走势图中，就表现得比前两种方式复杂。开盘于昨收盘附近，多空双方力量相对平衡，但如果前几日是弱势，空方能量往往会突然跑出，使股价跌落。但多方能量较大，仍可以再拉出涨停板。

3. 三波拉涨停

三波拉涨停是指股市开盘后，股价冲高回落，在获得支撑后，调头沿着某一角度上升直至涨停。这里又有以下几种情况：

(1)开盘后冲高回落，在黄金分割处获得支撑上至涨停。开盘后大幅度的冲高，常常会形成较大的获利空间，为短线投资者提供运作的机会。这时往往会有短线客兑现出局，引起股价回落。多数情况下冲高回落的黄金分割处是多方固守的重要部位。此处获得支撑股价常常会掉头拉向涨停。

(2)跳空高开，冲高回落受均线牵引掉头直至涨停。这种方式涨停的股票，其分时走势图中的运行轨迹，就像是我们日常生活中见到的“小心触电”标志。股价均线在弱势时是压力线，在强势时常常又是引力线。它往往可以把下挫的股价拉起来，使其掉头走向涨停。

(3)高开后遇阻回落，在开盘价附近获支撑后拉至涨停。这种方式涨停的股票其在分时走势图上形成的轨迹，也像是“小心触电”的标志。连续的扬升会形成大量的获利盘。由此抛盘的涌出也就不足为怪了。但在强势中，开盘价附近有着强大的支撑，所以股价回落到此，往往会受到很大的支撑，而促使其掉头向上，甚至于拉出涨停。

4. 突破箱体拉涨停

突破箱体拉涨停是指股价在某一箱体中运行一段时间，然后突破箱体上沿，沿某一角度上升至涨停。这里又有以下三种情况：

(1)突破单一箱体拉涨停。这种方式拉涨停的分时走势较规范，它往往出现在股票价格发生转折的初期，出现在明显的止跌组合之后。

(2)突破复合箱体拉涨停。以这种方式涨停的股票，其分时走势图中，股价运行的轨迹，搭成了向上攀登的双层台阶，股票的价格先后运动在两个明显不同的箱体之中。

(3)突破多重箱体拉涨停。这种方式涨停的股票，其分时走势图中的轨迹画出了层层梯田，股票的价格随梯田拾级而上，到达一个新的境界。这种方式拉出的涨停板，往往突出地暴露出主力运作的痕迹，是主力向上发力的具体表现。

5. 低开拉涨停

低开拉涨停是指股票以低于昨天收盘的价格开盘，而后拉至涨停。这种方式拉出的涨停板，常常是主力资金为了避开空头抛压而采取的一种运作手法。它可以较好地隐蔽主力的操作意向，使其在一种并不明了的背景下实现意图。

5.3.2 捕捉涨停板

5.3.2.1 涨停板盯盘步骤

1. 前一日收盘

前收盘价是前一交易日，多空双方搏击结果的真实记录。它对股价的支撑力度反映着前一交易日多方意图在当前盘中的延续状况。股票处于拉升过程中，一般不会跌破前收盘价，偶有跌破也会被迅速拉起。如果前收盘价支撑乏力，轻易被跌穿，并较长时间不被拉起，捕捉涨停板意义不大。如果在盘中情况相反，则在股价突破前次高点时果断介入。

2. 集合竞价

集合竞价作为深沪两市开盘前交易状况的反映，常常不可避免地要流露出多方当日投入资金及重点攻击对象的蛛丝马迹，显示着在总结前一交易日激烈搏击经验教训的基础上，经过一夜利弊权衡和周密安排部署,主力资金当日运作意图的一些信息。

投资者认真、细致地分析集合竞价情况,一方面,可以较早地感知大盘当天运行趋势的某些信息,了解自己投资计划运作的背景状况;另一方面,可以及早进入状态,熟悉自己选中个股的当日第一信息,验证或调整、贯彻自己经过周密制定的投资计划,敏锐而有效地发现并且抓住集合竞价中出现的某些稍纵即逝的机会,果断出击,提高涨停板的捕捉概率。

投资者对于自己重点关注的股票,在分析研究集合竞价情况的时候,一定要结合该股票在前一交易日收盘的时候所滞留的买单量,特别是第一买单所聚集的量的分析。这种分析对于当天的操作及其捕捉涨停的效果有着十分重要的意义。

一般地讲,如果一只股票在前一交易日是上涨走势,收盘时未成交的买单量很大,当天集合竞价时又跳空高走并且买单量也很大,那么,这只股票承接昨日上升走势并发展为涨停的可能性极大。通过结合诸如K线组合、均线系统状况等情况的综合分析,确认具备涨停的一系列特征之后,要果断以略高的价格挂单参与竞价买入。当然,也可以依据当天竞价时的即时排行榜进行新的选择,以期捕捉到最具潜力的股票,获得比较满意的投资效果。

3. 开盘

开盘价对于主力资金特别关照的个股来讲是有特殊意义的,它是主力精心策划的盘面信息之一。所以在上升期,股价在盘中一般是不会跌穿开盘价的,即便有时偶尔跌穿,也会被迅速拉起,或者会被有力地拉起。如果临盘时股价轻易跌破开盘价,并在较长的时间里不再被拉起,在这种情况下它对捕捉涨停板的意义是不太大的。如果盘中股价在开盘价处获得强有力的支撑,或被巨大的买单拉起,表明主力在此还有“戏”,应在其向上突破,超越前期高点时果断介入。

4. 盘中

成交量是多空战斗力的对比。看盘先看成交量,临盘要关注大单成交情况,它反映主力资金的价格意志。当大单低挂时,它往往会打压股价使其节节走低;当大单高挂时,它往往会提升股票价格,使其节节走高,随波上攻。上攻时大单的成交量为主力资金的价格意向,一定程度上决定着股票价格的升幅。关注上攻时成交量的变化,顺其动意及时操作,可提高捕捉涨停的概率。

股价冲高要回落,这是一种自然现象,也是股票价格变化的必然,它不以投资者的意志为转移,遵循自己的固有规律起伏运作。但是这并不意味着股价冲高回落没有什么操作价值,相反其冲高回落的幅度和角度,对股价当日的走势有着至关重要的意义。

在一般情况下,投资者必须十分关注早盘特别是开盘后半小时的走势,因为这个时候股票价格的变化,对股票价格全天的走势有着一定的指导价值。这个时候股票价格回落的幅度不破黄金分割线,特别是不破0.382的黄金分割线,在其调头向上冲破前期高点时买入,捕捉到涨停板的可能性较大。当然如果涨停板打开,在回落过程中受到0.382的黄金分割线强有力的支撑也可果断下单,这常常是天赐良机。

动能是股票价格波动的能量,它的大小常常可以从其运动的角度上反映出来。上攻动能大多从股价走势的攻击角度上进行体现。上攻角度越大,动能越大,当上攻角度大于60度时,它集中反映做多动能的不可抑制。但股价上冲一般难以一蹴而就,总要在上攻后有一回落,然后二次上攻,动能大小在此时反映的往往会比较清晰,动能较大介入时要以高于成交的价格挂单买入,否则容易踏空。

5. 力度

股票价格的即时走势大多无序,把握起来比较困难。而反映平均交易价格的均线则较多地体现出一些规律,把握起来就相对容易。均价线作为平均的交易价格水平,对即时股价有着一定的影响。它或牵引、或拉动、或支撑、或压制着股票即时交易的价格。股价回落获得支撑,上涨成为必然,支撑的力度越大,上涨的幅度也就越大。关注均线支撑对捕捉涨停很重要。

股价在一个箱体中运动,其箱体底部的支撑力度的大小,对临盘捕捉涨停板有着十分重要的意义。如果箱体底部支撑力度小,股价就可能跌穿箱底,走向调整或漫漫熊途。相反如果箱体底部支撑力度强大,往往可能使股价有效地突破箱体顶部,从而走出一轮上升行情。

一般来说,股价箱体底部的支撑力度,由股价回落到箱体底部附近或跌穿箱体时的变化反映出来。

通常当股价跌穿箱体底部就被迅速拉起,或接近箱体底部时便返身上行,就说明箱体底部的支撑力度较大,有资金在护盘或关照。反之支撑力度则小,股价会像断线的风筝,随意飘荡。在临盘操作的时候,当目标股在盘中反复下探箱体底部,不仅跌不穿箱体底部,或者刚刚跌穿,就被大买单拉起,则表明股价受到箱体底部强有力的支撑。这时,如果股价返身上涨,向上有效突破了当日盘中的前期高点,投资者要果断下单介入。

5.3.2.2 集合竞价涨停战法

1. 集合竞价选涨停的操作条件

(1)股票波段涨幅小于25%

80%以上的个股涨幅在40%左右就会展开调整或者平台型整固,涨幅在25%以上的个股往往是波段涨幅的末期,再追高去买就会有被套的风险,这里要求在集合竞价选涨停前,个股涨幅小于25%为宜。

(2)符合高开的四个标准

早盘集合竞价必须高开,一般要求高开在2%以上为宜,即股价至少要符合强势高开标准。

①寻常高开。即高开幅度小于2%;高开回调不破当日开盘价,或者高开回调不破前日收盘价,至多只能稍稍击破前日收盘价。符合以上条件的,波段涨幅小于25%的个股,如果也符合下期的巨量标准,可以待股价回调时跟进追涨。

②强势高开。即高开幅度在2%~4%;股价回调不破当日开盘价、不破前日收盘价、不破均价线。符合以上条件的,波段涨幅小于25%的个股,结合下期的巨量标准,待股价回调时可以跟进。

③超强高开。即高开幅度在4%~7%;股价回调不破前日收盘价、不破当日开盘价、不破分时均价线。符合以上条件的,如果个股波段涨幅小于25%,并且同时也符合下期的巨量标准,开盘直接跟进或待股价回调时买入。

④极强高开。即高开幅度7%以上;股价回调不破当日开盘价、不破分时均价线。符合以上条件的,如果个股波段涨幅小于25%,并且同时也符合下期的巨量标准,开盘直接跟进或待股价回调时买入。

(3)符合巨量的八个标准

①流通盘小于3000万股,集合竞价成交量在600手以上,谓之巨量成交。

②流通盘在3000万股~6000万股之间,早盘集合竞价成交量在800手以上,谓之巨量。

③流通盘在6000万股~1亿股之间,早盘集合竞价成交量在1000手以上,谓之巨量。

④流通盘在1亿股~2亿股之间,早盘集合竞价成交量在1500手以上,谓之巨量

⑤流通盘在2亿股~4亿股之间,早盘集合竞价成交量在2000手以上,谓之巨量。

⑥流通盘在4亿股~6亿股之间,早盘集合竞价成交量在2500手以上,谓之巨量。

⑦早盘集合竞价成交量在6亿股~10亿股之间,早盘集合竞价成交量在3000手以上,谓之巨量。

⑧流通盘在10亿股以上的,早盘集合竞价成交量在6000手以上,谓之巨量。

(4)开盘一小时股价处于强势中,回调不破开盘价、均价线或前日收盘价。

(5)个股均线系统多头排列最佳。

(6)大盘处于牛市或波段上涨行情中最佳。

2. 集合竞价选涨停的操作策略

(1)大盘处于牛市环境中,参与仓位可以在八成以上;大盘处于熊市环境或牛市二浪调整环境,参与仓位严格控制在三成以下。

(2)在上一条的前提下,对符合涨停板战法的个股在资金使用上要合理分配,个股形态好的资金多分配一些,形态不好的少分配些,但切忌孤注一掷。要注意,股市变化莫测,涨停板战法是短线行为,系统环境及突发事件往往会改变个股的短线走势,即主力操盘手会根据环境的改变而采取不同的策略,集合竞价选涨停法只能保证总体的成功率在40%左右,无法保证某一只股一定涨停。

(3)集合竞价选涨停要求9点25分~9点30分这短短五分钟内立即选出符合巨量高开的个股。这对看盘时间要求比较高,其中高开、流通盘的标准可以在软件“功能——选股器——定制选股”上进行设置,并保存方案,早盘在9点25分可立马选出高开的个股,随后用多股同列选出形态较好的个股。如

图 5－5 所示。

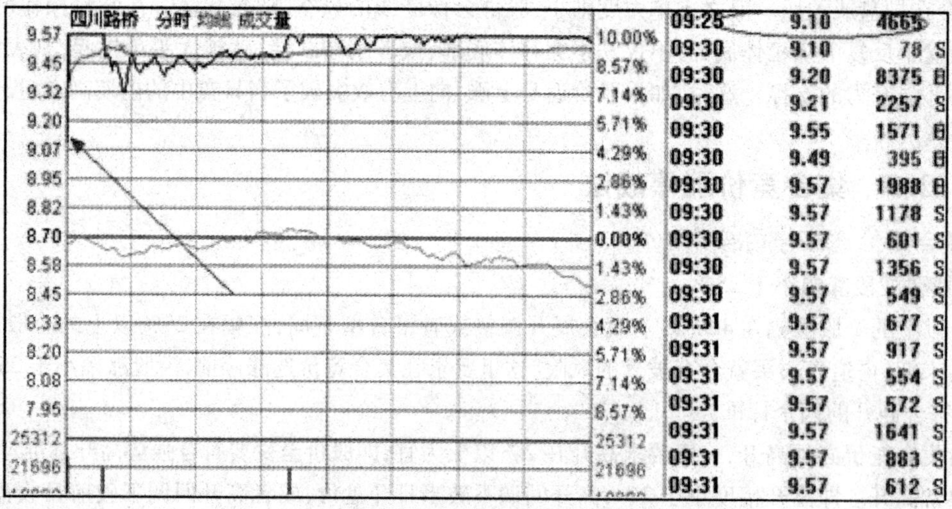

图 5－5　四川路桥分时图

600039，四川路桥，流通盘 3.04 亿，2010 年 5 月 31 日，集合竞价时 4665 手巨量超强高开 4.3%，远高于该档的 2000 手标准，资金注入强度值极高，来看一下该股的技术形态（图 5－6）。

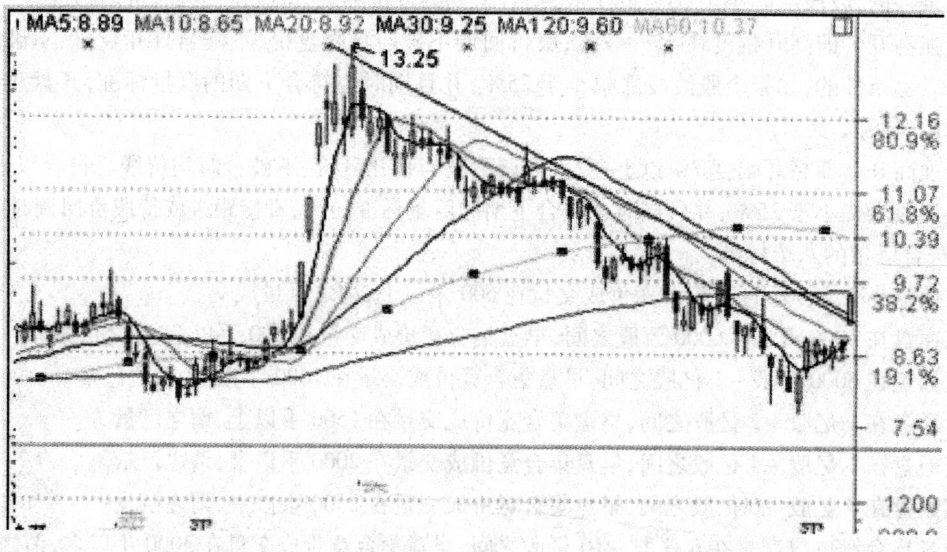

图 5－6　四川路桥日线图

从图中看刚刚突破下降趋势，但均线系统显示个股仍处于弱势环境，大盘目前正处于下降趋势，系统环境一般，该股见底后波段反弹幅度还小，综合考虑，三层仓位参与。

这是三个买点（图 5－7），早盘开盘后可四层资金买入，开盘回调时四层资金买入，下午再度封板前二层资金买入。该股尾盘涨停。

以上是集合竞价选涨停的案例，由于大盘环境比较恶化，所以要严格按照操作条件，参与资金不要高于自己仓位的三层，熟练了以后，在牛市中就会威力无穷。

5.3.2.3　利用分时图捕捉涨停

1. 开盘封死涨停

开盘封死涨停，即股票开盘就涨停，且一直将涨停封到收盘之时，没有买入机会。开盘封死涨停主要包括两种情况：

（1）拉升，使股票迅速脱离成本区，通常发生在主力建仓完成之后

当股价处在底部的时候，持股者普遍惜售，此时只要少量资金就可以将中小盘的个股封至涨停，尤其是在开盘时就封涨停，愈发能显示出主力拉升的决心和实力。此时，抛盘会非常少，人们普遍持股待涨，

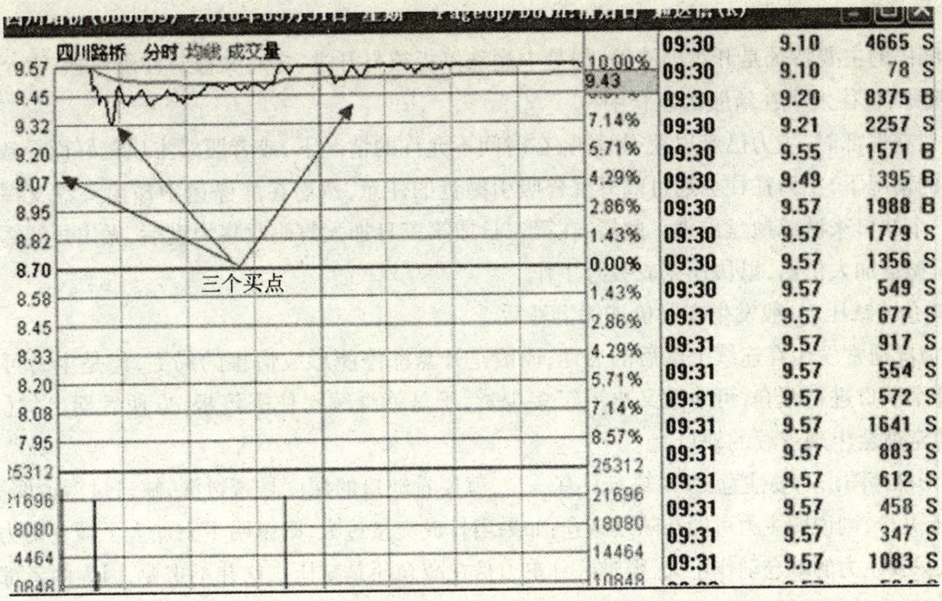

图5-7 四川路桥分时买点

往往该涨停板很轻易就能封到收盘时。此外,当个股筹码基本上被主力收购之后,外面的抛盘很少,同样可以轻松封一字形涨停板。当股票出现一字形涨停板时,往往会最先进入"涨幅排行榜",锁定交易者视线,吸引其后期跟风。

(2)吸筹,有主力在不破缺口的情况下进行吸筹(这种情况较少)

图5-8中,ST上航(600591)开盘就涨停,成交量稀少,说明持股者普遍惜售。

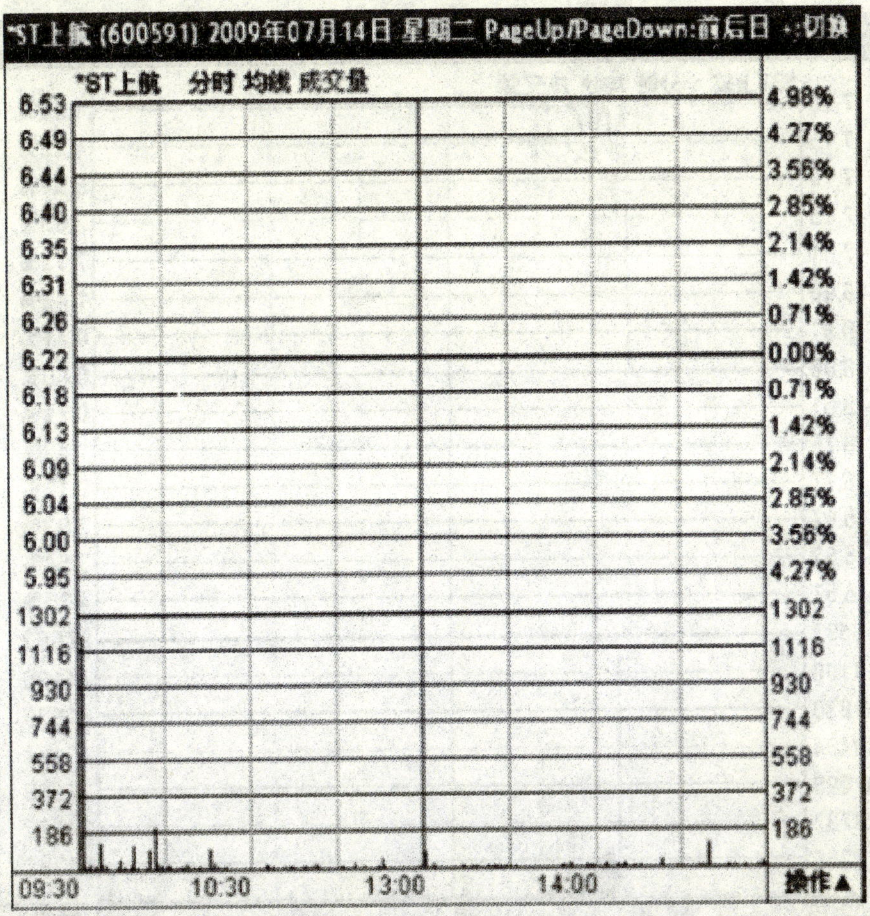

图5-8 ST上航(600591)于2009年7月14日的分时图

2. V 形涨停

V 形涨停的主要特征是开盘即涨停,但是中途涨停板被打开过,之后又被封住涨停板,直至收盘。

(1)吸筹,往往发生在新股的建仓中

当股票在底部时,主力已难以获得筹码,在时间不允许的情况下,或者股票本质较好而导致不拉升则不易吸筹的情况下,主力往往会通过高开涨停吸引抛盘的注意,然后在涨停途中作出买盘支撑不住的样子,打开一个缺口来诱惑抛盘出来。此后,在第二日或第三日加大筹码收集力度后,做出短线需要调整的动作,吸引抛盘加大供给,以快速完成吸筹工作。

(2)减仓或减压,一般发生在股价连续上涨后

这种情况通常发生在连续上涨后的后期,原因是开盘涨停能形成惜售的局面,但是主力可以趁人不备,快速开个缺口进行减仓,可通常又出不了多少货,于是就继续封住涨停板,方便后期出货(真要大量出货时,通常就会出现连续的缺口)。

看 V 形涨停图形时要注意:如果缺口只有一个,就要看缺口的深度是否过深,缺口过深说明抛压巨大;如果缺口有几个,则说明主力可能在陆续减仓;如果当日成交量过大,则说明主力加大了减仓的力度。但是一般来说,只要主力的减仓动作不大,很难区分主力是在减仓还是减压。这并不重要,因为两者都已经透露出主力筹码过多的信息了,既然主力开始减仓或不要筹码,那么就预示着后期股价拉升的空间有限。

只要股价不是涨得太高,通常出现这种图形时,就是主力示意该有新人进场交换少许筹码的时候了。如交易者在主力利用涨停处的缺口进行洗盘时介入,往往也能尝到一定的甜头,但短线交易者必须提高警惕,后期见势不好就要出货;如果涨幅过多,中线交易者也要注意减仓了。

图 5-9 是 * ST 上航(600591)在 2009 年 7 月 16 日的分时走势图。该股在停牌 1 小时后交易,开盘就打开涨停板,成交量放大,但又在不到 1 个小时内封上涨停板。日 K 线上留下 T 字形涨停图形,说明主力有所减仓。

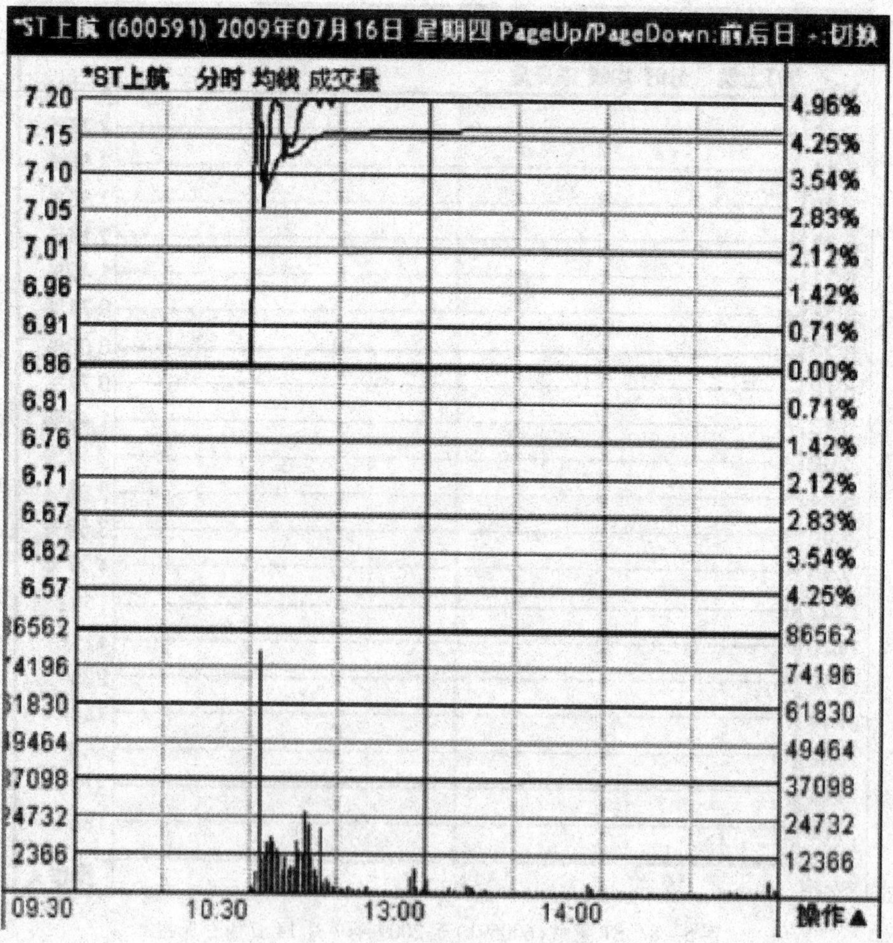

图 5-9 ST 上航 2009 年 7 月 16 日分时图

3. 匀速涨停

(1)匀速涨停的基本特征

匀速涨停的基本特征是低开、平开或高开后,股票被封到涨停板处。匀速涨停看起来多种多样,但实际上只有两种,即斜推式涨停和平台整理式涨停,其他样式都是由这两种演变而来的。

(2)匀速涨停和开盘涨停的区别

匀速涨停和开盘涨停的目的及意义是不一样的。虽然两者都是涨停,也都是为了吸引市场目光,但是开盘涨停暴露的是主力不希望市场跟风的用意,当其连续拉一字形涨停时,意味着主力不是吸筹而是建仓已经完成,需要快速脱离成本区赶紧盈利。为了快速将高风险筹码转换给后来者,主力往往在拉了2~4个一字形涨停板之后,又会采用V形涨停板或匀速涨停的方式,以吸引市场跟风。所以,交易者如要跟风,须考虑个股当前的涨幅情况。如果涨幅过大,则暴涨的背后可能就是暴跌,这通常体现了主力速战速决的心态。

匀速涨停则一开始就透露出主力希望市场跟风参与的意图,同时在边拉升、边吸筹、边洗盘的过程中,不断提高市场参与者的成本,不断过滤不稳定的浮筹,不断吸引新的买家入场。在股价逐级抬升的过程中,主力的新筹码也在不断增加,但市场人气被彻底激活。采用这样的拉升方式后,后期主力多半是通过慢熊型或震荡型的方式进行出货,毕竟前期的高成本筹码也有不少。在到达市场最高点时,巨量长阴线或墓碑线往往是这段行情反转的标志。

图5-10是上海金陵(600621)在2009年5月22日的分时走势图。该股在平开后不断上拉,盘中和尾盘摸上涨停板。说明主力边拉升、边吸筹、边洗盘的过程中,不断提高市场参与者的成本。

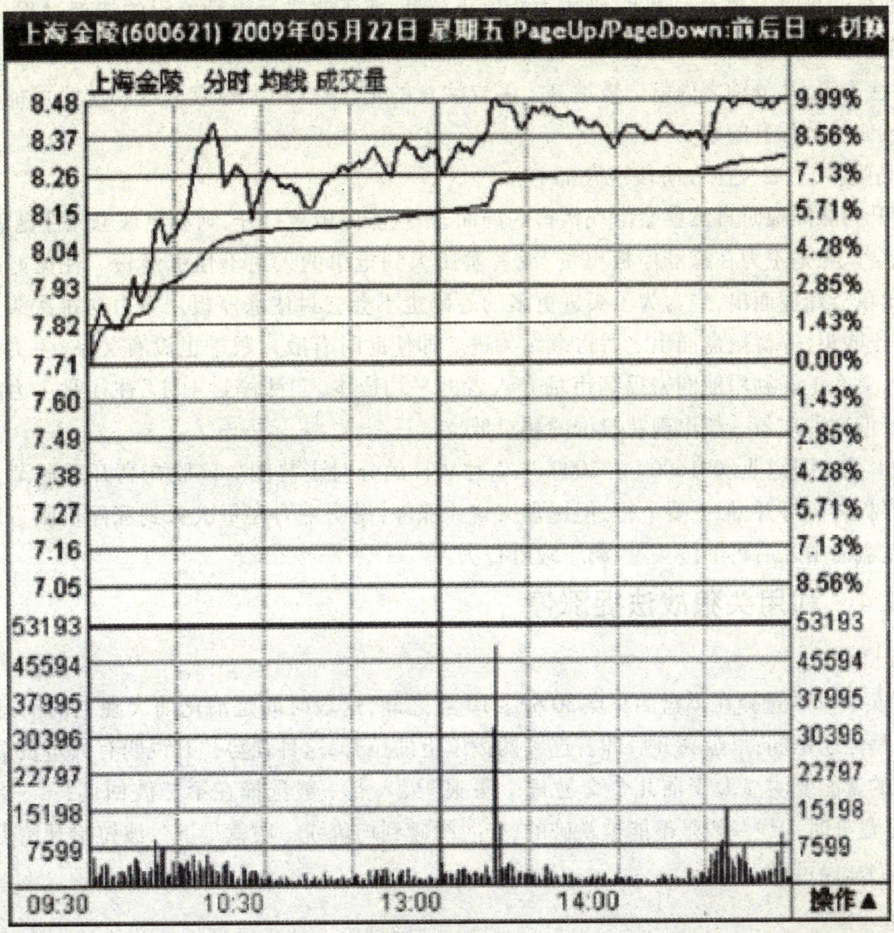

图5-10　上海金陵分时图

4. 涨停开板

涨停开板的主要特征有:一是高开盘,吸引人注意;二是曾经一度急拉,诱多涨停;三是封住涨停板一段时间后,又屡屡被打开涨停板。

这种手法用在股价不同的阶段，所透露的意义是不一样的，主要用意分别如下：

(1)减仓，主要发生在行情的阶段性顶部

一只股票被迅速拉到涨停并进入了市场涨幅排行前列，自然会引起诸多短线客的关注，越是强势的股票就越会有短线盈利的空间，这也是短线客存在的普遍认知。于是，只要个股被拉到涨停且当时并没有放出巨量，那么他们就会毫不犹豫地跟进。

如果当时没有抢到筹码，哪怕挂单排队或者抢涨停缺口，他们也愿意。正是基于这种心理，主力就会悄悄撤掉买一处的巨大接盘，让后面的散户买单顶上，而自己则开始照着买一处的价格快速出货。散户的买单自然封不住主力的巨量卖单，于是主力把卖单暂停一下，再把股价推至涨停板，然后再撤买单接着卖。如此往复，自然就出现了封不住的涨停现象。

涨停减仓往往建立在大盘很强势或个股有利好的情况之上，因为这种封不住的涨停现象，市场基本上都认定是主力在出货，主力必须借助利好环境才能麻痹广大交易者，这是它的一个特征。它的另一个特征是个股的股价往往不低，主力获利空间已经比较丰厚。

因此，在个股累计升幅较大后，短线交易者见到涨停封不住的图形时就要准备出货了，尤其是当日跌破均价线或第二波跌幅过深时；稳健一点的交易者则可以等待股价跌破 5 日均线时再出局，以避免中途自动出局；中线交易者则需要看 30 日均线，但如果股价距 30 日均线高出太多，就要考虑减仓。

(2)试盘或整理，主要发生在行情的中途

当股价处于即将拉升阶段或关键部位时，主力通常会有试盘的动作，以确定市场的跟风状况和抛压状况，方便下一步的计划和部署。如果试盘时发现买盘很多，在主力筹码足够的情况下，可能就势发起上攻的动作；如果试盘时发现卖盘很多，则主力会停止拉升，接下来进行浮动筹码的清理过程，迫使浮筹出局，避免后期拉升时浮筹溢出下挫股价。若大盘状况不好，主力也会借势打开涨停板的缺口进行洗盘，但这个缺口往往不深，几分钟之内就会被填补。需要注意的是，试盘和吸筹或试盘和洗盘可能是同步进行的，主力见风使舵是常有的事。

(3)拉高吸筹，主要发生在阶段性底部

当股价升到涨停板时自然就会出现惜售的局面，一旦涨停板被打开，则会出现恐慌性抛售的现象，持股者本能地会以为是主力在靠涨停板出货，或者卖压大到抢单的人封不住涨停板。在见好就收的思维下，市场的卖单会蜂拥而出，主力为了买进更多的筹码也不会去封住涨停板。主力在每次买到涨停价附近时就会停止购买，等待抛盘涌出之后再继续买进。即使此时有散户跟进也没有关系，主力要么会在后期进行洗盘，要么正好利用他们来提高市场介入者的平均成本。“涨停封不住”往往是主力拉高建仓时特有的现象，但这种现象一般出现在股价的相对低位。

图 5－11 是中国铝业(601600)在 2009 年 2 月 9 日的分时走势图。该股在高开后逐渐上拉至涨停板，盘中涨停板两次打开，似乎要下行，但尾盘又封住涨停，说明主力在每次买到涨停价附近时就会停止购买，等待抛盘涌出之后再继续买进，属于吸筹行为。

5.3.2.4 利用头狼战法捉涨停

1. 战法概述

“头狼”买股基本选择在早盘的 9 点 30 分～10 点之间，这段时间是消化前天晚上的消息，大致能看出该股今天是强还是弱；早盘高开后即有连续两拨以上的拉升，这种强势拉升说明有大量资金在抢筹码，即该股早盘的量能要明显大于前几个交易日；“头狼”买入点一般选择在第二波回调，第三波开始拉升点。另外，早盘分时均线一般是不能被跌破的，分时线碰到均价线一般就是下一波拉抬开始点，这种股票往往有很强的涨停可能。

2. 操作风格

(1)短线快进快出，善于捕捉涨停板股票。

(2)具有“铁一样的纪律”并像军人一样严格地执行。

(3)只操作龙头股。

(4)轻大盘，重个股。大盘无论强弱，当天有大资金明显流入的股票都会在当天维持强势运行，其涨

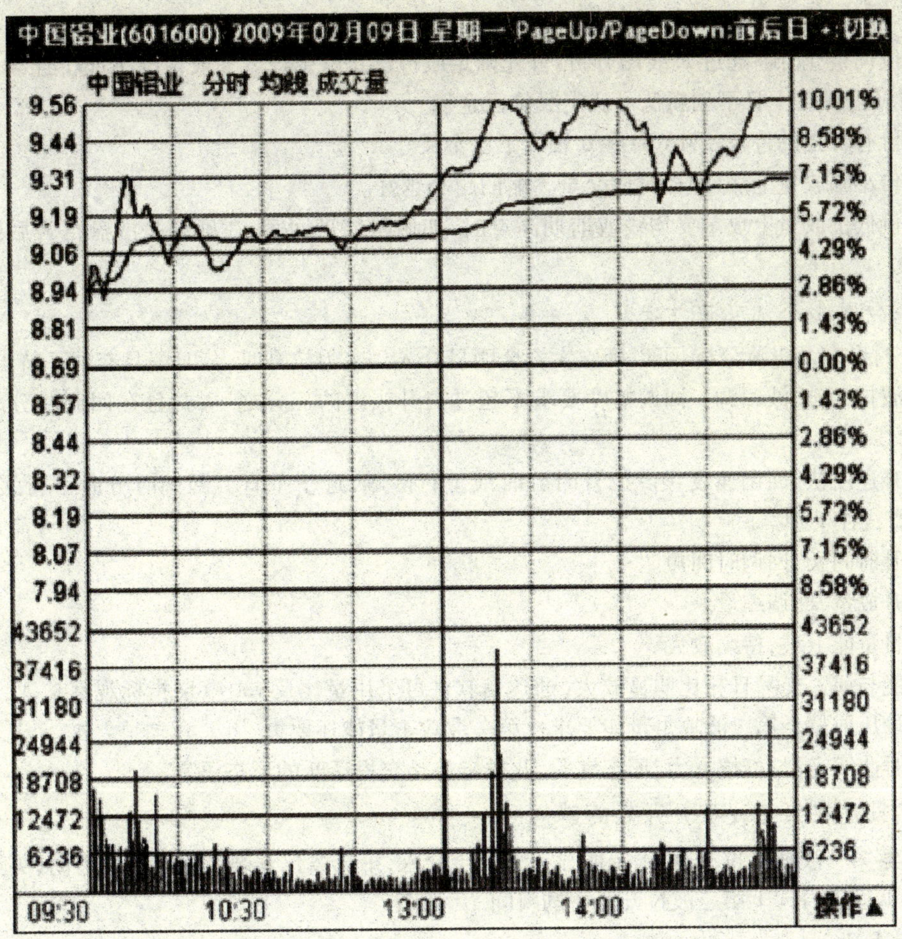

图5-11 中国铝业分时图

停概率最高。

(5)追涨杀跌,频繁换股。今天买,明天卖,一天换一支强势股。

(6)只买一支龙头股并集中精力关注。

3. 操作原则

(1)看中做短。即看好中线开始走强的前提下,进行短线操作。

(2)轻大盘、重个股。

(3)选择股价在低位调整充分,在上升拐点出现的时候短线追涨,此时风险最小。

4. 操作要点

(1)只做强势个股的超短线,这样成功率极高。

(2)讲究一个"准"字,没有把握的时候决不轻易出手。

(3)讲究一个"快"字,全力以赴,快速重仓出去。

(4)讲究一个"狠"字,即使被套也敢于壮士断臂,牢牢树立"少亏就是赚"的理念。

(5)次日不强势上涨,坚决卖出,可以避免上下坐"电梯"的风险。

5. 选股

参与更容易被市场资金接受的股票品种。选股要点如下:

(1)建立自己的一些股票池,便于及时跟踪。

(2)选择宏观背景、行业背景向好的上市公司股票,有重组预期更好。

(3)总股本不能过大,要求几千万到三四个亿的最好,最多不超过200个亿。

(4)只操作龙头股,不是龙头股坚决不碰。

(5)大盘股、高控盘庄股、ST股、高价股、暴涨股并且换手率超到20%以上的坚决不买。

6. 买在日 K 线走势由弱转强阶段

(1)低位调整充分。通过 K 线图分析，首先确定股价已止跌企稳。一般情况下股价连续多日小阴小阳，成交量持续萎缩，十日不创新低可认定股价已企稳。

(2)股价有转强的迹象。MACD 在 0 轴以下已金叉。

(3)股价小幅放量上涨，回档时成交量萎缩的越小越好。

(4)股价低位放量上攻重要均线或前期高点时，如遇阻缩量回落，在确认是洗盘行为后则应列入重点跟踪对象。

7. 买在分时形态确立拉升之日

通过分时形态及量价分析，可以确立大资金明显介入。主力拉升时，分时图具有如下特点：

(1)长波拉升，短波回调。回调幅度要求不超过拉升幅度的三分之一，并且在回调时分时线绝对不能跌破均价线。

(2)拉升速度快，回调速度慢。拉升时分时线上行陡峭，近于垂直。回调时分时下行缓慢，坡度较缓，而不是直线往下掉。

(3)拉升时间长，回调时间短。

(4)拉升放量，回调缩量。

(5)当日量能上坡，持续放大。

(6)量能与前一交易日相比明显放大(通达信软件可采用量比及 vol - tdx 指标观察)。

(7)后量压前量。第二波攻击量能要求比第一波攻击量能还要大。

(8)分时曲线光滑，挺拔有力，形态完美，此类走势是交投活跃的形态语言。

8. 买点设定在第三波拉升开始的瞬间

通过观察第一波放量拉升，可确定明显有大资金介入，第二波拉升确定股价正式启动，买点设定在第二波拉升回调后返身向上第三波拉升开始的瞬间。

9. 注意事项

(1)买入时间确定在早盘九点半到十点半之间，买点越早越好，封涨停越早，次日爆发力也越强。

(2)追求利润最大化，持股时间不超过 4 小时，当日早盘买，次日早盘卖。

(3)卖出不贪，及时锁定利润，寻找下一支更强势的股票。

(4)卖出采用即时成交的方式，卖出价比市场价要低一至两角，确保立即成交。

(5)二波拉升，方可确立强势，涨幅要求在 5 个点以内，超过 5 个点就放弃买入。

(6)假如当天的走势出乎意料，出现了亏损，说明自己看错了，第二天应立即止损，毫不犹豫地割掉。

(7)如次日集合竞价出现上百万的大买单，股价跳空高开，确定有大资金进入，可以继续持股。

10. 案例

(1)案例一：哈高科(图 5 - 12)

“头狼”用此战法捕捉涨停板股票有几个要点：涨停前有一个缩量的过程；涨停前股价处于一个相对小底部；涨停当天早盘有两波以上放量拉升，分时线不跌破分时均线；买点基本选择在第二波拉升回调。

(2)案例二：三元股份(图 5 - 13)

“头狼”使用此战法有以下几个要点：选择的股票必须为前期强势股，前期最好有过涨停板；股价受大盘影响，上涨途中出现大跌，或上涨途中冲高回落，走出较为难看的图形；“假摔”后当天出现高开高走或低开高走，盘中有两波以上拉升，分时线不跌破分时均线，并且很快吞并前天的阴线；买点基本选择在第二波拉升回调。

5.3.3 涨停板实战技巧

5.3.3.1 捕捉涨停六项基本原则

1. 领头羊原则

抓涨停，一定要抓领头羊。任何一个板块的启动都会选择一到两个领头羊，往往第一个涨停的空间

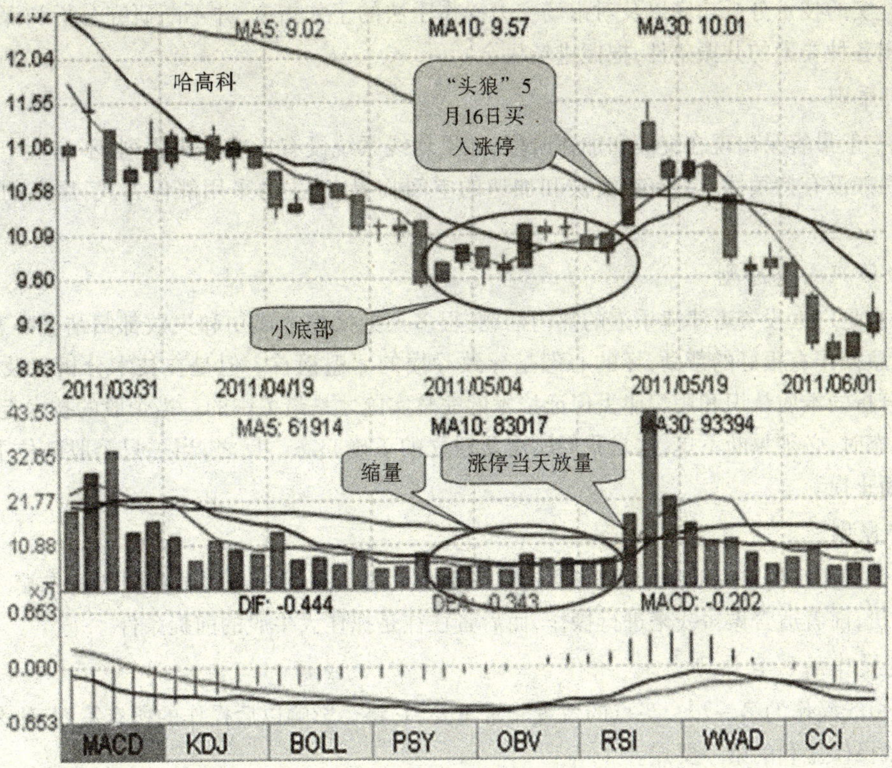

图5-12 哈高科日线图

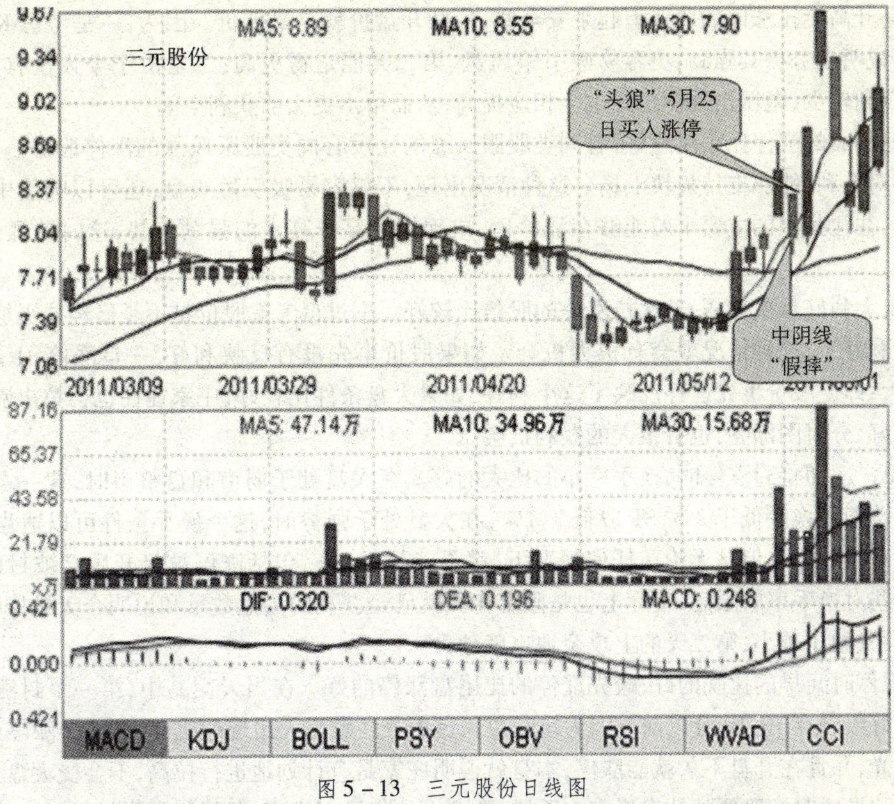

图5-13 三元股份日线图

是最为巨大的。但许多投资者看到一个板块启动，领头羊涨停，却不敢去操作这只领头羊，而是去抓和领头羊同一板块的跟风者，结果不是被套，就是获利空间甚小。

2. 多因素共振原则

价格、成交量、时间、均线等，当所有要素发生共振时，涨停板就会诞生，这是个股内在运行形态所要求的。当然，对于每只涨停板个股操作都是有严格的纪律作保证。首先是要建立在缜密的技术分析基础上,要有很扎实的技术分析功底以及对市场主力操作手法的了如指掌,并不断研究分析和深刻总结其中的规律,找出各种要素的共振条件,把握进场机会。

3. 空间原则

涨停板一般最容易出现在突破和加速阶段,如果均线系统没有形成多头排列,不是处于突破和加速阶段,涨停一般没有持续性。只有在突破和加速的空间临界点,主力采用涨停方式,后市的空间才会更巨大。

4. 克服散户心态原则

心态一直是广大投资者津津乐道的热门话题,很多人把操作的成功和失败都归结于心态。确实,好的心态对股票操作有很好的帮助,坏的心态是导致亏损的罪魁祸首。但是在技术分析以及短线操作领域,对技术分析的本质认识和用纪律去保证技术的完整实施才是最关键的。当个股的技术走势符合所认识的技术形态时,必须果断下单,这是我们所需要树立的正确心态。反之,当一只个股破位下跌,应该抛弃犹豫,果断止损。

5. 大势原则

任何一个操作都要讲究顺势而为,不可逆市而动。大盘热点起伏时的振荡和调整末端,往往是抓涨停的最好时机,前者适合做短线来进行操作,而后者往往是抓住大牛股的前提条件。

6. 短线操作的买点原则

买点是短线操作的第一步。买点的位置非常重要,它将会影响以后操作的所有策划,什么点位买,如何买,是短线操作盈利的第一要点。

5.3.3.2 巧妙判断有价值的涨停

第一,高开高走拉涨停的股票追起来安全些,最好开盘价就是最低价。因为:一是考虑 K 线组合,高开高走涨停说明走势极其强劲,更容易吸引跟风盘,第二天能走得更高;二是由于今天没有在低价区成交,获利盘获利较少,抛压出现的位置也会相应提高,从而留出更大的获利空间。

第二,龙头股的涨停比跟风股好,有同类股跟风涨的比没有同类股跟风涨的涨停股好。这里要求大盘条件要相对有利,能够支持板块上扬。这种情况出现,不仅容易吸引短线盘,还可以吸引中线盘,再加上股评吹捧,往往其中的主要个股能够在涨停后,出现继续高开高走的强劲走势,这时追涨停也是最安全的。

第三,重大利好首次披露,首次拉涨停的股票比较好。不过得考虑股价是不是已经拉得够高,股价早就反映这个利好了,这种情况就会有很大机会。如果股价事先没有反映利好,一旦涨停,上攻力量就很强,机会很大;即使股价事先已经反映了这个利好,如果大盘条件比较好,庄家往往也会拉出涨停,这时只要股票形态好、分时图漂亮,也有很大的获利机会。

第四,第一次即将封涨停时,换手率小的比大的好。在大盘处于弱市和盘整市时,这一点尤其重要。理想情况是普通股换手低于 2%,ST 股低于 1%,在大盘处于强势时,这个换手条件可以适当放宽,对龙头股也可以适当放宽。但是无论在任何情况下,都不能超过 5%,包括涨停被打开后又被封住时换手率的情况。这些对换手率的限定,实际上也是限定今天就已经获利的买盘数量和说明今天抛压的大小。这时获利盘越小、抛压越小,第二天的上攻余地也就越大。

第五,涨停时间早的比晚的好;最先涨停的比尾盘涨停的好。在当天交易中,第一个封涨停的最好,涨停时间最好限制在 10:10 分以前。因为短线跟风盘十分注意当天出现的机会,前几个涨停最容易吸引短线盘的目光,并且在开盘不久就能涨停,本身就说明庄家是有计划地进行拉高,不会受大盘当天涨跌的太大影响。如果这时该股票的技术形态也不错,在众人的集体上推下,涨停往往能封得很快,而且买单可以堆积很多,上午收盘前成交量就可以萎缩得很小,在下午开盘时就不会受到什么冲击,涨停封死的可能性就非常大。第二天,获利也就有了保障。

如果上午停牌,下午复牌后,在 1:15 以前封涨停的也是相当不错的。能在开盘不久封住,自然说明庄家有拉高计划,只是由于短线盘很多已经集中在上午的涨停板上,下午的涨停板吸引力相对小一些。其他时间段涨停的股票相对差一些。

在10:10～10:30涨停的股票，如果摸到涨停时，换手不大，分时图上股价走势连续正常，没有出现尖峰情况，分时成交也比较连续，没有出现大笔对倒，则还可以。

在10:30～11:10涨停的股票，这种风险更大，经常有下午开盘后涨停就被打开的情况。

在下午1:15～2:00涨停的ST股，如果涨停时换手很小（低于1%），分时图表现为在冲击涨停前，只有非常稀少不连贯的成交，只是在冲击涨停时才逐渐有量放出，并且在冲击涨停时股价走势比较连贯，没有大起大落，则也可以。

在下午2:00～3:00涨停的个股，除非大盘在连续阴跌后，在重大消息的刺激下出现反转走势，或者是在下午走强的板块中的龙头股（这时大盘还必须处于强势中），否则轻易不要去碰。

第六，个股形态盘整一段时间后突然涨停的，比连续上涨后再拉涨停的好；连续大跌后以涨停方式开始反弹的也可以；庄家仓位重的比庄家仓位轻的好。

盘整要求在至少5到6天内没有出现大阴大阳，均线系统不能出现BIAS太大的情况，拉到涨停的位置后，离强阻力区域不能太近，要给第二天的高开留下一定空间；对于庄家持仓太重、基本只有庄家自己参与交易的股票，首先必须看日K线，判断一下庄家这时的意图，再决定是否参与。

在一般情况下，盘整后突破的股票是最好的，由于普遍的心理预期是突破后上涨空间打开，第二天的获利幅度会大一些。而对于超跌反弹的股票，由于反弹性质决定，高度不能预计太大，要保守一些。而连续上攻的股票，由于在低位买进的人可能随时抛出，形成大抛压，因此，除非是在大牛市，否则追涨停的时候一定要小心。而对于庄家仓位比较重的股票，庄家由于出货需要，常常是在涨停后继续拉高出货，才能降低仓位，所以反而相对安全些，当然，大盘也不能太差。

第七，分时图上冲击涨停时，气势强的比气势弱的好。看分时图需要很高的技巧和感觉，语言很难表达出来。要注意的方面：一是均价线应该是开盘后保持向上，支持股价上涨；二是分时图里股价从盘整到冲击涨停，如果盘整区离涨停的距离在5%以内，那么冲击涨停速度快比较好，但是如果盘整区离涨停比较远，那么最好是不要一直冲向涨停，而是冲高一下再盘整（盘整区提高），再迅速冲向涨停；三是分时图里的成交分布问题，要求上涨成交要放大，但是放大要适当，并且比较均匀连续；四是看委托盘，真要涨停的股票，一般显示出来的买进委托盘不会比委托卖出盘大，因为庄家的真正买盘是及时成交的，看不见，而那种很大的买盘托着股价慢慢上涨的，基本可以认为是庄家在出货，不能追进。

§5.4 跟庄的技巧

5.4.1 市场中的庄家概述

1. 第一庄家：中央汇金投资公司

中央汇金投资有限责任公司（以下简称汇金公司）是由国务院批准设立的国有独资投资控股公司，成立于2003年12月。汇金公司的主要职能是代表国家行使对重点金融企业的出资人的权利和义务，支持其落实各项改革措施，完善公司治理结构，保证国家注资的安全并获得合理的投资回报。

汇金公司控股多个金融机构，行使股东监管的职能；央行行使金融稳定监管职能；银监会行使行政和资本监管职能；财政部行使财务监管职能。汇金公司的5000万元注册资金来自财政部，但其运营的资金是央行资金。汇金公司对中国银行、建设银行、交通银行等国有银行控股或参股。

汇金公司的主要职能决定了汇金公司在中国股市中的超然地位。这一庄家的动作代表着国家的政策意志。投资者完全可以跟随着汇金公司的动作进行操作。因为汇金公司的动作往往起到救市、稳市和抑市的作用。

不过，需要着重指出的是，任何庄家都无法决定一个市场的大趋势，汇金公司最多也只能影响市场短期的走势，对于市场的大趋势是无法改变的。在市场极端低迷的情况下，这一庄家的入场资金同样会被熊市蒸发，投资者要区分市场所处的阶段。

2. 第二庄家:社保基金

社保基金又称“全国社会保障基金”,是中央政府集中和管理的社会保障资金,是国家重要的战略资金储备,主要用于弥补今后人口老龄化高峰时期的社会保障需要。

全国社会保障基金的主要来源有:中央财政预算拨款、国有股减持划入资金、经国务院批准的以其他方式筹集的资金、投资收益和股权资产。

全国社会保障基金理事会为国务院直属正部级事业单位,是负责管理运营全国社会保障基金的独立法人机构。从这点看,社保基金也属于国家级的庄家,其实力仅次于汇金公司。

从社保基金公布的报表看,在 2007 年 10 月股市的最高点,社保基金是率先出货的,一直到 2008 年 4 月的印花税行情和 8 月的奥运会,社保基金不停地在减仓。在这次中国股灾中,社保基金是最大的赢家。

由于社保基金的资金来源比较特殊,决定了社保基金必须首先考虑资金的安全性。因此,社保基金选择的股票、投资的方向以及买卖的时间都是比较保守的,投资者不要奢望跟随社保基金去挖掘到短线“大黑马”。对于保守求稳的投资者,可以持有社保基金重仓的股票试试。

3. 第三庄家:证券投资基金

证券投资基金(简称基金)属于第三梯队的庄家。理论上来讲,投资基金就是汇集众多分散投资者的资金,委托投资专家(如基金管理人),由投资管理专家按其投资策略,统一进行投资管理,为众多投资者谋利的一种投资工具。投资基金集合大众资金,共同分享投资利润,分担风险,是一种利益共享、风险共担的集合投资方式。

但是,基金真的能和广大投资者风险共担吗?跟随着基金操作是否就一定能赚钱呢?显然不是的。这轮股市大跌下来,基金亏损程度并不比散户好多少,有的甚至亏损得更多。而且,基金也无法与广大投资者实现风险共担,共担风险的只是基民。基金无论投资成功还是失败,基金公司都能坐收管理费。

在牛市中,投资的股票多数上涨,基金通常是赚钱的,基民也不会赎回,基金公司能够稳收管理费。

在熊市中,所有股票暴跌,基金净值也不能幸免。但是,基金公司照样能够依靠收取管理费渡过难关。据统计,基金净值跌幅在 10% ~30% 之间时是基民赎回的高峰期;当基金净值跌破 30%,基民却无奈地选择了“价值投资”。市值跌得越深,基金的赎回压力反而越小。在这种情况下,基金公司依然能够靠收取管理费过日子。

所以,判断一只基金的好坏,不是看它牛市中的表现,而是看它在熊市中的表现。股民可以看看 2007 年基金年报和大权重股的个股年报,在 2007 年 12 月份,基金开始大举增持即将暴跌的大盘蓝筹股,而被深深套牢。如中国石油 2007 年底新进 167 家基金,基金持股 42065.35 万股;三一重工 2007 年底新进 75 家基金,基金持股 16506.45 万股;中国联通 2007 年底新进 99 家基金,基金持股 286089.55 万股。之后,这些基金的命运众所周知了。

4. 第四庄家:境外机构投资者 QFII

QFII 指合格的境外机构投资者,QFII 机制指外国专业投资机构到境内投资的资格认定制度。

QFII 是国外比较成熟的投资团队,其投资理念比国内的基金先进,其对股市的风向判断是很有借鉴价值的。但毕竟是外来的资金,从现在的资金实力来看,想左右中国股市的走势几乎是不可能的,一般只在局部板块或个股活跃。

2007 年的机械板块和医药板块的上涨是 QFII 的典型杰作。QFII 不像国内公募基金,他们的耐心、速度和自由度都比基金要优秀。

5. 第五庄家:券商

券商如今算是“落寞的贵族”。早期的券商自营盘红极一时,具有极强的市场号召力,曾经的南方证券、君安证券等都是当时响彻神州的市场庄家。当时国内公募基金还没出现,市场上实力机构不多。而在机构林立的今天,一般券商都回归本行,以手续费、佣金作为主要的盈利手段,这也决定了这个“落寞贵族”现在的操作方式和操作风格。因此,券商主导参与的股票多以长期震荡横盘为基本走势形态,意欲在尽可能保证营业部资金不亏损的情况下“抽取更多的佣金”。投资者如果不幸买上了,在熊市中还好,在牛市中可就要“郁闷”了。

6. 第六庄家:游资、私募

游资、私募整体上的资金量较小,是无法和基金这些正规军相提并论的,但正因为他们的群体相对弱小,所以要发现他们很难。他们就像野狼群,进出市场没有任何限制。这类资金的特点在于资金是自有性质,和本身利益直接挂钩,而资金的操作者多为实战经验丰富的真正高手,是技术含量最高的一个群体。由于资金量问题,这类资金在攻击某个板块或运作个股时多是群体合作攻击,单个资金比较多的是采取快进快出的"敢死队"式游击战术,前者是可以跟踪追随的,而后者好看但跟随的风险较大。

由于这类资金较为分散和隐蔽,研判起来实际难度很大,投资者经常犯的错误是在分析不到位的情况下盲目出击,在投资思维上通常陷入"庄"、"主力"这种思维瓶颈中,对投资者的长期成长其实是弊大于利的。

7. 另类庄家:阳光信托私募

"让私募阳光化",这是在整顿国内金融秩序时常常提及的话。现在,阳光私募已经正式地走上了台面,但称其为另类庄家,主要是因为这个正处在过渡阶段的群体实在有些"变态"。之所以这么说,是因为阳光信托推出不久,管理层对其监管和限制非常严,严重影响了私募所需要的自由度,而其"阳光"的特点又让"神秘"无处可藏,这又违背了传统私募的需求。因此,真正的私募是不太愿意在这个过渡阶段被"招安"的,可以说现在的条件对真正的私募资金并无吸引力。

5.4.2 庄家操盘全过程解析

不论市场行情如何波动,庄家和跟风盘进入市场投资的根本动机和目的是完全一样的,均是为了获利避险。为达到这一目的,庄家和跟风盘采用的手法可能千变万化,但是其基本行为模式却是能够穷尽的,可谓万变不离其宗。

一般来说,庄家要成功完成一轮资金进场和出局工作将经历建仓、拉高和出货的必然阶段,其中可能交织着为更好达成这一根本目的的试盘、洗盘行为,并且期间掺杂多次上述行为的反复。下面的内容将详尽披露庄家坐庄行为的本质含义,为我们跟风盘利用庄家,彻底战胜庄家,走向投资的最后成功打下坚实的技术基础。

5.4.2.1 试盘

1. 试盘的目的和作用

庄家通过漫长的耐心等待以后,在各种市场环境初步准备发动行情的条件下,通过制定严密的坐庄资金运作计划准备进庄,对某目标股只进行价量的控制,将本身不能确定的股价走势在确定的时间和价格范围进行控制,以达到自己操纵股价,获取较大利润的目的。

在真正进庄该股之前,庄家必须对它的基本情况进行正确的了解,试盘是庄家进庄前展开的试探动作。通常通过试盘动作,庄家可以了解以下方面:

(1)该只股票是否有别的庄家已经潜伏在内。如果有别的庄家已经潜伏在内,则该股的筹码吐纳将体现出非散户持有的特色。新进庄家必须采取较为稳妥的办法进行解决:换庄、抢庄、联庄、助庄、跟庄、放弃。

(2)该只股票的筹码分布情况。在该试盘价格范围,内庄根据上档筹码抛压的轻重、下档买盘的支撑力度,明确将可能有多少筹码会吐出,能够被自己吸纳,以便制定正确的建仓计划和采用的具体后续建仓措施。

(3)庄家通过试盘买进的部分筹码可以用于今后正式建仓时做空打压股价使用,以便在较低的价位买进建仓所需要的更多廉价筹码。这也是试盘时K线图表上表现出成交量突然放大的根本原因。

(4)庄家通过仔细的试探,最后确定是按原计划真正进庄控制操纵该股还是放弃对该股坐庄,以便回避盲目勉强进庄带来因不可控制因素造成资金的巨大风险。

2. 试盘动作展开的大盘阶段和个股位置

聪明的庄家总是选择大盘市场背景将要兴奋发动行情的时候进庄,以便借大势向好之利,乘风破浪,乘胜前进。也就是说,庄家进庄的最好时机就是大盘经长期下跌已经见底或就在见底的时候。具体表现在图表上就是30日均线经历长时间的大幅下调将要走平或开始走平的时候。这一现象说明市场的总体做空能量基本得到释放,此时个股的循环位置只要处于下跌阶段的末期就初步具备庄家对个股进庄的市场基础。

3. 试盘的方式

庄家为了彻底了解市场对该股的筹码锁定程度和该股本身是否已有庄家潜伏,是否还有别的庄家对它也有所图,必须采用试盘的战术对其进行了解。具体如下:

(1)庄家为了了解该股的筹码锁定程度,必须在风平浪静时出其不意地猛然将该股的股价作大幅拉升,然后让其自然回落以便测试盘中筹码的抛压情况。如果拉升时有大量的抛盘涌出,说明在该价位以下庄家可以展开打压建仓动作;如果拉升时抛盘稀少,说明该股在该价位以下收集到筹码有困难,必须考虑以更高的成本价格进行拉高收集才能完成建仓任务。具体表现在K线图表上就是在风平浪静中猛然出现一根长长的上影线,这叫向上试盘,目的是测试盘中抛压大小,辨明建仓难易。

(2)庄家为了了解市场对该股筹码的买进兴趣,在有准备的情况下,将用手中的少量筹码出其不意地将该股的股价突然大幅打低,以便观察有多少恐慌抛盘吐出或有多少场外买盘对它的低价位感兴趣而去展开买进动作,以此了解打压该股的下档支撑极限。如果打压超过该极限打压出去的筹码就可能无法再次买回。其具体表现在图表上就是在风平浪静中突然出现一根长长的下影线,称为向下试盘,目的是测试场外买盘力度,界定打压极限。

4. 试盘动作的动态盘面特征

在大盘或个股走势风平浪静的时候,个股分时走势图中的股价被莫名其妙地突然大幅拉高或大幅打压,这种异常现象说明有庄家对该股票感兴趣在进行试盘了。此时投资者应对该股的异常现象密切注意,严密关注它后续走势的演变,以利于自己在最好的时机展开跟庄动作。

5.4.2.2 建仓

1. 建仓的数量和价格要求

庄家决定进庄一只股票后,首先必须完成的任务就是建立必要的仓位,这是庄家坐庄成功的第一步。而且,庄家希望尽可能以最低的价格吃进较多的筹码完成建仓的任务,以利于今后获取巨大的利润。当然,由于市场的筹码分布结构处于不同的价格阶段,因而庄家必须运用各种手法迷惑、恐吓、欺骗股票持有者抛出持股,以便自己在不同阶段大量吃进筹码;同时这也对应着庄家的不同建仓价位。

一般来讲,庄家若想要彻底控制一只股票的价格走势和成交量变化,一般均需持有该股60%以上的在外流通筹码。只有这样才能产生大黑马走势或长庄股走势。中线庄家或普通黑马股一般也要掌握该股30%以上的流通筹码,这样才会使该股的价量走势变的有序。超级短线庄家一般只需控制10%的筹码即可。

2. 完成建仓任务的阶段

由于目标股的筹码分布于不同的价格区间,因而庄家的建仓计划也就只能分不同的阶段来完成。

(1)原始仓位的建立

庄家试盘后买进的筹码部分用来展开打压,以连续下跌阴线的方式引发长线盘恐慌出局。这种打压动作一般在试盘接近方向下压的30日均线附近展开,由于该股已经长期下跌,其获利盘、止损盘、部分套牢盘已基本出局,剩余的基本是持股决心较为坚定的长线盘,因而在这一打压下跌过程中成交量无法放大,庄家短时间无法收集到大量筹码。

因此,庄家在打压触及买盘支撑位后,必须以相当的耐心作上下限价的夹板,进行横向窄幅波动,以便使没有耐心的持股者和短线客终因无法忍耐无利可图的局面而抛出筹码。这时往往对应着30日均线由下跌开始走平,这也正是庄家在进行原始仓位的收集。这部分低廉筹码对庄家极为珍贵,是庄家今后获取巨额利润的源泉,一般对应于庄家全部仓位的40%。

一旦庄家在某一天放量扫盘突破30日均线,就说明庄家最为珍贵的原始仓位的建立已经完成,其对应的原始仓位的成本也就是30日均价,这就是常说的庄家低位建仓。这阶段庄家最大的困难(任务)是要确保能够收集到足够的筹码,其对应的庄家欺骗手法往往是故意打破重要技术和心理关口,制造虚假的图表技术暗示和疲软走势气氛，误导持股者抛出筹码。

(2)中级仓位的建立

庄家在完成原始仓位的建立以后，为了今后更好地控盘就要展开收集第二梯队更多筹码的工作。这就是放量突破30日均线的第一次拉高。通过该次短暂的拉高动作，庄家收集的筹码一般可达到总体目标仓位数量的30%。其表现为K线图表上成交量根本性成倍放大的质变和股价成本趋势的明确向上，这就是庄家中级仓位的建立。同时也说明，该股发动上涨行情的物质条件已经初步具备，股价不断上涨将成为今后该股票价格波动行情的主旋律。

(3)最后仓位的建立

庄家在今后不断拉高股价打开出货空间的操作过程中，还将吃进30%左右的筹码进行高抛低吸滚动吐纳的战术操作，通过不断地高抛低吸将股价推升到出货目标价位。这也称为拉高滚动仓位，其特征是庄家不断在筹码和资金间进行频繁转换操纵，以拉高股价和获取频繁的小额差价利润。此仓位的变化对应于庄家实战中展开的拉高和洗盘战术行为。其K线图表特征表现为成交量规则性缩小放大，总体价格推升表现为一波高于一波。

3. 庄家常用的建仓方式和价量图表特征

所有坐庄行为中，庄家必须遵循的两大定理为：

(1)以时间换空间

通过快速的、深幅的打压，套牢持股者使其产生经济上的亏损，以惨淡下跌气氛的恐惧或疯狂拉高的动作吓出跟风盘抛出持股，以便在较短的时间内收集到足够的筹码来完成自己的建仓任务。此时临盘体现出的建仓方式为打压建仓或拔高建仓，其实质是从物质、经济利益上对跟风盘进行打击摧毁。

另一方面，庄家通过快速的拉高股价使长期套牢的持股者由于终于得到解放，同时又因为不明拉高股价的真相，害怕股价被打回原形而再次遭受套牢的恐惧，于是不假思索地赶快抛出持股，正好便于庄家大量收集筹码完成建仓任务，此时临盘体现出的建仓方式为拔高建仓。其实质是以小的利益对持股者进行诱骗和恐吓。这时，庄家以小的差价利益作为诱骗，让他为早期卖出该股失去以后大涨带来的巨大利润而追悔，对其贪婪之心进行最为彻底的精神、心理打击。

(2)以空间换时间

通过漫长的下跌或横盘，庄家以始终不提供获利机会的沉闷股价波动方式，从精神、心理上消磨持股者的信心，让跟风盘从灵魂深处绝望而抛出筹码以达成自己的建仓任务。此时临盘体现出的建仓方式为横盘建仓，其实质是从精神、心理上对跟风盘的耐心和信心进行彻底的打击、摧毁。

一般来说，原始建仓的建立过程往往对应着该股股价的盘底区域。其技术图表上表现为成交连续地量和价格形态的小阴小阳K线，市场含义为抛盘枯竭，短线客无差价可做。

无论庄家采用什么样的手法，其最终都必须买进一定数量的筹码，这是庄家建仓行为的本质，也是庄家无法改变的真实情况。因此，这也决定了庄家在建仓行为中打压抛出的筹码一定是少数，是为了在更低的价位买进更多的筹码。所以，实质上的买进才是庄家建仓操作行为的真正主旋律，一切手法均是为达到这一目的而展开。

需要注意的是：以上建仓行为必须发生在股价循环运动的第一阶段——盘底阶段，即30日均线经大幅下跌后已经走平或将要走平。否则可能是庄家构筑的技术骗线，形态骗线。

4. 时间因素对建仓方式的限制

庄家投入股市的资金所能允许使用的时间长短直接限制庄家整个坐庄行为的方式。

(1)如果庄家投入股市的资金使用时间较长，那么庄家在建仓动作中一般就表现为横盘建仓的临盘操作方式。以漫长的吸货建仓时间来压制行情的展开，以此彻底拖垮、摧毁持股者的信心。庄家通过缓慢收集筹码完成建仓任务。以上可以确保庄家在低位吃进大量廉价筹码，同时也体现出庄家志在长远的计划和决心。临盘庄家运用的是时间换空间原理。在K线图表成交量上表现为连续微小成交地量。

(2)如果庄家投入股市的资金使用时间较短，那么庄家在建仓动作中一般就表现为快速拉高建仓的临盘操作方式。以横扫一切抛盘的气势迅速收集大量筹码完成建仓任务，这会极大地提高庄家的持仓成本，但情非得已不会采用。同时这也体现出一种发动行情的急躁或该股有重大利好将要爆发的个股题材背景。庄家运用的是时间换空间原理,这在K线图表成交量上表现为连续台阶工放量,股价上表现为连续中大阳线。

(3)有一种凶狠的庄家,在时间允许的情况下,将综合采用时间换空间原理和空间换时间原理,在临盘操作上综合表现为凶狠打压,恐吓持股者抛出持股以捞取廉价筹码。同时,以长时间的窄幅横盘消磨持股者的耐心,最后采取果断拉高的方式轧空场外资金。在K线图表上表现为价格成交量的复合式特征。这样的庄实力凶悍,操作水平高超,往往制造短线超级大黑马和长线翻番大牛股。

5.4.2.3 拉高

1. 拉高的目的

庄家在投入资金完成筹码仓位的建立后,为了获利只有向上拉升股价。因此,庄家建仓完毕后,首先考虑的就是如何将该股股价与自己的仓位成本之间尽快拉开足够的距离,以便今后顺利完成出货工作。在时间上,大盘背景平静或上涨是庄家展开拉高动作的良机。

2. 拉高的手法

为了完成拉高任务,庄家可以根据不同的情况采取不同的操作方法:

(1)初级拉高

庄家在原始仓位建立完成后,在大盘背景平静的市场环境下将展开第一次拉高动作,其目的一方面为完成剩余仓位的建立,同时也将股价迅速拉离自己的原始成本区,以免大盘突然向下变化使自己的操作受到伤害。通过初次拉高动作,同时也将图表的日线形态和指标作为完美的修复。其具体表现为:K线图表上成交量突然连续放大,30日均线方向由走平改变为初步上扬。这表明庄家彻底做盘的决心已经下定,同时也表明经历长期的下跌通道折磨,许多原来套牢的持股者在获得解放后争先恐后逃命的事实,这正好为庄家轻易收集筹码打开方便之门。

(2)中继拉高

在经历初次拉高后,庄家对盘中的抛压和买盘情况都已经有了较为明确的了解,而且对是否有较大资金在跟庄或助庄也有明确的判定,这就为庄家自己今后制定精确的细节提供了必要的情报。

经历了初次的拉高后,市场中部分对该股看好的投资者和稍懂技术分析的人士在庄家放量突破重要技术关口的时候进行了跟风,庄家不能使这部分人在庄家后续的拉高运作中获取巨大的利润,因此必须想尽一切办法将他们赶下车去,在有可能的情况下,还想让他们成为今后高位追涨的有生力量。

要达成这一目的的战术动作就是洗盘抖码。在每次完成洗盘,盘中浮码得到清理,跟风盘平均持股成本趋于一致后,庄家将展开预定中的多次反复拉高动作,使股价朝着预定的目标迈进。拉高一次洗盘一次,复合操作。并且庄家还故意制造一种股价操作和价格波动运行方式,使跟风盘自以为已经摸到了该股股价运行的规律,让他们形成一种先入为主的固定认识,为今后庄家出其不意打破该定式施展反市场操作出货动作时,彻底套牢该批自以为是的跟风盘埋下伏笔。其具体表现为:K线图表上成交量温和放大或缩量上攻,表明庄家对该股流通筹码已进行了彻底控制,其股价均线系统的30日线保持较好角度的健康上扬态势,表明长线筹码并未离场改变市场平均成本。

(3)最后拉高

在经历了多次的中继拉高和最后洗盘后,庄家将展开最后的拉高操作动作,为自己即将开始的艰难出货做最后的准备和掩护。这时,庄家用最快的速度迅猛而坚决地加速拉升股价,让场外跟风盘观望犹豫的不认同得到彻底的摧毁,利用在上涨中怕回档的散户心态上的弱点,让他们承受不了庄家充满信心的拉升、拉升、就是不回档、再拉升的气势,冲垮他们忍耐、克制的心理极限,让他们感觉自己失去巨大获利机会而忍无可忍,最终疯狂地冲动买进。

在最后拉升的尾段,庄家已通过盘中的上下震荡隐蔽地展开部分仓位的出货工作。关键是庄家在这一阶段必须通过自己坚定、果断的大幅拉高行为来诱惑场外跟风盘,彻底摧毁他们的忍耐意志而买进。其K线图表上表现为:成交量大幅放大,让跟风盘感觉该股价量配合成交活跃前景看好,决定买入;同时也为自己后续大量出货放出烟幕弹,麻痹跟风盘。其价格均线系统的30日线远离股价且角度变陡后无法再次加大,庄家在拉升巨量的掩护下开始隐蔽地分批出货。由于前期的巨量现象掩护,一般人很难辨别庄家隐蔽出货的玄机，并且还沉浸在自以为抓住庄家操盘规律将要获取巨大利润的梦境之中，在欢乐中不知不觉地走向死亡。

庄家最后加速拉升的尾声表现为成交量巨放而股价不涨的盘中或K线组合的上下震荡，以方向不明的震荡来蒙骗迷惑绝大多数的跟风盘，使其对股价的后续走势无法着定。其特征表现为巨量拉升的疯狂。其K线图表上表现为带巨量的阴阳十字星和股价远离均线系统。

5.4.2.4 洗盘

1. 洗盘的目的

庄家为了减轻后续拉升过程中的获利抛盘压力，必须分时段地对盘中筹码不断进行清洗，并且通过多次洗盘的操作定式造成一种有规律的操作行为假象，以便庄家自己在今后的出货动作中，打破前期操作定式的反向利用，诱杀自以为聪明的跟风盘。为了达成这一目的，庄家根据不同的情况采用不同的手法以迷惑跟风盘。

2. 洗盘的时机

只要庄家拉升股价达到一定的幅度，洗盘动作将随时可能展开。以下条件出现时，庄家将进行洗盘：短期乖离偏大说明跟风盘获利丰厚，庄家进行洗盘；成交量持续放大说明跟风盘太多，游码过重庄家进行洗盘。

3. 洗盘的方式

庄家常用的洗盘方式分为如下几种：

(1)打压洗盘

庄家在经历一定的拉升后，由于跟风盘普遍获利，庄家为了今后的拉升轻松必须展开洗盘动作，而向下打压股价的方式最能达到清洗获利浮码的目的。庄家向下打压股价，使跟风盘感觉已经到手的利润将要失去，由于恐惧利润的消失甚至反遭套牢亏损而抛出持有筹码。庄家利用人性对不利情况的恐惧心理，达到清洗浮码的目的。

该方式一般用于初次拉高、庄家控盘能力较弱或庄家坐庄时间不充裕的情况下，其K线图表上表现为：高开低走的中大阴线或跳空低开的中大阳线；成交量上呈现规则性三角形萎缩，股价震荡幅度越来越小，短线客无利可图。这也称为震仓：向下震仓和上拉震仓。其共同心理意义是让跟风盘害怕。

(2)向上洗盘

庄家在控筹不足、实力超强或行情发动的时间非常急迫等情况下，会采取该种方式，以向上震荡的波动形态展开洗盘动作。庄家利用每天盘中的大幅上下震荡吓出部分胆小的持股者，同时庄家利用底部不断抬高的阴阳相间K线组合震荡，吓出另一部分胆量稍大的持股者达到边拉升边洗盘边建仓的目的。其K线图表上表现为：均线系统不断向上多头发散，K线组合阴阳交错，成交量规则缩放。

(3)震荡洗盘

庄家对股价拉升到一定程度后，展开横向持续震荡不再进行拉升，由于跟风盘对股价横向震荡后的走势方向、结果和持续时间无法把握，跟风盘自己对自己感到无能为力，有获利的想先落袋为安，无获利的想小亏出局而抛出持有筹码。庄家利用人们对无知的恐惧和对既得利益的贪婪，来达到洗盘的目的。该方式一般用于该股市属性较好，庄家不敢向下打压股价，怕打压的筹码收不回来，或大盘走势极强或庄家时间急迫或庄家实力强大的情况之下。其K线图表上表现为股价震荡幅度越来越小，小阴小阳K线相间，成交量出现三角形规则萎缩的有计划控盘特征。

4. 所有洗盘方式的根本特征

(1)庄家洗盘的任何方式最终都必须达到成交量萎缩的第一特征，这也是庄家洗盘的目的。它表明为场中抛盘枯竭：获利盘、套牢盘、止损盘、买盘均全部离场出局，不坚定的浮动筹码基本被清洗干净。

(2)盘中股价波动幅度越来越小，已经无法产生获利空间和获利机会，促使短线客因无利可图而远离市场。

(3)短期均线系统趋于横向粘合。它表明市场总体成本趋于一致，场中既无获利盘也无亏损套牢盘，因而杀跌和追涨动力均出现不足，市场暂处于观望中的平衡状态。

5. 洗盘行为与后续出货行为的区别

(1)所有洗盘行为必定发生在股价循环运动第二阶段的上涨过程中,在股价运行第三阶段的盘头和第四阶段的下跌过程中绝对不会出现洗盘行为。即洗盘过程中,K 线图表的 30 日均线的方向必须处于向上,也就是说,只要 30 日均线的方向朝上,则该股盘中的震荡行为或 K 线组合的震荡行为就是洗盘。中长线投资者就可以坚决持股待涨,获取后续更大的利润,不必为该股洗盘中的短线上下震荡所恐惧。

(2)所有洗盘行为从股价波动幅度上体现出越来越小的趋势,表明控盘庄家不愿提供差价机会给短线客去赚取利润,不希望出现不断地买盘干扰自己的洗盘计划。

(3)所有洗盘行为中的成交量必须呈现出一种规则性萎缩的特征,它表明该种市场行为中并无巨量筹码暗地出逃。成交量表现为规则性萎缩行为只是庄家有计划地控制动作,这表明这一过程中庄家并未慌不择路地出货溃逃。

6. 洗盘结束的标志

(1)成交量大幅萎缩表明抛盘枯竭:获利盘、套牢盘、斩仓盘、场外买盘全部出局,浮动筹码基本清除干净,留下的都是意志坚定的持股者。他们不会为各种震荡致亏的可能所吓倒,不会为获取到手的蝇头小利所诱惑。无奈之下,庄家只有奖励他们,让他们在今后的行情中赚到信心动摇的胆小鬼、叛逃分子所赚不到的大钱。

(2)均线系统的短期均线由向下变为横向行走。它说明市场中短线持股者成本达到一致,后续发动行情过程中将无巨大获利盘短期急于出局带来抛压。

(3)在 30 日均线仍然健康上扬的前提下,具备上述特征后的某 5 日均线带量上扬,表明庄家洗盘工作正式结束,该股上攻能量已再次具备,新的上涨行情又重新开始,此时成交量越大越好。它表明庄家再次投入巨资、横扫一切抛盘的向上做盘的坚定决心和不可阻挡的大无畏气势。这是跟风盘千载难逢的绝好买进时机,该股未来的上扬空间再次打开,轻松获利的机会再次出现。

5.4.2.5 出货

出货是庄家坐庄环节中,唯一不能 100% 彻底控制的环节。从理论上来看,目前没有完美的方法能确保出货 100% 成功,庄家只能利用跟风盘人性的弱点来使跟风盘自己失败,也就是说,庄家的成功是建立在别人的失败之上,永远只能取得相对的成功。如果跟风盘不自己失败,庄家自己就会彻底失败。而庄家是否成功具有极大的偶然性,这也是庄家最大的致命弱点,且通过庄家自己的拼命努力也无法根本克服。

1. 出货的目的

只有达到成功的出货,庄家才能将看起来丰厚的账面利润转化为现实的赢利,彻底完成资金变为筹码,再由筹码变为资金的循环过程。在没有成功出货以前,无论庄家试盘、建仓、拉高、洗盘的操作行为多么精彩,都不表示已经最后投资成功,庄家今后面临的巨大兑现风险并未摆脱。因此,出货是庄家坐庄行为关键之关键,直接关系到庄家坐庄投资行为的最终成败。

2. 实战出货操作难度

庄家坐庄一只股票,从试盘、拉高、洗盘都可以从理论上达到必然的成功,也就是说都可以完全为庄家自己所控制。这些事情庄家通过自己不懈地努力等可以做到。只有出货无法自己控制,因为跟风盘买不买进是他们的权利,跟风盘不买进,庄家就无法卖出。庄家唯一能做的事情就是欺骗跟风盘,而人家上不上当是另一回事。所以,出货是庄家坐庄行为中最为困难的环节,中国股市中大概有 60% 的庄家都在出货的环节上招致惨重的失败,因不能兑现而痛苦万分。庄家炒技高绝对不是本事,有许多庄家是蠢笨而痛苦万分的,如:阿城钢铁、康达尔等。

3. 出货的时机

(1)庄家在将目标股只的股价拉升到一定的获利高度后,将展开预谋中的出局。由于庄家运作大资金必须考虑成本,故庄家一般会将股价拉高 30% 以上才有获利空间。

(2)庄家在自身资金、时间、条件或大盘、个股背景突变的情况下,将展开应变式逃跑出局。这时,庄家将采用快速打压出货的狠毒方式,不顾一切、甚至不计成本地弃庄离场,这种方式对跟风盘杀伤较大。

4. 出货的方式和市场背景

一般情况下，庄家都是选择大盘背景向好的情况下展开出局动作，因为在这样的市场背景中，跟风盘乐于也愿意买进股票，这正好为庄家顺利出局找到大量对手。在这种情况下，只要需要，庄家就会不顾一切坚决出货。根据不同情况，庄家一般会采用如下几种方式进行出货：

(1)拉高出货

庄家在最后拉高的过程中，就已经开始分批、有计划地出货。而且，这种出货行为具有极大欺骗性，这点务必要引起足够的重视。庄家利用最后拉高时，成交量巨幅放大，追涨气氛疯狂的市场条件，以盘中震荡为掩护，采用卖出10万股、买进5万股多出少进的方式让跟风盘作冲锋维持股价继续大幅上涨，达到自己出脱大部分筹码的目的。其K线图表上表现为有下影线的中大阳线，成交量呈现阶梯式放大。其位置发生在中期乖离较大的时候且均线系统角度无法伴随股价上涨而同步变大，这也称为初级出货。这种出货行为对小资金跟风盘危险不大，但一定要引起较大资金跟庄者注意，它至少表明，该股向上攻击能力和上升空间已经不大，大资金应考虑区域性离场。庄家总是最好地利用跟风盘人性中对最后丁点利润的贪婪和自以为聪明的抢短线行为来使自己的出货目的得逞。

(2)震荡出货

庄家把股价拉升到相当的高度后，在时间和大盘背景允许的情况下，总是希望将自己手中的筹码在较高的价位卖出，以获得更多的利润。因此，庄家就会把股价维持在高位，摆出以前震荡洗盘的架势，利用跟风盘对震荡行情最后走向的不确定认识和对股价会再创新的幻想，分批缓慢出货。而且，庄家为了吸引更多的场外资金进场，会加大震荡幅度，提供获利机会吸引短线客进场，以便自己抛出更多的筹码，直到自己基本完成出货任务。其K线图表上表现为：均线系统经历大幅上扬后横向走平。它表明上涨动力消失，股价震荡幅度加大，K线阴阳交错而成交量无法萎缩，一切都表现出一种即将溃退逃跑前的混乱，这也称为中级出货。这时，由于对短线利润的贪婪，跟风盘进入市场将遭到巨大的后续资金损失。

(3)打压出货

庄家在将股价拉升到足够的高度后，为较快出清手中筹码，会采用批发筹码的方式快速出货。某日庄家将股价大幅高开就开始出货，只要盘口出现买盘，庄家就坚决对准买盘进行果断打压，使最高价和市价之间产生较大的差距，如此持续数日，利用人们对比最高价贪图便宜和抢反弹的心理，诱骗跟风盘买进以达到套牢跟风盘而自己出货的目的。这种操作行为毒辣凶狠，且杀伤力极大。

(4)反弹出货

庄家在完成中级出货任务后，手中筹码所剩无几，巨大的坐庄利润已经落袋为安，这时庄家会利用手中最后的筹码迅速往下打压股价，砸穿30日均线的重要技术支撑位，在高位套牢跟风盘。同时，由于股价快速下跌，短期乖离巨大，庄家就顺势在低位补进筹码做反弹行情获取该股最后利润，彻底完成出货任务。其图表上表现为：30日均线弯头向下，发出庄家彻底弃庄离场的逃命信号，股价毫无支撑跌破关键技术位置，股价大幅向下远离30日均后具备产生反弹行情的乖离条件，庄家会再次进场补进筹码，打扫战场赚取反弹利润。当股价反弹触及下压的30日均线时，庄家就离场出局对该股作最后的告别。从此该股的股价运行将进入漫漫长夜中，一轮坐庄行为结束。

5. 出货与洗盘的区别

(1)出货行为必定发生在股价循环运动第三阶段的盘头过程中。股价运行第一阶段的盘底和第二阶段的上涨过程初中期，绝对不会出现出货行为。也就是说，出货过程中，K线图表的30日均线一定由大幅上涨趋于走平，它表明股价的上涨攻击能力已经消失。反过来说，只要30日均线的方向朝上则该股盘中的震荡行为或K线组合的震荡行为就是洗盘而不是出货。在30日均线走平，庄家正式出货阶段中，长线投资者应该坚决出局离场保证安全，而不必为该股出货过程中的短线上下震荡的差利润所诱惑。

(2)出货行为中的成交量必然呈现出一种不规则放大、萎缩的特征。它表明该种市场行为中，有巨量筹码暗地出逃。成交量不见，规则性萎缩行为表明庄家已经失去对该股筹码的控制，这显示庄家慌不择路出货溃逃时筹码的混乱。

(3)出货行为从股价波动幅度上看，体现出震荡较大的混乱无序趋势，这表明控盘庄家希望提供差价机会骗取短线客进场赚取差价利润，希望有不断的买盘出现来接走自己抛出的筹码。这与庄家洗盘时有根本的区别。

5.4.3 快速判断庄家建仓

5.4.3.1 庄家介入情况判断

散户要与庄家博弈,首先要知道庄股的一些基本特征,认清“做庄”行为的本质,以下是“庄股”所表现出的一些市场特征。

1. 股价暴涨暴跌

受庄家操纵的股票价格极易出现这种现象,因为在市场环境较为宽松的条件下,做庄的基本过程就是先拼命将股价推高,或者同上市公司联系,通过送股等手段造成股价偏低的假象;在获得足够的空间后开始出货,并且利用投资者抢反弹或者除权的机会连续不断地抛出以达到其牟取暴利的目的,其结果就是股价长期下跌。之所以造成这种局面,同目前上市公司股利分配政策不完善也有一定关系,庄家客观上不可能依靠现金分红来获取回报并降低风险,在二级市场赚取差价就成为唯一的选择。

2. 股价对消息反应异乎寻常

在公正、公开、公平的信息披露制度下,市场股价会有效反映消息面的情况,利好消息有利于股价上涨,反之亦然。然而,庄股则不然,庄家往往与上市公司联手,上市公司事前有什么样的消息,庄家都了然于胸。甚至私下蓄意制造所谓的利空、利好消息,借此达到庄家不可告人的目的。例如,庄家为了能够尽快完成建仓,人为散布不利消息,进而运用含糊其辞的公告最终动摇投资者的持股信心。又如,待到股价涨幅惊人后,以前一直不予承认的利好传闻却最终兑现,但股价却是见利好就出现滞胀,最终落得个暴跌。

3. 经营业绩大起大落

大多数庄股的市场表现同公司的基本面有密切关系,在股价拉高过程中,公司业绩会有明显提高,似乎股价的上涨是公司业绩增长的反映,有较强的迷惑性,如对应银广夏股价连续翻番的是业绩的翻番,而这种由非正常因素引起的公司业绩是异常提高还是异常恶化都是不正常的现象,对股东的利益都会造成损害。同时很多庄股在股价下跌到一定阶段后,业绩随即出现大滑坡,这种上市公司的利润数据就很值得怀疑。

4. 股东人数变化大

根据上市公司的年报或中报中披露的股东数量,可以看出庄股的股价完成一个从低到高、再从高到低的过程,实际也是股东人数从多到少、再从少到多的过程。庄股在股东名单上通常表现为有多个机构或个人股东,持有数量相近的社会公众股。因为庄家要想达到控盘目的的同时,又避免出现一个机构或个人持有的流通股超过总股本5%的情况,就必须利用多个非关联账户同时买进,这种做法也给市场的有效监管增添了难度。

5. 成交量忽大忽小

庄家无论是建仓还是出货都需要有成交量配合,有的庄家会采取底部放量拉高建仓的方式,而庄股派发时则会造成放量突破的假象借以吸引跟风盘介入,从而达到出货目的。另外,庄家也经常采用对敲、对倒的方式转移筹码或吸引投资者注意。无论哪一种情况,都会导致成交量的急剧放大,而这些行为显然已经违反了市场的有关规律。同时由于庄股的筹码主要集中在少数人手中,其日常成交量会呈现极度萎缩的状况,从而在很大程度上降低了股票的流动性。

6. 逆市而动

一般股票走势都是随大盘同向波动,但庄股往往在这方面表现得与众不同。在建仓阶段,逆市拉抬便于快速拿到筹码;在震盘阶段,利用先期搜集到的筹码,不理会大盘走势,对倒打压股价,造成技术上破位,引起市场恐慌,进一步增加持筹集中度;在拉升阶段,由于在外浮筹稀少,逆市上涨不费吹灰之力,其间利用对敲等违规虚抬股价手法,股价操纵易如反掌,而且逆市异军突起,反而容易引起市场关注,培植跟风操作群体,为将来顺利出货打下伏笔;到了出货阶段,趁大势企稳回暖之机,抓住大众不再谨慎的心理，借势大幅震荡出货，待货出到一定程度，就上演高台跳水反复打压清仓的伎俩，直至股价从哪里来再回到哪里去。

7. 追逐流行概念

市场上曾经一度形成一种概念炒作热，有人认为概念的营造要比上市公司的业绩改观来得容易，而且具有更大的想象空间。当然，其中不乏确有受益的公司，但这些概念往往被庄家借机“拿来”，浑水摸鱼。

8. 交易行为表现异常

庄股走势经常出现的几种异常情况是：股价莫名其妙地低开或高开，尾盘拉高收盘价或偶尔出现较大的买单或抛单，人为做盘迹象非常明显。还有盘中走势时而出现强劲的单边上扬，突然又大幅下跌，起伏剧烈，这种现象在行情末期尤其明显，说明庄家控盘程度已经非常高。

9. 偏好小盘股

翻开历史庄股，庄股横行之时十有八九是小盘股。究其原因，主要有以下几点：一是小盘股流通市值小，对资金要求不高，做庄时间相对可短，风险可控程度高；二是小盘股对大盘指数影响小，不易引起监管层的注意；三是大公司相对规范，小公司易配合支持；四是小公司才有机会发生突飞猛进的改观。即使虚假包装起来，通过关联交易等不法手段，略施小计，就能暗度陈仓。

5.4.3.2 盘中发现庄家异动

1. 开盘形态

强庄股在其起跳瞬间，开盘前20分钟的走势较为关键。如果大盘开市指数做惯例的上打下压试盘，股价受其干扰不大，在大盘指数走低时会稳固运行于前一日收盘价上方做横盘处理，均价与股价的关系基本保持平行，量比超过1.0，即使有抛单打低股价也能被迅速拉回盘整区。

在此期间，如出现向上大笔提拉的过激动作，要视股价与均价的位置决定买入时机，在股价离均价2%以上，均价却无力上冲时，切勿追高买货，短期内股价必将有一个向均价回归的过程，可以在均价附近吸纳。开盘形态的强度决定了该股当日能否走强，从中可以洞悉庄家做当日盘的决心。

2. 盘中形态

日线图上刚出现突破迹象的个股，盘中运行一般都较为稳健，盘中一个破绽就是庄家很少将股再打到均价下方运行，当天没有必要做这个动作，如果发现盘中向下打低均价回抽无力时，要小心是否开盘形态是一个诱多动作，识别这个动作的要领是诱多形态开盘一小时后必然向下跌破均价走低，显示庄家无心护盘，有意做振荡。所以，如果错过了开盘强势的个股，要及时发现摆脱指数振荡而能以温和放量的方式将股价运行于均价上方的个股，尽量在均价附近进货比较稳妥。

3. 尾盘形态

如当日盘口强劲，会在尾市半小时左右引发跟风盘的涌入，使股价脱离当日走势，倾斜率单边上行，此时庄家会借机大笔提拉，以封死下一交易日的下跌空间。由于此时跟进的买盘都有强烈的短线斩获利润的兑现心理，所以尾盘若在抢盘时出现5%以上的升幅，要小心次日获利盘兑现对股价造成的抛压，以及庄家次日开盘借势做打压振荡所带来的被动，建议操作者不要在尾市过分追高抢货，以免陷入庄家次日短期振荡给仓位带来的被动局面。

5.4.3.3 庄家建仓手法解析

1. 低位建仓

低位建仓是最简单实用的方式，操作上也没有太多的技术含量，不过该方法却是庄家比较喜欢的。当某只股票下跌一定的幅度之后，庄家便开始买入。但是此时买入量并不大，因为该位置还可能会是相对高位。若股价再次出现下跌，庄家会将先前买入的股票卖出，而且通过杀跌方式卖出。虽然这样的操作会导致一些亏损，但是可以将股价压制到更低的低点。随后再次开始买入，此时买入数量就比较大，而且持续时间也比较长。

当庄家开始低位建仓时，可以发现成交量会放大，如图5－14所示。

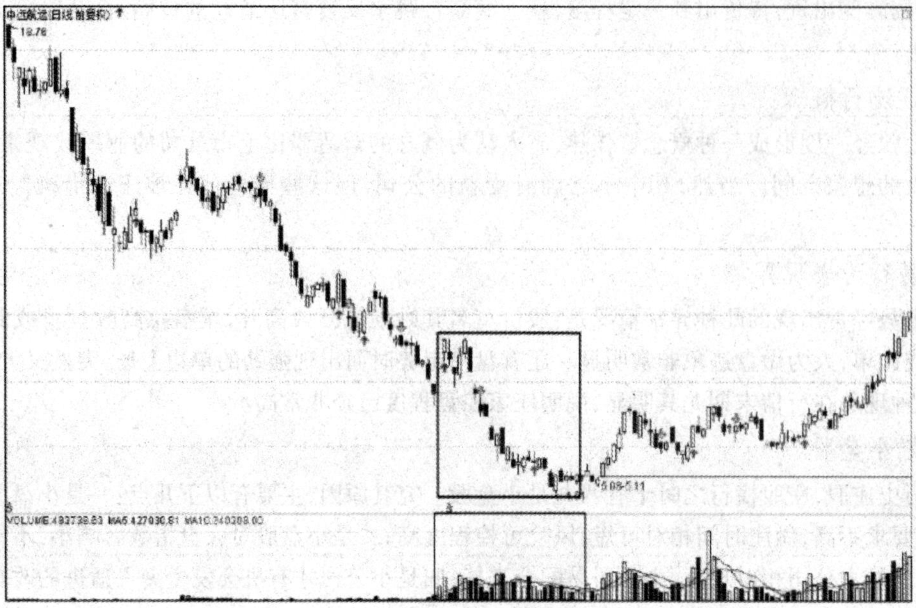

图 5－14　低位建仓

2. 区间波动建仓

区间波动建仓也是一种比较好的建仓方式，其形态比较容易鉴别。但是由于建仓时间通常比较长，散户即使跟进后，也会因为没有耐心持股而选择放弃，但是往往随后股价就开始上涨。

当通过区间波动建仓的时候，庄家会做高抛低，尽量降低自己的成本，所以时间比较长。另外，区间波动建仓发生的时间通常是在上涨中途，如图 5－15 所示。

图 5－15　区间波动建仓

在图中可以看到，区间建仓花了相当长的时间，随后开始快速上涨。在区间建仓时，成交量上的信息往往没有什么参考价值，此时要关注低点，通常来说区间波动的低点会逐渐抬高。

3. 温和上涨建仓

当股市走势整体向好，庄家无法在底部买到更多的股票时，通常会通过温和上涨方式进行建仓。出现这种情况，通常是因为该只股票有多个庄家，其中一个想通过杀跌，然后在低位建仓，那么需要卖出大量在低点买入的股票。

但是其他庄家出于对后市的看好，就会大胆买入，而卖出的庄家则会由于股票越来越少，出现无法控盘的尴尬局面。于是只能通过小幅上涨，诱惑散户卖出股票，从而使自己获得更多的股票。如图5－16所示。

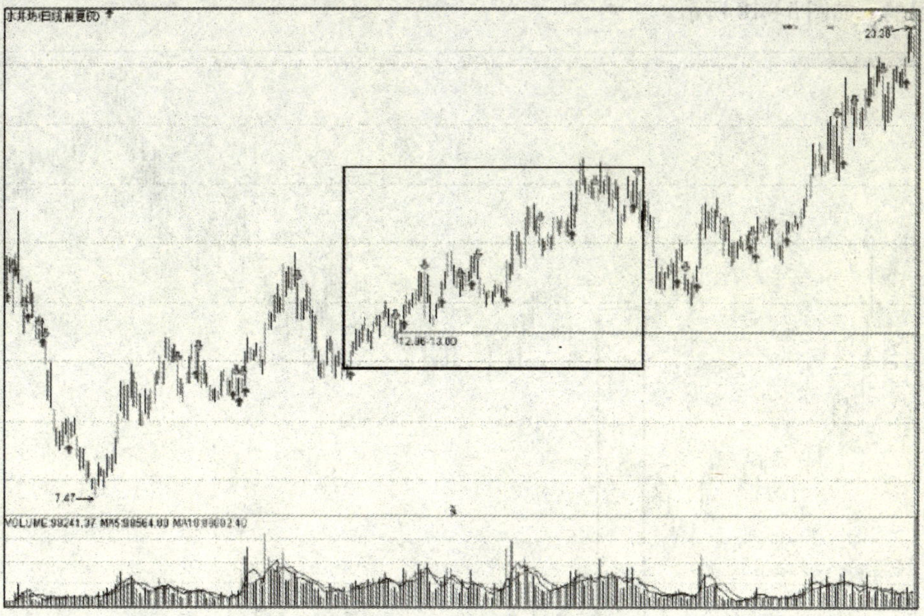

图5－16　温和上涨建仓

4. 拉高建仓

拉高建仓在牛市或者熊转牛的过程中比较常见，股价在底部的时候，由于庄家判断失误，没能及时有效地建仓，或者只是少量买入，但是后来看到行情出现变化，担心在低位不能买入股票，于是开始快速拉高，以诱惑股民卖出低位买入的股票，从而在次高点进行建仓。

当出现该走势时，股民一定要注意，拉高的价位不宜过高，否则很可能演变成高位出货，另外，在拉高建仓的时候，成交量会比之前有明显上涨。如图5－17所示。

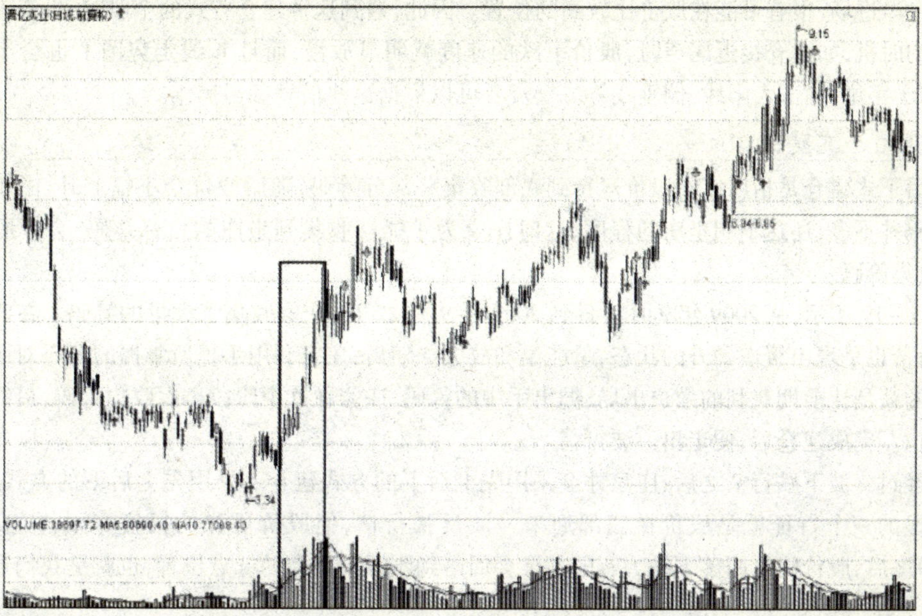

图5－17　快速拉高建仓

5. 打压建仓

庄家在收集了一定的筹码之后，往往还会再经历一次打压建仓的过程，通过该操作将自己已有的仓位在最短的时间内提升到最大的程度。当进行打压建仓的时候，会使用放量下跌的方法，制造市场恐慌气氛。而在该放量操作时,庄家使用的就是对敲方法。其具体表现是:出现大量的买盘和大量的卖盘,但是股价就是不断地下跌,让股民感觉上档买盘太大,无法拉抬,从而将自己手中的股票卖出,此时庄家也就达到了目的。如图 5-18 所示。

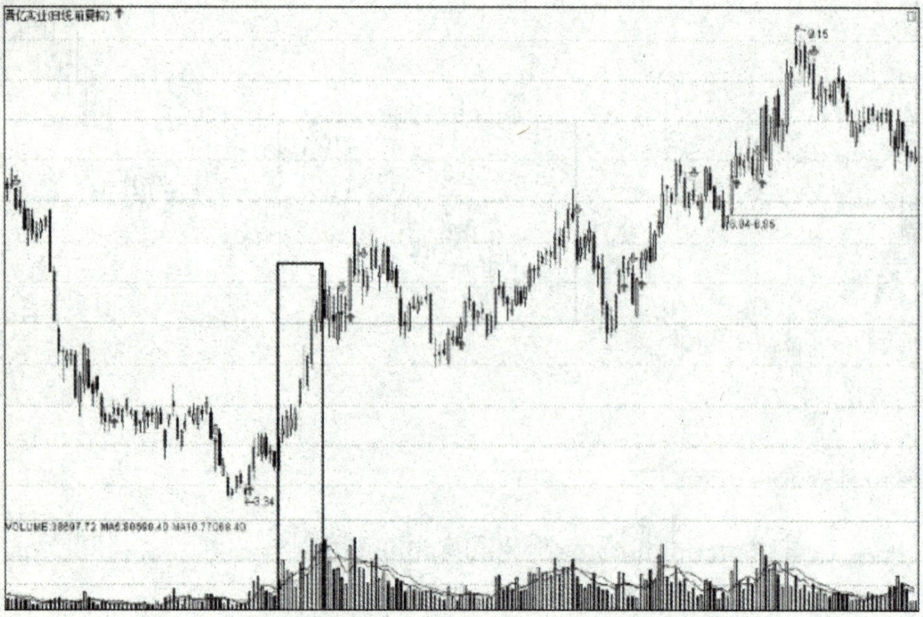

图 5-18 打压建仓

在图 5-18 中可以看到,当股价下跌后,庄家开始建仓,由于买盘的进入,股价开始上涨。但是此时庄家的手中还没收集到足够的股票,于是进行了一次打压,随后股价开始下跌。在该下跌过程中庄家不但成功地做了一次短线,而且也将高位卖出的股票重新买了回来,又一次降低了成本,随后就是一波上涨。

由于庄家是在股价下跌的过程中不断吸筹建仓的,所以,采用打压方式建仓投资者把握起来比较困难。如果过早进场,很有可能在股价比较高的位置。因此,遇到这种建仓方式的个股时,投资者一定要把握好进场的时机,如建仓接近尾声时,股价下跌的速度就明显放慢,而且 K 线走势图上也会出现一些止跌信号,如十字星、底部大阳线、倒垂线等。投资者可以根据这些信号参与操作。

6. 先上后下式建仓

先上后下式建仓是指庄家在股价运行到底部收集一部分筹码,随后股价会小幅上升,由于庄家这时收集的筹码并不多,还达不到坐庄的程度,这时庄家为了能够收集到坐庄的目标筹码,会把股价打压下去,再次收集筹码。

如图 5-19 所示,从 2009 年 9 月 1 日到 2009 年 9 月 22 日,庄家收集了大量的筹码。在收集筹码的过程中,股价也呈现出缓慢攀升的状态,量能温和放大。随后,庄家利用手里所掌握的筹码对股价进行打压。其目的就是让前期获利的散户出局,抛出手中的筹码,庄家在这个阶段再次收集筹码,最终达到建仓的目标仓位。完成建仓后,便走出一波行情。

股价经过一波下跌行情之后,庄家才会采用先上后下的方式建仓。采用先上后下的方式建仓,其中表现最明显的一个特征就是股价在底部迎来一波反弹行情,但股价反弹的幅度有限,一般不会超过 15%,反弹之后,股价继续回落下跌。有的甚至会回落到刚开始反弹的低点位置,也就是我们通常所说的二次探底。

庄家采用这种方式来建仓的个股,对于短线投资者来说,在庄家建仓阶段去参与操作的话,获利难度非常大。因为在这个阶段,短线操作的投资者几乎没有获利空间,除非是庄家一进场就能跟进。对于大多数投资者来讲,这个阶段,最好多看少动。等到庄家马上要启动拉升股价时,再进场参与操作。而作为中长线投资者,在庄家刚开始建仓的阶段,不要因为想在低位拿到低价筹码而急于买进,因为这样操作风险是相当大的,一旦庄家发现该股不适合坐庄,就会放弃建仓,随后股价将会继续下跌。所以,为了安全

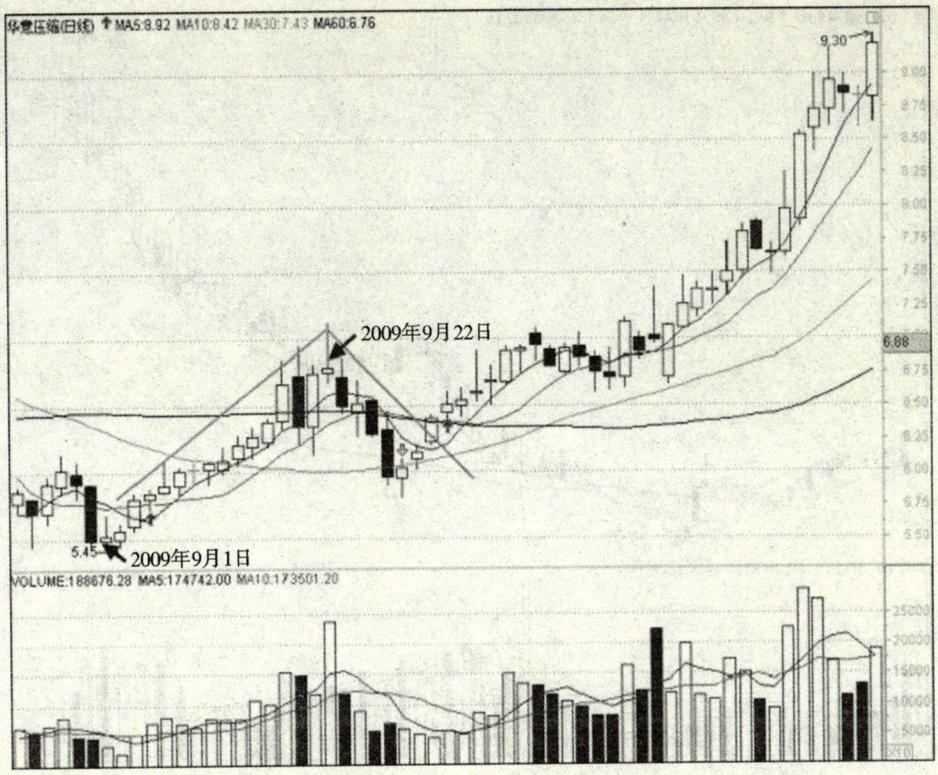

图5-19 先上后下式建仓

起见，最好在庄家再次打压股价收集筹码时逐步进场。

7. 先下后上式建仓

先下后上的建仓方式，是指股价还在下跌的趋势中，庄家就开始对该股进行建仓，不断地收集坐庄筹码。当然，这里所说的庄家在股价下跌的过程中就对其进行建仓，并不是说股价刚开始下跌，庄家就入驻建仓。而是当股价已经下跌了一波行情之后，庄家在股份继续下跌的过程中不断地收集筹码，并且随着股价的不断下跌，逐步增加收集的筹码数量，当股价见底时，庄家已经收集到了一部分筹码，股价见底后，庄家遇到抛出的筹码就买入，没有收集够的筹码，庄家会在股价见底回升的过程中继续收集，直到收集到足够坐庄和控盘的目标仓位。

如图5-20所示，采用的就是先下后上式建仓的方式。前期股价开始下跌，在下跌过程的后期，庄家不断地收集筹码。股价逐步见底后，庄家见筹码就通吃。随后，庄家利用前期收集的筹码拉升股价，在股价上升的过程中，庄家再次收集筹码，之后，庄家构筑了一个整理平台，在此平台上，股价不断地来回震荡。庄家利用这个整理平台，把拉升过程中获利的股民清洗出局，为后期大幅度拉高股价作准备。最后，庄家收集了坐庄控盘的目标仓位后，开始进入拉高阶段，随后走出一波大幅拉升的上涨行情。

采用先下后上这种方式来建仓的庄家，选择的目标个股必须是经过一段时间下跌以后的股票。因此，在盘面上可以看到股价一直处于下跌的趋势之中，股价走势表现得非常低迷。

对于一般的投资者来说，很难在股价下跌的过程中判断是否有庄家对该股进行建仓。因为在股价下跌的过程中，庄家的建仓行为一般都是很隐蔽的，整个下跌过程中不会出现任何反弹走势。所以，在跟庄的过程中，无论是短线投资者还是中长线投资者，看见股价已经下跌了一波行情之后，不要觉得一定会有庄家入驻而急于买进操作，有些股票虽然价格很低，但不一定就能引起庄家的青睐。

当股价见底回升时，如果投资者只看回升这一阶段盘面上呈现出来的迹象，也不足以判断一定有庄家入驻该股，因为当股价深幅下跌后，有技术反弹的要求，就算没有庄家入驻的股票，当股价下跌到关键技术位时，也会出现这些迹象。投资者在实际操作过程遇到这种走势形态的个股，一定要结合整个下跌过程和回升过程该股表现出来的各种迹象，去综合判断是否有庄家入驻。

此外，股价在下跌过程中成交量是比较低迷的，大都会呈现出缩量下跌的形态。随股价逐步见底，成

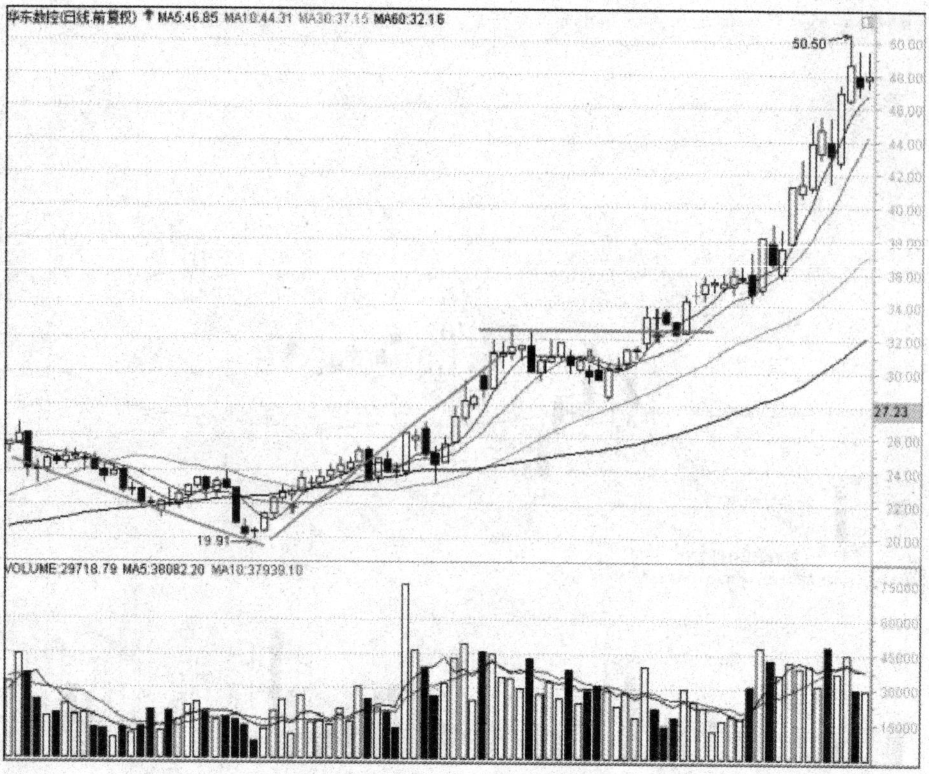

图 5－20　先下后上建仓

交量才会慢慢放大。所以,遇到这种走势的个股,无论是短线投资者,还是长线投资者,都应该结合整个过程去判断,不应该看见某一阶段表现出有庄家建仓的迹象,就盲目地进场操作。

8. 单边下跌式建仓

庄家建仓时,股价呈下跌态势,整个下跌过程就是庄家的建仓过程,股价止跌时表明庄家建仓工作完成。在这个过程中,庄家开始吸取少量的筹码,随着股价的持续下跌,逐步加大收集筹码,到最后一概通吃。

有时候,这种单边下跌的建仓方式是庄家采用打压的方式来进行的。庄家运用早期手中少量的筹码,不计成本地大幅度向下砸盘、打压股价,甚至以连续跌停的方式出现,同时伴随着上市公司的利空不断。K 线图上表现为:股价似瀑布式下滑,中短期均线呈现空头排列,日 K 线的形状收阴,并且实体越来越大,成交量由小逐步变大,在底部有时形成天量。单边下跌的建仓方式能够使庄家以较低的成本收集较多的低廉筹码,即庄家的建仓成本较低。但若是股价太低,庄家行为被市场发现,极容易引起其他投资者跟进吸筹,影响庄家的建仓工作。

图 5－21 所示为上海梅林于 2003 年 9 至 11 月单边建仓的典型实例:该股股价从 2001 年 11 月 15 日创新高以后,股价便一路下跌,下跌幅度为 67%,深套市场投资者。2003 年 9 月,庄家开始进入,经过两个月时间的打压吸货,庄家吸纳了充足的筹码。2003 年 11 月 13 日,股价放量涨停板,突破下降通道,展开了一波声势浩大的上攻行情,短时间内上涨幅度为 100%。

另外,对于短线投资者来说,最好不要在庄家建仓过程中进行操作,因为采用这种方式建仓的个股,短线投资者很难在庄家建仓时赚到差价,即便判断出庄家建仓已接近尾声,庄家也不一定马上就进入拉升阶段。因此,对于短线投资者来说,在庄家建仓的过程中,应该多看少动,等待庄家建仓完成进入拉升阶段时,再入场参与操作。

9. 单边上涨式建仓

这是与单边下跌式建仓刚好相反的一种建仓方式,采用单边上涨式建仓,庄家的建仓过程同时也是股价不断上涨的过程。庄家采用这种建仓方式,一般是在大势逐渐转好,或者庄家预感大势即将转好的时候。

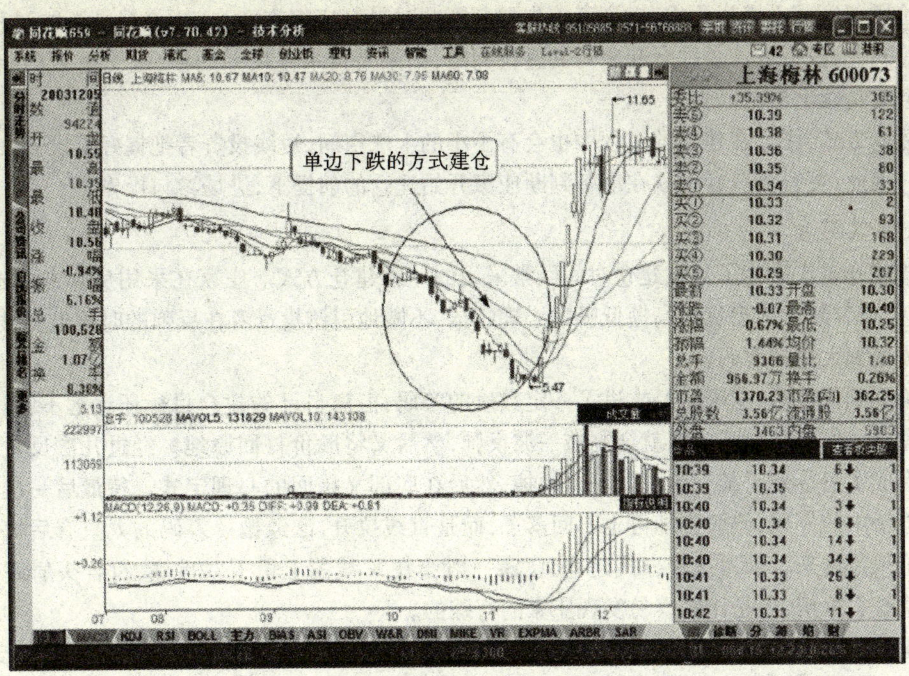

图 5-21 单边下跌式建仓

有时，上市公司隐藏着重大利好，市场上中小投资者还没有察觉到，庄家也会采取这种逼空的方式建仓。这种单边上涨式的建仓方式，庄家会不断地让市场跟风者赚点小钱，同时又引诱市场投资者不断跟进。通过这种手法，庄家在不断收集筹码的同时，又不断地降低了持仓成本。

如图 5-22 所示，庄家采用的就是单边上涨建仓的方式，在整个单边上涨的过程中，庄家都在不断地收筹码，庄家之所以采用这种方式来建仓，是因为当时大势向好，场外的散户看见大势向好，在赚钱效应的驱动下，不断地买进筹码。在这种情况下，庄家无法在底部收集到足够多的筹码，只好采用上涨逼空的方式建仓。

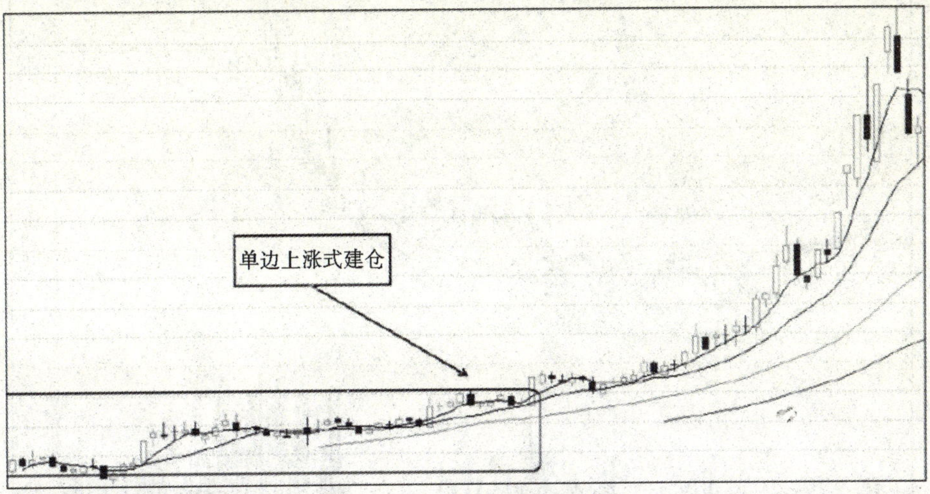

图 5-22 单边上涨式建仓

图 5-22 所示为凯迪电力单边上涨式建仓的实例：该股上市首日收十字星日 K 线，换手率极高，庄家进入明显。

次日，股价放量涨停板，符合“次日停板”法则，呈现强庄特征。股价从上市后经 55 个交易日，股价重心不断上移，累计换手率达 340%，庄家单边上涨建仓方式明显。该股自 1999 年 12 月 15 日，以涨停拉开了上涨的序幕，股价在不到两个月的时间上涨达 1200%。

单边上涨式建仓与拉高式建仓有点类似，不过庄家是在股价上涨的过程中不断收集筹码。另外，在收集筹码的过程中，庄家不会快速地大幅度拉高股价。

在股价脱离底部上涨过程中,投资者首先要判断此时是有庄家在建仓,还是只是下跌过程中的一次技术反弹。对此,投资者需要综合起来对其进行判断,如果是技术性反弹的话,成交量不会持续放大,并且盘中不会有持续上涨的动力。

这种建仓方式,庄家在建仓的过程中也会有不小的上涨空间,短线投资者把握好了机会,也能获得不少的利润。因此,短线投资者可以在准备判断庄家开始建仓的前提下,进场参与操作。

10. 反弹式建仓

反弹式建仓是庄家为了节省建仓时间经常采用的一种建仓方式。庄家在采用反弹方式建仓的过程中,会利用投资者趁反弹出货和高抛低吸的心理特征,不断地引诱投资者在反弹的时候出货,以便在较短的时间内收集到大量的筹码。

当股价跌到低位后,庄家已经吃进了一定数量的筹码,但离自己的建仓目标还远远不够。为了引发更多的抛盘,每过一段时间,庄家就会制造一波反弹,然后又将股价打回原地。经过几次反复以后,散户们慢慢就形成了股价到了某一价位就可以抛掉,然后在底部又拣回的心理定式。待最后一次反弹时,大家纷纷抛售手中的筹码,但股价却再也不回落了,而是直线拉升,已经抛掉筹码的人只有后悔不已,或者在更高的价位追进来。采用这种方式建仓,庄家一般会在K线图上留下双重底,符合头肩底等形态,只要投资者认真去分析,还是比较容易发现庄家的行踪的。

如图5-23所示,庄家反复采用了反弹式建仓的方式。在这个过程中,庄家反复使用了反弹和股价回落的方式,促使散户们认为自己已经把握住了股价的运行规律,形成在反弹过程中把筹码卖出,股价回落时再买进的心态。庄家正好可以在散户卖出时收集筹码,等到最后一次反弹,大家纷纷抛出股票后,庄家却不让股价有回落的机会了。

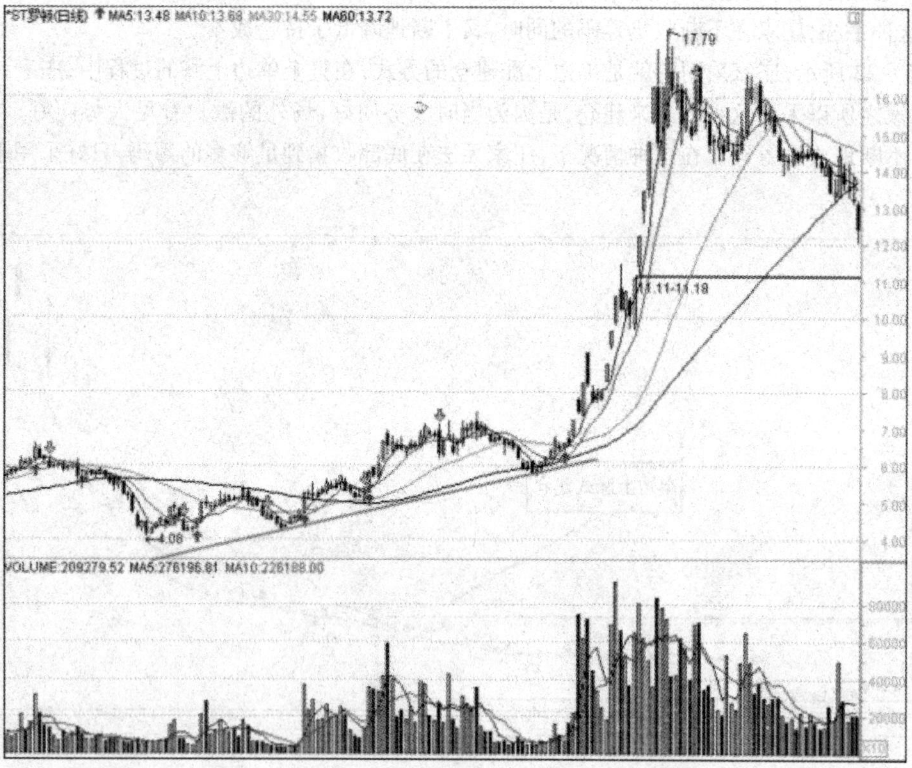

图5-23 反弹式建仓

需要注意的是,庄家采用反弹方式建仓的过程中,每一次反弹的高点都要比前一次高,并且每一次向下打压时,股价低点也比前一次打压低点高,这是反弹方式建仓的一种盘面特征。投资者如果遇到庄家采用这种方式建仓,可以在股价每次回落过程中分批买入,当然,如果一开始就能准确地判断出来庄家在建仓,那么在庄家建仓之初就可以介入。

采用这种方式建仓的庄家,在股价下跌的过程中,就已经收集了一定数量的筹码。当股价下跌到一定程度,已经没有继续下跌的空间时,庄家就会利用手里的筹码,让股价在底部进行反复的反弹和回落,然后在股价的反弹过程中,不断地再次收集筹码建仓,从图中可以看到,股价呈现出震荡反弹和底部不断抬高走势形态。

对于采用反弹式建仓的个股,短线投资者可以在整个过程中不断地参与短线操作,采取高抛低吸的策略获取差价利润。但是在操作的过程中,一定要把握好每一次的反弹高点和回落时的低点,并且要准确地判断出庄家何时建仓完毕。作为中长线投资者,可以在庄家每次向下打压股价时,跟随庄家慢慢地吃进筹码,然后等待庄家的拉升行情。

11. 潜伏底式建仓

采用潜伏底式建仓的庄家,在建仓的过程中大多只管吃货,并不主动抬拉股价,所以在庄家建仓阶段,个股走势给人的印象非常低迷,等到拉高的时机到了,庄家则会突然行动,以迅雷不及掩耳之势,短短几个交易日就将股价大幅拉高。

采用潜伏底方式建仓是近年来庄家建仓时的主要手法,其主要特征是:庄家战略性建仓后先打压股份,之后基本不主动操作,使个股仿佛处于“无庄”的状态。股价在底部区域经过长时间的低迷盘整,大部分人早已确认该股没有庄家操控,于是纷纷抛出手中的筹码。时机成熟之后,庄家只需要再最后收集一部分筹码便能轻松控盘。

对于绝大多数采用潜伏底方式建仓的庄家来讲,在庄家锁定足够多的低位筹码以后,就会隐蔽下来,寻找顺势拉高的机会。顺势拉高的机会只有在个股周期规律作用下,或者大盘产生中级行情,大量跟风盘蜂拥而至时才会出现。庄家可以从盘面的每日变化中,捕捉顺势拉升股价的机会。而对于中小散户来讲,要发现这样的买点是件很困难的事情。如图5-24所示的维维股份,就是典型的采用潜伏底方式建仓的个股。

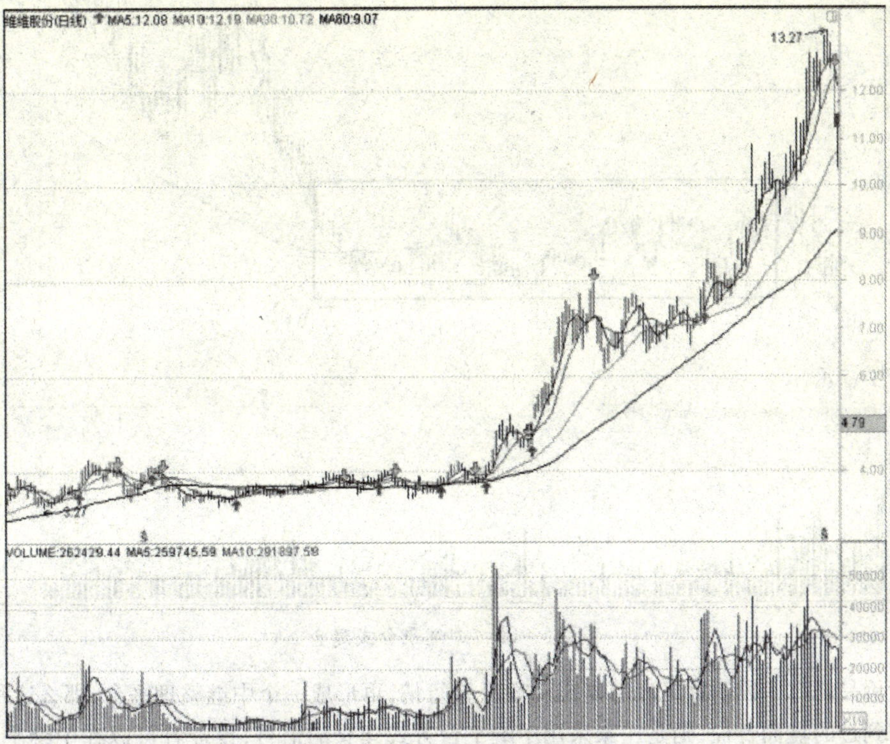

图5-24 潜伏底式建仓

庄家采用潜伏底方式建仓,盘中偶尔也有会拉高的现象,但没过几天就会被打回原形,这主要是因为庄家还没有收集到足够的筹码,短期拉高是为了让散户们有点获利,抛出手中的筹码。

由于庄家是在底部区域慢慢地建仓,因此庄家采用潜伏底方式建仓的过程,从时间上来说相对比较长。在这种情况下,投资者遇到这种走势图形的股票,最好不要立即进场,应该观察几天该股的走势,当该股具备以下两个条件时,可以考虑进场:

第一,股价在经历了一段下跌趋势后,在底部形成这种形态。

第二，在底部横盘过程中，断断续续地有中阳线或是大阳线出现，并且出现中阳线或大阳线时伴随着成交量的放大。

12. 中继平台式建仓

中继平台建仓又称为中位横盘建仓，通过中继平台建仓的庄家，在前期已经收集到了一定的筹码，但由于仓位还不够，于是利用手中的筹码，在中部位置构建一个滞涨式的中继整理平台，在平台整理的过程中完成建仓的目标。庄家采用这种方式建仓，所需的时间一般都比较长，有时需要一两个月或者更长的时间。

利用中继平台建仓，庄家主要是以时间来换空间，以此拖垮散户的持股信心。在中继平台整理期间，盘面上股价会表现出十分疲惫的走势，持有该股的投资者因为长时间赚不到钱，耐不下心，于是抛售出局。场外持币的投资由于找不到赚钱的机会，也都不愿意进场抢筹。

图5-25所示的洋河股份，就是采用了这种建仓方式。在图中标示的区域，由于庄家不断地收集筹码，所以股价呈现出比较强的抗跌走势，但是，如果单纯地维持这种横盘的话，那么盘中的抛盘就会逐渐减少，这样，庄家就会很难收集到足够的筹码。所以，庄家通过采用震荡的手法，迫使意志不够坚定的散户卖出手中的筹码。采用中继平台方式建仓的个股，通常是股价经历了一波拉高后进入整理平台的。因此，盘面上会呈现出停止向上拓展空间，但同时又封住了下跌空间的现象。此时，股价会在一个幅度比较小的范围内缓慢波动。

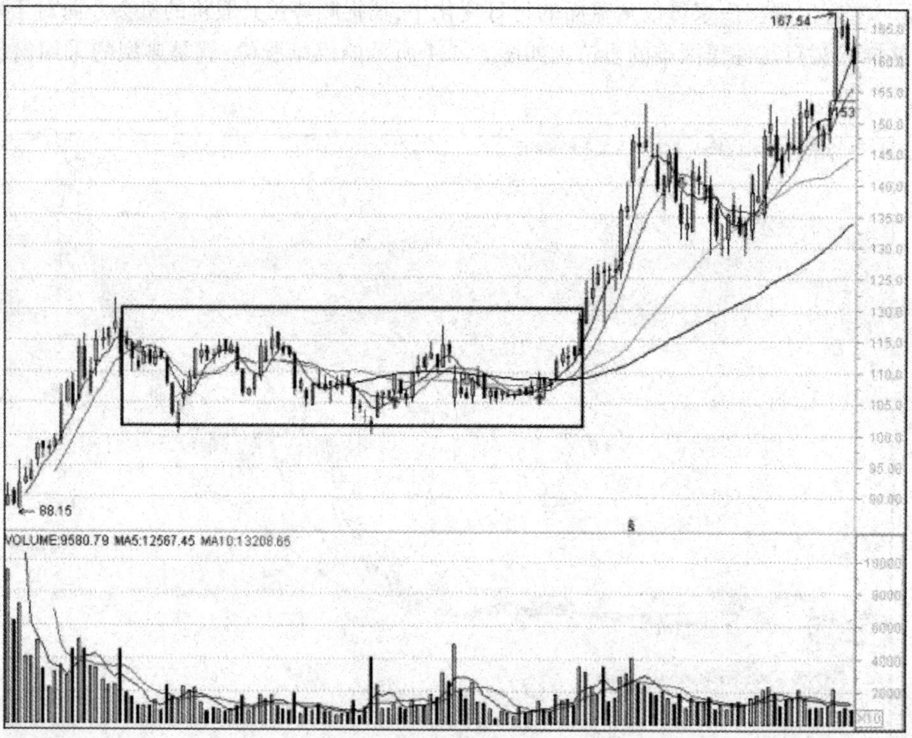

图5-25　中继平台式建仓

如果股价是经过一段下跌见底后走出一段反弹行情，再形成一个中继整理平台，那么这种情况下，出现上面所讲到过的盘面特征，则是庄家采用中继平台方式建仓的信号，投资者可以在中继平台向上突破时进场。

庄家在这个平台上建仓时，不但需要的时间比较长，而且股票在这个过程中也不会有大的起伏，所以投资者要是过早进去的话，从时间成本上来讲是不划算的。当庄家建仓完毕后，会放量拉高股价。出现这种情况是股价向上突破的前兆。此时投资者就可以进场跟进。

操作上需要注意的是，如果这种形态出现在个股股价已经上涨了比较大的幅度，就不要轻易做出买进的决策了，这时候很可能是庄家采用横盘的方式出货。因此，在高位出现这种平台整理的情况，投资者要十分谨慎，不要轻易进场操作。

13. 高位平台式建仓

高位平台建仓一般出现在历史高位密集区附近,这种建仓方式大多是完全控盘的强庄所为。在采用高位平台方式建仓时,不同的庄家有不同的习惯和做法,有的庄家可能稍微高于历史高位构筑平台建仓,有些庄家则可能稍微低于历史高位构筑平台建仓。

采用高位平台横盘建仓,庄家建仓的时间一般都非常长,大多在两个月以上。要不然,没法达到让股价形成横盘走势的目的,整个建仓过程中,盘中成交量较少。高位建仓的初期,K线形态与头部非常相似,所以在建仓初期,庄家往往会砸出一个低点,以后的横盘在此点位以上。对于这种建仓情况的分析,主要是看庄家已经持有的仓位大小和头部的成交量,如果庄家持有的仓位距目标相差很多,则有可能长期横盘。不过需要区分的是,如果横盘的价位高出前期高点太多,或者低于前期高点太多,都有可能是庄家在出货,而非建仓。

如图5-26所示的山推股份,就采用了这种建仓方式,图中标示区域为建仓的过程。整个过程,庄家采用了震荡的手法来控制盘面,使散户抛出手中的筹码。当收集到了足够的筹码之后,庄家发动了一次漂亮的上攻行情。

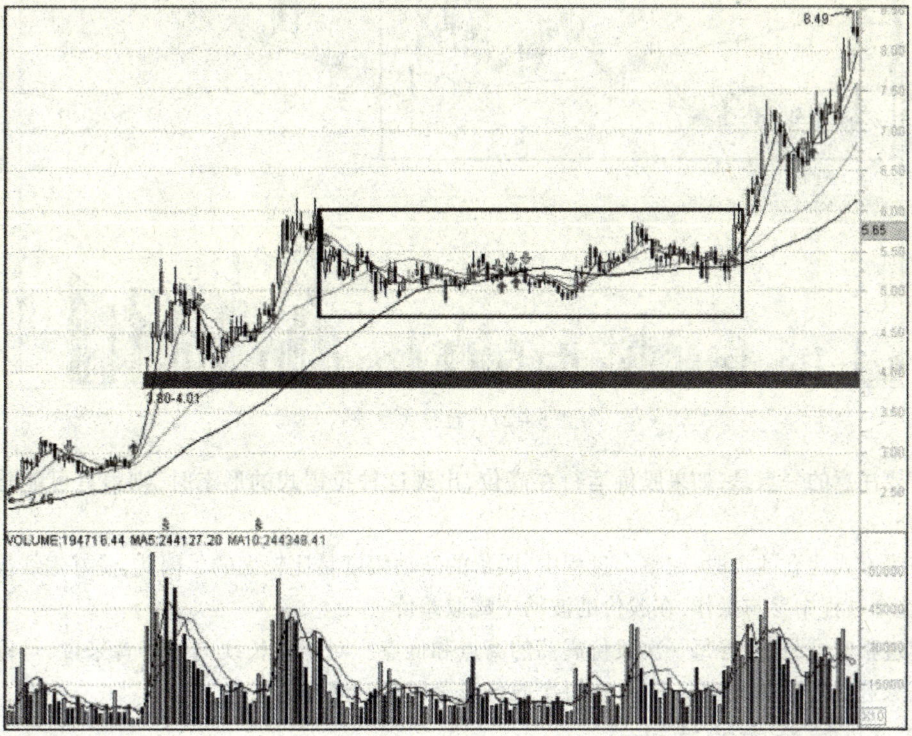

图5-26　高位平台式建仓

遇到高位平台整理的个股时,投资者一定要注意,不要一看见股价处于这种走势形态,就认为是庄家在建仓,有的庄家也会在高位构筑一个平台,然后在这个平台上慢慢地出货。

一般来说,投资者可以从成交量上来区别庄家是在高位平台建仓还是出货,在平台整理的过程中,如果成交量呈现出放大现象的话,那么就有可能是庄家在吃货。另外一种判断的方法是:在平台构筑结束后,如果庄家出货的话,那么股价就会快速下跌。无论是短线投资者,还是中长线投资者,遇到高位平台整理的个股时,都不要急于进场操作,应该等待股价向上突破,并且在构筑的平台整理过程中出现了试盘特征时才能进场买进,千万不要盲目进场参与操作。否则,一旦是庄家在出货的话,就会引发一波大幅度的下跌行情。

14. 拉锯式建仓

采用拉锯方式建仓的庄家,手法都是比较凶悍的,在庄家的操控下,股价经常会大起大落,有的时候,庄家会不计成本地快速吃进筹码,或者是快速打压股价,使得股价呈现出快涨快跌的走势,让投资者有种坐电梯的感觉。

由于采用这种方式建仓的庄家实力都很强大,能在很短的时间把股价拉上去;在散户还没有来得及反应时,又把股价重重地砸下去。大多数散户经不起庄家的这种折磨,只好离场而去,把筹码送给庄家。

如图5-27所示的龙溪股份,庄家就是采用这种方式建仓的。庄家快速拉高股价后,又快速地打压股价,并且反复利用这种手段来控制盘面。其目的就是从心理上来摧毁持股者的信心,最后交出手中的筹码。

图5-27　拉锯式建仓

特别需要注意的一点是,如果股价运行在高位,出现这种拉锯式的形态时,则很有可能是庄家在出货,而非建仓。

通过拉锯方式建仓的个股,在整个过程中,股价的波动幅度是比较大的。因此,爱好短线操作的投资者,可以在这个过程中参与操作,在股价的波动中赚取差价。

在操作过程中,要把握好每一次股价震荡的高点和低点。对于中长线的投资者来说,可以在庄家建仓时跟随庄家进行战略性的建仓布局,在每次股价震荡回落时慢慢地买进。

5.4.3.4　建仓中的试盘

主力吸货完毕之后,并不是马上进入拉升状态。虽然此时提升的心情十分急迫,但还要最后一次对盘口进行全面的试验,称作“试盘”。

一般主力持有的基本筹码占流通盘的45% ~50%,剩余的55% ~50%在市场中。在较长的吸货阶段,主力并不能肯定在此期间没有其他的主力介入,通常集中的“非盘”如果在10% ~15%以上,就会给主力造成不小的麻烦。这种情况在操作过程中十分常见,经常会有两个主力几乎同时介入,持仓比例都差不多,吸货阶段都十分吃力。通常这只股虽然不错,但就是不涨,上下震荡,成交量时大时小。这类股多半是几个主力碰了头,彼此相互制约。由于大主力之间进行“合作”几乎不可能,所以该股一直上下震荡,不能顺利上攻,成了一块“鸡肋”,食之无味,弃之可惜,所以必须“试盘”。

试盘的方法一般是主力用几笔大买单,把股价推高,看看市场的反应。主力将大买单放在买二或买三上,推动股价上扬,此时看看有没有人在买一上抢货。如果无人理,就说明盘面较轻,但股性较差;如果有人抢盘,而且盘子较轻,就成功了一半。紧接着主力在拉升到一定的价位时,突然撤掉下面托盘的买单,股价突然回落。而后,主力再在卖一上压下一个大卖单,这时股价轻易下挫,则说明无其他主力吃货。在推升过程中,盘中有较大的抛压,这时主力大多先将买盘托至阻力价位之前,然后突然撤掉托盘买单,使股价下挫。如此往复,高点不断降低,该股的持有者会以为反弹即将结束。突然主力打出一个新高之后,又急转直下,此时比前期高点高,眼看很快要跌回原地,非盘再不敢不减仓了,于是集中的抛单被拆散了。

试盘的种种情况探明了市场中的持仓情况,跟股性死活没有关系,在大盘弱势中逞强、强势中压盘就能很快达到目的。

5.4.4 准确判断庄家洗盘

5.4.4.1 洗盘的目的

第一,对方案之外的筹码进行换手,把先期持股者赶下马,避免其获利太多,半途抛货砸盘,最终要挟或影响主力的操作方案,如使主力支付太多拉升本钱或影响顺畅出货。

第二,在分歧的阶段不时地改换持币者入场,以垫高其持股本钱,进一步削减主力后市拉升股价的压力。经过重复洗盘,进一步均匀持仓本钱,亦有助于主力在高位抛货离场,避免主力刚一呈现抛货迹象,就把散户投资者吓跑的状况,以便日后在高位沉着派发。

第三,在震仓进程中高抛低吸,主力可以收取一局部差价,以补偿其在拉升阶段所支付的较高的买卖本钱。如此,既增加了其日后拉股价的本钱,也增加了决心,又可让市场弄不清主力的本钱,辨不清今后主力出货的地位。

第四,调整资金比例,假如主力在底部吃进筹码比例比较大,即没留足够的拉升力气,则可应用洗盘之始的较高价位出货,复原出拉升力气。

第五,调整仓位构造,假如主力持有多只股票的筹码时,可以经过洗盘调整所持股票的持仓比例,分出主次,使其更能显示板块效应。

第六,等时机进一步成熟,有的利用洗盘继续吸货,也有庄家等待大势或板块的配合。

第七,使本来想高抛低吸的人晕头转向。一些自作聪明的人结果往往低抛高追,很多人在低位踏空后,便到高位追涨,成了主力的抬轿夫。

普通主力主要就是以上几点目的,洗盘经常跌破一些支撑地位,也有经过特意修正的通俗目标,如KDJ、MACD等目标到达洗盘目标。

总之,主力在操作中会用不同的办法进行洗盘,从而把不同类型的散户让其操作的品种按主力的意图进出,从而达到主力操盘成功的目的。在这场角力中,主力是在暗处,而散户是在明处,散户只有在对市场有充分的了解下,才能熟悉股票的冷暖,从而破解主力的意图。

5.4.4.2 成交量识别洗盘

在长期大幅下跌后的低位区域,主力机构要想吸到大量筹码,所对应的是有大量股民散户割肉。假如主力机构要吸到个股五成的筹码,那么相对应的市场中,就要有一半的持股者割肉。主力机构要想做到这一点,就必须制造种种假象让市场看淡,制造各种空头形态,迫使散户投资者低位交出手中的廉价筹码。

关于在低位区域是否是主力增仓洗盘,从成交量方面的变化情况来看,很容易辨别是否是主力机构在增仓。一般来说,在低位区域个股上涨时大幅放量,下跌时急剧缩量,说明是主力机构较为明显的建仓增仓行为。这个一般稍懂技术的投资者也容易分辨。

但在更多的情况下,主力吸筹的运作会比较隐蔽,成交量变化的规律并不是很明显,但在判别时也不是无踪可寻。从K线组合来看,经常出现放量滞涨、缩量回调的现象,成交量始终维持在一个较为活跃的水平,在盘中也时常看到脉冲式放量,回调时大幅缩量,回调时成交稀少的盘中特征。

随着主力资金吸筹量的不断增加,往往会通过各种手段来控制调控股价的走势,使股价不至于过早地升幅过快,而造成建仓成本的增加。同时,通过调控股价也可以调整和修复技术指标。在一般情况下,当主力机构吸筹到一定程度之后,反而会大肆打压、洗盘,将一些意志不坚定的散户赶出局。因此在K线形态上,往往会做成明显的头部形态和一阴抱几阳,或连续的下跌阴线等,技术指标上形成吓人的死叉,以迷惑一般的投资者。

在通常情况下,股价在充分筑底后,开始小幅上涨,成交量在5日、10日均量线上下频繁波动。股价上涨时成交量超出5日均量线,股价下跌回调时成交量低于5日、10日均量线,形成"锯齿"型的成交量组合时,都是明显的主力建仓增仓信号。

另外,在低位弱势区域,能够放量突破密集区后主动回调的一些个股,也是主力明显的增仓洗盘行为。因为主力机构通过突破套牢密集区后主动回抽,一方面可以吸到更多的筹码,另一方面也可以使筹码更趋于集中,为以后的大幅拉抬铺平道路。

在通常情况下,主力机构在股指较长时间下跌后,一般不会无意识地突破历史上的密集套牢区,因为这样会花费很多资金。因此,股指在低位区域放量创出新高的个股,如果后市没有较大的上涨空间,主力资金不会轻易进场为他人解套的。

从某种程度上来讲,主力资金在低位某一区域累积的成交量越大,换手率越高,则表明主力的筹码越集中,未来相应的上涨空间也才会越大。在弱市市场中,主力机构没有无缘无故的解放连续几年的套牢筹码,创出新高后的回调应属洗盘打压行为。

另外,在主力洗盘阶段,K线组合往往经常出现大阴线,或者连续阴跌的小阴线。对于主力的洗盘,一般的投资者会误认为是主力大肆出货,其实正是主力逢高打压,逢低增仓的操作形式。

一般说来,当主力尚未准备拉抬股价时,股价的表现往往很沉闷,成交量的变化也很小,此时研究成交量没有什么意义,不能看出主力的意图。但一旦主力放量拉升股价,其行踪就会暴露,此时研究成交量的变化就具有非常重要的意义。此时如果能准确地捕捉到主力洗盘的迹象并果断介入,往往能在较短的时间内获取理想的收益。实践证明,根据成交量变化的特征,可以对主力是不是在洗盘作出较为准确的判断。

第一,由于主力的积极介入,原本沉闷的股票在成交量明显放大的推动下变得活跃起来,出现了价升量增的态势。然后,主力为了给后市的大幅拉升扫平障碍,不得不将短线获利盘强行洗去,这种洗盘在K线图上往往表现为阴阳相间的震荡。由于主力的目的是让一般投资者出局,因此,股价的K线形态往往会成为明显的"头部形态"。

第二,在主力洗盘阶段,K线组合往往是大阴不断,且收阴的次数居多,每次收阴时都伴有巨大的成交量,好像主力正在大举出货。其实仔细观察会发现,出现巨量大阴时,股价很少跌破10日均线,短期均线对股价构成强大的支撑,主力低位回补的迹象一目了然。

第三,主力洗盘时,作为研判成交量变化的主要指标OBV、均量线也会出现一些明显的特征,主要表现为:出现大阴巨量时,股价的5日、10日均量线始终保持向上运行,表明主力一直在增仓,交投活跃。此外,成交量的量化指标OBV在股价高位震荡期间始终保持向上,即使瞬间回落,也会迅速拉起并创出近期新高。这说明单从量能的角度看,股价已具备了上涨的条件。

总之,当低位区域出现上升放量,回调缩量或低位出现较大的成交量时,往往是主力资金建仓、增仓的信号。在底部区域,无论K线组合有多吓人,都是主力机构为吸筹要的花招和把戏,其意图都是通过反复震荡来收集廉价筹码,使市场成本趋于一致,以便为今后的拉抬作铺垫。

5.4.4.3 识别庄家的对敲

1. 试盘对敲

试盘有两种,一种是向上试盘,另一种是向下试盘。

向上试盘是主力先在卖盘处埋下大单,然后再通过连续性大买单一直将自己所埋的大卖单吃完,目的是测试上升的卖压和买盘的跟风状况。当然,有试盘的现象也是佯装上攻无力而吸引卖盘涌出的一种方式,其目的是继续吸收筹码。

向下试盘是主力先在买盘处埋下大单,然后通过几笔大抛单的砸盘动作,将股价一直砸到自己的大卖单被消化完为止,目的是为了测试下方接盘的支撑力度和市场关注度。当然,有些试盘的现象也是佯装破位而吸引卖盘涌出的一种方式,其目的也是继续吸收筹码。

试盘往往发生在主力建仓和洗盘完毕之时,主力通过试盘测试出筹码的锁定程度之后,只要情况使其满意,往往就会随即拉升。所以,届时的长上、下影线都是需要交易者关注的。

但是,也有少数试盘发生在底部区域,通常是主力在测试个股里有无早期主力的存在。如果通过连续打压后股价不跌反涨,则往往说明个股里存在着早期主力,那么想跟庄的主力就会介入,而想坐庄的主力则会另寻它股。

总体来看,试盘的突出表现为:股价上蹿下跳速度快,而且持续时间短,往往很快就会还原。如图5－28是601166在2009年4月29日14:11时的盘口。主力在发动主升浪前,不断以大单对敲试盘,这样的目的是测试跟风盘的多少,属于对敲试盘的情况。

14:10	23.91	131B
14:11	23.95	830B
14:11	23.96	898B
14:11	23.97	10029B
14:11	24.05	333B
14:11	24.00	7020S

图5－28　601166在2009年4月29日14:11时的盘口

2. 拉升对敲

拉升对敲通常是在建仓完毕但又没有垄断流通筹码的情况下进行,其目的是制造交易的热烈气氛,吸引跟风,以替换过去的短线介入者,抬高市场平均持仓成本。比如:主力可以在集合竞价时通过对敲制造一个较高的开盘价格,之后在高位挂出几笔大卖单,同时利用另外的账户不断吃掉这几笔大卖单,使股价立刻提升。这种方式往往配合着大盘的走势进行,直到主力要推升的目标价格实现为止。这是典型的对倒诱多行为,预示着主力在引诱跟风者介入,以减少拉升的压力。

图5－29是600981在2009年7月17日9:33时的盘口。主力不断提高几分的价格以大单对敲拉高股价,这样的目的是引诱跟风盘一起拉抬股价,节省主力成本,属于拉升对敲的情况。

时间	价格	现量
09:33	6.87	129B
09:33	6.86	384B
09:33	6.86	1437S
09:33	6.88	81S
09:33	6.88	131S
09:33	6.89	638S
09:33	6.90	249B
09:33	6.90	618S
09:33	6.90	2191B
09:33	6.90	2619B

图5－29　600981在2009年7月17日9:33时的盘口

3. 出货对敲

当主力要出货时,为了吸引人气来买入,也会通过对敲来制造交易活跃的情景。比如,主力可以在高位挂上几笔大卖单,但同时也会在买盘处挂上几笔大买单,以显示买卖实力不至于过于悬殊而引发更多的抛盘。随后,主力将利用大盘的良好走势开始用小单蚕食上面的大单,直到有凶悍的跟风盘开始吃掉上面的大卖单为止。之后,卖单会不断地以大单的方式出现并不断提高价位,诱惑急需筹码的交易者买入。

图5－30是600112在2008年1月24日11:20时的盘口。主力突然以20.40元的高价大单对敲拉高股价,这样的目的是引诱散户买入,属于对敲出货的情况。

11:18	20.30	10B
11:18	20.30	2S
11:18	20.31	2S
11:18	20.37	89B
11:19	20.30	33S
11:19	20.29	77S
11:19	20.30	27B
11:19	20.30	9B
11:19	20.28	193S
11:19	20.30	50B
11:19	20.30	180B
11:19	20.28	8B
11:19	20.28	3B
11:20	20.25	70S
11:20	20.28	3B
11:20	20.26	40S
11:20	20.26	10S
11:20	20.40	1549B

图 5－30　600112 在 2008 年 1 月 24 日 11:20 时的盘口

4. 隐性对敲

资深的交易者都知道,主动出击的买卖盘才是真实的,所以主力也有可能制造隐性的对敲行为。当成交栏中连续出现较大成交量而买卖队列中没有此价位的挂单,或成交量远大于买卖队列的挂单量时,往往是主力刻意的对敲行为。由于很多操盘手在交易所进行场内交易,其挂单速度非常快,以至于其买卖挂单可以在零点几秒内成交,根本不会出现在买卖委托盘口。这种对敲方式既不会使主力失去筹码,也不会浪费多余的资金,但是却制造了成交量。需要注意的是,倒仓往往也是以这样的形式进行的,为的是杜绝其他交易者的介入。

一般而言,投资者比较容易识别对敲行为,但不一定能及时了解对敲的用意。不过对于中线交易者而言,只要能识别对敲行为,并意识到对敲必然是做于主力有利而于交易者不利的动作,就可以对风险进行规避了。但对于超级短线交易者而言,对敲即使是陷阱,里面也往往有很多超级短线的利润空间,因而有时也是值得参与的。

5.4.5　精确判断庄家出货

5.4.5.1　庄家出货常用手法

庄家出货的手法大致有如下几种:一是高位放量滞涨,二是拉高逐波下跌,三是高位放量跳水,四是边拉边出。当然,这四种手法在同一庄家并不一定只使用其中一种,有时候也交替使用,具体使用哪一种要根据大盘和个股本身的情况,还有庄家自己的一些需要来定。

1. 高位放量滞涨

顾名思义,高位放量滞涨是指股价经过长期炒作后,已经处于相当的高度,然后在一段较短时期内,出现成交量不断放大而价格却停滞不前的情况,此时庄家出货概率较大,大家应当重视。

一般来说,这种情况较多地出现在大幅除权后,因为股价突然变得较低,许多不明真相的投资者一看如此好股才这么点钱，就忍不住想买，这就是因为高位变得模糊不清而容易蒙蔽人的地方。下面我们结合实例来看看庄家到底做了什么，是怎么做的，散户怎么应付。

以1997年的深能源为例，该股在遭遇了1997年5月那次大跌后，股价始终顽强地在高位振荡，别的股票都腰斩有余了，它还一直抵抗到10月份，并在10月底创出了27.46的新高(5月份最高23.68)，这在1997年的行情里称得上是一颗明星。然而这颗明星的陨落就发生在它创出新高并大幅除权前后几天，高位连续放出巨量而股价停滞不前，尤其是除权后就涨了一天，做出一副要填权的样子，紧跟着就是一堆巨量十字星，然后便一路盘跌至今，跌去了百分之六十多，让坚信能解套的朋友痛苦不堪。之所以出现这样的情况，原因就在于庄家在高位疯狂出货，而且这次出得相当干净，恨不得再也不做此股。后来又由于种种原因没有新庄进去，所以长期低迷。

从以上实例可以看出，不管多好的股票，不管它有多少利好的传闻，只要在高位出现放量滞涨的情况，一定要先退出观望，即使个别股票存在高位换庄的可能，也应当在放量完毕后视其后续走势来定是否跟进。如果是换庄，紧接着就应该无量拉升，脱离庄家的成本区，何况高位换庄的情况很罕见，投资者还是不把它考虑在内的好。为了安全起见，凡遇上这种情况就先退出，更谈不上一见放量就追了。此外，万一当时追进去，过两天就被套的话，应当果断斩仓，千万不要心存幻想，即使以后有反弹也不要等。

2. 拉高逐波下跌

在庄家出货的手法里，拉高逐波下跌是最常见的一种，具体表现为在较短的时间内把股价急速拉升，然后缓慢逐波下跌，下跌时间较长，没有半年以上时间根本缓不过劲来。这样的股票拉起来的时候非常激动人心，可是跌起来就绵绵不绝，中间的反弹往往很短暂，一旦高位套牢，很少有解套的机会。

3. 高位放量跳水

高位放量跳水也是投资者比较常见的一种走势，它也是某些庄家急于出货的表现。这种走势虽然很容易引起市场的反感，但也的确蒙蔽了不少短线客，使诸多抢反弹的选手元气大伤、一蹶不振。

一般来说，高位放量跳水的股票通常在跳水之前都经过了长期的上扬，股价的累计涨幅都很大。这提示投资者，对于累计涨幅很大的股票，一定要时刻加以关注，因为此时的股价已远高于庄家的成本，庄家在这只股票上早就挣够了，所以随时可以跳水而并无太多顾忌。而投资者一旦见到风吹草动，就要及时出局，回避高位风险，宁可错过上涨的行情，也不要赶上暴跌的行情。

另外，投资者对于股票的基本面也要有一定的了解，不要盲目地长期持有一只自己并不熟悉的股票。之所以导致高位放量跳水，除了庄家急于兑现的因素外，很可能还是公司基本面发生较大变故，所以作为长期投资者，一定要对公司情况经常加以了解。事实上，对于早就持有了类似股票的人来说，被跳掉一个跌停板并不可怕，大不了少挣点，最可怕的是不少投资者一看股价暴跌，以为是短线抢反弹的好机会，在股价并未跌到底的时候就介入，结果股价根本不反弹，刚一介入就被套，如果不能及时割肉，很可能迅速深套。

以轻纺城跳水为例，当时绝大多数股评和网上的股市论坛都展开了激烈争论，大家莫衷一是，有说洗盘的，有说换庄的，有说出货的，不少自命短线高手的人看到如此激动人心的走势都忍不住要试试。结局可想而知，股价在八天内从20多跌到14块多，并且在后来四个多月的时间里始终保持着阴跌的走势，当时介入打短线的无一能解套出局。

事实上，投资者如果能够保持客观和冷静的心态来分析当时的行情，就不难发现，如果从最美好的愿望出发，理解为换庄的话，新庄入场后绝对不会马上拉高，肯定还要经过剧烈的洗盘去除浮筹之后才会走上升浪；如果理解为洗盘的话，换手率过高，可信度大打折扣，何况介入也应在股价开始回升才考虑，至于理解为庄家出货则更应该敬而远之。

因此，投资者无论从哪个角度考虑，都应采取观望的态度。之前，我们提到过高位放量滞涨应理解为庄家出货，现在的高位放量跳水更应如此理解。一旦庄家大规模出货，就说明背后肯定存在着鲜为人知的利空消息，散户要做的是及早开溜而绝对不是冒险抢反弹。同时，由于这种出货手段造成了市场对该股的戒心，以后该股要改善自身的市场形象就需要一个漫长的过程，而且当时形成的密集套牢盘也需要很长时间才会被市场消化。所以，对于这种股票，即使股价已跌得很深，基本上不会下跌也暂时不要考虑介入，最好是等低位有明显的庄家进驻，并且市场几乎已经忘记它跳水的不良表现之后再介入。

4. 边拉边出

在庄家出货的手法里,边拉边出是最隐蔽最高明的一种。边拉边出在形态上表现为这只股票很少出现高位放量的情况,而仅仅是在某一波上涨的初期出现过放量的情况,后来便都是无量拉升或无量盘整,整个上升形态始终保持得很好。所以很多人会还以为庄家没有出货,持股的信心也很坚定,轻易不会出局,因此行情可以持续得较久,甚至于发展成为长期牛股。庄家一边挣着钱,一边保持着良好的市场形象,这方面具有代表意义的股票有康达尔、合金股份等。

5.4.5.2 庄家出货的主要形态

1. 解析冲击波形出货

冲击波形出货,即前面每急拉一次股价,后面就会慢慢退下来一些,表面上形成了稳步上升的台阶,事实上抛盘的压力很明显,必须靠主力的强拉才能维持。这是主力在刻意制造一个向上的运行趋势,实则是在对敲急拉后小单出货,一旦遇到形势不好,就会马上高台跳水。遇见这种图形,如果股价在高位,交易者不用等待股价破5日均线才出局,而应在当日股价跌破均价线时就撤离,把不安全丢给别人。

图5-31是科力远(600478)在2008年6月2日的分时走势图。该股在9:30~10:30不断以冲击波形态上涨,这是主力在刻意制造一个向上的运行趋势,然后盘中震荡下跌,说明主力在对敲急拉后小单出货,此后9个交易日股价跌破16元。

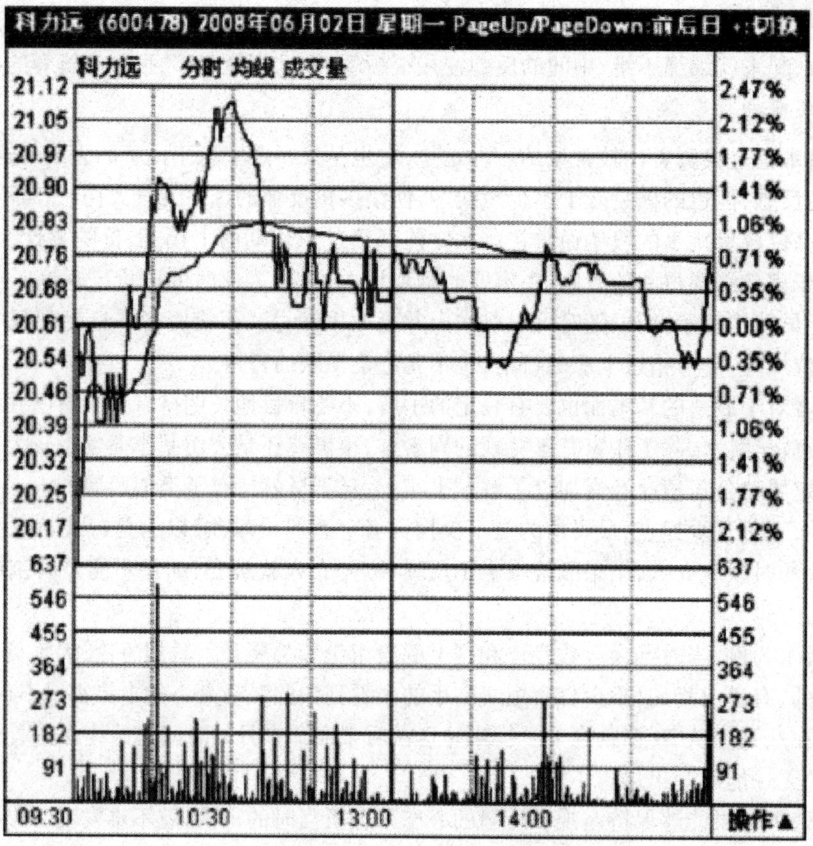

图5-31 科力远分时图

2. 解析震荡形出货

震荡形出货,即当股价处于阶段性高位的时候,当日股价震荡的波幅开始加大,显示出多、空双方的分歧开始加剧,后期不稳定性因素开始出现,交易者应随时准备出局。这里的震荡形出货只是显示单日的出货状况,实际上,个股在某一段时期内可能都会出现震荡形出货的K线图,那时主力出货的意图将更加明显。

图5-32是中孚实业(600595)在2008年2月22日的分时走势图。该股在上午上涨最高至2%,下午震荡下行至约2%,这是主力利用盘中震荡手法出货下跌,此后不到1个月,股价跌破18元。

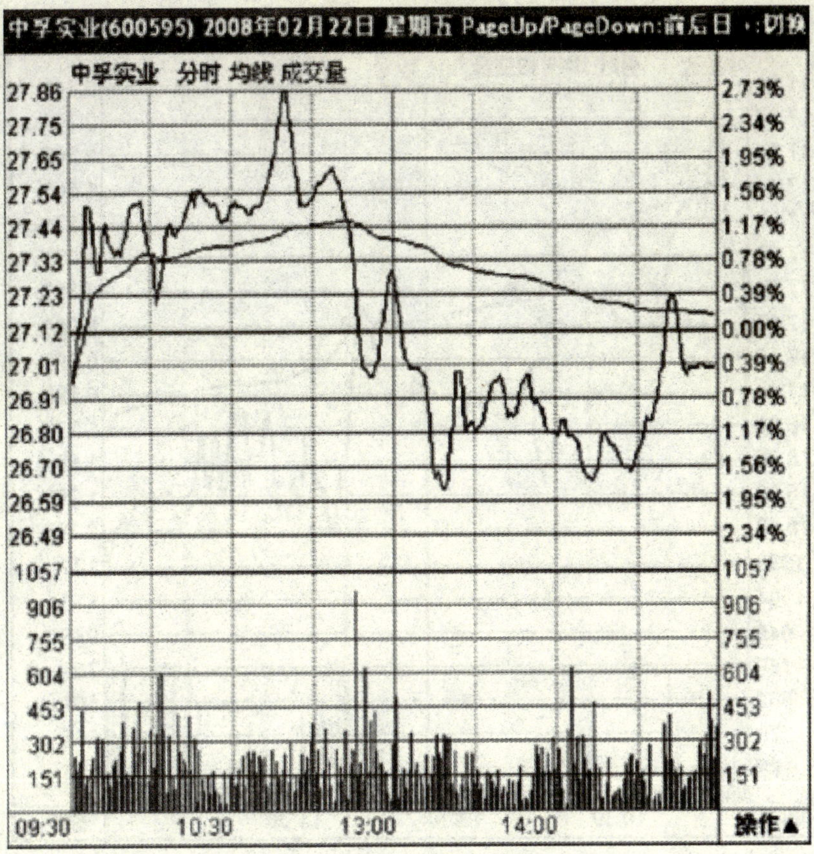

图5-32　中孚实业分时图

3. 解析旗形出货

旗形出货，即一开始主力会用几笔买单急速冲高，形成旗杆；但在吸引了部分人气之后，主力则开始小心出货，并任由股价向下飘落，形成像旗帜一样飘扬的图形。除有旗杆的特征外，该图最明显的另一个特征是“狼牙不断”，即到了一定的时候，只要买盘稍有累积，主力就往下咬一口，这是典型的见买盘就抛的图形。见此图形，当股价无法反弹至均价线附近时，交易者应先走为妙。

图5-33是华盛达(600687)在2008年1月3日的分时走势图。该股在早盘以陡直形态上涨，形成旗杆，吸引买盘，然后以锯齿形态不断下跌，这是主力在运用旗形手法出货，此后4个月内股价跌破10元。

4. 解析心电图形出货

心电图形出货，即股价原本处于正常状态，但突然出现大笔卖单向下砸盘；虽然买盘马上跟进，但紧接着的砸盘行动又开始了；只要有买盘出现，主力就会不遗余力地往下砸，先人一步夺路而逃。经过几番挣扎后，股价最后在分时走势图上呈现犹如心电图的走势。因此，这种手法也称为心电图形出货。当交易者见到这种图形，只能赶紧出局。

图5-34是银泰股份(600478)在2008年9月9日的分时走势图。该股以心电图形态走出，盘中可见一有买单进入即有大单砸回。这是在利用心电图手法出货，此后3个月内股价跌破3元。

5. 解析钓鱼形出货

钓鱼形出货，即主力通过使股价低开后快速冲高来吸引市场眼球，亮出一根“鱼竿”，然后在跟风盘不足的情况下或在跟风盘堆积的时候，突然反手砸盘，不计成本地进行抛售，致使“鱼钩”沉没水里，不见踪影。这是一种凶猛的钓鱼形出货方法，有的“鱼竿”则要经过半个小时以上的缓推才能形成，后面的结果也不至于这么凶悍。但无论是哪一种，如果主力采用这样的方法也出不了多少货，那么往往又会拉起股价，再往复几次。见此图形，交易者除了快跑之外，别无他法。

图5-35是珠江实业(600684)在2008年1月31日的分时走势图。该股在低开后快速冲高，在吸引

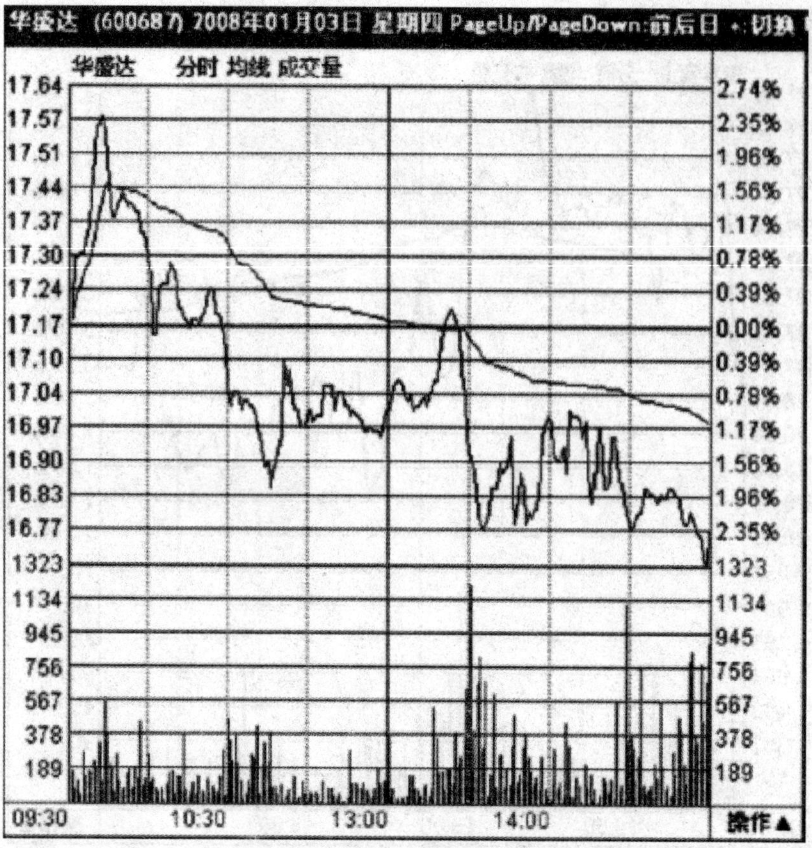

图 5－33　华盛达分时图

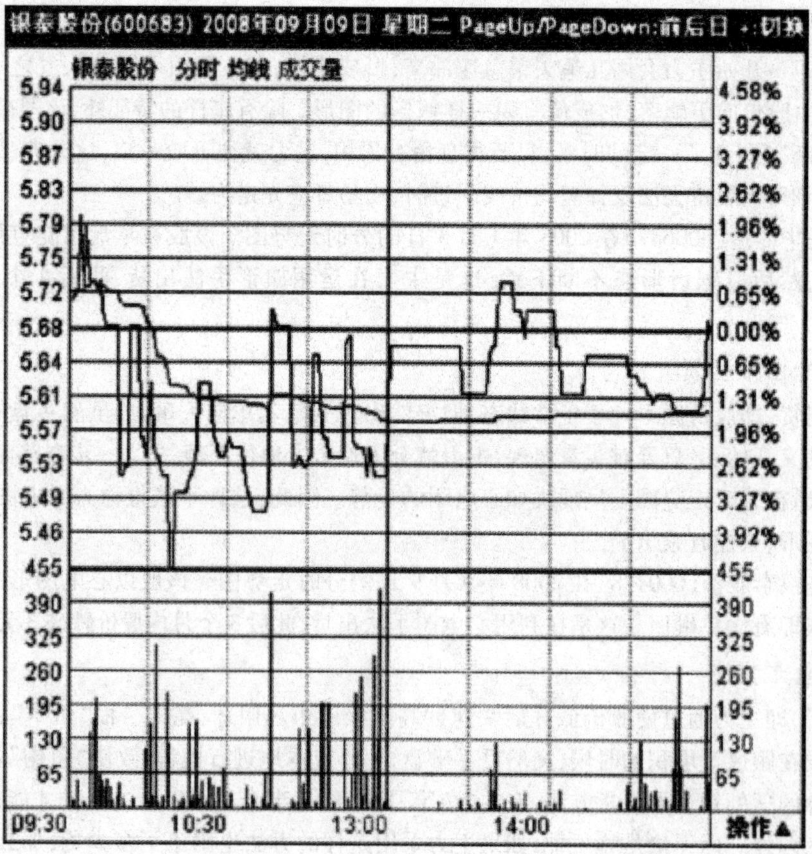

图 5－34　银泰股份分时图

来跟风盘以后主力反手下砸，综合观察该股前期涨幅巨大，说明主力在利用钓鱼手法出货，此后3个月股价跌破8元。

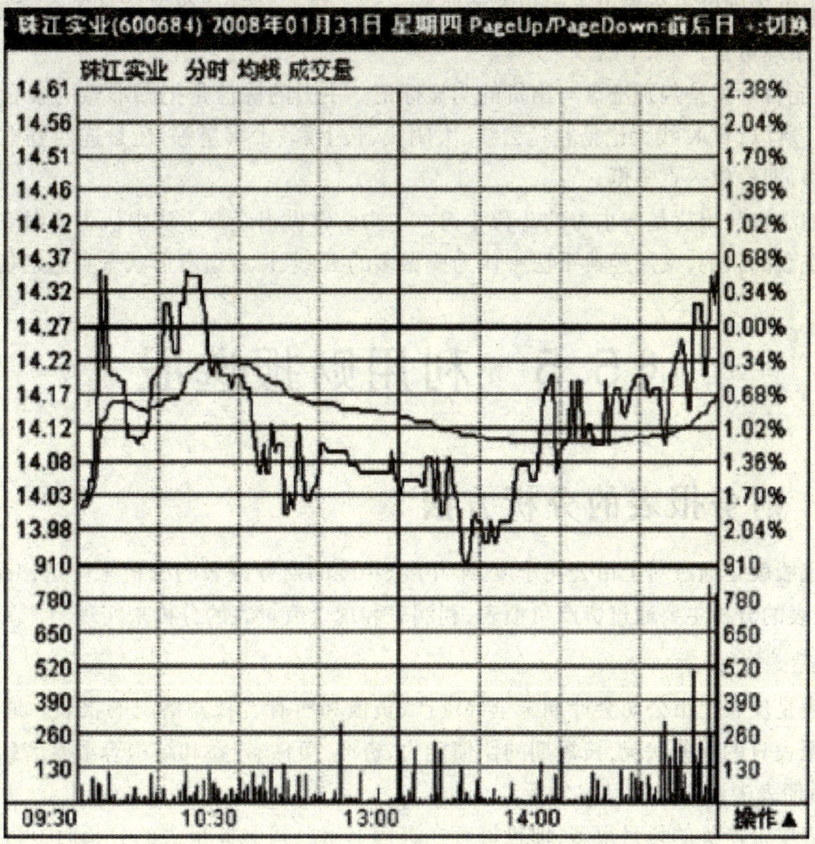

图5－35　珠江实业分时图

6. 解析一字形出货

一字形出货，即开盘以跌停方式出货。出现这种状况，要么是主力资金链出了问题，要么是大盘极度不好，要么就是一直没有什么接盘。所以，主力必须使股价快速下跌到某个程度，然后再利用交易者抢反弹的机会进行出货。见此图形，交易者只有赶紧挂单抛售，或者等反弹来临时再出局。

暴涨之后必有暴跌，往往涨停板背后就是跌停板，谁也出不来，称之为头部跳水。可见，当一只股票狂拉猛涨之际，就是投资者该告别之时，好股票多的是，没有必要为一只高风险的股票死守。

5.4.5.3　出货与洗盘的识别方法

出货是股价上升到高位以后，机构主力应用题材或利好信息，吸引中小投资者进场接盘，其后果与洗盘恰好相反，出货会招致市场筹码由本来的“集中锁定形态”逐步变为“涣散形态”，跟着筹码逐步涣散，这就必定会招致盘面“浮动筹码”的数目添加。其表现是成交量在较长的时间内一直无法萎缩，而且一直坚持较为活泼的形态；盘面浮动筹码良多，并且消息面会有良多模糊的题材或利好消息出现。具体而言，要识别主力是出货还是洗盘，可以重点关注以下两个方面：

1. 盘口方面

主力出货时在卖盘上是不挂大卖单的，下方买单反而大，显示委比拟大，形成买盘多的假象，但上方某价位却有“吃”不完的货，或成交明细中常有大卖单卖出而买单却很弱，招致价位下沉无法上行。而主力洗盘时，在卖盘上挂有大卖单，形成卖盘多的假象。若主力对倒下挫时，是分不清是洗盘还是出货的，但在要害价位，卖盘很大而买盘虽不多却买入成交速度很快，笔数很多，股价却不再下挫，多为洗盘。

2. K线形状方面

从日K线形状上剖析主力是出货还是洗盘更为关键。主力洗盘的目标是仅想甩掉不坚决的跟风盘，并不是要吓跑所有的人，它必须让一部分投资者依然看好此股，依然追随它，帮它锁定筹码。

所以,洗盘时,某些要害价是不会跌穿的。这些价位往往是前次洗盘的开始价位,这是因为前次已洗过盘的价位不需再洗,即不让前次被震出去的人有空头回补的价差。这就使K线形状有非常分明的分层景象。而主力出货则以力争卖出手中很多的股票为第一目标,所以,要害位是不会守护的。招致K线价位掉控,毫无条理可言,一味下跌。

此外,重心能否下移是判别洗盘与出货的明显标记。主力的洗盘是把图形做的难看,但并不想让别人买到廉价货。所以,日K线无论是收乌云线、大阴线、长上影、十字星等,还是连四五根阴线甚至更多,重心一直不下移,即价位一直坚挺。

区别主力的洗盘与出货是与主力的斗智斗勇。主力常常做出经典手法中认为应做空的K线、K线组合形状来达到洗盘的目的,又用经典手法中认为应做多的K线、K线组合形状来到达出货的目的。

§5.5 利用财报选股

5.5.1 财务报表的分析方法

利用财报选股就是通过对上市公司季度、半年度、年度的财务报表的分析来筛选出最具投资价值的个股,而财务报表的分析主要通过资产负债表、利润表和现金流量表的分析来实现。

1.资产负债表的分析

资产负债表是反映上市公司会计期末全部资产、负债和所有者权益情况的报表。通过资产负债表,能了解企业在报表日的财务状况,长短期的偿债能力,资产、负债、权益和结构等重要信息。

(1)资产负债表中资产类科目的分析

资产负债表中资产类的科目很多,但投资者在进行上市公司财务报表的分析时,可以重点关注应收款项、待摊费用、待处理财产净损失和递延资产四个指标。

①应收款项

应收款项包括应收账款、预付账款、其他应收款等几个项目。

应收账款:一般来说,公司存在三年以上的应收账款是一种极不正常的现象,这是因为在会计核算中设有"坏账准备"这一科目。正常情况下,三年的时间已经把应收账款全部计提了坏账准备,因此它不会对股东权益产生负面影响。但在我国,由于存在大量"三角债",以及利用关联交易通过该科目来进行利润操纵等情况。因此,当投资者发现一个上市公司的资产很高时,一定要分析该公司的应收账款项目是否存在三年以上应收账款,同时要结合"坏账准备"科目,分析其是否存在资产不实,"潜亏挂账"现象。

预付账款:该账户同应收账款一样是用来核算企业间的购销业务的,这也是一种信用行为。一旦接受预付款方经营恶化,缺少资金支持正常业务,那么付款方的这笔货物也就无法取得,其科目所体现的资产也就不可能实现,从而出现虚增资产的现象。

其他应收款:主要核算企业发生的非购销活动的应收债权,如企业发生的各种赔款、存出保证金、备用金以及应向职工收取的各种垫付款等。但在实际工作中,并非这么简单。例如,大股东或关联企业往往将占用上市公司的资金挂在其他应收款下,形成难以解释和收回的资产,这样就形成了虚增资产。因此,投资者应该注意到,当上市公司报表中的"其他应收款"数额出现异常放大时,就应该加以警惕了。

②待处理财产净损失

不少上市公司的资产负债表上挂账列示巨额的"待处理财产净损失",有的甚至挂账达数年之久。这种现象明显不符合收益确认中的稳健原则,不利于投资者正确评价企业的财务状况和盈利能力。

③待摊费用和递延资产

待摊费用和递延资产并无实质上的重大区别,它们均为本期公司已经支出,但其摊销期不同。"待摊费用"的摊销期在一年以内,而"递延资产"的摊销期超过一年。从严格意义上讲,待摊费用和递延资产并不符合资产的定义,但它们似乎又同未来的经济利益相联系,而且在会计实务中,不少人也习惯于把已发生的成本描绘为资产。

(2)资产负债表中负债类科目的分析

投资者在对上市公司资产负债表中负债类科目进行分析时，应重点关注其偿债能力，主要对以下几个指标进行分析：

①短期偿债能力分析

短期偿债能力分析主要包括流动比率、速动比率两个主要指标。

流动比率：流动比率即流动资产和流动负债之间的比率，是衡量公司短期偿债能力常用的指标。一般来说，流动资产应远高于流动负债，起码不得低于1:1，一般以大于2:1较合适。其计算公式是：流动比率 $=\frac{\text{流动资产}}{\text{流动负债}}$。但是，对于公司和股东来说，流动比率也不是越高越好。因为，流动资产还包括应收账款和存货，尤其是由于应收账款和存货余额大而引起的流动比率过大，会加大企业短期偿债风险。因此，投资者在对上市公司短期偿债能力进行分析的时候，一定要结合应收账款及存货的情况进行判断。

速动比率：速动比率是速动资产和流动负债的比率，即用于衡量公司到期清算能力的指标。一般认为，速动比率最低限为0.5:1，如果保持在1:1，则流动负债的安全性较有保障。因为，当此比率达到1:1时，即使公司资金周转发生困难，也不致影响其即时偿债能力。其计算公式为：速动比率 $=\frac{\text{速动资产}}{\text{流动负债}}$。该指标剔除了应收账款及存货对短期偿债能力的影响，一般来说投资者利用这个指标来分析上市公司的偿债能力比较准确。

②长期偿债能力分析

长期偿债能力分析包括资产负债率、权益比率、负债与所有者权益比率、长期资产与长期资金比率等几个指标。

资产负债率、权益比率、负债与所有者权益比率，这三个比率的计算公式为：资产负债率 $=\frac{\text{负债总额}}{\text{资产总额}}$；所有者权益比率 $=\frac{\text{所有者权益总额}}{\text{资产总额}}$；负债与所有者权益比率 $=\frac{\text{负债总额}}{\text{所有者权益总额}}$。资产负债率反映企业的资产中有多少负债，一旦企业破产清算，债权人得到的保障程度如何；所有者权益比率反映所有者在企业资产中所占份额，所有者权益比率与资产负债率之和为1；负债与所有者权益比率反映的是债权人得到的利益保护程度。投资者在看财务报表时，只要看一下资产、负债、所有者权益、无形资产总额这几项，便可大概看出该企业的长期偿债能力状况，这三个比率只有在同行业、不同时间段相比较，才有一定价值。

长期资产与长期资金比率的计算公式为：长期资产与长期资金比率 $=\frac{(\text{资产总额}-\text{流动资产})}{(\text{长期负债}+\text{所有者权益})}$。这一指标主要用来反映企业的财务状况及偿债能力，该值应该低于100%。如果高于100%，则说明企业动用了一部分短期债务来购置长期资产，这样就会影响企业的短期偿债能力，其经营风险也将加大，实为危险之举。

2. 利润表的分析

在财务报表中，企业的盈亏情况是通过利润表来反映的。利润表反映企业一定时期的经营成果和经营成果的分配关系。它是企业生产经营成果的集中反映，是衡量企业生存和发展能力的主要尺度。投资者在分析利润表时，应主要抓住以下几个方面：

(1)利润表结构分析

利润表是把上市公司在一定期间的营业收入与同一会计期的营业费用进行配比，以得到该期间的净利润（或净亏损）的情况。由此可知，该报表的重点是相关的收入指标和费用指标。“收入-费用=利润”可以视为阅读这一报表的基本思路。

当投资者看到一份利润表时，会注意到以下几个会计指标：主营业务利润、营业利润、利润总额、净利润。在这些指标中，投资者应重点关注主营业务收入、主营业务利润和净利润，尤其应关注主营业务利润与净利润的盈亏情况。许多投资者往往只关心净利润情况，认为净利润为正就代表公司盈利，于是高枕无忧。实际上，企业的长期发展动力来源于对自身主营业务的开拓与经营。从严格意义上来说，主营亏损但净利润有盈余的企业比主营业务盈利,但净利润亏损的企业更危险。企业可以通过投资收益、营业外收入将当期利润总额和净利润做成盈利,但很难保证下一年度还有投资收益和营业外收入。

(2)通过分析关联交易判断上市公司利润的来源

上市公司为了向社会公众展现自己的经营业绩,提高社会形象,往往利用关联方间的交易来调节其利润,主要分析方法有以下几种:

1)增加收入,转嫁费用

投资者在进行投资分析时,一定要分析其关联交易,特别是母子公司间是否存在着相互关联交易,转嫁费用的现象。对于有母子公司关联交易的,一定要将其上市公司的当年利润剔除掉关联交易虚增利润。

2)委托投资

当上市公司接受一个周期长、风险大的项目时,则可将某一部分现金转移给母公司,以母公司的名义进行投资,将其风险全部转嫁到母公司,却将投资收益确定为上市公司当年的利润。

3)资产转让置换

一般来说,上市公司通过与母公司资产转让置换,从根本上改变自身的经营状况,长期拥有“壳资源”所带来的配股能力,对上市公司及其母公司都是一个双赢战略。通常上市公司购买母公司优质资产的款项挂往来账款,不计利息或资金占用费,这样上市公司不仅获得了优质资产的经营收益,而且不需付出任何代价,把风险转嫁给母公司。另外,上市公司往往将不良资产和等额的债务剥离给母公司或母公司控制的子公司,以达到避免不良资产经营所产生的亏损或损失目的。

4)资产租赁

由于上市公司大部分都是从母公司剥离出来的,上市公司的大部分资产主要是从母公司以租赁方式取得的。所以,租赁资产的租赁数量、租赁方式和租赁价格就是上市公司与母公司之间可以随时调整的阀门。有的上市公司还可将从母公司租来的资产同时转租给母公司的子公司,以分别转移母公司与子公司之间的利润。

5)合作投资

上市公司要想配股,其净资产收益率要达到一定的标准。公司一旦发现其净资产收益率很难达到这个要求,便倒推出利润缺口,然后与母公司签订联合投资合同,投资回报按倒推出的利润缺口确定,其实这块利润是由母公司出的。

3. 现金流量表分析

现金流量表是反映企业在一定时期内现金流入、流出及其净额的报表,它主要说明公司本期现金来自何处、用往何方以及现金余额如何构成。投资者在分析现金流量表时,应注意以下几个方面:

(1)现金流量的分析

一些公司会通过往来资金操纵现金流量表,如上市公司与其大股东之间,通过往来资金来改善原本难看的经营现金流量。关联企业的往来资金往往带有融资性质,但是借款方并不作为短期借款或者长期借款,而是放在其他应付款中核算,贷款方不作为债权,而是在其他应收款中核算。这样其他应付、应收款变动额在编制现金流量表时就作为经营活动产生的现金流量,而实质上这些变动反映的是筹资、投资活动业务。这样当其他应付、应收款的变动是增加现金流量时,经营活动所产生的现金流量净额就可能被夸大。

(2)上市公司的现金股利分配

现金股利分配有很强的信息含量。财务状况良好的公司往往能够连续分配较好的现金股利,有一些上市公司虽然账面利润好看,但是利润是虚假的,财务状况恶劣,一般不能经常分配现金股利。

(3)每股现金流量

“每股现金流量”和“每股税后利润”应该是相辅相成的,有的上市公司有较好的税后利润指标,但现金流量较不充分,这就是典型的关联交易所导致的结果。另外有的上市公司在年度内变卖资产而出现现金流大幅增加,这也不一定是好事。

作为一家抓牢主业并靠主业盈利的上市公司,其每股经营活动产生的现金流量净额,不应低于其同期的每股收益。原因很简单，如果其获得的利润没有通过现金流进公司账户，那么这种利润极有可能是通过做账“做”出来的。投资者最好选择每股税后利润和每股现金流量净额双高的个股，作为中线投资品种。

总之，进行报表分析不能单一地对某些科目关注，而应将公司财务报表与宏观经济一起进行综合判断，与公司历史进行纵向深度比较，与同行业进行横向宽度比较，把其中偶然的、非本质的东西舍弃掉，得出与决策相关的实质性信息，以保证投资决策的正确性与准确性。

5.5.2 林奇的财报选股方法

彼得·林奇在投资的过程中，经常看公司的年度财务报告，并从中关注这样几个关键的数字：销售利润率、市盈率、现金状况、债务结构、债务状况、股息以及股息的支付、账面价值、现金流量、存货、增长率、税后利润、每股净资产、净资产收益率和每股税后盈利等。林奇认为，不注意这些数字是不明智的，但也不能过分拘泥于数字分析，以致掉进数字陷阱里，不能自拔，这同样是十分危险的。

关于如何阅读公司的财务报告，林奇有其独特的看法：“无数财务报告的命运是被送进废纸篓，这并不足为怪。封面和彩色页张上的东西还可以看懂，但却无大价值。后面所附的数字犹如天书，但又相当重要。不过，有个办法可以只花几分钟就从财务报告上得到有用的信息，那就是直接找到资产负债表。”林奇认为，通过公司的资产和负债可以了解该公司的发展或衰退情况，其财务地位的强弱等，有助于投资者分析该公司股票每股值多少现金之类的问题。

对于账面价值，林奇认为有一种理论是极为错误的，那就是如果账面价值为每股20美元，而实际售价只有每股10美元，那么投资者就以便宜一半的价钱买到了想要的股票。这种理论的错误之处就在于：标出的账面价值常常与股票的实际价值毫无关系。账面价值常常大大超过或低于股票的实际价值。例如，1976年年末，阿兰伍德钢铁公司标明的账面价值为3200万美元，即40美元一股。尽管如此，该公司在6个月后还是破产了。其原因就在于该公司更新了一套炼钢设备，该设备的账面价值为3000万美元，但由于计划不周，操作上又出了差错，结果毫无用处。为了偿还部分债务，该公司以约500万美元的价格把轧钢板机卖给了卢肯斯公司，工厂的其他部分则几乎没有卖什么钱。

在资产负债表中，如果负债很多，那么超值资产就更加不可靠。假定一家公司的资产为4亿美元，负债为3亿美元，结果账面价值是正1亿美元。但是，很难保证负债部分的数字是实实在在的。假如4亿美元的资产在破产拍卖中只能卖得两亿美元，那么实际上账面价值就是负1亿美元。公司不仅一钱不值，还倒欠不少。投资者在按账面价值购买一种期货时，必须对这些创值（扣除了股权资产成本的利润）到底值多少有一个详细的了解。

账面价值常常超出实际价值，同样，它也常常低于实际价值。林奇认为这正是投资者挖掘隐蔽性资产，从而赚大钱的地方。

对于那些拥有诸如工地、木材、石油和稀有金属等自然资源的公司来说，这些资产只有一部分真实价值是登记在账面上的。例如，一家铁路公司在1988年把130公里长的铁路用地卖给了佛罗里达州，当时，这块土地的账面价值几乎为0，而铁轨的价值却达1100万美元。在这笔交易中，该公司除保留其在非高峰时期使用这条铁路的权利外，还获得了2.64亿美元的完税后收入。

又如，某家炼油厂的存货已在地下保存了40年，但存货的价格还是按老罗斯福执政时计算的。若仅从资产负债表上看，它的资产价值可能并不高。但是若从石油的现值来看，其创值已远远超过所有期货的现价。它们完全可以废弃炼油厂，卖掉石油，从而给期货持有者带来一笔巨大的财富。

20世纪60年代以后，许多公司都大大抬高自己的资产，商誉作为公司的一项资产，常常使公司产生隐蔽性资产。

例如，可口可乐装瓶厂是可口可乐公司创建的，它在账面上的商誉价值为1万亿美元，这个1万亿美元代表了除去工厂、存货和设备价值以外的装瓶特许权的费用，它实际上是经营特权的无形价值。按美国当时的会计准则，可口可乐装瓶厂必须在开始经营起的4年内全部摊销完，而事实上这个经营特权的价值每年都在上涨。由于要支付这笔商誉价值，可口可乐装瓶厂的盈利受到严重影响。以1987年为例，该公司上报的盈利为每股63美分，但实际上另有50美分被用来偿付商誉了。不仅可口可乐装瓶厂取得了比账面上好得多的成就,而且其隐蔽性资产每天都在增长。

当一家公司拥有另一家公司的股票时,其中也有隐蔽的资产。雷蒙德工业公司和油田电信服务公司的情况就是如此。雷蒙德公司的股票售价为12美元一股,而每一股都代表了电信公司价值18美元的股票。所以,投资者每买一股雷蒙德公司的股票就等于得到电信公司一股价值18美元的股票,增值了6美元。

另外,对于可能复苏型企业来说,减税是最好的隐蔽资产。由于实行损失账目结转,当佩思中央公司破产后,留有巨额的税收损失可供结转。一旦佩思中央公司从破产中摆脱出来,即使它开始盈利,其中的数百万美元的利润也不用缴税。由于当时的公司所得税的税率为50%,这使该公司一开始复苏,就占有了50%的优势。佩思中央公司的复苏使它的股价从1979年每股5美元上涨到1985年的每股29美元。投资于佩思中央公司的投资者将因此而获得500%多的利润。

林奇认为,市场总是存在盲点,投资者可以以最低的风险去实现预期的利润。投资者应保持足够的耐心和敏锐的分析能力不断地发掘市场所存在的盲点。市场盲点一旦被整个市场所认同,先迈一步的投资者将会获得可喜的回报。

此外,把握时机,及时、适时交易,一直都是投资的关键。对于交易者,尤其是保证金交易者来说,如果他在股市运行相反方向被套时间太长将会被淘汰出局。除了选择具有投资价值的股票进行投资以外,投资者还应把握最佳时机将股票卖出。至于什么时机卖股票,林奇认为有两种情况:一是公司的业务从根本上恶化,二是股价已上升过高,超过了其自身价值,这时应毫不犹豫地迅速将这类股票卖掉。

与传统的长期投资模式不同,林奇并不是在熟知了公司的内部管理信息后才去投资,他不太担忧公司管理方面的问题。在他看来,尽管管理在公司中相当重要,但在许多时候,公司的利润稳步上升并不是管理所致,而是由公司所从事的行业本身的声誉所致。

一家公司所拥有的某种独一无二的特征可以使其在市场占有较大的份额,保证其利润的稳步上升,在某种程度上可以减少人们对该公司管理方面的担忧。林奇之所以对高技术公司不感兴趣,是因为他认为那些高技术公司难以让人理解,即便它们中的一些公司可能不错,但如果你不真正了解它们,它们也不会让你受益。当然,林奇也并不否认有些分析家正在试图了解这些问题,只是这些人通常都是专业人士。

§5.6 利用热点选股

5.6.1 选择热点的两个基本点

上市公司的股价主要由两方面的因素来决定:一方面,决定上市公司股价的内因是企业的内在价值,有价值的股票自然会对各种市场资金形成吸引力;另一方面,决定股价是否上涨还需要看外因。一般来说,热点和题材是个股出现强势行情的最重要外因。中国股市从诞生以来,个股的强势行情都需要题材与热点的催化。因此,认识热点对把握牛股投资机会非常重要。

1. 认识热点的真伪

市场炒作需要热点,但并非每一种热点都能经受住市场考验。热点也有真假优劣之分,有部分热点是主力资金挖空心思炮制出来的,还有些热点没有实质性提升上市公司的价值。

比如网络热点,在1999年的"5·19"行情中,受美国NASDAQ网络股大幅上扬的刺激,国内的主力资金在一些网络股中大举建仓。2000年,我国股市出现回暖迹象,那些在"5·19"行情中被网络股套牢的主力资金便开始紧急启动网络经济和新经济这一法宝,将自己炒作的个股纷纷披上网络这一美丽动人的外衣;一些个股标榜自己进军网络,介入新经济,同时大幅拉升股价,有些也借纳米热点、光谷热点哄抬股价。但是,时至今日,这些所谓的热点最终兑现的却是寥寥无几,真正能为上市公司带来效益、为股东创造回报的更是少之又少。

通常来讲，这些所谓的热点就是主力资金事先设计的一场诱导中小投资者跟风上当的骗局和事先掘好的一口陷阱。而事实上，不明真相的中小投资者经常落入主力资金的圈套中，成为他们套利的牺牲品。

因此，对热点的实质作用分析显得异常重要，有些热点如网络热点，并未给上市公司带来多大收益，其炒作自然也是急涨快跌式的。如果盲目追涨这类股，当然会有风险。

而市场中一些实质重组板块个股之所以走出大行情，就是因为实质性的资产重组动作使一些个股发生脱胎换骨的质变，能扭亏为盈、提高效益。这种质变促成该股股价在二级市场的长期走强，股价上涨有了真正有潜力的热点支持，投资者介入才会有好的收益。

2. 区分热点的大小

热点的号召力有着举足轻重的作用，其实质是：热点本身的想象力和理论上的周期跨度既要符合市场意愿，又要能配合主力行动，在大盘处于阶段性底部时，推出热点特征鲜明的市场"领头羊"。两者相辅相成，才能凝聚成大热点，有大文章可做。

不同的热点有不同的时间周期，比如，禽流感疫情引发的医药股热点就是一种短期热点，它只能在短期内发挥作用，而且在很大程度上取决于疫情的发展。因此，投资者就必须短线操作。再比如，奥运热点是一种中长期的炒作热点，其在时间周期上比较容易把握，因而受到主力资金的青睐。

总之，投资者对于热点的认识要从热点的来源来把握，不同来源形成的热点，市场作用是不同的。

5.6.2　股市热点的四大分类

1. 问题引发的热点

有的热点产生来源于市场中存在的问题，这些问题也许人人都知道，但关键在于市场想出新的办法去解决问题，由此而产生新的热点。比如，以前的"认股权证"、"增发新股"等热点。

以资产重组热点为例，中国的证券市场发展很快，目前，上市A股已有2400余家，但部分上市公司业绩不断滑坡却也是不争的事实，资产经营、资本运作急需迅速展开。于是，亏损股、微利股纷纷通过资本运营寻求出路，从而形成各种热点。

2. 重大事件引发的热点

有的热点往往与重大经济政治事件有关，对于这种热点的投资要紧紧把握住事件的发展进程，注意操作上的进出时机。例如，航天电器公司主营产品为电子继电器，广泛用于导弹、航空航天和舰船等武器系统的速度、温度和时间控制，公司具有完全自主知识产权，并且在盘面上实力资金运作迹象明显，其股价也从13元多上涨到34元以上，如果按复权价计算，股价涨到41.98元。这是因为该股具有航天和军工热点。公司产品目前大多达到美国军用标准要求，产品定位一直专注于高中端市场，其中80%以上销往航天、航空、电子、舰船等领域的高端客户，高端产品的行业排名一直稳居国内榜首，市场占有率达20%，并一直保持较好的盈利水平。近几年高端产品销售毛利率保持在65%以上。2005年中国"神六"飞天，该股的航天热点促使其股价与"神六"一起腾飞。

3. 政策引发的热点

政策与制度的动向对热点的形成具有重要影响作用，对于这类热点的投资要注意紧跟政策的方向，调整自己的投资结构。

例如，2004年消费升级类股票开始吸引基金为主的机构投资者们的视线，贵州茅台作为消费升级热点的典型代表，自然得到万般宠爱。

2004年上半年，股市整体行情走势较强，下半年大盘走势较弱，而贵州茅台却能始终保持震荡盘升的逆市涨升行情。该股2004年初向上突破了中期压力线，在90周均线上方整固一个月后再次持续上行，四月初创新高后步入中期整理，七月除权后则再现强势上攻态势。

随着中国加入WTO以及进一步的对外开放，外资并购板块成为2002年贯穿市场的主线之一，也成为年内主要的盈利机会所在。在这种背景下，长安汽车(000625)年度涨幅59.8%，换手率420.3%，振幅

100.08%,12 月 31 日收盘价 8.10 元。

4. 突发消息引发的热点

突发消息有多种情况,有上市公司的个股利好,也有类似禽流感疫情等消息的刺激。对于这类热点,一般只能中短线操作,因为相关股票的涨势在很大程度上取决于消息的变化。有时,因为消息的作用会使得股价虽然能瞬间冲高,但往往是昙花一现。

例如,上海医药在 2005 年年末因为禽流感疫情而出现一波强势行情,但持续时间并不长,随即出现回落走势。

5.6.3 准确狙击热点中的龙头

发掘和捕捉龙头股,一是要做好捕捉龙头股所必须做的准备工作,二是要运用具体的投资技巧。有些投资者在追龙头股上屡屡失手,原因就在于,追买龙头股虽然是一种短线快速获利的好方法,但是,它对操作者的心态、操盘技巧、看盘基本功和应变能力等有着非常高的要求。投资者如果没有在各方面进行细心完善的准备,就贸然追涨龙头股,会容易遭受挫折。

事实上,投资者捕捉龙头股的准备工作,在大盘处于弱势下跌过程中时就必须开始,不能等到行情止跌反转以后才手忙脚乱地选股追龙头。投资者只有及早地做好准备,在弱市中就开始研判和选择在未来行情中可能成为龙头股和领军板块的品种,才能在行情再次启动之际,迅速准确地介入。

1. 找题材

所谓题材就是市场正在关心什么,或者说正在制定哪些政策,这是捕捉热点最根本的一点。之所以这么说,是因为如果没有题材,主流资金就失去了炒作的依据,就无法聚拢市场人气,就不能激活成交量。因此,投资者要密切关注政策消息、行业报道、市场焦点等,从中发掘可能上涨的股票。

2008 年游资一直在寻找发泄的板块:农业、奥运、3G、环保、能源、中小板、创投和期货概念、上海本地股(尤其是迪斯尼概念)等,只要有一点点利好吹拂,这些板块顿时风乍起,激发一阵涨停风暴。

2. 比股性

投资者找好题材之后,并不是具有该题材的股票都要购买。这个时候,就要看哪只股的股性比较活跃了。一般来说,同一题材的股票并不一定都要涨,即使普涨,涨幅也相差巨大,这个时候要看股性。也就是看哪只股比较活跃,历史表现往往"大起大落"。对于一向没有什么波动的股票,最好不要介入,因为没有什么差价可做。

例如,3G 板块中的龙头股中卫国脉(600640)与中创信测(600485)都比较活跃,相对来说,中卫国脉(600640)更具有号召力,低价优势比较明显。同样具有低价优势的 3G 板块中的活跃股高鸿股份(000851)也偶尔出现涨停板,但是其地位远远不能与前者比较。而同样是创投概念,大众公用(600635)盘子大,所以股性就不如力合股份(000532)活跃。

3. 看态势

所谓"态势"指该股目前的运行趋势,热点龙头股的态势往往具有率先启动、率先止跌、率先创出新高、率先放量等特点。

4. 看谁能先于大盘启动

主力也分三六九等,有先知先觉的主力,也有后知后觉的主力,那些抢在大盘见底的前夕动手的主力,"道行"必然了得,其对政策面、基本面、技术面深刻地把握,远超出市场一般水平之上。

5. 看谁最先涨停

在一片低迷的市场氛围中,大部分个股萎靡不振。此时,若有某只个股率先拉涨停,必然会吸引市场众多眼球。目前讲究"注意力经济",首先获得市场注意的个股肯定会吸引大量资金追捧,股价自然水涨船高,也是投资者捕捉的最佳猎物。

6. 看谁的量能最大

哪个板块的成交量最大,说明该板块流入的资金量最大,"弹药充足",必将成为"特别能战斗的队伍”，有巨大的成交量做后盾，股价向上的空间自然乐观。

7. 从历史信息记录来发现

最常见的该类强势股有：

(1)市场形象突出的个股，一旦出现异动容易成为强势股，这里的市场形象主要有：基本面突出有龙头潜力，股本结构突出(三无概念或者小盘股)，股价表现特别沉闷的个股。

(2)有明显操作风格的主力重仓持有的个股。

(3)有特殊事件发生，股价量价配合默契的个股。

(4)大盘强势时，成交量连续成为市场中最大的一类个股，在大盘弱势中，成交量连续成为最小的一类个股。

(5)市场都看好又不敢买，但还在涨的个股容易成为强势股。

8. 从龙头股的三大特征来发现

龙头股有三大特征，分别为：

(1)股价率先启动，启动时连续放量拉升，涨幅巨大，有雷霆万钧之势。

(2)符合市场炒作热点，有巨大想象空间，能激起市场共鸣。

(3)有号召力，能迅速带起相关板块，进而带起大盘。

9. 实战中识别龙头股的两个方向

(1)从热点切换中辨别龙头个股。通常大盘经过一轮急跌，会切换出新的热点。

(2)用放量性质识别龙头个股。个股的放量有攻击性放量和补仓性放量两种，如果个股出现连续三日以上放量，称为攻击性放量；如果个股只有单日放量，称为补仓性放量，龙头个股必须具备攻击性放量特征。

10. 牛市龙头的三个特点

在牛市中，只有抓住龙头，才可能有大利润。它有三个显著特点：一是涨势迅猛，二是巨量换手，三是相对低价。它们几乎清一色全是中低价位的股票。每一波行情的龙头股在启动之际，大盘一般都经过了大幅或中幅的调整，大盘一般都处在相对低位。大盘的每个波段都有各自的“领头羊”，每个龙头行情的终结，则意味着一个上升波段的结束。于是，也就有了“龙头一倒，大家拉倒”的说法。

11. 能有效带动大盘向上的龙头股的特点

(1)属于深沪本地股，对市场人气具有集聚作用，市场呼应程度高。

(2)具有科技题材，流通股本相对偏大，对指数具有带动作用。

(3)前期已有主力资金介入建仓，短期以强势整理为主，调整已充分，存在再度启动上行的要求。

12. 寻找市场热点的途径

在众多板块中判断出主流热点板块，通过技术分析判断哪个板块控盘程度最高，图表走势最好；国外龙头股市的炒作热点；领涨板块在启动初期，有政策倾斜利好出台或媒体集中报道某些政策或经济生活热点。

因为热点聚集主力的资金，决定着市场运行方向，因此，进入市场就要先找准方向，而要把握好市场方向就要找准市场热点，通过热点选股，从而提高获利效率。稍有经验的人都知道，每一波行情中，热点板块和热点龙头股一般上涨最快，幅度最大。而非热点股要么不涨，要么涨幅明显落后于大盘，赚了指数、没赚钱的原因就在于手中股票不在热点上。而要发现市场热点，主要有以下途径：

(1)关注媒体相关报道。如突出报道某行业或领域新发生的变化，一定是新。

(2)通过公布的统计数字分析，如涨幅排名连续出现则可能成为热点。

(3)注意资金流向，是否出现成交放量。热点股的成交量在周K线图中显示相对低点成倍放大，并保持一定的均衡状态。日线显示为某一日放量，其后续走势为缩量上涨。

(4)观察上涨过程中是否出现急拉升和集中放量。如果连续上涨并出现急拉，有可能是短期强势，而不是热点。

5.6.4 热点选股的基本原则

1. 分析相关热点性质,重点关注实质性长期热点

同样是热点,很多往往是昙花一现,只有那些真正有实质利好热点支撑的个股才能涨个不停。

2. 要及早动手、提前埋伏以掌握主动

炒热点讲究的是一个时机问题,如果投资者动手过晚,很容易成为抬轿者。在市场开始挖掘新热点或者启动之时,投资者要先分析热点的性质,如果是中长期利好的要果断介入才行。

3. 注意炒热点的时效性

炒热点实际上相当于在讲故事,故事没完炒作不停,一旦热点尽了、故事讲完了,股价也就到头了。因此,借利好兑现是炒热点最需要注意的一个问题。炒股就得先人一步才行,要买在行情启动之前或初期,而不在行情全面展开时才开始大谈特谈机会,后者永远都是为人抬轿的散户思维。

4. 要注重技术形态分析

通常来讲,启动初期量能放量越大,其后市上涨的空间越是可以期待。多头排列后,以 45 度角开口向上的走得越强,其时间也越长。启动初期形态组合是整理平台突破,还是 V 型反转、空中加油等,都是操作时要注意的问题。

5. 重点关注量能变化

一般来讲,热点炒作体现于波段,但也有很多个股经过一段时间的热点炒作后变成了中长线牛股。这是因为其本身就是中长期性质,阶段性热点炒作起到助推作用罢了。除此之外,大多数热点炒都是炒一段就休息了,参与里面的资金会转向新的热点,就是这样。因此,参与炒作的主力资金动向是炒热点时投资者要关注的重点,在启动初期越放量越好。拉升阶段里量价配合理想,量能不一定放大但要保持合理的量能支撑。炒作末期要防两种形态:一是缩量衰竭,整理资金派好;另一种是异常顶部放量,资金借利好或市场疯狂追涨出逃。

§5.7 利用重组选股

5.7.1 如何获取重组信息

1. 从亏损的个股中寻找

A 股市场经常变化很大、牛熊瞬间转换的事实已经充分说明,那些“买到好股票后就一直昏睡”的观点,在太多方面经不起推敲,最终使赢利成为小概率事件,这不是理性投资者所能接受的。

与上述投资方式不同的是,投资确定性重组股,按照一定的条件进行筛选,赢利便是大概率事件。要在股市中实现持续赢利,必须时刻保持对市场的关注。只有无限贴近市场,才能最大程度地实现赢利;只有保持对可能重组标的的持续关注,才能做到心里有数,手到擒来,而不是仓促之间不知所措,导致机会丧失。

一般来说,重组股最大的集中营可能就是低价亏损股。一家业绩优良、发展前景良好的公司,自身具备持续创造利润的能力,是绝对不需要重组的。只有那些连连亏损,给地方财政税收、企业人员稳定造成影响的,才会存在重组的需求。

而足够低价是重组股的另一要义,只有这样才能保证主力资金的成本足够低,重组复牌后,股价即使出现较大涨幅,依然不会“显山露水”,不会让后来的接盘者觉得高不可攀。在 A 股市场中,投资者往往都有“高价股恐惧症”,高价股也经常有流动性不足的弊病。所以,足够的低价是做重组股不可或缺的原则。

在一些重组的股票中,有不少机构投资者也提前埋伏了进去,令人怀疑他们是不是有内幕消息。实

际上，在监管日益严格的今天，内幕交易不再是常态，机构也只是平常多调研、多琢磨，从公开信息中发掘有用的信息，比如：上市公司董事会非正常换届的人事变动、公司上市时主要股东的相关承诺和规划等，此外他们也会关注上市公司的股本结构等，普通投资者可以借鉴一下这种思考方式。

另外，投资者还可以多向上市公司打电话，咨询公司最近的情况，熟悉了之后，对上市公司的重大事项进展也就能比较清楚。同时，还可以常与证券部工作人员联系，虽然信息披露原则不允许违规行为，但在与证券部工作人员的交流过程中，往往能从其语气、神态中感知一些苗头。

2. 从利空的消息中寻找

市场上有一句流传很广的话，叫做“德隆之后再无庄家”。当年，A股市场庄家横行，以德隆系坐庄的三只股票新疆屯河(600737. SH)、合金股份(000633. SZ)、湘火炬(000549. SZ)为最。伴随2001～2005年的大熊市，德隆系崩盘，市场也认为，庄家随之灰飞烟灭。然而，不可否认的是，市场上总是有一些大资金的存在，它们介入到某只股票后，就成为里面的主力资金，可以在一定时间内左右该股的走势。

需要指出的是，真正有实力、有远见的主力资金，做股票时往往是跟上市公司重大资产重组结合在一起的。以前，只要股票暴涨，就会有投资者飞蛾扑火般地去抢筹，而如今的投资者不再轻易上当。如果没有资产注入引起基本面的重大改变，从而引起公司价值重估，主力资金即使把股价拉起来，也难以找到接盘者顺利出货。因此，他们通常的做法就是一、二级市场联动，趁上市公司蜕变之机成功获利。

这样的大资金选择好股票介入后，首先要做的就是打压股价。这样做的原因，一方面是主力能从二级市场获得低价的筹码，避免持股成本过高；另一方面，这也是由增发股份的规则决定的。

根据中国证监会颁发的《上市公司重大资产重组管理办法》(证监公司字[2008]53号)第42条：“上市公司发行股份的价格不得低于本次发行股份购买资产的董事会决议公告日前20个交易日公司股票交易均价。”该条款所称交易均价的计算公式为：董事会决议公告日前20个交易日公司股票交易均价 = $\frac{\text{决议公告日前20个交易日公司股票交易总额}}{\text{决议公告日前20个交易日公司股票交易总量}}$。一般而言，增发价格是选择在20天交易均价的基础上打9折。

重组增发之前，股价越低，20个交易日股票均价也就越低，同样的资产就能获得更多的股份。例如，增发资产评估为20亿元，如果增发价是10元，主力可以获得2亿股；如果增发价是5元，主力可以获得4亿股。若未来重组后股价涨到20元，一个资产变成40亿元，一个变成80亿元。主力会做出怎样的选择，答案显而易见。

另外，压制股价不涨也是主力需要竭力维持的。管涨不管跌向来是A股市场的惯例，根据证监会《关于规范上市公司信息披露及相关各方行为的通知》(证监公司字[2007]128号)第5条：“上市公司股价在股价敏感重大信息公布前20个交易日内累计涨跌幅超过20%的，上市公司在向中国证监会提起行政许可申请时，应充分举证相关内幕信息知情人及直系亲属等不存在内幕交易行为。证券交易所应对公司股价敏感重大信息公布前股票交易是否存在异常行为进行专项分析，并报中国证监会。中国证监会可对上市公司股价异动行为进行调查，调查期间将暂缓审核上市公司的行政许可申请。”

基于以上原因，在重组停牌之前，股价一般都会遭到大力打压。除了在技术面上走出令人绝望的暴跌、阴跌图形外，上市公司往往还会积极配合，频繁发布利空公告，打击投资者信心，比如诉讼、亏损、股权冻结、债务危机等，极端的甚至还会宣布三个月内不进行重组。

如果一家上市公司在股价和公告中同时出现这种令人绝望的情形，有心的投资者就应当重视起来。如果说“七亏二平一赚”几乎是投资者中的铁律，那么，在人人避之唯恐不及的垃圾堆下面，很可能蕴藏着一座富饶的金矿。

主力花这么大力气打压股价、收集筹码，自然也就志存高远，仅仅一倍的涨幅显然难以满足其胃口。投资者即使在涨停板打开后再介入，后面依然会有丰厚的回报。

由于主力资金的存在，以及它们对盘面的随心操控，很多时候，不到最后一刻，谜底都不会揭晓。

3. 从公开的信息中寻找

还有一种确定性重组也是可以引起投资者重视的，那就是上市公司的主业依然在继续，但却通过收购或者上马新生产线，进入另一个非常热门的行业。市场往往会认为，公司将在该领域获得高额回报，增厚每股收益,从而对其加以追捧。

对于上市公司而言,这是一种相对比较简单的方式,因为如果对外出资额在一定的比例之内,并不需要获得监管部门的批准,只要股东大会同意即可。如果需要定向增发募集资金,对这样有吸引力的项目,不少机构也同样会有兴趣参与。按照规则,机构参与定向增发的价格,是在公司20个交易日股价均价的基础上,再打9折,亦即在机构参与定向增发之际,按照现有的股价,他们盈利10%(但他们所持股份的锁定期有一年,具有稳住乃至做高股价的动力)。这样的获利机会其实并不难找,细心的投资者完全可以从公开信息中找到蛛丝马迹。

4. 从股东的变化中寻找

截至2012年8月,A股市场的上市公司数量大概有2400余家。投资者要在这里面寻找合适的标的,虽然不能说是大海捞针,但的确需要花费不少的工夫。

但有一个比较取巧的方法,就是在上市公司发布年报或者季报的时候,从流通股东一栏里看看新进入了哪些有意思的股东。如果自己没有时间一一翻阅这些报告的话,可以多关注一些财经媒体的报道。这类牛人买股的消息,对于平时严肃正经的财经媒体而言,可谓是最大也最有意思的"八卦消息"。

需要注意的是,目前市面上有不少业绩斐然的基金,它们构成了市场的主要支撑力量。其投资流程是,研究员先将看好的股票推荐到股票池,基金经理经过筛选后,再拿到投资决策委员会去讨论,讨论通过后,再将指令下发到集中交易室,由操盘手买入股票。

通常来讲,研究员推荐的股票应当是基本面非常好、未来赢利能力很强的。他们并非不能推荐ST股、亏损股、绩差股等,但这类推荐必将面临投资决策委员会更多的质询,有时甚至还要上报证监会批准才行,而且,谁也无法保证某只股就一定能够赚钱。两相权衡之下,研究员就很少推荐这类股票,这往往也给了有心的投资者可趁之机。

基于上述原因,在研究股东榜时,投资者更应当关注那些在做重组股方面拥有较高知名度的个人投资者,俗称"牛散",他们资金量较大且操作异常精准。

5. 从官方的公告中寻找

不论哪种投资方式,第一步都离不开信息的筛选。即使是操作手法颇为"极端"的"涨停板敢死队",他们也是在苦苦研读信息后再决定是否去封某只股票的涨停板的。如果信息足够"给力",他们就很容易封住涨停板,后面还会有很多资金来"抬轿子";如果信息含金量一般,即使强行封住涨停板,也很容易被场内资金借机出货,自己成为"炒股炒成股东"的冤大头。总体而言,不论是哪一路资金,都极其重视对信息的收集和筛选,如果不能明了引发股票走势背后的原因,想要在其中获利都是很难的。

如今信息来源的渠道数不胜数,与其说投资者要去全方位了解信息,不如说应当精确地搜寻有用的信息,不然很容易迷失在浩如烟海的信息之中。

对于投资者而言,不论是初级投资者,还是资深投资者,最为重要的信息渠道依然莫过于证券交易所发布的上市公司公告。

其中,上海证券交易所发布上市公司公告的时间大概是每天晚上10点之后,深圳证券交易所发布公告的时间大概是每天晚上8点之后。沪深上市公司的所有公告,都是通过上述渠道发布的。如果某些公告没有在这里出现过,而出现在别的网站上,它要么是坊间谣传,要么就是内幕泄密。

除了公告以外,证券交易所网站还有很多有用的信息可以查询。例如,在上市公司的年报、季报披露之前,交易所都会发布《上市公司定期报告预约披露时间表》,投资者可以提前注意下自己关心的公司的一些时间节点。

此外,针对每天涨跌幅过大、换手率过高、没有涨跌幅限制的股票,交易所还会披露在这些股票买卖的前五位营业部席位。一些营业部或者游资之所以出名,大多因为他们是交易榜上的常客。

另外一个使投资者注意到投资机会的地方,就是交易所网站的"权益类证券大宗交易"。这里会披露交易席位通过大宗交易买卖股票的详细情况,包括哪里的席位、价格、数量、成交金额等。如果一只股票频繁出现在大宗交易上的话,投资者就要对其多留一份心。

由于交易所每天晚上披露的公告较多,时间又比较晚,不少非职业投资者难以保证每天完成这么大的阅读量,因此,投资者还可以选择在次日早上阅读"三大报"上的报道。"三大报"是《中国证券报》、

《上海证券报》、《证券时报》三份证券类报纸的统称。它们是中国证监会、中国银监会、中国保监会指定的信息披露媒体，所以信息相对会比较及时和权威。“三大报”每天都会对比较重要的上市公司公告进行报道，并作出较为全面的解读。仔细阅读这些信息，同样可以找到有价值的投资机会。

另外，还有一些较为专业的财经网站，如和讯网、东方财富网、金融界、中财网、新浪财经等，投资者都可以多加留意。

凡是较为重要的重大资产重组事宜，投资者只要经常留心以上信息平台，基本上可以做到无遗漏。

非职业投资者如果没有时间过多地关注新闻，还有一种简便的方法可以及时地了解到重要信息。那就是每天查看当天的涨幅榜，尤其是当天涨停的股票。打开行情软件，键入“81”再按回车键，就可以看到沪市A股涨幅排名；键入“83”再按回车键，就可以看到深市A股涨幅排名。一般重组复牌的股票，都会出现数个“一字涨停”，即出现在涨幅榜上端的显著位置。投资者只要查看涨幅榜，进而翻看该股的公告或新闻，就能大致知晓触发该股涨停的缘由，进而作出投资判断。

不少入市不久的投资者，由于短时间内掌握的投资技能不足，往往容易被吸引至各种股票论坛或者股吧，希望从中获得消息，打探“牛股”。实际上，这些地方最为鱼龙混杂，很多活跃者都是初级投资者，他们往往盲目地看好或者看空，甚至天马行空地臆想一些信息出来。其中还有一些“庄家”混迹其中，若有若无地放出消息来误导投资者，从而掩盖自己的真实目的。类似的情况已经屡见不鲜，不少上市公司也就论坛上的传言发布过澄清公告。所以，投资者如果定力不够，或是还没有形成行之有效的操作模式的话，最好是有选择、有甄别地看待这些地方流传出来的信息。

6. 从重组的预案中寻找

投资者在看到一份上市公司重大资产重组预案后，完全有必要在第一时间内，仔细研读一遍，以研究其是否具有吸引力。

有些投资者可能抱有这样“偷懒”的想法：只要预案披露后的第二天，去看看涨停板就可以了，如果该股次日能够强势封住涨停，就意味着方案是好的，反之则没有价值。

事实上，这种观点是不够准确的。因为一个方案披露后，股价能否封住涨停，不仅要看方案的吸引力，也要看当时股价的位置，比如停牌前股价是否已经有了不小的涨幅，以及当时的大盘环境。如果大盘相较停牌前跌了很多，那么个股就有补跌的可能，所以，投资者还是有必要独立地研究方案。那么，投资者应该如何做呢？

首先，投资者在拿到一份重组预案后，应当看看重组方是谁，将要注入什么性质的资产。由于在A股市场上，淘金的投资者形形色色，各行各业的公司也纷纷在这里借壳上市。只有重组方的来头特别大，才能激起市场狂热的追捧，未来也才能出现数倍的涨幅。所谓“来头大”，主要是指重组方是军工企业、央企、大型地方国企、资产体量巨大的民企等。这些企业都掌握有庞大的资源，在通过监管部门审批、促使股价上涨方面拥有更大优势。

其次，投资者要看重组方要注入什么样的资产，这是最为重要的一点。归根结底，市场是否买账，要看资产是否具有吸引力。否则就只是一个破落户取代另一个破落户而已，激不起任何人的兴趣。

从过往的市场脉络来看，市场相对偏好、涨幅也更为可观的重组后上市公司主要集中在以下几个板块：军工、化工、有色矿产资源、消费，以及政策扶持的行业（如光伏、锂电池等，因时而变）。还有一种就是某段时间内市场热捧的行业，例如2007年以前的房地产业，但这种非理性的情形很可能一去不复返。

5.7.2　如何识破假重组

1. 真假重组

资产重组通常是指企业将一项（批）资产转化为另一项（批）资产的行为。就资产重组的动机而言，资产重组可以分为报表重组和实质重组，报表重组并不期待对企业的经营效率产生实质性的改善，只求改变当期或短期内的会计报表数字，如提高利润、净资产收益率等；实质重组可以提高企业的真实业绩，优化企业的资源配置，改变企业的面貌，对企业的未来产生重大的积极的影响。

鉴于上述特点，报表重组常被称为“假重组”，而实质重组则被称为“真重组”。据统计，1994年以来，我国计有400多家上市公司进行了资产重组,但资产置换比例达到50%以上的还不到一成。

2. 热衷于假重组的原因

上市公司热衷于假重组,既有内因,也不乏外因。

(1)假重组的内因

①为获得再次融资机会,如配股权、增发新股等。证监会规定,上市公司连续三年净资产收益率在6%以上,三年平均达到10%,才能取得配股资格。与兢兢业业提高经营业绩相比,通过假重组提高报表业绩不失为一条"捷径"。

②为避免亏损,被扣上ST、PT帽子,用假重组避避风头,先赢利一年再说。对于已经沦为ST或PT的企业,则期望尽快摘掉头上不光彩的帽子,假重组自然也是方便经济的选择之一。

③运用障眼术,发布重组消息,配合庄家炒作。

④在高级管理人员的报酬与上市公司的业绩紧密挂钩的情况下,上市公司高级管理人员为获得高额的奖励,也有动机牺牲企业的长远发展,进行虚假重组。

(2)假重组的外因

①尽管证监会、交易所都对收购兼并制定了一些相应的行为和信息披露规范,但仍然需要不断的加以完善和成熟,如修订全面要约收购豁免制度等;其次,我国有关购并的会计准则尚未完善,使假重组公司操纵利润有一定的"空间";此外,证券市场缺乏退出机制,也在一定程度上助长了假重组的频繁发生。上市公司自然可以观察到这些市场体制的缺陷,喜欢假重组也就不足为奇。

②由于我国改制的特殊背景,上市公司与其集团母公司之间的关系并不仅限于股权联系,更多的是一种血缘关系,因此,上市公司就可以不顾市场平等交易的原则,与关联方之间进行虚假重组。

③缺乏对上市公司高级管理人员的有效监督和激励,也助长了高级管理人员的机会主义行为。

3. 轻松识别报表重组

近些年来,对于投资者来说,找到一种识别假重组的简便方法,显得尤为重要。纯粹的报表重组只能算作会计上的数字游戏,对会计报表能够起粉饰作用,但盈利根本没有持久性,如果投资者对此缺乏足够的识别能力,就可能受其误导,导致投资损失。

那么,重组是否显著改变了企业的报表业绩,这条标准能否用来区分真假重组呢?显然不行,因为实质重组同样会改善企业的业绩。识别真假重组的关键在于认识二者的根本区别,假重组对业绩的影响仅限于当前,而真重组的影响可及于长远,据此,投资者可以下面几个指标为参考,来识别假重组。

(1)从重组规模来看,假重组的规模一般不大,收购或出售的资产总额一般低于上市公司总资产的70%。据统计,从1992年以来,到目前为止,能够完成70%以上重大资产置换的公司仅有十几家。如果企业的重组规模小,对企业未来的影响自然就不大。

(2)从重组的行业来看,假重组通常不会改变上市公司的主业。

(3)从重组的双方来看,假重组多发生在关联企业之间,或者同地区的企业之间。

(4)从重组的时间来看,假重组多发生在下半年,尤其集中在每年的11、12月份。

(5)从重组公司的高层管理人员来看,假重组大多不会伴随高层管理人员的更换。

(6)从重组公司的处境来看,假重组的公司通常要么已经面临困境或即将陷入困境,如两年连续亏损;要么需要进行配股,必须将净资产收益率做到证监会规定的标准以上。

(7)从重组业绩的持久性来看,假重组的业绩通常只能维持一到两年,而真重组则可以在较长的一段时期内保持高速增长。

值得注意的是,投资者在辨析上市公司真假重组时,宜综合运用上述指标,并结合其他相关的信息,以便做出正确的判断。

5.7.3 重组股的选股原则

第一,关注低价位的重组类个股,特别是在熊市中曾经严重超跌,目前涨幅不大的。历史上曾经有过涨幅翻番行情的重组股大都是从股价较低时崛起的。启动价格处于中、低水平,容易翻番,一般处于5~

15元。

第二,关注小盘的重组类个股。小盘股重组的成本比较低,容易被重组,而且便于庄家控盘和拉抬股价,比较受市场主流资金的青睐,一旦被主力选中后,其上升速度较快。需要注意的是选择重组类个股不仅流通盘要小,还有个股的总股本和流通市值也不能大。通常选择流通股小于0.6亿股、总股本小于1.5亿股,流通市值小于6亿的比较合适。

第三,资产状况尚好,净资产和公积金不能太低,也就是说,重组的公司必须有一定的"家底"。这样,通过重组达到相对控股之后,才能够达到以一块钱支配五块钱甚至以上的效果。同时,由于公积金高,重组之后需要派发的时候,可以选择转增股本的方法。

第四,关注因为国有股权的转让而给上市公司带来资产重组机遇的个股。

第五,业绩要差,年度收益最多只能是微利,如果亏损或即将被特殊处理更好。因为,上市公司业绩越是亏损、或面临着被特殊处理及退市等原因时,重组压力越大,上市公司也就越容易被重组。

第六,在传统行业里面选重组。重组股大多出现在传统行业,从投机的角度讲,是便于庄家收集筹码。顺利收集筹码的条件,正是如下两点:散户不看好愿意抛售,同时市场不看好,价格低廉。

第七,在上市公司公布的年报中,注意观察前十大股东的排列构成。对于第一大股东持股比例较低的,前几大股东持股比例比较接近的股票,需要重点加以关注,这类股票重组的可能性比较大。

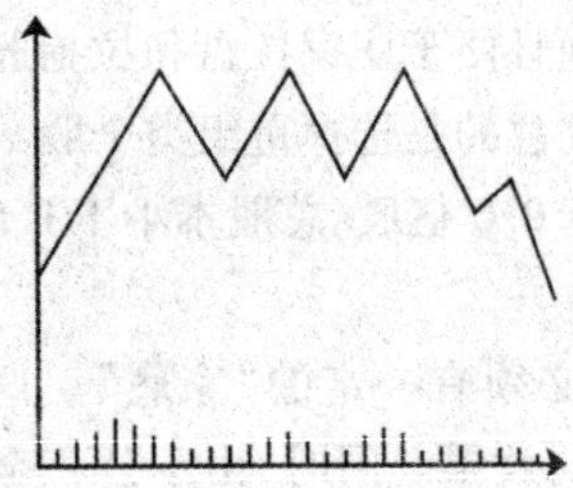

第 6 章 投资智慧

§6.1 正确的炒股心态

6.1.1 新股民心态成熟三阶段

一个普通人办理了股东账户和资金账户，然后进入股市开始运作，即成为一名股民。但是要成为一名成熟的股民还须经历三个阶段：

1. 初级阶段

此阶段股民的表现特征是：

(1)盲目性。主要是：不知道如何开户；不了解股票知识或知之甚少，对“除权”、“每股收益”等专业名词更不知何意；不会具体操作（填单、刷卡等）；不知该买什么股票。但有一点很“清楚”，认为买股票肯定赚钱。

(2)胆大性。由于盲目性，特别是认定“买股票能赚钱”，因此胆子大，敢买任何股票，特别表现在刚一开户，手就发痒，马上买进若干股。如果不买，心里就不踏实。

(3)初战告捷。初入股市者往往瞎蒙能赚上一笔钱，这使得他们兴高采烈，更加认准了“股票能赚钱”，并且“深化”了认识，即“股市赚钱易、赚钱快”，而且逢人便吹“股市很简单，不需要那么多知识，我一入市就赚钱”等，并且鼓动周围人赶紧加入炒股队伍。

(4)短暂性。初战告捷时间很短，最多3个月，随后就转入下一阶段。

2. 中级阶段

此阶段的整体特征均围绕套牢反映：

(1)被深套。由于“连战连胜”，忘乎所以，结果全线被套住，或割肉，或等待，第一次尝到赔钱、风险的滋味。

(2)技巧差。虽然一些操作手段熟悉了，股票知识也了解一些，但抗风险的技巧没掌握，表现在不会尽早割肉再抄底，而一味傻等解套的来临，结果越套越深。

(3)心沉重。胜利果实及老本一下被套，想不通，很后悔，不愿意和周围人谈论股票，别人问及，往往支支吾吾，或强撑脸面皮笑肉不笑地说“还行”。

(4)不甘心。这个时候有钱就存入股市，以加大投资想尽快捞回来，特别爱打听消息，爱听股评，以获得精神上的安慰或从中汲取些策略。对不符合自己心愿的股评甚为反感，怕由此造成市场波动加大其损失。

(5)长期性。被套的时间长，如选的个股再不争气，更是赚指数赔钱，解套无望。最长的要等3年甚至更长。

3. 成熟阶段

经过小赚、深套、解套后，股民开始成熟：

(1)终于解套：苦等了相当长一段时间后或几次割肉抄底成功后，老本终于赚回。头脑不再发热，不再贪心，充分认识股市风险，交易行为变得稳重。

(2)股票知识及操作技巧有很大提高：特别关注宏观面，结合技术面，自己分析判断性加强；对股评少听少看仅作参考。

(3)谈话慎重：与周围人谈股票讲风险多了，股市上胜与负的结果不再流露到脸上和语言中，显得沉稳老练。增强了风险意识，所以多以见好就收、落袋为安、谨慎为上。

6.1.2　要真正地爱好炒股

多数人进股市，并非发自内心的喜欢，而是无法抵挡利益的诱惑。所以，最终的结果是：真心喜欢股票的，最终成了股票的主人；无法拒绝诱惑的，最终成了股票的奴隶。

股市赢家和庄家在一起的时候，总是显得那么和谐自然。但他们又分别是两种极端：一个是武断专行，一个是百依百顺。他们的和谐也许因为他们有着相近的性格：一个是喜欢自己说了算，一个是喜欢庄家说了算。

公元前3世纪，罗马军队攻入叙拉古城的时候，发现一个老人不仅没有逃跑，还在沙地上潜心研究一个图形，这个人就是赫赫有名的阿基米德。士兵要带他去见罗马统帅，他却请求士兵等他解出答案再走，士兵不耐烦了，把他一剑劈死。阿基米德临死前只来得及说了一句话："不要踩我的图！"

每个人都会有自己喜欢的东西，只有对自己喜欢的东西，才会有如阿基米德般的执著和追求。股市的本质就是给少数人带来欢乐，让多数人陷入痛苦和迷惑。而这些陷入痛苦和迷惑的人就是因为不明白自己的价值追求，也不是真正地爱好炒股，他们爱好的只是炒股所带来的金钱。事实上，只有那些喜欢经历这个过程，喜欢执著地追求的人才更容易在股市获得成功。

如果决定了要炒股，那么不管前面是鲜花铺地，抑或是荆棘满布，我们都应该勇敢地走下去，只要坚持走下去就有成功的那一天。

6.1.3　以快乐的心态炒股

在遥远的古代，有一个关于金钱的神话，是告诫人们如何对待财富的。米达斯国的国王想变得更有钱，让自己快乐，于是和神商量让自己拥有神奇的力量。神答应了他，让他自己的手指头无论碰到什么东西，那东西立即就变成黄金。在拥有了"金手指"后，国王的快乐并没有持续多久。他痛苦地发现，自己既不能吃，也不能喝，美味在他嘴里变成了黄金，最糟糕的是他拥抱自己的女儿时，最爱的女儿也变成了黄金。国王这才意识到真正让自己快乐的并非是金钱。

在炒股的时候，股民必须围绕着"以人为本"的原则才是最科学合理的。股市里有不少成功的投资者一直坚持着投资股票三大原则：一是快乐炒股原则，能够产生人生快感的炒股才是成功的理财；二是追求长期复利的投资效果；三是选择长期持续上升趋势的股票投资。

炒股的第一个原则是有快乐的心态。牛市盼下跌、熊市盼上涨的心态下，炒股是让自己痛苦。如果炒股无法让理财的人产生快感，随之而来的则是恐惧、不安、苦闷和焦虑，那倒不如把钱直接存入银行。钱首先要实现的功能就是让人生变得更快乐和更有意义，而并非仅仅是简单地让财富无休止地增长。所以，快乐的心态是理财最简单，也是最根本的原则。

关于财富，每个人都希望能产生奇迹。没钱人希望通过炒股富起来，有钱人想通过炒股，让钱再生钱，拥有更多的财富。人人都想在炒股中快速富起来，让自己过上快乐的生活，但常常伴随而来的并不是快乐而是痛苦。所以，首先要考虑的是炒股能否带给你快乐，不能给你快乐的财富没有任何意义。

炒股的第二个原则是追求长期复利效果。有调查发现，美国六成以上的百万富翁并不是因为投资风险股票而致富的，他们大多数只投资一般业绩优良的股票——这些股票上升起来慢，但稳，这是低风险的积累财富。同一调查显示，美国有四分之三的百万富翁买一种股票至少持有5年以上，将近四成的百万富翁买一种股票至少持有8年以上。股票的频繁卖出，不仅冒险，还增加交易成本，更让自己的生活陷入不安中。

炒股的第三个原则是选择长期持续上升趋势的股票投资。投资股票是一种长期行为，必须追求持之以恒,追求长期的累计效应,只有长期地积累才能达到资产的保值和增长。炒股过程中最忌讳贪图一时之暴利,否则很容易功亏一篑,毕竟高收益和高风险是一对形影不离的孪生兄弟。

人的一生能积累多少财富,不是取决于你赚了多少钱,而在于你是否有比较快乐、平和的心态,而不是去追求盲目的高收益。长期坚持稳健投资股票,才是真正的快乐理财。而当心灵与物质的财富价值并驾齐驱之时,投资者才会感到自己打理人生财富的快乐和幸福。

6.1.4 学会正视股市与股票

与其他各种投资方式,如储蓄、债券、基金、收藏、经商等相比,股票是受到众多人喜爱的一种投资方式。那么,股票有哪些吸引人的特点呢?

第一,购买股票不受资金限制,可多可少,多到几千万、几亿元,少到几万、几千元,同样都可以进行。

第二,购买股票的道理可深可浅,可俗可雅,投资者可以用很多时间、精力去钻研股市的理论,而且永远没有尽头;也可以仅凭感觉去买卖,有的人照样也能得到不错的战绩。

第三,购买股票不需要应付复杂的人际关系,因为股票的总金额非常大,个别股民的买卖对其价位没有什么影响,所以除了特大户之外,普通的股民相互之间都是战友,互相帮助、互相切磋的情景随时都可以看到。

第四,股市的博弈性也容易让人着迷。多空双方随时在股市中较量,引出纷呈多彩的变化。不过即使什么都不懂,随便在什么时候买上任何一只股票,也不是没有可能获利。所以有的人又把它看成碰运气的好地方。

第五,股市是一个公平交易的场所。股市是市场经济的产物,除去某些违法现象之外,应该说股市对每个投资者都是公平的。这个公平体现在:机构等大户虽然有资金多、消息灵、关系广的优势,散户有消息滞后、受到谣言侵害等劣势。但散户有最重要的一个优势,就是可以迅速地“空仓”或“满仓”,而大户资金多,行动迟缓,难免露马脚,这就为中小投资者提供了最好的机会。

股市中蕴含着很深的哲理,事物的发展变化、人生的各种弱点和相互之间的斗智斗勇以及欺诈蒙骗等各种现象在这里都暴露无遗。它可以让人们更好地理解人生。

但不可否认的是,股市投资也有它自身的缺点,最主要的就是风险大。从成功率来说,股市中的失败者远多于成功者;从风险的程度来说,股市的风险仅次于期货和外汇。

不过,股市又是风险与机遇并存的,因为股市进行的是股票交易,有人买入就必须有人卖出。所以如果扣除手续费和税金不计,最终应当是零和游戏,也就是说,在股市上挣了钱的人挣的就是赔钱人输掉的钱。但是股市上涨时存在着虚拟放大,大家都对股市充满信心,股价不断上涨,就会出现大多数人都挣到了钱的情况,这时就会吸引更多的人把钱投入股市。而当股市下跌时,对股市失去信心的人不断把钱撤出股市,这时就会造成大多数人赔钱的情况。

因此,股市又是一个没有硝烟的战场。虽然它不动枪不动炮,但是它造成的伤害并不亚于枪炮。投资者在炒股过程中必须要学会克服“贪婪”、“恐惧”等各种不良的心理状态,要切记,要在股市中取胜,最重要的不是要战胜股市,而是要战胜自我。只有真正能够战胜自我,不为钱所困扰的人才有充分的把握挣到钱,这才是股市的真谛。

6.1.5 炒股需要一颗平常心

许多人炒股时特别紧张、焦虑,特别害怕失误,其实这是一种心理障碍。有的人从他们买进股票的那一刻起,焦虑就伴随着他们。股价下跌时,他们焦虑,不知跌势何时停止,要不要斩仓出局;如果果断出局了,股价还在继续下跌,他们也不因为自己出局了而高兴,反而又开始焦虑,现在有差价了,要不要捡回来等;股价上涨时,他们焦虑的是股价还会不会上涨,要不要抛出;即使在一个相对高点抛掉股票了仍然焦虑,不知这股价还会不会上涨,自己有没有吃亏;天天担心,时时焦虑,把自己搞得身心俱疲。

这就是缺乏平常心的表现。炒股时如果没有平常心,炒股就会觉得好累,因为每天要为股票担心忧愁,身心受到伤害,策略也很容易出错。

其实,在股市里,越是害怕失误就越容易出现失误。因为股票市场的起伏是不可预知的,投资股票就等于把赌注下在一个不确定的结果上,因而产生令人焦虑的情境。事实上,在股市中,投资者有一定的担心与焦虑是可以理解的,但过分的担心与焦虑会妨碍投资者做出正确的判断和恰当的决定,造成对股市不正常的过度反应。因为愈是紧张,愈是难于安下心不受其他因素影响地去估计各方面的信息。每一点风吹草动都会紧张,当焦虑到极限时,不仅难以做简单的决策,而且常常冲动地做出错误的决定。

有许多股民本来炒股赚了钱,但看着刚刚出货的股票价格还在上涨,又感到后悔、自责,认为自己没有操作好,不该过早出货,要是等到现在,那该多好……后悔、自责后,见股票还在上涨,便以为还有机会,于是忍不住再次追了进去,结果一进去就套牢,不仅以前的赢利全部化为乌有,而且还亏了老本。

因此,投资者在炒股时一定要学会控制自己的情绪,有一颗平常心,保持心理稳定,戒除急躁、犹豫、贪心和恐惧心理,以一种平静、宠辱不惊的心态入市,胜不骄、败不馁。操作过程中不断进行自我控制和调节,在出现操作失误时甚至需要采取“阿Q精神”来平衡自己的心态,再配合谨慎稳妥的战术,升也安然,跌也心闲,这样就能以一种超凡的精神境界,轻车熟路地驾驭风浪迭起的股市。在失误中吸取经验教训,在赚钱时享受决策正确的成就感与乐趣。

6.1.6 炒股要有足够的耐心

所谓耐心,通俗地说,就是遇事不急躁,不厌烦,能沉住气。任何人若想在股市站住脚,耐心是一个最基本的前提。

在股市中,投资者经常会遇到这样的情况;一只股票,捏在手上时就是不涨,但当自己失去耐心、将它抛出后不久,该股却一个劲儿地向上涨,让人又气又恨。也有一些股民,因为按捺不住,抛弃了自己原本看好并已买入的股票,转而投买其他股票,结果买入的股票还不如自己原来的那只涨得好。

之所以会出现上述种种现象,还是因为股民缺乏耐心。其实,股市说到底还是一个资金推动型的市场,股票之间的轮炒是这个市场最大的特点之一。如果手持的股票长期未被炒作,那么这只股票早晚也会被市场主力挖掘出来炒作一番的,只要有耐心,那么赚钱只是一个早晚的问题。相反,如果在不同股票之间跑来跑去,且不说割肉所带来的亏损,单是这不低的交易成本也足够投资者承受了。作为散户投资者,如果这般炒股,要想在股市中赚钱,那实在是一件很困难的事情。

某股民于2006年5月30日经人介绍,以每股28元的价格买了一只股票。买进后这只股票并没有按预期上涨,而是盘整,今天涨几毛,明天又跌几毛,这样来来回回折腾了半个月,到6月18日,这位股民一看,股价居然跌破了26元。他想这只股票可能没有戏了,股指天天涨,许多股票的价格在翻番,周围同事买的股票都赚了百分之几十,而自己的股票不涨还跌,看来是这只股票买错了,得换股才行。于是,他当天在股价反弹到26元时“当机立断”全部抛掉了该股。

然而,股市就这么折磨人,等他一抛掉,第二天这只股票就开始上涨。他想这可能是盘整,明天也许还会跌下来,因此不以为然,没有理会。但这只股票却一改以前那种徘徊的走势,从此后竟然连续上涨,期间还拉了两个涨停。他这下傻眼了,每天看着这只股票一点点地上升,每涨一点他的后悔就增加一分,情绪就激动一分。这时又有人推荐说该股票极有可能演变成长庄股,其后市可能长期走牛,他又忍不住了,很快以每股33元的价格全仓追入该股票。买入后第二天股票就冲过了34元,让他兴奋不已,哪知道第四天的时候这只股票就开始不断下跌,一跌再跌。这次他想不能走以前的老路,要坚决守住不放,跌一元不理会,跌两元不在意,一个月后股价竟然跌到了20元左右,不但没有赚到钱,反而亏了差不多一半。最后,他实在忍受不了这种折磨,就割肉出局了。

由此我们可以看出,在股市里一定要有耐心。但许多投资者却做不到这一点,他们急躁、冲动、缺乏耐心。某段时间汽车板块上升,资金便不加分析地扑向所有的汽车类股票,接着由汽车联想到钢铁类股票,再由汽车联想到橡胶类股票。当然,股市产生某些热点,确有引发并领导大盘走好的积极意义,起到牵一发而动全身的作用,但我们一定要考虑好企业的实际情况,不能只凭一时冲动,就盲目地去追逐热点,这是极不可取的。

在股票市场上,主力机构之所以胜算较高,就是因为他们摸准了一般中小股民缺乏耐心的特点,使用打压和洗盘的手法,就可以使中小股民自动将手中可以生金蛋的鸡贱卖。当主力炒作某只股票时,为了顺利吸筹建仓,吓走那些想轻松坐轿的散户,最常用的一招就是集中力量,在股价上升的关键价位抛出一部分股票将股价压低,让没有耐心的散户将股票卖出,自己以低价承接,然后重新拉抬,就这样反复操作,低进高出,赚取差价。

著名投资大师彼得·林奇曾经提出,个人投资者所具有的第一条品质就是“耐心”。他认为“股票投资和减肥一样,决定最终结果的是耐心,而不是头脑”。他不光要求个人投资者具有超强的耐心,自己本身就具有超强的耐心,这也是他成功的保证。

由此可见,投资者要在股市中获得利益,首先就要做到冷静而不急躁,果断又不失去机会。曾经有人这样概括:“炒股制胜,首先要有鹰一样的犀利目光,盯住几只股票,密切注意其变化,然后像饿虎扑食一样在低价区吃饱吃足,最后像狐狸一样狡猾地在高价区一走了之;同时,还要像蛇一样忍饥受饿蛰伏数日甚至数月不动,以待新机会的来临。”

6.1.7 炒股要学会适时取舍

在股市中的投资者大都有这样的感受,买入股票后都舍不得卖出。即使在已经获利的情况下也不肯抛出,最后直到亏损还要一直贯彻自己的选择。如此一来,不仅把握不住到手的利润,而且还会转向亏损,甚至是一亏再亏。这就需要在迷惑中的投资者能够正确理解“舍得”二字的真正含义。

股市就好像生活,换个口味是对生活饮食的一种调剂,换个环境则是对身心健康的一种调剂。总在平淡中生活的人也应使自己的生活添些愉悦,在这个过程中就需要有舍有得。而在市场中的投资者,如果不能自我调剂,总是依靠政策“救市”来寻求解套是不可能实现的,这也是一种消极的态度。

人们的好恶之情与使用心理决定了取舍,比如像乌鸦未必坏,可人们心理上觉得不好而不喜欢;有时感情尚处于悲伤或喜悦状态,这种情绪也移之于物,对人对物同样存在这种问题。而在证券市场中,投资者也往往凭借自己感性上的喜好进行投资,由此而导致自己感觉良好,股票天天下跌的局面。其实,我们对于事物不要太主观,需用冷静的头脑去思考,然后判断对错。如果能去私欲存天理,就会明白莺声蛙鸣都在显示自然的玄机。万物都是根据天地自然规律而生长发育,我们不可凭主观见解随意区分对错。同样不可只凭主观臆断,凭一时的好恶按自己的忧喜取舍,这样就能在市场中保持一个好的心态,而真正做到有舍有得,取舍自如。

难怪古人会说:放得下功名富贵之心下,便可脱凡;放得下道德仁义之心,才可入圣。要做到“超凡入圣”就需要先放下,舍去;这才能有收获,能得到。

6.1.8 炒股要保持良好情绪

人的感情是极其丰富的,常常会因为外界的刺激引起情绪的波动,特别是在变化无常的股市中,如果我们不能有效地学会克制,往往会输得一败涂地。

冲动心理每个人都会有,在股市操作中,看到大盘涨涨跌跌,心情自然会跟着大盘的节奏在波动,但是我们应该怎样去看待这些呢?各人有各人的做法,其结果却不一样。

归结起来,在股市中不良情绪的种类大概有以下这些:

一是急躁心理。持这种心理的投资者不在少数,许多人频繁操作甚至陷入了介入、割肉,再介入、再割肉的怪圈。

二是悲观心理。这种心理的人往往不会主动去应对市场的变化,对股市的前景彻底绝望,对于行情的变化麻木不仁。其实行情的涨跌有它内在的原因和规律,投资者要学会去研究它、利用它,只有这样才能在未来的行情中抓住主动,抓住机会。

三是思维定势。投资者一旦在股市中形成不良思维定势,就容易犯大错误。思维定势形成以后就很难听进别人的意见,即使自己错得很严重,也不愿意承认错误,这样下去唯有亏损到底。

四是恐慌心理。当自己感到投资决定错误的时候,就会产生一种恐慌心理,反映在操作上就会六神无主、惊慌失措,甚至对自己的操作懊悔不已,这样下去容易形成一种恶性循环。

那么,在股市中,如何克服这些不良情绪呢?

首先,要锻炼自己的意志,炒股如做人,做人就要讲究节制。无论面对的是喜还是忧,都要从容不迫,要学会制怒,更要学会制喜。

其次,永远不要在情绪激动的时候做决定。因为情绪异常时,一个人很难做出合乎现实的准确判断。要学会努力保持良好的心态,稳定住情绪,然后在冷静中做出判断。

最后,学习是我们保持良好情绪、提高克制能力的有效方法。在行情迷茫之际,我们更要加强操作技能、操作理念方面的学习,与其埋怨行情,不如静心学习。只有这样,投资者才有能力去应付更多的市场变化。

6.1.9　炒股要学会忍受孤独

炒股要学会忍受孤独,如果你没有敢于孤独且甘于孤独的勇气和能力,请远离股市。

大家都知道炒股最重要的是心态,而不是所谓的技术分析和基本面分析。炒股乃至所有技术的最高境界,简单地说,其实就是一种心灵上的升华。只有脱离了大众思维的思考模式,达到了心灵上的孤独境界,才可以成为寂寞的高手。

炒股是孤独者的游戏,因为只有敢于孤独且甘于孤独的人,才可能脱离大众思维模式,也只有这种人,才有可能达到那种"泰山崩于前而色不变"的最高境界。

在证券投机行业里,几乎所有成功的投资者都是孤独者。他们也必须是孤独者,因为他们常要做和大众不同的事。无论是低买高卖还是高买更高卖,他们都必须坚持独立的思维。

长期以来,大多数人已习惯于"集体思维"、"羊群效应"。但炒股需要不同的思维方式,如果股市大多数人都看好某股票,他们都已按自己的能力入场,还有谁来买股使股市继续升得更高?反之,如果大多数股民不看好股市,他们都已经脱手出场,那么股市的继续下跌区间也已不大。投资者如果随大流,则常常在高点入市,低点出市,就会成为失败者。当然,这里强调的只是思维的方式,而不是那些讨人喜欢的性格,如听话、合群、不标新立异等。

很多投资者在现实中都是业界精英,但一进入股市却傻眼了。他们在其他行业中的那些优点到了股市中全变成了缺点。这是因为,炒股与其他行业有一个很大的不同之处,那就是"绝大多数人最终都必须成为失败者"的残酷性。

虽然这很残酷,但却是事实。所有的人都要正视且重视"绝大多数人最终都'必须'成为失败者"这个残酷的事实。除非你捞了一票之后就金盆洗手了,否则,只要你继续炒下去,那么你就有90%的可能性最终成为失败者。这一点与其他行业的致命区别说明了,从历史的角度来看,股市其实就是一个大筛子。

在任何行业中,想要成为一个成功者,有一些素质是必不可少的,在炒股这行,金融市场的快速多变,对一些素质的要求便显得特别突出。比如相信自己、热爱你做的事情等,而要拥有这些素质,就必须要有一个前提,那就是要有"敢于孤独且甘于孤独的勇气和能力"。

做其他很多事情,我们都可以碌碌无为,可以把自己淹没在群众里,因为在其他行业中这样,失败的效果并不立竿见影。但是证券投机这行,你绝不可以跟大多数人一样随波逐流,因为在这一行想要成功,那就只能做高手;如果做不了高手,就要失败,就要被淘汰,没有第三条路可走。

而要做高手,就要求投资者要有自信,如果没有自信,那么对犯错的恐惧迟早将使你失去独立思考和做决定的能力。没有独立的判断力,渴望生活在群众里,缺乏敢于孤独、甘于孤独的勇气和能力,随大流人云亦云,只会成为股票投资的失败者。

6.1.10　亏损投资者常见心态

一般来说,股市中处于亏损状态的投资者各有各的原因,但主要分为以下几类:

1. 总想追求利润最大化

(1)本来通过基本面、技术面已经选了一只好股,走势也可以,只是涨得慢些或在做强势整理,便耐不住性子,通过听消息或看盘面,想抓只热门股先做一下短差,再拣回原来的股票。结果往往是左右挨耳光。这种慢车换快车的操作本身难度就很大,而且必然要冒两种风险:热门股被你发现时必定已有一定涨幅,随时会回落;基本面、技术面较好的股票在经过小幅上涨或强势整理后,随时会拉长阳,抛出容易踏空。而一旦短线失败,又不及时止损,后面的机会必然会错过。

(2)很多人都认识到高抛低吸、滚动操作可获比较大的利润,也决心这么做。可一年下来,却没滚动起来,原因就是抛出后没有耐心静等其回落,便经不住诱惑又想先去抓一下热点、做短差,结果适得其反。

(3)一年到头总是满仓。股市呈现明显的波动周期,下跌周期中90%以上的股票没有获利机会。可很多股民就是不信这个邪,看着盘面上飘红的股票就手痒,总抱着侥幸心理以为自己也可以买到逆势走强的股票打短差,天天满仓。本想提高资金利用率,可往往一买就套,再加上又不止损,结果被深度套牢。毕竟能逆势走强的是少数,而且在下跌周期中经常是今天强明天就弱,很难操作。另外,常满仓会使人身心疲惫,失去敏锐的市场感觉,错过真正的良机。许多股民都是这样,钱在手里放不住三天,生怕踏空,究其心理就是想追求利润最大化。这种类型的股民,不论大户、散户,无不损失惨重。

其实每年只要抓住几次机会,一个时期下来收益就相当可观了,所以巴菲特年均收益才30%就成为大师了。如果一心想追求利润最大化,就会像熊瞎子掰苞米,最终往往利润最小化。要知道,股市是一个充满机会、诱惑,也充满陷阱的地方,一定要学会抵御诱惑,放弃一些机会,才能抓住一些机会。

2. 不及时止损

作为一个明智的投资者,其必备的基本素质不是头脑聪明、思维敏锐,而是要有止损的勇气。很多人不是不懂这个道理,就是心太软,下不了手。绝对要有停损点,因为你绝不可能知道这只股票会跌多深。设置停损点或止损位,就等于为你买的股票装一个"保险丝"。如果股价大跌连跌,你只会烧坏(损失)一根"保险丝"(止损价)。

3. 把道听途说的传言作为选股依据

很多投资者没有自己的主见,到处打探消息,然后把道听途说的传言作为自己的选股依据,这种容易误听误信的投资者最容易成为庄家出逃时的牺牲品。

4. 不相信自己,却轻信别人

很多散户通过学习,也掌握了很多分析方法和技巧,有一定的分析水平。可当自己精心研究了一只股票,准备刷卡买进时,只要听旁边的股民说另外一只股票好,就改买其他的。而当自己选的股涨起来时,只有后悔的份儿了。

5. 用已经公开的消息或题材作短线

虽然都知道见利好出货,可很多散户当看到某公司年报优良或有重组消息公布时,还是禁不住要在下午开盘前挂单买进,本想当天涨停价买进,第二天开盘冲高时抛出,最后80%的结果是——高位立即套牢。

6.1.11 专业操盘手实战心理

1. 个性独立

刚开始投资股票的投资者最容易犯的错误就是盲从,殊不知了解主力所在,跟随主力有时是上策,有时却是陷阱。投资者要学会试着把自己作为主力去分析行情的走势,这对以后的成长有极大的帮助。真正能成为巨富的人,他的投资计划往往特立独行,做别人不敢做的决定,并默默地贯彻到底。要记住,在股市中求人不如求己,路要靠自己去努力学习,潜心探索、研究。

2. 决策果断

成功在于决断之中,许多投资者心智锻炼不够,在刚上升的行情中不愿追价,而眼睁睁地看着股票大涨特涨,到最后才又迷迷糊糊地追涨,结果被"套牢",叫苦不迭。因此,投资人心中应该有一把"剑",该买就按照市价买入,该卖就按照市价卖出,免得吃后悔药。

3. 敢于认错

心中常放一把刀,一旦证明投资方向错误时,应尽快放弃原先的看法,保持实力,握有资本,伺机再人，不要为着面子而苦挣，最终毁掉了自己的资本，到那时，就没有东山再起的机会了。所以失败并不是世界末日的来临，而是经由适当的整理和复原，可以使人振作和获取经验。在山重水复的时候，一定要有认错的勇气，这样才会出现柳暗花明。因为留得青山在，不愁没柴烧。

4. 自觉、自律

很多人在股市里一再犯错误，其原因主要在于缺乏严格的自律控制，很容易被市场假象所迷惑，最终落得一败涂地。所以在入股市前，应当培养自律的性格。自律可使你在大家企盼更高价来临时卖出，自律还可以帮助投资者除去贪念，让别人去抢上涨的最后$\frac{1}{8}$和下跌的$\frac{1}{8}$，自己则轻松自如地保持赢家的头衔。

5. 要有想象力

股票市场中的高手常常能够通过观察、感觉产生预测未来的想象力。人类拥有视、味、触、嗅、听五种感觉，均可以实体感觉到，唯有灵感来自不断地知识学习，经验积累，从而达到领悟、预测股市走势的能力。其实这是一种专业境界，做任何事情都一样。

6. 愉快的心情

身心不平衡的人从事证券投资十分危险，轻松的投资才能轻松地获利。因此，要保持身心在一个愉快的状态上，精、气、神、脑力保持良好的状态，使自己的判断更准确。大凡会因股市下挫而，怨天尤人的投资者，基本上不适合于股票操作。

7. 谦逊的态度

在股票市场中，不要过于自负，千万不要认为自己了解任何事情。实际上，对于任何股票商品，没有人能够彻底地了解。任何价格的决定，都依赖于百万投资者的实际行动，都将反映到市场中。如果因一时的小赢而趾高气扬，漠视其他竞争者的存在，变得非常固执，则祸害常会在不自觉中来临。在股市中，没有绝对的赢家，也没有百分之百的输家。因此，投资者要懂得骄兵必败的道理。

6.1.12　专业操盘讲究“稳准狠”

1. 稳

所谓稳，当然不是随便跟风潮入市，要胸有成竹，对大的趋势做认真的分析，要有自己的思维方式，而非随波逐流。所谓稳，指要将自己的估计，时时刻刻结合市场的走势不断修正，并以此取胜。换言之，投机者需要把灵活的思维与客观的形势分析相结合。只有这样，才能使自己立于不败之地。

股票市场的行情升降、涨落并不是一朝一夕就能形成，而是慢慢形成的。多头市场的形成是这样，空头市场的形成也是这样。因此，势未形成之前决不动心，免得杀进杀出造成冲动性的投资。

投资者在初涉足股票市场中，可以以小钱作学费，细心学习了解各个环节的细枝末节，看盘模拟作单，有几分力量作几分投资，宁下小口数，不可满口，超出自己的财力。要知道，证券投资具有较高的风险，再加上资金不足的压力，患得患失之时，自然不可能发挥高度的智慧，取胜的把握也就比较小。

2. 准

所谓准，就是要当机立断，坚决果断。如果像小脚女人走路，走一步摇三下，再喘口气，是办不了大事的。如果遇事想一想，思考思考，把时间拖得太久那也是很难谈得上“准”字的。当然，我们所说的“准”不是完全绝对的准确，世界上也不存在有十足把握的事。如果大势一路看好，就不要逆着大势作空。同时，看准了行情，心目中的价位到了就进场做多，否则，犹豫太久失去了比较好的机会，那就只能望板兴叹了，最后难免急于弥补损失强行操作酿成大错。

3. 狠

所谓狠，一方面，是指当方向错误时，要有壮士断腕的勇气认赔出场；另一方面，当方向对时，可考虑适量加码，乘胜追击。股价上升初期，如果你已经饱赚了一笔，不妨再将股票多保持一会儿，不可轻易获利了结，可再狠狠赚一笔。在股票市场投资中，赚八分饱就走，股价反转而下要及时撤兵；股价下跌初期，不可留恋,要壮士断腕,狠心了结。

当空头市场来临,在股票筹码的持有上应尽可能减少,此时最好远离股市,待多头市场来临时,再适时进入。

以上所谈的“稳、准、狠”三字心理要诀,在整体策略使用上,首要的就是要“稳”。因为在任何一种技艺中,准需要靠天赋,稳则靠策略及资金,进而可通过管理的手段来达到。所以,一般人应该建立在稳扎稳打的基础上,才能最终走向成功。

6.1.13 专业操盘要讲究“四不”

1. 不贪婪

主要表现在:不贪买卖多种股票;量力而为,不扩大信用,盲目透支;目标价位到立即到市场中去买卖,不贪差价。

2. 不后悔

投资者在炒股时,要把输赢看成是兵家常事,下决心设立获利点及停损点,别人怎么说,都应冷静分析,只能作为适当的建议,这就是不悔的真正意义。

要想当一个成功的投资人,需要学习能够在亏本时,不感到自尊心受到创伤,并且能够保持情绪稳定。这样才能踏上成功之路。在赢利时,不骄傲,才志得意满。在股市中如果一次成功就踌躇满志,一次失败就万念俱灰,这两者到头来都是悲剧。

3. 不怕风险

以一个日常生活中的事件为例。两辆自行车在一条小路上迎面而过,此时你心中越是害怕则越容易和对方碰撞,而如果能够镇定自若则很容易就能巧妙避过。股票买卖也是一样,在股市中,股票买卖不外乎两种情况:一种是赚,另一种是赔。只要自己的指标出现买点即毫不犹豫地买,出现卖点时,则毫不犹豫地卖。否则一方面怕亏本,另一方面又嫌赚得太少,怕获利回吐;这样一定成不了气候,还不如把钱存回银行。

4. 不焦躁

焦躁必败,要明白今天股市有好的行情,明天或后天还会有,所以不要太急,心急是不能吃热粥的。很多人难免有一夜暴富的心理,恨不得自己的股票天天涨停板,于是整天满仓追涨杀跌,一轮牛市下来,亏损过半。此时才恍然大悟:假如一直持有行情刚开始的股票不动,现在资金已经翻了一番,此时更加焦急希望尽快扳平,然而下跌周期已经开始,剩下的一点资金也全部高位套牢。从此不敢卖出股票,生怕一卖就涨,只有每天忧心如焚地看着大盘。这些心理都是不可有的。

§6.2 散户炒股有禁忌

6.2.1 炒股最常见的心理误区

人的心理因素在股市操作中起着很大的作用。投资者在入市时要有良好的心理状态,最好不要有大的心理负担,否则会对投资者的成功投资产生不利的影响。因此,当个人或家庭中有不幸事发生,工作或婚姻正处于严重危机中或处在其他较差的心理状态时,最好不要入市,或者过一段时间再说。

投资者,特别是新股民在投资过程中极易产生某些可能导致失败的心理状态,这是理智投资者的大忌。一般来说,投资者最常见的心理误区主要有:

1. 悔改效应

一项错误决定后,投资者往往会感到非常后悔,在这种追悔心理驱使下,投资者就很容易做出一系列不理性的投资行为来。

2. 归因心理

这种情绪反应的最大危害是:当自己的观点符合事实时还能不断强化自信心,而如果一旦不符合却不会等量削弱自信心。归因心理其实就是把成功的原因归于自己,把失败的原因推给别人。

3. 认知绝对化

股评家们常常会把各种纷杂无序的股市现象归纳为几种代表性类型。受其影响,投资者常常会因此产生偏见。比如,最典型的代表性偏差是"好企业 = 好股票"。殊不知,"好企业"的股价一旦过高,也就谈不上是什么"好股票"了。不懂得灵活运用前人的经验是这种人最大的特点。

4. 过于自信

顾名思义,投资者常常忽略股市运行中的非理性和不确定性,过于相信自己的判断力,过高估计成功机会,甚至以为自己真的能"把握"股市,从而造成投资损失。这是一种最常见、最根深蒂固的错误情绪。

5. 禀赋效应

投资者对于相同数量的赢利或损失,对放弃损失的厌恶程度会大大高于获得收益的喜悦程度。例如,他们对账面损失8万元的心痛程度,要比账面获利8万元所得的喜悦大得多。这种心理行为容易导致过于强调短期亏损,而不情愿及时割肉止损。

6. 从众心理

犹如动物成群移动、觅食的现象,在股市投资中,这种心理体现为投资者跟从别人一样思考、感觉、行动。这同样是一种非理性行为。因为投资者在追求与别人行为一致的同时,最容易忽略自己的分析和判断。

7. 反应过度

反应过度现象在以股价为代表的金融资产价格中普遍存在着。投资者对最近得到的信息会自觉不自觉地赋予更大权重,从而忽略历史信息,导致对近期股市发展趋势的判断过度偏离长期平均值,引发股价补跌或补涨。

8. 反应不足

俗话说得好,过犹不及。反应不足和过度反应体现出了共同的心理特征,那就是缺乏对市场动态的客观分析和自我立场。反应不足指对最近得到的股票信息认识不足,表现麻木。每个投资者都或多或少有一些"成见"。结果很容易错失投资机会,在即将到来的股价波动面前措手不及。

6.2.2　新手短线操作八条禁忌

没有规矩不成方圆,短线操作同样如此,有些操作原则需要我们无条件的执行,没有原则的短线操作注定失败。短线操作是一种高技术含量的操作,它追求的是最短时间内实现最大的收益,如果漫无目的地去操作,就不可能实现短线操作的目的。一般来说,新手短线操作最容易有以下八条禁忌,每一条都是短线操作的死穴,如果违背都有可能造成惨重的亏损。

1. 逆市操作

很多操作短线的投资者喜欢逆市操作,这种贪便宜的操作手法会大大降低操作的成功率,因为顺势而为是短线投资者和长线投资者需共同遵守的原则,违背这个原则会导致操作失误率大增。顺者昌,逆者亡,天经地义的真理。

2. 频繁炒作

短线操作只能适当为之,而不能频繁操作,它只能作为长线操作的调味剂,新手投资者切不可本末倒置。

3. 在错误筹码上加码

短线操作如果出现失误,最好的办法就是采取止损,千万不要在错误的筹码上加码,一些投资者亏损之后总是喜欢逢低摊低成本,这种做法非常不可取。

4. 把好股票当作买进理由

很多短线操作的投资者买进股票的理由往往是依据基本面,这种手法有点张冠李戴。基本面选股思路可能会选出好股,但事实证明好股不一定马上涨。有些好股可能会潜伏很久,下跌也很正常,基本面选出的股票不适合短线操作。短期来说,股价的涨跌同上市公司基本面好坏没有关系。

5. 赚钱短线,亏损长线

有些投资者短线的赢利目标太低,赚点小钱就沾沾自喜,落袋为安,但亏损时却总是要等亏得受不了时才止损,这样操作也犯了同上一条不止损一样的致命错误,就是让风险和收益不对等。

6. 不止损

短线没有常胜将军,止损是短线操作的保护伞。没有止损这个保护伞,短线操作可以说注定是失败,不管分析能力有多强,都逃脱不了失败的命运。短线操作不止损是非常可怕的一种手法,这样操作的结果会造成风险和收益不对称,让风险尽量的扩大,这和投资的基本原理不相符。有些投资者自认为经验老到,不止损,结果一样是损失惨重。

7. 介入没有成交量的个股

一般来说,没有成交量的个股说明主力关照不够,这样的个股涨和跌都有可能,把赚钱押在不确定性上可以肯定不是明智之举。因此,成交量是短线操作的前提,如果没有成交量,最好不要介入。当然,凡事都有例外,也有几种无量上攻的状态,但这种事情只是少数,只是一个点,不能代表一个面,要区别对待。

8. 追涨杀跌

一些初入市的投资者总是喜欢追涨杀跌,这是很不成熟的一种操作手法,结果不言而喻。所谓的追涨杀跌有一个界定,如果上涨的初期介入不算追涨,股价刚刚突破压力位反而是最好的买点。下跌破位卖出也不算杀跌,问题是有些投资者总喜欢等暴涨之后再买进,等股价暴跌到心理崩溃,才去止损,这才叫追涨杀跌。

6.2.3 新手中线投资三大禁忌

中线投资对于投资者而言已不再陌生,经过中国股市近十年的洗礼,越来越多的投资者意识到“中长线投资”的确能给投资者带来丰厚的回报,那么投资者是否只要买入一只个股死守就一定能够获大利呢?答案是否定的。究其原因,主要是这部分投资者犯了以下几方面的错误:

1. 建仓选时错误

所谓建仓选时错误是指许多投资者在进行“中线投资”时介入个股的时机错误。对于建仓时机的把握,投资者应善于在每年行情低迷期去考虑中线建仓,而当行情不断高涨的过程中,投资者应切忌盲目建仓作中线,而此时我们反而建议投资者在没有绝对把握的前提下坚持“短线是金”的策略。

2. 建仓选择错误

投资者在个股的选择过程中,往往容易去购买涨幅较好的个股或是短期的热门品种去建仓作中线。那么对于中线个股的选择,投资者应善于发掘市场中价值被低估的板块和个股,同时个股未来有被市场发掘的炒作题材,如高送配、重组等。找到合适目标后,只要目标个股仍处于潜伏期,投资者应大胆逢低介入。

3. 中线投资的时间误区

很多投资者认为,中线投资意味着要耗费较长时间,其实这是中线投资者最大的误区。许多投资者会遇到这样的情况,自己选择介入了一只中线个股,但介入后不久,没想到个股便开始疯狂涨起来,但这位投资者却坚持以中线的思路死守,结果没过多久,这只个股走完主升浪进入调整期。这位投资者仍是死守,到头空喜一场。对此,要提醒投资者的是,“中线投资”并不意味着行情一定要很长时间才会有,而要更多偏向于个股未来的较大涨幅空间,故个股完成这样一段较大涨幅空间也许要花几个月时间,也许一两个月才能完成,因此,中线投资更侧重于个股的涨幅空间,而非简单意义上的时间概念。

6.2.4 新手下单前的八个禁忌

1. 跟着大盘走

很多投资者都有抛开大市做个股的思路，但事实就像梦想瓢泼大雨中，自己脑袋上面的那一块是晴天一样。有人说巴菲特长期持股，但巴菲特长期不看盘。如果能做到不看盘，也无所谓什么时候下单，如果忍不住要看盘，那做个股先要看大市。

2. 未设止损

在决定自己赚多少钱之前，先确定自己肯赔多少钱。未思进，先思退；先保本，再赚钱；先图生存，后谋发展。

3. 过期的黑马股

这个相对比较简单，黑马股通过连续暴涨，价格多半不便宜，买入之后又多半会下跌或盘整，所以没有必要冒这个风险。

4. 业绩混乱企业

业绩差得一塌糊涂，公司是否重组、大笔应收账款怎么处理，涉及巨大金额的诉讼还没有明确结果，这样的企业还是远离为好，市场上股票有几千只，也不在乎放弃这几棵树木。

5. 上市公司是否有未来

上市公司的未来指其发展轨迹，从长远看其发展是否有巨大潜力，市场是否有刚性需求。因为即使市场暴跌也不要紧，苏宁仍然会卖出很多电器，万科仍然在售出很多房产，贵州茅台仍然远销千里之外。没有未来的企业，随着时间的延伸，它的业绩会越来越差，经营越来越困难，此类个股投资风险很大。

6. 向上空间小于三成

现实投资市场很多的小股票喜欢搏几毛钱或者10%的反弹而“火中取栗”。如果是火中有金子倒也值得，但是如果火里只有颗栗子，实在不值得伸手。

7. 不熟悉的个股

入手一只股票之前，要先观察一段时间，只有自己研究过，才有发言权。这样就不会因为入手的个股一时下跌就乱了阵脚。特别是那些一听到小道消息就信以为真的投资者，要是入手的股票再跌，很可能就会割肉出局，卖了个地板价，这样反而会打击自己的投资热情。

8. 下跌中的个股

可能很多人会说巴菲特喜欢在下跌中持续买入，但这不是谁都能效仿的，有三个前提：一是企业有很好的未来；二是股价已经低于企业内在的价值；三是买了就要拿得住，有资金耗得起。如果是小散户，建议还是要等趋势改变，与其逆势而上，不如顺势而为。

6.2.5 牛市中散户炒股有禁忌

当人身处牛市时，往往对未来有过高的期望，在赚钱效应的诱惑下即便获利丰厚也不会收手，而巨大的风险其实也就在悄悄地到来。

1. 忌折腾

自1664点之后，很多股民都尝到了做波段的甜头，但老股民提醒，一旦进入牛市，做波段往往很难成功。股民刘昕东说，2007年大牛市时，作为技术派的他也尝试做波段，但很多时候明明确定这个股票涨幅过大应该调整，可卖掉之后该股却继续上涨。他只好再追，结果收益越来越差。后来他才想明白，牛市的特点就是“该调的不调”。牛市中到处都是资金的窥视，每当调整将要出现时，就会有新的资金冲进来抢筹，形成接力上涨，因此，牛市中应尽量减少折腾的次数。

2. 忌割肉

牛市中买入股票不一定都是立刻盈利，如果买点不好，同样被套。许多老股民都反映，在牛市中“及时止损"这四个字是毫无意义的,绝大多数的止损换股,最终都不如等待解套并进一步获利来得实惠。因为在牛市中,节奏二字非常重要,买入一个开始调整的股票,虽然是节奏错了,但如果换股,极有可能遭遇一个更差的节奏。

3. 忌借钱

2007 年,老股民韩鹏本来用自有资金 10 万元炒股,翻到了 20 万,为了获得更大收益,向亲戚借了 50 万,虽然曾有一段时间获利丰厚超过百万,但当牛市走到尽头后,他的盈利被快速抹杀,当资金只剩下 60 万时没有及时清仓,最后赔得只剩下 30 万元割肉离场。一轮下来,他反倒欠债 20 万。他的教训就是,牛市中千万不能借钱。

6.2.6 熊市中散户炒股四禁忌

炒股是件技术活,想要投资的股票赚钱更是一件不容易的事。投资股票与做生意差不多,有很多技巧和规律,但这些规则又不是一成不变的。在不同的时机选择合适的规则,这是最难把握的。投资者要深入进去,保持良好的心态,才有可能成功,而在熊市中,操作的纪律就更加重要。

1. 忌过于恐慌

恐慌情绪是投资者在暴跌市中最常出现的情绪。在股市中,有涨就有跌,有慢就有快,其实这是很自然的规律。只要股市始终存在,它就不会永远跌下去,最终毕竟会有上涨的时候。投资者应该乘着股市低迷的时候,认真学习研究,积极选股,及早做好迎接牛市的准备,以免行情转好时又犯追涨杀跌的老毛病。

2. 忌盲目杀跌

在股市暴跌中不计成本的盲目斩仓,是不明智的。止损应该选择目前浅套而且后市反弹上升空间不大的个股进行,对于目前下跌过急的个股,不妨等待其出现反弹行情再择机卖出。

3. 忌过于急躁

在暴跌市中,有些新股民容易出现自暴自弃,甚至破罐破摔的赌气式操作。但是,要明白人无论怎么生气,过段时间都可以平息下来;而资金出现巨额亏损,则很难弥补回来。所以,投资者无论在什么情况下,都不能拿自己的资金账户出气。

4. 忌急于挽回损失

在暴跌市中投资者往往被套严重,账面损失巨大,有的投资者急于挽回损失,随意地增加操作频率或投入更多的资金。这种做法不仅徒劳无功,还会造成更大程度的亏损。在大势较弱的情况下,投资者应该少操作或尽量不操作股票,静心等待大势转暖,趋势明朗后再介入比较安全可靠。

§6.3 炒股风险与防范

6.3.1 市场操纵风险与防范

6.3.1.1 非法证券行为风险

投资者在证券投资中,最需要防范的风险就是非法证券行为。形形色色的非法证券行为,使许多投资者遭受了重大损失。虽然我国刑法及证券法规对非法证券的打击力度很大,但由于投资者水平与能力的差异,还是有投资者上当受骗。一个有足够知识的投资者,才是真正受保护的投资者。

(1)非法咨询

非法咨询在我国一直存在。股市行情不好的时候,非法咨询基本没有生存空间。股市走牛的时候,一些不法分子看准了很多投资者希望买到牛股的心理,便以自己知道内幕信息为诱饵,诈骗投资者钱财。有的诈骗者是个人,有的则是一些没有咨询资格的投资公司或咨询公司,他们以各种手段欺骗投资者,从而谋取不正当利益。

其实，投资者只要稍微想一想就可以识破骗局。如果骗子们真知道牛股的话，自己去买就发财了，又还必从投资者身上赚取咨询费或信息费。还有一种欺骗方式是向投资者收取会员费，不法分子自称自己是股神，并编造自己非凡的炒股业绩骗取投资者信任。投资者一旦上钩，便要求投资者入会，向其缴纳会费。

需要提醒投资者的是，即便是取得证券投资咨询资格的合法投资机构都不能在异地收纳会员。2008年，在全国引起广泛关注的“带头大哥”非法经营一案，就是一起典型的非法咨询案件。法院最终以非法经营罪判处王某有期徒刑3年，并处罚金和追缴违法所得。

(2)非法集资

这种骗局的表现形式为：一是编造公司即将在境内外上市或股票发行获得政府批准等虚假信息，诱骗社会公众购买所谓“原始股”；二是非法中介机构以“产权经纪公司”、“投资公司驻华代表”的名义，未经法定机关批准，向社会公众非法买卖或代理未上市公司股票。

骗子引诱投资者买卖股票的核心理由常常是股票即将上市，从而给人编织一个通过上市“一夜暴富”的美梦。有很多投资者在这种非法的交易市场购买了根本不存在的所谓原始股，损失惨重。

2003年，朱某将一家空壳公司，通过虚假增资扩股等手段，变成了一家高科技股份有限公司。随后，与同伙通过设立网站、分发资料等方式，宣传该公司会在美国纳斯达克上市，并且还通过多家投资咨询机构帮助其大肆转让。在两年多的时间里，共有800余名国内外投资者受骗。朱某非法获利3000多万元。2007年年初，朱某因集资诈骗罪被判无期徒刑，另一案犯也被判处11年的有期徒刑。

之所以会出现这种情况，和投资者对证券知识的缺乏有很大关系。比如，对于国内企业境外上市问题，我国证券法第238条规定：“境内企业直接或间接到境外发行证券或者将其证券在境外上市交易，必须经过国务院证券监督管理机构依照国务院的规定批准。”

(3)开设证券黑市

不法分子利用投资者证券知识的缺乏，开设非法的证券交易场所非法经营，他们或是通过自己在合法机构开立的账户进行客户所需的买卖行为，或是在交易场所之外利用对赌、对冲等非法进行的交易以蒙骗投资者。主要的欺骗形式有：

第一，利用虚买假卖欺骗投资者。有的非法机构根本没有将客户的委托单传入合法的交易场所进行交易撮合，而是直接将客户委托单对冲、对赌。非法机构一旦得手，他们就会携款逃之夭夭。因此，投资者在投资前要查看经营机构的合法手续和证件。

第二，控制交易时间和交易价格进行诈骗。客户不能立即查询成交情况，有些机构连行情都是人为控制和操纵，通过修改交易数据，给出正规市场根本没有的成交价格。投资者一旦进入，损失将很难避免。

由于国内经济发达地区证券市场比较发达且投资者素质较高，因此这类犯罪活动大多出现在经济相对落后的地方以及中小城市或偏远地区。发生在2000~2001年的兰州证券黑市案是证券诈骗案中最典型的一起。投资者受骗后，遭受了程度不同的损失，有的人甚至是倾家荡产。

(4)“海外假基金”骗局

近年来，随着基金业的大力发展，基民数量大大增加，带有诈骗性质的基金也开始滋生。有些骗子以国外共同基金或者以私募性质基金的身份出现，以高额的回报率诱骗投资者。他们利用老百姓搞不清楚国外共同基金的运作模式，以及老百姓急于拿到高分红的心理，使投资者上当。

2008年7月，“美国贝尔斯登基金”山西市场负责人的孙某、李某对投资者宣称其基金回报率分别为100%、150%、200%三个等级。受害人车某除自己购买外，还介绍亲属、朋友二十余人购买了总金额约130万元的该基金，损失73万余元。孙、李二人涉嫌非法吸收公众存款罪被逮捕。证券投资是高风险行业，不可能有固定回报一说，合法的基金公司，不论是国内的还是国外的，均不可能给予投资者固定回报，更不可能从100%至200%按等级划分。可以说，贪心是最大的敌人。要相信，天上不会掉馅饼。

(5)非法期货

随着股指期货的即将推出，以期货为名的非法证券活动也开始出现。非法机构通过从事和代理境外期货和期权交易，欺骗国内投资者。比如，黄金期货是2007年底推出的品种，但是就在黄金期货正式上市前，上海一些地方就出现了非法的黄金期货。到目前为止，国家并未批准任何一家境内机构或境外机构从事和代理境外期货和期权交易。非法机构提供的行情是不完整的部分合约行情，有的还是隔夜行情。这些机构普遍没有固定的下单渠道，有的甚至自行设定解释合约和交易规则。

6.3.1.2 谨防内幕交易风险

一直以来，内幕交易都被视为证券市场的"顽疾"，也是各国监管者面临的一道共同的难题。在中国，自被称为"中国内幕交易民事赔偿第一案"的股民陈宁诉新疆天山水泥股份有限公司原副总经理陈建良案，到新近二审判决生效的国美电器黄光裕案，特别是随着近年来证监会切实加大对内幕交易的打击力度，"内幕交易"逐渐走入公众投资者的视野，成为市场各方关注的焦点。

证券市场的主要功能在于通过价格发现机制，优化资源配置，而内幕交易的频繁出现不仅扭曲了证券市场的定价功能，导致股票价格暴涨暴跌，也动摇了市场良性运作的诚信基础，严重损害广大投资者的切身利益。

那么，广大投资者应该如何增强自我防范的意识及手段，切实保护自己的合法权益呢？

(1)掌握获取证券信息的正确渠道，有效获取证券信息

证券交易本身具有投机性，因此，证券投资在一定程度上考验投资者对证券信息的灵敏程度。对于投资者而言，首先应掌握获取证券信息的正确渠道，提升获取证券信息的能力。根据法律规定，投资者获取证券信息的渠道主要有以下几种：

第一，查阅上市公司发布的信息。根据《上市公司信息披露管理办法》(2007年1月30日，证监会令第40号)规定，上市公司应定期披露年度报告、中期报告和季度报告，此为定期报告。此外，如果发生可能对上市公司证券及其衍生品种交易价格产生较大影响的重大事件，投资者尚未得知的，上市公司应当立即披露，说明事件的起因、目前的状态和可能产生的影响，此为临时报告。上述报告，投资者可以在上市公司住所或网站、证券交易所网站或者证券会指定的其他媒体(包括报刊和网站)查询。

第二，参加上市公司的股东大会。根据《公司法》规定，作为上市公司的股东，投资者可以通过参加股东大会了解所投资公司的基本情况。为掌握所持股的上市公司运行及经营信息，投资者还可以查阅、复制公司章程、股东会会议记录、董事会会议决议、监事会会议决议和财务会计报告。

第三，向上市公司的投资者关系管理部门进行相关咨询。

第四，通过证券公司客户端软件了解其所发布的上市公司相关信息。

此外，通过浏览相关行业协会网站或查询行业协会发布的行业发展情况及行业内企业发展状况的报告，投资者也可获知相关信息。还有，其他公共媒体的报道也不失为投资者获取证券信息的一种途径，但只可作为投资者的参考，证券相关信息仍应以法定信息披露渠道披露的信息为准。

(2)依法寻求法律救济，弥补因内幕交易遭受的损失

1999年以前，我国调整证券违法行为主要采取行政处罚与刑事处罚相结合的方式。1999年7月1日《证券法》开始实施，其中对虚假陈述的民事责任做了规定，但仍缺乏对内幕交易和操纵市场民事责任的规定。直至2005年《证券法》修订，增加了关于内幕交易与操纵市场行为的民事责任。这就为投资者通过民事诉讼获得法律救济奠定了基础。投资者行使内幕交易损害的法律救济权时，应注意以下问题：

首先，应了解内幕交易民事赔偿诉讼的实体法及程序法依据。《证券法》第73条规定证券内幕交易为法律禁止的违法行为，第74、75条分别对"证券交易内幕信息的知情人"、"内幕信息"做了界定；第76条描述了法律所禁止的内幕交易的具体行为类型，明确"内幕交易行为给投资者造成损失的，行为人(即内幕信息的知情人和非法获取内幕信息的人)应当依法承担赔偿责任。"内幕交易民事赔偿的程序法包括最高人民法院2000年10月30日发布的《民事案件案由规定》等。《民事案件案由规定》将证券内幕交易纠纷与证券欺诈纠纷、操纵证券交易市场纠纷、虚假证券信息纠纷列为人民法院受理民事纠纷的案由。因内幕交易行为而遭受损失的投资者可以向有管辖权的人民法院提起诉讼。为指导相关案件审理，据了解，目前最高人民法院正在就包括内幕交易案件审理在内的《证券法》实施相关问题起草司法解释，对这方面进展情况投资者也要予以关注。

其次，投资者应了解提起内幕交易民事赔偿之诉的时效期间。作为一种证券侵权行为民事赔偿诉

讼,投资者提起内幕交易之诉适用诉讼时效的一般规定,即自知道或应当知道自己权利被侵害时起2年内。目前,人民法院受理证券内幕交易行为的侵权诉讼参照虚假陈述的前置程序,因此,内幕交易民事赔偿诉讼的提起应当以中国证券监督管理委员会认定内幕交易行为成立且作出行政处罚决定,或者人民法院生效判决为前置程序。相应地,诉讼时效的起算点为行政处罚作出之日或者自生效判决作出之日。当然,投资者可以通过依法主张权利来中断诉讼时效。

提起民事赔偿之诉的另一重要问题即为确定证券内幕交易民事诉讼当事人,即原、被告。在此类民事赔偿诉讼中,原告为因内幕交易行为而遭受损失的投资者,即在内幕交易行为实施期间,购买股票并与内幕交易行为人实施反向操作的投资者,包括公众投资者和机构投资者。被告则是实施内幕交易行为的人。根据《证券法》的规定,包括证券交易内幕信息的知情人和非法获取内幕信息的人。具体而言,内幕交易行为人除《证券法》第74条规定的证券交易内幕信息的知情人外,还包括因职业、履行工作职责或其他途径获取内幕信息并实施内幕交易行为的人。

投资者可通过民事赔偿之诉主张并获得赔偿的损失范围主要包括:投资差额的损失、印花税、佣金以及利息等。

6.3.1.3 识破"原始股"骗局

案例一:

北京某公司以传销的方式,向投资人散播购买拟海外上市的股票可获高额回报的虚假信息,声称现价只要3.8~4.2元/股,待公司海外上市后,可获得几倍甚至几十倍的投资回报。在投资者心生怀疑时,又与其签订所谓"回购协议"、"承诺书"等文书,瓦解投资者防范心理,该公司以此方式公开向390多人转让了1220余万股票,非法获利2000余万元。这种非法行为属于典型的"原始股骗局",投资者持有的股票根本就无法到海外上市,致使许多投资者血本无归。

案例二:

上海吴某等三人设计骗局,他们谎称,只要交纳一定手续费,就可以帮股民将手中的股票换成美国纳斯达克交易证(美国存托凭证),并可以到境外抛售。他们根据股东名单挨个打电话,至案发共有19名股民相继汇出近6万元手续费。而据这些犯罪嫌疑人交代,他们根本没能力到境外抛售股票。

(1)"原始股"骗局的特点

从证监会查处的案件和接到的投诉举报情况看,"原始股"骗局往往具有如下一些特点:

第一,称公司将要在境内外证券市场上市,诱使投资者购买其股票。

第二,称发行股票已获政府部门批准,甚至伪造有关批准文件,骗取投资者购买其股票。

第三,以发行原始股的名义与投资者共同发起设立股份公司。

第四,以增资或以大股东转让股份的名义,向社会不特定对象以广告、信函等公开方式或变相公开方式募集资金或高价转让股票。

第五,以"证券投资咨询公司"、"产权经纪公司"等为名,未经批准便向社会公众非法买卖、代理买卖未上市公司股票。

第六,以给境内企业提供境外上市服务为名,一些所谓的外国资本公司或投资公司驻中国办事处未经批准便向社会代理买卖未上市公司股票。

第七,未经证监会核准,向不特定对象发行股票,或者向特定对象发行股票后股东累计超过200人的擅自公开发行股票的行为。

(2)"原始股"骗局的防范

投资者首先要认清非法证券活动的本质和危害,提高自身识别判断能力,自觉抵制各种诱惑,不要轻信"一本万利"之类的"天上掉馅饼"的"好事"。有以下防范措施供投资者参考:

第一,如果股票发行或者转让采取了广告、发布会、说明会、网络等公开方式,就要看是否取得证监会的核准,如果没有证监会的核准文件,就可判别是非法发行股票。

第二,看股票的发行转让活动是否具有上面介绍的非法证券活动的形式和特点。

第三,看中介机构从事证券承销、代理买卖活动,是否取得了证监会批准,投资者应在合法的证券经营场所和机构依法认购和转让股票。

第四,千万不要相信任何“高额回报”,投资股票要进行冷静分析,避免上当受骗。

第五,如果遇到判断不清的问题时,可及时向当地证监部门咨询。

“原始股”骗局在各地都时有发生,并且隐蔽性强、手法多样。投资者在购买非上市公司的股票时,一定要增强风险意识,不要轻信非法个人和机构的各类骗人“把戏”,不要心存侥幸。要在合法的证券经营场所和机构依法认购和转让股票,以避免造成不必要的损失。

6.3.1.4 远离网络欺诈风险

案例一:

湖南一位股民向上海证监局举报“上海鑫诺信息咨询有限责任公司”通过互联网以证券咨询手续费、保证金的名义,骗去他6万多元钱后人间蒸发。

据该股民提供的材料和监管部门的调查,“鑫诺公司”的诈骗行为是一起较典型的网络非法证券咨询活动。其典型手法有:

一是自吹自擂,漫天说谎。该公司在网站上自称:鑫诺信息咨询公司,简称《涨停风暴》,2000年经中国人民银行批准设立,2001年在上海正式开业,注册资本1000万元,经5次增资扩股目前注册资本为22亿元,并更名为涨停风暴有限责任公司。在全国有近50家营业网点,是中国证监会首批批准的综合类券商之一,经证监会评审通过获得创新试点资格,在深交所对全国126家证券公司指标排名中,2004年总资产居第八位,净资产和净资本均居第三位。网站上还伪造了证券投资咨询业务资格证书和增值电信业务经营许可证。

二是利用网络和现代电信手段进行异地诈骗。鑫诺公司在网站上自称经营地址为上海罗店开发区市南路087号A807,并先后提供了多个上海地区的电话号码。但据调查人员暗访,接电话者均为闽南口音,是利用了电信一号通业务,在一个上海本地号码下面下挂了许多外地电话。

经上海证监局调查,“鑫诺信息”并未进行过工商注册登记,也未取得证券投资咨询业务资质。目前公司电话及业务人员手机均已关机、停机或注销,固定电话由于是一号通业务,无法确定其所在地址,网址也已无法打开。经上海公安部门证实,该公司网站提供的地址根本不存在。另外,调查人员对投资者举报信中提供的该公司三个收款账号进行查证,发现这些账号均开立于福建省厦门市。监管部门判断,所谓上海鑫诺信息咨询有限责任公司,是一些不法分子利用互联网从事诈骗活动的平台。

案例二:

广州股民A是2007年入市的新股民,入市后未赚反亏,心急如焚。今年初他在网上看到了上海某股票资讯有限公司的网页,网页上表示:加入该公司VIP会员每月提供10只黑马,获利50%,3月29日前入会享受买一个月送一个月的优惠,收费3500元。每天免费送两只黑马验证,A一下子就动了心。网页还有该公司的全国免费热线、联系人、入会热线,以及工行、农行、建行的账号等信息。

3月22日,A股民通过农行柜员机给该公司的农行卡账号汇去3500元,该公司的罗先生确认收到,说25日上班再联系。

25日,罗先生那里的“猫腻”开始来了:打电话要A再汇2万元股票操作保密的保证金,以防止A向其他人泄露黑马秘密,并说保证金是A的财产,服务期满后将还给他。A于是再从农行汇去2万元。然后罗让他打另外一个号码,直接和公司经理联系。

中午,一位自称王经理的人给A打来电话,说过两天有新股上市,为优惠公司会员,可帮他申请一个名额,参与操作,这样十几天就可提前完成服务期,要他再交5万元作为公司利润提成。A未答应。当晚咨询罗先生,罗说网上有说明。A在该公司网页上看有代客小资金理财,盈利后利润提成30%的说法。于是,26日A又汇去5万元,然后满怀希望地等待着27日的新股上市操作的通知。

结果等到28日,王经理打电话来,说公司已与上市公司签约,向上市公司注资3~4千万元,下星期新股上市,利润可翻倍,已为A申请到了15万元的额度,要A再汇8万元,加上以前汇去的7万元,凑成15万元。王经理说,这项服务只有老会员参加的,只优惠了3名新会员,A是其中之一,所以要保密。操作完成后扣除5万元提成和2万元保证金,盈利一次性汇入A账户,还可继续提供服务。

A这时有些怀疑了,打电话给罗,说不参加这个新股操作了,只按照原来的约定,参加一个月送一个月的提供黑马服务。罗说,把钱汇入公司,是公司在帮你理财。这是难得的机会,只有公司与上市公司签约注资才能有此机会,并再次要求A保密。

29日,罗开始进一步施加压力,打电话给A,说再不汇款,要在网上关掉他的会员资格。于是A又从农行的网上银行汇去8万。这时他才发现该农行卡号不是上海的,打电话问罗,说是公司的签约账户,在山东。

当天下午,王经理又打来电话,就今天是星期五,下班前公司要将钱款汇入那家签约的上市公司,还差部分钱,要A再汇15万或10万。A说没有。董又改口说明天汇也可以,再去想办法。当时A卡上只有5万元,答应再汇5万。

此时A已是满腹狐疑,但还心怀侥幸,认为一家“公司”,一个“经理”,不会是诈骗。在此期间,王经理不断给他打电话,说下班前公司一定要把钱汇入上市公司,催他赶快去汇款。于是A赶在5点下班前又汇去5万。王经理打电话告诉他钱款收到,前后共计203800元,并要了他的详细地址,下星期会给他寄去合同和单据,说下星期一会再跟他联系,下星期五会将新股上市盈利汇入他账号。

29日晚上,A上网,突然发现该股票资讯有限公司的网页打不开了。从此后,A天天打电话,不是说打错了就是无人接听或根本打不通。A在网上查到其他受害股民的留言,说某股票研究所更名为该股票资讯有限公司后,继续诈骗,并曾使用过其他的免费热线。

最终,绝望中的A向上海证券监管部门进行了举报。

据分析,这是一起比较典型的网络证券诈骗案。这类非法证券活动中的犯罪主体往往未经工商登记,无固定场所,犯罪成本极低且手法容易复制,虚假注册地在上海等金融中心城市,但犯罪人与受害人“两头在外”,给有关部门的监管和调查带来难度,破案成本较高。有关部门提醒投资者,从事证券期货投资必须买卖经国家有关部门核准的品种,必须通过合法的机构或渠道,需要进行咨询也必须去合法的机构。只有遵守法律法规,提高风险意识,坚决不参加各类非法证券期货活动,才能真正保护自己。

6.3.1.5 远离市场操纵风险

近年来,证监会查处并公布了多起操纵市场案件。如果对案件中的违法行为进行分析,就会发现有七类行为极易成为被证监会处罚的违法行为,需要投资者高度重视,远离操纵行为,切勿违法越线。

(1)虚假申报

主要指不以成交为目的的频繁申报和撤销申报行为,具体可分为开盘集合竞价期间的虚假申报和盘中连续竞价期间的虚假申报。例如,某投资者在某股票开盘集合竞价期间,以明显高于前收盘的价格连续大量申报买入,推高虚拟开盘价,误导其他投资者买入,自己则在9:15~9:20集合竞价可撤单的最后一分钟撤销全部买入申报。此时跟风买入的其他投资者来不及撤单,最终形成较高的开盘价。最终,该投资者因操纵市场受到证监会行政处罚,没收违法所得24万元,并处以等额罚款。

(2)拉抬打压

主要指以明显偏离市价的价格申报买入或卖出,造成股价大幅上涨或下跌。例如,某投资者擅长采用“拉抬股价、虚假申报”相结合的手法操纵股价。在多种股票交易中,先以比市价高几个价位的价格少量申报买入并成交,导致股价上涨;随即在低于市价的档位大量买入申报,造成大单在低档位买入的假相,推高股价会后迅速撤单。最终,该投资者因操纵市场受到证监会行政处罚,没收违法所得436万元,并处以等额罚款。

(3)涨停封单

主要指在股价已经涨停且有大量封单的情况下,明知此时在涨停价位申报买入将无法成交,仍以涨停价巨量申报买入,造成涨停价位封单急剧放大,将股价锁定在涨停价位,为日后出货提供便利。

(4)尾市拉抬打压

主要指即将收市前,以明显偏于市价的价格申报买入或卖出,导致尾市股价大幅上涨或下跌。某刘姓投资者控制的集团有限公司为以更高的价格减持解禁股,在解禁股上市前一日,通过实际控制的两个机构账户在股票临近收盘的最后10分钟,连续大量申报买入,直接导致股价尾市涨幅接近6%。最终,该投资者被证监会行政处给予警告和20万元罚款的处罚。

(5)连续交易

主要指单个或多个账户利用资金优势、持股优势或信息优势联合或连续买卖股票,操纵证券交易价格或者证券交易量。王某通过实际控制的账户在三个月中采用连续交易手段,操纵某只股票,致使股价从4.24元升至7.6元。最后,证监会对王某开出罚单,没收违法所得598万元,并处以等额罚款。

(6)约定交易

俗称"对倒",主要是指多个账户通过合谋,在约定的时间,以约定的价格和方式,相互间进行证券交易。证监会查处的多人合谋操纵中普遍存在这种违法行为。

(7)自买自卖

俗称"对敲",主要是指在自己实际控制账户之间进行证券交易。例如,袁某使用分散在多个营业部的证券账户,通过自买自卖等手段将某股票的股价从17.92元拉升至31元,此后相关账户高位出货,股价逐步调整至27.85元。最终,袁某因操纵市场被证监会处以300万元罚款。

法网恢恢,疏而不漏。因此,对于那些企图操纵市场的投资者,不要抱有侥幸心理。交易所对异常交易行为实施严密监控,一旦发生异常交易行为,交易所将会在第一时间及时发现,采取包括限制交易措施在内的监管措施,对涉嫌操纵市场的行为,将及时上报证监会查处。

当前,监管部门已建立了证监会、证监局和交易所三位一体的联合监管机制,有异动必有反应,有违规必有查处。因此,投资者务必要充分认识到违法违规交易的风险和危害,应当远离操纵行为。漠视法律法规,一意孤行从事市场操纵行为的,必将受到监管部门的严肃查处,构成犯罪的,还有可能被追究刑事责任。

6.3.1.6 "庞氏骗局"的危害及防范

华尔街"巨骗"麦道夫一手导演的惊天弊案,使古老的"庞氏骗局"又再次成为舆论的焦点。我国的证券市场也存在大量疑似"庞氏骗局"的违法违规活动,如某些省市泛滥的非法销售"原始股"活动,一些非法中介机构通过编造或夸大回报率、发展上下线的方式销售理财产品等,这些活动都具有与"庞氏骗局"类似的行为特征。人们不禁发问,究竟"庞氏骗局"有何种玄机奥妙,居然令如此多的参与者如痴如醉,心驰神往,甘心情愿堕入陷阱,其中甚至不乏号称"最聪明的人"的金融投资精英。

(1)"庞氏骗局"始末

"庞氏骗局"源自于一个名叫查尔斯·庞齐的意大利人。一战结束后,他利用国际经济体系和货币金融体系的混乱,公开宣称,购买欧洲的某种邮政票据,再转手卖给美国,便可以获取暴利。庞齐一方面在金融方面故弄玄虚,另一方面则设置了巨大的诱饵,宣称所有的投资在45天之内都可以获得50%的回报。

为了迷惑信众,最初的一批参与者的确在规定时间内拿到了庞齐所承诺的回报。于是,后面的参与者大量跟进。在一年左右的时间里,差不多有4万名波士顿市民,像傻子一样变成庞齐的赚钱工具。他们共向庞齐无偿贡献了1500万美元的巨额金钱。庞齐一时间成为风云人物,甚至被一些愚昧的美国人称为与哥伦布、马尔孔尼齐名的最伟大的三个意大利人之一。

庞齐本人于1949年在巴西穷困潦倒而死,但以其命名的"庞氏骗局"却在国际金融界长盛不衰。其著名案例如戴夫·罗斯的"连环信"骗局、英国的女性传销骗局、阿尔及利亚的"金字塔"传销骗局乃至新近的麦道夫基金弊案等。

随着中国改革开放的进程,改头换面的"庞齐骗局"也大量进入中国。在上个世纪80年代,我国南方地区曾经出现一种"老鼠会",以高息敛财,就是"庞齐骗局"的翻版。此后的一些非法传销、非法集资案件,也深深烙着"庞氏骗局"的印迹,如轰动全国的浙江吴英非法集资案件、内蒙古和山东的万亩大造林案件等。只不过这些案件在标的、手段、回报周期、回报方式、受众等技术环节更为隐蔽,更具欺骗性而已。近年在证券市场中,也出现了"庞氏骗局"的阴影,在证监会查处的一些非法证券发行、销售活动中,也普遍存在通过虚设事实、夸大收益率、发展下线、资金拆补等方式招揽和吸引投资者参与的行为特征。

(2)"庞氏骗局"的共性特征

各种各样的"庞氏骗局"虽然五花八门,千变万化,但本质上都具有自"老祖宗"庞齐身上沿袭的一脉相承的共性特征。

第一,低风险、高回报的反投资规律特征。众所周知,风险与回报成正比乃投资铁律,"庞氏骗局"往往反其道而行之。骗子们往往以较高的回报率吸引不明真相的投资者,而从不强调投资的风险因素。各类案件的回报率可能存在差异，有些高得离谱，如庞齐许诺的投资在45天之内都可以获得50%的回报，有些则属于稳健的超常回报，如麦道夫每年向客户保证回报只有约10%，但他非常强调"投资必赚，绝无亏损"。但无论如何，骗子们总是力图设计出远高于市场平均回报的投资路径，而绝不揭示或强调投资的风险因素。

第二，拆东墙、补西墙的资金腾挪回补特征。由于根本无法实现承诺的投资回报，因此对于老客户的投资回报，只能依靠新客户的加入或其他融资安排来实现。这对"庞氏骗局"的资金流提出了相当高的要求。因此，骗子们总是力图扩大客户的范围，拓宽吸收资金的规模，以获得资金腾挪回补的足够空间。大多数骗子从不拒绝新增资金的加入，因为蛋糕做大了，不仅攫取的利益更为可观，而且资金链断裂的风险大为降低，骗局持续的时间可大大延长。

第三，投资诀窍的不可知和不可复制性。骗子们竭力渲染投资的神秘性，将投资诀窍秘而不宣，努力塑造自己的"天才"或"专家"形象。实际上，由于缺乏真实投资和生产的支持，骗子们根本没有可供仔细推敲的"生财之道"，所以尽量保持投资的神秘性，宣扬投资的不可复制性是其避免外界质疑的有效招数之一。当年《波士顿环球时报》的记者曾经撰文揭露庞齐的骗局，却被庞齐以"不懂金融投资"为由加以批驳。麦道夫也故弄玄虚，从来不向别人交代每年稳赚10%的投资诀窍。

第四，投资的反周期性特征。"庞氏骗局"的投资项目似乎永远不受投资周期的影响，无论是与生产相关的实业投资，还是与市场行情相关的金融投资，投资项目似乎总是稳赚不赔。万亩大造林计划仿佛从不受气候、环境、地理因素的影响，麦道夫在华尔街的对冲基金也能在二十年中数次金融危机中独善其身，这些投资项目总是呈现出违反投资周期的反规律特征。

第五，投资者结构的金字塔特征。为了支付先加入投资者的高额回报，"庞氏骗局"必须不断地发展下线，通过利诱、劝说、亲情、人脉等方式吸引越来越多的投资者参与，从而形成"金字塔"式的投资者结构。塔尖的少数知情者通过榨取塔底和塔中的大量参与者而谋利。即便是高深莫测的纳斯达克前董事会主席麦道夫也免不了拉拢下线的俗套，大量利用朋友、家人和生意伙伴发展"下线"，有的人因成功"引资"而获取佣金，"下线"又发展新"下线"，滚雪球式的壮大为"金字塔"结构。

6.3.2 上市公司风险与防范

6.3.2.1 "新股热"背后的风险

长期以来，新股炒作行为一直是监管层关注的重点。2012年3月，沪深交易所分别出台新举措，在原有相关规定的基础上，进一步加强了新股上市初期的交易监管，旨在更好地保护投资者合法权益，促进新股发行制度改革。

投资者马某是一名标准的"打新"族，从2008年初进入股市以来，一直专注于新股申购。刚开始的两年，由于行情不错，马某的账户长期保持在盈利状态。为此，马某一直沾沾自喜，逢人便夸耀自己的打新业绩，并说打新股就像不花成本买彩票。

可是，自从进入2010年以来，马某却在打新行动中遭受重创，2011年他中签的11只新股中有8只跌破发行价，其中一只新股上市首日即跌了23.16%，令他多年积累的财富屡屡缩水。

2012年1月，马某再次参与某只新股的申购并中签，没料到上市首日开盘即跌了25%，为避免更大的损失，马某不得不忍痛割肉立即出局，从此后逢人便诉："如今的新股猛于虎，中签如中刀，打新原来也是高风险啊！"

从"中签如中奖"到"中签如中刀"，虽说前后两次比喻都比较极端，但马某的经历也确实让我们看到了申购和交易新股的风险。中证指数有限公司2012年1月14日发布的《2010～2011年新股发行及上市情况分析》报告显示，2010年和2011年分别有347只和281只新股在沪深两市上市。新股发行密度创新高的同时，新股破发频度也创下了史上最高。

如果将新股破发定义为上市首日最低价低于发行价，2010年上市新股有32只破发，破发率为9.22%，2011年上市新股有84只破发，破发率29.89%。而截至2011年底，新股、次新股跌破其发行价的已经有200余只，比例超七成。这些数据宣告着"新股不败"神话的彻底破灭，也给持续多年的"新股热"狠狠地浇上一瓢冷水。

一般来说,"新股热"的形成与体制、政策、文化、观念等多方面因素有关,也与投资者个人的市场行为有关。保护投资者权益离不开投资者的自我保护,投资者在决定参与新股的申购和交易以前,一定要对风险有充分的认识,包括评估自身风险承受能力,加强对市场相关规则和上市公司各种风险的了解,认真研究公司基本面,判断其是否具有成长性等。在"新股热"面前,一定要冷静、理性,纠正不良心态,不要盲目跟风,同时要多下功夫学习、分析,谨慎做出投资判断。

6.3.2.2 "涉矿"等概念炒作风险

近一阶段以来,"涉矿"类上市公司在证券市场上十分抢眼,似乎"涉矿就涨"、"涉矿就赚",一时间中小投资者热捧"涉矿"股,一些研究机构的报告也常把"涉矿"作为荐股的重要标准。那么,"涉矿"到底对上市公司经营状况有何影响?又该如何理性地看待"涉矿"股票呢?

1. 透视概念炒作下的"涉矿"现象

之前,中国宝安因"石墨矿"概念出现大涨,引发了市场对宝安的追捧。中国宝安在三个月内发布了三则相关公告,与此同时其股价也一路飙升,最高时曾到25.45元,较行情启动时的13.75元大涨了85%。概念炒作达到高峰之后,股价开始绵绵下跌,2011年5月31日股价最低至15.5元,最大跌幅达到39%。高位买入的投资者损失惨重。

中国宝安"石墨矿"事件只是上市公司"涉矿"的一个缩影。据统计,深沪两市近50家"涉矿"概念股在2011年1~6月份平均振幅为4%,同期市场平均振幅1.4%;平均换手率为3.4%,同期市场平均换手率0.6%。从资金参与"涉矿"股的分布来看,机构投资者参与的比例远远低于个人投资者参与的比例。

可见,"涉矿"股表现出了高振幅、高换手率、高个人参与率这样"三高"的特征,波动性更大,风险更高。而且一半以上的"涉矿"概念股出现了下跌,这与中小投资者"涉矿就赚"的印象形成了较大的反差。

从公司后续的信息披露中也可以发现,"涉矿"公司由于矿产资源的置入给公司带来的经营状况提升的效果,往往不如市场传闻或投资报告中说得那么明显,有的甚至是子虚乌有,炒作的成分比较大。

2. 切莫忽视"涉矿"背后的风险因素

我国证券市场上中小投资者居多,各种形形色色的"炒作概念"给上市公司加上了金色的光环,容易吸引中小投资者的眼球,许多投资者在没有辨别清楚所谓"概念"到底是"价值发现"还是"炒作陷阱"之时,就争先恐后地加入对"概念股"的追涨杀跌队伍中,忽视了"热点"背后的巨大风险,也将个人投资置于危墙之下。对此,投资者一定要重分析、慎炒作、勿跟风。

第一,投资者要辨明概念的真伪与信息的来源。由于上市公司对公告的真实、准确、完整、及时、公平性负有法律责任,因此,投资者应将上市公司公告作为主要的信息来源,加以仔细阅读和分析,切忌捕风捉影。

第二,即使该概念事项属实,投资者也需综合分析该事项对上市公司业绩产生的效果,从而做出准确的估值判断。针对"矿资源资产注入概念",投资者不仅需要了解矿资源能否为上市公司带来业绩增长,还需进一步分析矿资源的稀缺性、蕴藏量、矿石品位、开采成本、何时开采、何时产出等影响业绩的重要因素。这些风险因素的存在都会直接影响矿资源注入后公司的重新估值,如整合不善,甚至会对上市公司业绩产生负面影响。所以,即使是真实的矿资源注入,也不一定就是利好。

3. 注重吸取历史的经验

证券市场上,投资者因为"概念"盲目炒作而遭受损失的案例并不少见。比如2000年初,证券市场网络概念的炒作达到了顶峰,市场资金热捧具有电子商务概念的股票,甚至引致众多公司纷纷改名为网络、科技公司,纷纷"触网",以迎合市场的炒作。但令人尴尬的现实是:随着国际和国内电子商务概念泡沫的破灭,一些当初触网、"高科技"公司甚至暂停上市、终止上市,在高位买入"鼠标"概念股票的投资者损失惨重。

再比如2007年对"奥运概念"的炒作中,某个在中小板上市的股票首日开盘价36.81元,在随后的20个交易日,由于受奥运概念的影响,股价一路飞涨,最高涨至78.56元。此后股价持续下跌,三个多月就下跌超过50%。

4. 回归价值，理性投资

概念可能有着基本面的支持，也可能仅仅是一个市场炒作的幌子。作为中小投资者，追随各类小道消息和热点概念，跟风炒作，过程很刺激，但结果可能是赚少亏多，甚至长期套牢。

中长期来看，上市公司的价值是决定公司股票价格的最重要要素。不论什么概念，投资者的预期均为公司价值的提升。所以，面对各种概念，投资者一定要回到事实本身，以理性心态对待概念股，认真研究公司公告，客观分析，才能甄别概念背后真正有价值的投资信息。

6.3.2.3　股票连续涨停的风险

我国证券投资者存在"追涨杀跌"的心理，对连续涨停的股票采取积极买入的策略，此种行为存在着较大的风险，投资者不能掉以轻心。

1. 股票连续涨停的原因复杂，投资者参与炒作是不理性的行为

股票连续涨停的原因比较复杂，可能是因国家政策、真实业绩、资产重组等消息的刺激，但也很可能是其他原因促成的，投资者要理性对待。

首先，投资者的"跟风"行为是促成连续涨停的原因之一。不少投资者的行为特点是"少数跟随多数"、"盲从"、"博傻"，一旦发现有涨停或即将涨停的股票，便心存侥幸心理一拥而上，投资者一旦买入，风险很大。

其次，股票连续涨停与投资者的"惜售"等心理因素有关。股票一旦涨停，本来想卖股票的投资者期望在更高的位置卖出，想买入的投资者会更看好该股票，不惜高价买进，进而导致连续涨停。

再次，股票连续涨停可能有人为操纵的因素。有些股票连续涨停属"资金推动型"，不一定有"利好"消息，甚至可能是人为操纵。投资者若介入此类股票，亏损的概率相对较大。

可见，各种复杂的原因促成股票的连续涨停，股票价位容易超出合理范围，从而积聚大量的风险，普通投资者如果参与连续涨停股票的炒作，大多属冲动下的不理性行为，应引起足够重视。

2. 股票连续涨停之后风险较大

实践中，投资者追买连续涨停的股票，发生亏损的情况很常见。例如"＊ST偏转"，2011年3月28日公司发布重大资产重组草案，称拟注入陕西炼石矿业的钼等矿业资产，随即连续8个交易涨停，一个月内，股价由15.82元上涨至23.37元，涨幅达47.72%。之后公司发布股价异常波动核查报告并复牌后，公司股价即开始连续下跌，一个月后又跌至13.75元，跌幅达41%。随后股价持续在低位徘徊，几个月后，一直下跌至9.97元，远低于该股炒作前的价格。其中，连续涨停期间买入的投资者亏损比例达72.53%，最大亏损401.66万元。由此可见，追买连续涨停的股票风险很大，投资者应清醒地意识到这一系列风险。对此，投资者要意识到：

首先，投资者往往以"高价挂单"的方式买入接近涨停股票，买入成本高。连续涨停之后的股票，其股价已较高，若偶尔打开涨停，投资者为了能够买入该股票，往往是"高价挂单"，结果往往可能当天被套。

其次，连续涨停后会有大量获利的投资者抛售股票。先行介入的资金因连续涨停已获利颇丰，不时还有限售股解禁抛售，股价将很可能进入下降通道，投资者应防止成为高价接盘者。

再次，所谓"利好消息"背后有很多不确定性，例如重组失败、市场竞争加剧、大盘大跌等原因。

3. 投资者买入连续涨停股票"亏多赚少"

据统计数据表明，投资者买入连续涨停的股票，亏损的可能性非常大。如果投资者在涨停打开当天，按开盘价追买"连续涨停三天"的股票(非ST股票)，并在一个月之后卖出，发生亏损的可能性为64.9%；如果投资者以涨停打开当天的开盘价追买"连续涨停四天"的股票，并在一个月后卖出，其发生亏损的可能性为66.7%。对于ST股票，以涨停打开当天开盘价追买"连续涨停四天"的股票，并在一个月后卖出而发生亏损的可能性为56.3%。

总之，投资者追买连续涨停股票存在着相当多的风险，亏损的可能性很大。连续涨停的股票，其未来盈利的持续性仍然有待观察，投资者还是保持谨慎为好。

6.3.2.4 关注新股风险提示公告

1. 看风险提示相关公告的必要性

长期以来,我国股市炒新现象较为突出,这不仅导致二级市场难以对一级市场的定价形成有效的指导和制约机制,而且形成了新股发行的“三高”现象。更重要的是,数据显示新股首日接盘者大多是个人投资者,多年实践证明,这些投资者大都亏损出局,其利益严重受损。

的确,“买者自负”已经为广大投资者熟知。但是,这也给投资者增加了入市的风险。因此,为进一步防范新股上市初期交易风险,抑制新股炒作,切实保护中小投资者的合法权益,深交所在注重上市公告书信息披露的基础上,又制定了相应的规则和流程,要求公司在上市时,刊登风险提示公告,对参与新股买入的投资者进行风险提示。投资者如果暂时没有耐心看完招股说明书全文,不妨先看看上市公告书和风险提示公告。

2. 看公司风险提示相关公告的方法

风险提示相关公告由上市公司发布,公司及董事会全体成员需要对其承担责任。那么,投资者应该如何看风险提示相关公告呢?

(1)上市公告书:新股必修课

公司在股票上市前,需要向公众披露发行上市有关的信息,这个信息披露文件也就是上市公告书。它通常包括发行企业概况、股票发行情况等方面的信息。除此之外,投资者还需要关注以下三方面的内容:

首先,由于招股说明书引用的财务报表自其最近一期截止日起6个月内有效,但如果公司在上市后再披露最近一期季度业绩及业绩预告,投资者所掌握的财务信息则有可能迟滞,不利于其及时做出投资决策,甚至会引发信息知情人的内幕交易行为。为了实现公司上市前后财务信息的有效衔接,及时揭示业绩波动风险,提高IPO公司信息披露透明度,深交所近期要求拟上市公司在上市公告书中以季度为单位披露最近一期业绩情况、未来一期业绩预告。这样,投资者就对公司近期业绩走向和风险因素做到心中有数了。

其次,投资者不仅需对前述财务信息进行分析,而且还需仔细阅读“其他重要事项”一节的内容。例如,如果公司自刊登首次公开发行股票招股意向书至上市公告书刊登前,发生了可能对公司有较大影响的重要事项,就需要在此披露;如果没有发生,也要进行申明。该类事项,可能是利好,也可能是利空,这对于投资者了解公司风险、把握投资价值有很大的帮助。

最后,需要说明的是,创业板上市公司的上市公告书中“重要声明和提示”部分特别声明“本公司股票将在深圳证券交易所创业板市场上市,该市场具有较高的投资风险。创业板公司具有业绩不稳定、经营风险高、退市风险大等特点,投资者面临较大的市场风险。投资者应充分了解创业板市场的投资风险及本公司所披露的风险因素,审慎做出投资决定。”每家创业板公司都作出了该项声明,那么,每个投资者是否真正关注到了呢?所以,需要提请投资者注意的是,投资创业板公司是风险与收益并存的双刃剑。

(2)上市首日风险提示公告:集中、醒目的风险揭示

公司上市是一件大事,因此公司需要在上市前披露一系列文件,这些文件非常重要。的确,有些公司可能很优秀,但是,这些公司的风险有可能被淹没了。考虑到创业板市场的风险特征,于是就有了上市首日风险提示公告。上市公司将其风险从众多的文件中提炼出来,以单独一个公告的形式披露。而且,上市当天往往就只有这么一个公告。这样集中、醒目的风险提示,有助于投资者再次审视公司风险,审慎评估公司价值,能从首日爆炒中尽早脱身出来。

上市首日风险提示公告,既包括公司原已披露的重要风险(包括公司未来不能适应大客户导致的投资、营运模式、采购模式发生重大变化的风险;技术更新风险;财务风险等公司特有风险),也可能包括澄清内容。公司在刊登招股说明书后,应当持续关注公共媒体(包括报纸、网站、股票论坛等)对公司的评论或者传闻,及时向有关方面了解真实情况,发现存在虚假记载、误导性陈述或者应披露而未披露重大事项等可能对公司股票交易价格产生较大影响的情形,应当在上市公告书或上市首日风险提示公告中披露。可以看出,这样一个集大成的风险提示有助于投资者进行风险防范。

(3)上市首日后风险提示公告:一副清醒剂

公司上市前,询价机构会对公司进行估值,新股经过一番博弈最终得以定价。虽然询价机构能力有高低、动机有不同,但总体来说,新股定价是市场机制调节的结果,而且在现阶段,往往新股估值偏高,导致上市公司破发的情形屡屡发生。在此背景下,如果公司上市首日股价出现大幅度上涨,就需要上市次一交易日再次刊登风险提示公告,这就是上市首日后风险提示公告。

在上市首日后风险提示公告中,上市公司需要就公司近期生产经营情况、内外经营环境、重大合同、公司控股股东或实际控制人、重大事项等方面是否发生变化进行披露。同时,公司需披露所属行业平均市盈率,公司股票收盘价对应的市盈率,估值水平与行业平均水平相比的情况等。此外,公司尚需重申上市首日风险提示公告中的风险。可以说,对于沉浸于炒新的投资者来说,上市首日后风险提示公告是一副清醒剂。

3. 新股风险提示公告的特点

(1)遏制"报忧淡化忧"现象

认真阅读风险提示公告的投资者可以观察到,相比公司在招股说明书中的风险提示,该类公告更加简洁,突出了重要风险,提高了风险披露的针对性和相关性,那些淡化风险的措辞也不见了。这样,有利于投资者迅速把握公司实质性风险,在"心中有数"的前提下做到"买者自负"。

(2)突出行业比较

中国证监会在新股发行改革中引入了行业市盈率作为参照系,有着积极的意义。上市首日后风险提示公告也引入了这个做法,这也是与上市首日风险提示公告的最主要区别。例如,某公司在公告中披露"公司所属行业平均市盈率为36.24倍,7月5日公司股票收盘价对应的市盈率达到89.67倍,估值水平高出行业平均水平147.43%"。该公告向投资者有效地揭示了风险,到7月31日,较上市首日收盘价,公司股价累计下跌了28.53%。

6.3.2.5　注意创业板退市风险

长期以来,我国证券市场的一些绩差上市公司死而不僵、僵而不退,不断演绎"乌鸡变凤凰"的神话,吸引着无数投资者抱着赚快钱、赚大钱的梦想,卷入绩差公司、壳资源的炒作,大盘蓝筹股常被冷落,理性投资理念尚未建立。目前,创业板退市制度已似开弓之箭,对于那些热衷于"炒作"的投资者,在面对退市风险这种终极市场风险时,要切实树立理性投资的正确理念,以良好的心态迎接理性投资新时代的到来。

1. 吃透创业板退市制度"六项内容"

深交所关于完善创业板退市制度采取了六个方面措施:

(1)在创业板现有连续亏损、净资产为负、注册会计师出具否定意见或无法表示意见的审计报告等11项退市条件的基础上,增加连续受到交易所公开谴责和股票成交价格连续低于面值两个退市条件。

(2)完善恢复上市的审核标准,以扣除非经常性损益前后的净利润孰低作为盈利判断标准,同时不支持暂停上市的公司通过借壳实现恢复上市。

(3)对资不抵债的上市公司加快退市速度,缩短退市时间。

(4)设立"退市整理板",公司终止上市前,给予一定的"退市整理期",在此期间,将其股票移入"退市整理板"进行另板交易。

(5)改进创业板退市风险提示方式,调整"*ST"制度,通过强化上市公司退市风险信息披露以及深化创业板投资者适当性管理的方式充分揭示退市风险。

(6)创业板公司退市后,一律平移到代办股份转让系统进行转让。

从长期来看,创业板退市制度的六个方面有助于形成创业板市场吐故纳新的动态平衡,进一步健全创业板优胜劣汰机制,以提升创业板公司的整体质量,从源头上保护中小投资者利益,对创业板长期健康成长乃至整个资本市场改革发展具有重大意义。

2. 创业板退市风险要注意的三个方面

对于创业板市场的投资者,不仅要看到创业板实施退市制度在提升上市公司质量、净化证券市场方面的正面作用，还要充分认识到创业板公司存在相对较大的退市风险。

(1)要注意到创业板公司经营规模小、经营模式不成熟、抗风险能力弱、业绩波动大的特点，更容易触发退市条件。某些过度依赖单一客户、单一产品的公司，当外部经济环境发生变化时，例如客户的需求变化、替代产品出现，公司订单将急剧减少导致业绩大幅下滑或亏损。创业板运行两年多来，上市公司业绩分化已经开始出现，部分公司业绩出现下滑，投资者应当关注个别创业板公司的市场风险可能向退市风险转化。

(2)要注意创业板公司暂停上市后恢复上市更加困难，以扣除非经常性损益前后的净利润孰低作为恢复上市的审核标准，加大了恢复上市的难度。暂停上市的公司只能切实提高自身经营能力才能恢复上市，以往通过注入资产、提升业绩、恢复上市的老路在创业板上再也行不通了。同时，创业板不支持暂停上市的公司通过借壳实现恢复上市，退市公司“乌鸡变凤凰”的神话在创业板上可能不会出现。投资者应当彻底放弃过去听消息、炒题材、炒垃圾股的投机理念，做名真正的理性投资人。

(3)要注意创业板市场已经取消“ST”、“＊ST”预警制度，而采取强化上市公司退市风险信息披露的方式充分揭示退市风险。广大投资者已经熟悉的“ST”、“＊ST”股票不会在创业板上出现，投资者一定要适应创业板新的退市风险提示方式，关注上市公司的信息披露。

3. 应对创业板退市风险要自觉培养“三种意识”

(1)投资者应该在投资理念的层面上，培养和坚持价值投资的意识。认真分析研究公司的经营模式、公司治理以及经营情况，关注公司所在行业的运行情况，不听信谣言、不盲目跟风，杜绝炒作，在全社会范围内形成理性投资的股权文化氛围。

(2)投资者应该在投资责任的层面上，真正树立起“买者自负”的意识。当一家上市公司因为宏观经济因素、行业因素、经营竞争能力等损害公司投资价值因素导致退市，投资者将承担投资判断失误的损失。退市风险这把高悬之剑，使投资者树立自我保护的意识。

(3)投资者应该在利益损益面前，培养控制资产整体风险的止损意识。因为判断失误买入了退市公司的股票，要充分利用“退市整理板”提供的“退市整理期”，积极、自觉、主动关注上市公司的信息披露文件，关注退市风险提示公告，有效释放风险，最大限度挽回损失，最终达到保护投资者自身利益的目的。

6.3.2.6 时刻警惕担保风险

上市公司面临的风险，不仅出现在日常经营活动中，有时非经营性风险也会从天而降，令投资者措手不及。在这些非经营性风险中，最常见的就是担保。

担保的风险在于，上市公司为其他企业的银行贷款提供了担保，如果贷款企业届时还不上钱，那么上市公司必须代为还款。此时的“担保”如同古时的“连坐”制度，一人犯事，殃及全族。由于这种连坐的风险，上市公司就可能会突然出现严重损害投资者利益的行为，因此，上市公司的对外担保行为不仅应在发生时在临时报告中详细披露，而且在上市公司年报的“重要事项”部分，也应对上市公司的对外担保进行全方位盘点。

1. 突发性

对投资者来说，上市公司担保风险的最大特点是突发性，这一点与经营性风险有很大不同。经营风险大都有一个渐进过程。比如说，先是经营性现金流净额低于净利润，然后应收账款增多，接着是营业收入下降等。对投资者来说，规避这样的风险，只要观察仔细，还有反应时间，可以全身而退。

担保风险往往会被投资者忽略，这是因为担保风险演变成被银行逼债的事实，事前大都无迹可寻，因为投资者对被担保企业的经营情况一无所知。一旦事情发生，股价突然大跌，投资者损失惨重。所谓明枪易躲、暗箭难防，对担保这样的“暗箭”，投资者必须见微知著，防患于未然。

2. 担保比例

投资者可以从公告中看到一个统计指标：担保总额占公司净资产的比例。该指标揭示了上市公司可能承担的风险上限。由这个上限可以判断出，若是出现最坏情况，上市公司可能承担的还款负担，占其净资产的比例是多少。如果这个比例过高，则说明上市公司面临的潜在风险过大。

一般来说，无论担保对象是谁，资质如何，这个比例也不宜超过50%。超过这个比例，则说明公司面临的风险过大,同时也表明管理层控制风险的意识较为薄弱。以往案例显示,那些因为担保被拖累的上市公司,其担保占比都很高,有些公司的担保额甚至超过了公司净资产的数倍。这样的公司就如同惯于违章行驶的司机,出事故的概率极大,投资者一定要避而远之。

3. 高风险担保

除了担保总额与净资产之比是上市公司担保风险的重要标志外,基于担保对象的不同,担保风险也有所区别,这一点在年报中也被明细化。

风险最高的担保类别是:为股东、实际控制人及其关联方提供的担保。之所以风险最高,是因为此类担保往往成为上述对象从上市公司"提款"的工具。也就是说,这些被担保人可能在上市公司为其出具担保后就没有做还款的打算,上市公司很可能成为最后的买单者。

即使这些被担保人不存在恶意逃脱还款责任的想法,这样的担保也存在巨大的风险。正是由于上述风险,此类担保一度被证监会明令禁止。投资者如果在年报中发现上市公司仍然存在这种担保,则不仅风险高,更说明上市公司的治理不规范,对这样的公司,投资者最好回避。

风险较高的担保类别是:直接或间接为资产负债率超过70%的被担保对象提供的担保。一家公司的资产负债率超过70%,我们称之为高负债经营,无论其经营业绩如何,这样高的负债率都相当危险。一旦公司经营过程中出现些许闪失,现金流一时不畅,高负债率很可能会将其压垮。因此,为这样的对象提供担保,一方面说明上市公司管理层风险意识淡漠,另一方面也等于将上市公司置于悬崖峭壁。

4. 对外担保

上市公司出于业务开拓、客户维系等原因,有时候也要为无关联公司提供担保。即使这些被担保的公司负债率不高,这样的担保也越少越好。

我国企业群体中,上市公司的资质普遍较高,信用等级也较高。对银行而言,如果有上市公司出具担保,承担连带责任,银行对贷款人的信用等级要求就可能人为降低——反正有上市公司承担最终还款责任。这样一来,违约风险就会放大,而放大的风险将由上市公司来承担。因此,如果年报显示此类担保占净资产比例过大(超过10%),就要小心。上市公司的担保类型中,占比最高的是为自己的子公司担保。一般而言,这样的担保风险较小。因为上市公司可以对子公司的经营决策实施控制,进而控制子公司的还款违约风险。

5. 多米诺骨牌

目前在证券市场中,还有一种现象——上市公司之间相互担保。其原因在于,上市公司一般融资金额较大,普通公司无法为其提供担保。而上市公司之间相互担保,银行大多能接受,上市公司之间也能接受。这样的担保存在一种风险,即一旦担保圈中的一家上市公司出现问题,其余上市公司就如同多米诺骨牌一样接连倒下。比如A上市公司与B上市公司之间互保,而B上市公司又与C上市公司之间互保,虽然B上市公司自身经营业绩尚可,但如果C上市公司出事,其风险也会通过互保传递至A上市公司。

据统计,国内证券市场中,曾经出现的上海担保圈、福建担保圈、深圳担保圈、湖南担保圈以及河北担保圈,都出现过这种多米诺骨牌现象。对于这样关联复杂、盘根错节的担保圈,投资者要小心,特别当担保金额过大之时,杀伤力相当惊人。

此外,资料显示,上市公司贷款的最大担保者是其控股股东。上市公司到了需要互保借款之时,说明不仅自身实力有限,大股东的实力也相当有限。对这样的公司,投资者谨慎为上。

6.3.3　新闻消息风险与防范

6.3.3.1　不可轻信小道消息

张某已年过五旬,看到身边的不少亲戚、朋友通过股票买卖在短期内迅速获得财富积累后,羡慕不已,按捺不住投资冲动,在未作任何准备、严重缺乏投资经验和基础知识的情况下,在2012年4月下旬以省吃俭用积攒下的20万元仓促入市。东打听、西打听,在盲目听信他人的介绍后,杂七杂八的股票买了一大堆,虽部分略有小赚,但根本抵充不了大部分的亏损。半年时间下来,账面亏损已达4

万多元,距离入市之初的美好愿望相差甚远,以至于深思恍惚、寝食难安,严重干扰了原本极有规律的正常生活。

营业部工作人员知晓这一情况后,主动与其交流沟通,向其介绍股票投资知识,帮助他分析亏损的原因主要是所买入的公司基本面不佳,此外追涨杀跌频繁操作也影响了业绩。

对此,工作人员建议张某多学习证券基础知识,多从正规渠道了解市场情况,对一些小道消息不要过分相信。张某通过学习和分析,对手头基本面良好及业绩突出的股票坚定信心、长期持有,将基本面不佳的股票调整为优质公司股票。在随后的市场调整中,张某持有的优质股票部没有受到太大的损失。张某不紧感慨:投资不能听小道消息,不能盲目乱动,自己把功课做足,做到心中有数最重要!

大量对证券市场了解很少甚至一无所知涌进证券市场的人,具有较大的盲目性,缺乏必要的风险意识。对此,投资者尤其是初入股市的投资者要有以下几方面的清醒认识:

第一,投资者是一种有风险的事情。用一句耳熟能详的话就是:股市有风险,入市需谨慎。没有只涨不跌的股市,也没有只涨不跌的股票。证券市场有赢利的可能,也有亏损的风险。

第二,投资是一件很复杂的事情。股票买卖看起来很简单,输入几个号码,一分钟就可操作完成,但要取得好的投资业绩,就要对经济的政策形势、公司的基本面以及技术面都进行较准确的分析,然后才能得出大致准确的判断。盲目跟风炒作的做法,也许有时能够赚钱,但其性质是赌博,必然会有吃大亏的时候。

第三,投资者一定要以慎重的态度对待投资,买卖操作前把相关的功课做好做足,做到心中有数,同时加强学习,提高自己的水平,最终取得良好的投资效果。

6.3.3.2 慎重对待"股吧"传闻

"股吧"是投资者,尤其是中小股民们,常用的网络交流方式。"股吧"实质上是专门的股票论坛,一般按照股票名称再分为各个子论坛,方便投资者就共同关注的股票展开互动交流。

一般来说,"股吧"里的信息既有转载自正规媒体的报道、投资机构的研究报告,又有股民自己撰写的分析观点和道听途说的传言。"股吧"信息虽然存在着一些积极的因素,但负面的作用也很明显。

1."股吧"中无价值的信息较多

(1)"股吧"里有许多发帖人主观臆测的内容,有不少信息是基于猜测。发帖者非理性情绪主要体现在对自己能力的极度自信,当股价上涨时,普遍地看好所持有股票的前景而忽视风险。

(2)"股吧"里经常同时充斥着大量与话题无关的广告帖子。它们大多以"必涨的几只黑马股票,千万不要错过!"、"早盘最新惊人内幕利好消息!"、"要快,最后机会,不容错过!"等吸引眼球的标题骗取点击,但实际多以收费推荐股票为目的。

(3)"股吧"里许多信息都是由发帖人利用多个信息片段加以拼凑而成,不可避免地渗透了发帖人自身的主观看法,内容中也有不少道听途说、夸大、虚构的成分。

除此之外,还有各式各样的人身攻击帖和情绪发泄帖等。据专业人士统计分析,"股吧"中真正有用的信息占比不超过一成。

2."股吧"往往是信息操纵的场所之一

"股吧"为证券市场信息操纵行为提供了便利,有些市场主体为了拉抬、打压或稳定股价,会发布各种虚虚实实的消息,其中大部分是假消息,制造"浑水摸鱼"的机会,实现操纵股价的目的。投资者若轻信了"股吧"的信息,紧接着买入股票,这就帮助操纵者实现了拉抬股价的目的。股价慢慢拉升之后,这些操纵者还会出货,将股价卖给轻信"股吧"信息的人。另外,当操纵者想买进股票时,会在"股吧"发布各种"利空"消息,诱导投资者卖掉股票,使股价下跌,降低了操纵者的持股成本。

"股吧"之所以容易成为信息操纵行为的场所,原因在于:(1)它不核实发帖人的身份,任何人都可以匿名或者以容易误导投资者的身份发帖;(2)"股吧"的信息具有传播成本低、传播快且影响面大的特点;(3)"股吧"没有内容核查机制,任何虚假的信息都可以不受阻挡地发布;(4)缺乏有效的法律监管手段,既难于追踪虚假信息的发布者,又难于认定嫌疑人的违法行为。因此,投资者不要被具有操纵市场目的的人利用。

3. “股吧”可能促使投资者频繁交易

当市场出现异常时，背后往往伴随着“股吧”中公司流言的大面积传播、投资者出现群体乐观情绪、疑似重要信息的提前泄露等。国外已有相关的研究人员对“股吧”帖子与二级市场的交易情况关系进行分析后发现，“股吧”帖子越多、讨论越激烈，接下来二级市场股票交易的热度也便随之提升，“股吧”的热度有助于预测股票交易的活跃程度。总体来看，“股吧”的每日访问人数显然受到了大盘的影响，当大盘走势低迷时，相应的访问人数也会减少。

总之，“股吧”中充斥着大量虚假的、非理性的和无用的信息，投资者若轻信了“股吧”中的各种信息，很可能会带来损失。因此，投资者不要轻信“股吧”中的各种传闻。投资者如果想更多地了解上市公司，可访问信息披露指定网站、上市公司的官方网站、深交所的“互动易”平台等。另外，投资者还可以通过电话直接与上市公司进行交流。

6.3.3.3 理性看待投资咨询

由于证券价格的波动特征和投资者心理的不确定性，证券分析存在着局限性，分析师不可能准确预测未来股票的价格，也不可能提供稳赚不赔的投资建议。特别需要注意的是，部分投资咨询机构和从业人员法律意识和道德操守缺失，主要体现在：有的为招揽客户做虚假广告，夸大或选择性宣传荐股业绩，以明示或暗示保证投资收益、免费荐股等方式引诱客户；有的不具备从业资格，以“咨询工作室”、“理财工作室”、“研发中心”等名义从事非法咨询活动；有的通过虚假预测影响股价，进行内幕交易和操纵市场，扰乱市场秩序，谋取非法利益；有的捏造事实进行虚假预测，或以市场传闻、主观臆测作为投资建议的依据。

对此，投资者要正确认识投资咨询的作用、本质和局限，在自我独立分析的基础上理性参考投资咨询建议，不能迷信，更不能盲从。具体而言，应关注以下三点：第一，在选择接受咨询前，投资者应通过正规途径了解核实咨询主体的相关信息，如咨询机构是否具备证券咨询资格，从业人员是否具备证券从业资格等；第二，关注信息披露网站上有关公司的公开信息，以免受到误导；第三，对于主观臆测、夸大其词的投资建议，一定要再三考证。

6.3.3.4 切勿轻信炒股博客

中小投资者往往缺乏专业能力和专门的精力去关注上市公司的运作情况，以及从事技术和市场分析，最简便和适宜的选择就是听听“高人”的意见。于是，网络虚拟空间的炒股论坛、炒股社区、证券博客等逐渐成为了众多投资者倾听“高人”意见的渠道。投资者在参考此类炒股博客的信息时，一定要关注以下几点：

第一，这类炒股博客往往极富诱惑力和煽动性，充斥着众多夸张不实的评论信息，易于营造非理性普遍乐观或过度恐慌的舆论氛围，从而影响投资者的理性判断，对股市的波动产生推波助澜的效果。很多高位“追高”和低位“斩仓”的“低抛高吸”的投资者都是受到了渲染性氛围的影响，造成了投资损失。

第二，部分“炒股博客”甚至成为“庄家”操纵市场的工具。很多“庄家”和别有用心者通过博客免费荐股来鼓动投资者，利用投资者的盲从心理，达到操纵股价牟利的目的。如果投资者盲目相信“炒股博客”的“专家意见”，往往会大大增加投资风险，甚至成为“祭品”而血本无归。

第三，网络博客和论坛的一个突出特点就是各类信息内容庞杂、真伪难分。很多博客和论坛的观点并没有对股市进行严密分析和客观判断，而仅仅只是“非理性”的鼓噪与宣传，甚至根据不实传闻与主观猜测大发议论。大量质量参差的信息泛滥，往往让中小投资者难辨真假，不但对其投资参考价值不大，反而混淆视听，增加投资决策的成本和不确定性。

第四，各类炒股博客大多是未取得证券咨询从业资格或无证券投资咨询机构工作经验的主体开设，按规定，其通过“炒股博客”荐股的行为属于非法证券投资咨询行为，一旦出现纠纷，投资者的权益无法得到法律的保护。

6.3.3.5 不可盲从荐股软件

许多投资者都希望能够通过高科技的手段准确选股，准确把握买入和卖出点位，取得超额收益。于是，各类"荐股软件"如雨后春笋般涌现，实际上这只是从事非法证券咨询活动的机构和个人的幌子而已。

这种情况下，如果骗取了高额的购买和使用费用后，一旦市场情况发生变化或遭到监管部门查处，这些机构和个人就会消失得无影无踪，投资者付出的"软件费"、"会费"等也就打了水漂，无从返还。

对于各类"荐股软件"，特别是那些夸大其词，声称具有特殊功能、超强功能的"神奇软件"，投资者一定要牢记一点：证券投资没有万能的上帝，任何保证包赚不赔的"荐股软件"，任何承诺投资收益的咨询活动，都是骗人的把戏。

6.3.3.6 谨慎借鉴"内部消息"

长期以来，投资者对所谓"内部重大消息"的关心甚于对市场和公司基本面的关注。并且，内部消息常常会麻痹投资者的判断能力，甚至对很明显的事实也不顾不理。"据说某某公司要重组、业绩要大幅提升、主力要拉升、目标价位多少多少……"，听到这样的"内部消息"，投资者往往既不了解股市走势，不分析上市公司的业绩和动向，又不观察股市涨落的宏观原因和微观因素，不顾市场估值风险，不顾公司的澄清公告和有关公开信息，甚至不顾基本的常识，毅然决然地入市，其结果往往会造成巨大损失。

投资股市，买者自慎。广大投资者一定要理性对待信息的来源问题，坚持从主流媒体和正常渠道获取政策信息和公司经营、交易信息，增强抵御欺诈性咨询及广告的能力，避免盲目冲动，应理性地进行投资。

6.3.4 投资者自身风险与防范

投资者自身风险，是指股票投资者因其错误投资决策和行为而使其蒙受投资损失的风险。市场风险、企业风险、利率风险、购买力风险、财务风险等对于投资者来说是客观环境或客观因素的风险，那是一种来自外部的风险。而投资者自身的风险，则是一种主观行为因素造成的风险。

股票投资风险是客观存在的，人们对客观存在的风险是可以防范、削弱以至避免的，但这要有一定前提条件，就是投资者的正确投资决策及其采取正确有效的投资行为。从现实情况来看，股票投资的风险，往往出自于股票投资者本身的错误决策和投资行为。

1. 投资者自身风险的主要表现

(1) 错误地判断股票的素质和投资收益率。

(2) 盲目地进行股票的买卖交易活动，随风随潮进行股票买卖交易。

(3) 错误地判断股票买卖交易的时机，而错过股票买卖的最佳时点。

(4) 缺乏智慧型的投资决策和投资技巧。

(5) 缺乏自我制衡的投资心理和自我约束的投资行为，不能量力而行，适可而止等。

总之，投资者正确的投资决策和投资行为，可以引导投资走向成功之路。而投资者错误的投资决策和投资行为，则可以使投资客观存在的风险由可能变为既成事实，使投资出现事实的经济损失，甚至使投资陷入难以自拔的陷阱。

2. 投资者避免风险应采取的策略

为了避免个人投资决策和行为失误带来的风险，投资者应采取的对策是：

(1) 入市前要准备和掌握一定的股票交易知识，培养良好的知识素质和遵守股票买卖规则的良好品质。

(2) 经常关注股市行情变化，了解股价变动的因素，学会股价分析与预测技术，以培养良好的技术素质。

(3) 认清投资环境，正确选择投资方式、投资对象和投资时机。

(4) 培养良好的心理素质，头脑要冷静，不轻信谣言，不轻举妄动，不犹豫不决，不贪婪，遇到紧急情况能迅速形成自己的正确判断，以保证决策和行为的正确性，并取得投资的成功。

§6.4　跟大师学炒股

6.4.1　亨利·道

指数或证券每天、每星期的波动可能受人为操作，次级折返走势也可能受到这方面有限的影响，比如常见的调整走势，但主要趋势不会受到人为操作的影响。

——亨利·道

6.4.1.1　人物生平

，查尔斯·亨利·道（Charles Henry Dow，1851～1902）出生于康涅狄格州斯特林，为纽约道·琼斯金融新闻服务的创始人、《华尔街日报》的创始人和首位编辑。他是一位经验丰富的新闻记者，早年曾得到萨缪尔·鲍尔斯的指导，后者是斯普林菲尔德《共和党人》杰出的编辑。

查尔斯·道曾经在股票交易所大厅里工作过一段时间，这段经历颇有传奇性。已故的爱尔兰人罗伯特·古德鲍蒂（贵格会教徒，华尔街的骄傲）当时从都柏林来到美国，由于纽约股票交易所要求每一位会员都必须是美国公民，查尔斯·道就成了他的合伙人。在罗伯特·古德鲍蒂为加入美国国籍而必须等待的时间里，查尔斯·道把持着股票交易所中的席位并在大厅里执行各种指令。当古德鲍蒂成为美国公民以后，查尔斯·道退出了交易所，重新回到他更热爱的报纸事业上来。

后来，查尔斯·道设立了道琼斯公司（Dow Jones & Company），出版《华尔街日报》，报道有关金融的消息。1900年到1902年，查尔斯·道任编辑，写了许多社论，讨论股票投机的方法。事实上，他并没有对他的理论作系统地说明，仅在讨论中作片段报道。

1895年，查尔斯·道创立了股票市场平均指数——“道琼斯工业指数”。该指数诞生时只包含11种股票，其中有9家是铁路公司。直到1897年，原始的股票指数才衍生为二，一个是工业股票价格指数，由12种股票组成；一个是铁路股票价格指数。1928年，工业股指的股票覆盖面扩大到30种，到1929年又添加了公用事业股票价格指数。查尔斯·道本人并未利用它们预测股票价格的走势。1902年过世以前，他虽然仅有五年的资料可供研究，但它的观点在范围与精确性上都有相当的成就。

查尔斯·道的全部作品都发表在《华尔街日报》上，只有在华尔街圣经的珍贵档案中仔细查找才能重新建立起他关于股市价格运动的理论。已故的S·A·纳尔逊在1902年末完成并出版了一本毫不伪装的书——《股票投机的基础知识》。这本书早已绝版，仅可以在旧书商那里偶尔得以一见。他曾试图说服查尔斯·道来写这本书却没有成功，于是他把自己可以在《华尔街日报》找到的查尔斯·道关于股票投机活动的所有论述都写了进去。在全书的35章中，有15章是《华尔街日报》的评论文章，有些经过少许删减，内容包括“科学的投机活动”、“读懂市场的方法”、“交易的方法”以及市场的总体趋势等。

1902年12月查尔斯·道逝世，华尔街日报记者将其见解编成《投机初步》一书，从而使道氏理论正式定名。

6.4.1.2　投资理论

1. 道氏理论简介

道氏理论是所有市场技术研究的鼻祖。尽管其经常因为“反应太迟”而受到批评，并且有时还受到那些拒不相信其判定的人士的讥讽（尤其是在熊市的早期），但只要对股市稍有经历的人都对它有所听闻，并受到大多数人的敬重。

道氏理论的形成经历了几十年。1902年，在查尔斯·道去世以后，威廉姆·皮特·汉密尔顿（William Peter Hamilton）和罗伯特·雷亚（Robert Rhea）继承了道氏理论，并在其后有关股市的评论写作过程中，加以组织与归纳，最终形成今天我们所见到的理论。他们所著的《股市晴雨表》、《道氏理论》成为后人了解和研究道氏理论的经典著作。

值得一提的是，这一理论的创始者——查尔斯·道，声称其理论并不是用于预测股市，甚至不是用于指导投资者，而是一种反映市场总体趋势的晴雨表。大多数人将道氏理论当作一种技术分析手段——这是非常遗憾的一种观点。

其实，“道氏理论”的最伟大之处在于其宝贵的哲学思想，这是它全部的精髓。雷亚在所有相关著述中强调，“道氏理论”在设计上是一种提升投机者或投资者知识的必备工具。

2. 道氏的理论基础

道氏理论有极其重要的三个假设，与人们平常所看到的技术分析理论的三大假设有相似的地方，不过，在这里，道氏理论更侧重于其市场涵义的理解。

假设一：人为操作——指数或证券每天、每星期的波动可能受到人为操作，次级折返走势也可能受到这方面有限的影响，比如常见的调整走势，但主要趋势不会受到人为操作。

有人也许会说，庄家能操作证券的主要趋势。就短期而言，他如果不操作，这种适合操作的证券内质也会受到他人的操作；就长期而言，公司基本面的变化不断创造出适合操作证券的条件。总的来说，公司的主要趋势仍是无法人为操作，只是证券换了不同的机构投资者和不同的操作条件而已。

假设二：市场指数会反映每一条信息——每一位对于金融事务有所了解的市场人士，他所有的希望、失望与知识，都会反映在上证指数与深圳指数或其他的什么指数每天的收盘价波动中；因此，市场指数永远会适当地预期未来事件的影响。如果发生火灾、地震、战争等灾难，市场指数也会迅速地加以评估。

在市场中，人们每天对诸如财经政策、扩容、领导人讲话、机构违规、创业板等层出不尽的题材不断加以评估和判断，并不断将自己的心理因素反映到市场的决策中。因此，对大多数人来说，市场总是看起来难以把握和理解。

假设三：道氏理论是客观化的分析理论——成功利用它协助投机或投资行为，需要深入研究，并客观判断。当主观使用它时，就会不断犯错，不断亏损。一般来说，市场中95%的投资者运用的是主观化操作，这95%的投资者绝大多数属于“七赔二平一赚”中的那“七赔”人士。

3. 道氏理论的五个“定理”

(1)定理一：道氏的三种走势(短期，中期，长期趋势)

股票指数与任何市场都有三种趋势：短期趋势，持续数天至数个星期；中期趋势，持续数个星期至数个月；长期趋势，持续数个月至数年。任何市场中，这三种趋势必然同时存在，但彼此的方向可能相反。

长期趋势最为重要，也最容易辨认、归类与了解。它是投资者主要的考量，对于投机者较为次要。中期与短期趋势都属于长期趋势之中，唯有明白它们在长期趋势中的位置，才可以充分了解它们，并从中获利。

中期趋势对于投资者较为次要，但却是投机者的主要考虑因素。它与长期趋势的方向可能相同，也可能相反。如果中期趋势严重背离长期趋势，则被视为是次级的折返走势或修正。次级折返走势必须谨慎评估，不可将其误认为是长期趋势的改变。

短期趋势最难预测，唯有交易者才会随时考虑它。投机者与投资者仅有在少数情况下，才会关心短期趋势：在短期趋势中寻找适当的买进或卖出时机，以追求最大的获利，或尽可能减少损失。

将价格走势归类为三种趋势，并不是一种学术上的游戏。因为投资者如果了解这三种趋势而专注于长期趋势，也可以运用逆向的中期与短期趋势提升获利。运用的方式有许多种：第一，如果长期趋势是向上，他可在次级的折返走势中卖空股票，并在修正走势的转折点附近，以空头头寸的获利追加多头头寸的规模。第二，上述操作中，他也可以购买卖权选择权或销售买权选择权。第三，由于他知道这只是次级的折返走势，而不是长期趋势的改变，所以他可以在有信心的情况下，度过这段修正走势。最后，他也可以利用短期趋势决定买、卖的价位，提高投资的获利能力。

上述策略也适用于投机者，但他不会在次级的折返走势中持有反向头寸；他的操作目标是顺着中期趋势的方向建立头寸。投机者可以利用短期趋势的发展，观察中期趋势的变化征兆。他的心态虽然不同于投资者，但辨识趋势变化的基本原则相当类似。

自从80年代初期以来，由于信息科技的进步以及电脑程式交易的影响，市场中期趋势的波动程度已经明显加大。1987年以来，一天内发生50点左右的波动已经是寻常可见的行情。基于这个缘故，维克多·斯波朗迪认为长期投资的“买进——持有”策略可能有必要调整。

当然，大多数的情况下，经过数月或数年以后，这些获利还是会再度出现。然而，如果你专注于中期趋势，这些损失大体都是可以避免的。因此，对于金融市场的参与者而言，以中期趋势作为准则应该是较明智的选择。然而，如果希望精确掌握中期趋势，那么就必须了解它与长期趋势之间的关系。

(2)定理二：主要走势(空头或多头市场)

主要走势代表整体的基本趋势，通常称为多头或空头市场，持续时间可能在一年以内，乃至数年之久。正确判断主要走势的方向，是投机行为成功与否的最重要因素。没有任何已知的方法可以预测主要走势的持续期限。

了解长期趋势(主要趋势)是成功投机或投资的最起码条件。一位投机者如果对长期趋势有信心，只要在进场时机上有适当的判断，便可以赚取相当不错的获利。有关主要趋势的幅度大小与期限长度，虽然没有明确的预测方法，但可以利用历史上的价格走势资料，以统计方法归纳主要趋势与次级的折返走势。

雷亚将道琼斯指数历史上的所有价格走势，根据类型，幅度大小与期间长短分别归类，他当时仅有30年的资料可供运用。非常令人惊讶的是，他当时归类的结果与目前1992年的资料，两者之间几乎没有什么差异。例如，次级折返走势的幅度与期间，不论就多头与空头市场的资料进行分别归类，还是综合归类，目前正态分布的情况几乎与雷亚当时的资料完全相同；唯一的差别仅在于资料点的多寡。

这个现象告诉我们，虽然近半个世纪以来的科技与知识有了突破性发展，但驱动市场价格走势的心理性因素仍然基本相同。这对专业投机者具有重大的意义：目前面临的价格走势，幅度与期间都非常可能在历史对应资料平均数的有限范围内。如果某个价格走势超出对应的平均数水准，介入该走势的统计风险便与日俱增。若经过适当地权衡与应用，这项评估风险的知识，可以显著提高未来价格预测在统计上的精确性。

(3)定理三：主要的空头市场

主要的空头市场是长期向下的走势，其间夹杂着重要的反弹。它来自于各种不利的经济因素，唯有股票价格充分反映可能出现的最糟情况后，这种走势才会结束。

空头市场会历经三个主要的阶段：第一阶段，市场参与者不再期待股票可以维持过度膨胀的价格；第二阶段的卖压是反映经济状况与企业盈余的衰退；第三阶段是来自于健全股票的失望性卖压，不论价值如何，许多人急于求现至少一部分的股票。这项定义有几个层面需要理清。“重要的反弹”(次级的修正走势)是空头市场的特色，但不论是“工业指数”或“运输指数”，都绝对不会穿越多头市场的顶部，两项指数也不会同时穿越前一个中期走势的高点。“不利的经济因素”是指政府行为的结果：干预性的立法，非常严肃的税务与贸易政策，不负责任的货币或(与)财政政策以及重要战争。

根据“道氏理论”，可将1896年至目前的市场指数加以归类，现将空头市场的某些特质列举如下：

第一，由前一个多头市场的高点起算，空头市场跌幅的平均数为29.4%，其中75%的跌幅介于20.4%至47.1%之间。

第二，空头市场持续期限的平均数是1.1年，其中75%的期限介于0.8年至2.8年之间。

第三，空头市场开始时，随后通常会以偏低的成交量“试探”前一个多头市场的高点，接着出现大量急跌的走势。所谓“试探”是指价格接近而绝对不会穿越前一个高点。“试探”期间，成交量偏低显示信心减退，很容易演变为“不再期待股票可以维持过度膨胀的价格”。

第四，经过一段相当程度的下跌之后，突然会出现急速上涨的次级折返走势，接着便形成小幅盘整而成交量缩小的走势，但最后仍将下滑至新的低点。

第五，空头市场的确认日是指两种市场指数都向下突破多头市场最近一个修正低点的日期。两种指数突破的时间可能有落差，但并不是不正常的现象。

第六，空头市场的中期反弹，通常都呈现颠倒的“V-型”，其中低价的成交量偏高，而高价的成交量偏低。

(4)定理四：主要的多头市场

主要的多头市场是一种整体性的上涨走势，其中夹杂次级的折返走势，平均的持续期间长于两年。在此期间，由于经济情况好转与投机活动转盛，所以投资性与投机性的需求增加，并因此推高股票价格。

多头市场有三个阶段:第一阶段,人们对未来的景气恢复信心;第二阶段,股票对已知的公司盈余改善产生反应;第三阶段,投机热潮来临而股价明显膨胀,这阶段的股价上涨是基于期待与希望。

要注意的是,多头市场的特色是所有主要指数都持续联袂走高,拉回走势不会跌破前一个次级折返走势的低点,然后再继续上涨而创新高价。在次级的折返走势中,指数不会同时跌破先前的重要低点。主要多头市场的重要特质如下:

第一,由前一个空头市场的低点起算,主要多头市场的价格涨幅平均为77.5%。

第二,主要多头市场的期间长度平均数为2.33年。历史上所有的多头市场中,75%的期间长度超过1.8年,67%介于1.8年与4.1年之间。

第三,多头市场的开始,以及空头市场最后一波的次级折返走势,两者之间几乎无法区别,唯有等待时间确认。

第四,多头市场中的次级折返走势,跌势通常较先前与随后的涨势剧烈。另外,折返走势开始的成交量通常相当大,但低点的成交量则偏低。

第五,多头市场的确认日是两种指数都向上突破空头市场前一个修正走势的高点,并持续向上挺升的日子。

(5)定理五:次级折返走势

次级折返走势是多头市场中重要的下跌走势,或空头市场中重要的上涨走势,持续的时间通常在三个星期至数个月;此期间内折返的幅度为前一次级折返走势结束之后主要走势幅度的33%至66%。次级折返走势经常被误以为是主要走势的改变,因为多头市场的初期走势,显然可能仅是空头市场的次级折返走势,相反的情况则会发生在多头市场出现顶部后。

次级折返走势是一种重要的中期走势,它是逆于主要趋势的重大折返走势。判断何者是逆于主要趋势的"重要"中期走势,这是"道氏理论"中最微妙与困难的一环;对于信用高度扩张的投机者来说,任何的误判都可能造成严重的财务后果。

判断中期趋势是否为修正走势时,需要观察成交量的关系,修正走势之历史或然率的统计资料,市场参与者的普遍态度,各个企业的财务状况、整体状况,"联邦准备理事会"的政策以及其他许多因素。走势在归类上确实有些主观成分,但判断的精确性却关系重大。一个走势,究竟属于次级折返走势,或是主要趋势的结束,通常很难、甚至无法判断。

大多数次级修正走势的折返幅度,约为前一个主要走势波段的$\frac{1}{3}$至$\frac{2}{3}$之间,持续的时间则在三个星期至三个月之间。对于历史上所有的修正走势来说,其中61%的折返幅度约为前一个主要走势波段的30%至70%之间,其中65%的折返期间介于三个星期至三个月之间,而其中98%介于两个星期至八个月之间。价格的变动速度是另一项明显的特色,相对于主要趋势而言,次级折返走势有暴涨暴跌的倾向。

次级折返走势不可与小型折返走势相混淆,后者经常出现在主要与次要的走势中。小型折返走势是逆于中期趋势的走势,98.7%的情况下,持续的期间不超过两个星期(包括星期假日在内)。它们对于中期与长期趋势几乎完全没有影响。

19世纪20年代福布斯杂志的编辑理查德·夏巴克,继承和发展了道氏的观点,研究出了如何把"股价平均指数"中出现的重要技术信号应用于各单个股票。而在1948年出版的由约翰·迈吉、罗伯特·D·爱德华所著的《股市趋势技术分析》一书,继承并发扬了查尔斯·道及理查德·夏巴克的思想,现在已被认为是有关趋势和形态识别分析的权威著作。

4. 道氏理论的三点精髓

(1)趋势要与成交量配合

道氏认为成交量是次要的辅助指标,作趋势判断的时候,要看成交量是否配合。如在牛市之中,价格上升应配合成交量增加,价格下跌时成交量亦应伴随下跌。

(2)洞悉先机要思路清晰

道氏的三阶段理论看似简单,但很多时候能够确认大市趋势,股市已经上升或下跌不少。此外,由于完成整个趋势需时颇长,有的投资者会在途中迷失。如果失去了分析牛市或熊市的能力,理论的好处亦会被削弱。

(3)第三阶段须提高警觉

投资者错失第一阶段到第二阶段的升势,后果可能是少赚一点利润,但错过了第三阶段牛市出货的机会,到大市步入第一阶段熊市的后果则会十分严重,因为第三阶段牛市后,股市通常会出现急跌。事实上,每段期间的转捩点并不十分明显。以港股一年前开始的牛市为例,笔者访问过数名股市专家,大家都表示港股已进入第二期牛市,但对于何时进入第二阶段则众说纷纭。正因如此,投资者在第三阶段应提高警觉。

5. 道氏理论判大盘

道氏理论是股市技术分析理论中重要的奠基石,其客观性和简明性,对股市实战交易买卖操作具有重大的指导性意义。因此如果能有效运用道氏理论指导、规范股票的具体操作行为,将可以较好地回避熊市中的主要操作风险,较大程度地保证操盘资金的安全性。

(1)三大公理的股市表现

具体而言,道氏理论的三大基石性公理在近几年股市中的表现如下:

第一,"市场行为包含和消化一切,反映一切。"市场行为即买卖操作行为已经包含了市场最基本的四大要素:价、量、时间和人。从2009年8月以来,国际金融市场整体环境随着欧债危机的不断扩大而恶化,国内经济处于结构性大调整转化而增速放缓、通胀上升时期,这些因素在大盘指数的反复调整过程中已得到具体反映。

第二,"价格沿趋势运动",即惯性运动。在目前上证指数走势中,市场多空力量在没有根本性逆转时,指数及绝大多数个股仍然会沿着目前的调整下跌趋势方向运行,交易操作者不能轻易地判断市场整体熊市调整趋势已经结束。因此,在实际操作中,空仓或轻仓是回避市场整体风险的最佳选择。即使大盘指数出现反弹走势,在股指没有有效突破3000点时,从道氏理论趋势运动角度而言,都不能轻言市场已经转势走好。

第三,"历史会重演",即交易者相似的思维心理及行为模式,将导致市场价格波动表现出一定的客观周期性和类似性,这种重演主要由人们类似的心理因素所导致。在不同时期、不同阶段的熊市市场里,交易者对待下跌调整市场的操作心理模式及具体交易操作买卖行为有高度的相似性。从某种程度上观察,最近一年来,大盘指数调整低点不断下移至上证指数2400点下方的走势特征,与沪深大盘2003年至2004年的走势极为相似,是典型的熊市市场操作特点,因此控制个股风险成为现阶段操作最主要的任务。

(2)把握操作关键点

投资者可以从道氏理论的关键性要点上,进一步验证和推断市场的趋势波动方向,从而采取积极有效的应对操作策略。道氏理论的关键点是:

"大盘指数背景安全度好坏制约个股涨跌",即大盘好坏是交易者进入股市操作的最根本性前提保证,这是道氏理论的一个很重要的实战操作思想。按照这种操作思路,在最近一年多来高低点同时不断下移的单边调整市中,投资者不应该大手笔介入市场买卖操作,观望应是主要操作策略。

"股市是经济晴雨表",即经济状况的好坏及真实性,会在股市大盘指数的具体走势中得到很好的反应。最近一年以来,国内外金融市场的种种负面经济及金融现状包括欧债问题、国内中小企业信贷问题等都反映在反复下跌调整的市场里。股市大盘指数的走势提前反映经济现状,因此,股票交易者观察股指的走势就相当于观察宏观经济运行情况。

"股价波动分级原理",即价格波动分为主级正向波、次级逆向波和日间杂波,这是投资者交易操作中进行正确买卖操作最重要的基础性原则。上证指数从2009年8月初高点3478点运行至今仍然未见结束迹象的是一波很典型的主级正向波主流下跌趋势。也就是说,两年来市场指数和大多数个股的趋势是调整下跌。

上证指数3478点下跌以来的主级正向波趋势里,真正意义上的次级逆向反弹波走势只出现过两次:一次是2009年9月2639点反弹到11月3361点,另一次是2010年7月初的2319点反弹到11月的3186点。在这两次次级逆向波反弹走势里,很明显的现象是多数个股上涨无力,但少数涉矿概念股、有色金属股等上涨幅度较大。

至于每日盘中的日间杂波,从操作的角度而言,是毫无意义的噪音波动,根本不具有分析及交易操作的价值,可以忽略不计。在操作上,交易者依据道氏理论波动分级原理,可以密切观察留意第三次次级逆向反弹波走势何时真正开始,其验证标志为上证指数突破 2536 点。

6.4.2 彼得·林奇

我从来不在我不懂的事情上投入大量的金钱。

一个钟情计算、沉迷于资产负债表而不能自拔的投资者,多半不能成功。

在熊市弥漫的市场上到处都是廉价的股票。

某只股票比以前便宜不能成为买进的理由,同样仅仅因为它比以前贵就卖掉也不是理性的方式。

——彼得·林奇

6.4.2.1 人物生平

1944 年 1 月 19 日,彼得·林奇出生于美国波士顿一个富裕的家庭。父亲曾经是波士顿学院的一个数学教授,后来放弃教职,成为约翰·汉考克公司的高级审计师。不幸的是,在林奇 10 岁那年,父亲因病去世,全家的生活开始陷入困境。

为了省钱,家人开始节衣缩食,林奇也从私立学校转到了公立学校,而且开始了半工半读的生活。11 岁的他在高尔夫球场找了份球童的工作。高尔夫球场一直是风云人物、名流巨贾的聚集之地,与其他球童不同的是,林奇不仅捡球,还注意学习。从高尔夫俱乐部的球员口中,他接受了股票市场的早期教育,知道了不同的投资观点。林奇跟随球手打完一轮球,就相当于上了一堂免费的股票教育课。球童的经历开始让林奇逐渐改变了看法,增强了赚钱意识,虽然他那时并没有钱去投资股票。

就这样,一边读书一边兼职,林奇读完了中学,顺利考入宾州大学沃顿学院。

林奇在沃顿商学院的经历对他以后的成长是十分关键的。为了家庭、为了自己,林奇开始着手研究股票,他试图找出其中的“秘密”,成为像高尔夫球场的客户一样成功的人物。他有目的地专门研究与股票投资有关的学科,与其他对股市感兴趣的人不同的是,除了必修课外,林奇没有选修有关自然科学、数学和财会等课程,而是选择学习如历史学、心理学、政治学等课程。因为林奇意识到,股票投资是一门艺术,而不是一门科学,历史和哲学在投资决策时显然比统计学和数学更有用。

大二的时候,林奇已经有了一笔小积蓄。他决定小试牛刀,用这笔积蓄进行股票投资。他拿出了 1250 美元投资于飞虎航空公司的股票,当时他买入的价格是每股 10 美元。后来,这只股票因为公司的空中运输业务的快速发展而飙升。凭借着在这只股票上赚得的钱,林奇不仅读完了大学,而且还顺利地完成了后来的硕士学业。

暑假期间,林奇曾来到世界最大的投资基金管理公司——富达基金管理公司,在那里做实习生。这对林奇来说又是一个非常难得的机会。这份工作不仅使林奇打破了对股票分析行业的神秘感,也让他对书本上的理论产生了怀疑。课堂上的理论在真正的市场中几乎无用武之地,这使得林奇在今后的投资事业中特别注重实际调研的作用。

1969 年,林奇毕业后来到富达,正式成为公司的一名职员。从最初的金属商品分析师,到几年之后升任富达公司的研究主管,林奇逐渐开始有机会接触证券市场的最前线。他除了不断走访公司、收集情报,从中挑出最有前途的投资领域之外,还注意将自己的判断结果与实践相对应,为以后的真正实践打下了良好的基础。八年之后,由于工作出色,林奇被任命为富达旗下的麦哲伦基金的基金经理。对林奇而言,这是一次升迁,更是一次挑战。一方面,林奇终于可以直接面对市场,但另一方面,富达旗下有多只基金,要想脱颖而出,做出一番成就,就必须付出更多的辛苦,要有更多的想法。

林奇接手麦哲伦基金时,所掌管的资金仅 2000 万美元,其业务也仅局限于几家较大的证券公司,在基金行业中还只是一个小字辈。但对于林奇这个初学者而言,麦哲伦基金是再合适不过的伙伴,因为它提供给林奇一个可以充分施展的舞台。为了业绩,林奇成了一个工作狂,他每天的工作时间长达 12 个小时,阅读几英尺厚的文件,每年他还要旅行 16 万公里去各地进行实地考察。此外,他还要与 500 多家公司的经理进行交谈。在没有阅读和访问时,他则会几小时、几十个小时地打电话,从各个方面来了解公司的状况、投资领域的最新进展。

到1990年,林奇管理麦哲伦基金已经13年了。在这短短的13年里,彼得·林奇悄无声息地创造了一个奇迹和神话!麦哲伦基金管理的资产规模由2000万美元成长至140亿美元,成为当时全球资产管理金额最大的基金。麦哲伦的投资绩效也名列第一,13年的年平均复利报酬率达29%。由于资产规模巨大,林奇13年间买过15000多只股票,其中很多股票还买过多次,赢得了“不管什么股票都喜欢”的名声。

1991年,就在林奇处于巅峰的时刻,他却选择退休,离开共同基金的圈子。彼得·林奇选择急流勇退时显得非常理智:“尽管我乐于从事这份工作,但是我同时也失去了待在家里,看着孩子们成长的机会。孩子们长得真快,一周一个样。几乎每个周末都需要她们向我自我介绍,我才能认出她们来……我为孩子们做了成长记录,结果积了一大堆有纪念意义的记录,却没时间剪贴。”这就是彼得·林奇离开的理由,没有一点的做作和矫情。

彼得·林奇在投资领域的一大成就,就是创造了常识投资法。他认为普通投资人一样可以按常识判断来战胜股市和共同基金,而他自己对于股市行情的分析和预测,往往会从日常生活中得到有价值的信息。1971年的某一天,妻子卡罗琳买了“莱格斯”牌紧身衣,他发现这将是一个走俏的商品。在他的组织下,麦哲伦当即买下了生产这种紧身衣的汉斯公司的股票,没过多久,股票价格竟达到原来价格的6倍。善于在日常小事中发现商机,这就是彼得·林奇。

6.4.2.2 投资理论

1. 彼得·林奇的选股策略

麦哲伦基金的脱颖而出,得益于彼得·林奇的“进攻性策略”,而这种进攻性策略的背后,则是对四种股票的严密追踪,那就是资产富余型股票、成长性股票、周期型股票与起死回生的股票。

说起成长性股票,人们自然会联想起高科技公司的股票,20世纪90年代美国科技股曾经辉煌,有的美国公司甚至创下了市盈率500倍的纪录,可见其股价的高企。彼得·林奇对高科技股票却退避三舍。其实在美国走向后工业化时代的转型中,成长股比比皆是,服务业表现尤其出色。在林奇看来,餐饮连锁公司和零售公司通过全国扩张,能在10~15年内保持20%的年增长速度,也就是3年可以翻1倍。他们不仅和高科技公司一样有高收益、快速增长,而且风险较小。为此他还发现了“72原则”,那就是年投资回报率除以72,等于资产翻1倍需要的年数。比如25%的投资回报率3年翻倍,15%则是5年。林奇认为,抓住这些成长股的关键是,要确定该公司的扩张期是否走到头了,能否抓住“最后的机会”。

2. 彼得·林奇的投资忠告

(1)想赚钱的最好方法,就是将钱投入一家成长中小公司,这家公司近几年内一直都出现盈利,而且将不断地成长。

(2)有的投资人的优势在于他没有时间压力,可以仔细思考,等待最好时机。如果要他每星期或每个月都要买卖股票,他肯定会发疯的。

(3)一般消息来源者所讲的与他实际知道的有很大的差异,因此,在选择投资方向之前,一定要深入了解并考察公司,做到有的放矢。

(4)为了赚钱,我们可以这样假设,他敢买进必定是对他所看到的事物有信心。而一个面临内部人员大量收购压力的公司很少会倒闭。

(5)投资人不必坚持投资拥有高效管理系统,并处在激烈竞争环境中的顶尖公司的股票,选择经营成效还不错、股价低的股票,一样可以赚钱。

(6)最恐怖的陷阱就是买到令人振奋却没有盈余的公司股票。

(7)在股市赔钱的原因之一,就是一开始就研究经济情况,这些观点直接把投资人引入死角。

(8)购买股票的最佳时段是在股市崩溃或股价出现暴跌时。

(9)不相信理论、不靠市场预测、不靠技术分析,靠信息灵通,靠调查研究。

(10)试图跟随市场节奏,你会发现自己总是在市场即将反转时退出市场,而在市场升到顶部时介入市场。许多人认为碰到这样的事是因为自己不走运,实际上,这只是因为他们想入非非,没有人能够比市场精明。人们还认为,在股市大跌或回调时投资股票是很危险的。其实此时只有卖股才是危险的,他们忘记了另一种危险,即踏空的危险,在股市飞涨的时候,手中没有股票。

(11)股票价格与公司赢利能力直接相关,这个简单的道理,经常被忽视,甚至老练的投资人也会视而不见。观看行情接收器的人开始认为股票价格有其自身的运动规律,他们跟随价格的涨落,研究交易模式,把价格波动绘成图形,在本应关注公司收益的时候,他们却试图理解市场在做什么。如果收益高,股价注定要涨,可能不会马上就涨,但终究会涨。而如果收益下降,可以肯定股价一定会跌。

(12)投资成功的关键之一是把注意力集中在公司上而不是股票上。

(13)关注一定数量的企业,并把自己的交易限制在这些股票上面,是一种很好的策略。每买进一种股票,就应当对这个行业以及该公司在其中的地位有所了解,对它在经济萧条时的应对、影响收益的因素都要有所了解。

3. 彼得·林奇理财四不要

(1)不要盲信专家意见

虽然利率和股市之间确实存在着微妙的相互联系,但专家也只是普通人,很难准确运用金融规律来提前说明利率的变化方向。相信成功得来不易,而且从小培养下一代成功致富观念的人,才是掌握命运、掌握财富,信奉智慧的人。

(2)不要盲信投资天赋

在股票选择方面,没有遗传得来的技巧。尽管许多人认为别人生来就是股票投资人,而把自己的失利归咎为天生愚笨。但彼得·林奇认为,他的成长历程说明,事实并非如此。在他的摇篮上并没有吊着股票行情收录机,长乳牙时也没有咬过股市交易记录单,这与人们所传贝利婴儿时期就会反弹足球的早慧截然相反。

(3)不要盲信各种理论

多少世纪以来,人们听到公鸡叫后看见太阳升起,于是认为太阳之所以升起是由于公鸡打鸣。这是一种悖论。但是多数人每天都在为运用各种理论来解释股市上涨的原因及影响而绞尽脑汁,这就像太阳之所以升起是由于公鸡打鸣一样让人不可理喻。

(4)不要盲信数学分析

彼得·林奇认为,股票投资是一门艺术,而不是一门科学。对于那些受到呆板的数量分析训练的人,处处都会遇到不利因素,如果可以通过数学分析来确定选择什么样的股票的话,还不如用电脑算命。选择股票的决策不是通过数学做出的,在股市上需要的全部数学知识也是人们在上小学四年级就学会了的。

4. 彼得·林奇的选股精髓

(1)公司的名字听起来枯燥乏味,甚至听起来很可笑则更好。彼得·林奇没有研究风水的意思,他对企业名字的要求应该是对管理层的要求——别花里胡哨的。

(2)公司业务枯燥乏味,甚至让人厌恶。彼得·林奇认为,这样的公司一般无人问津,甚至连研究员也不屑于去调研,但往往隐藏着黑马。

(3)公司在回购股票。股票回购之所以成为买入的理由,是因为公司的买入行为改变了市场的供求关系,使得市场求大于供,这样股价就会上扬。

(4)公司从母公司分拆出来。一般来说,这样的公司很多都有优秀的资产负债表。

(5)机构没有持股,分析师不追踪。曾经风光无限,如今无人关注的公司,可能是困境反转型公司。

(6)公司业务让人感到压抑。彼得·林奇列举的是一家丧葬公司,主要原因是华尔街没有人关注,但业绩其实非常好。为什么压抑的业务成为选股的准则?他认为是竞争比较少,有更大的发展空间。

(7)公司处在一个零增长行业中。通常来说,这样的公司面临较少的竞争。

(8)公司有一个利基。就是缝隙市场,不引人注意,却能够顺着这个缝隙向上攀登。林奇认为石料场比珠宝行更加安全,因为它有区域性的垄断优势。

(9)人们需要不断购买其产品的公司,因为这样的公司主营业务稳定,有拳头产品。

(10)公司是高科技产品的用户。只有这样,才利于公司的成本递减。

(11)公司内部人士在买入自家公司的股票。这说明公司的投资价值在提升,而内部人士近水楼台先得月。

6.4.3 本杰明·格雷厄姆

由股市造成的错误迟早都会由股市自身来纠正,市场不可能对明显的错误长久视而不见。

动机比外在表现更能确定购买证券是投资还是投机。

作为一个成功的投资者,应遵循两个投资原则:一是严禁损失,二是不要忘记第一条原则。

——本杰明·格雷厄姆

6.4.3.1 人物生平

本杰明·格雷厄姆(1894~1976),美国股票基本分析大师。格雷厄姆出生在英国伦敦,他满周岁时随父母迁到了纽约。他的父亲是一位从事进口贸易业务的商人,在格雷厄姆9岁时去世了,母亲抚养格雷厄姆和他的两个兄弟成人。格雷厄姆的母亲是一位愿意承担风险的人,她曾经进行过几次商业活动,结果都以失败告终,甚至在1907年,也就是金融恐慌的前夕,他的母亲把家里的积蓄都投入了股票市场,结果在股市恐慌中变成了一文不值的废纸。

家庭的不幸使家庭的经济常常处于紧张之中,格雷厄姆少年时期经历坎坷,高中和大学期间都要打工。在此期间,他获得了奖学金并进入哥伦比亚大学。毕业后要求留校,教授数学、英语和哲学。

1914年,格雷厄姆从哥伦比亚大学来到了华尔街,进入纽伯格·亨德森·劳伯公司,他从最底层的股市统计员起步,开始了其股票投资生涯。次年,他发现很多投资者的投资知识很有限,这些人非常依赖于时机。因此,1926年格雷厄姆离职并同一个合伙人杰里·纽曼开始创办自己的合伙人企业——格雷厄姆·纽曼公司。

同时,格雷厄姆开始写作,工作之余又开办财务讲座。该公司到1929年的时候,资本一度达到250万美元。然而,由于当时投机者们疯狂抬高价格,在随后的1929年股市狂跌浪潮中,他的合伙公司也未能幸免。到1932年,该公司账户资产已经跌去了70%,格雷厄姆濒临破产。幸亏他的合伙人注入了7万5千美元资金,使公司得以生存。格雷厄姆自1928起至1956年退休期间,在哥伦比亚大学担任讲师,讲授投资的普及课程。1934年,格雷厄姆出版了和多德合著的经典著作《有价证券分析》,该书发行了百余万册,成为证券分析专业人士的启蒙教材,更是几代证券投资者心中的投资圣经。1949年,格雷厄姆出版了其第二本经典著作《智力投资者》。

格雷厄姆所创立的投资价值理论对近代美国投资的学术影响颇为深远,他因此被誉为有史以来最伟大的股票投资理论家。在20世纪60年代,格雷厄姆曾被誉为“华尔街的教长”和“价值投资理论之父”。

值得一提的是,格雷厄姆在哥伦比亚大学讲授证券投资课程时,他与巴菲特相遇了。格雷厄姆是股神巴菲特的老师。1950年,巴菲特就在听格雷厄姆讲授证券投资课程。巴菲特毕业后曾主动提出无偿在格雷厄姆的投资公司工作,但被格雷厄姆婉言谢绝。后来,经过巴菲特多次请求,数年后,巴菲特如愿以偿,格雷厄姆终于答应让巴菲特在其公司工作。巴菲特发迹后,在1969年接受美国财经杂志《福布斯》采访时表示,他的投资技巧有八成半是来自他的老师格雷厄姆。

6.4.3.2 投资理论

1. 格雷厄姆的投资原则

(1)分散投资

投资组合应该采取多元化原则。投资者通常应该建立一个广泛的投资组合,把他的投资分布在各个行业的多家公司中,其中包括投资国债等,从而减少风险。

(2)价值投资

根据公司的内在价值进行投资,而不是根据市场的波动来进行投资。股票代表的是公司的部分所有权,而不应是日常价格变动的证明。股市从短期来看是“投票机”,从长期来看则是“称重机”。

(3)利用平均成本法进行有规律的投资

投资固定数额的现金,并保持有规律的投资间隔,即平均成本法。这样,当价格较低时,投资者可以买进较多的股票和基金;当价格较高时,就少买一些。暂时的价格下跌提供了获利空间,最终卖掉股票时所得会高于平均成本,也包括定期的分红再投资。

(4)买进安全边际较高的股票

投资者应该在他愿意付出的价格和他估计出的股票价值之间保持一个较大的差价,这个差价被称为安全边际,安全边际越大,投资的风险越低,预期收益越大。

2. 格雷厄姆五项价值选股标准

(1)股票派息率(不包括特殊派息)应不少于美国 AAA 债券回报率的$\frac{2}{3}$,而此公司也要有长期的稳定派息率,并未曾有间断派息记录。红利收益必须不少于 AAA 级债券收益的$\frac{2}{3}$。如果 AAA 级债券有 9% 的利润,则股票的收益至少必须有 6%。格雷厄姆和他的同事们同样证明:符合这三个准则之中前两条的股票,在过去的 50 年期间已经提供了平均每年 19% 的增值率,其中不包括红利以及佣金,远远高于道·琼斯指数的 3.5% 增长率。

(2)要求股票的盈利回报率应不少于美国 AAA 级的债券回报率的两倍才值得买入。

(3)要求股票的市盈率应低于其过去五年最高市盈率的 40%。公司的负债必须低于它的价值,也就是说,债务与有形资产的比值必须低于 1,其中将优先股按债务来计算。另外,投资回报率必须是现行 AAA 级债券收益的两倍。如果一只股票以 10 倍的价格出售的话,它的盈利净收益率就是 10%。如果以 5 倍市盈率的价格出售,它的投资回报率就是 20%。因此,如果 AAA 级债券产生 5% 的利润,投资者就可以买入投资回报率为 10% 的股票,或者说价格是收益的 10 倍的股票。如果 AAA 级债券产生 10% 的利润,那么股票的盈利净收益率必须是这个数目的两倍,即 20%,或者不超过收益的 5 倍。

(4)股价应低于每股流动资产净值的$\frac{2}{3}$。格雷厄姆所指的流动资产净值有别于现时一般的流动资产净值。他所指的每股流动资产净值相当于流动资产减"所有"负债,再用总发行股数来除以流动资产净值,便得出每股的流动资产净值,这是格雷厄姆最有名的一项选股准则。

投资者在查看公司的收入情况时,容易犯两个习惯性错误:一是总是把这一年的收入与前一年相比,而前一年由于追溯以往的影响,经过调整后已下降了,这就给人一种总在不断增长的假象;二是在不确定公司收益是否真的提高了如此多的情况下就认可了公司所报告的收入。

(5)股价应低于每股有形资产净值的$\frac{2}{3}$。如果每股有形资产净值为 810,股价便要低于 6.7 才值得买。

3. 格雷厄姆选择低值股票十大标准

格雷厄姆认为,当股价低于流动资产净值$\frac{2}{3}$时买入为上策。其实,此方法已包括了很多基本分析方法在内。首先,格雷厄姆所指流动资产净值是将流动资产扣除所有债务,与市面一般只扣除流动债务不同。流动资产(包括现金、应收账等)是指某些可于短时间内转成现金的资产,因此当公司流动资产高于总债务时,它还款将不会有困难。其次,格雷厄姆认为在公司清盘时,流动资产损失较低,通常均能大部分变成现金,因此流动资产净值可信性较资产净值高。同时因为流动资产净值为一种保守的清盘价值的计算方法,因此当某股股价低于此值时,可以算是超值股份。依据格雷厄姆的价值投资原理,可以总结出选择低值股票的十大标准:

(1)收益与价格比是 3A 级债券的两倍。如果 3A 级债券的收益率为 8%,则满足条件的股票收益率为 16%。

(2)本益比不低于最近五年最高平均本益比的$\frac{4}{10}$(平均本益比 $=\frac{\text{给定年份的平均股价}}{\text{当年收益}}$)。

(3)股利率不低于 3A 级债券收益率的$\frac{2}{3}$,不分配股利或无利润的股票不予考虑。

(4)股价不高于流动资产净值或速动清算净值的$\frac{2}{3}$。速动清算净值 = 流动资产 - 总负债。

(5)股价应低于每股有形资产账面净值的$\frac{2}{3}$。计算方法是:全部资产价值扣除商业信誉、专利权等无形资产后减去全部债务，再除以股份总数。

(6)流动比率不小于2。流动比率 $=\frac{\text{流动资产}}{\text{流动负债}}$，它反映了公司资产的流动性和偿债能力。

(7)总负债低于有形资产账面价值。

(8)最近10年中，利润下降超过5%的年份不超过两年。

(9)最近10年利润翻了一番。

(10)总负债不高于速动清算净值。

以上标准中：(1)~(5)用于测量风险大小；(6)~(7)定义财务健全性；(8)~(10)反映利润的稳定性。

4. 格雷厄姆卖股四准则

格雷厄姆花费他一生的时间来证明了他的基本准则，并了解其效用，所以他在1975年至1976年的工作中，并没有再核算增值率，而将卖股票的准则简化为下列四点：

(1)投资者购买的股票在已上涨了50%之后卖出。

(2)当市价只是当初买入价的50%时，应将股票卖出。

(3)投资者所买入的股票两年后卖出。

(4)如果分红被取消，则应将股票卖出。

5. 格雷厄姆给投资者的忠告

格雷厄姆经常扮演着先知的角色，为了避免投资者陷入投资误区，格雷厄姆在他的著作及演说中不断向投资者提出下列忠告：

(1)当怀疑产生时，想想品质方面的问题

如果一家公司营运不错，负债率低，资本收益率高，而且股利已连续发放了一些年，那么，这家公司应该是投资者理想的投资对象。只要投资者以合理的价格购买该类公司股票，投资者就不会犯错。格雷厄姆同时提请投资者，不要因所持有的股票暂时表现不佳就急于抛弃它，而应对其保持足够的耐心，最终将会获得丰厚的回报。

(2)注意规避风险

一般人认为股市中利润与风险始终是成正比的，而在格雷厄姆看来，这是一种误解。他认为，通过最大限度地降低风险而获得利润，甚至是无风险而获利，这实质上是高利润。在低风险的策略下获取高利润也并非没有可能，高风险与高利润并没有直接的联系，往往是投资者冒了很大的风险，而收获的却只是风险本身，即惨遭亏损，甚至血本无归。投资者不能靠莽撞投资，而应学会理智投资，时刻注意对投资风险的规避。

(3)关注公司的股利政策

投资者在关注公司业绩的同时，还必须关注该公司的股利政策。一家公司的股利政策既体现了它的风险，又是支撑股票价格的一个重要因素。如果一家公司坚持了长期的股利支付政策，这表示该公司具有良好的"体质"及有限的风险。而且相比较来说，实行高股利政策的公司通常会以较高的价格出售，而实行低股利政策的公司通常只会以较低的价格出售。投资者应将公司的胜利政策作为衡量投资的一个重要标准。

(4)以怀疑的态度去了解企业

一家公司的股价在其未来业绩的带动下不断向上攀升，投资者切忌盲目追涨，而应以怀疑的态度去了解这家公司的真实状况。因为即使是采取最严格的会计准则，近期内的盈余也可能是会计师所伪造的。而且公司采用不同的会计政策对公司核算出来的业绩也会造成很大差异。投资者应注意仔细分析这些新产生的业绩增长是真正意义上的增长，还是由于所采用的会计政策带来的，特别是对会计报告的附注内容更要多加留意。任何不正确的预期都会歪曲企业的面貌，投资者必须尽可能准确地做出评估，并且密切注意其后续发展。

(5)做一名真正的投资者

格雷厄姆认为，虽然投机行为在证券市场上有一定的定位，但由于投机者仅仅为了寻求利润而不注重对股票内在价值的分析,往往容易受到"市场先生"的左右,陷入盲目投资的误区,股市一旦发生大的波动常常使他们陷于血本无归的境地。而谨慎的投资者只在充分研究的基础上才作出投资决策,所冒风险要少得多,而且可以获得稳定的收益。

(6)规划良好的投资组合

格雷厄姆认为,投资者应合理规划手中的投资组合,组合中应保证25%的债券或与债券等值的投资和25%的股票投资,另外50%的资金可视股票和债券的价格变化而灵活分配其比重。当股票的赢利率高于债券时,投资者可多购买一些股票;当股票的赢利率低于债券时,投资者则应多购买债券。当然,格雷厄姆也特别提醒投资者,使用上述规则只有在股市牛市时才有效。一旦股市陷入熊市时,投资者必须当机立断卖掉手中所持有的大部分股票和债券,而仅保持25%的股票或债券。这25%的股票和债券是为了以后股市发生转向时所预留的准备。

6.4.4 沃伦·巴菲特

当他人害怕时,你应当设法对它感兴趣;当他人蜂拥而至时,你要小心提防。

我不理会股市的涨跌,不担心经济情势的变化,不相信任何预测,不接受任何内幕消息,我只注意两点:一是买什么股票;二是买入价格。

就投资而言,人们应该注意的,不是自己到底知道多少,而是应该注意自己到底有多少是不知道的。投资人不需要花太多时间去做对的事,只要他能够尽量避免去犯重大的错误。

——沃伦·巴菲特

6.4.4.1 人物生平

1930年8月30日,沃伦·巴菲特出生于美国内希拉斯加州的奥马哈。他的父亲霍华德·巴菲特是当地的证券经纪人和共和党议员。从最初开始,沃伦就超乎年龄地谨慎,他被母亲称为"很少带来麻烦的小孩"。

1929年,美国经济大萧条,父亲霍华德的证券经纪人工作陷入困境,致使家里的生活非常拮据。母亲常常克扣自己以便让丈夫和孩子吃得更饱些。直到沃伦开始念书的时候,这种状况才渐渐好转。经历了这些艰辛的岁月之后,他便怀有一种执著的愿望,想要变得非常富有。他在5岁之前便有了这个念头,而且自那以后,这种念头就从来没被抛弃过。

1941年,11岁的巴菲特购买了平生第一张股票——城市服务优先股,买入3股,成交价38美元/股。买后就跌了,但他坚持不卖。当股价涨至40美元时,他才卖掉。1944年,巴菲特将积攒下来的1200美元投资买下40英亩农田。

1949年,巴菲特考入哥伦比亚大学金融系,拜师于著名投资理论学家本杰明·格雷厄姆。在格雷厄姆门下,巴菲特如鱼得水。

1951年,巴菲特在哥伦比亚大学毕业后回到奥马哈,到父亲的交易部巴菲特-福尔克公司做股票经纪人。在巴菲特-福尔克公司他取得的最大进展不是在投资业上,而是在戴尔·卡内基的公开课上。在课上,他学到了在大庭广众之中谈吐自如的本领。以后,通过在奥马哈大学教《投资学原理》。他使自己的这种本领日臻完善,这种本领对他日后的投资至关重要。

1954年,巴菲特前往纽约到恩师格雷厄姆的投资公司——格雷厄姆-纽曼公司任职。由于格雷厄姆的保守态度,使他拒绝对公司进行任何主观的分析,而是乐于坚持自己的教学准则。这常使投资公司出现持币待投的现象,从而丧失了许多机会。巴菲特意识到这一点并开始研究质量因素对公司内在价值的影响。尽管格雷厄姆并不赞成巴菲特的做法,但巴菲特还是把这些研究结果默默地用在自己的投资上,他取得了比格雷厄姆-纽曼公司更高的投资收益率。

1956年,巴菲特回到家乡创立了巴菲特公司。7位家庭成员和朋友总计投入10.5万美元。巴菲特本人仅象征性地投资100美元。此后的一年多时间里,巴菲特又先后创建了4家合伙企业。这样,他在自己的家庭办公室内管理着5家投资合伙公司。到了1962年,巴菲特以10.5万美元创办的合伙公司,市值已达720万美元。于是,巴菲特合并了全部合伙企业,并将它们并入巴菲特合伙有限公司。1963

年,巴菲特合伙公司成为伯克希尔·哈萨韦公司的最大股东。

1968年,巴菲特公司的股票取得了它历史上最好的成绩:增长了59%,而道·琼斯指数才增长了9%。巴菲特掌管的资金上升至1亿400万美元,其中属于巴菲特的有2500万美元。

1968年,当股市一片凯歌的时候,巴菲特却通知合伙人,他要隐退了。随后,他逐渐清算了巴菲特合伙人公司的几乎所有的股票。之后,股市直下,渐渐演变成了股灾,到1970年5月,每种股票都要比上年初下降了50%,甚至更多。

1972年以后,巴菲特又连续买进多家股票,到1994年时,巴菲特的股票平均每年增值26.77%,高出道·琼斯指数近17个百分点。如果谁在1965年投资巴菲特的公司10000美元的话,到1994年,他就可得到1130万美元的回报。

2008年3月,《福布斯》杂志发布了全球富豪榜,巴菲特由于所持股票大涨,身家猛增100亿美元至620亿美元,问鼎全球首富,墨西哥电信大亨斯利姆以600亿美元位居第二,13年蝉联首富桂冠的微软主席盖茨退居第三。

作为当今世界最伟大的投资大师,巴菲特别具一格、深具内涵而又极易理解和操作的投资哲学与炒股策略已成为全球投资者的"圣经"。他的投资行为常常让华尔街人士目瞪口呆,其投资动向一直被许多投资者视为风向标。很多时候,仅仅因为他的一句话,一只股票就能高涨入云或者被打入地狱,形成了奇特的"巴菲特现象"。

6.4.4.2　投资理论

1. 巴菲特投资"金"定律

巴菲特是长线投资的代表人物,是坚定的价值投资者,他一旦选定某只股票,基本上都会长期持有,用他的话说就是"我最喜欢持有一只股票的期限是永远"。具体来说,巴菲特的投资定律有以下几点:

(1)拥有一只股票,期待它在下个星期就上涨,是十分愚蠢的。

(2)只投资未来收益确定性高的企业。

(3)利润的复合增长与交易费用、避税使投资人受益无穷。

(4)不要在意某家公司来年可赚多少,只要在意其未来5至10年能赚多少。

(5)投资人财务上的成功与他对投资企业的了解程度成正比。

(6)通货膨胀是投资者的最大敌人。

(7)不理会股市的涨跌,不担心经济形势的变化,不相信任何预测,不接受任何内幕消息,只注意两点:买什么股票和买入价格。

(8)价值型与成长型的投资理念是相通的。价值是一项投资未来现金流量的折现值,而成长只是用来决定价值的预测过程。

(9)利用市场的愚蠢,进行有规律的投资。

(10)"安全边际"从两个方面协助你的投资。首先是缓冲可能的价格风险;其次是可获得相对高的权益报酬率。

(11)买价决定报酬率的高低,即使是长线投资也是如此。

2. 巴菲特股市不败的六要素

(1)要看未来

人们把巴菲特称为"奥马哈的先知",因为他总是有意识地去辨别公司是否有好的发展前途,能不能在今后25年里继续保持成功。巴菲特常说,要透过窗户向前看,不能看后视镜。

预测公司未来发展的一个办法,是计算公司未来的预期现金收入在今天值多少钱。这是巴菲特评估公司内在价值的办法。然后他会寻找那些严重偏离这一价值、低价出售的公司。

(2)敢于冒险

绝大多数价值投资者天性保守,但巴菲特不同,他投资股市的620亿美元集中在45只股票上,他的投资战略甚至比这个数字更激进。在他的投资组合中,前10只股票占了投资总量的90%。

(3)赚钱而不要赔钱

巴菲特经常被引用的一句话就是:“投资的第一条准则是不要赔钱;第二条准则是永远不要忘记第一条。”因为如果投资一美元,赔了50美分,手上只剩一半的钱,除非有百分之百的收益,才能回到起点。

巴菲特最大的成就莫过于在1965年到2006年间,历经3个熊市,而他的伯克希尔·哈撒韦公司只有一年(2001年)出现亏损。

(4)要有耐心

如果你在股市里换手,那么可能错失良机。巴菲特的原则是:不要频频换手,直到有好的投资对象才出手。

巴菲特常引用传奇棒球击球手特德·威廉斯的话:“要做一个好的击球手,你必须有好球可打。”如果没有好的投资对象,那么他宁可持有现金。据统计,现金在伯克希尔·哈撒韦公司的投资配比中占18%以上,而大多数基金公司只有4%的现金。

(5)别被收益蒙骗

巴菲特更喜欢用股本收益率来衡量企业的盈利状况。股本收益率是用公司净收入除以股东的股本,它衡量的是公司利润占股东资本的百分比,能够更有效地反映公司的盈利增长状况。

根据他的价值投资原则,公司的股本收益率应该不低于15%。在巴菲特持有的上市公司股票中,可口可乐的股本收益率超过30%,美国运通公司达到37%。

(6)坚持投资能对竞争者构成巨大“屏障”的公司

预测未来必定会有风险,因此巴菲特偏爱那些能对竞争者构成巨大“经济屏障”的公司。这不一定意味着他所投资的公司一定独占某种产品或某个市场。例如,可口可乐公司从来就不缺竞争对手。但巴菲特总是寻找那些具有长期竞争优势、使他对公司价值的预测更安全的公司。

3. 巴菲特理财法:“三要三不要”

以下是堪称巴菲特投资理念精华的“三要三不要”理财法:

(1)要投资易了解、前景看好的企业。巴菲特认为凡是投资的股票必须是自己了如指掌,并且具有较好行业前景的企业。不熟悉、前途莫测的企业即使被说得天花乱坠也毫不动心。

(2)要投资资源垄断型行业。从巴菲特的投资构成来看,道路、桥梁、煤炭、电力等资源垄断型企业占了相当份额,这类企业一般是外资入市购并的首选,同时独特的行业优势也能确保效益的平稳。

(3)要投资那些始终把股东利益放在首位的企业。巴菲特总是青睐那些经营稳健、讲究诚信、分红回报高的企业,最大限度地避免股价波动,确保投资的保值和增值。而对于总想利用配股、增发等途径榨取投资者血汗的企业一概拒之门外。

(4)不要跟风。2000年,全世界股市出现了所谓的网络概念股,巴菲特却称自己不懂高科技,没法投资。一年后全球出现了高科技网络股股灾。

(5)不要贪婪。1969年整个华尔街进入了投机的疯狂阶段,面对连创新高的股市,巴菲特却在手中股票涨到20%的时候就非常冷静地悉数全抛。

(6)不要投机。巴菲特常说的一句口头禅是:拥有一只股票,期待它下个早晨就上涨是十分愚蠢的。

4. 巴菲特推荐投资者要读的书

巴菲特投资股票赚钱的能力让众多热衷投资的人羡慕不已,那么,如何才能更好地向他看齐呢?股民朋友们如果抽时间读读巴菲特推荐给投资者阅读的书籍,也许会有所帮助。

(1)《证券分析》(格雷厄姆著)

这本格雷厄姆的经典名著,是专业投资者必读的书目,巴菲特认为每一个投资者都应该阅读此书10遍以上。

(2)《聪明的投资者》(格雷厄姆著)

这本书是格雷厄姆专门为业余投资者所著的,被巴菲特称之为“有史以来最伟大的投资著作”。

(3)《怎样选择成长股》(费舍尔著)

巴菲特称自己的投资策略是“85%的格雷厄姆和15%的费舍尔”。他说:“运用费舍尔的技巧,可以了解这一行……有助于做出一个聪明的投资决定。”

(4)《巴菲特致股东的信:股份公司教程》

本书搜集整理了巴菲特20多年来致股东的信中的精华段落,巴菲特认为此书是整理其投资哲学的一流工作。

(5)《杰克·韦尔奇自传》(杰克·韦尔奇著)

本书被称为"世界第一CEO自传"。在本书中,杰克·韦尔奇首次透露了他管理的秘诀:在短短20年间如何将通用电气从世界第十位提升到第二位,市场资本增长30多倍,达到4500亿美元,以及他的成长岁月、成功经历和经营理念。巴菲特是这样推荐这本书的:"杰克是管理界的老虎伍兹,所有CEO都想效仿他。他们虽然赶不上他,但是如果仔细聆听他所说的话,就能更接近他一些。"

(6)《赢》(杰克·韦尔奇著)

巴菲特称"有了《赢》,再也不需要其他管理著作了",这种说法虽然显得夸张,但是也证明了本书的分量。

6.4.5 拉尔夫·尼尔森·艾略特

一个运动之后必有相反运动发生。

主趋势上的推进波与主趋势方向相同,通常可分为更低一级的五个波;调整波与主趋势方向相反,或上升或下降,通常可分为更低一级的三个波。

八个波浪运动(五个上升,三个下降)构成一个循环,自然又形成上级波动的两个分支。

市场形态并不随时间改变,波浪时而伸展时而压缩,但其基本形态不变。

——拉尔夫·尼尔森·艾略特

6.4.5.1 人物生平

拉尔夫·尼尔森·艾略特(1871~1948)是美国股票分析大师,波浪理论的创始人。

1871年,艾略特出生于美国堪萨斯州的玛丽维斯镇的一个商人家庭。1891年,艾略特20岁那年,于铁路兴盛的高潮中去往墨西哥的铁路上工作,他被雇为巡道工、列车调度员、速记员、电报操作员和车站管理人。大约在1896年,艾略特开始从事会计职业,在随后的25年里,他曾在几家股份公司供职。1919年,艾略特曾担任美国皮亚斯石油公司审计员。1924年夏季,他加入纽约商业月刊《茶室与礼品店》的编辑队伍,专司专栏评论,受到读者关注。

1924年12月,艾略特在好友的举荐下,被美国国务院任命为组建尼加拉瓜国民银行总会计师。此后不久,改任中美洲国际铁路公司总审计师。在此期间,艾略特于1926年撰写出版的《茶室与自助餐厅的管理》获得了好评。在该书中,显示出了他对商业循环的兴趣。在该书的结论中,艾略特有诗意地将商业循环称作"经济循环的潮起与潮落",这个词组后来被他称之为"波浪"。

20世纪20年代飙升的股市波峰,以及紧接着的股市崩盘,这些事件激发了艾略特的兴趣。随后,他阅读了大量《道氏理论》等股评文章。1932年,已患病多年的艾略特开始将其精力转入研究股票市场行为。

1934年12月9日,艾略特在给柯林斯的信中,简要介绍了波浪理论。1938年,艾略特开始潜心于研究波浪理论在市场的应用,他于1945年发表了《自然法则——宇宙的奥秘》,后并入波浪理论。

艾略特首先发现并将波浪理论应用于证券市场,但当时这些研究成果尚未形成完整的体系。在艾略特生前,波浪理论也没有得到社会的广泛承认。直到柯林斯的专著《波浪理论》出版后,才使波浪理论正式以技术分析的面孔登上了证券市场的大舞台。

6.4.5.2 投资理论

1. 波浪理论概述

波浪理论是技术分析大师拉尔夫·纳尔逊·艾略特发明的一种分析工具,与其他追随趋势的技术方法不同,波浪理论可以在趋势确立之时预测趋势何时结束,是现存最好的一种预测工具。

艾略特理论认为,不管是多头市场还是空头市场,每个完整循环都会有几个波段。无论是多头市场还是空头市场,第五波段是最长的,即上升时升幅最大,下降时跌幅自大。

多头市场的一个循环中前五个波段是看涨的,后三个则是看跌的;而前五个波段中,第一、三、五,即奇数序号是上升的,第二、四、六波段,即偶数波段中的六波段偶数序号是明显看跌的;第七为奇数序号则是反弹整理。因此奇数序波段基本上在不同程度上是看涨的或反弹,而偶数序波段则是看跌或回跌,整个循环呈现的是一上一下的总规律。而从更长的时间看,一个循环的前五个波段构成一个大循环的第一波段,后三个波段构成大循环的第二个波段。整个大循环也由八个波段组成。

就空头市场看,情形则相反,前五个波段是看跌行情,后三个则呈现看涨行情。前五个波段中,又是第一、三、五奇数序波段看跌,二、四偶数序波段反弹整理,看涨行情的三段中,则第六、八段看涨,第七回跌整理。整个循环依然是一上一下的八个波段。在空头市场,一个循环也构成一个大循环的第一、二个波段,大循环也由八个波段组成。

(1)股价指数的上升和下跌将会交替进行。

(2)推动浪和调整浪是价格波动两个最基本型态,而推动浪(即与大市走向一致的波浪)可以再分割成五个小浪,一般用第1浪、第2浪、第3浪、第4浪、第5浪来表示,调整浪也可以划分成三个小浪,通常用A浪、B浪、C浪表示。

(3)在上述八个波浪(五上三落)完毕之后,一个循环即告完成,走势将进入下一个八波浪循环。

(4)时间的长短不会改变波浪的形态,因为市场仍会依照其基本型态发展。波浪可以拉长,也可以缩细,但其基本型态永恒不变。

总之,波浪理论可以用一句话来概括,即“八浪循环”,如图6-1所示。

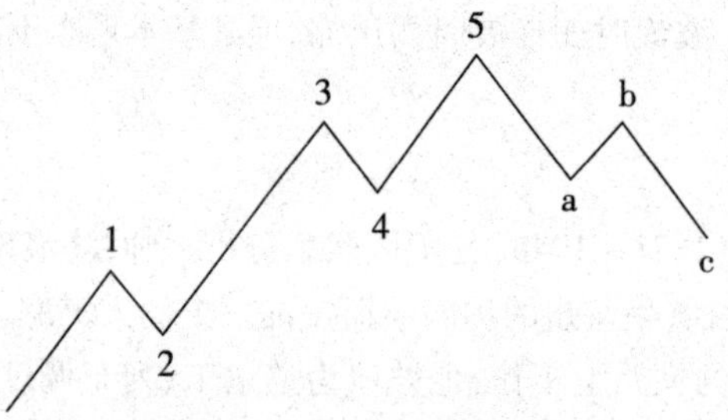

图6-1　八浪循环

2. 波段理论精要

(1)一个完整的循环包括八个波浪,五上三落。

(2)波浪可合并为高一级的浪,亦可以再分割为低一级的小浪。

(3)跟随主流行走的波浪可以分割为低一级的五个小浪。

(4)1、3、5三个波浪中,第3浪不可以是最短的一个波浪。

(5)假如三个推动论中的任何一个浪成为延伸浪,其余两个波浪的运行时间及幅度会趋一致。

(6)调整浪通常以三个浪的形态运行。

(7)黄金分割率理论奇异数字组合是波浪理论的数据基础。

(8)经常遇见的回吐比率为0.382、0.5及0.618。

(9)第四浪的底不可以低于第一浪的顶。

(10)艾略特波段理论包括三部分:型态、比率及时间,其重要性以排行先后为序。

(11)艾略特波段理论主要反映群众心理。越多人参与的市场,其准确性越高。

3. 波浪理论应用

第1浪

循环的开始,属于营造底部形态的一部分,涨幅通常为五浪中最短的行情。此时,买方力量并不强大,市场继续存在卖压。

第2浪

回档幅度往往很深,几乎吃掉第1浪升幅,人们误以为熊市尚未结束。此浪近底部时,市场惜售,抛售压力渐衰,成交量渐减,是为结束。2浪能在1浪底部上方打住,往往可构成三重底、双重底、倒头肩性底等图表形态。浪2的回撤总是小于浪1幅度的100%。

第3浪

此浪涨势往往最大，持续时间最长，在5浪结构中决不会最短。此时，投资者信心恢复，成交量大幅上升，时常出现突破信号。浪3的运动总会超过浪1的终点。

第4浪

调整浪，形态较复杂，构造与2浪不同，时常出现倾斜三角形走势，但其底部不会低于第1浪顶点。这是艾略特波浪理论的中心法则之一。4浪在以后的熊市中起到显著的支撑作用。通常这一轮熊市不会跌过比它低一层次的、前面牛市中形成的第4浪，可用来测算价格下跌的最远目标。但也有例外。股市中的4浪不可以与1浪有重叠，这是铁律；但在期货市场不那么严格。

第5浪

在股市中涨势通常小于第3浪，并且常出现失败情况；而在期货市场中，第5浪经常是最长的，并有可能出现延伸浪。第5浪中，许多验证性指标，如OBV等，开始落后于价格变化。

A浪

仅为一暂时的回档现象，实际上在第5浪中已有警告信号。多数人认为上升行情尚未逆转，只是当A浪出现5浪结构时才认识到它的到来。

B浪

成交量不大，一般为旧有多头的逃命线，也是建立新空头头寸的第二次机会。由于是一段上升行情，易使人误以为另一涨势，成为多头陷阱，许多人在此被套牢。此浪有可能上试旧高点构成双重顶，甚至先越过旧高点才向下。

C浪

破坏力极强的下跌浪，跌势强劲、跌幅大、持续时间长，出现全面性下跌。C浪的出现，宣告上升趋势的真正结束。C浪跌过A浪的底，形成卖出信号。将4浪和A浪的底连一直线，有时构成头肩形。波浪的浪数序列服从费波尼西数列。

6.4.6　杰西·利弗莫尔

投机是世界上最刺激的游戏。懒惰的人、愚蠢的人、心智发育不平衡的人、妄想一夜暴富的人是不可能参与的。

利润会自己集聚起来，而损失却不会。投机者期望规避大的损失，就必须从规避一个个小的损失做起。

警惕所有的所谓内部消息。试想，如果有那么容易挣到的钱，怎么还会有人让它掉进你的腰包？

把赚到的利润消费掉一部分，拿出来一部分，体会一下成功。

——杰西·利弗莫尔

6.4.6.1　人物生平

杰西·利弗莫尔1877年出生于马萨诸塞州，是一个农场主的儿子。利弗莫尔很早的时候就辍学到波士顿一家公司工作。他所做的工作就是把股票、债券和商品的价格写到一个大黑板上。有一天，他发现价格的变动通常是可以预知的。于是，他认为自己找到了发财之道。

由于资金有限，利弗莫尔只能进行一些小的投机。尽管如此，到15岁的时候，他也已经积累了1000美元——这在当时这已经不是一个小数目了，甚至连他的母亲也不敢相信儿子能“变出”这么多钱。

由于沉迷于股票交易，杰西·利弗莫尔被那家公司扫地出门，于是他成了名副其实的职业股票投机商。但不幸的是，由于他的巨大成功，他被禁止在波士顿从事股票交易。出于无奈，利弗莫尔只好辗转于美国中西部和东海岸，并尽量使用化名以躲过交易商们对他的“封杀”。20岁的时候，利弗莫尔赚了5万美元后，去了纽约。

在纽约正式开始了自己的职业生涯后，利弗莫尔于1906年获得了一些有关联合太平洋公司的小道消息，于是巨额做空该公司的股票。然而，联合太平洋的股价不跌反涨，利弗莫尔因此陷入困境。不过旧金山大地震最终救了利弗莫尔一命,联合太平洋股价暴跌,利弗莫尔起死回生,并最终在这笔交易中获利25万美元。1907年,利弗莫尔获得了“熊杀手”的美誉,就连强大的J. P. 摩根有时也不得不派中间人请求利弗莫尔手下留情。

二十世纪著名的投资家江恩曾在其《华尔街45年》一书中称利弗莫尔为“那个时代最杰出的证券投机商”。他认为,利弗莫尔信誉卓绝,即使他刚从破产法庭释放,人们也不会怀疑他的偿债能力。江恩的美誉绝不是空穴来风。

1913年,包括江恩和利弗莫尔在内的众多投资者和投机商都曾因为经纪公司的破产而遭受巨额损失。而利弗莫尔1917年就东山再起,还清了由于破产欠下的所有债务。通过这件事,利弗莫尔赢得了崇高的信誉。

1934年,当利弗莫尔再次陷入困境时,人们依旧支持他,助他再次崛起,因为人们相信利弗莫尔的信誉。在利弗莫尔事业的巅峰时期,他在数个国家拥有房产,还有劳斯莱斯轿车、游艇,时常举行奢侈的社交聚会。利弗莫尔拥有多处宽敞明亮、设施先进的办公室,同时他还雇有专门的研究队伍。

不过同他在华尔街获得的巨大成功同样出名的是,利弗莫尔的弱点也人人皆知,那就是他只知道研究如何挣取利润而忽视研究如何保住利润。利弗莫尔贪婪地追逐利润,一旦获取了巨额利润就忘乎所以。所以,他常常忽视市场的基本规律而要求市场按照他自己设计的轨迹运动。

杰西·利弗莫尔一直生活在这样的成功与破产的交替中。不过他的第三次破产颇有些“冤枉”。第一次世界大战期间,利弗莫尔预测咖啡价格将会大涨,尽管获利不菲,但却被政府以发国难财为由判为无效。顷刻间,400万美元得而复失。于是,利弗莫尔经历了其职业生涯之中的第三次破产。

1940年,杰西·利弗莫尔出版了《如何进行股票交易》一书,但公众对这本书并不感兴趣。同年,利弗莫尔在曼哈顿一家饭店大醉之后给他的第三任妻子写了一封8页纸的信,在信中利弗莫尔承认“我的生活是失败的”。然后,利弗莫尔在饭店的衣帽间自杀身亡。他死后留下的财产不足1万美元。

《纽约时报》引用了利弗莫尔的墓志铭作为对这位股市传奇人物的评价:“他的去世为一个时代画上了句号。”

6.4.6.2 投资理论

1. 杰西·利弗莫尔的交易策略

利弗莫尔这位隐逸天才的那些富有革命性的交易策略,在今天仍为人们广泛使用。利弗莫尔的交易策略是在自己多年的股票交易经历中逐步形成的。其中最重要的一些策略,主要如下:

(1)赚大钱要靠主要波动

赚大钱不是靠个股股价起伏,而是靠主要波动,也就是说不靠解盘,而靠评估整个市场和市场趋势。能够同时判断正确又坚持不动的人很罕见,利弗莫尔发现这是最难学习的一件事情。但是股票作手只有确实了解这一点之后,才能够赚大钱。

(2)坚决执行向上的金字塔买入原则

利弗莫尔认为,股票永远不会太高,高到让你不能开始买进,也不会低到不能开始卖出。但是在第一笔交易后,除非第一笔出现利润,否则别做第二笔。利弗莫尔认为,如果你的头笔交易已经处于亏损状态,就绝不要继续跟进,绝不要摊低亏损的头寸,投资者一定要把这个想法深深地刻在脑子里。只有当股价不断上涨的情况下,才继续购买更多的股份。如果是向下放空,只有股价符合预计向下走时,才一路加码。因此,利弗莫尔喜欢做空那些价格创新低的股票。

(3)坚决执行止损规则

利弗莫尔把自己的首次损失控制在10%以内。他说,确保投机事业持续下去的唯一抉择是,小心守护自己的资本账户,决不允许亏损大到足以威胁未来操作的程度,留得青山在,不怕没柴烧。

(4)以研究大盘趋势为基础

利弗莫尔的交易系统的精华,是以研究大盘趋势为基础。一定要等到大盘上涨时,才开始买进,或者在大盘下跌时,才开始放空。利弗莫尔认为,世界上最强、最真实的朋友就是大盘趋势。当市场犹疑不决或是上下振荡的时候,利弗莫尔总是待在场外。他不遗余力地一再重复这些原则:一厢情愿的想法必须彻底消除；假如你不放过每一个交易日，天天投机，那么就不可能成功；每年仅有寥寥可数的几次机会，可能只有四五次，只有这些时机，才可以允许自己下场开立头寸；在上述时机之外的空当里，投资者应该让市场逐步酝酿下一场大幅运动。

（5）避免购买那些低价的股票

利弗莫尔认为，大笔的利润是在大的价格起伏中获得的，它通常不会来自那些低价的股票。

（6）追随"领头羊"股票

利弗莫尔认为，股票操作时一定要追随"领头羊"，其他股票何去何从用不着考虑。投资者关注的重点应该是那些领头行业和强势行业中的领头股票。"领头羊"股票的一个重要特征是突破阻力区域、率先创造新的最高价格。但要记住，今天的"领头羊"也许不是两年之后的"领头羊"。正如妇女的衣服、帽子、人造珠宝的时尚总是随着时间的推移而变化，股票市场也不断抛弃过去的领头羊，新领头羊取代了旧领头羊的位置。以前牛市中的领头羊股票很难成为新的牛市中的领头羊股票，这是很有道理的，因为经济和商业情况的变化将产生更大预期利润的新的交易机会。

2. 杰西·利弗莫尔的投资原则

利弗莫尔相信，股市是最难取得成功的领域之一，因为这里牵涉到许多人和人性，而要控制和克服人性是十分困难的。利弗莫尔对市场的心理层面非常感兴趣，他曾经专门去上心理学课程，所花心血不亚于研究证券。

同时，利弗莫尔十分热衷于了解市场的每一个层面，即使大部分人可能认为那些领域和证券业根本风马牛不相及，但他却愿意掌握每一个机会，去改善操作技巧。

从1892年到1940年，利弗莫尔积极参与股票操作长达48年，度过了无数次的兴衰起伏、破产和惊人的财富。最后，发展出他自己的几套操作获利的策略。

（1）频繁交易是失败者的玩法，不会取得太大的成功。操作股票获利的时机有许多，但有些时候，应该缩手不动，绝不操作。当市场缺乏大好机会，经常休息和度假是很明智的选择。因为在纷纭的市场中，有时退居场边当个旁观者，可以比日复一日不断观察小波动，更能看清重大的变化。

（2）集中全力操作新多头市场中的领先股，即先等市场确认哪些股票是领先股——通常是涨势最强的股，再进场操作。集中火力操作领先股群，而不是分散投资到整个市场。避开疲软的行业，以及那些行业中疲软的股票，即不买便宜的股票。因为疲弱不振、价格下滑的股票总是很难回升，所以交易者要限制自己只买正往前冲刺、交易热络的股票。

某一股群中的大部分股票，后市展望相同，即"显而易见的股群倾向"。领先股群中，如果某只股票的表现异常突出，同一股群的一些股票也会有不错的表现。这是价格走势一个很重要的因素，所以交易者应该经常观察相同股群中的多只股票，密切留意动向。如果强势市场中，某一股群的股票表现不是很强，应该将该股群的头寸轧平，或者完全避开那个股群的任何股票。

（3）利弗莫尔认为，并不是每个人都适合股票操作的，愚蠢、懒惰、情绪有欠平衡，尤其是想一夜致富的人，不适合从事这一行。冷静的头脑是操作成功的关键素质，唯其如此才能维持健全的精神平衡状态，即不被希望或恐惧牵着鼻子走。

利弗莫尔认为有三样特质是不可或缺的，包括：控制情绪，即控制影响每一位交易人的心理层面；拥有经济学和景气状况基本面的知识，这是了解若干事件对市场和股价可能造成什么影响的必要智慧；保持耐性，愿意放手让利润愈滚愈大，是杰出交易人不同于平庸交易人的重要特质。

另外，利弗莫尔认为投资者还必须具备四种关键技能和特质，分别为：观察，即只看事实资料；记忆，即记住关键事件，以免重蹈覆辙；数学，就是要了解数字和基本面，这也是利弗莫尔天赋异禀的才能；经验，即从你的经验和错误中学习。

（4）试探性操作策略和金字塔操作策略。进场操作之前，最明智的做法是先了解大盘的趋势，市场会将未来融入眼前，这也正是难以准确预测市场将来会朝哪个方向发展的原因。市场总是做它想做的事，不做交易人期望它做的事。所以，在多头市场中做多，在空头市场中放空。如果市场横向整理，就抱着现金退居场外，直到讯号证实趋势往某个方向走为止。发掘趋势的变化，是很难做的事情，因为它和交易人目前的想法、做法恰好背道而驰。这也是利弗莫尔开始使用试探性操作策略的原因。

该策略的执行方式是先建立一部分的股票头寸,直到买足投资者起初打算拥有的全部股数为止。因此,在实际着手买进前,决定好到底买多少股是很重要的一件事。这是妥善的资金管理规划下的产物,也是利弗莫尔的重要守则之一。先建立一个小头寸,测试一下那只股票,这就是试探性操作策略,目的是观察初步的研究是否正确。如果股价走势符合规划的方式,就买入更多,但陆续买进的股票,价位一定愈来愈高,这一做法就是金字塔操作策略(在股票上涨途中加码经营)。

这一策略在当时听起来十分离经叛道,因为大部分人认为,要买到便宜货,应该逢低承接,而不是愈买愈高才对。但另辟蹊径的利弗莫尔认为,最近买进的股票,如果走势证明交易商是对的,放手买进更多,交易商得到的报酬便能锦上添花,投资利益更上一层楼。他总是在价格上涨途中,执行逢高摊平操作,而不是下跌时逢低摊平。

3. 杰西·利弗莫尔《股票作手回忆录》的九个要点

(1)市场是有规律的,市场的规律性缘因于不变的人性。

(2)耐心等待市场真正完美的趋势,不要做预测性介入;“时机就是一切”,在恰当的时候买进,在恰当的时候卖出。

(3)正确就是正确,错误就是错误,只做正确的事情,不要错上加错。

(4)市场包容和消化一切,它永远都是正确的,顺应市场是最明智的。

(5)亏损是交易的成本,失败并不可怕,可怕的是没有从失败中得到足够的教训。

(6)交易就是理性与情感的对抗,交易需要理性的计划。

(7)控制你的交易,管理你的资金。

(8)投资者最大的敌人不是市场,不是别的其他,而是投资者自己,大波动才能让你挣大钱。

(9)投机是一场游戏,更是你自己的事业,需要持续的努力、付出和总结。

6.4.7 威廉·江恩

伟大的波动法则的基础是相同的背景产生相同的事物,相同的原因产生相同的结果。经过长期的研究,我发现波动法则帮助我准确地预测股票及期货特定时间中的特定价位。

时间是决定市场走势的最重要因素,经过详细研究大市及个别股票的历史纪录,你将可以给自己证明,历史确实重复发生,而了解过去,你就可以预测未来。

——威廉·江恩

6.4.7.1 人物生平

威廉·德尔伯特·江恩(1878~1955),出生在美国得克萨斯州的路芙根市爱尔兰移民家庭。江恩的出生地及家庭环境对其一生有着很大的影响。他的家乡盛产棉花,江恩小时候便目睹了棉花生产商和批发商利用期货市场去为实物做交易。长期的耳濡目染,使江恩对期货产生了浓厚的兴趣。

1902年,江恩第一次参加棉花期货交易,自此便与期货结下不解之缘,直到其生命终止,期货市场也是他整套理论最初的实验场所。江恩的父母均是爱尔兰裔移民,像他的母亲一样,江恩也是一名虔诚的基督教徒。江恩熟读《圣经》,受到《圣经》的启发,发现了市场的循环周期。

1906年,江恩年纪轻轻就开始了股票经纪人生涯,在入市买卖的过程中,他很早就觉察出自然定律是一切市场波动的基础,而要预知市场以后的周期规律,就必须研读相关知识。为此,他花费10多年的时间。最终,江恩把注意力集中在古代数学与星象学对投资市场的影响之上,从而揭开了自然界与投资市场的有机联系,提出了金融市场是依据“波动法则”运行的,这种法则可以预测市场某种特定时间的准确价位。

1908年,江恩30岁时移居纽约,有了自己的经纪业务,并开始验证其市场分析理论及买卖技巧。同年8月,江恩发表了其最为重要的市场走势预测方法,名为“控制时间因素”。经过多次准确预测,江恩声名鹊起。

江恩的成功预测是基于数学原理。他通过长期的研究观察,把星象学、天文学、几何学、周期理论融合在一起,创立了一套独特的分析方法。江恩出版的《波动法则》、《江恩周期理论》等书是江恩理论体系的精髓;《江恩角度线》、《江恩四方形》是江恩创立的投资分析工具。

20世纪初,很少有人知道江恩用一种与众不同的交易方法,在证券市场上取得了惊人的成功。之后,江恩的交易记录引起了一家名为《股票行情自动收录机和投资文摘》杂志的注意。1909年,该杂志发表了江恩访谈录,向世人介绍了江恩的交易方法。在江恩的事业顶峰期间,他聘用了35名工作人员,成立了两个证券研究公司,出版多种投资通讯。20世纪30年代初,江恩购买了私人飞机。于是,他周游全美,收费演讲,传授其技术分析理论。

江恩用自己创立的理论,在其生前的50年职业股票和期货交易中,共赚取了5000多万美元。如此巨大的财富,在20世纪50年代的普通人眼里,就像天文数字一样。江恩独创的理论和成功的交易成就,使他成为传奇式的股票和期货交易巨匠,以至于现在如果讲述证券股票交易的经典理论,不提到江恩理论就不能称其为完整。

6.4.7.2 投资理论

1. 江恩二十一条买卖法则

江恩认为,进行交易必须根据一套既定的交易规则去操作,而不能随意地买卖,盲目地猜测市场的发展情况。随着时间的转变,市场的条件也会跟随转变,投资者必须学会跟随市场的转变而转变,而不能认死理。

(1)每次入市买、卖,损失不应超过资金的十分之一。

(2)永远都设立止损位,减少买卖出错时可能造成的损失。

(3)永不过量买卖。

(4)永不让所持仓位转盈为亏。

(5)永不逆市而为。市场趋势不明显时,宁可在场外观望。

(6)有怀疑,即平仓离场。入市时要坚决,犹豫不决时不要入市。

(7)只在活跃的市场买卖,买卖清淡时不宜操作。

(8)永不设定目标价位出入市,避免限价出入市,而只服从市场走势。

(9)如无适当理由、不将所持仓平盘,可用止赚位保障所得利润。

(10)在市场连战皆捷后,可将部分利润提取,以备急时之需。

(11)买股票切忌只望分红收息,赚市场差价第一。

(12)买卖遭损失时,切忌赌徒式加码,以谋求摊低成本。

(13)不要因为不耐烦而入市,也不要因为不耐烦而平仓。

(14)肯输不肯赢,切戒。赔多赚少的买卖不要做

(15)入市时落下的止损位,不宜胡乱取消。

(16)做多错多,入市要等候机会,不宜买卖太密。

(17)做多做空自如,不应只做单边。

(18)不要因为价位太低而吸纳,也不要因为价位太高而沽空。

(19)永不对冲。

(20)尽量避免在不适当时搞金字塔加码。

(21)如无适当理由,避免胡乱更改所持股票的买卖策略。

2. 江恩回调法则

回调是指价格在主运动趋势中的暂时反转运动。回调理论是江恩理论中重要的一部分。

根据价格水平线的概念,50%、75%、100%作为回调位置是对价格运动趋势构成的强大支持或阻力。例如:某只股票价格从40元最高点下降到20元最低点开始反转,价格带的空间是40元减去20元为20元。这一趋势的50%为10元,即上升到30元时将回调。而30元与20元的价格带的50%为5元,即回调到25元时再继续上升。升势一直到40元与20元的75%,即35元再进行50%的回调,最后上升到40元完成对前一个熊市的100%回调。

3. 江恩循环理论

江恩把他的理论用按一定规律展开的圆形、正方形和六角形来进行描述。这些图形包括了江恩理论中的时间法则、价格法则、几何角、回调带等概念,图形化地揭示了市场价格的运行规律。

江恩认为较重要的循环周期有:

(1)短期循环:1 小时、2 小时、4 小时、…18 小时、24 小时、3 周、7 周、13 周、15 周、3 个月、7 个月。

(2)中期循环:1 年、2 年、3 年、5 年、7 年、10 年、13 年、15 年。

(3)长期循环:20 年、30 年、45 年、49 年、60 年、82 或 84 年、90 年、100 年。

30 年循环周期是江恩分析的重要基础,因为 30 年共有 360 个月,这恰好是 360 度圆周循环,按江恩的价格带理论对其进行$\frac{1}{8}$、$\frac{2}{8}$、$\frac{3}{8}$……$\frac{7}{8}$划分等,正好可以得到江恩长期、中期和短期循环。

十年循环周期也是江恩分析的重要基础,江恩认为,十年周期可以再现市场的循环。例如,一个新的历史低点将出现在一个历史高点的十年之后,反之,一个新的历史高点将出现在一个历史低点之后。同时,江恩指出,任何一个长期的升势或跌势都不可能不做调整地持续三年以上,其间必然有三至六个月的调整期。因此,十年循环的升势过程实际上是前六年中,每三年出现一个顶部,最后四年出现最后的顶部。

上述长短不同的循环周期之间存在着某种数量上的联系,如倍数关系或平方关系。江恩将这些关系用圆形、正方形、六角形等显示出来,为正确预测股市走势提供了有力的工具。只有熟练地掌握了循环理论,才能可以有效地把握进出市场的时机,成为股市的赢家。

4. 江恩波动法则

江恩波动法则包含着非常广泛的内容,但江恩在世时,又没有给出明确的波动法则定义,这也就造成了之后研究江恩理论的分析家对波动法则的不同理解。有一个音乐家兼炒家彼得曾写过一篇关于从乐理角度去解释波动法则的文章,他认为,江恩理论与乐理一脉相承,两者都是波动法则的不同理解。音节的基本结构由七个音阶组成,在这七个音阶中,发生共震的是 C 与 G 及高八度的 C,亦即百分之十及一倍水平。也就是说,音阶是以二分之一、三分之一、四分之一及八分之一的形式产生共震,因此频率的一倍、两倍、四倍、八倍会产生共震,而上述比例及倍数与江恩的波动法则有着密切联系,也就是江恩的分割比率。

江恩波动法则中非常强调倍数关系和分割比率的分数关系,而倍数关系和分数关系是可以相互转化的,这就要看我们所取数值的大小。如:一个庄家要把 4.00 元的股票做到 8.00 元,那么从 4 元至 8 元上涨 100% 为 1,而 6.00 元是上涨的 50%,5.00 元为上涨的 25%,7.00 元为上涨的 75%,那么这些位置是江恩分割比率要重视的位置。如果我们把 4.00 元涨至 5.00 元,涨幅 1.00 元作为涨幅的第一阶段为 1 的话,那么到 6.00 元涨 2 元,到 8.00 元涨 4 元,就是第一段涨幅 1 元的倍数关系,这又是江恩波动法则强调的可能产生共震点的倍数关系。倍数关系可以无限扩大,分数关系可以无限缩小,关键是取什么数值定为 1。这就如同月球绕着地球转,地球绕着太阳转,原子里面有原子核,原子核里又有更小的微粒,无限缩小。

当我们了解到这种倍数关系和分数关系的重要性的时候,就可以利用它建立起一种市场框架,当时间和价位的单位都运行到这种倍数关系和分数关系时,市场的转折点就可能已到达。在价位方面会出现自然的支撑和阻力,在时间方面会出现时间的阻力。

5. 江恩分割比率

江恩分割比率又称江恩百分比,是指一种用来计算指数或者是个股支撑和阻力的工具,属于江恩理论价格工具。

江恩分割比率是以八为基础的,也就是江恩的分割比率是百分之五十(二分之一),其次是百分之二十五(四分之一)和百分之七十五(四分之三),再其次便是八分之一、八分之三、八分之五及八分之七。

6.4.8 乔治·索罗斯

选择一个行业的股票时,要选两家,但不是随便找两家,应选一家最好和一家最差的!

错误并不可耻,可耻的是错误已经显而易见了却还不去修正!

如果你没有做好承受痛苦的准备,那就离开吧,别指望会成为常胜将军,要想成功,必须冷酷!

——乔治·索罗斯

6.4.8.1 人物生平

乔治·索罗斯是一位大师级的金融理论家,他总是静若止水、心气平和,既不纵情狂笑也不愁眉紧锁,他拥有参与投资游戏的独特方法,拥有认识投资市场所必需的特殊风格,具有独特的洞察市场的能力。

很多经历过或者了解亚洲金融风暴的人,想必都已经非常熟悉索罗斯这个名字了。早在1992年9月,这个被称为能"打垮英格兰银行的人"从著名的英镑战役中获利20亿美元时,就已经标志着国际金融市场上"索罗斯时代"的到来。嗅觉敏锐的索罗斯在股票、外汇、期货市场上都显示出了非同寻常的超人才华。

1930年,索罗斯出生在匈牙利布达佩斯的一个犹太人家庭,1947年迁居英国,并毕业于伦敦经济学院。1956年,索罗斯来到美国,由他创建与管理的国际投资基金,在此期间积累了大量的财富。他花了3年时间研究各国金融套利的理论和分析报告,并根据实际工作需要,研究国际经济实务。

1963年,索罗斯开始担任证券分析师,之后成为公司海外基金经理人。1969年,他结识了金融投资大师吉姆·罗杰斯,并于1970年与罗杰斯共同创建了量子基金。罗杰斯负责选择投资国家的研究工作,索罗斯则负责实际操作,从事全方位的国际性股票和套利投资。

1979年,索罗斯在纽约创建了他的第一个基金会——开放社会基金。1984年,他在匈牙利创建了第一个东欧基金会,之后又于1987年创建了前苏联索罗斯基金会。现在,索罗斯为基金会网络提供资金,这个网络运作于31个国家,遍及前苏联和中部欧亚大陆、中欧和东欧,以及南非、海地、危地马拉以及美洲的一些国家。这些基金会致力于建设与维持开放社会的基础结构与公共设施。

索罗斯也创建了其他一些比较重要的机构,如国际科学基金会和中部欧洲大学等。1988年,他做空英镑,导致英镑汇率大跌。1996年,他大量投资俄罗斯股市和匈牙利股市,在短短的2年内,前者涨幅10倍,后者涨幅4倍。目前量子基金经营资产规模已超过100亿美元。到1997年的时候,他利用无本金远汇(NDF),做空东南亚各主要国家与地区的汇率,引发了东南亚金融风暴。

索罗斯曾经担任证券分析师并从事长期理论研究,以及具有国际套利工作的经验,这令他成为目前极少数可以把股票与汇率、期货与现货、国内与国外、单一国家与区际国家、理论与实务等各领域综合交叉运用的套利专家。

在投资策略和理论上,索罗斯以"反射理论"与"大起大落理论"作为基础,在市场转折处进出,利用"羊群效应"逆市主动操控市场进行市场投机。

索罗斯是全世界最出色的投资者之一,被称为"金融大鳄"。他与别人合伙创建的量子基金,以年均35%的综合成长率,让华尔街的同行们望尘莫及。

索罗斯的个人收入高达6.5亿美元,在华尔街的收入排行榜上长时间占据第一的位置。他仿佛具有一种超人的能量掌控着全球金融市场,他的一言一行都可能会让某种商品或者货币的买卖行情风云突变。

作为LCC索罗斯基金的董事会主席,索罗斯还担任量子基金集团的顾问。量子基金在量子集团内是时间最久、规模最大的基金,业内人士广泛认为,其28年的经营历史在全球的所有投资基金中业绩是最好的。与很多富豪相比,索罗斯的生活非常俭朴,他没有游艇、高级轿车与私人飞机,外出旅行时总是乘普通民航飞机,自己坐出租车或搭乘巴士。但在公益慈善事业上,索罗斯可谓是一掷千金———他将自己挣来的钱大多数都用于慈善事业,累计金额已超过10亿美元。一边慷慨解囊,另一边想方设法地攫取金钱,难怪乎媒体将他称为"天使与魔鬼的结合体"。

6.4.8.2 投资理论

1. 索罗斯的投资之道

(1)投资策略及理论

索罗斯以"反射理论"和"大起大落理论"为理论基础,在市场转折处进出,利用"羊群效应"逆市主动操控市场进行市场投机,他看重的是市场趋势。

索罗斯的核心投资理论就是"反射理论",简单说是指投资者与市场之间的一个互动影响。理论依据是人正确认识世界是不可能的,投资者都是持"偏见"进入市场的,而"偏见"正是了解金融市场动力的关键所在。

当"流行偏见"只属于小众时,影响力尚小,但不同投资者的偏见在互动中产生群体影响力,将会演变成具主导地位的观念,就是"羊群效应"。

其具体做法是:在将要"大起"的市场中投入巨额资本引诱投资者一并狂热买进,从而进一步带动市场价格上扬,直至价格走向疯狂。在市场行情将崩溃之时,率先带头抛售做空,基于市场已在顶峰,脆弱而不堪一击,故任何风吹草动都可以引起恐慌性抛售从而又进一步加剧下跌幅度,直至崩盘,在涨跌的转折处进出赚取投机差价。

(2)投资于不稳定状态

市场不稳定状态就是指当市场参与者的预期与客观事实之间的偏差达到极端状态,在反作用力使市场自我推进到一定程度后,难以维持和自我修正,使市场的不平衡发展到相当严重程度,此时则为市场不稳定状态。

不平衡的市场状态源于市场预期所形成的主流偏向受到客观现实的强烈对比,市场中清醒的投资者开始对这种偏差进行反省,对主流偏向进行挑战而使市场原有的主导因素变得脆弱,但市场的惯性使原有走势狂热。盛极而衰,物极必反,索罗斯投资成功的秘诀之一就是善于发现市场的不稳定状态,捕捉盛衰现象发生的时机。

以80年代中期的一个案例为例,投标竞买公司的出价使公司的资产被重新评估,于是银行给予其他竞买者更多的贷款,使得他们的出价越来越高。终于,投标价格一路飙升,市场因价值被高估而变得摇摇欲坠。根据索罗斯的理论,崩溃将不可避免。盛衰出现的可能性大大增加,不稳定的市场状态为投资者提供机遇。

在我们的身边也不乏盛衰之例,美国大豆涨到1000时市场预测将达1400、1600,牛市到了后期,价格发展到出乎人们的预期,便有了牛市不言顶的市场心理,这时大豆库存被极度低估,大豆价格虚值成分被大大夸大。最终盛衰现象发生,大豆价格暴跌,国内进口商纷纷违约,因高价进口大豆使油脂企业重新洗牌。这似乎和荷兰的"郁金香事件"不谋而合。

把握盛衰发生的时机也非常关键,因为这时往往是市场主流偏向强烈之时,杀伤力也是比较强的,只有采取恰当的投资策略,有计划建仓,才能充分利用这种不稳定的市场状态所带给我们的投资机遇。

(3)应遵守的规则与禁忌

索罗斯在操作股票时并没有严格的原则或规律可循,只凭直觉及进攻策略执行一举制胜的"森林法则"。

"弱肉强食"、"强者恒强"是森林中大自然界运行着的一种生物链法则,即年老、体弱、受伤的动物会容易被强壮的猛兽吃掉,或容易病死、饿死,给自然规律淘汰,余下强壮、聪明如人类的,则可以进化,继续繁殖生存至今。

森林法则主要体现在以下几点:耐心等待时机出现;专挑弱者攻击;进攻时须狠,而且须全力而为;若事情不如意料时,保命是第一考虑。

2. 索罗斯的投资秘诀

(1)寻找差距

市场的动作毫无理性和逻辑,金融市场也是在不平衡的状态中运转,市场参与者的看法与实际情况存在差距。当这种差距可以忽略不计时,则无须考虑,当差距变大,即须成为考虑因素,因为市场参与者的看法将受到影响。

(2)突破被扭曲的观念

索罗斯早年一心想当一名哲学家,他的哲学观对他的投资起着举足轻重的作用。索罗斯认为,人们对于考虑的对象,总是无法摆脱自己观点的羁绊,顺理成章,人们的思维过程也就不能获得独立的观点,其结果是人们无法透过事物的现象，毫无偏颇地洞察其本质。他由此得出结论，人类的认识存在缺陷，金融投资的核心就是要围绕那些存在的缺陷和扭曲的认识做文章。

(3)发现联系

任何预测未来的想法归根结底都是有偏见的和不全面的，市场价格总是呈现为"错误"的走向。事实上，预期反映的并不是纯粹的未来事态，而是已受到目前预期影响的未来事态。索罗斯认为，市场参与者的偏见和现实事态的进程存在反作用联系，从而导致两者之间必然缺乏一致性。

(4)无效市场

索罗斯认为所有人的认识都是有缺陷或者被歪曲的，是通过一系列扭曲的镜片来观察金融市场的，市场是无理性的，根据有效市场理论预测市场的走势，判断股价的涨跌是靠不住的。

(5)市场预期

索罗斯不相信传统经济学理论建立的完全自由竞争模式，他认为市场的走势操纵着需求和供给关系的发展，并由此导致价格波动。当投资者观察金融市场时，预期的作用举足轻重。做出买入或卖出决定的出发点，正是基于对未来价格走势的预期，而未来价格的走势又是由当前的买入或卖出行为所决定的。

(6)投资于不稳定态

当感觉与现实差距太大，事态就会出现控制，出现金融市场比较典型的"盛衰"现象。索罗斯认为，"盛衰"给市场的发展提供了机遇，因为它使市场总是处于流动和不定的状态。投资之道其实就是在不稳定态上下注，搜寻超出预期的发展趋势，在超越预期的事态上下注，在"盛衰"是否已经开始上下注。

(7)预测趋势

索罗斯总是在寻找市场里的行情突变，寻找可能出现的自我推进的效应，一旦自我推进的机制开始生效，市场价格就会出现戏剧性的上扬。索罗斯的技巧在于先于其他人确认这种突变行情。索罗斯善于从宏观上的社会、经济和政治因素中，分析未来决定某行业或股票板块最终命运的因素。如果他发现的观点和实际股票价格之间存在着巨大的差距，那么获利的机会也就来临了。基于此，索罗斯往往独具慧眼，先知先觉，比其他投资者提早半年以上开始行动。

(8)发掘过度反应的市场

观念有缺陷的个体投资者使市场对他们的情绪起到推波助澜的作用，让自己陷入某种盲目狂躁的情绪之中，并容易走向极端。投资成功的关键就是：认清市场开始对自身的发展势头产生了推动力的一刻。索罗斯的最大利润来源于准确地判断出股票或股票板块的"自我推进"运动。所谓"自我推进"是指投资者大量购买某类股票，上市公司通过增加借款，卖出股票和市场并购行为刺激利润增长。当市场达到饱和，并且愈演愈烈的竞争挫伤了整个行业的繁荣时，股票的价值被高估，好戏就要收场了。

(9)市场参与者的偏见影响市场价格

索罗斯认为，市场价格全盘由市场参与者的偏见决定，而且，偏见不仅作用于市场价格，而且还影响到所谓的基本面，进而又影响到价格的波动。索罗斯认为，只有在市场价格找到了影响到经济基本面的途径时，盛衰现象才会发生。索罗斯认为，现行股票定价存在缺陷，股票的价值并没有纯粹地由基本面决定，而是互相影响的，这种存在于基本面和基本面的价值之间的联系，创造了这样一个过程，以自我推进的鼎盛开始继而恶化为被自我击败的崩溃。

(10)杠杆作用

对冲基金采用各种各样的技巧，其中最使人眩晕的是使用借款进行投资，这种做法叫杠杆法。对冲基金惯使的另一种技巧是做空头，卖出自己不曾有的证券，希望在以后向买方交割时，其价格将下跌。索罗斯同样使用杠杆法透支买入股票，他的量子基金的独特之处还在于没有碍手碍脚的官僚体系，能够迅速在股票市场中进出。普通投资者与对冲基金的不同之处在于，前者用现金买入股票，后者用杠杆法买入，其投资力度超过了自有资金的100%。利用杠杆法投资不仅需要胆量和坚韧，而且还要有保证在杠杆上保持平衡的技巧和信心。

(11)揭示偏见

投资者付出价格不仅仅是股票价值的被动反映，而且更是创造股票价值的积极因素。但误解或偏差永远存在于参与者的想法和实际情况之间,在偏差极大,想法和现实各居一端时,任何机制都无法协调二者的关系。

(12)走出瓶颈

一个投资者最容易犯的错误并不是过于大胆鲁莽,而是过于小心翼翼。正由于缺乏自信,很多投资者虽然可以准确地把握市场趋势,却不能最大限度地加以利用。索罗斯与其他投资者的不同之处就在于对交易充满信心时,敢于突破瓶颈,投入大量的资金。在一个巨大的利润杠杆上保持平衡这需要勇气。对索罗斯来说,如果在某件事上决策正确,所获的好处就没有上限。索罗斯曾说:“对和错并不重要,最重要的是你在正确时收获了多少和你在错误时损失了多少。”

(13)两面下注

索罗斯的成功之道是他选择了正确的场合,这个场合就是对冲基金,其赢利是众多投资工具中最高的。索罗斯是对冲基金领域里的一流专家,也是使用当今流行的被称作金融衍生产品的对冲基金投资工具的一流专家。这些衍生产品,包括期权、期货和掉期。所谓对冲基金就是在多头和空头两面下注,在投资组合中把风险资产的组成多样化。对冲基金巨头们通过操纵全球日益下降的利率走势获取巨大利润。他们购买外国债券,通常还是在期货市场上购买。他们准确地在面对下跌的利率时各国货币将如何反应上下注,并在市场出现盛势时大捞一把。

(14)耳听八方

索罗斯承认,凭借知识进行分析并不是全部,直觉的作用很重要。但这种直觉并不是赌徒的直觉,而是综合经济现象作出经济决策。索罗斯思维超群,当其他投资者关注某一行业股票时,他总是结合涉及复杂国际贸易状况的整个宏观经济主题进行通盘考虑。他的与众不同之处在于,他在全世界交际广泛,广交身居要职的朋友,他能在众多朋友中找到合适的人,向他们了解世界各地的宏观经济发展趋势,同时也很重视国际金融权威人士公开发表的看法以及他们的决策。

(15)忍受痛苦

投资者每天都面对风险,说不定有朝一日就会遭受巨额亏损。赔钱是一件令人痛心的事,因此,投资者必须懂得如何承受亏损,如何忍受痛苦,做到镇定自若,宠辱不惊,与别人谈论亏损时面不改色。能让别人吸取你的教训,同样也是一件令人愉快的事。索罗斯在淡泊方面堪称楷模,值得一学。一些人在为涉及亿万资金的投资作决策时会战战兢兢、寝食难安,但索罗斯在进行高风险决策时,凭借他钢铁般的意志可做到心平气和。

(16)投资在先,调查在后

索罗斯的投资风格独树一帜,他在投资实践中,总是根据研究和发现先假设一种发展趋势,然后先行投入一点资金牛刀小试,等待市场来证实假设是否正确。如果假设是正确和有效的,他会继续投入巨资。如果假设是错误的,他就毫不犹豫地撤销投资,尽量减少损失。索罗斯的一贯努力都是在寻找可以发展成假设,并追加为投资的机会,当然,要想确认一个趋势的成立需要时间,而且要恰如其分地在这一趋势发展态势中把握趋势的临界点。只有在此时投资,才是逆势而为的安全时刻,否则就会在逆转的市场走势中失去机会。

(17)不孤注一掷

承担风险无可指责,但永远不能做孤注一掷的冒险。好的投资者从不在投资实务中玩走钢丝的游戏,任何一个索罗斯的雇员如果进行高风险的赌博都将被及时制止。索罗斯经常会说:“我决不会冒险,冒那种能把我自我毁掉的风险,但也永远不会在有利可图时游手好闲地站在一旁。”

(18)选取最佳与最差

索罗斯从事宏观分析,研究国际政治、全球各国货币政策和通货膨胀、货币以及利率的变化等重大因素,他的助手则研究受金融新形势影响的行业,并找出其中最优秀的一家和最差的一家进行投资,根本不要考虑在该行业中进行其他投资。从表面上看,索罗斯选择同一行业中最佳和最劣股票的策略可算是一种套头行为的典型例子。但索罗斯干的其实并不是真正的套头,他相信最佳股票和最劣股票都会有上好的表现,这就是他重视这两种股票而忽略其他股票的原因。

(19)确认混乱

金融市场动荡不定、混乱无序,那么炒股的关键就是把握这种无序,这才是生财之道。股票市场的运作基础是基于群体本能的,关键是能在群体本能生效的一刻作出迅速的反应。“我沉迷于混乱,那正是我挣钱的良方,理解金融市场中的革命性进程。”

(20)学习、暂停、反省

索罗斯对待金融市场有一种超然物外的感觉。索罗斯参与的游戏总是历时漫长,因为利率或货币变动产生后果需要较长的时间,索罗斯拥有许多投资者缺乏的耐心。他说:“要想成功,你需要从容不迫,你需要承受沉闷。”在等待的过程中,他把时间花在思考阅读和反省上,而不必天天到办公室上班,只在觉得上班有意义时才去办公室。

(21)保持低姿态

对冲基金在金融风波中常遭到非议。索罗斯总是努力使金融界相信他只不过是一个普通的投资者,不会对投资领域造成任何危害。索罗斯是对冲基金的代言人,对自己的投资策略总是讳莫如深,很少将自己的秘密公布于众。有人曾问索罗斯,像他这样一个个体投资者是否有可能聚集起足够的资本,操纵某一种货币的价值。索罗斯回答:“不可能,我不相信任何市场参与者能达到这一点。”

(22)自保能力

作为一个投资者,自保能力在投资战略中是举足轻重的,使用投资杠杆可以在运用方向正确时产生极佳的效果,但如果事与愿违、预测失败时,它会将你淘汰出局。最难判断的事情之一是到底应冒多大的风险同时还能保证自身的安全;不仅对每一种状态都要有分别的判断,而且还要依靠求生的直觉本能。索罗斯的自我保护艺术不仅在于知道什么时候是正确的,更在于他在犯错误的时候能够承认错误,及时撤退以最大程度地降低损失,保存实力以图东山再起。

(23)良好的心理素质

索罗斯赖以成功的最大秘诀就是他的心理素质。他能够理解影响股票价格的力量,他理解市场有理智的一面也有非理智的一面,而且他明白自己不是永远正确。当他决策正确时,他愿意大胆行事,充分利用机会的赐予;当他决策失误时,也能及时止损。

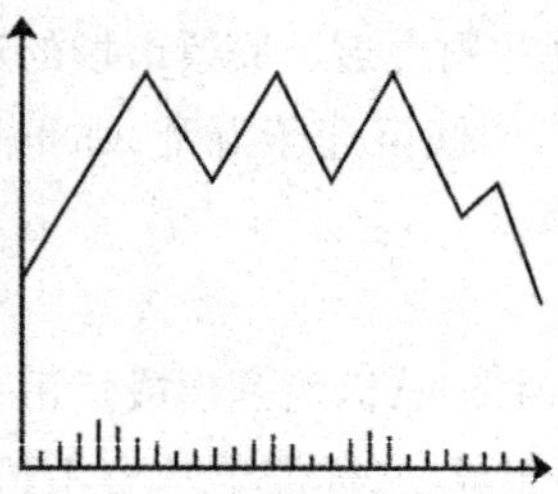

第7章 其他投资

一般而言，投资者在投资的过程中，最关心的不外乎风险和收益，每个人都期望着将风险控制在最小，将收益放大到最大。殊不知，风险与收益是一个同比的关系，高收益一定伴随着高风险。因此，投资者在投资的过程中，最关键的是要找到最适合自己的投资品种。在我国，股民的数量远远大于基民，更大于期民，原因就是股票的投资相对于债券、基金、期货来说，风险和收益都是处于一个适中的位置。

为了让更多的投资者能够通过本书来找到最适合自己的投资产品，使自己的收益最大化，在前面六篇的基础上，本篇专门为大家介绍了基金、商品期货、股指期货、债券等投资方式的投资方法。投资者在炒股的同时，可以从中选出一种适合自己的投资方式来辅以投资，从而有效地规避风险，保证收益的稳定增长。

§7.1 基金

7.1.1 基金基础知识

1. 基金的概念

证券投资基金是一种利益共享、风险共担的集合证券投资方式，即通过发行基金单位，集中投资者的资金，由基金托管人托管，由基金管理人管理和运用资金，从事股票、债券、外汇、货币等金融工具投资，以获得投资收益和资本增值。

投资基金在不同国家或地区的称谓有所不同，美国称为“共同基金”，英国和香港称为“单位信托基金”，日本和台湾称为“证券投资信托基金”。

2. 基金的分类

根据不同的标准，可将投资基金划分为以下几类：

(1)开放式基金和封闭式基金

根据基金单位是否可增加或赎回，投资基金可分为开放式基金和封闭式基金。开放式基金是指基金设立后，投资者可以随时申购或赎回基金单位，基金规模不固定的投资基金；封闭式基金是指基金规模在发行前已确定，在发行完毕后的规定期限内，基金规模固定不变的投资基金。

(2)公司型投资基金和契约型投资基金

根据组织形态的不同，投资基金可分为公司型投资基金和契约型投资基金。公司型投资基金是具有共同投资目标的投资者组成以盈利为目的的股份制投资公司，并将资产投资于特定对象的投资基金；契约型投资基金也称信托型投资基金，是指基金发起人依据其与基金管理人、基金托管人订立的基金契约，发行基金单位而组建的投资基金。

(3)股票基金、债券基金、货币市场基金、期货基金、期权基金、指数基金、认股权证基金

根据投资对象的不同，投资基金可分为股票基金、债券基金、货币市场基金、期货基金、期权基金、指数基金和认股权证基金等。股票基金是指以股票为投资对象的投资基金；债券基金是指以债券为投资对象的投资基金；货币市场基金是指以国库券、大额银行可转让存单、商业票据、公司债券等货币市场短期

有价证券为投资对象的投资基金;期货基金是指以各类期货品种为主要投资对象的投资基金;期权基金是指以能分配股利的股票期权为投资对象的投资基金;指数基金是指以某种证券市场的价格指数为投资对象的投资基金;认股权证基金是指以认股权证为投资对象的投资基金。

(4)美元基金、日元基金、欧元基金

根据投资货币种类,投资基金可分为美元基金、日元基金和欧元基金。美元基金是指投资于美元市场的投资基金;日元基金是指投资于日元市场的投资基金;欧元基金是指投资于欧元市场的投资基金。

(5)成长型投资基金、收入型投资基金、平衡型投资基金

根据投资风险与收益的不同,投资基金可分为成长型投资基金、收入型投资基金和平衡型投资基金。成长型投资基金是指把追求资本的长期成长作为其投资目的的投资基金;收入型基金是指以能为投资者带来高水平的当期收入为目的的投资基金;平衡型投资基金是指以支付当期收入和追求资本的长期成长为目的的投资基金。

(6)国际基金、海外基金、国内基金、国家基金、区域基金

根据资本来源和运用地域的不同,投资基金可分为国际基金、海外基金、国内基金、国家基金和区域基金。国际基金是指资本来源于国内,并投资于国外市场的投资基金;海外基金也称离岸基金,是指资本来源于国外,并投资于国外市场的投资基金;国内基金是指资本来源于国内,并投资于国内市场的投资基金;国家基金是指资本来源于国外,并投资于某一特定国家的投资基金;区域基金是指投资于某个特定地区的投资基金。

3. 基金的特点

(1)证券投资基金是由专家运作、管理并专门投资于证券市场的基金

基金资产由专业的基金管理人负责管理。基金管理人配备了大量的投资专家,他们不仅掌握了广博的投资分析和投资组合理论知识,而且在投资领域也积累了相当丰富的经验。

(2)证券投资基金具有投资小、费用低的优点

在我国,每份基金单位面值为人民币1元。证券投资基金最低投资额一般较低,投资者可以根据自己的财力,多买或少买基金单位,从而解决了中小投资者“钱不多、入市难”的问题。

(3)流动性强

基金的买卖程序非常简便。对于封闭式基金而言,投资者可以直接在二级市场套现,买卖程序与股票相似;对开放式基金而言,投资者既可以向基金管理人直接申购或赎回基金,也可以通过证券公司等代理销售机构申购或赎回,或委托投资顾问机构代为买卖。

(4)证券投资基金具有组合投资、分散风险的好处

根据投资专家的经验,要在投资中做到起码的分散风险,通常要持有10个左右的股票。然而,中小投资者通常无力做到这一点。如果投资者把所有资金都投资于一家公司的股票,一旦这家公司破产,投资者便可能尽失其所有。而证券投资基金通过汇集众多中小投资者的小额资金,形成雄厚的资金实力,可以同时把投资者的资金分散投资于各种股票,使某些股票跌价造成的损失用其他股票涨价的盈利来弥补,分散投资风险。

(5)证券投资基金是一种间接的证券投资方式

投资者是通过购买基金而间接投资于证券市场的。与直接购买股票相比,投资者与上市公司没有任何直接关系,不参与公司决策和管理,只享有公司利润的分配权。

4. 基金的作用

(1)基金为中小投资者拓宽了投资渠道

对于中小投资者来说,存款或购买债券较为稳妥,但收益率较低;投资于股票有可能获得较高收益,但风险较大。证券投资基金作为一种新型的投资工具,把众多投资者的小额资金汇集起来进行组合投资,由专家来管理和运作,经营稳定,收益可观,可以说是专门为中小投资者设计的间接投资工具,大大拓宽了中小投资者的投资渠道。可以说,基金已进入了寻常百姓家,成为大众化的投资工具。

(2)基金通过把储蓄转化为投资,有力地促进了产业发展和经济增长

基金吸收社会上的闲散资金,为企业在证券市场上筹集资金创造了良好的融资环境,实际上起到了

把储蓄资金转化为生产资金的作用。这种储蓄转化为投资的机制为产业发展和经济增长提供了重要的资金来源,而且,随着基金的发展壮大,这种作用越来越大。

(3)有利于证券市场的国际化

很多发展中国家对开放本国证券市场持谨慎态度,在这种情况下,与外国合作组建基金,逐步、有序地引进外国资本投资于本证券市场,不失为一个明智的选择。与直接向投资者开放证券市场相比,这种方式使监管当局能控制好利用外资的规模和市场开放程度。

(4)有利于证券市场的稳定和发展

①基金的发展有利于证券市场的稳定。基金的出现和发展,能有效地改善证券市场的投资者结构,成为稳定市场的中坚力量。基金由专业投资人士经营管理,其投资经验比较丰富,信息资料齐备,分析手段较为先进,投资行为相对理性,客观上能起到稳定市场的作用。同时,基金一般注重资本的长期增长,多采取长期的投资行为,较少在证券市场上频繁进出,能减少证券市场的波动。

②基金作为一种主要投资于证券的金融工具,增加了证券市场的投资品种,扩大了证券市场的交易规模,起到了丰富活跃证券市场的作用。随着基金的发展壮大,它已成为推动证券市场发展的重要动力。

7.1.2 基金发行申购

1. 基金发行的品种

(1)封闭式基金

封闭式基金是指基金的发起人在设立基金时,事先确定发行总额,等筹集到这个总额的80%以上时,基金即宣告成立,并进行封闭,在封闭期内不再接受新的投资。

例如,在深交所上市的基金开元,1998年设立,发行额为20亿基金份额,存续期限(封闭期)为15年。也就是说,基金开元从1998年开始,运作期限为20年,运作的额度20亿。在此期限内,投资者不能要求退回资金,基金也不能增加新的份额。

尽管在封闭的期限内不允许投资者要求退回资金,但是基金可以在市场上流通,投资者可以通过市场交易套现。

我国封闭式基金单位的流通方式采取在证券交易所挂牌上市交易的办法,投资者买卖基金单位,都必须通过证券商在二级市场上进行竞价交易。

(2)开放式基金

开放式基金指基金发行总额不固定,基金单位总数随时增减,投资者可以按基金的报价在基金管理人确定的营业场所申购或者赎回基金单位的一种基金。

开放式基金可根据投资者的需求追加发行,也可按投资者的要求赎回。对投资者来说,既可以要求发行机构按基金的现期净资产值扣除手续费后赎回基金,也可再买入基金,增持基金单位份额。

例如,我国首只开放式基金"华安创新",首次发行50亿份基金单位,设立时间为2001年,没有存续期,而首次发行50亿的基金单位也会在"开放"后随时发生变动,例如可能因为投资者赎回而减少,或者因为投资者申购或选择"分红再投资"而增加。

我国开放式基金单位的交易采取在基金管理公司直销网点或代销网点(主要是银行营业网点),通过申购与赎回的办法进行,投资者申购与赎回都要通过这些网点的柜台、电话或网站进行。

一般来说,封闭式基金的基金份额总额在基金合同期限内固定不变,基金份额可以在依法设立的证券交易场所交易,但基金份额持有人不得申请赎回,而开放式基金的基金份额总额不固定,基金份额可以在基金合同约定的时间和场所申购或者赎回。

另外,买卖封闭式基金的费用要高于开放式基金。由于封闭式基金不能随时被赎回,其募集得到的资金可全部用于投资,这样基金管理公司便可据以制定长期的投资策略,取得长期经营绩效。而开放式基金则必须保留一部分现金,以便投资者随时赎回,因此不能尽数地用于长期投资。

2. 基金发行的方式

在我国,证券投资基金的发行方式主要有两种:

(1)上网发行方式

上网发行方式是指将所发行的基金单位通过与证券交易所交易系统联网的全国各地的证券营业部，向广大社会公众发售基金单位的发行方式。它主要是封闭式基金的发行方式。

(2)网下发行方式

网下发行方式是指将所要发行的基金通过分布在一定地区的银行或证券营业网点，向社会公众发售基金单位的发行方式。它主要是开放式基金的发行方式。

3. 基金认购的步骤

开放式基金正式发行首日，投资者参与认购分三个步骤进行：

(1)办理开户

①个人投资者开户手续。个人投资者申请开立基金账户一般须提供以下材料：本人身份证件；代销网点当地城市的本人银行活期存款账户或对应的银行卡；已填写好的账户开户申请表。

②机构投资者开户。机构投资者可以选择到基金管理有限公司直销中心或基金管理公司指定的可办理代理开户的代销网点办理开户手续。

机构投资者申请开立基金账户须提供以下材料：已填写好的基金账户开户申请书；企业法人营业执照副本原件及复印件，事业法人、社会团体或其他组织则须提供民政部门或主管部门颁发的注册登记书原件及复印件；指定银行账户的银行开户许可证或开立银行账户申报表原件及复印件；法人授权委托书；加盖预留印鉴的预留印鉴卡；前来办理开户申请的机构经办人身份证件原件。

需要注意的是：由于不同的开放式基金在发布招募说明书时内容各不相同，所以，具体的开户注意事项应以对应的基金公告为准。

(2)认购

①个人投资者认购流程。个人投资者认购基金必须提供以下材料：本人身份证件；基金账户卡（投资者开户时代销网点当场发放）；代销网点当地城市的本人银行借记卡（卡内必须有足够的认购资金）；已填写好的银行代销基金认购申请表（个人）。

②机构投资者认购流程。

直销中心认购流程：

机构投资者认购基金必须提供以下材料：已填写好的认购申请书；基金账户卡；划付认购资金的贷记凭证回单复印件或电汇凭证回单复印件；前来办理认购申请的机构经办人身份证件原件。

缴款：机构投资者申请认购开放式基金，应先到指定银行账户所在银行，主动将足额认购资金从指定银行账户以贷记凭证或电汇方式，按规定划入基金管理人申购专户，并确保在规定时间内到账。

代销网点认购流程：机构投资者认购基金必须提供以下材料：已填写好的银行代销基金认购申请表；基金账户卡；在代销银行存款账户中存入足额的认购资金；经办人身份证件原件。

(3)确认

投资者可以在基金成立之后向各基金销售机构咨询认购结果，并且也可以到各基金销售网点打印成交确认单。此外，基金管理人将在基金成立之后，按预留地址将客户信息确认书和交易确认书邮寄给投资者。

申购和赎回的原则有：

①“未知价”原则，即申购、赎回价格以申请当日的基金单位资产净值为基准进行计算。

②“金额申购、份额赎回”原则，即申购以金额申请，赎回以份额申请。

③基金存续期间单个基金账户最高持有基金单位的比例不超过基金总份额的10%。由于募集期间认购不足，存续期间其他投资者赎回或分红再投资等原因而使个户持有比例超过基金总份额的10%时，不强制赎回但限制追加投资。

④基金存续期内，单个投资者申购的基金份额加上上一开放日其持有的基金份额不得超过上一开放日基金总份额的10%，超过部分不予确认。

4. 基金的申购赎回

(1)申购赎回的步骤

①提出申购或赎回的申请。投资者必须根据基金销售网点规定的手续，在工作日的交易时间段内向

基金销售网点提出申购或赎回的申请。

②日常申购和赎回申请的确认。基金管理人以收到申购和赎回申请的当天作为申购或赎回申请日(T日),并在T+2工作日前(包括该日),对该交易的有效性进行确认。投资者可在T+2工作日及之后的工作日向基金销售网点进行成交查询。

③日常申购和赎回申请的款项支付

申购:投资者申请申购时,通过指定账号划出足额的申购款项。申购采用全额交款方式,若资金未全额到账则申购不成功,基金管理人将申购不成功或无效款项退回。

赎回:投资者赎回申请成交后,成功赎回的款项将在T+7个工作日之内,向基金持有人(赎回人)划出。

(2)申购赎回的规则

以目前已经发行的华安创新基金和南方稳健成长基金规则为例,申购赎回的规则内容主要包括:

①投资者范围:国内个人投资者和机构投资者。

②申购赎回地点:通过本基金管理人的直销网点及基金销售代理人的代销网点(具体见基金发行公告)进行。

③申购赎回时间:基金的日常赎回从基金成立后满3个月开始办理。日常申购和赎回的时间为深、沪证券交易所交易日的交易时间。即深、沪证券交易所交易日上午9:30~11:30,下午1:00~3:00。

④申购方式:投资者可通过基金管理人或者指定基金销售代理人进行电话、传真或网上等形式的申购与赎回。

⑤基金申购基准:以金额为基准。

⑥基金申购限额:每一投资者每次最低申购金额为人民币1万元;单一投资者累计持有份额不可以超过5亿份。

⑦基金赎回限额:单笔赎回不得少于1000份,基金账户中基金单位不足1000份的,须一次性赎回。

⑧申购份额、余额的处理方式:申购的有效份额为按实际确认的申购金额在扣除相应的费用后,以当日基金单位资产净值为基准计算保留小数点后两位,小数点两位以后的部分舍去,舍去部分所代表的资产归基金所有。

⑨赎回金额处理方式:赎回金额为按实际确认的有效赎回份额以当日基金单位资产净值为基准按四舍五入的方法计算并扣除相应的费用。

⑩登记过户:投资者申购基金成功后,基金注册与过户登记人在T+1工作日自动为投资者记录权益并办理注册登记手续,投资者在T+2工作日(含该日)后有权赎回该部分基金。投资者赎回基金成功后,基金注册与过户登记人在T+1工作日自动为投资者扣除权益并办理相应的注册登记手续。

⑪交易安排:自招募说明书公告之日起3个月基金成立后,将通过销售网点办理申购、赎回和其他交易。

需要注意的是:投资者将当期分配的基金收益转购基金单位时,不受最低申购金额的限制;因非交易过户转入或基金红利转购基金单位而导致该持有份额超过最高规定限制的,单一投资者持有份额可以超过该规定要求;基金管理人可视市场情况对基金申购与赎回限额限制进行调整。

7.1.3 基金投资策略

1.品种选择的策略

根据投资对象的不同,证券投资基金可分为:股票型基金、混合型基金、债券型基金、货币市场基金等。从投资风险角度看,这几种基金给投资人带来的风险是不同的。

(1)股票型基金主要投资股票、债券。股票不低于60%,风险收益特征是高收益、高风险,适合愿意承受较高风险、追求高收益的积极型投资者。

(2)混合型基金主要投资股票、债券、货币市场工具。风险收益特征是较高收益、较高风险,适合愿意承担一定风险、追求高收益的积极型、稳健型投资者。

(3)债券型基金主要投资国债、可转债、企业债。风险收益特征是风险较低、收益一般,适合追求本金相对安全、回报略高的稳健型、保守型投资者。

(4)货币市场基金主要投资短期国债、金融债、央票、存款。风险收益特征是本金安全、流动性高、收益略高于部分存款,适合追求本金绝对安全、流动性高、回报略高于存款的保守型投资者。

据此,投资者应该根据自身风险的承受能力来选择基金。一般而言,风险承受能力较低的投资人在投资组合中应以风险较低、风格稳健的资产为主,如债券型基金和货币型基金等;能承受较高风险的投资者可采用较积极的投资组合,投资组合中可以选择较高的比例投资风险偏高的资产,如股票型基金。

从投资者的年龄上来看,如果是年轻人,经济能力尚可,家庭负担较轻,投资期限长,能承担较大的风险,可选择以股票型基金为主要投资对象,少量兼顾中低风险的基金产品;如果是中年人,收入比较稳定,但家庭责任较重,投资时应该在考虑投资回报率的同时坚持稳健的原则,分散风险,尝试多种基金组合;如果是老年人,应以稳健、安全、保值为目的,可选择货币型、保本或股票配置比例低的平衡型基金等安全性较高的产品。

从投资者的家庭资产来看,家庭资产一般可分为"经营性资产"和"非经营性资产"。经营性资产指现金、存款、股票、基金、债券等能够产生收益的资产,而自住的房屋和非营运的汽车则属于非经营性资产。一般来说,大部分的资金供给,像养老金的储备、子女的教育、个人的进修费用以及国际旅游这样的非必要性支出,都来自于经营性资产。

因此,保持经营性资产的合理比例,对家庭生活的保障和享受有着重要的意义。投资者如果不满意现有经营性资产的收益水平,就需要根据自己的短期和长期风险承受能力、投资目标等,制定投资计划,对投资品种进行调整。

2. 基金定投七大策略

(1)宜选高波动基金

基金定期定额投资法相比等份额投资法,优点在于在高位买入较少份额,而在低位买入较多份额,从而实现更低的平均成本。因此,越是波动性高的基金越适合用定期定额投资法。

(2)选对定投日期

据统计发现,每个月前四天的股指水平较低,若在这几天中执行定投,相对可以获得较低的入市时点。当然,伴随各家机构定投平台的不断进步,如今已经有越来越多的机构可以实现按周乃至按日来进行定投。因此,为了避免因为择日造成的定投微小差异,还可以缩短定投的时间间隔期,比如,将每月4000元定投改为每周1000元,甚至改为每两天乃至三天一次,从而更为接近市场一个阶段的平均价格。

(3)定点加强法

定点加强就是根据我们自己的判断,在定期定额的基础上,在特定时刻增加或减少某类基金的份额,以期通过一定程度的主观判断来加强回报。

常见的定点加强法可以是基于指数或者估值。前者便是规定,若上证指数或其他标志性指数跌破多少点,就额外追加一定金额的资金,以便在相对低点累计更多的份额,比如华安基金便支持这样的模式;而另外一种则是基于市盈率或者市净率这样的估值指标,低于多少倍时就额外追加一定金额的资金,这个则需要投资者自行关注并操作。

(4)价值平均策略

美国学者迈克尔·埃德尔森提出的价值平均策略被大量实证研究证明为比定期定额更好的基金投资策略。与定期定额投资相比,价值平均策略关注的不是每月固定投入多少,而是我们每月的资产净值固定上升多少。

假设计划未来每个月基金市值增加1000元,第一个月以1元净值买入了1000份净值,次月股市表现大好,所买的基金净值变成了1.2元,即基金市值变为1200元。若按照定期定额法,下一个月需要购买的基金数额依旧是1000元,但是用价值平均策略则不同了,我们要求的只是到第二个月末基金的市值达到2000元。既然现在已经有1200元了,那么当月只需要投入800元买入666.67份基金即可。

(5)巧用基金转换

许多执行基金定期定额投资的投基者,往往会选择将富裕的资金存放在货币基金之中,待定投执行日前赎回,以确保有足够的资金进行定投。如此操作手法不仅麻烦,而且因为货币基金赎回和定投之间的时间差,还会损失一天甚至更多的货币基金收益。

其实,很多基金定投平台不但支持定期申购,还支持定期转换功能。完全可以设定为每个月将若干金额的货币市场基金定期转换为打算定投的基金,如此既免去手工操作的麻烦,而且也可以实现当日成交,避免了资金的闲置。当然,其前提是两个基金必需隶属于一家基金公司,而且认购平台支持定期转换的功能。

(6)资产配置动态平衡

一般人们谈及基金定期定额投资,往往只是针对一个基金或者一类基金。其实资产配置同样是长期投资不可或缺的理念,所以完全可以将这两者结合起来。比如我们决定每月3000元构筑一个50%股票型基金和50%债券型基金的定投组合,那么最初时每月定投资金将各有1500元进入债券型基金和股票型基金。不过若经过一个月的变化,股票型基金下跌至1300元,而债券型基金却上涨至1600元,那么为了维持50:50的资产配置,就要在定投过程中进行动态平衡,即投入1650元至股票基金,使其总市值达到2950元;投入1350元,使债券基金同样市值达到2950元,两者比例继续保持50:50。

(7)封基也可定投

虽然定期定投一直为开放式基金所推崇,但其实封闭式基金一样可以进行定投,只不过这需要我们在二级市场上自行操作。

每周封闭式基金公布的净值与市价相比较,可以方便观察封闭式基金溢价率的变化,并且可以根据溢价率的高低动态调整定投的金额,在溢价率超过30%以上时多定投些封闭式基金,在溢价率过小的时候减持部分封闭式基金,从而进一步加强定期定额。

3. 基金投资八大策略

(1)根据自己的风险承受力和投资目的进行投资品种的比例安排

如果资金可以长期使用,该笔资金的盈亏对自己的生活水平没有影响,而且主要用于追求资产增值最大化,则可以将该笔资金全部投入股票型或混合型基金,以争取高回报。

在同一类基金中,也可以分散投资于一到三家比较优秀的公司管理的基金品种,最好所投资的基金在投资策略和品种上差异较大,这样就可起到分散风险的作用。如果有些资金在近一两年会动用,不希望资产盈亏波动太大,资产稳步增值即可,不一定追求涨幅最大,则可以将该笔资金主要投资混合型基金、偏债基金及债券基金或它们的组合,同时少量配置股票型基金。如果有一些钱希望保持较好的流动性,可方便支取,另一些希望追求稳健的增值,则可以投资货币市场基金、短债基金、债券基金,股票基金的比例要控制在较低水平。

投资者要建立起按风险承受力和投资目的,进行资产比例配置的观念,具体的比例安排,可咨询银行、证券公司和基金管理公司的投资顾问人员。

(2)选择投资管理能力较强的基金管理人管理的业绩较优的基金

关于投资者应该买什么样的基金,关键有两点:一是投资者自己要关注、了解基金,因为投资者要对自己的钱负责、决策,任何人无法代替你去下决定;二是选择基金主要看基金管理公司和基金经理的投资管理能力,即能不能帮你赚到钱。

虽然投资者不可能都去基金管理公司亲自了解,仍有较多方法可进行准确的判断。一般来说,了解基金和基金管理公司的信息渠道有以下几种:一是基金评级机构,证券报、晨星、银河证券、理柏公司都进行基金评级,可在报纸和各机构的网站上找到评级结果;二是基金管理公司的网站;三是用互联网搜索引擎搜索关于基金、基金公司、投资管理人员的新闻报道、信息等;四是留意并参加银行、证券公司和基金管理公司组织的基金报告会和见面会。

了解了渠道以后,首先可看基金管理公司整体的管理能力,该公司旗下基金获得四五星级的基金数量多不多,公司是否获得权威机构评选的基金投资管理方面的奖项,中介机构、媒体对该公司的评价,是否出现违约行为等。其次,在选出管理能力较强、得奖多、公众评价高、合规运作的基金管理公司后,在其旗下基金中选取星级较高、净值增长率高而且可以持续保持领先业绩的基金。要注意的是,基金有不同类型,只能将同类基金进行比较。最后,再了解一下基金经理的背景、经历、过往的业绩等,是否具备较高的素质和丰富的经验。另外,初步选出几个备选品种后,可观察一段时间,比较一下在市场涨跌的情况下，这些基金表现与股票指数涨跌幅以及和其他基金的比较。

如果做了以上几步，基本可选出投资管理能力强的管理公司管理的业绩好的基金，那就可以投资了。

(3)定期定额购入策略

如果做好了长期投资基金的准备，同时收入来源比较稳定，就可以采用分期购入法进行基金的投资，就是不论行情如何，每月(或定期)投资固定的金额于固定的基金上，当市场上涨，基金的净值高，买到的单位数较少；当市场下跌，基金的净值低，买到的单位数较多，如此长期下来，所购买基金单位的平均成本将较平均市价为低，即所谓的平均成本法。平均成本法的功能之所以能够发挥，主要是因为当股市下跌时，投资人亦被动地去投资购买了较多的单位数，只要相信股市长期的表现应该是上升趋势，在股市低档时买进的低成本股票，一定会带来丰厚的获利。

以这种方式投资证券投资基金，还有其他的好处：一是不必担心进场时机；二是小钱就可以投资；三是长期投资报酬远比定期存款高；四是种类多、可以自由选择。

(4)定期定额，积少成多

定期定额投资法既可以帮助投资者养成良好的储蓄习惯，而且复利的力量是巨大的，可以累积大量的财富。例如，投资者每个月买2000元基金坚持20年，基金投资的本金就累积到48万元，如果所选择的基金在20年间平均年回报率达到5%，则20年后基金净值总额将增加到81.94万元；如果所选择基金的水平较高，可获得年均8%的回报，则20年后基金净值将增加到114.53万元。此外，一般投资者几乎不可能准确地判断市场的涨跌，因此也无法判断何时是正确的购买基金的时机。采取定期定额法可大大降低基金投资时机的选择风险，而且可以平摊投资成本，获取更好的投资结果。

(5)固定比例投资策略

即将一笔资金按固定的比例分散投资于不同种类的基金上，当某类基金因净值变动而使投资比例发生变化时，就卖出或买进这种基金，从而保证投资比例能够维持原有的固定比例。

这样不仅可以分散投资成本，抵御投资风险，还能见好就收，不至于因某只基金表现欠佳或过度奢望价格会进一步上升而使到手的收益成为泡影或使投资额大幅度上升。例如，如果决定把50%、35%和15%的资金分别买进股票基金、债券基金和货币市场基金。当股市大涨时，设定股票增值后投资比例上升了20%，便可以卖掉20%的股票基金，使股票基金的投资仍维持50%不变，或者追加投资买进债券基金和货币市场基金，使他们的投资比例也各自上升20%，从而保持原有的投资比例。如果股票基金下跌，就可以购进一定比例的股票基金或卖掉等比例的债券基金和货币市场基金，恢复原有的投资比例。当然，这种投资策略并不是经常性地一有变化就调整，有经验的投资者大致遵循这样一个准则：每隔三个月或半年才调整一次投资组合的比例，股票基金上涨20%就卖掉一部分，跌25%就增加投资。

(6)适时进出投资策略

即投资者完全依据市场行情的变化来买卖基金。通常，采用这种方法的投资人，大多是具有一定投资经验，对市场行情变化较有把握，且投资的风险承担能力也较高的投资者。因为，要准确地预测股市每一波的高低点并不容易，就算已经掌握了市场趋势，也要耐得住短期市场可能会有的起伏。

(7)长期投资，不进行波段操作

可以长期投资的资金，应进行基金的长期投资，不进行波段操作。不要每日关心基金净值的涨跌，最多每个月或季度看一次。半年或一年按制胜法宝二评价一下自己投资的是不是“好基金”。

基金管理公司是专业的机构，将会根据市场判断调整仓位以及品种结构。既然购买了基金，就将专业的事交给专业机构来做，会比自己做得更好。

(8)顺势操作投资策略

这种策略是基于以下假定之上的：每种基金的价格都是有升有降，并随市场状况而变化。投资者在市场上应顺势追逐强势基金，抛掉业绩表现不佳的弱势基金。这种策略在多头市场上比较管用，在空头市场上则不一定行得通。

4. 谨防四大投资误区

(1)买新基金，不买老基金

相当多投资者只有当银行推出新基金时才购买，有些人甚至为了买新基金，将涨得多的基金卖了。

新基金发售时,银行门口火爆的排队场面似乎也证明了这种行为的正确性。但这是典型的盲目投资行为。

因为开放式基金每个交易日都开放申购,没有稀缺性,在基金新发之后仍可以买到。新基金没有过往业绩,投资策略可能没有经过实践检验,而且大多由新基金经理管理,投资者无从判断其管理能力的优劣。此外,新基金建仓时间较长,在建仓期间,如果市场上涨,基金净值涨幅将低于同类基金。另一方面,投资者可以研究老基金的过往业绩,分析其业绩表现的优劣、是否具有持续性,作为投资依据。因此,“新基金”不应构成投资者选择基金的理由,老基金应是投资者选择的重点。

(2)高净值恐惧症

基金投资的另一误区是将基金份额净值的高低作为投资的依据。在相同情况下,基金份额净值高是基金业绩表现优异以及基金经营管理能力较强的表现。基金的上涨空间取决于股票市场的总体表现和基金公司的管理能力,与基金份额净值绝对值的高低没有关系,也不存在净值的上限和上涨空间的问题。

中国基金业还比较年轻,2006 年是中国开放式基金业经历的第一个大牛市,目前净值最高的基金份额净值才刚超过 3 元。而美国富达基金管理公司旗下的麦哲伦基金成立于 1963 年,已运作了约 44 年,2005 年 4 月底的净值曾达到 114.96 美元,约合 900 多元人民币。因此,随着时间的推移,国内表现优异的基金会不断创出基金净值的新高。投资者枉自估计基金净值上限的做法,事实证明是失败的。

例如,2004 年到 2005 年大多数基金的净值都在 1.2 元以下,长期的熊市使投资者觉得 1.2 元是遥不可及的上限。但 2006 年年初,1.2 元被轻易击破,部分优秀基金的净值一直涨到接近两元才回调。多次事实证明,基金净值不存在什么上限,高净值基金也不存在上涨空间有限的问题。相反,在相同情况下,净值高的基金大多是管理能力较强的好基金。因为基金净值高,就不买,投资者会损失十分宝贵的投资机会。

(3)长期资金,短线买卖,根据股指涨跌进行基金的波段操作

情景一:这只基金涨了好多,又回到前期的高点了,马上赎回,否则就来不及了。

许多投资者购买基金的钱是可用于长期投资的,如果基金净值涨得多了就赎回来,那么这些钱又投资什么品种呢?什么时候再进入市场呢?事实证明,进行波段操作的投资策略是错误的。

以某基金为例,当 2006 年年初,基金净值突破 1.2 元后,大量投资者赎回基金,短线实现利润。但赎回并未阻挡净值快速上涨的步伐,也迫使投资者认识到,不投资的风险更大。当基金净值超过 1.5 元时,投资者才大量申购,中间已损失了 0.3 元的涨幅。该基金净值在 2006 年 6、7 月间达到阶段性高点,接近 1.9 元,后来的回调又让短线操作的基金投资者心惊胆战,当基金净值再次反弹到两元附近过程中,大量资金撤离了该基金。但之后不到两个月的时间里,该基金又涨了 50%。2006 年初到 2007 年 1 月 19 日,该基金净值已涨了两倍多,但如果进行以上的波段操作,收益率可能只有 60% 左右。

情景二:看起来股指要调整了,还是赎回一些,等到股指见底了再买回来。

这种基金投资策略看似合理,但是投资者有预测股指走势的能力吗?股指下跌多少,才能判断出股指要调整了,而不是短期的波动?

投资者没有专门的时间、专业的知识研究宏观经济、政策走向、市场资金供求、企业盈利等影响股指走向的因素,也不可能较准确地预测股指的涨跌。往往在股市已出现比较明显下跌的情况下,投资者才能判断出股指可能要进行调整,这时再去赎回,很可能卖了个低点。因此,根据对股指的判断,波段操作基金,基本上是不可能取得成功的。

(4)缺乏风险意识,全仓投入,仓促赎回

基金投资于股票,股票价格波动较大,既可能带来高额收益,也可能带来较高风险。如果道听途说,盲目投资,尤其是为了追求高收益,将原来不能进行风险投资的资金投资于基金,必然会带来较大风险。

以 2004 年上半年为例,当时股市出现了久违的大幅上涨行情,从 2003 年 11 月到 2004 年 4 月间,股指上涨了约 30%,许多基金净值涨幅较大,跌破面值的基金也纷纷实现了正收益。基金销售出现了十分红火的局面,在银行门口排队买基金。听闻基金赚钱多,原不了解投资、不了解基金的人们也纷纷将存款转买基金。多只百亿基金诞生。结果后来市场深幅下跌,投资者损失惨重,大部分投资者直到 2006 年年初才解套。

所以,投资者在投资前,必须知道投资有风险,要谨慎决策。

7.1.4　基金投资风险

1. 风险的类型

(1)缺乏正确认识的风险

投资者由于对基金缺乏必要的认知,对基金投资产生了很多误解:

①高估基金投资收益。由于股市持续上涨,投资者由此将此行情当做常态看待,认为购买基金包赚不赔,忽视了风险。

②用炒股票的方式炒基金。很多投资者把基金当股票一样操作,采用"低买高卖"的方式获取短期收益,结果不仅获利不大,还因为频繁的申购赎回影响了基金的投资运作和业绩。其实基金投资是一个长期的渐进过程,基金的净值会随着市场的波动而波动,它的投资收益不可能一步到位,作为基金投资者应树立长期投资的习惯和理念。

③把基金投资当储蓄。很多投资者把原来养老防病的预防性储蓄存款或购买国债的钱全部都用来购买基金,甚至于从银行贷款买基金,误以为基金就是高收益的储蓄。其实基金是一种有风险的证券投资,与几乎零风险的储蓄完全不同。

④偏好买净值低的基金。很多投资者认为基金净值高就是价格贵,上涨空间小,偏好买净值低的便宜基金,甚至有些投资者非一元基金不买。事实上,投资基金收益的高低与买入时基金净值高低并无直接关系,真正决定投资者收益的是其持有期间基金的净值增长率,而净值增长率则主要是由市场情况及基金管理人的投资管理能力决定的。

(2)开放式基金的申购及赎回未知价风险

开放式基金的申购及赎回未知价风险是指投资者在当日进行申购、赎回基金单位时,所参考的单位资产净值是上一个基金开放日的数据,而对于基金单位资产净值在自上一交易日至开放日当日所发生的变化,投资者无法预知。因此投资者在申购、赎回时无法知道会以什么价格成交,这种风险就是开放式基金的申购、赎回价格未知的风险。

(3)开放式基金的投资风险

开放式基金的投资风险是指股票投资风险和债券投资风险。其中,股票投资风险主要取决于上市公司的经营风险、证券市场风险和经济周期波动风险等,债券投资风险主要指利率变动影响债券投资收益的风险和债券投资的信用风险。基金的投资目标不同,其投资风险通常也不同。收益型基金投资风险最低,成长型基金风险最高,平衡型基金居中。投资者可根据自己的风险承受能力,选择适合自己财务状况和投资目标的基金品种。

(4)利率风险

利率风险是指市场利率的波动会导致证券市场价格和收益率的变动。利率直接影响着国债的价格和收益率,影响着企业的融资成本和利润。基金投资于国债和股票,其收益水平会受到利率变化的影响。

(5)政策风险

政策风险是指因国家宏观政策(如货币政策、财政政策、行业政策、地区发展政策等)发生变化,导致市场价格波动而产生风险。

(6)市场风险

市场风险主要包括政策风险、经济周期风险、利率风险、上市公司经营风险、购买力风险等。投资者购买基金,相对于购买股票而言,由于能有效地分散投资和利用专家优势,可能对控制风险有利,但其收益风险依然存在。分散投资虽能在一定程度上消除来自于个别公司的非系统风险,但市场的系统风险却无法消除。

(7)购买力风险

购买力风险是指基金的利润将主要通过现金形式来分配,而现金可能因为通货膨胀的影响而导致购买力下降,从而使基金的实际收益下降。

(8)经济周期风险

经济周期风险是指随着经济运行的周期性变化,各个行业及上市公司的盈利水平也呈周期性变化,从而影响到个股乃至整个行业板块的二级市场的走势。

(9)上市基金的价格波动风险

目前在交易所上市的基金品种有封闭式基金、LOF、ETF 等,这些基金除具有普通证券投资基金的固有投资风险外,投资者通过场内交易基金,还可能因为市场供求关系的影响而面临交易价格大幅波动的风险。LOF 作为在交易所上市的开放式基金,由于其场内申购、赎回与买卖之间存在时间差,在短期市场供求失衡的情况下,LOF 交易价格可能会发生大幅波动、偏离基金份额净值的情况,投资者在这种情况下通过二级市场买卖 LOF 存在较大的价格波动风险。

(10)上市公司经营风险

上市公司经营风险是指上市公司的经营好坏受多种因素影响,如管理能力、财务状况、市场前景、行业竞争、人员素质等,这些都会导致企业的盈利发生变化。如果基金所投资的上市公司经营不善,其股票价格可能下跌,或者能够用于分配的利润减少,使基金投资收益下降。虽然基金可以通过投资多样化来分散这种非系统风险,但不能完全规避。

(11)基金份额不稳定的风险

基金按照募集资金的规模,制定相应的投资计划,并制定一定的中长期投资目标。其前提是基金份额能够保持相应的稳定。当基金管理人管理和运作的基金发生巨额赎回,足以影响到基金的流动性时,不得不迫使基金管理人做出降低股票仓位的决定,从而被动地调整投资组合,影响既定的投资计划,使基金投资者的收益受到影响。

(12)基金公司管理能力的风险

基金管理者相对于其他普通投资者而言,在风险管理方面确实有某些优势,如基金能较好地认识风险的性质、来源和种类,能较准确地度量风险并通常能够按照自己的投资目标和风险承受能力构造有效的证券组合。在市场变动的情况下,及时地对投资组合进行更新,从而将基金资产风险控制在预定的范围内。但是,基金管理人由于在知识水平、管理经验、信息渠道和处理技巧等方面的差异,其管理能力也有所不同。

(13)不可抗力风险

不可抗力风险是指战争、自然灾害等不可抗力发生时给对基金投资者带来的风险。

2. 风险的防范

(1)密切关注基金净值,理性投资

基金净值代表了基金的真实价值,投资者无论投资哪种基金都应该密切关注基金净值的变化。特别是投资 LOF 时,基金净值尤为重要,由于 LOF 同时具备申购、赎回和二级市场买卖两种交易方式,场内交易价格必然与基金份额净值密切相关,不应该因为分红、拆分、暂停申购等基金日常业务与基金份额净值产生较大偏差。因此,投资者应通过基金管理人网站或交易行情系统密切关注基金份额净值,当 LOF 二级市场交易价格大幅偏离基金份额净值时,注意理性投资,回避风险。

(2)根据自身风险偏好选择投资基金

目前国内投资基金的类别丰富,无疑增加了投资者的选择机会。投资者应对各类基金的风险有明确认识。风险偏好较高的投资者可以选择投资股票型基金、混合型基金等高风险基金,风险偏好较低的投资者可以选择投资保本基金、债券型基金等低风险产品。

(3)仔细阅读基金公告,全面了解基金信息

基金公告信息包括招募说明书、上市交易公告书、定期公告以及分红公告等临时公告,投资者应该通过指定证券报刊或网站认真阅读基金公告,全面了解基金情况。对 LOF 等上市基金,为充分向投资者提示风险,当基金场内交易价格连续发生较大波动时,基金管理人会发布交易价格异常波动公告等风险提示公告,投资者应及时阅读基金公告,获取风险提示信息,谨慎投资。

(4)认真学习基金基础知识,树立正确的基金投资理念

目前,我国基金市场规模迅速膨胀,基金创新品种层出不穷,投资者参与基金投资,应及时学习各项基金基础知识,更新知识结构,树立长期投资基金的正确理念,增强投资基金的风险意识,做到防患于未然。

§7.2　商品期货

7.2.1　商品期货基础知识

1. 期货交易的概念

期货交易是在现货交易的基础上发展起来的、通过在期货交易所买卖标准化的期货合约而进行的一种有组织的交易方式，其目的是为了转移价格风险或获取风险利润。期货交易的对象并不是商品(标的物)的实体，而是商品(标的物)的标准化合约。

在期货市场中，大部分交易者买卖的期货合约在到期前，又以对冲的形式了结。也就是说，买进期货合约的人，在合约到期前又可以将期货合约卖掉；卖出期货合约的人，在合约到期前又可以买进期货合约来平仓。先买后卖或先卖后买都是允许的。一般来说，期货交易中进行实物交割的只是很少量的一部分。

2. 期货品种的分类

期货交易品种经历了由商品期货(农产品期货—金属期货—能源化工期货)到金融期货(外汇期货—利率期货—股票指数期货—股票期货)的发展历程。

(1)商品期货

商品期货是期货交易的起源种类。随着期货市场的发展，商品期货交易不断扩展，成为现代期货市场体系中重要的组成部分之一，其规避风险、发现价格的功能对于现代市场经济的运作发挥着越来越重要的作用。国际商品期货交易的品种随期货交易发展而不断变化，交易品种不断增加。从传统的农产品期货，发展到经济作物、畜产品、有色金属和能源等大宗初级产品，如图 7－1 所示。

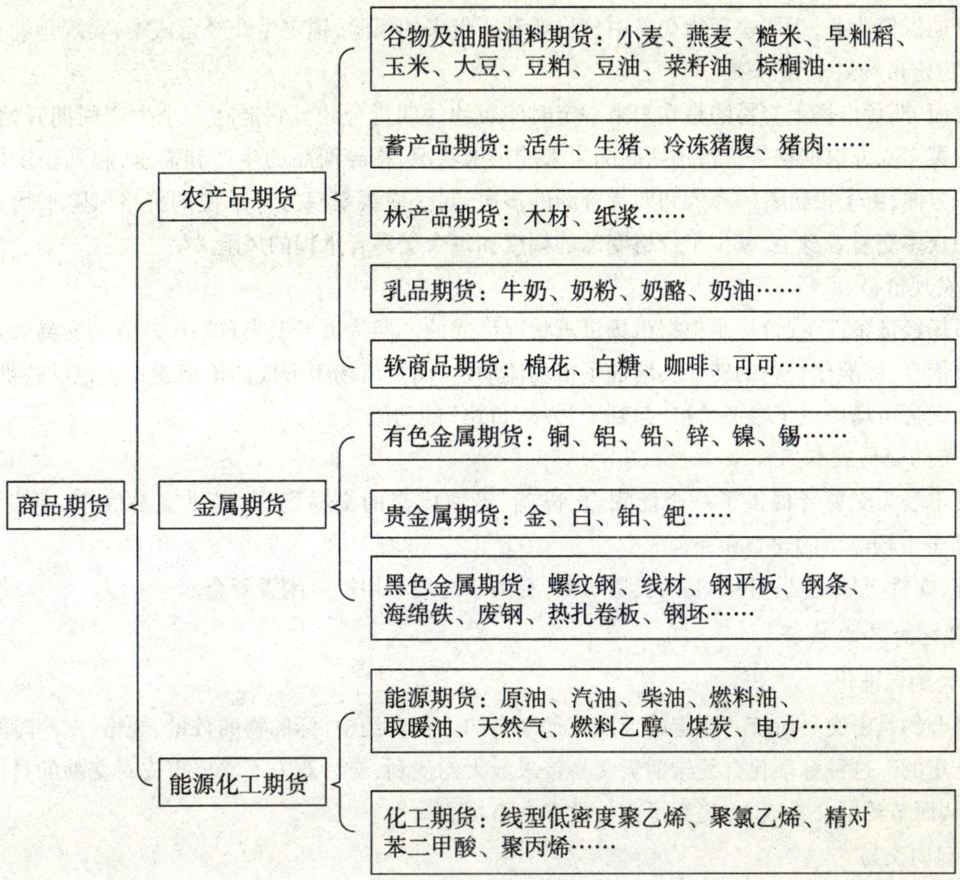

图 7－1　商品期货的种类

(2)金融期货

20 世纪 70 年代,期货市场有了突破性的发展,金融期货大量出现并逐渐占据了期货市场的主导地位。金融期货的繁荣主要是由于国际金融市场的剧烈动荡,金融风险越来越受到人们的关注。许多具有创新意识的交易所纷纷尝试推出金融期货合约,以满足人们规避金融市场风险的需求。随着许多金融期货合约的相继成功,期货市场焕发生机,取得了突飞猛进的发展。金融期货主要包括外汇期货、利率期货和股指期货等,如图 7-2 所示。

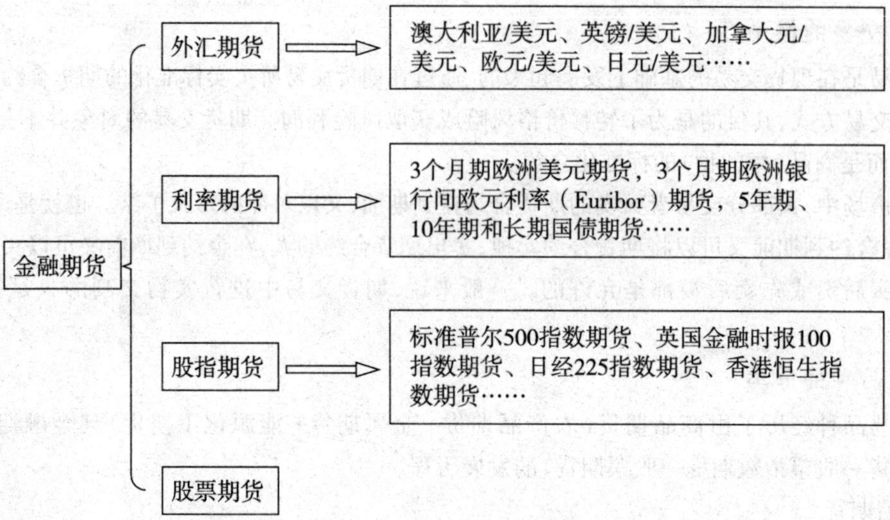

图 7-2　金融期货的种类

3. 期货市场的功能

(1)回避价格风险

期货市场最突出的功能就是为生产经营者提供回避价格风险的手段,即生产经营者通过在期货市场上进行套期保值业务,来回避现货交易中价格波动所带来的风险,锁定生产经营成本,实现预期利润。

(2)稳定市场供求和价格

一方面,期货市场上交易的是在未来一定时间履约的期货合约。它能在一个生产周期开始之前,就使商品的买卖双方根据期货价格预期商品未来的供求状况,指导商品的生产和需求,起到稳定供求的作用。另一方面,由于投机者的介入和期货合约的多次转让,使买卖双方应承担的价格风险平均分散到参与交易的众多交易者身上,减少了价格变动的幅度和每个交易者承担的风险。

(3)发现价格

在市场经济条件下,价格是根据市场供求状况形成的。期货市场上来自四面八方的交易者带来了大量的供求信息,标准化合约的转让又增加了市场流动性,期货市场中形成的价格能真实地反映供求状况,同时又为现货市场提供了参考价格,起到了"发现价格"的功能。

(4)节约交易成本

期货市场为交易者提供了一个能安全、准确、迅速成交的交易场所,提供交易效率,不发生"三角债",有助于市场经济的建立和完善。

另外,期货交易还是一种重要的投资工具,有助于合理利用社会闲置资金。

4. 期货的基本特征

(1)合约标准化

期货合约是由交易所统一制定的标准化远期合约。在合约中,标的物的数量、规格、交割时间和地点等都是既定的。这种标准化合约给期货交易带来极大的便利,交易双方不需要事先对交易的具体条款进行协商,从而节约了交易成本、提高了交易效率和市场流动性。

(2)双向交易

期货交易采用双向交易方式。交易者既可以买人建仓,即通过买入期货合约开始交易;也可以卖出建仓,即通过卖出期货合约开始交易。前者也称为“买空”,后者也称为“卖空”。双向交易给予投资者双向的投资机会,也就是在期货价格上升时,可通过低买高卖来获利;在期货价格下降时,可通过高卖低买来获利。

(3)场内集中竞价交易

期货交易实行场内交易,所有买卖指令必须在交易所内进行集中竞价成交。只有交易所的会员方能进场交易,其他交易者只能委托交易所会员,由其代理进行期货交易。

(4)当日无负债结算

期货交易实行当日无负债结算,也称为逐日盯市。结算部门在每日交易结束后,按当日结算价对交易者结算所有合约的盈亏、交易保证金及手续费、税金等费用,对应收应付的款项实行净额一次划转,并相应增加或减少保证金。如果交易者的保证金余额低于规定的标准,则须追加保证金,从而做到“当日无负债”。当日无负债可以有效防范风险,保障期货市场的正常运转。

(5)保证金交易

期货交易实行保证金制度。交易者在买卖期货合约时,按合约价值的一定比率缴纳保证金(一般为5% ~15%)作为履约保证,即可进行数倍于保证金的交易。这种以小博大的保证金交易也称为“杠杆交易”。期货交易的这一特征使期货交易具有高收益和高风险的特点。保证金比率越低,杠杆效应就越大,高收益和高风险的特点就越明显。

(6)对冲了结

交易者在期货市场建仓后,大多并不是通过交割(即交收现货)来结束交易,而是通过对冲了结。买人建仓后,可以通过卖出同一期货合约来解除履约责任;卖出建仓后,可以通过买入同一期货合约来解除履约责任。对冲了结使投资者不必通过交割来结束期货交易,从而提高了期货市场的流动性。

5. 期货的投资方式

(1)套期保值

套期保值就是对现货保值。在现货市场买进(或卖出)商品的同时,在期货市场卖出(或买进)相同数量的同种商品,当商品价格变动时,一个市场上的亏损可以通过另一个市场上的盈利来补偿,从而达到保值的目的。

①套期保值的原理

同种商品的期货价格走势和现货价格走势一致;现货市场价格和期货市场价格随着期货合约到期日的临近,两者趋向一致。

②套期保值的操作

买入套期保值(需要现货商品又担心价格上涨的客户),即交易者先在期货市场买入期货,以便将来在现货市场上买进现货时,不会因为价格上涨而给自己造成经济损失的一种套期保值方式;卖出套期保值(拥有现货商品又担心价格下跌的客户),即交易者先在期货市场上卖出期货,以便将来在现货市场上卖出现货时,不会因为价格下跌而给自己造成经济损失的一种套期保值方式。

(2)期货套利

套利,也称价差交易,是指在买入或卖出某种期货合约的同时,卖出或买入相关的另一种合约,并在某个时间同时将两种合约平仓的交易方式。在交易形式上,它与套期保值有些相似,但套期保值是在现货市场买入(或卖出)实货和在期货市场上同时卖出(或买入)期货合约,而套利却只在期货市场上买卖合约,一般不涉及现货交易。

在进行套利交易时,交易者注意的是合约价格之间的相互变动关系,而不是绝对价格水平。他们买进自认为是“便宜的”合约,同时卖出那些“高价的”合约。如果价差的变动方向与当初的预测相一致,交易者即可从两合约价格间的相互变动中获利。因此,对于交易者而言,理解套利交易原理和掌握一些交易技巧是非常必要的。

①期货套利的原理

套利交易的收益来源于三个方面,分别为:在合约持有期,空头的盈利高于多头的损失;在合约持有起,多头的盈利高于空头的损失;两份合约都要盈利。套利交易的损失则来自刚好相反的方式。

②期货套利的操作

期货市场的套利主要有三种方式,即跨交割月份套利、跨市场套利及跨商品套利。

第一,跨交割月份套利。即投机者在同一市场利用同一种商品不同交割期之间的价格差距的变化,买进某一交割月份期货合约的同时,卖出另一交割月份的同类期货合约以谋取利润的活动。其实质是利用同一种商品期货合约不同交割月份之间的差价来获利,这是最为常用的一种套利形式。一般来说,跨月套利与商品绝对价格无关,而仅与不同交割期之间价格差变化趋势有关。

第二,跨市场套利。即投机者利用同一商品在不同交易所期货价格的不同,在两个交易所同时买进和卖出期货合约以谋取利润的活动。

当同一商品在两个交易所中的价格差额超出了将商品从一个交易所的交割仓库运送到另一交易所的交割仓库的费用时,可以预计,他们的价格将会缩小并在未来某一时期体现真正的跨市场交割成本。

第三,跨商品套利。即利用两种不同而相互关联的商品之间的期货价格的差异来进行套利,即买进(卖出)某一交割月份某一商品的期货合约,而同时卖出(买入)另一种相同交割月份、另一关联商品的期货合约。

通常来讲,跨商品套利必须具备以下条件:一是两种商品之间具有关联性与相互替代性;二是交易价格受相同的一些因素制约;三是买进或卖出的期货合约通常应该在相同的交割月份。

(3)期货投机

期货投机交易是指在期货市场上,以获取价差收益为目的的期货交易行为。投机者根据自己对期货价格走势的判断,做出买进或卖出的决定,如果这种判断与市场价格走势相同,则投机者平仓出局后,可获取投机利润;如果判断与价格走势相反,则投机者平仓出局后,承担投机损失。由于投机的目的是赚取差价收益,所以,投机者一般只是平仓了结持有的期货合约,而不进行实物交割。

①期货投机的分类

投机交易分为两种:价差投机和套利交易。

价差投机是指投机者通过对价格的预期,在认为价格上升时买进、价格下跌时卖出,然后待有利时机再卖出或买进原期货合约,以获取利润的活动。

套利交易是期货投机交易中的一种特殊方式,它利用期货市场中不同月份、不同市场、不同商品之间的相对价格差,同时买入和卖出不同种类的期货合约,来获取利润。

②期货投机的作用

在期货市场,投机交易必不可少,它起到了增加市场流动性和承担套期保值者转嫁风险的作用,还有利于期货交易的顺利进行和期货市场的正常运转。它是期货市场套期保值功能和发现价格功能得以发挥的重要条件之一。

具体而言,期货交易的作用体现在:主动承担期货市场风险;促进市场流动性,保障了期货市场发现价格功能的实现;适度的期货投机能够缓减价格波动;使不同品种之间和不同市场之间的价格,形成一个较为合理的价格结构。

③期货投机者的类型

投机者类型的划分,根据不同的标准而定。按照交易量的大小,可划分为大投机者与小投机者;按照交易部位区分,可分为多头投机者和空头投机者;按照投机者持有合约时间的长短,可分为趋势交易者、当日交易者、"抢帽子"者。

无论是哪一种类型的投机者,在期货市场,都必须与一大群专业人员展开竞争。这些专业人员包括以期货交易为生、得到很好回报的职业投机者,也包括主要目的是为市场提供流动性的做市商,以及从事商品期货基金管理的职业操盘手,还包括一大批有现货背景的现货商。

7.2.2 期货交易操作流程

1. 开户

与一般的商品现货相比,期货交易在其业务操作流程上具有自身的特点,概括地说,就是规范性、系统性、程序性和完整性，这是因为期货交易竞争性强，风险程度高，必须严密组织、严格管理。期货交易业务操作一般包括合约交易、账户清算、实物交割等几个方面。

期货交易规则要求交易参与者在决定参与交易的时候，必须首先履行开立交易账户的手续。要买进或卖出一张（或更多的）期货合约，必须经过下单、审单、报单、交易、回报这样几个环节，而完成一个基本的流程。

由于期货交易必须集中在交易所内进行，而在场内操作交易的只能是交易所的会员，包括期货经纪公司和自营会员。普通投资者在进入期货市场交易之前，应首先选择一个具备合法代理资格、信誉好、资金安全、运作规范和收费比较合理的期货经纪公司会员。自营会员没有代理资格。

投资者在经过对比、判断，选定期货经纪公司之后，即可向该期货经纪公司提出委托申请，开立账户。开立账户实质上是投资者（委托人）与期货经纪公司（代理人）之间建立的一种法律关系。

一般来说，各期货经纪公司会员为客户开设账户的程序及所需的文件不尽相同，但基本程序及方法大致相同。

（1）风险揭示

客户委托期货经纪公司从事期货交易必须事先在期货经纪公司办理开户登记。

期货经纪公司在接受客货开户申请时，需向客户提供期货交易风险揭示书。个人客户应在仔细阅读并理解后，在该期货交易风险说明书上签字；客户应在仔细阅读并理解之后，由单位法定代表人在该期货交易风险说明书上签字并加盖单位公章。

（2）签署合同

期货经纪公司在接受客户开户申请时，双方须签署期货经纪合同。个人客户应在该合同上签字，单位客户应由法定代表人在该合同上签字并加盖公章。

个人开户应提供本人身份证，留存印鉴或签名样卡。单位开户应提供《企业法人营业执照》影印件，并提供法定代表人及本单位期货交易业务执行人的姓名、联系电话、单位及其法定代表人或单位负责人印鉴等内容的书面材料及法定代表人授权期货交易业务执行人的书面授权书。

交易所实行客户交易编码登记备案制度，客户开户时应由期货经纪公司按交易所统一的编码规则进行编号，一户一码，专码专用，不得混码交易。期货经纪公司注销客户的交易编码，应向交易所备案。

（3）缴纳保证金

客户在期货经纪公司签署期货经纪合同之后，应按规定缴纳开户保证金。期货经纪公司应将客户所缴纳的保证金存入期货经纪合同中指定的客户账户中，供客户进行期货交易。期货经纪公司向客户收取的保证金，属于客户所有；期货经纪公司除按照中国证监会的规定为客户向期货交易所交存保证金进行交易结算外，严禁挪作他用。

2. 下单

客户在按规定足额缴纳开户保证金后，即可开始交易，进行委托下单。所谓下单，是指客户在每笔交易前向期货经纪公司业务人员下达交易指令，说明拟买卖合约的种类、数量、价格等的行为。通常，客户应先熟悉和掌握有关的交易指令，然后选择不同的期货合约进行具体交易。

（1）常用交易指令

国际上常用的交易指令有：市价指令、限价指令、止损指令和取消指令等。我国期货交易所规定的交易指令有两种：限价指令和取消指令，交易指令当日有效。在指令成交前，客户可提出变更或撤销。

1）市价指令

市价指令是期货交易中常用的指令之一，它是指按当时市场价格即刻成交的指令。客户在下达这种指令时，不需指明具体的价位，而是要求期货经纪公司出市代表以当时市场上可执行的最好价格达成交易。这种指令的特点是成交速度快，一旦指令下达后便不可更改和撤销。

2）限价指令

限价指令是指执行时必须按限定价格或更好的价格成交的指令。下达限价指令时，客户必须指明具体的价位。它的特点是可以按客户的预期价格成交，成交速度相对较慢，有时无法成交。

3)止损指令

止损指令是指当市场价格达到客户预计的价格水平时,即变为市价指令予以执行的一种指令。客户利用止损指令,既可以有效地锁定利润,又可以将可能的损失降低至最低限度,还可以相对较小的风险建立新的头寸。

4)取消指令

取消指令是指客户要求将某一指令取消的指令。客户通过执行该指令,将以前下达的指令完全取消,并且没有新的指令取代原指令。

期货经纪公司对其代理客户的所有指令,必须通过交易所集中撮合交易,不得私下对冲,不得向客户作获利保证或者与客户分享收益。

(2)下单方式

客户在正式交易前,应制定详细周密的交易计划。在此之后,客户即可按计划下单交易。客户可以通过书面、电话或者中国证监会规定的其他方式向期货经纪公司下达交易指令。具体下单方式有如下几种:

1)书面下单

客户亲自填写交易单,填好后签字交由期货经纪公司交易部,再由期货经纪公司交易部通过电话报单至该公司在期货交易所场内的出市代表,输入指令进入交易所主机撮合成交。

2)电话下单

客户通过电话直接将指令下达到期货经纪公司交易部,再由交易部通知出市代表下单。期货经纪公司须将客户的指令予以录音,以备查证。事后,客户应在交易单上补签字。

期货经纪公司在接受客户指令后,应及时通知出市代表。出市代表应及时将客户的指令输入交易席位上的计算机终端进行竞价交易。

(3)竞价

国内期货合约价格的形成方式是计算机撮合成交。计算机撮合成交是根据公开喊价的原理设计而成的一种计算机自动化交易方式,是指期货交易所的计算机交易系统对交易双方的交易指令进行配对的过程。这种交易方式具有准确、连续等特点。国内期货交易所计算机交易系统的运行,一般是将买卖申报单以价格优先、时间优先的原则进行排序。当买入价大于、等于卖出价则自动撮合成交,撮合成交价等于买入价(bp)、卖出价(sp)和前一成交价(cp)三者中居中的一个价格。

开盘价和收盘价均由集合竞价产生。开盘价集合竞价在某品种某月份合约每一交易日开市前5分钟内进行,其中前4分钟为期货合约买卖价格指令申报时间,后1分钟为集合竞价撮合时间,开市时产生开盘价。收盘价集合竞价在某品种某月份合约每一交易日收市前5分钟内进行,其中前4分钟为期货合约买卖价格指令申报时间,后1分钟为集合竞价撮合时间,收市时产生收盘价。

在集合竞价的过程中,交易系统自动控制集合竞价申报的开始和结束并在计算机终端上显示。集合竞价采用最大成交量原则,即以此价格成交能够得到最大成交量。高于集合竞价产生的价格的买入申报全部成交;低于集合竞价产生的价格的卖出申报全部成交;等于集合竞价产生的价格的买入或卖出申报,根据买入申报量和卖出申报量的多少,按少的一方的申报量成交。

(4)成交回报与确认

当期货经纪公司的出市代表收到交易指令后,确认无误后以最快的速度将指令输入计算机内进行撮合成交。当计算机显示指令成交后,出市代表必须马上将成交的结果反馈回期货经纪公司的交易部。期货经纪公司交易部将出市代表反馈回来的成交结果记录在交易单上并打上时间戳记后,将记录单报告给客户。成交回报记录单应包括以下几个项目:成交价格、成交手数、成交回报时间等。

客户对交易结算单记载事项有异议的,应当在下一交易日开市前向期货经纪公司提出书面异议;客户对交易结果单记载事项无异议的,应当在交易结算单上签字确认或者按照期货经纪合同约定的方式确认。客户既未对交易结算单记载事项确认,也未提出异议的,视为对交易结算单的确认。对于客户有异议的,期货经纪公司应当根据原始指令记录和交易记录予以核实。

3. 结算

(1)结算与结算制度

结算是指根据交易结果和交易所有关规定对会员交易保证金、盈亏、手续费、交割货款和其他有关款项进行的计算、划拨。它包括交易所对会员的结算和期货经纪公司会员对其客户的结算,其计算结果将被计入客户的保证金账户。

期货交易所的结算实行保证金制度、每日无负债制度和风险准备金制度等。与期货市场的层次结构相适应,期货交易的结算也是分级、分层的。交易所只对会员结算,非会员单位和个人通过期货经纪公司会员结算。

1)交易所对会员的结算

第一,每一交易日结束后,交易所对每一会员的盈亏、交易手续费、交易保证金等款项进行结算。其核算结果是会员核对当日有关交易并对客户结算的依据,会员可通过会员服务系统于每交易日规定时间内获得会员当日平仓盈亏表、会员当日成交合约表、会员当日持仓表和会员资金结算表。

第二,会员每天应及时获取交易所提供的结算结果,做好核对工作,并将之妥善保存。

第三,会员如对结算结果有异议,应在第二天开市前三十分钟,以书面形式通知交易所。如会员在规定时间内没有对结算数据提出异议,则视作会员已认可结算数据的准确性。

第四,交易所在交易结算完成后,将会员资金的划转数据传递给有关结算银行。

2)期货经纪公司对客户的结算

第一,期货经纪公司对客户的结算与交易所的方法一样,即每一交易日交易结束后对每一客户的盈亏、交易手续费、交易保证金等款项进行结算。交易手续费一般不低于期货合约规定的交易手续费标准的三倍,交易保证金一般高于交易所收取的交易保证金比例至少三个百分点。

第二,期货经纪公司在闭市后向客户发出交易结算单。

第三,当每日结算后客户保证金低于期货交易所规定的交易保证金水平时,期货经纪公司按照期货经纪合同约定的方式通知客户追加保证金,客户不能按时追加保证金的,期货经纪公司应当将该客户部分或全部持仓强行平仓,直至保证金余额能够维持其剩余头寸。

(2)结算公式与应用

1)结算的基准

交易所对会员存入交易所专用结算账户的保证金实行分账管理,为每一会员设立明细账户,按日序时登记核算每一会员出入金、盈亏、交易保证金、手续费等。

交易所实行保证金制度,保证金分为以下两种:

第一,结算准备金,一般设最低余额,每日交易开始前,会员结算准备金余额不得低于此额度,若结算准备金余额大于零而低于结算准备金最低余额,不得开新仓;若结算准备金余额小于零,则交易所将按有关规定对其强行平仓。

第二,交易保证金,是指会员在交易所专用结算账户中确保合约履行的资金,是已被合约占用的保证金。当买卖双方成交后,交易所按持仓合约价值的一定比率向双方收取交易保证金。

交易所实行每日无负债结算制度。该制度是指每日交易结束后,交易所按当日结算价结算所有合约的盈亏、交易保证金及手续费、税金等费用,对应收应付的款项实行净额一次划转,相应增加或减少会员的结算准备金。

2)结算公式

未平仓期货合约均以当日结算价作为计算当日盈亏的依据。

首先,当日盈亏可以分项计算:当日盈亏 = 平仓盈亏 + 持仓盈亏。

其中,平仓盈亏 = 平历史仓盈亏 + 平当日仓盈亏

平历史仓盈亏 = Σ[(卖出平仓价 - 上一交易日结算价) × 卖出量] + Σ[(上一交易日结算价 - 买入平仓价) × 买入平仓量]

平当日仓盈亏 = Σ[(当日卖出平仓价 - 当日买入开仓价) × 卖出平仓量] + Σ[(当日卖出开仓价

-当日买入平仓价)×买入平仓量]

持仓盈亏=历史持仓盈亏+当日开仓持仓盈亏

历史持仓盈亏=(当日结算价-上一日结算价)×持仓量

当日开仓持仓盈亏=∑[(卖出开仓价-当日结算价)×卖出开仓量]+∑[(当日结算价-买入开仓价)×买入开仓量]

因此,当日盈亏可以综合成为总公式:当日盈亏=∑[(卖出成交价-当日结算价)×卖出量]+∑[(当日结算价-买入成交价)×买入量]+(上一交易日结算价-当日结算价)×(上一交易日卖出持仓量-上一交易日买入持仓量)。

其次,保证金余额的计算:结算准备金余额指当日结算准备金=上一交易日结算准备金+入金-出金+上一交易日交易保证金-当日交易保证金+当日盈亏-手续费等。

3)有关概念

平仓是指期货交易者买入或卖出与其所持期货合约的品种、数量及交割月份相同,但交易方向相反的期货合约,了结期货交易的行为。

当日结算价是指某一期货合约当日成交价格按照成交量的加权平均价。当日无成交价格的,以上一交易日的结算价作为当日结算价。每个期货合约均以当日结算价作为计算当日盈亏的依据。

持仓量是指期货交易者所持有的未平仓合约的数量。

4)资金划转

当日盈亏在每日结算时进行划转,当日盈利划入会员结算准备金,当日亏损从会员结算准备金中扣划。当日结算时的交易保证金超过昨日结算时的交易保证金部分从会员结算准备金中扣划。当日结算时的交易保证金低于昨日结算时的交易保证金部分划入会员结算准备金。另外,手续费、税金等各项费用从会员的结算准备金中直接扣划。

4.交割

(1)实物交割的概念和作用

商品期货交易一般采用实物交割制度。它是指期货合约到期时,交易双方通过该期货合约所载商品所有权的转移,了结到期未平仓合约的过程。虽然最终进行实物交割的期货合约的比例非常小,但正是这极少量的实物交割将期货市场与现货市场联系起来,为期货市场功能的发挥提供了重要的前提条件。

在期货市场上,实物交割是促使期货价格和现货价格趋向一致的制度保证。通过实物交割,可以实现期货、现货两个市场的相互联动,期货价格最终与现货价格趋于一致,使期货市场真正发挥价格晴雨表的作用。

一些熟悉现货流通渠道的套期保值者在实际操作中,根据现货市场的有关信息,直接在期货市场上抛出或购进现货,获取差价。这种做法在一定程度上消除了种种非价格因素所带来的风险,客观上起到了引导生产、保证利润的作用。

(2)交割方式与交割结算价

1)交割方式

交割方式有两种:"集中性"交割,即所有到期合约在交割月份最后交易日过后一次性集中交割的交割方式;"分散性"交割,即除了在交割月份的最后交易日过后,所有到期合约全部配对交割外,在交割月第一交易日至最后交易日之间的规定时间,也可进行交割的交割方式。

2)交割结算价

我国期货合约的交割结算价通常为该合约交割配对日的结算价或为该期货合约最后交易日的结算价。交割商品计价以交割结算价为基础,再加上不同等级商品质量升贴水以及异地交割仓库与基准交割仓库的升贴水。

(3)实物交割程序

1)第一交割日

买方申报意向:买方在第一交割日内,向交易所提交所需商品的意向书。内容包括品种、牌号、数量及指定交割仓库名等。

卖方交标准仓单:卖方在第一交割日内将已付清仓储费用的有效标准仓单交交易所。

2)第二交割日

交易所分配标准仓单:交易所在第二交割日根据已有资源,按照"时间优先、数量取整、就近配对、统筹安排"的原则,向买方分配标准仓单。不能用于下一期货合约交割的标准仓单,交易所按所占当月交割总量的比例向买方分摊。

3)第三交割日

买方交款、取单:买方必须在第三交割日14:00前到交易所交付货款并取得标准仓单。

卖方收款:交易所在第三交割日16:00前将货款付给卖方。

4)第四、五交割日

卖方交增值税专用发票。

标准仓单在交易所进行实物交割的,其流转程序如下:卖方投资者背书后交卖方经纪会员;卖方会员背书后交至交易所;交易所盖章后交买方会员;买方经纪会员背书后交买方投资者;买方非经纪会员、买方投资者背书后至仓库办理有关手续;仓库或其代理人盖章后,买方非经纪会员、买方投资者方可提货或转让。

(4)交割违约的处理

1)交割违约的认定

期货合约的买卖双方有下列行为之一的,构成交割违约:在规定交割期限内卖方未交付有效标准仓单的;在规定交割期限内买方未解付货款的或解付不足的;卖方交付的商品不符合规定标准的。

2)交割违约的处理

会员在期货合约实物交割中发生违约行为,交易所应先代为履约。交易所可采用征购和竞卖的方式处理违约事宜,违约会员应负责承担由此引起的损失和费用。另外,交易所对违约会员还可处以支付违约金、赔偿金等处罚。

7.2.3 商品期货分析方法

期货市场主要就是投机,就是利用价格的上下波动来获取收益,因此行情分析十分重要。期货市场的行情分析主要分为基本分析法和技术分析法两种。基本分析法是交易者根据商品的产量、消费量和库存量,即根据商品的供给和需求关系以及影响供求关系变化的种种因素,来预测商品价格走势的基本方法。技术分析法是交易者运用已有的技术资料,如成交价格及价格波动幅度、成交量和持仓量等,对未来期货价格的走势进行判断的分析方法。对于中长线投机而言,要想准确地预测价格走势,首先要用基本分析法来判断其未来最可能的价格走势,同时应结合技术分析法确定操作时机。

1.基本分析法

(1)需求分析

商品市场的需求量是指在一定时间、地点和价格条件下买方愿意购买并有能力购买的商品数量。影响需求的因素有:商品的价格、消费者的收入、消费者的偏好、相关商品价格的变化、消费者预期的影响。它通常由国内消费量、出口量和期末结存量等三部分组成。

1)国内消费量

影响国内消费量的主要因素有:消费者的收入水平或购买能力、消费者人数、消费结构变化、商品新用途发现、替代品的价格及获取的方便程度等。这些因素的变化对商品期货需求及价格的变化的影响要大于对现货市场的影响。

2)出口量

即国际市场需求分析。稳定的进口量虽然量值大但对国际市场价格影响甚小,不稳定的进口量虽然量值小但对国际市场价格影响很大。分析出口量的变化应考虑国际、国内市场供求状况,内销和外销价格比,本国出口政策和进口国进口政策变化,关税和汇率变化等。

3)期末结存量

一般来说,如果当年年底商品存货量增加,则表示当年商品供应量大于需求量,下年的商品期货价格就有可能会下跌;如果当年年底的商品存货量减少,表示当年商品需求量大于供给量,则下年的商品期货价格将会上升。因此,必须及时了解有关商品主要出口国和进口国的商品期末结存量。

(2)供给分析

供给是指在一定时期内,在各种可能的价格下,生产者愿意并且能够提供的商品或劳务的数量。影响供给的因素有:商品的价格、生产成本、生产技术水平、相关商品的价格水平、生产者对未来的预期。它主要由期初库存量、本期产量、本期进口量组成。

1)期初库存量

可以分为生产者存货、经营者存货、政府存货。前两种存货可根据价格变化随时上市供给,可视为市场商品可供量的实际组成部分。而政府存货不会轻易投放市场,但当市场出现供给严重短缺、价格猛涨时,政府可能动用它来平抑物价,则会对市场供给产生重要影响。

2)本期产量

市场商品供给量的主体,短期看,主要受生产能力的制约,资源和自然条件、生产成本及政府政策的影响。不同商品生产量的影响因素可能相差很大,必须对具体商品生产量的影响因素进行具体分析,以便较为准确地把握其可能的变动。

对于农产品期货,必须注意分析研究播种面积、气候情况和作物生产条件、成产成本、政府的农业政策等。

3)本期进口量

某种商品进口数量越多,占整个国家社会消费总量的比重越大,则进口量的变化对市场商品供给和商品价格的影响也就越大。投资者应及时了解和掌握国际政治因素、价格水平、进口政策和进口量的变化、国内市场价格差、汇率等。

(3)经济波动周期

经济周期一般由危机、萧条、复苏、高涨四个阶段构成。在整个经济周期演化过程中,价格波动略滞后于经济波动。一般可以通过各国的经济增长率、国民生产总值等指标判断经济的繁荣与萧条,通过货币供应量、各种物价指数的高低判断通货膨胀的情况。此外,失业率、汇率等也是需要注意的。

(4)金融货币因素

美元、日元、欧元等主要国际流通货币的利率或汇率的波动,对期货市场价格有着极为明显的制约作用。

1)利率

对金融衍生品交易影响较大,而对商品期货的影响较小。中央银行制定的政策和采取的行动对利率水平影响极大。

2)汇率

汇率的高低变化必然影响相应的期货价格变化。另外,作为金融货币体系重要组成部分的股票及债券市场、黄金市场和外汇市场的运行,也会影响期货市场的运行,进而影响期货价格。

(5)政治、政策因素

政治因素主要指国际国内政治局势、国际性政治事件的爆发及由此引起的国际关系格局的变化、各国国际性贸易组织的建立及有关商品协议的达成、政府对经济干预所采取的各种政策和措施。

政策因素包括:农业政策、贸易政策,食品政策,储备政策,其中也包括国际经贸组织及其协定。

2. 技术分析法

(1)成交量、持仓量与价格的关系

持仓量增加,表明资金流入期货市场;反之,说明资金正流出期货市场。具体而言,三者的关系为:

①成交量、持仓量增加,价格上升,表明新买方正在大量收购,近期内价格还可能继续上涨。

②成交量、持仓量减少,价格上升,表示卖空者大量补货平仓,价格短期内向上,但不久将可能回落。

③成交量增加,价格上升,但持仓量减少,说明卖空者和买空者都在大量平仓,价格马上会下跌。

④成交量、持仓量增加,价格下跌,表明卖空者大量出售合约,短期内价格还可能下跌,但如果抛售过度,反可能使价格上升。

⑤成交量、持仓量减少,价格下跌,表明大量买空者急于卖货平仓,短期内价格将继续下降。

⑥成交量增加、持仓和价格下跌,表明卖空者利用买空者卖货平仓导致价格下跌之际陆续补货平仓获利,价格可能转为回升。

因此,一般情况下,三者同向,价格趋势可继续维持一段时间;两者与价格反向,价格走势可能转向。当然,这并不是绝对的。

(2)图形分析

1)K线图

第一,长红线或大阳线。此种图表示最高价与收盘价相同,最低价与开盘价一样。上下没有影线。从一开盘,买方就积极进攻,中间也可能出现买方与卖方的斗争,但买方发挥最大力量,一直到收盘。买方始终占优势,使价格一路上扬,直至收盘。表示强烈的涨势,股市呈现高潮,买方疯狂涌进,不限价买进。

第二,长黑线或大阴线。此种图表示最高价与开盘价相同,最低价与收盘价一样。上下没有影线。从一开始,卖方就占优势。市场处于低潮。市场呈一面倒,直到收盘、价格始终下跌,表示强烈的跌势。

第三,先跌后涨型。这是一种带下影线的红实体。最高价与收盘价相同,开盘后,卖气较足,价格下跌。但在低价位上得到买方的支撑,卖方受挫,价格向上推过开盘价,一路上扬,直至收盘,收在最高价上。总体来讲,出现先跌后涨型,买方力量较大,但实体部分与下影线长短不同,买方与卖方力量对比不同。

第四,下跌抵抗型。这是一种带下影线的黑实体,开盘价是最高价。一开盘卖方力量就特别大,价位一种下跌,但在低价位上遇到买方的支撑,后市可能会反弹。

第五,上升阻力。这是一种带上影线的红实体。开盘价即最低价。一开盘买方强盛,价位一路上推,但在高价位遇卖方压力,使股价上升受阻。卖方与买方交战结果为买方略胜一筹。但是,具体情况仍应观察实体与影线的长短。

第六,先涨后跌型。这是一种带上影线的黑实体。收盘价即是最低价。一开盘,买方与卖方进行交战。买方占上风,价格一路上升。但在高价位遇卖压阻力,卖方组织力量反攻,买方节节败退,最后在最低价收盘,卖方占优势,并充分发挥力量,使买方陷入“套牢”的困境。

第七,反转试探型。这是一种上下都带影线的红实体。开盘后价位下跌,遇买方支撑,双方争斗之后,买方增强,价格一路上推,临收盘前,部分买者获利回吐,在最高价之下收盘。这是一种反转信号。如果在大涨之后出现,表示高档震荡,如成交量大增,后市可能会下跌。如在大跌后出现,后市可能会反弹。

第八,弹升试探型。这是一种上下都带影线的黑实体。在交易过程中,股价在开盘后,有时会力争上游,随着卖方力量的增加,买方不愿追逐高价,卖方渐居主动,股价逆转,在开盘价下交易,股价下跌。在低价位遇买方支撑,买气转强,不至于以最低价收盘。有时股价在上半场以低于开盘价成交,下半场买意增强,股价回至高于开盘价成交,临收盘前卖方又占优势,而以低于开盘价之价格收盘,这也是一种反转试探。如在大跌之后出现,表示低档承接,行情可能反弹。如大涨之后出现,后市可能下跌。

第九,十字线型。这是一种只有上下影线,没有实体的图形。开盘价即是收盘价,表示在交易中,股价出现高于或低于开盘价成交,但收盘价与开盘价相等。买方与卖方几乎势均力敌。其中:上影线越长,表示卖压越重。下影线越长,表示买方旺盛。上下影线看似等长的十字线,可称为转机线,在高价位或低价位,意味着出现反转。

第十,其他形状:

“⊥”图形,又称空胜线,开盘价与收盘价相同。当日交易都在开盘价以上之价位成交,并以当日最低价(即开盘价)收盘,表示买方虽强,但卖方更强,买方无力再挺升,总体看卖方稍占优势,如在高价区,行情可能会下跌。

“T”图形,又称多胜线,开盘价与收盘价相同,当日交易以开盘价以下之价位成交,又以当日最高价

(即开盘价)收盘。卖方虽强,但买方实力更大,局势对买方有利,如在低价区,行情将会回升。

"一"图形,此形不太常见,即开盘价、收盘价、最高价、最低价在同一价位。只出现于交易非常冷清,全日交易只有一档价位成交。冷门股此类情形较易发生。

2)头肩顶形态

头肩顶是价格在上升趋势末端出现的类似于人的头顶和双肩相并的价格反转形态。它是对多头威胁最大的走势形态之一。

左肩部分:持续一段上升的时间,成交量很大。过去在任何时间买进的人都有利可图,于是开始获利沽出,令价格出现短期的回落,成交量较上升到其顶点时有显著的减少。

头部:价格经过短暂的回落后,又有一次强力的上升,成交量亦随之增加。不过,成交量的最高点较之于左肩部分,明显减退。价格突破上次的高点后再次回落,成交量在回落期间亦同样减少。

右肩部分:价格下跌到接近上次的回落低点又再次获得支持回升,可是市场投资的情绪显著减弱,成交较左肩和头部明显减少,价格没有抵达头部的高点便告回落,于是形成右肩部分。

突破:从右肩顶下跌穿破由左肩底和头部底所连接的地步颈线,其突破颈线的幅度要超过市价的3%以上。

3)M头和W底

一般而言,M头的颈线位跌破反抽站不上颈线位时,就是卖点。W底的颈线位被突破,反抽颈线位不破时,就是买点。其操作要点为:

第一,M头的两个高点并不一定处在同一个水平位置。W底的两个低点也不一定处在同一水平位置。W底形态一般第二个点低于第一个点时,其攻击力度可能更大。

第二,双重顶(底)有时也可能成为整理形态。这取决于该形态形成的时间周期,如形成时间过短,则可能只是整理形态。

第三,双头的两个高峰都会有明显的高成交量,但第二个头部的成交量较第一个头部减少。

第四,双底的第二个底部的成交量可能减少,但在突破颈线位时必须有较大的成交量才可确认。

第五,双头双底的涨跌幅度一般都比最小量度升跌幅度要大。

4)上升三角形和下降三角形

上升趋势遇到上升三角形,则后市基本继续上升;下降趋势遇到下降三角形,则后市基本下跌。

5)菱形调整

菱形调整既可以在涨势中出现,也可以在跌势中出现;价格在左半部分震荡越来越大,右半部分越来越小;成交量在左半部分逐渐放大,右半部分逐渐减小;向上突破右上边线必须有成交量放大配合,向下突破右下边线时则不需要成交量配合。相对而言,下跌概率更大,若是高位出现,则后市看跌。形态内的最高点与最低点的垂直距离,就是上下的最小幅度。

6)V形反转

V形反转的形成往往伴随有关的重大事件,如有关政策、行业信息、公司状况发生重大变化等。其唯一有效的信号就是对既有趋势线的突破。

(3)顺势而为

1)支撑线和阻力线

支撑线又称为抵抗线,当价格跌到某个价位附近时,价格停止下跌,甚至有可能还有回升,这是因为多方在这个位置买入造成的。支撑线起到了阻止价格继续下跌的作用,如果我们在实战中能够比较准确地判断出支撑线所在的位置,也就把握了一次较好的买入时机。

压力线又称为阻力线,当价格上涨到某价位附近时,价格会停止上涨,甚至回落,这是因为空方在此买入造成的。压力线起到了阻止价格继续上升的作用,这个阻止或暂时阻止价格继续上升的价位就是压力线所在的位置。

2)趋势线

所谓趋势线就是上涨行情中两个以上的低点的连线,即上升趋势线;下跌行情中两个以上的高点的连线,即下降趋势线。趋势线的功能在于能够显示出价格上升的支撑位和阻力位,一旦价格在波动过程中突破此线,就意味着行情可能出现反转。

3)黄金分割线和百分比线

0.618、1.618、4.236 是几个黄金分割线,价格极容易在这几条线处产生支撑和压力。其计算方法是以行情发生变化的价位。

$\frac{1}{8}$、$\frac{1}{4}$、$\frac{3}{8}$、$\frac{1}{2}$、$\frac{5}{8}$、$\frac{3}{4}$、$\frac{7}{8}$、1、$\frac{1}{3}$、$\frac{2}{3}$是几个百分比线,其中$\frac{1}{2}$、$\frac{1}{3}$、$\frac{2}{3}$三条线最为重要。

(4)技术指标

1)移动平均线 MA

移动平均线是具有滞后特点的平滑工具,实质上是一种追踪趋势的工具,其目的在于识别和显示旧趋势已经终结或反转,新趋势正在萌生的关键契机,它以跟踪趋势的进程为己任。

一个期货品种必定会有一组最佳的移动平均线,选择最佳的移动平均线组合,一般需要计算机进行复杂的运算,所以普通投资者很难做到。但是,可以对某一期货品种的移动平均线组合进行比较、估计,选择适合自己的、优化的移动平均线组合。具体的买卖原则大致有:

买进信号:收市价高于平均线,当收市价高于短期、长期两条移动平均线时买入,当价位低于其中一条平均线时马上平仓;短期均线从下而上穿过长期均线;平均线从下降开始走平,价格从下上穿平均线;价格连续上升远离平均线,突然下跌,但在 MA 附近再度上升;价格跌破 MA,并连续暴跌,远离 MA。

卖出信号:收市价低于平均线,当收市价低于短期、长期两条移动平均线时卖出,当价位高于其中一条平均线时立刻平仓等;短期均线从上而下跌破长期均线;MA 从上升开始走平,价格从上下穿 MA;价格连续下降远离 MA,突然上升,但在 MA 附近再度下降;价格上穿 MA,并连续暴涨,远离 MA。

2)KDJ 指标

K 大于 90,D 大于 80,J 大于 100,超买区,可以考虑卖出;K 小于 10,D 小于 20,J 小于 0,超卖区,可以考虑买入。

买入信号:

第一,KD 在较低位形成了双重或多重底,预示后面行情将会反转,可以考虑做多。形成的位置越低,结论越可靠,如果在超买区出现这种图形,反转的行情就非常明显了。

第二,KD 在低位形成金叉时,是买入信号,位置越低越好,超买区的金叉是非常明显的买入信号。J 值由于其很高的敏感性,会率先发出上升信号,D 值的敏感性相对较差,但稳定是其特点,若 D 值已经抬头的情况下,K 值从下上穿 D 值,则信号比较明确。

第三,底背离的情况也是买入信号。此时 KD 在低位形成依次向上的底,发出反转信号,但是价格却在继续下跌,此时的价格下跌只是上升主趋势的一个调整,此时是做多的合适机会。后市可能会有较大涨幅。

卖出信号:KD 在高位形成了头肩、双重或多重顶,尤其是在超买区的时候,这种图形的出现对多头的威胁很大,可以做空;高位的死叉;顶背离情况的出现。

KDJ 指标中出现买入或卖出的信号时,可以用其他指标对趋势加以验证。

3)MACD 指标

买入信号:DIF 和 DEA 均为正值,多头市场,DIF 向上突破 DEA;当 MACD 指标与价格走势出现牛背离,即价格出现新的低点,而 MACD 却没有相应的低点产生,这预示后市行情反转走高的可能性极高,应当做多。

卖出信号:DIF 与 DEA 均为负值,空头市场,DIF 向下突破 DEA;MACD 指标与价格走势出现熊背离,即价格出现高点,而 MACD 却并没有相应的高点出现,说明一轮上涨即将结束,价格即将反转,应当做空。

一般来说,多头市场情况下,DIF 向下跌破 DEA 预示价格回调,宜获利了结;空头市场情况下,DIF 向上穿破预示价格反弹,宜暂时补空。

4)威廉指标

KDJ 以威廉指标为基础发展而来,因此威廉指标并不常用,但可以用来验证信号的准确性。大于 80 是超卖区,考虑买进;小于 20 是超买区,考虑卖出。

买进信号:低位时,一般价格要反弹,如果价格继续下降,是买进的信号;连续撞底,局部形成双重或多重底,是买进信号。

卖出信号:高位时,一般要回调,如果此时价格继续上升,是卖出信号;连续撞顶,局部形成双重或多重顶,则是卖出信号。

5)相对强弱指标 RSI

RSI 的取值在 0 ~ 100 之间,大致的划分为:0 ~ 20,极弱,买入;20 ~ 50,弱,卖出;50 ~ 80,强,买入;80 ~ 100,极强,卖出。

买进信号:RSI 处于低位,形成一峰比一峰高的底,而价格却一峰比一峰低,是较强烈的买进信号;RSI 在低位形成头肩或多重形,可以考虑买进,离 50 越远越好。

卖出信号:RSI 处于高位,形成一峰比一峰低,而价格一峰比一峰高,顶背离,是较强烈的卖出信号;RSI 在高位形成头肩或多重,离 50 越远越可靠。

一般来说,根据采样的天数可以计算多种 RSI,如 6 日 RSI、12 日 RSI、24 日 RSI,通常采用 6 日 RSI。RSI 的值在 0 到 100 之间。值越大,表明市场上卖气越弱、买气越强;值越小,说明市场上买气越弱,卖气越强。

7.2.4 商品期货投资策略

期货交易最常见的投资方式即期货投机,初学者在投机的过程中,最基本的投资策略主要体现在:

1. 资金管理

资金管理是成功投资的关键。期货投机的目的就是为了挣钱,是为了使一定数量的资金生成更大的数量,以获取投资收益。潜在的盈利是能够承受亏损风险的函数。每个期货投机者都应该设立能够承受风险的资金标准。然后,应该根据投资收益的设想建立交易目标。如果其目标是年收益为 20%,那么他就应确定一种计划和风险水平;如果其目标是年收益为 100%,那么他就应设计另一种不同的计划和风险水平。所有的交易及部位都应该与资金状况以及它们对目的的潜在作用相关联。

2. 价格预测

正确地预测价格是成功投资的前提。商品价格是变化的,盈利和亏损就在这些波动中发生。商品价格是真实的,它是市场供求力量的反映,因而才有均衡价格。因此,期货投机成功的核心是预测价格。市场作为一个整体对价格进行预测,当前价格则是市场参与者的综合预期。

当市场一味趋向某一种趋势,达到登峰造极的时候,可以说市场处于错误之中,投机者正是利用别人的失误获利,由于自身的错误而亏损。

不同类型的投机者运用不同的预测方法:"抢帽子者"感兴趣的是下一个价位跳动,下一个指令是买还是卖;而趋势交易者关心的则是一个月或三个月的中长期趋势。每一种预测方式都要求不同形式的交易和不同的资金管理方法。因此,每个投机者都应了解自身的预测技巧及其限度、纪律,不要超越。

所有的价格预测都是不确定的,但是确定性的水平是有程度的区分的。投资者必须对确定性水平进行评估,并把它与交易中的资金分配联系起来,这种预测和资金管理的相互影响需要每一位投机者极为耐心的关注。就像一台机器一样,在按动启动开关之前,所有系统都好;一旦按下启动开关,那只手就受到失败的威胁。值得庆幸的是:投机的机会多的是,例如一个投机者仅利用相关商品价格波动的 20% 进行交易,他就能赚取游戏中的大部分盈利。

3. 制定期货交易计划

期货交易是一项风险性很高的投资行为,是一场没有硝烟的商战。不打无准备之仗,是每一个投资者都必须遵循的。一个妥善的交易计划主要包括:自身财务抵御风险的能力、所选择的交易商品、该交易的盈利目标和亏损限度、该商品的市场分析、该交易的入市时机等。

(1)自身的财务状况

投资者自身的财务状况决定了其所能承受的最大风险,一般来讲,期货交易投资额不应超过自身的流动资产的50%。因此,交易者应根据自身的财务状况慎重决策。

(2)所选择的交易商品

不同的商品期货合约的风险也是不一样的。一般来讲,投资者入市之初应当选择成交量大、价格波动相对温和的期货合约,然后,做熟一个期货品种,做到对这个品种有非常透彻的了解。

(3)制定盈利目标和亏损限度

在进行期货交易之前,必须认真分析研究,对预期获利和潜在的风险作出较为明确的判断和估算。一般来讲,应对每一笔计划中的交易确定利润风险比,即预期利润和潜在亏损之比。通用的标准是3:1。也就是说,获利的可能应3倍于潜在的亏损。在具体操作中,除非出现预先判断失误的情况,一般应注意按计划执行,切忌由于短时间的行情变化或因传闻的影响,而仓促改变原定计划。同时,还应将亏损限定在计划之内,特别是要善于止损,防止亏损进一步扩大。另外,在具体运作中,还切忌盲目追涨杀跌。

(4)市场分析

交易者在分析商品价格走势时,时刻都要注意把握市场的基本走势,这是市场分析的关键。许多投资者容易犯根据自己的主观愿望去猜测行情的错误,市场在行情上升的时候,却去猜想行情应该到顶了,强行抛空;在行情明显下降时,却认为价格会反弹,贸然买入,结果越跌越深。

(5)入市时机

在对商品的价格趋势作出估计后,就要慎重地选择入市时机。有时,虽然对市场的方向作出了正确的判断,但如果入市时机选择错误,也会蒙受损失。在选择入市时机的过程中,应特别注意使用技术性分析方法。一般情况下,投资者要顺应中期趋势的交易方向,在上升趋势中,趁跌买入;在下降趋势中,逢涨卖出。如果入市后行情发生逆转,可采取不同的方法,尽量减少损失。

4. 避免自杀

对于投机新手来说,要避免犯以下错误:交易资金不足,造成正确的预测没有机会发挥作用;以很小的价格变动进行交易,账户被手续费吃光;超出投机者能力交易,或是交易那些并不了解的品种;急于获利而拖延了止损,直至元气大伤。

在这些行为背后,这实质上是很多投机新手的弱点:缺乏向市场挑战的坚强性格;承认自身错误、离开市场时极为懦弱;缺乏吃苦耐劳的精神以及贪婪。

期货投机并非迅速致富的坦途,它需要把金钱、工作和技巧结合在一起,总之,期货交易是一种需要智慧、勤奋和自律的游戏。因此,投资者必须培养一种成熟的交易心理,才能在期货交易中立于不败之地。

7.2.5　商品期货投资风险

期货市场风险来自多方面。从期货交易的起源与特征分析,其风险成因主要有四个方面:

1. 杠杆效应

期货交易的杠杆效应是区别于其他投资工具的主要标志,也是期货市场高风险的主要原因。一般来讲,期货交易实行保证金制度,交易者只需支付期货合约一定比例的保证金即可进行交易,保证金比例通常为期货合约价值的10%左右,以此作为合约的履约担保。这种以小搏大的高杠杆效应,既吸引了众多投机者的加入,也放大了本来就存在的价格波动风险。价格的小幅波动,就可能使交易大户损失大量保证金。市场状况恶化时,他们可能无力支付巨额亏损而发生违约。

2. 价格波动

期货价格是对未来现货价格的预期反映。现货价格自身因供求关系因素的影响而上下波动,成为期货价格频繁波动之源。再加上期货价格的远期性和预期性,融入了更多未来的不确定因素,因而其波动性大于现货价格是极其正常的。频繁的价格波动性构成了价格风险。

3. 集中交易使风险具有延伸性

期货交易不同于分散的现货交易,它采用集中交易方式,交易机制为连续双向竞拍,期货交易所按最新价格对交易者进行统一结算。这种交易机制具有多种优点,但是也有不利的一面。比如,在交易中短时间内出现一个离奇的价格,但不久就回归正常,由于期货公司的风控人员通常按最新价控制客户的风险,短时间内的离奇价格导致客户的风险度迅速被改变。另外,由于集中交易的交易量和持仓量大,价格稍有波动,从总体上看,多空双方的盈亏幅度非常大。

4. 对抗性交易导致风险具有连续性

由于期货交易是对抗性交易,因此,不论期货市场处于牛市还是熊市,都会形成一方获利一方亏损的局面,不可能出现皆大欢喜的局面。因而对期货市场而言,其交易风险具有全程性和连续性。

§7.3 股指期货

7.3.1 股指期货基础知识

1. 股指期货的概念

股指期货的全称是股票价格指数期货,也可称为股价指数期货、期指,是指以股价指数为标的物的标准化期货合约,双方约定在未来的某个特定日期,可以按照事先确定的股价指数的大小,进行标的指数的买卖。作为期货交易的一种类型,股指期货交易与普通商品期货交易具有基本相同的特征和流程。

2. 股指期货的特征

(1)股指期货自身的独特特征

①股指期货的标的物为特定的股票指数,报价单位以指数点计。

②合约的价值以一定的货币乘数与股票指数报价的乘积来表示。

③股指期货的交割采用现金交割,不通过交割股票而是通过结算差价用现金来结清头寸。

(2)股指期货与其他金融期货、商品期货的共同特征

①合约标准化。即除价格外,期货合约的所有条款都是预先规定好的,具有标准化特点。期货交易通过买卖标准化的期货合约进行。

②交易集中化。期货市场是一个高度组织化的市场,并且实行严格的管理制度,期货交易在期货交易所内集中完成。

③每日无负债结算制度。每日交易结束后,交易所根据当日结算价对每一会员的保证金账户进行调整,以反映该投资者的盈利或损失。如果价格向不利于投资者持有头寸的方向变化,每日结算后,投资者就须追加保证金;如果保证金不足,投资者的头寸就可能被强制平仓。

④杠杆效应。股指期货采用保证金交易。由于需交纳的保证金数量是由所交易的指数期货的市场价值来确定的,交易所会根据市场的价格变化,决定是否追加保证金或是否可以提取超额部分。

⑤对冲机制。期货交易可以通过反向对冲操作结束履约责任。

(3)股指期货与商品期货交易的区别

①标的指数不同。股指期货的标的物为特定的股价指数,不是真实的标的资产;商品期货交易的对象是具有实物形态的商品。

②交割方式不同。股指期货采用现金交割,在交割日通过结算差价用现金来结清头寸;商品期货则采用实物交割,在交割日通过实物所有权的转让进行清算。

③合约到期日的标准化程度不同。股指期货合约到期日都是标准化的,一般到期日在3月、6月、9月、12月等几种;商品期货合约的到期日根据商品特性的不同而不同。

④持有成本不同。股指期货的持有成本主要是融资成本,不存在实物贮存费用,有时所持有的股票还有股利,如果股利超过融资成本,还会产生持有收益;商品期货的持有成本包括贮存成本、运输成本、融资成本。一般来说,股指期货的持有成本低于商品期货。

⑤投机性能不同。股指期货对外部因素的反应比商品期货更敏感,价格的波动更为频繁和剧烈,因而股指期货比商品期货具有更强的投机性。

3. 股指期货的作用

(1)对股票投资组合进行风险管理

股票的风险可以分为两类,一类是与个股经营相关的非系统性风险,可以通过分散化投资组合来分散;一类是与宏观因素相关的系统性风险,无法通过分散化投资来消除,通常用贝塔系数来表示。例如:贝塔值等于1,说明该股或该股票组合的波动与大盘相同;贝塔值等于1.2,说明该股或该股票组合波动比大盘大20%;贝塔值等于0.8,则说明该股或该组合的波动比大盘小20%。通过买卖股指期货,调节股票组合的贝塔系数,可以降低甚至消除组合的系统性风险。

(2)可以利用股指期货进行套利

所谓套利,就是利用股指期货定价偏差,通过买入股指期货标的指数成分股并同时卖出股指期货,或者卖空股指期货标的指数成分股并同时买入股指期货,来获得无风险收益。套利机制可以保证股指期货价格处于一个合理的范围内,一旦偏离,套利者就会入市以获取无风险收益,从而将两者之间的价格拉回合理的范围内。

(3)可以作为一个杠杆性的投资工具

由于股指期货保证金交易,只要判断方向正确,就可能获得很高的收益。例如:如果保证金为10%,买入1张沪深300指数期货,那么只要股指期货涨了5%,就可获利50%。当然,如果判断方向失误,期指不涨反跌了5%,那么投资者将亏损本金的50%。

7.3.2　股指期货操作流程

1. 股指期货的开户

(1)开户的流程

当找到合适的期货经纪公司或营业部后,即可进入开户阶段了。所谓开户,是指在期货公司开立专门用于期货交易的交易账户。从开户到进行交易,都需要配合期货公司完成下列手续,如图7-3所示。

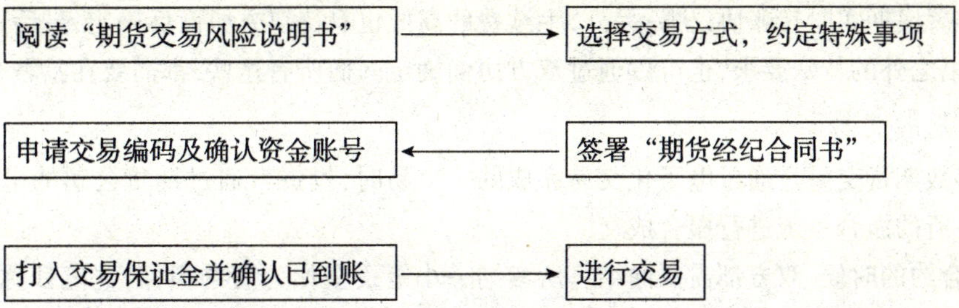

图7-3　开户的流程

(2)验证开户的条件

客户开户必须以真实身份办理开户手续,开户对象分为个人户和法人户。个人开户必须出示身份证原件,并且提供复印件,签署时需提供相应的居住地址,联系方式等信息。法人户开户需出示营业执照与税务登记证的副本原件、法人身份证原件及其授权书、开户授权人身份证原件。国有企业或者国有资产占控股地位或者主导地位的企业,还需要出示主管部门或董事会批准进行期货交易的文件等。上述证件、文件要求留存复印件。

按照中国证监会的现有规定,有下列情况之一的,不得成为期货经纪公司客户:国家机关和事业单位;中国证监会及其派出机构、期货交易所、期货保证金安全存管监控机构和期货业协会的工作人员;证券、期货市场禁止进入者;未能提供开户证明文件的单位;中国证监会规定不得从事期货交易的其他单位和个人。

(3)填写风险说明书

按照规定,只有当客户已经知道期货交易的风险并在《期货交易风险说明书》上签字确认后,期货经纪公司才能与客户签署期货经纪合同。目前,国内各期货经纪公司制定的《期货交易风险说明书》在内容上基本是相同的。主要内容包括头寸风险、保证金损失和追加的风险、被强行平仓的风险、交易指令不能成交的风险、套期保值面临的风险和不可抗力所导致的风险等。

(4)选择交易方式

传统的交易方式有书面方式和电话方式。书面方式是客户在现场填写交易指令单,通过期货经纪公司的盘房接单员将指令下达至交易所;电话方式是客户通过电话将指令下达给期货经纪公司的盘房接单员,接单员在同步录音后再下达至交易所。

随着计算机技术的进步,期货经纪公司在提供上述交易方式之外,现在又增加了如下几种电子化交易方式:

①电话语音委托交易。客户通过电话键盘将交易指令转化为计算机命令,再由计算机送入交易所主机。由于其操作过程非常繁琐,必须按照提示语音分步骤完成,每个步骤之间还必须等待,所以,即使有一些期货经纪公司推出了这种交易方式,实际使用的人也不多。

②自助委托交易。客户在交易现场,通过电脑(该电脑通过期货经纪公司的服务器与交易所交易主机相连接)进行交易。

③网上交易。即利用互联网进行交易。由于它不受地域限制,具有成交及回报快、准确性高、成本低等优点,故深受交易者和期货经纪公司的欢迎,也是目前推广速度最快的一种交易方式。

然而,新的交易方式由于主要采用电脑进行,可能会因计算机系统或通讯传输系统异常与漏洞而出现一些额外风险。因此,客户如果选择电子化交易方式,期货经纪公司会要求客户在签署期货经纪合同书的同时,签署电脑自助委托交易补充协议、网上期货交易风险揭示书、网上期货交易补充协议等相应的协议。

(5)商定选择事项或特殊事项

《期货经纪合同书》包含了期货经纪业务中的最基本内容,通常是一种格式化文本。其中有些内容具有可选择性或有待商定的,比如,交易方式的选择、通知方式的选择;又如,有些期货经纪公司在客户出入金方面可以提供"银期转账"方式,客户也可以作出是否使用"银期转账"的选择。但是,如果决定使用,那么还要签署银期实时转账协议书;另外,手续费的高低也有待双方协商后确定;最后,如果客户有一些格式化合同书之外的特殊要求,也可以通过双方协商确定。而所有这些,都需要在签署合同之前确定。

2. 股指期货的交易

目前,大多数期货交易是通过电子化交易完成的。交易时,投资者通过期货公司的电脑系统输入买卖指令,由交易所的撮合系统进行撮合成交。

买卖期货合约的时候,双方都需要向结算所缴纳一小笔资金作为履约担保,这笔钱称为保证金。首次买入合约叫建立多头头寸,首次卖出合约叫建立空头头寸。然后,手头的合约要进行每日结算,即逐日盯市。

建立买卖头寸(术语称开仓)后不必一直持有到期,在股指期货合约到期前任何时候都可以做一笔反向交易,冲销原来的头寸,这笔交易叫平仓。如果第一天卖出10手股指期货合约,第二天又买回10手合约。那么,第一笔是开仓10手股指期货空头,第二笔是平仓10手股指期货空头。第二天当天又买入20手股指期货合约,这时变成开仓20手股指期货多头。然后再卖出其中的10手,这时叫平仓10手股指期货多头,还剩10手股指期货多头。一天交易结束后,手头没有平仓的合约叫持仓。以上例子里,第一天交易后持仓是10手股指期货空头,第二天交易后持仓是10手股指期货多头。

3. 股指期货的结算

股指期货的结算可以大致分为两个层次:首先是结算所或交易所的结算部门对会员结算,然后是会

员对投资者结算。不管哪个层次,都需要做三件事情:

(1)交易处理和头寸管理,就是每天交易后要登记做了哪几笔交易,头寸是多少。

(2)财务管理,就是每天要对头寸进行盈亏结算,盈利部分退回保证金,亏损的部分追缴保证金。

(3)风险管理,对结算对象评估风险,计算保证金。

其中,财务管理中,需要明确结算的基准价,即所谓的结算价,一般是指期货合约当天临收盘附近一段时间的均价。持仓合约用其持有成本价与结算价比较来计算盈亏,而平仓合约则用平仓价与持有成本价比较计算盈亏。对于当天开仓的合约,持有成本价等于开仓价,对于当天以前开仓的历史合约,其持有成本价等于前一天的结算价。这和股票的成本价计算不同,股指期货的持仓成本价每天都在变。

有了结算所,从法律关系上说,股指期货不是在买卖双方之间直接进行,而由结算所成为中央对手方,即成为所有买方的唯一卖方,和所有卖方的唯一买方。结算所以自有资产来担保交易履约。

4. 股指期货的交割

和其他期货一样,股指期货合约到期时,也需要进行交割。不过,一般的商品期货和国债期货、外汇期货等采用的是实物交割,而股指期货和短期利率期货等采用的是现金交割。所谓现金交割,就是不需要交割一篮子股票指数成分股,而是用到期日或第二天的现货指数作为最后结算价,通过与该最后结算价进行盈亏结算来了结头寸。

7.3.3　股指期货分析方法

1. 影响因素

(1)宏观经济形势

国家相关部门定期公布的一些宏观经济数据,诸如GDP增长、通胀率、失业率、零售增长、储蓄率等,都会影响到政府将来的货币、财政政策,会对投资者对经济未来预期产生影响,最终反映到期货价格上来。

(2)标的指数价格

即将上市的股指期货是以沪深300指数为标的,这300只股票覆盖了国民经济的大部分行业。投资组合理论认为,像这样一个充分分散化的投资组合只受系统性风险的影响,而研究个别股票的涨跌没有意义。

但实际上,在指数中往往会有几只股票起到一个领头羊的作用,这些股票一般占指数权重比较大,或者它们代表的是一个占指数权重很大的行业,这些个股的涨跌会引领他们代表的那个板块同涨同跌,从而对指数产生一定程度的冲击。

因此,关注沪深300的一些龙头股的表现以及相关的一些政策,对把握指数的变化会有一定的参考作用。另外,成分股的分红派息、送股、配股、停牌等事件也会对指数的涨跌产生作用。

(3)各市场之间的相互联系

虽然目前我国资本项目还没有放开,但我国融入全球经济的程度在逐步加深,人民币汇率也已经在进行有限制的浮动,这些都说明我国资本市场不能独立于全球金融体系之外,周边市场的变化对我国将会产生一定程度的影响。除了国内与国际市场之外,投资者还要关注债券市场、外汇市场、商品市场以及房地产市场,因为各个投资品种之间有一定的相互替代作用,资金的流向会对市场产生冲击。

2. 基础分析

股票市场基础分析主要侧重于从股票的基本面因素,如宏观经济,行业背景,企业经营能力,财务状况等对公司进行研究与分析,试图从公司角度找出股票的“内在价值”,从而与股票市场价值进行比较,挑选出最具投资价值的股票。

要确定公司股票的合理价格,首先要预测公司预期的股利和盈利,我们把分析预期收益等价值决定因素的方法称为基本面分析。它主要包括:

(1)宏观:研究一个国家的财政政策、货币政策,然后通过科学的分析方法,找出市场的内在价值,并与目前市场实际价值作比较,从而挑选出最具投资价值的股票。

(2)微观:研究上市公司经济行为和相应的经济变量,为买卖股票提供参考依据。

3. 技术分析

技术分析是以预测股票市场价格变化的未来趋势为目的,以图表为主要手段对市场行为进行的研究,是不同研究途径和专业领域的完美结合。

基础分析主要研究导致价格涨跌的供求关系,而技术分析主要研究市场行为。这两种分析方法都试图解决同样的问题,即预测未来价格可能运行的方向,基础分析是研究市场运动的成因,而技术分析是研究其结果。

(1)通过技术分析可以解决的问题:测算出买卖双方的相对强弱程度;预测价格如何变动;决定何时何地买卖;有效控制风险。

(2)技术分析的理论基础:

①市场行为包容消化一切。即影响价格的一切因素:基本面因素、政治因素、心理因素等,都要最终通过买卖反映在价格中,也就是价格变化反映供求关系,供求关系决定价格变化。

②价格以趋势方式演变。对于已经形成的趋势来讲,通常是沿现存趋势继续演变。例如,牛顿惯性定律。

③历史会重演。技术分析和市场行为学与人类心理学有一定关系,价格形态通过特定的图表表示了人们对某市场看好或看淡的心理。例如,自然界的四季、中国古代讲的轮回。

(3)有效的技术分析方法:移动平均线;黄金分割;形态分析;波浪理论(具体可以参考商品期货的分析方法,基本原理一致)。

7.3.4 股指期货投资策略

初入股指期货投资,可以重点关注权重股走势、做足收市功课、注意控制风险。

1. 关注权重股

俗话说“大鱼吃小鱼,小鱼吃虾米”,应用到期货市场中,同样有道理。一般期指的大户总会有手段来控制局面,拉升或者打压成分股中权重大的股票来影响现货市场,从而拉高或压低期指的走势。这在香港市场比较典型,如中移动股份是被市场公认的风向标,因为它的盘子相对比汇丰要轻,股价亦低很多,但权重位居第二,容易被大户基金左右。此外,汇丰、长实为首的地产股份也是基金持仓对象,它们的走势也直接影响到指数的变化。因此,在做指数期货投资的时候,需要密切留意。

在A股市场中,中国银行、中国石化、G宝钢、G长电、G联通、中国国航等个股对指数的影响较大,将来参与A股指数期货的投资者,应该留意这些股票的走势。

2. 做足收市功课

期指交易与投资股票类似,也分为长期与短期投资,其中,超短线的交易方式主要依赖于技术性分析。对于经常交易的投资者来说,一般情况下都能大概预测到短期的阻力位、支撑位及中轴点位,只是在交易当中,由于投资者心理素质的差异,从而导致盈亏的结果不同。

3. 退出策略

股指期货投资者在交易前,务必根据自己的交易频率以及入场策略的胜率来决定退出策略。退出策略可以分为两大类:第一类是防止亏损扩大化,即通常所说的止损;二是防止已经获得的盈利变成亏损,即选择符合市场规律的止盈策略。投资者需要结合自己的交易频率进行选择。

4. 均线操作

股指期货操作的核心是对大盘指数或沪深300指数未来趋势的判断,而不是对持有的投资组合的未来趋势进行判断。据测算,按照均线进行股指期货套期保值操作具有很大优势,一般建议投资者采用20日均线。据历史数据统计显示,以20日现货价格均线作为操作指标,进行股指期货趋势交易,收益最大。当然,随着历史数据不断变化,最优均线也会相应变动,需要择机调整。

5. 遵守纪律

股指期货具有较大的杠杆效应,高风险高回报的品种,当日的涨跌波动较大,香港市场又经常会出现跳空缺口。

因此,及时设好止损,控制风险是十分必要的。尤其是对一般资金额度有限的散户来说,当市况出现与自己期望相反的走势时,若不及时止损,时刻有爆仓的风险。

同时,投资者还需切忌"手痒",并要具有敢于承认失败的勇气。由于期指一般都实行 T+0 制度,可进行多次交易,有些投资者做了几单交易,发现均有收益,就会出现贪婪的心理,其结果很可能是盈利回吐,甚至还出现倒亏,最后以后悔收场。

此外,投资者要敢于面对失败,几单失误后,不要抱有立刻寻找一个大的机会翻本的心理,以免出现越做越错、越错越做的恶性循环。最好的方式是马上收手,总结经验,调整自己的状态。

7.3.5 股指期货投资风险

1. 风险类型

股指期货市场的风险规模大、涉及面广,具有放大性、复杂性与可预防性等特征。其成因主要有股指频繁波动、保证金交易的杠杆效应、非理性投机及市场机制不健全等。股指期货市场的风险主要包括:

(1)价格风险

由于股指期货的杠杆性,微小的价格变动可能造成客户权益的重大变化,在价格波动很大的时候甚至造成爆仓的风险,也就是损失会超过投资本金。因此,首先投资者进行股指期货交易,在获得高额投资回报的同时会面临重大的价格风险。

(2)结算风险

股指期货实行每日无负债结算制度,对资金管理要求非常高。如果投资者经常满仓操作,那么该投资者可能会经常面临追加保证金的问题,甚至有可能当日被多次追加保证金,如果没有在规定的时间内补足保证金,那么按规定将被强制平仓,可能会造成投资资金的重大损失。

(3)操作风险

和股票交易一样,行情系统、下单系统等可能出现技术故障,导致无法获得行情或无法下单,都可能会造成损失。

(4)法律风险

股指期货投资者如果选择的期货公司是未经中国证监会批准的地下期货公司,或者违反法规,未经批准从事境外股指期货交易等,都可能会给投资者造成损失。

(5)资金管理风险

由于股指期货是保证金交易,同时实行每日无负债结算。因此,市场短期内发生较大波动的时候,有时候即使选择了正确的方向,但因资金管理不善,还是会因为没有多余资金补充保证金遭到强制平仓,从而被迫亏损出局。习惯了股票操作的投资者,可能会更容易出现这样的情况,毕竟股票市场上不存在保证金交易,因此不存在追加保证金的风险。只要看对方向,就可以长期持有,而不用担心市场短期的波动。

在控制资金管理风险中,更要关注隔夜风险,其实无论是股票还是股指期货都存在隔夜风险,对于投机者来说,在晚间休市期间若发生重大不利消息,那么势必会导致第二天交易价格向不利方向发展,那么投机者就会面临重大亏损。对于股票投机者来说,只要大方向不变就好,但对于股指期货投机者来说,如果亏损过大就会面临追加保证金的风险,而没有过多资金补充的话,就可能遭到强行平仓。

2. 风险防范制度

(1)保证金制度

保证金分为结算准备金和交易保证金。交易保证金标准在期货合约中有规定:期货合约交易过程中,出现下列情况之一的,交易所可以根据市场风险调整交易保证金标准,并向中国证监会报告:①出现连续同方向涨跌停板;②遇国家法定长假;③交易所认为市场风险明显增大;④交易所认为必要的其他情况。

需要调整期货合约交易保证金标准的,交易所应在当日结算时对该合约的所有持仓按新的交易保证金标准进行结算。保证金不足的,应当在下一个交易日开市前追加到位。

(2)价格限制制度

价格限制制度分为熔断制度与涨跌停板制度。每日熔断与涨跌停板幅度由交易所设定,交易所可以根据市场情况调整期货合约的熔断与涨跌停板幅度。

股指期货合约的熔断幅度为上一交易日结算价的正负6%,涨跌停板幅度为上一交易日结算价的正负10%,最后交易日不设价格限制。

每日开盘后,股指期货合约申报价触及熔断价格且持续一分钟,该合约启动熔断机制。

①启动熔断机制后的连续十分钟内,该合约买卖申报在熔断价格区间内继续撮合成交。十分钟后,熔断机制终止,涨跌停板价格生效。

②熔断机制启动后不足十分钟,市场暂停交易的,熔断机制终止,重启交易后,涨跌停板价格生效。

③收市前三十分钟内,不启动熔断机制。熔断机制已经启动的,继续执行至熔断期结束。

④每日只启动一次熔断机制。

(3)限仓制度

限仓是指交易所规定会员或投资者可以持有的,按单边计算的某一合约持仓的最大数额。

一般来说,同一投资者在不同会员处开仓交易,其在某一合约的持仓合计,不得超出一个投资者的持仓限额。

具体而言,会员和投资者的股指期货合约持仓限额规定如下:

①对投资者单个合约单边持仓实行绝对数额限仓,持仓限额为2000手。

②某一合约总持仓量(单边)超过10万手的,结算会员该合约持仓总量(单边)不得超过该合约总持仓量的25%。

③获准套期保值额度的会员或投资者持仓,不受此限。

④会员和投资者超过持仓限额的,不得同方向开仓交易。

(4)大户报告制度

投资者的持仓量达到交易所规定的持仓报告标准的,投资者应通过受托会员向交易所报告。交易所可根据市场风险状况,制定并调整持仓报告标准。

投资者的持仓达到交易所报告标准的,应于下一交易日收市前向交易所报告。交易所有权要求投资者补充报告。

达到交易所报告标准的投资者应提供的材料包括:投资者大户报告表。其内容包括会员名称、会员号、投资者名称和交易编码、合约代码、持仓量、交易保证金、可动用资金;资金来源说明;法人投资者的实际控制人资料;开户材料及当日结算单据;交易所要求提供的其他材料。

(5)强行平仓制度

强行平仓是指交易所按有关规定对会员、投资者持仓实行平仓的一种强制措施。

①会员、投资者出现下列情况之一的,交易所对其持仓实行强行平仓:会员结算准备金余额小于零,并未能在规定时限内补足的;持仓超出持仓限额标准,并未能在规定时限内平仓的;因违规受到交易所强行平仓处罚的;根据交易所的紧急措施应予强行平仓的;其他应予强行平仓的。

②强行平仓的执行原则:强行平仓先由会员执行,时限除交易所特别规定外,一律为开市后第一节(9:15~11:30)。规定时限内会员未执行完毕的,由交易所强制执行。

③强行平仓的执行程序:首先,通知。交易所以"强行平仓通知书"的形式向有关结算会员下达强行平仓要求。通知书除交易所特别送达以外,随当日结算数据发送,有关结算会员可以通过交易所系统获得。其次,执行及确认。开市后,有关会员应自行平仓,直至达到平仓要求;结算会员超过规定平仓时限而未执行完毕的,剩余部分由交易所执行强行平仓;强行平仓结果随当日成交记录发送,有关信息可以通

过交易所系统获得。

(6)强制减仓制度

强制减仓是指交易所将当日以涨跌停板价申报的未成交平仓报单,以当日涨跌停板价与该合约净持仓盈利投资者按持仓比例自动撮合成交。同一投资者双向持仓的,其净持仓部分的平仓报单参与强制减仓计算,其余平仓报单与其反向持仓自动对冲平仓。

(7)结算担保金制度

交易所实行结算担保金制度。结算担保金是指由结算会员依交易所的规定缴存的,用于应对结算会员违约风险的共同担保资金。

结算担保金分为基础担保金和变动担保金。基础担保金是指结算会员参与交易所结算交割业务必须缴纳的最低担保金数额。变动担保金是指随着结算会员业务量的变化而调整的担保金。

(8)风险警示制度

交易所实行风险警示制度。交易所认为必要的,可以分别或同时采取要求报告情况、谈话提醒、书面警示、公开谴责、发布风险警示公告等措施中的一种或多种,以警示和化解风险。

出现下列情形之一的,交易所有权约见指定的会员高管人员或投资者谈话提醒风险,或要求会员或投资者报告情况:期货价格出现异常;会员或投资者交易异常;会员或投资者持仓异常;会员资金异常;会员或投资者涉嫌违规、违约;交易所接到投诉涉及会员或投资者;会员涉及司法调查;交易所认定的其他情况。

§7.4　债券

7.4.1　债券基础知识

1. 债券的概念

债券是政府、金融机构、工商企业等直接向社会借债筹措资金时,向投资者发行,承诺按一定利率支付利息并按约定条件偿还本金的债权债务凭证。债券的本质是债的证明书。债券购买者与发行者之间是一种债权债务关系,债券发行人即债务人,投资者(债券持有人)即债权人。债券是一种有价证券,由于其利息通常是事先确定的,所以债券是固定利息证券的一种。在金融市场发达的国家和地区,债券可以上市流通。在中国,比较典型的政府债券是国库券。

2. 债券的特征

(1)债券是一种虚拟资本债券

尽管债券有面值,代表了一定的财产价值,但它也只是一种虚拟资本,而非真实资本。因为债券的本质是证明债权债务关系的证书,在债权债务关系建立时所投人的资金已被债务人占用,因此,债券是实际运用的真实资本的证书。债券的流动并不意味着它所代表的实际资本也同样流动,且债券是独立于实际资本之外的。

(2)债券属于有价证券

一方面,债券反映和代表一定的价值。债券本身有一定的面值,通常它是债券投资者投入资金的量化表现。同时,持有债券可按期取得利息,利息也是债券投资者收益的价值表现。另一方面,债券与其代表的权利联系在一起,拥有债券也就拥有了债券所代表的权利,转让债券也就将债券代表的权利一并转移。

(3)债券是债权的表现

债券代表债券投资者的权利,这种权利不是直接支配财产,也不以资产所有权表现,而是一种债权。拥有债券的人是债权人,债权人不同于财产所有人。以公司为例,在某种意义上,财产所有人可以视作公司的内部构成分子,而债权人是与公司相对立的。债权人除了按期取得本息外,对债务人不能做其他任何干预。

3. 债券的分类

(1)按发行主体划分

1)政府债券

政府债券是政府为筹集资金而发行的债券。主要包括国债、地方政府债券等,其中最主要的是国债。国债因其信誉好、利率优、风险小而又被称为“金边债券”。除了政府部门直接发行的债券外,有些国家把政府担保的债券也划归为政府债券体系,称为政府保证债券。这种债券由一些与政府有直接关系的公司或金融机构发行,并由政府提供担保。

2)金融债券

金融债券是由银行和非银行金融机构发行的债券。在我国目前金融债券主要由国家开发银行、进出口银行等政策性银行发行。金融机构一般有雄厚的资金实力,信用度较高,因此金融债券往往有良好的信誉。

3)公司(企业)债券

在我国,企业债券是按照《企业债券管理条例》规定发行与交易、由国家发展与改革委员会监督管理的债券。在实际中,其发债主题为中央政府部门所属机构、国有独资企业或国有控股企业,因此,它在很大程度上体现了政府信用。

公司债券管理机构为中国证券监督管理委员会,发债主题为按照《中华人民共和国公司法》设立的公司法人。在实践中,其发行主体为上市公司,其信用保障是发债公司的资产质量、经营状况、盈利水平和持续赢利能力等。

公司债券在证券登记结算公司统一登记托管,可申请在证券交易所上市交易,其信用风险一般高于企业债券。2008 年 4 月 15 日起施行的《银行间债券市场非金融企业债务融资工具管理办法》进一步促进了企业债券在银行间债券市场的发行,使企业债券和公司债券成为我国商业银行越来越重要的投资对象。

(2)按能否转换划分

1)可转换债券

可转换债券是指在特定时期内可以按某一固定的比例转换成普通股的债券,它具有债务与权益双重属性,属于一种混合性筹资方式。

由于可转换债券赋予债券持有人将来成为公司股东的权利,因此其利率通常低于不可转换债券。若将来转换成功,在转换前发行企业达到了低成本筹资的目的,转换后又可节省股票的发行成本。

根据《公司法》的规定,发行可转换债券应由国务院证券管理部门批准,发行公司应同时具备发行公司债券和发行股票的条件。

目前,在深、沪证券交易所上市的可转换债券是指能够转换成股票的企业债券,兼有股票和普通债券的双重特征。其重要特征是有转股价格,在约定的期限后,投资者可以随时将所持的可转券按股价转换成股票。可转换债券的利率是年均利息对票面金额的比率,一般要比普通企业债券的利率低,通常发行时以票面价发行。转换价格是转换发行的股票每一股所要求的公司债券票面金额。

2)不可转换债券

不可转换债券是指不能转换为普通股的债券,又称为普通债券。由于其没有赋予债券持有人将来成为公司股东的权利,所以其利率一般高于可转换债券。

(3)按债券形态划分

1)实物债券(无记名债券)

实物债券是一种具有标准格式实物券面的债券。它与无实物票券相对应,简单地说就是发的债券是纸质的,而非电脑里的数字。

在其券面上,一般印制了债券面额、债券利率、债券期限、债券发行人全称、还本付息方式等到各种债券票面要素。其不记名,不挂失,可上市流通。

实物债券是一般意义上的债券，很多国家通过法律或者法规对实物债券的格式予以明确规定。实物债券由于其发行成本较高，将会被逐步取消。

2）记账式债券

记账式债券是指没有实物形态的票券，以电脑记账方式记录债权，通过证券交易所的交易系统发行和交易。我国近年来通过沪、深交易所的交易系统发行和交易的记账式国债就是这方面的实例。如果投资者进行记账式债券的买卖，就必须在证券交易所设立账户。所以，记账式国债又称无纸化国债。

记账式国债购买后可以随时在证券市场上转让，流动性较强，就像买卖股票一样，当然，中途转让除可获得应得的利息外（市场定价已经考虑到），还可以获得一定的价差收益（不排除损失的可能）。

这种国债有付息债券与零息债券两种。付息债券按票面发行，每年付息一次或多次，零息债券折价发行，到期按票面金额兑付，中间不再计息。

3）凭证式债券

凭证式国债是指国家采取不印刷实物券，而用填制“国库券收款凭证”的方式发行的国债。我国从1994年开始发行凭证式国债。

凭证式国债具有类似储蓄又优于储蓄的特点，通常被称为“储蓄式国债”，是以储蓄为目的的个人投资者理想的投资方式。它从购买之日起计息，可记名、可挂失，但不能上市流通。虽与储蓄类似，但利息比储蓄高。

（4）按计息方式分类

1）单利债券

单利债券指在计息时，不论期限长短，仅按本金计息，所生利息不再加入本金计算下期利息的债券。

2）复利债券

复利债券与单利债券相对应，指计算利息时，按一定期限将所生利息加入本金再计算利息，逐期滚算的债券。

3）累进利率债券

累进利率债券指年利率以利率逐年累进方法计息的债券。累进利率债券的利率随着时间的推移，后期利率比前期利率更高，呈累进状态。

7.4.2　债券购买交易

1. 国债的购买方式

（1）无记名式国债的购买

无记名式国债的面值种类一般为100元、500元、1000元等。其购买对象主要是各种机构投资者和个人投资者。无记名式实物券国债的购买是最简单的。投资者可在发行期内到销售无记名式国债的各大银行（包括中国工商银行、中国农业银行、中国建设银行、交通银行等）和证券机构的各个网点，持款填单购买。

（2）凭证式国债的购买

凭证式国债主要面向个人投资者发行。其发售和兑付是通过各大银行的储蓄网点、邮政储蓄部门的网点以及财政部门的国债服务部办理。各网点遍布全国城乡，能够最大限度满足群众购买、兑取需要。

投资者购买凭证式国债可在发行期间内持款到各网点填单交款，办理购买事宜。由发行点填制凭证式国债收款凭单，其内容包括购买日期、购买人姓名、购买券种、购买金额、身份证件号码等，填完后交购买者收妥。

购买凭证式国债的办理手续和银行定期存款办理手续类似。凭证式国债以百元为起点整数发售，按面值购买。发行期过后，对于客户提前兑取的凭证式国债，可由指定的经办机构在控制指标内继续向社会发售。投资者在发行期后购买时，银行将重新填制凭证式国债收款凭单，投资者购买时仍按面值购买。购买日即为起息日。兑付时按实际持有天数、相应档次利率计付利息（利息计算到到期时兑付期的最后一日）。

(3)记账式国债的购买

记账式国债是通过交易所交易系统以记账的方式办理发行。投资者购买记账式国债必须在交易所开立证券账户或国债专用账户,并委托证券机构代理进行。因此,投资者必须拥有证券交易所的证券账户,并在证券经营机构开立资金账户才能购买记账式国债。

2. 债券的交易程序

(1)场内债券交易程序

场内交易也称交易所交易,证券交易所是市场的核心,在证券交易所内部,其交易程序都要经证券交易所立法规定,其具体步骤明确而严格。具体而言,债券的交易程序有五个步骤:开户,委托,成交,清算和交割,过户。

1)开户

债券投资者要进入证券交易所参与债券交易,首先必须选择一家可靠的证券经纪公司,并在该公司办理开户手续。

第一,订立开户合同。开户合同应包括如下事项:委托人的真实姓名、住址、年龄、职业、身份证号码等;委托人与证券公司之间的权利和义务,并同时认可证券交易所营业细则和相关规定以及经纪商公会的规章作为开户合同的有效组成部分;确立开户合同的有效期限,以及延长合同期限的条件和程序。

第二,开立账户。在投资者与证券公司订立开户合同后,就可以开立账户,为自己从事债券交易做准备。在我国上海证券交易所,允许开产的账户有现金账户和证券账户。现金账户只能用来买进债券并通过该账户支付买进债券的价款,证券账户只能用来交割债券。因投资者既要进行债券的买进业务又要进行债券的卖出业务,故一般都要同时开立现金账户和证券账户。上海证券交易所规定,投资者开立的现金账户,其中的资金要首先交存证券商,然后由证券商转存银行,其利息收入将自动转入该账户;投资者开立的证券账户,则由证券商免费代为保管。

2)委托

投资者在证券公司开立账户以后,要想真正上市交易,还必须与证券公司办理证券交易委托关系,这是一般投资者进入证券交易所的必经程序,也是债券交易的必经程序。

第一,委托关系的确立。投资者与证券公司之间委托关系的确立,其核心程序是投资者向证券公司发出“委托”。投资者发出委托必须与证券公司的办事机构联系,证券公司接到委托后,就会按照投资者的委托指令,填写“委托单”,将投资交易债券的种类、数量、价格、开户类型、交割方式等分别载明。而且“委托单”必须及时送达证券公司在交易所中的驻场人员,由驻场人员负责执行委托。投资者办理委托可以采取当面委托或电话委托两种方式。

第二,委托方式的分类。可以分为:买进委托和卖出委托;当日委托和多日委托;随行就市委托和限价委托;停止损失委托和授权委托;停止损失限价委托、立即撤销委托、撤销委托;整数委托和零数委托。

3)成交

证券公司在接受投资客户委托并填写委托说明书后,就要由其驻场人员在交易所内迅速执行委托,促使该种债券成交。

第一,债券成交的原则。分别为:价格优先,时间优先,客户委托优先。

价格优先就是证券公司按照交易最有利于投资委托人利益的价格买进或卖出债券。时间优先就是要求在相同的价格申报时,应该与最早提出该价格的一方成交。客户委托优先主要是要求证券公司在自营买卖和代理买卖之间,首先进行代理买卖。

第二,竞价的方式。证券交易所的交易价格按竞价的方式进行。主要包括口头唱报,板牌报价以及计算机终端申报竞价三种。

4)清算和交割

债券交易成立以后就必须进行券款的交付,这就是债券的清算和交割。

第一,债券的清算。是指对同一证券公司在同一交割日对同一种国债券的买和卖相互抵消,确定出应当交割的债券数量和应当交割的价款数额,然后按照“净额交收”原则办理债券和价款的交割。一般在交易所当日闭市时，其清算机构便依据当日“场内成交单”所记载的各证券商的买进和卖出某种债券的数量和价格，计算出各证券商折应收应付价款相抵后的净额以及各种债券相抵后的净额，编制成当日的“清算交割表”，各证券商核对后再编制该证券商当日的“交割清单”，并在规定的交割日办理交割手续。

第二，债券的交割。债券的交割就是将债券由卖方交给买方，将价款由买方交给卖方。在证券交易所交易的债券，按照交割日期的不同，可分为当日交割、普通日交割和约定日交割三种。如上海证券交易所规定，当日交割是在买卖成交当天办理券款交割手续；普通交割日是买卖成交后的第四个营业日办理券款交割手续；约定交割日是买卖成交后的15日内，买卖双方约定某一日进行券款交割。

5）过户

债券成交并办理了交割手续后，最后一道程序是完成债券的过户。过户是指将债券的所有权从一个所有者名下转移到另一个所有者名下。基本程序包括：

第一，债券原所有人在完成清算交割后，应领取并填过户通知书，加盖印章后随同债券一起送到证券公司的过户机构。

第二，债券新的持有者在完成清算交割后，向证券公司索要印章卡，加盖印章后送到证券公司的过户机构。

第三，证券公司的过户机构收到过户通知书、债券及印章卡后，加以审查。若手续齐备，则注销原债券持有者证券账上相同数量的该种债券，同时在其现金账户上增加与该笔交易价款相等的金额。对于债券的买方，则在其现金账户上减少价款，同时在其证券账户上增加债券的数量。

（2）场外债券交易程序

场外债券交易就是证券交易所以外的证券公司柜台进行的债券交易，它包括自营买卖和代理买卖两种。

1）自营买卖债券的程序

场外自营买卖债券就是由投资者个人作为债券买卖的一方，证券公司作为债券买卖的一方，其交易价格由证券公司自己挂牌。自营买卖程序十分简单，具体包括：

第一，买入、卖出者根据证券公司的挂牌价格，填写申请单。申请单上载明债券的种类、提出买入或卖出的数量。

第二，证券公司按照买入、卖出者申请的券种和数量，根据挂牌价格开出成交单。成交单的内容包括交易日期、成交债券名称、单价、数量、总金额、票面金额、客户的姓名、地址、证券公司的名称、地址、经办人姓名、业务公章等，必要时还要登记卖出者的身份证号。

第三，证券公司按照成交，向客户交付债券或现金，完成交易。

2）代理买卖债券程序

场外代理买卖就是投资者个人委托证券公司代其买卖债券，证券公司仅作为中介而不参与买卖业务，其交易价格由委托买卖双方分别挂牌，达成一致后形成。场外代理买卖的程序包括：

第一，委托人填写委托书。内容包括委托人的姓名和地址、委托买卖债券的种类数量和价格、委托日期和期限等。委托卖方要交验身份证。

第二，委托人将填好的委托书交给委托的证券公司。其中买方要交纳买债券的金额保证金，卖方则要交出拟卖出的债券，证券公司为其开临时收据。

第三，证券公司根据委托人的买入或卖出委托书上的基本要素，分别为买卖双方挂牌。

第四，如果买方、卖方均为一人，则通过双方讨价还价，促使债券成交；如果买方、卖方为多人，则根据“价格优先，时间优先”的原则，顺序办理交易。

第五，债券成交后，证券公司填写具体的成交单。内容包括成交日期、买卖双方的姓名、地址及交易机构名称、经办人姓名、业务公章等。

第六，买卖双方接到成交单后，分别交出价款和债券。证券公司收回临时收据，扣收代理手续费，办理清算交割手续，完成交易过程。

7.4.3 债券投资策略

国债投资是一门很深奥的学问,完全掌握它尚需依赖投资者知识面的拓展和经验积累。但是,这并不意味着国债投资没有任何策略和技巧。

从总体上看,国债投资策略可以分为消极型投资策略和积极型投资策略两种,每位投资者可以根据自己资金来源和用途来选择适合自己的投资策略。具体而言,在决定投资策略时,投资者应该考虑自身整体资产与负债的状况以及未来现金流的状况,期以达到收益性、安全性与流动性的最佳结合。

一般而言,投资者应在投资前认清自己,明白自己是积极型投资者还是消极型投资者。积极型投资者一般愿意花费时间和精力管理他们的投资,通常他们的投资收益率较高;而消极型投资者一般只愿花费很少的时间和精力管理他们的投资,通常他们的投资收益率也相应较低。

有一点必须明确,决定投资者类型的关键不是投资金额的大小,而是他们愿意花费多少时间和精力来管理自己的投资。对大多数投资者来说,一般都是消极型投资者,因为他们都缺少时间和必要的投资知识。在这里,来给大家介绍几种比较实用的操作方法。

1. 消极型投资策略

消极型投资策略是一种不依赖于市场变化而保持固定收益的投资方法,其目的在于获得稳定的债券利息收入和到期安全收回本金。消极型国债投资策略有多种,购买持有法是最简单的国债投资方法。同时,在此基础上,还有其他的几种国债投资技巧。

(1)购买持有法

购买持有是最简单的国债投资策略,其步骤是:在对债券市场上所有的债券进行分析之后,根据自己的爱好和需要,买进能够满足自己要求的债券,并一直持有到到期兑付之日。在持有期间,并不进行任何买卖活动。

1)购买持有法的优点

购买持有法虽然比较粗略,但却有其自身的好处:所带来的收益是固定的,可以完全规避价格风险,保证获得一定的收益率;如果持有的债券收益率较高,同时市场利率没有很大的变动或者逐渐降低,则这种投资策略也可以取得相当满意的投资效果;交易成本很低。由于中间没有任何买进卖出行为,因而手续费很低,从而也有利于提高收益率。因此,这种购买持有的投资策略比较适用于市场规模较小、流动性比较差的国债,并且更适用于不熟悉市场或者不善于使用各种投资技巧的投资者。

具体在实行这种投资策略时,投资者应注意以下两个方面:首先,根据投资者资金的使用状况来选择适当期限的债券,使国债的到期日与投资者需要资金的日期相近。其次,投资者投资债券的金额也必须由可投资资金的数量来决定。一般在购买持有策略下,投资者不应该利用借入资金来购买债券,也不应该保留剩余资金,而是最好将所有准备投资的资金投资于债券,这样就能保证获得最大数额的固定收益。

2)购买持有法的不足

首先,从本质上看,这是一种比较消极的投资策略。在投资者购进债券后,可以毫不关心市场行情的变化,漠视市场上出现的投资机会,因而往往会丧失提高收益率的机会。

其次,虽然投资者可以获得固定的收益率,但是,这种被锁定的收益率只是名义上的,如果发生通货膨胀,那么投资者的实际投资收益率就会发生变化,从而使这种投资策略的价值大大下降。

最后,由于市场利率的上升,使得购买持有这种投资策略的收益率相对较低。由于不能及时卖出低收益率的债券,转而购买高收益率的债券,因此,在市场利率上升时,这种策略会带来损失。但是无论如何,投资者也能得到原先约定的收益率。

(2)梯形投资法

梯形投资法,又称等期投资法,即每隔一段时间,在国债发行市场认购一批相同期限的债券,每一段时间都如此,接连不断,这样,投资者在以后的每段时间都可以稳定地获得一笔本息收入。

例如:小李在1995年6月购买了1995年发行的3年期的债券,在1996年3月购买了1996年发行的3年期的债券,在1997年4月购买1994年发行的3年期债券。

这样,在1998年7月,小李就可以收到1995年发行的三年期债券的本息和,此时,小李又可以购买1998年发行的三年期国债,这样,他所持有的三种债券的到期期限又分别为一年、两年和三年。如此滚动下去,小李就可以每年得到投资本息和,从而既能够进行再投资,又可以满足流动性需要。

只要小李不停地用每年到期的债券的本息和购买新发行的三年期债券,则其债券组合的结构就与原来的相一致。

梯形投资法的优点在于,采用此种投资方法的投资者能够在每年中得到本金和利息,因而不至于产生很大的流动性问题,不至于急着卖出尚未到期的债券,从而不能保证收到约定的收益。同时,在市场利率发生变化时,梯形投资法下的投资组合的市场价值不会发生很大变化,因此国债组合的投资收益率也不会发生很大变化。此外,这种投资方法每年只进行一次交易,因而交易成本比较低。

(3)三角投资法

三角投资法,就是利用国债投资期限不同所获本息和不同的原理,使得在连续时段内进行的投资具有相同的到期时间,从而保证在到期时收到预定的本息和。这个本息和可能已被投资者计划用于某种特定的消费。

这种投资方法的特点是,在不同时期进行的国债投资的期限是递减的,因此被称作三角投资法。它的优点是能获得较固定收益,又能保证到期得到预期的资金以用于特定的目的。

三角投资法和梯形投资法的区别在于,虽然投资者都是在连续时期(年份)内进行投资,但是,这些在不同时期投资的债券的到期期限是相同的,而不是债券的期限相同。

例如:小李决定在2000年进行一次"千禧年"国际旅游,因此,他决定投资国债以便能够确保在千年之交得到所需资金。这样,他可以在1994年投资1994年发行的5年期债券,在1996年购买1996年发行的3年期债券,在1997年购买1997年发行的两年期债券。这些债券在到期时都能收到预定的本息和,并且都在1999年到期,从而能保证有足够资金来实现"千禧之梦"。

2. 积极型投资策略

(1)利率预测法

利率预测法,是指投资者通过主动预测市场利率的变化,采用抛售一种国债并购买另一种国债的方式来获得差价收益的投资方法。

这种投资策略着眼于债券市场价格变化所带来的资本损益,其关键在于能够准确预测市场利率的变化方向及幅度,从而能准确预测出债券价格的变化方向和幅度,并充分利用市场价格变化来取得差价收益。因此,这种积极型投资策略一般也被称作利率预测法。

利率预测法要求投资者具有丰富的国债投资知识及市场操作经验,并且要支付相对比较多的交易成本。投资者追求高收益率的强烈欲望导致了利率预测法受到众多投资者的欢迎,同时,市场利率的频繁变动也为利率预测法提供了实践机会。

利率预测法的具体操作步骤为:投资者通过对利率的研究获得有关未来一段时期内利率变化的预期,然后利用这种预期来调整其持有的债券,以期在利率按其预期变动时能够获得高于市场平均的收益率。因此,正确预测利率变化的方向及幅度是利率预测投资法的前提,而有效调整所持有的债券就成为利率预测投资法的主要手段。

①利率预测及其方法。目前,利率预测已成为积极型投资策略的核心。但是利率预测是一项非常复杂的工作。利率作为宏观经济运行中的一个重要变量,其变化受到多方面因素的影响,并且这些影响因素对利率作用的方向、大小都十分难以判断。

从宏观经济的角度看,利率反映了市场资金供求关系的变动状况。在经济发展的不同阶段,市场利率有着不同的表现。在经济持续繁荣增长时期,企业家开始为了购买机器设备、原材料、建造工厂和拓展服务等原因而借款。于是,会出现资金供不应求的状况,借款人会为了日益减少的资金而进行竞争,从而导致利率上升;相反,在经济萧条、市场疲软时期,利率会随着资金需求的减少而下降。利率除了受到整体经济状况的影响之外,还受到通货膨胀率、货币政策、汇率变化等方面因素的影响。

我国的利率体系受经济发展水平的影响,呈现出一种多利率并存的格局,各资金市场是分割的,资金在市场间的流动受到较大的限制。目前，我国主要有两种利率：一是官方利率，这是由中国人民银行确定的不同期限或不同类别的存、贷款利率，即管制利率。这是我国金融市场上的主导利率，对整个金融市场，包括债券市场都有较大的影响。二是场外无组织的资金拆借利率。

在考虑影响国债价格的利率时，应注重分析官方利率和国债回购、同业拆借市场利率。其中，官方利率变动次数虽然较少，但每次变动的幅度都较大，加上它在整个金融市场上的地位，因而对债券价格的影响是很大的，并且会持续很长的时间。而国债回购、同业拆借市场利率在每个交易日都在变动，且变动幅度比较小，因而对于债券价格影响的持续时间不长，程度也不大。

投资者在对社会经济运行态势和中央银行货币政策抉择作了综合分析后，可尝试对未来市场利率的变动方向和变动幅度做出较为理性的预测，并据此做出自己的国债投资决策。

②债券调整策略。在预测了市场利率变化的方向和幅度之后，投资者可以据此对其持有的债券进行重新组合。这是因为，市场利率将直接决定债券的投资收益率。很显然，债券投资的收益率应该同市场利率密切相关：在市场利率上升时，债券投资的要求收益率也会相应上升，在市场利率下降时，债券的要求收益率也会相应下降。

一般地，在计算债券价格时，可以直接用市场利率作为贴现率，对债券的未来现金流进行贴现。因此，投资者可以对市场利率变化和债券价格变化之间的关系做出准确的判断，从而据此来调整持有的债券。调整组合的目的，是在对既定的利率变化方向及其幅度做出预期后，使持有的债券的收益率最大化。

第一，由于市场利率与债券的市场价格呈反向变动关系，因此，在市场利率上升时，债券的市场价格会下降，而在市场利率下降时，债券的市场价格会上升，因而前者的正确调整策略是卖出所持有的债券，而后者的正确调整策略是买入债券。

第二，债券的期限同债券价格变化之间的关系是有规律可循的：无论债券票面利率的差别有多大，在市场利率变化相同的情况下，期限越长的债券，其价格变化幅度越大。因此，在预测市场利率下降时，应尽量持有能使价格上升幅度最大的债券，即期限比较长的债券。也就是说，在预测市场利率将下跌时，应尽量把手中期限较短的债券转换成期限较长的债券，因为在利率下降相同幅度的情况下，这些债券的价格上升幅度较大。

相反，在预测市场利率上升时，若投资者仍想持有债券，则应该持有期限较短的债券，因为在利率上升相同幅度的情况下，这些债券的价格下降幅度较小，因而风险较小。

第三，债券的票面利率同债券的价格变化之间也是有规律可循的：在市场利率变化相同的情况下，息票利率较低的债券所发生的价格变化幅度会比较大。因此，在预测利率下跌时，在债券期限相同的情况下，应尽量持有票面利率低的债券，因为这些债券的价格上升幅度会比较大。但是这一规律不适用于周年期的债券。

因此，我们可以得出有关债券调整策略的总原则：在判断市场利率将下跌时，应尽量持有能使价格上升幅度最大的债券，即期限比较长、票面利率比较低的债券。也就是说，在预测市场利率将下跌时，应尽量把手中的短期、高票面利率国债转换成期限较长的、低息票利率的债券，因为在利率下降相同幅度的情况下，这些债券的价格上升幅度较大。

反之，若预测市场利率将上升，则应尽量减少低息票利率、长期限的债券，转而投资高息票利率、短期限的债券，因为这些债券的利息收入高，期限短，因而能够很快地变现，再购买高利率的新发行债券，同时，这些债券的价格下降幅度也相对较小。

需要指出的是，利率预测法作为一种积极的国债投资方法，虽然能够获得比较高的收益率，但是这种投资方法是具有很大风险的。一旦利率向相反的方向变动，投资者就可能遭受比较大的损失。因此，该方法只对那些熟悉市场行情、具有丰富操作经验的人才适用。初学的投资者不适宜采用此种投资方法。

（2）等级投资计划法

等级投资计划法，是公式投资计划法中最简单的一种，它由股票投资技巧而得来，方法是投资者事先按照一个固定的计算方法和公式计算出买入和卖出国债的价位，然后根据计算结果进行操作。其操作要领是“低进高出”，即在低价时买进、高价时卖出。

只要国债价格处于不断波动中，投资者就必须严格按照事先拟订好的计划来进行国债买卖，而是否买卖国债则取决于国债市场的价格水平。具体而言，当投资者选定一种国债作为投资对象后，就要确定国债变动的一定幅度作为等级，这个幅度可以是一个确定的百分比，也可以是一个确定的常数。每当国债价格下降一个等级时，就买入一定数量的国债；每当国债价格上升一个等级时，就卖出一定数量的国债。

例如：小李选择1992年国债作为投资对象（假设1992年国债期限为5年，利率为10.5%），确定每个等级国债价格变动幅度为两元，第一次购买100张面值为100元的国债，购进价为120元，那么每当国债价格变动到118、120、122、124、126元时，按照国债价格下降时买进、上升时抛出的原则进行操作。根据等级投资计划法，当国债价格下降到118元时，小李再买进100张国债，当价格继续下降为116元时，小李继续买进100张国债。但是，当国债价格回升为118元时，小李就卖出100张国债，在价格继续回升到120元时，小李就继续卖出100张国债。这样一个过程结束后，小李最初投入12000元购买100张国债，价格为120元，经过一段操作调整后，虽然国债价格最后还是120元，小李仍持有100张，但他的投入成本已经不是12000元，而是11600元了，也就是说，小李在这一过程中取得了400元的收益。

等级投资计划法适用于国债价格不断波动的时期。由于国债最终还本付息，因此，其价格呈缓慢上升趋势。在运用等级投资法时，一定要注意国债价格的总体走势，并且，国债价格升降幅度即买卖等级的间隔要恰当。国债市场行情波动较大，买卖等级的间隔可以大一些；国债市场行情波动较小，买卖等级间隔就要小一些。如果买卖等级间隔过大，会使投资者丧失买进和卖出的良好时机，而过小又会使买卖差价太小，在考虑手续费因素后，投资者获利不大。同时，投资者还要根据资金实力和对风险的承受能力来确定买卖的批量。

(3)逐次等额买进摊平法

如果投资者对某种国债投资时，该国债价格具有较大的波动性，并且无法准确地预期其波动的各个转折点，投资者可以运用逐次等额买进摊平操作法。

逐次等额买进摊平法就是在确定投资于某种国债后，选择一个合适的投资时期，在这一段时期中定量、定期地购买国债，不论这一时期该国债价格如何波动都持续地进行购买，这样可以使投资者的每百元平均成本低于平均价格。运用这种操作法，每次投资时，要严格控制所投入资金的数量，保证投资计划逐次等额进行。

例如：小李选择1995年5年期国债为投资对象，在确定的投资时期中分5次购买，每次购入国债100张，第一次购入时，国债价格为120元，小李购入100张；第二次购进时，国债价格为125元，小李又购入100张；第三次购入时，国债价格为122元，小李购入100张；第四、第五次小李的购入价格分别是126元、130元。

到整个投资计划完成时，小李购买国债的平均成本为124.6元，而此时国债价格已涨至130元，这时如果小李抛出此批国债，将获得的收益为：$(130-124.6)\times 500=2700$（元）。

因为国债具有长期投资价值，所以按照这一方法操作，可以稳妥地获取收益。

(4)金字塔式操作法

与逐次等额买进摊平法不同，金字塔式操作法实际上是一种倍数买进摊平法。当投资者第一次买进国债后，发现价格下跌时可加倍买进，以后在国债价格下跌过程中，每一次购买数量比前一次增加一定比例，这样就成倍地加大了低价购入的国债占购入国债总数的比重，降低了平均总成本。由于这种买入方法呈正三角形趋势，形如金字塔形，所以称为金字塔式操作法。

例如：小李最初以每张120元价格买入1995年5年期国债，投入资金12000元；以后在国债价格下降到118元时，他投入23600元，购买200张国债；当国债价格下降到115元时，他投入34500元，购入300张国债；这样，他三次投入资金70100元，买入600张国债，每张平均购入成本为116.83元；如果国债价格上涨，只要超过平均成本价，小李即可抛出获利。

在国债价格上升时，运用金字塔式操作法买进国债，则需每次逐渐减少买进的数量，以保证最初按较低价买入的国债在购入国债总数中占有较大比重。

例如:小李最初以每张115元的价格购入国债300张;以后在国债价格上升过程中,他按金字塔操作法进行投资,当国债上升到每张118元时,他购入200张;当国债价格上升到每张120元时,他购入100张;这样他投入资金70100元,购入600张国债,平均成本为每张116.83元;如果国债价格不低于平均成本价,他就可以获益。

国债的卖出也同样可采用金字塔式操作法,在国债价格上涨后,每次加倍抛出手中的国债。随着国债价格的上升,卖出的国债数额越大,以保证高价卖出的国债在卖出国债总额中占较大比重而获得较大盈利。

运用金字塔式操作法买入国债,必须对资金做好安排,以避免最初投入资金过多,以后的投资无法加倍摊平。

7.4.4 债券投资风险

任何投资都是有风险的,风险不仅存在于价格变化之中,也可能存在于信用之中。因此,正确评估债券投资风险,明确未来可能遭受的损失,并想好避免的对策,是投资者在投资决策之前必须要做的工作。

1. 违约风险

违约风险,是指发行债券的借款人不能按时支付债券利息或偿还本金,而给债券投资者带来损失的风险。

在所有债券之中,财政部发行的国债,由于有政府作担保,往往被市场认为是金边债券,所以没有违约风险。但除中央政府以外的地方政府和公司发行的债券则或多或少地有违约风险。因此,信用评级机构要对债券进行评价,以反映其违约风险。

一般来说,如果市场认为一种债券的违约风险相对较高,那么就会要求债券的收益率较高,从而弥补可能承受的损失。

对于违约风险,其规避方法为:违约风险一般是由发行债券的公司或主体经营状况不佳或信誉不高带来的风险,所以,避免违约风险的最直接的办法就是不买质量差的债券。在选择债券时,一定要仔细了解公司的情况,包括公司的经营状况和公司以往的债券支付情况;在持有债券期间,应尽可能对公司的经营状况进行了解,以便及时作出卖出债券的抉择。同时,由于国债的投资风险较低,保守的投资者应尽量选择投资风险低的国债。

2. 购买力风险

购买力风险是债券投资中最常出现的一种风险,它是指由于通货膨胀而使货币购买力下降的风险。通货膨胀期间,投资者的实际利率应该是票面利率扣除通货膨胀率。若债券利率为10%,通货膨胀率为8%,则实际的收益率只有2%。

对于购买力风险,其规避方法为:最好的方法是分散投资,以分散风险,使购买力下降带来的风险能为某些收益较高的投资收益所弥补。通常采用的方法是将一部分资金投资于收益较高的投资方式上,如股票、期货等,但带来的风险也随之增加。

3. 再投资风险

投资者投资债券可以获得的收益有三种:债券利息;债券买卖中获得的收益;临时的现金流进行再投资所获取的利息。实际上,再投资风险是针对第三种收益而言的。

对于再投资风险,其规避方法为:分散债券的期限,长短期配合,如果利率上升,短期投资可迅速找到高收益投资机会;若利率下降,长期债券却能保持高收益。也就是说,要分散投资,以分散风险,并使一些风险能够相互抵消。

4. 利率风险

债券的利率风险,是指由于利率变动而使投资者遭受损失的风险。毫无疑问,利率是影响债券价格的重要因素之一:当利率提高时,债券的价格就降低;当利率降低时,债券的价格就会上升。由于债券价格会随利率变动,所以即便是没有违约风险的国债也会存在利率风险。

对于利率风险，其规避方法为：分散债券的期限，长短期配合，如果利率上升，短期投资可以迅速地找到高收益的投资机会；如果利率下降，长期债券却能保持高收益。

5. 变现能力风险

变现能力风险是指投资者在短期内无法以合理的价格卖掉债券的风险。如果投资者遇到一个更好的投资机会，想出售现有债券，但短期内找不到愿意出合理价格的买主，要把价格降到很低或者很长时间才能找到买主。那么，他不是遭受降低损失，就是丧失新的投资机会。

对于变现能力风险，其规避方法为：针对变现能力风险，投资者应尽量选择交易活跃的债券，如国债等，便于得到其他人的认同，冷门债券最好不要购买。在投资债券之前也应考虑清楚，准备一定的现金以备不时之需，毕竟债券的中途转让不会给持有债券人带来好的回报。

6. 经营风险

经营风险是指发行债券的单位管理与决策人员在其经营管理过程中发生失误，导致资产减少而使债券投资者遭受损失。

对于经营风险，其规避方法为：选择债券时一定要对公司进行调查，通过对其报表进行分析，了解其盈利能力和偿债能力、信誉等。由于国债的投资风险极小，而公司债券的利率较高但投资风险较大，所以，需要在收益和风险之间做出权衡。